혼자서도 잘하는

회계원리

노현섭 | 지상현 | 김진섭

도서출판 청람

| 머리말 |

• 기업의 언어와 글로벌언어로서의 회계

회계를 기업의 언어(language of business)라 한다. 한글이 자음과 모음의 나열이 아니듯 회계도 숫자의 나열이 아니다. 언어에서 단어가 아니라 단어가 말하고 있는 이야기가 중요하듯이, 회계에서는 숫자가 아니라 숫자가 우리에게 말하는 것이 중요하다.

회계를 모르고 회계의 대상이 되는 기업의 모습을 제대로 알기 어렵다. 현대사회에서 기업과 관련되지 않은 사람이 거의 없으므로 회계는 회계학 전공자들의 전공지식뿐만 아니라 일반인들의 필수 교양지식이 되어 반드시 습득해야 하는 학문이 되었다.

현대는 글로벌시대이며, 이 시대에는 글로벌언어로 소통하여야 한다. 일반적인 글로벌언어가 영어이나 영어와 함께 중요한 글로벌언어가 회계이다. 과거에는 회계의 기본적인 틀은 같으나 각국의 경제적 환경이 달라 국가 간에 회계처리방법에 차이가 많았다. 기업의 회계투명성이 강조되면서 회계의 역할과 중요성이 사회적으로 인식되었다. 또한 기업이 글로벌화되고 자본이 자유화됨에 따라 회계정보의 국가 간 비교가능성을 확보하기 위해 세계적으로 통일된 회계언어(회계기준)의 필요성이 제기되었고, 그 결과 국제회계기준(International Financial Reporting Standards, IFRS)이 제정되었다. 우리나라도 IFRS와 동일한 한국채택국제회계기준(Korean International Financial Reporting Standards, K-IFRS)을 수용하여 2011년부터 모든 상장기업이 K-IFRS를 적용하여 회계처리하고 있다.

기존의 회계기준은 규정 중심 회계기준인 데 반해 K-IFRS는 원칙 중심의 회계기준이다. 규정 중심 회계기준에서는 기업이 규정에 따라 기계적으로 회계처리하면 되나, 원칙 중심 회계기준에서는 기업이 경제적 실질을 가장 잘 반영할 수 있는 회계처리를 스스로 결정하여야 한다. 이와 같이 K-IFRS는 재무제표에 포함될 기본적인 항목만 제시하고 구체적인 형식은 기업의 판단에 맡긴다. 따라서 K-IFRS를 적용하여 재무제표를 작성하는 데는 회계전문가의 전문가적 지식과 판단이 필요할 뿐만 아니라 이용자의 입장에서도 더 높은 수준의 회계지식이 요구된다 할 것이다.

• 이 책의 목적

이 책은 이러한 회계환경의 변화를 반영하여, 대학에서 회계학이나 경영학을 전공하는 학생들과 다른 전공 학생들을 포함하는 회계학(회계원리)을 처음 접하는 대학생을 대상으로 회계원리 수준에서 알아야 할 회계학의 기본적인 원리와 개념(즉, 회계의 기본개념, 회계처리절차, 재무제표의 작성)을 K-IFRS에 맞추어 이해하기 쉽도록 설명하였다. 따라서 이 책의 내용을 이해한다면 K-IFRS가 지향하는 재무제표의 핵심내용을 이해하는 데 충분할 것으로 생각되며, 이후 재무회계(중급회계, 고급회계)와 원가·관리회계를 공부하여 회계학을 심화할 수 있을 것으로 생각된다.

• 이 책의 구성

이 책은 3부 14개 장으로 이루어져 있다. 제1부(회계의 기초이론)는 회계의 이해(제1장), 재무보고와 재무제표 Ⅰ: 재무상태표 등(제2장)과 재무보고와 재무제표 Ⅱ: 포괄손익계산서 등(제3장)으로 나누어, 회계의 기초적인 개념과 이론에 대해 설명한다. 회계학을 처음 배우는 학생들에게 이 부분이 다소 추상적일 수가 있으나, 학생들에게 회계학의 개념과 회계처리과정의 최종산출물인 재무제표를 설명함으로써 회계원리에서 공부하게 될 목표를 설정하도록 하려는 의미에서 이를 먼저 제시하였다.

제2부(회계순환과정)는 거래의 인식과 측정: 회계등식을 이용한 재무제표의 작성(제4장), 회계순환과정Ⅰ: 회계기간 중의 거래기록(제5장), 회계순환과정Ⅱ: 회계기간 말의 결산과정(제6장)과 상품매매기업의 회계순환과정(제7장)으로 나누어, 회계거래가 발생한 시점부터 재무제표의 작성시점까지의 과정을 회계순환과정의 관점에서 살펴본다. 제4장에서 제6장까지는 회계처리가 비교적 간단한 서비스기업의 회계순환과정을 설명하고, 제7장에서는 회계처리가 이보다 복잡한 상품매매기업의 회계순환과정을 설명한다. 제2부에서는 복식부기의 기록원리에서 재무제표의 작성까지 회계정보의 산출과정을 설명하고 있다.

제3부(계정별 회계처리)는 금융자산: 현금 및 현금성자산(제8장), 금융자산: 수취채권과 지급채무(제9장), 재고자산(제10장), 유형자산과 무형자산(제11장), 금융자산: 지분상품과 채무상품(제12장), 부채(제13장)와 자본(제14장)으로 나누어 재무제표를 구성하고 있는 계정과목별로 회계처리와 보고절차를 설명한다. 각 계정과목별 회계처리를 배울 때 현재 공부하고 있는 각 계정과목이 재무제표에서 어느 범주에 속하는지를 종합적인 관점에서 조감하는 것이 효과적인 학습이 될 수 있을 것이다.

부록에서는 화폐의 시간가치표(부록 1), 재무제표 양식(부록 2)을 덧붙였다.

또한, 각 장에 예제를 제시하여 설명하고 연습문제를 논술문제, 객관식 문제(기초문제와 심화문제)*1와 사례문제로 나누어 제시하여 회계원리에 대한 학습을 돕도록 하였다. 아울러, 각 장의 보론에서 각 장과 관련된 회계제도와 회계처리에 대해 설명하여 회계실무를 이해할 수 있도록 하였다.

회계학은 성격상 딱딱할 수밖에 없다. 따라서 각 장의 여백에 경영과 인생에 대한 명언을 '쉬어가는 페이지'로 제시하고, 각 장의 본문 마지막에 회계나 경영관련 사례를 '신문에서 배우는 회계 · 세상'으로 수록해 머리를 식혀가며 회계공부를 할 수 있도록 하였다.

• 이 책의 특징

이 책은 다음과 같은 점에 중점을 두어 설명하였다.

첫째, K-IFRS에 맞추어 회계원리의 내용을 충실하게 설명하였다. 회계원리를 처음 배우는 학생들이 회계의 기본원리를 쉽게 이해할 수 있도록 자세하게 설명하였다.*2

둘째, 회계원리의 중요한 개념은 반복하여 설명하고 상세하게 설명하여 혼자서도 스스로 학습할 수 있도록 하였다. 아울러 나중에 설명할 내용이 책의 앞 부분에 나오면 개요를 설명하고 서로의 관련성을 각주에서 설명하였고, 앞에서 이미 설명한 내용이 나중에 다시 나오면 앞의 어떤 부분과 연결되는지를 반복하여 설명하고 각주로 서로의 관련성을 제시하였다.

셋째, 가능한 회계원리를 쉽게 배울 수 있도록 쉬운 용어를 사용하여 자세하게 설명하였다. 또한 회계원리는 반복학습이 중요하므로 수업 이외에도 혼자서도 책을 보고 스스로 학습할 수 있도록 가능한 내용을 쉽게 설명하려고 노력하였으며 각주를 많이 사용하여 이해하기 어려운 부분에 대해 추가로 설명하였다.*3

---

*1 **객관식 문제**는 기본문제와 심화문제로 구분하였다.
기본문제는 한국세무사회에서 시행하는 기업회계 1급, 2급, 3급, 전산회계 1급, 2급 객관식 기출문제와 국가직 7급 및 9급 공무원, 지방직 9급 공무원과 관세직 9급 공무원 객관식 기출문제 중에서 선별하였다. **심화문제**는 공인회계사(CPA)와 세무사(CTA) 자격시험 객관식 기출문제 중에서 선별하였다.
객관식문제 중 일부(특히 심화문제 중 일부)는 회계원리 수준에서 벗어나는 내용이 포함되어 있는 문제도 있으나 풀이에서 관련부분이 설명되어 있어 이해하기는 어렵지 않을 것으로 생각된다. 또한 이 책의 목적 중 한 가지가 회계원리가 중급회계로 이어지도록 하는 가교 역할을 하는 것이므로 그 목적에도 부합할 수 있을 것으로 생각한다.

*2 이 과정에서 책의 분량이 생각보다 많이 늘어났으나 분량을 줄이기 위해 요약하면 회계의 기본원리를 이해하기 어려우므로 이해가능성에 중점을 두어 최대한 자세하게 설명하였다. 또한, 이 책을 쓰면서 **어느 범위까지 K-IFRS를 반영하고 회계원리의 범위에 포함시킬 것인지를 결정하는 것이 어려운 문제**였다. 너무 자세하고 많은 내용을 회계원리에 포함하면 회계원리가 중급회계와 비슷하게 되고, 반면에 너무 적은 내용을 회계원리에 포함시키면 회계원리가 중급회계로 이어지도록 하는 가교 역할을 하지 못하게 된다. 회계의 기초를 배운 후에 중급회계와 연결하는 데 도움이 되기를 바라면서, 회계원리를 벗어나는 내용에 대해서는 각주에서 소개하거나 중급회계에서 설명한다고 각주를 달아 중급회계와 연결할 수 있도록 하였다.

*3 이러한 과정에서 각 장의 일부 내용은 일부러 중복하여 설명하였다. 회계원리를 처음 배우는 학생의 입장에서는 회계원리의 내용이 너무 어렵고 회계원리의 전체적인 세계를 보르는 상태에서 새롭게 공부해야 할 내용만 계속 나타나기 때문에 한 번 배운 내용을 완전하게 이해하지 못하고, 이해한 내용도 시간이 지나면 잘 기억하

넷째, 가능한 표나 그림을 많이 사용하여 설명하였으며, 핵심적인 내용만 본문에 언급하고 보충설명은 가급적 각주로 처리하여 한눈에 알아볼 수 있도록 설명하였고 본문의 군더더기를 줄이려 하였다.*4

다섯째, 회계원리에 대한 지식을 습득하는 데 도움을 주려고 각 장마다 예제를 사용하여 설명하고 연습문제를 논술문제, 객관식 문제와 사례문제로 나누어 제시하였다. 본문의 내용을 학습한 후 예제와 연습문제를 통해 익힌 내용을 숙달하고, 학생들이 배운 내용을 구체적으로 이해하였는지를 스스로 점검할 수 있을 것이다. 객관식 문제와 사례문제는 학생들이 직접 문제를 손으로 풀어보고 숙달되기를 바라는 마음에서 풀이의 핵심부분만이 아니라 거의 모든 풀이과정을 제시하였다. 먼저 문제를 풀어보고 풀이와 비교해 보면 어느 부분에서 틀렸는지를 알 수 있을 것이고, 틀린 부분을 본문의 설명에서 확인한 후 다시 풀어보면 이해할 수 있을 것으로 생각된다.

• 회계학을 가르친다는 것, 그리고 회계학을 배운다는 것

회계학 분야 중 가장 기초가 되는 회계원리를 강의하면서 느끼는 것이 회계원리가 학생들이 가장 어려워하는 과목 중의 하나라는 사실이다. 이것은 회계의 특성상 기업과 관련된 경제활동을 거의 경험해보지 못한 학생들이 회계학을 한 번에 이해하기 쉽지 않기 때문에 생기는 것이 아닌가 한다.

회계학을 이해하는 것은 쉽지 않은 일이다. 특히 회계학을 처음으로 배우는 것은 더욱 쉽지 않은 일이다. 회계학은 기업의 언어이다. 새로운 언어를 배우는 과정은 그 언어가 가지고 있는 수많은 문법과 어휘를 먼저 익히고 반복하고 숙달하여 언어를 유창하게 사용하게 된다. 언어를 배우는 과정이 숙달과정이듯이 회계언어(회계학)를 배우고 자기 것으로 만들기 위해서는 충분한 반복과 숙달과정이 필요하다.

처음으로 회계학(회계원리)을 배우거나 이 책을 처음 읽는 사람들은 회계학에 대한 핵심설명(예: 그림, 표와 진한 글자체로 표시한 부분) 부분만 먼저 읽고 회계학의 개요를 익히거나 회계학을 개관한 후 본문의 전체 내용을 읽고 예제와 연습문제를 풀어 회계학을 익히는 방식으로 단계적으로 공부하면 회계학을 충분히 이해할 수 있을 것으로 생각한다.

지 못하는 것이 일반적이다. 따라서 일부 내용이 중복되더라도 각 장에서 배워야 할 내용의 체계를 잡기 위해 기본적으로 알아야 할 내용은 중복해서 설명하였다.

*4 설명과정에서 각주를 가능한 많이 달아 회계원리를 배우면서 궁금한 부분에 대해 설명해 주려 하였다. 수업시간에 궁금한 내용을 모두 이해시키기 힘들고 다른 학생들은 아는데 나만 모르지 않을까 하는 부끄러움으로 질문도 못하고 넘기는 학생들을 위해 책을 보고 혼자서도 학습할 수 있도록 많은 각주로 어려운 내용이나 이해하기 어려운 부분에 대해 추가로 설명하였다.

예제와 연습문제를 풀 때 해답을 먼저 보지 말고, 문제를 풀어본 후 본인이 푼 답과 해답을 비교해보는 습관을 만들라고 권하고 싶다. 직접 문제를 풀다 보면 생각지 못한 어려움에 접할 수 있고 정답과 다른 답을 산출하기도 한다. 그럴 때마다 관련 내용을 복습하여 확실하게 이해하여야 한다. 이런 과정을 통해 무엇 때문에 어디에서 실수를 하였는지 정리하여 같은 실수를 반복하지 않아야 한다.

회계는 눈으로 하는 것이 아니라 손으로 해야 하는 공부라는 것을 강조하며 이 책이 회계원리 학습에 도움이 되길 바란다. 회계학은 반드시 직접 계산해 문제를 풀어보고 답을 확인하는 절차를 거쳐야 실력이 붙는다.

2022년 8월 정족산 자락 양현재(陽峴齋)에서
저자를 대표하여 노현섭 拜

차례

PART 1 회계의 기초이론

Chapter 1 | 회계의 이해

Chapter 2 | 재무보고와 재무제표 I : 재무상태표 등

PART 2 회계순환과정

01

PART

혼자서도 잘하는 회계원리
Accounting Principles

회계의 기초이론

제1장 회계의 이해

제2장 재무보고와 재무제표 Ⅰ: 재무상태표 등

제3장 재무보고와 재무제표 Ⅱ: 포괄손익계산서 등

쉬어가는
페이지

✣ 우리는 좀 더 열심히 들어야 한다

우리는 상대가 한 말의 절반만 듣고,
그 절반만 귀담아 들으며,
그 절반만 이해하고,
그 절반만 믿으며,
또 그 절반만 기억한다

이를 하루 8시간 일에 적용해 보면

우리가 하루 일과의 절반(약 4시간)을 듣는 데 보낸다면, 2시간가량 남의 말을 듣는다. 실제로 귀담아 듣는 시간은 1시간 남짓하다. 우리는 30분 분량의 말만 이해하고 15분 분량의 말만 믿는다. 우리 기억에 남는 말은 8분 분량에도 미치지 못한다.

✣ 마케터에게 필요한 귀

마케터들은
말하는 것을 듣는 귀,
말하지 않는 것을 듣는 귀,
그리고 말하고 싶은데 어떻게 말해야 될지 모르는 것을 듣는 귀를 가져야 한다.

Michael. H. Mescon

CHAPTER 01

회계의 이해

쉬어가는 페이지

✣ 해리포터의 작가, 조앤 롤링의 하버드대학 졸업축사 중에서

"여러분이 젊고 재능 있고 교육을 잘 받았기 때문에 어려움이나 고통을 모른다고 생각하지는 않습니다. 하지만 여러분이 하버드 졸업생이라는 사실은 곧 실패에 익숙하지 않다는 뜻이기도 합니다. 성공에 대한 열망만큼이나 실패에 대한 공포가 여러분의 행동을 좌우할 겁니다."

"저는 대학을 졸업하고 7년 동안 엄청난 실패를 겪었습니다. 결혼에 금세 실패했고 실업자에다 싱글맘, 더 이상 가난하기 힘들 정도였지요. 누가 봐도 전 실패한 사람이었습니다. 그 시기에 저는 정말 힘들었고, 그 긴 터널이 언제 끝날지도 알 수가 없었습니다."

"그럼 제가 왜 실패의 미덕에 대해 말하려고 하는 걸까요? 실패가 제 삶에서 불필요한 것들을 제거해 주었기 때문입니다. 저는 스스로를 기만하는 것을 그만두고, 제 모든 에너지를 가장 중요한 일에 쏟기 시작했습니다."

"제가 가장 두려워하던 실패가 현실이 됐기 때문에 오히려 저는 자유로워질 수 있었습니다. 실패했지만 저는 살아 있었고, 사랑하는 딸이 있었고, 낡은 타이프라이터와 엄청난 아이디어가 있었지요. 가장 밑바닥이 제가 인생을 새로 세울 수 있는 단단한 기반이 되어 준 것입니다. 바닥을 치면 더 이상 두려울 것도 꺼릴 것도 없는 법입니다. 다시 일어나서 나아갈 일만 있기 때문입니다."

"삶에는 성취보다 더 많은 실패와 상처들이 존재합니다. 그러나 실패가 두려워 아무것도 하지 않는 것이 가장 큰 패배입니다."

조앤 롤링, 하버드대 졸업축사, 2008년 9월

〈조앤 롤링의 약력〉 1965년 영국 웨일즈 출생, 엑서터대학에서 불문학 고전 전공, 포르투갈에서 영어 교사, 포르투갈 TV기자와 결혼, 딸을 낳은 후 2년 만에 이혼, 20대 중반에 가난에 찌든 싱글맘이 됨, 해리포터 작가

제1절 회계의 의의

1. 회계의 정의와 회계정보시스템

1.1 회계의 정의

회계를 뜻하는 영어는 accounting이며, 이 용어는 계정(計定, account)에서 유래되었다. 왼쪽과 오른쪽으로 나누어진 계정을 이용하여 재산이나 빚의 증가나 감소를 기록하는 복식부기 방식이 자리 잡으면서 계정에 기록한다는 뜻의 accounting이라는 용어가 나타났다. 會計라는 한자는 여러 사람이 모여(會, 모일 회) 함께 헤아린다(計, 헤아릴 계)는 두 글자로 이루어져 있다. 따라서 회계라는 용어는 여러 사람이 모여 기업의 재무상태나 경영성과를 계산한다는 뜻을 가지고 있다. 영어의 accounting이나 한자 會計나 모두 기록 또는 계산의 의미만을 지닌 한정적인 표현으로, 정보이용자의 의사결정을 지원하는 정보시스템이라는 오늘날 회계의 의미를 담아내지 못하고 있다.

회계의 정의는 회계의 역할변화에 따라 변화해 왔으며,[1] 정보시스템 관점이 가장 널리 수용되고 있다. 정보시스템 관점에서 회계의 정의는 미국회계학회(American Accounting Association, AAA)가 제시한 회계의 개념에 근거하고 있다.

AAA는 회계정보의 이용 측면을 강조하여 회계를 다음과 같이 정의하고 있다.

> 회계는 정보이용자가 합리적인 판단이나 의사결정을 할 수 있도록 기업실체에 관한 유용한 경제적 정보를 식별, 측정, 전달하는 과정(정보시스템)이다.

식별(identification)은 경제활동을 수행하는 주체(개인, 가계, 기업 또는 정부)에게 발생한 경제적 사건을 인식하는 것을 말하고, 측정(measurement)은 식별한 경제활동을 계량화하고 수치화하는 것을 말하며, 전달(communication)은 식별되고 측정된 경제정보를 회계정보이용자에게 전달하는 것을 말한다. 전달의 전형적인 예가 재무제표라 할 수 있다.

1) **회계와 부기의 차이**: **부기**(簿記, bookkeeping)는 **장부기입**을(帳簿記入 또는 장부기록)을 말하며, 회계시스템 중 일부인 **자료의 회계처리과정**에 불과하다. 부기는 일반적으로 **전산화된 시스템**을 통해 이루어지고, 그 자료의 입력이나 운영은 실무담당자가 담당한다.
회계는 거래의 **기록**뿐만 아니라 정보이용자의 의사결정에 유용하도록 정보를 **변환**하고 **전달**하기까지의 모든 절차를 포함한다. 즉, **회계는 부기보다 넓은 개념**이며, **정보이용자의 정보이용이라는 측면을 포함**하고 있다. 기업의 회계 관련 판단과 의사결정은 그 중요성에 따라 최고경영자에서부터 회계실무자까지 각 단계에서 이루어진다.

기업의 경제활동을 식별, 측정, 전달한다는 측면에서 회계는 기업의 언어(language of business)라고도 한다. 회계의 개념과 용어를 모른다면 경영활동의 결과를 보여주는 재무제표를 읽고 이해할 수 없으며, 회계를 더 많이 이해할수록 기업과 기업활동을 이해하는 데 도움이 된다.

1.2 회계정보시스템

회계의 정의에 따르면, 회계는 정보시스템의 일종으로 이해되며 흔히 회계정보시스템(Accounting Information System, AIS)이라 한다.

그림 1-1 회계정보시스템

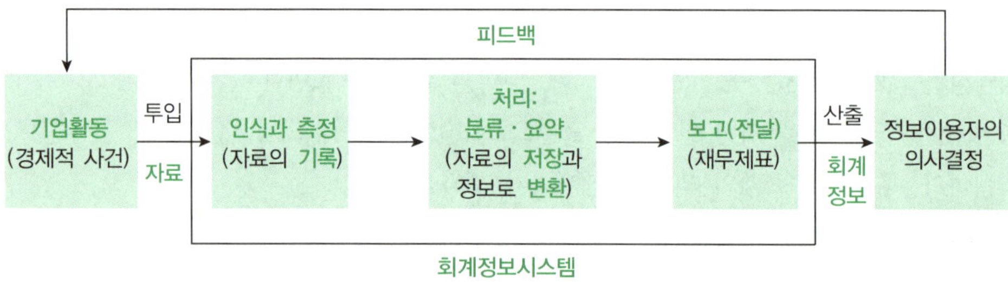

회계정보시스템은 ① 회계거래의 인식과 측정기능, ② 회계자료의 처리기능, ③ 회계정보의 보고기능이라는 세 가지 기능을 한다.

기업(경제실체)의 활동(거래 또는 경제적 사건)이 회계정보시스템에 투입(input)되면 회계는 이를 인식 · 측정하고, 기록된 자료는 체계적으로 저장되고 유용한 정보로 변환된다. 그 결과 재무제표 형태로 산출(output)되어 정보이용자에게 보고(전달)한다.

피드백(feedback)은 회계정보를 의사결정에 이용한 정보이용자의 반응이 기업활동에 반영되는 과정을 말하며, 이 반응은 기업활동에 영향을 미칠 수 있다.[2)]

(1) 회계거래의 인식과 측정기능

기업이 경영활동을 하면 기업에 경제적 영향을 미치는 경제적 사건(economic events)이 발생하며, 이를 회계에서는 거래(transactions)라 한다. 기업은 거래가 발생하면 이를 인식한다.

2) 예를 들어, 회계정보가 발표되면 이를 이용한 투자자들의 반응으로 주가가 변동하게 되는데, 주가변동은 해당 기업의 자금조달방법의 선택(주식발행 또는 은행차입) 또는 신규사업의 투자 또는 연기 등을 결정하는 데 이용된다.

인식(recognition)은 기업의 여러 가지 활동 중 회계기록의 대상이 되는 활동을 식별하는 것이다. 측정(measurement)은 회계기록의 대상(즉, 회계거래)에 대해 구체적인 수(numbers)를 부여(수치화)하고 계량화하는 것을 말한다. 즉, 측정은 경제적 사건에 화폐가치를 부여하는 과정을 말한다. 회계는 화폐로 측정가능한 사건만을 대상으로 한다.

(2) 회계자료의 처리기능

회계거래가 인식과 측정과정을 거쳐 회계시스템에 기록되면 기록된 자료는 체계적으로 저장되고 유용한 정보로 변환된다. 회계시스템은 의사결정자들이 이용하기 쉽도록 자료를 분류하고 요약한다.

(3) 회계정보의 보고기능

기업이 재무상태와 경영성과에 관한 재무정보(회계정보)를 이해관계자에게 보고(전달)하는 핵심 수단은 재무제표(financial statements)이다.

2. 경제실체와 기업의 활동

2.1 경제실체, 기업실체와 회계실체

경제실체(economic entity)는 경제활동[3]을 수행하는 주체를 말하며, 개인, 가계, 기업(영리기업, 비영리조직)과 정부가 있으나, 이 중 기업이 경제활동의 대부분을 차지한다. 회계에서는 기업을 기업실체(business entity)라고 하며, 회계적 관점에서 회계실체(accounting entity)라고 한다.

회계는 기업의 소유주(주주)와 독립된 기업실체를 회계단위로 하여 특정 기업실체에 대한 정보를 제공하는 시스템이다.

2.2 기업(실체)의 종류

회계가 대상으로 하고 있는 기업(기업실체)은 법인격(법적 지위)에 따라 ① 「상법」상의 기업(주식회사, 합명회사, 합자회사, 유한회사, 유한책임회사),[4] ② 개인기업과 ③ 「민법」상의 기업(조합, partnership)[5]으로 구분된다. 오늘날 대표적인 기업형태가 주식회사이므로 이 책에서는 주식회사회계를 다룬다.[6] 기업(주식회사)에 대한 회계를 이해하면 다른

3) **경제활동**은 재화나 용역을 창출, 교환 및 소비하는 것을 말한다.

조직에 대한 회계는 큰 어려움 없이 이해할 수 있다.

2.3 기업활동과 회계

(1) 용역회사, 상품매매회사와 제조회사

기업은 사람(인적 자원), 물자(물적 자원)와 돈(자금) 등 자원을 투입하여 재화나 용역을 생산하고 생산된 재화나 용역을 고객에게 판매하여 이익을 창출하며, 이익을 분배하거나 재생산에 활용하여 영업활동을 지속한다. 기업은 그 주요 영업활동에 따라 용역회사, 상품매매회사와 제조회사로 구분한다. 용역회사는 용역(서비스)의 제공을 주요 영업활동으로 하는 서비스회사이다. 상품매매회사는 상품을 외부에서 매입하여 고객에게 판매하는 것을 주요 영업활동으로 하는 유통회사이다. 제조회사는 사람, 기계, 원재료 등의 자원을 이용하여 제품을 직접 생산하여 판매하는 것을 주요 영업활동으로 하는 회사이다.

(2) 재무활동, 투자활동과 영업활동

용역회사, 상품매매회사와 제조회사와 같은 기업들은 그 목적을 달성하기 위하여 여러 가지 활동을 수행하는데 그 중에서 가장 핵심적인 활동은 재무활동, 투자활동과 영업활동

4)

기업 형태	특징
주식회사*1	자본의 증권화 제도, 유한책임제도, 소유와 경영의 분리
합명회사	2인 이상의 무한책임사원으로 구성
합자회사	유한책임사원과 무한책임사원으로 구성
유한회사	주식회사와 마찬가지로 유한책임사원으로 구성
유한책임회사	내부적으로 합명회사 성격, 외부적으로 유한책임

*1. 주식회사의 기관
① 주주총회: 주식회사의 최고의결기구
② 이사회: 회사의 업무집행에 관한 의사결정을 함
③ 대표이사: 대내적으로 업무를 집행하고 대외적으로 회사를 대표함
④ 감사(또는 감사위원회): 업무감사와 회계감사를 함

5) 기업 종류별 법적 지위 등에 대해서는 **상법(기업법)**을 참조.

6) 주식회사는 **한국거래소의 상장** 여부에 따라 주권상장기업과 주권비상장기업으로 구분하며, 주권상장기업은 유가증권시장 상장기업과 코스닥시장 상장기업 등으로 구분할 수 있다.

주식회사의 상장 여부에 따른 구분			주식의 명칭
주식회사	주권상장기업	유가증권시장 상장기업	유가증권시장 상장주식
		코스닥시장 상장기업	코스닥시장 상장주식
	주권비상장기업		비상장주식

상장(listing)은 한국거래소가 정한 요건을 충족한 기업이 발행한 주권을 한국거래소(증권시장)에서 거래할 수 있도록 허용(거래 물건으로서 등록)하는 것을 말한다. **상장** 등 관련 제도와 **한국거래소**에 대해서는 www.krx.co.kr를 참조.

이다.

재무활동(financing activities)은 기업이 영업활동과 투자활동에 필요한 자금을 조달하거나 상환하는 활동을 말한다. 주주나 채권자에게 주식이나 사채를 발행하여 자금을 조달하거나 금융기관에서 차입하여 자금을 조달하는 것 등이 재무활동의 예이다.

투자활동(investing activities)은 기업이 필요한 자금을 확보한 후에 영업활동에 사용할 경제적 자원을 취득하거나 처분하는 활동과 투자목적으로 경제적 자원을 취득하거나 처분하는 활동을 말한다. 투자활동은 토지, 건물, 설비, 특허권, 다른 기업의 주식 또는 사채 등의 취득 및 처분과 관련된다.

표 1-1 | 기업의 활동

구분	의의	내용
재무활동	영업활동과 투자활동에 필요한 자금의 조달과 상환	주식이나 사채의 발행과 상환, 금융회사로부터 자금의 차입과 상환
투자활동	영업활동과 투자활동에 필요한 경제적 자원의 취득과 처분	토지, 건물, 설비, 특허권, 다른 기업의 주식 또는 사채 등의 취득과 처분
영업활동	수익을 창출하기 위해 재화나 용역을 제공	구매활동, 생산활동, 마케팅활동, 일반관리활동 등

영업활동(operating activities)은 기업이 자산에 대한 투자를 바탕으로 수익을 창출하기 위하여 고객에게 재화를 판매하거나 용역을 제공하는 활동을 말하며, 구매활동, 생산활동, 마케팅활동, 일반관리활동을 예로 들 수 있다.

(3) 기업활동과 재무제표

재무제표를 이해하기 위해서는 재무제표가 나타내려는 기업의 활동을 이해하여야 한다.

그림 1-2 | 기업활동과 회계

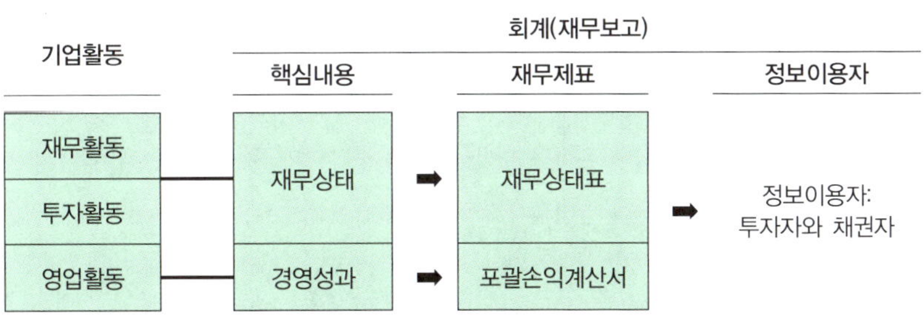

투자자와 채권자는 재무활동, 투자활동과 영업활동을 통한 기업의 재무상태와 경영성과에 대한 정보를 알려고 한다. 예를 들어, 채권자는 원금의 상환이나 이자의 수령 여부에 대한 의사결정에 사용하기 위해, 투자자(주식회사의 주주)는 주식의 추가매입이나 매도 여부에 대한 의사결정에 사용하기 위해 기업경영에 관한 정보가 필요하다. 기업의 재무활동, 투자활동과 영업활동의 결과는 재무제표에 보고된다. 재무활동과 투자활동의 결과는 재무상태표에 보고하며, 영업활동의 결과는 포괄손익계산서에 보고한다.

다음 표는 재무제표의 종류와 각 재무제표가 제공하는 회계정보를 요약하고 있다.

표 1-2 | 재무제표의 종류와 제공하는 회계정보

재무제표	회계정보	내용
재무상태표	재무상태	일정시점의 기업이 보유하고 있는 자산, 부채와 자본(재무상태)에 대한 정보
포괄손익계산서	경영성과	일정기간 기업의 경영성과에 대한 정보
자본변동표	자본변동	일정시점의 기업의 자본의 크기와 일정기간 기업의 자본변동에 대한 정보
현금흐름표	현금흐름	일정기간 기업의 현금유입과 현금유출(현금흐름)에 대한 정보
주석		재무제표 본문에 표시하기 어려운 목적적합한 추가정보

3. 회계정보이용자

회계는 정보이용자의 의사결정에 유용한 정보를 제공한다. 의사결정의 주체인 정보이용자[7]는 기업을 중심으로 내부정보이용자와 외부정보이용자로 나눌 수 있다. 내부정보이용자

그림 1-3 | 회계정보이용자에 따른 회계정보의 제공

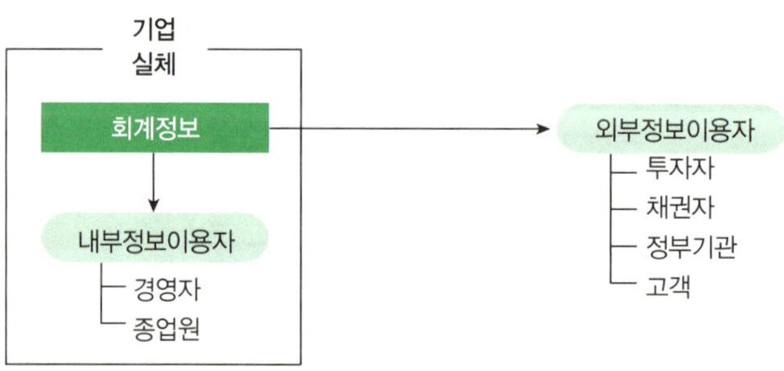

7) **정보이용자, 이해관계자와 의사결정자**: **정보이용자**와 비슷한 의미를 갖는 용어로 **이해관계자**라는 용어가 있는데, 특정 기업의 이해관계자는 그 기업의 정보를 이용하여 경제적 의사결정을 하는 것이 일반적이므로 정보이용자라 할 수 있다. 이 책에서는 **이해관계자, 정보이용자와 의사결정자를 같은 의미로 사용**한다.

(internal users)는 기업의 경영을 담당하고 있는 경영자와 종업원을 들 수 있다. 외부정보이용자(external users)는 기업의 영업활동, 투자활동과 재무활동에 관심을 갖고 있는 투자자, 채권자, 정부(규제)기관과 고객 등을 들 수 있다. 전통적으로 투자자와 채권자가 주된 외부정보이용자이다.

3.1 내부정보이용자

(1) 경영자

경영자(management)는 기업의 인적 및 물적 자원을 활용하여 기업활동을 계획(planning)하고 이의 수행을 통제(control)하는 역할을 한다. 경영자는 영업활동(목표이익의 결정, 신제품의 개발, 생산량의 결정, 제품광고 등), 투자활동(생산설비의 교체, 연구개발비 투자 등)과 재무활동(주식이나 사채의 발행, 은행차입, 부채의 상환 등)을 수행하기 위하여 여러 가지 경영의사결정을 하며, 이 과정에서 의사결정의 효율성을 높이기 위하여 회계정보를 이용한다.

(2) 종업원

종업원(employee)은 기업의 재무적 안전성과 수익성에 관심을 갖는데, 이들은 종업원의 고용안정성과 급여지급능력과 직결되기 때문이다. 따라서 종업원은 기업의 고용안정성과 급여지급능력을 평가하기 위하여 회계정보를 이용한다.

3.2 외부정보이용자

(1) 투자자

투자자(investor)는 해당 기업의 주식과 사채에 투자(현재투자자, present investor)하였거나 투자할 의사(잠재투자자, potential investor)를 가진 개인이나 기관이다. 현재투자자는 보유 중인 증권의 계속보유, 처분 또는 추가구입 의사결정을 할 때, 잠재투자자는 어느 기업의 증권을 언제, 얼마만큼 구입할 것인가를 결정할 때 해당 기업의 전망을 평가하기 위하여 회계정보를 이용한다.

(2) 채권자

채권자(creditors)는 기업에 장기 또는 단기 자금을 대여한 개인이나 금융기관이며, 넓은 의미에서 위에서 설명한 투자자에 속한다. 채권자는 신용제공 또는 대출 의사결정을 할 때 기업의 재무적 안전성(원금과 이자를 변제받을 수 있는지 여부)을 평가하기 위하여 회계정보를 이용한다.

(3) 정부기관(규제기관)

국세청과 지방자치단체의 지방세 담당부서는 조세의 부과와 징수에, 공정거래위원회는 독과점 및 초과이윤의 감시에, 기획재정부나 지방자치단체는 전기, 철도, 버스 등 공익산업의 공공요금 결정과 통제에 회계정보를 이용한다. 한국거래소는 주식의 상장과 상장폐지의 결정과 특정 주식거래의 일시정지 또는 제한 의사결정에, 금융감독원은 금융기관의 부실가능성의 감시에 회계정보를 이용한다.

(4) 기타 외부정보이용자

고객(customers)과 공급자(거래기업)는 장기적이고 안정적으로 제품을 공급받거나 공급하기 위한 의사결정에 회계정보를 이용한다. 노동조합은 임금협상에 회계정보를 이용하고, 시민단체는 기업활동과 정부정책을 비판하는 데 회계정보를 이용한다. 그 밖의 외부정보이용자에 학계, 언론기관, 지역사회, 경제단체, 환경보호단체 등이 있다.

4. 회계의 사회적 역할

회계는 정보이용자의 의사결정에 유용한 정보를 제공하여 사회 전체적으로 합리적인 결과를 가져오도록 함으로써 사회에 기여하는 사회적 역할(기능)을 수행한다.

4.1 경제적 자원의 효율적 배분

회계정보는 기업의 생산성을 평가하는 데 유용한 정보를 제공함으로써 희소한 경제적 자원(social scarce economic resource)이 생산성이 높은 기업에 효율적으로 배분되도록 도움을 준다. 주주나 채권자는 투자의사결정과 신용의사결정을 할 때 생산성이 높은 기업(이익을 많이 창출하는 기업)에 투자하거나 자금을 대여할 것이므로 회계는 경제적 자원을 효율적으로 배분하는 데 기여한다. 또한 기업에 배분된 자원은 경영자가 효율적으로 관리하여 그 자원을 이용하여 더 많이 생산할 수 있으므로 경영자는 회계정보를 활용하여 자원을 효율적으로 배분하려 할 것이다.

4.2 수탁책임에 대한 보고

수탁책임(stewardship responsibility)은 경영자(대리인,[8] agents)가 주주나 채권자(소유주, owners)로부터 수탁받은 경제적 자원을 효율적으로 운영하고 관리할 책임을 말한다. 또한 수탁책임의 이행결과를 회계적으로 보고할 책임을 회계책임(accountability)이라 한다. 따라서 수탁책임이 있으면 반드시 회계책임도 함께 존재하는데, 회계는 수탁책임의 이행정도를 평가하는 데 유용한 정보를 제공하는 역할을 한다.

경영자(주로 전문경영자)는 수탁책임에 따라 기업의 경제적 자원을 배분하고 그 결과를 이해관계자에게 보고할 의무가 있으며, 회계정보(재무제표)를 수탁책임을 보고하는 수단으로 활용한다.

4.3 사회적 통제의 합리화

회계정보는 국가의 주요 정책의사결정에 도움이 된다. 회계정보는 대규모 기업집단에 대한 규제, 노사 간 임금협약, 세율이나 공공요금의 결정 등 사회적 통제기능을 수행하는 데 활용된다. 예를 들어, 노사 간 임금협약을 체결할 때 기업의 경영성과나 재무상태를 나타내는 회계정보가 기본적인 자료로 사용될 것이며, 세율이나 공공요금을 결정할 때에도 기업의 회계정보를 활용한다. 또한 환경운동, 부패방지운동 등 각종 시민단체 등이 기업활동이 환경, 부패에 미치는 영향을 평가하고 감시하는 데에도 기업의 회계정보를 활용한다.

---

8) **대리인문제**는 기업의 경영을 주주에게서 위탁받은 대리인인 **전문경영자가 주주의 이익에 반하는 행동**을 하는 것을 말한다. 주주와 경영자 사이에 발생하는 **대리인문제를 해결**하기 위해 발생하는 다음과 같은 비용을 **대리인비용**(agency costs)이라 한다.

① **감시비용**(monitoring cost): 주주가 대리인인 경영자가 자신의 이익을 위해 경영하고 있는지를 감시하기 위해 발생하는 비용

② **확증비용**(bonding cost): 대리인인 경영자가 자신의 경영활동이 주주를 위한 것이라는 것을 주주에게 증명하기 위해 발생하는 비용

③ **잔여손실**(residual costs): 감시비용이나 확증비용 이외에 경영자가 기업을 위한 최적 의사결정을 하지 않기 때문에 발생하는 기업가치의 손실

제2절 회계원칙과 외부감사

1. 일반적으로 인정된 회계원칙과 외부감사제도

1.1 일반적으로 인정된 회계원칙

기업은 경제적 사건이나 거래를 측정·보고하는 데 있어 일반적으로 인정된 회계원칙을 준수하여야 한다. 기업은 다수의 정보이용자가 정보를 비교할 수 있도록 일정한 기준에 따라 재무제표를 작성하여야 하는데 재무제표를 작성하고 공시하는 데 있어 지켜야 할 기준을 회계기준 또는 일반적으로 인정된 회계원칙(Generally Accepted Accounting Principles, GAAP)이라 한다.

일반적으로 인정된 회계원칙은 다수의 권위 있는 전문가의 합의에 따라 회계이론과 회계실무를 체계화한 것으로 회계행위의 지침이 되며 회계실무를 이끌어가는 지도원리가 된다. 또한 회계원칙은 경제환경과 기업실무의 변화에 대응하여 계속적으로 변화(수정)하는 특징이 있다. 실무에서는 원칙이라 하지 않고 회계기준(accounting standards)이라 한다.

일반적으로 인정된 회계원칙은 재무제표의 작성자 또는 이용자 이외의 독립적인 제3자가 제정하는 것이 바람직하다. 현재 우리나라는 한국회계기준원이 일반적으로 인정된 회계원칙을 제정하고 있으며, 각 국가마다 독립적인 기관에서 일반적으로 인정된 회계원칙을 제정하고 있다.

각 국가가 처한 경제환경이 다르기 때문에 그들이 제정한 일반적으로 인정된 회계원칙은 동일하지 않다. 2002년부터 국제회계기준위원회(International Accounting Standards Board, IASB)가 전 세계에 적용될 단일의 회계기준 제정을 목표로 국제회계기준(International Financial Reporting Standards, IFRS)을 발표하고 있다.

1.2 외부감사제도

일반적으로 인정된 회계원칙과 함께 외부정보이용자(즉, 투자자, 채권자 등)가 신뢰성 있는 재무정보를 이용할 수 있도록 해주는 감시장치 중 하나가 외부감사제도이다. 일반적으로 인정된 회계원칙이 정립되었다 하더라도 기업이 회계처리를 할 때 적절하게 준수하고 있는지에 대해 정보이용자가 확인할 수 있는 방법이 없다.

외부감사제도(external auditing)는 기업의 재무제표가 일반적으로 인정된 회계원칙에 따라 적정하게 작성되었는지를 독립된 전문가(공인회계사)가 감사하고 그에 따른 감사의견을 표명함으로써 재무제표의 신뢰성을 높이고 재무제표이용자가 회사에 대해 올바른 판단을 할 수 있도록 해주는 제도이다.[9)]

▌그림 1-4 ▌ 일반적으로 인정된 회계원칙과 외부감사

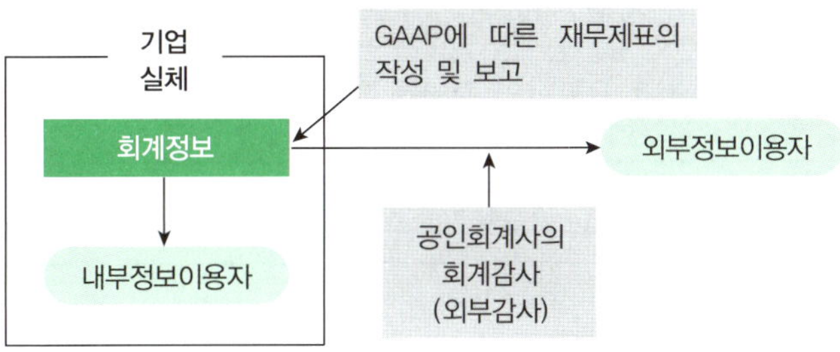

「주식회사 등의 외부감사에 관한 법률」에 따라 직전 회계연도 말의 자산총액이 120억원 이상인 주식회사 등은 회사가 작성한 재무제표에 대해 외부감사인인 공인회계사의 회계감사를 의무적으로 받아야 한다.[10)]

공인회계사는 기업의 재무제표가 일반적으로 인정된 회계원칙에 따라 적정하게 작성되었는지 여부를 독립된 전문가로서 감사하고 감사의견을 표명하는 감사보고서를 작성한다. 감사의견에는 적정의견(unqualified opinion), 한정의견(qualified opinion), 부적정의견(adverse opinion), 의견거절(disclaimer of opinion)이 있다.

---

9) 공인회계사는 재무제표에 대한 회계감사를 수행한 후 감사보고서를 제출하며, **감사보고서**는 **금융감독원의 전자공시시스템**(http://dart.fss.or.kr)에서 구할 수 있다.

10) **주식회사 등의 외부감사에 관한 법률**은 다음 표의 **외부감사 제외 대상 회사를 제외한 모든 주식회사·유한회사를 외부감사 대상으로 규정**하고 있다. 따라서 주식회사·유한회사 중 자산, 부채, 매출액, 종업원수, 사원수(유한회사에 한정) 등을 고려하여 외부감사 대상으로 선정하며, 자산 또는 매출액이 500억원 이상인 경우 외부감사 의무를 부과한다.

구분	외부감사 제외 대상
주식회사	4가지 요건(① 자산 120억원 미만, ② 매출액 100억원 미만, ③ 부채 70억원 미만, ④ 종업원수 100인 미만) 중 3개 이상 충족하면 외부감사 대상에서 제외함
유한회사	주식회사의 4가지 요건에 '사원수 50인 미만' 기준을 추가하여 총 5개 요건 중 3개 이상을 충족하면 외부감사 대상에서 제외함

표 1-3 | 감사의견의 종류와 내용

구분	내용
적정 의견	감사범위에 어떠한 제한도 받지 않았으며, 회계감사기준을 준수하여 감사를 실시한 결과 재무제표가 기업회계기준에 따라 적정하게 작성되었다고 판단되는 경우에 표명하는 의견
한정 의견	재무제표에 중요한 영향을 미치는 감사범위에 제한이 있었거나 또는 기업회계기준의 적용에 관해 경영자와 중요한 의견불일치가 있는 경우에 표명하는 의견
부적정 의견	기업회계기준의 적용과 관련하여 재무제표에 특히 중요한 영향을 미치는 경영자와 의견불일치가 있는 경우에 표명하는 의견
의견 거절	감사인의 독립성이 결여되어 있거나 재무제표에 특히 중요한 영향을 미치는 감사범위에 제한이 있는 경우에 표명하는 의견

2. 국제회계기준과 체계

기업경영이 글로벌화되고 국가 간 자본거래가 자유화됨에 따라 글로벌기업의 회계투명성이 강조되고 국가 간 회계기준의 상이성을 축소하여 회계정보의 비교가능성을 높이기 위하여 회계기준을 국제적으로 통일해야 한다는 주장이 제기되었다.[11] 이러한 필요성에 따라 유럽연합(EU)이 중심이 되어 1973년에 국제회계기준위원회(International Accounting Standards Committee, IASC)를 설립하고 국제회계기준(International Accounting Standards, IAS)을 제정하였다.

국제회계기준의 장기적인 신뢰성을 확보하기 위하여 국제자본시장과 각국의 회계전문기구와 회계정보이용자가 국제회계기준을 수용하는 것이 필수적이라는 지적에 따라 이러한 참여자의 적극적인 참여를 유도하기 위하여 국제회계기준을 제정하는 IASC의 구조를 개편할 필요성이 제기되어 국제회계기준위원회(International Accounting Standards Board, IASB)를 구성[12]하였다.

2001년 4월부터 IASC를 대신하여 IASB가 국제회계기준의 제정 책임을 지며, IASB는 각국의 회계전문기구가 회원으로 가입해 있다. 2003년 6월 IASB는 새로운 명칭의 국제회계기준(International Financial Reporting Standards, IFRS)을 발표하였다. 그리고 국제회계기준(서)을 보완하는 국제회계기준해석서로 IASC는 SIC Interpretation을 제정하였고, IASB는 2004년 5월부터 IFRIC Interpretation을 제정하고 있다.

11) **국제회계기준의 특징**에 대해서는 **보론 1-1 국제회계기준의 특징**의 설명을 참조.

12) **국제회계기준위원회**는 기준 제정과정에서 미국, 영국, 캐나다, 호주, 일본 등 세계 각국과의 협업을 통해 공동 작업을 하고 있으며 감독기구와 독립적으로 운용된다. IASB는 EU를 중심으로 주요 국가를 대표한 13명의 위원으로 구성되며, **산하기구**로 IFRIC(International Financial Reporting Interpretation Committee)가 **국제회계기준해석서**의 제정을 담당하고 있다.

국제회계기준의 체계는 [표 1-4]와 같다.

표 1-4 | 국제회계기준의 체계

구분		1973~2002년	2003년~현재
제정기관		IASC	IASB
회계기준	기준서	IAS	IFRS
	해석서	SIC Interpretation	IFRIC Interpretation

현재 우리나라를 포함하여 150여 개 국가가 국제회계기준을 일반적으로 인정된 회계원칙으로 도입하였거나 도입할 예정이다.

3. 우리나라의 회계원칙

3.1 국제회계기준 도입 이전의 일반적으로 인정된 회계원칙

우리나라의 일반적으로 인정된 회계원칙의 효시(嚆矢)는 1958년 6월 재정금융위원회의 기업회계준칙제정분과위원회가 공표한 기업회계원칙이었다. 이후 재무제표규칙, 상장법인 등의 회계처리에 관한 규정, 상장법인 등의 회계처리에 관한 규칙, 기타 의견서 및 사례가 제정 · 적용되었다. 1980년 12월 「주식회사의 외부감사에 관한 법률」이 제정되고 이 법률에 따라 증권관리위원회가 종전의 모든 회계규정을 대체하는 기업회계기준을 공표하였다.

1997년 10월에 발생한 IMF 외환위기의 주요 원인 중 한 가지가 기업경영의 투명성 결여라는 지적에 따라 1998년 9월 정부와 세계은행(International Bank for Reconstruction and Development, IBRD)은 회계정보의 신뢰성과 기업경영의 투명성 제고를 위하여 독립된 민간부문의 회계기준 제정기구를 설립하기로 합의하였다. 그 결과 한국회계기준원이 설립되었으며 그 산하에 기업회계기준의 제정작업을 주도할 한국회계기준위원회가 설치되었다.

한국회계기준원이 2000년 7월부터 독립적으로 「기업회계기준」을 제정해 오던 중 국제회계기준위원회가 제정한 국제회계기준을 전면적으로 도입하려는 움직임이 나타나게 되었고, 이러한 추세에 맞추어 2007년 3월에 한국회계기준원 주도로 IFRS를 도입하기 위한 로드맵이 발표되었다.

3.2 국제회계기준 도입 이후 우리나라의 회계원칙

(1) 현행 기업회계기준

우리나라의 회계기준은 1958년에 처음 제정되었으며, 이후 여러 과정을 거쳐 정부가 제정하는 기업회계기준 체계가 유지되어 왔다. 이후 1997년 외환위기를 겪으면서 회계정보의 신뢰성과 기업경영의 투명성을 제고하기 위하여 민간 회계기준제정기구의 설립 필요성이 제기되어 1999년 한국회계기준원이 설립되어, 국제회계기준 도입 이전까지 회계기준 제정업무를 처리하였다.

그러나 이러한 노력에도 불구하고 우리나라는 국제사회에서 국제회계기준을 사용하지 않는 나라로 분류되어 투명성이 낮은 것으로 평가되었다. 이를 해결하고 회계정보의 투명성과 국제회계기준과의 정합성을 제고하기 위하여 2011년부터 한국채택국제회계기준을 전면 도입하였다. 우리나라가 채택한 국제회계기준을 한국채택국제회계기준(Korean International Financial Reporting Standards, K-IFRS)이라 한다. K-IFRS는 국제회계기준을 한국어로 번역한 것이므로 국제회계기준의 형태를 그대로 따르고 있으며, 한국회계기준원이 공표한다. 국제회계기준은 복잡한 기준이므로 한국회계기준원은 비상장기업들이 쉽게 사용할 수 있는 일반기업회계기준(K-GAAP이라 하기도 함)을 제정하였다. 한국채택국제회계기준을 도입한 이후 기업회계기준은 한국채택국제회계기준, 일반기업회계기준, 중소기업회계기준 등으로 구분한다.

표 1-5 | 한국채택국제회계기준 도입 후 우리나라의 회계기준

구분		한국채택국제회계기준 (K-IFRS)	일반기업 회계기준	중소기업 회계기준	특수분야 회계기준
적용대상		상장기업	비상장기업	비상장중소기업	특수분야
구성		기업회계기준서	일반기업 회계기준	중소기업 회계기준	특수분야 회계기준
		기업회계기준해석서	해석서	-	해석

주식회사는 상장주식회사와 비상장주식회사로 구분한다. 「주식회사 등의 외부감사에 관한 법률(아래에서는 외감법)」에 따르면 상장주식회사는 한국채택국제회계기준을 의무적으로 적용하여야 한다. 비상장주식회사는 대부분 중소기업이며, 이들은 외감법을 적용받는 주식회사와 외감법을 적용받지 않는 주식회사로 구분한다. 이 중 외감법을 적용받는 주식회사는 비교적 규모가 큰 비상장주식회사로 일반기업회계기준을 적용하나 자발적 선택에 따라 한국채택국제회계기준을 적용할 수 있다. 한편, 외감법을 적용받지 않는 주식회사는

규모가 작은 비상장주식회사로 중소기업회계기준을 적용한다.[13)]

표 1-6 | 기업의 유형과 회계기준의 적용

<table>
<tr><th rowspan="2">구분</th><th rowspan="2">주권장장법인 및 금융회사
(외감법*1 적용)</th><th colspan="2">비상장기업</th></tr>
<tr><th>외감법 적용</th><th>외감법 비적용</th></tr>
<tr><td>적용회계
기준</td><td>기업회계기준*2
(한국채택국제회계기준)</td><td>일반기업회계기준
(한국채택국제회계기준을 적용할 수 있음)</td><td>중소기업회계기준</td></tr>
</table>

*1. 외감법은 「주식회사 등의 외부감사에 관한 법률」을 말함.
*2. 기업회계기준의 정식명칭은 한국채택국제회계기준이며, K-IFRS라 함.

(2) 기업회계기준 제정기관

한국회계기준원(Korea Accounting Institute, KAI)은 기업의 재무보고와 외부감사인의 감사가 통일성과 객관성을 유지할 수 있는 회계처리기준을 제정한다.

한국회계기준원은 2007년 7월부터 「주식회사의 외부감사에 관한 법률」에 따라 금융위원회이 위탁으로 기업회계기준을 제정·개정·해석하고 있고, 회계 및 외부감사제도와 관련된 주요 제도 및 정책 등에 관한 연구를 수행하고 있으며, 회계처리기준에 관한 사항을 심의·의결하기 위하여 관계전문가로 구성된 한국회계기준위원회(Korea Accounting Standards Board, KASB)를 두고 있다.

3.3 한국채택국제회계기준의 체계

(1) 한국채택국제회계기준

한국채택국제회계기준(Korean International Financial Reporting Standards, K-IFRS)은 상장기업(「주식회사 등의 외부감사에 관한 법률」의 적용대상기업 중 「자본시장과 금융투자업에 관한 법률」에 따른 주권상장기업)이 적용해야 하는 회계처리기준이다. 한국채택국제회계기준은 한국채택국제회계기준의 적용을 선택한 비상장기업의 회계처리에도

13) 한국채택국제회계기준, 일반기업회계기준, 중소기업회계기준 등 한국채택국제회계기준의 각 회계기준별 적용대상 기업과 적용시기를 요약하면 다음과 같다.

<table>
<tr><th>구분</th><th>적용대상 기업</th><th>외부감사 여부</th><th>관련 법령</th><th>적용 연도</th></tr>
<tr><td>한국채택국제회계기준</td><td>상장기업과 금융회사</td><td rowspan="2">의무</td><td rowspan="2">주식회사 등의 외부감사에 관한 법률</td><td rowspan="2">2011년</td></tr>
<tr><td>일반기업회계기준</td><td>한국채택국제회계기준을 적용하지 않는 외부감사대상 주식회사 또는 유한회사</td></tr>
<tr><td>중소기업회계기준</td><td>외부감사대상 이외의 주식회사</td><td>면제</td><td>상법</td><td>2014년</td></tr>
</table>

적용한다.

한국채택국제회계기준은 기업회계기준서와 기업회계기준해석서로 구성되어 있다.

표 1-7 | 한국채택국제회계기준의 체계

구분	기업회계기준서		기업회계기준해석서	
제정기관	IASC	IASB	SIC	IFRIC
국제회계기준	IAS	IFRS	SIC Interpretation	IFRIC Interpretation
한국채택 국제회계기준	1001-1099	1101-1999	2001-2099	2101-2999
일반기업 회계기준	3001-3999		4001-4999	
특수분야 회계기준	5001-5999		6001-6999	

1. 기업회계기준서와 해석서는 국제회계기준의 일련번호와 일관되게 부여함.
기업회계기준서(국제회계기준)가 ① IASC가 제정한 IAS와 ② IASB가 제정한 IFRS로 구성되어 있으므로 ① IAS를 번역한 기준서의 일련번호는 1000단위로 시작하고 끝자리는 관련 IAS의 번호와 일치하도록 하였고, ② IFRS를 번역한 기준서의 일련번호는 1100단위로 시작하고 끝자리는 관련 IFRS의 번호와 일치하도록 하였음.
기업회계기준해석서(국제회계기준해석서)도 ① SIC Interpretation을 번역한 해석서의 일련번호는 2001부터 2099까지를 사용하고, ② IFRIC Interpretation을 번역한 해석서의 일련번호는 2101부터 2999까지를 사용하도록 하였음.

1) 기업회계기준서

기업회계기준서는 관련 회계 사안에 대한 회계처리방법, 표시 및 공시에 대한 포괄적인 지침을 제공한다. 기업회계기준서는 목적, 적용범위, 회계처리방법, 공시, 부록(용어의 정의, 적용보충기준 등) 등으로 구성된다.

2) 기업회계기준해석서

기업회계기준해석서는 기업회계기준서에서 명시적으로 언급하지 않은, 새롭게 인식된 재무보고 문제에 대한 지침을 제공하고, 구체적인 지침이 없다면 잘못 적용될 수 있는 내용에 대한 권위 있는 지침을 제공한다. 기업회계기준해석서는 참조, 배경, 적용범위, 회계논제, 결론, 시행일과 결과규정 등으로 구성된다.

(2) 일반기업회계기준

일반기업회계기준은 한국회계기준원 회계기준위원회에서 제정한 회계기준으로서, (「주식회사 등의 외부감사에 관한 법률」의 적용대상기업 중 한국채택국제회계기주을 적용하지 아니하는 기업)이 적용해야 하는 회계기준이다. 일반기업회계기준은 일반기업회계기준서와 해석서로 구성되어 있다. 일반기업회계기준은 기존의 기업회계기준을 수정·보완한 편람식 회계기준으로, 한국회계기준원이 2010년 말에 일반기업회계기준을 제정·공표하였으며 2011년부터 적용되었다.

(3) 중소기업회계기준

중소기업회계기준은 비상장기업(「주식회사 등의 외부감사에 관한 법률」의 적용대상이 아닌 기업)이 적용해야 하는 회계처리기준으로, 편람식 회계기준의 형식을 가지고 있다. 중소기업회계기준은 「상법」에 따라 법무부 장관이 금융위원회 및 중소벤처기업부 장관과 협의하여 고시하는 회계기준으로 2013년 2월에 제정·공표하였다. 중소기업회계기준은 2014년 1월 1일 이후 최초로 시작되는 회계연도부터 적용되었다.

(4) 특수분야회계기준

특수분야회계기준은 「금융지주회사법」, 「기업구조조정투자회사법」 등 관계 법령의 요구사항이나 우리나라에 고유한 거래나 기업환경 등의 차이를 반영하기 위하여 기업회계기준위원회가 제정하는 회계기준으로, 현재까지 제5001호 결합재무제표, 제5002호 기업구조조정투자회사, 제5003호 집합투자기구, 제5004호 신탁업자의 신탁계정의 4개 기준서가 제정·공표되었다.

제3절 회계의 영역

1. 회계의 분류

회계는 보고대상인 회계정보의 이용자(즉, 회계가 누구에게 정보를 제공하는가)에 따라 재무회계와 관리회계로 대별한다. 회계는 이 밖에도 회계감사, 세무회계, 비영리회계(정부회계), 회계정보시스템 등 그 분야가 다양하다.

1.1 재무회계

재무회계(financial accounting)는 외부정보이용자가 의사결정을 하는 데 유용한 정보를 제공하는 것을 목적으로 한다. 기업은 재무상태, 경영성과, 현금흐름과 자본변동에 관한 정보를 재무제표를 통하여 투자자, 채권자 등의 외부정보이용자에게 전달한다.

기업은 다수의 정보이용자가 정보를 비교할 수 있도록 일정한 기준에 따라 재무제표를 작성하여야 하는데 이러한 기준을 회계기준 또는 일반적으로 인정된 회계원칙이라 한다. 재무회계는 기업 외부에 있는 다수의 정보이용자를 위하여 정보를 제공하며, 그 정보이용자와 이용목적이 특별히 지정되어 있지 않으므로 일반목적 재무보고(general purpose financial reporting)라 한다.

1.2 관리회계

관리회계(managerial accounting)는 내부정보이용자(경영자)가 의사결정을 하는 데 유용한 정보를 제공하는 것을 목적으로 한다. 경영자는 작성된 내부보고서를 통해 예산편성, 제품의 판매가격 결정, 제품의 수익성 분석 등과 같은 경영활동을 계획하고 통제한다. 관리회계는 기업의 내부정보이용자에게 정보를 제공하므로 회계기준과 같은 일정한 형식이나 내용 등의 규제를 받지 아니하며, 별도의 보고형식도 존재하지 않는다.

재무회계와 관리회계의 특징을 요약하면 다음과 같다.

표 1-8 | 재무회계와 관리회계

구분	재무회계	관리회계
보고목적	외부정보이용자에 정보제공	내부정보이용자에 정보제공
정보이용자	투자자와 채권자 등	경영자
정보내용	주로 과거 정보	과거, 현재 및 미래 정보
정보형태	주로 화폐적(양적) 정보	화폐적(양적) 및 비화폐적(질적) 정보
정보특성	객관성과 검증가능성(정보의 정확성)	목적적합성(정보의 적시성)
보고시기	정기적으로 보고(연말, 반기말, 분기말)	필요에 따라 수시로 보고
보고기준	일반적으로 인정된 회계원칙	일반적인 기준 없음
보고형태	재무제표	일정한 양식 없음

1.3 회계감사

회계감사(auditing)는 재무제표에 포함된 정보가 미리 설정된 회계기준과 일치하는지 여부를 확인하는 절차이다. 기업이 공시하는 회계정보의 신뢰성을 제고하기 위하여 기업과 독립적인 공인회계사의 회계감사가 이루어져야 한다. 공인회계사는 기업이 제공한 재무제표가 회계기준을 준수하여 작성되었는지에 대해 감사의견을 표명한다.[14]

1.4 세무회계

세무회계(tax accounting)는 세법에 따라 세금을 신고하고 납부하는 데 필요한 정보를 세무당국에 제공하는 것을 목적으로 한다. 세무회계는 주로 세법에서 정하는 방식에 따라 세무신고(세무보고)를 하기 위해 과세소득(taxable income)과 세금금액을 계산하는 데 초점을 맞춘다. 대부분의 기업은 법인세, 소득세, 부가가치세, 지방세 등에 대한 세무신고를 하여야 한다.

1.5 비영리회계

비영리회계(non-for-profit accounting)는 정부기관, 공익기관, 학교, 병원 등의 비영리기관의 활동과 사건 등을 측정·기록하여 회계정보를 제공한다. 비영리회계의 기본적 역할은 정부기관이나 비영리기관의 재무상태나 운영성과에 대한 유용한 정보를 제공하는 것이다.

1.6 회계정보시스템

회계는 정보시스템이므로 회계시스템의 설계 및 운용을 다루는 영역을 회계정보시스템(Accounting Information System, AIS)이라 한다. 그러나 회계정보시스템은 회계의 다른 영역과 달리 전체 회계분야와 관련을 가지면서 정보기술(Information Technology, IT)과 접목하여 회계시스템의 설계 및 운용을 다루는 기술적인 측면이 강하다.

2. 회계의 업무분야

회계정보를 다루는 회계담당자들의 업무는 기업회계업무(private accounting), 공인회계사업무(public accounting)와 정부회계업무(governmental accounting)로 나눌 수 있다.

14) 공인회계사는 재무제표에 대한 회계감사를 수행한 후 감사보고서를 재무제표에 첨부하여 외부정보이용자에게 공시한다. 공인회계사의 회계감사를 받는 기업의 **감사보고서**는 **금융감독원의 전자공시시스템**(http://dart.fss.or.kr)에서 구할 수 있다.

2.1 기업회계업무

기업의 회계담당자들은 기업에 고용되어 회계업무를 수행한다. 이들은 회계업무(재무회계업무, 원가 · 관리회계업무), 세무회계업무, 내부감사업무(internal auditing),[15] 재무예측(financial forecasting) 또는 예산(budget)업무 등에 종사한다. 최근에는 재무와 회계담당임원으로서 재무담당이사(Chief Financial Officer, CFO)의 역할이 강조되고 있다.

2.2 공인회계사업무

공인회계사업무는 공적 회계라고도 한다. 공적 회계는 일정한 수수료를 받고 감사대상회사 등에게 회계감사, 세무업무와 경영자문업무를 제공하는 회계를 말한다. 이러한 공적 회계에 종사할 수 있는 자격(증)을 가진 회계사를 공인회계사(Certified Public Accountants, CPA)라 한다.[16]

(1) 회계감사업무

회계감사는 공인회계사만의 고유 업무이다. 회계감사(auditing)는 기업의 회계담당자가 제공하는 회계정보가 회계기준에 따라 작성된 신뢰성 있는 회계정보인지를 확인하는 과정이다. 회계감사는 회계감사기준(Generally Accepted Auditing Standards, GAAS)에 따라 진행한다.

(2) 세무업무

기업의 많은 의사결정은 세금효과를 고려하여야 한다. 공인회계사는 기업의 세무계획(tax planning)을 수립할 때 세금을 가장 적게 납부(조세최소화)하는 대안을 제시하며, 법인세신고와 세무업무(tax services) 등을 대행한다.

(3) 경영자문업무

경영자문업무(management advisory services)는 최근 증가하고 있는 공인회계사 업무 분야이다. 공인회계사는 피감사기업의 재무제표에 대한 감사를 통하여 기업의 내부사정에 정통하게 되므로 경영자문을 적절하게 수행할 수 있는 입장에 있다고 할 수 있다. 회계법인(public accounting firm)도 점차 경영자문업무로 활동영역을 넓혀가고 있다.

---

15) 회사는 **내부감사인**에게 회사의 정책과 업무절차에 따라 각 부서가 일관된 경영활동을 수행하는가를 검토할 책임을 부여하고 있다.

16) **공인회계사 자격시험**에 대한 자세한 내용은 **이 장**의 **보론 1-2: 공인회계사와 세무사 자격시험**의 설명을 참조.

2.3 정부회계업무

정부회계(accounting for government)는 이익창출을 목적으로 하지 않는 정부기관에 대해 주어진 목적을 얼마나 잘 달성하였는가를 측정하는 것이므로 영리를 목적으로 하는 기업회계와 다르다.[17]

정부기관에서 회계를 담당하는 대표적인 기관은 세무당국, 감사원(국가의 세입·세출의 결산감사, 국가기관 등의 회계검사·감독, 행정기관의 사무와 공무원의 직무감찰), 금융감독원(금융회사 감독 및 검사, 자본시장의 감독, 회계감독) 등이 있다.

3. 회계학의 체계

회계는 정보이용자에 따라 재무회계와 관리회계로 구분하며, 회계학의 교과과정도 재무회계와 관리회계(또는 원가·관리회계라 하기도 한다)로 대별된다.

▌그림 1-5 ▌회계학의 주요 교과과정

	재무회계	관리회계[*1]
고급	고급회계	고급관리회계
중급	중급회계	원가회계[18]·관리회계
초급	회계원리	회계원리

*1. 관리회계는 교과과정상 원가·관리회계라 하기도 함.

재무회계의 중급회계는 일반적인 회계처리 문제를 대상으로 하며, 고급회계는 합병회계, 연결회계, 파생상품회계 등 특수한 회계처리 문제를 대상으로 한다.

재무회계는 여러 회계분야 중에서 가장 기본이 되는 분야라 할 수 있다. 재무회계는 재무제표를 통해 합리적인 의사결정을 하는 것을 목적으로 하고 있다. 이를 위해서는 재무제표가 어떻게 작성되며, 재무제표에 포함된 내용이 무엇인지를 이해하는 것이 회계학의 기본이다(즉, 재무제표에 포함된 정보가 무엇을 의미하는지를 파악하는 것이 중요하다). 이러한 측면에서 관리회계, 세무회계, 회계감사, 비영리회계 등의 회계분야는 공통적으로

17) **비영리회계**(accounting for non-for-profit organization)도 정부회계와 비슷하다. 비영리기관(대학, 병원, 교회 등)은 기관의 설립목적에 맞는 서비스를 사회에 제공하는 것이 목적이기 때문에 회계의 접근방법도 목적사업을 얼마나 효율적으로 달성하였는가에 초점이 맞추어져 있다.

18) **원가회계**(cost accounting)가 관리회계와 혼용되어 사용되기도 하는데, 원가회계는 일반적으로 제조회사에서 **제품의 원가를 결정**하는 회계를 말하고, **관리회계**는 원가회계에서 결정된 제조원가정보를 기업 내의 경영활동과 관련된 **의사결정**의 기초자료로 활용한다.

재무회계에 대한 선행학습이 필요하다.

| 그림 1-6 | 재무회계와 관리회계의 관계

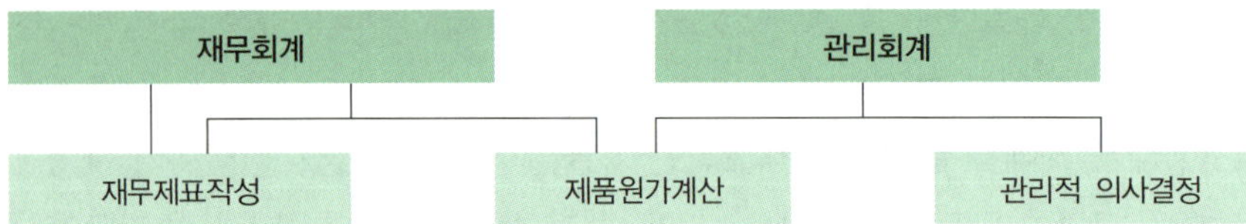

재무회계는 상품매매기업을 중심으로 설명하고, 제품원가계산에 대한 내용은 관리회계에서 설명한다. 이러한 이유로 관리회계를 원가·관리회계 또는 원가회계라고도 한다.

보론 1-1 국제회계기준의 특징

국제회계기준은 다음과 같은 특징이 있다.

1. 원칙 중심의 회계기준

IFRS는 원칙 중심의 회계기준(principle-based accounting standards)이다. IFRS는 기존의 규정 중심의 회계기준(rule-based accounting standards)과 달리 구체적인 회계지침을 가능한 제시하지 않고 대신 「재무보고를 위한 개념체계」를 근거로 제정한 핵심적인 원칙을 서술하는 방식을 채택하고 있다. 따라서 재무제표의 구체적인 양식을 제공하지 않으며, 재무제표에 표시할 계정과목을 정형화하지 않고 선택가능한 대안을 제시하여 재무제표 표시방법의 다양성을 인정하고 주석공시사항을 대폭 확대하였다.

2. 연결재무제표 중심

IFRS는 연결재무제표(consolidated financial statements, 지배회사와 종속회사의 재무제표를 하나로 통합하여 작성하는 재무제표)[19]를 기본재무제표로 작성한다. IFRS는 모든 경제적 사건을 법적인 형식이 아닌 경제적 실질에 따라 사실판단을 하고 이에 따라 재무제표를 작성하도록 하고 있다. 따라서 법적으로 독립된 기업들이 서로 지배·종속관계를 형성하여 경제적으로 단일의 연결실체를 이루고 있을 때에는 연결실체단위(지배기업과 피지배기업의 집합체)로 연결재무제표를 작성한다.[20]

3. 공정가치평가 중심

IFRS는 거래나 기타 사건의 측정기준으로 공정가치를 도입하였다. 공정가치(fair value)는 합리적인 판단력과 거래의사가 있는 독립된 당사자 사이의 거래에서 자산이 교환되거나 부채가 결제될 수 있는 금액을 의미한다.

---

19) 법적 실체인 **개별기업** 단위로 작성하는 재무제표(즉 종속회사가 없는 개별기업의 재무제표)는 **개별재무제표**라 한다.

20) **연결재무제표**에 대한 자세한 설명은 **고급회계**에서 설명한다.
연결재무제표의 작성주체인 **지배기업**은 **연결재무제표**를 기본재무제표로 작성하여야 하고, 법규를 따르기 위해서나 자발적으로 **별도재무제표**(**연결재무제표 작성기업의 개별재무제표**)를 작성할 경우 이를 연결재무제표에 **첨부**할 수 있다. 일반적으로 별도재무제표는 재무제표라 부르고 연결재무제표는 이와 구분하여 연결재무제표라 표시한다.

IFRS는 자본시장의 투자자에게 기업의 재무상황과 내재가치에 대한 유용성이 더 높은 투자정보를 제공하는 것을 핵심으로 한다. 이를 위해 IFRS는 기업이 보유하는 모든 자산과 부채를 원칙적으로 공정가치로 측정하여 공시할 것을 요구하고 있다.

4. 자본에 대한 각국의 특성 인정

글로벌 경제에서 회계기준의 통합 필요성은 인정되나 각국의 법률적, 사회적 및 경제적 환경이 다를 수 있다. 이러한 국가 간 상이한 환경적 특성은 회계처리 중 자본에 대한 회계처리에서 가장 잘 나타난다.

우리나라에서 회계기준과 관련되는 기업 관련 대표적인 법이 「상법」인데, 발행할 주식의 종류, 배당방법, 주주의 권리 등에 대해 규정하고 있다. 우리나라의 「상법」 역할을 하는 다른 나라의 법은 자본에 대하여 우리나라와 다르게 규정할 수 있으므로, 이러한 환경적 차이를 인정하여 IFRS는 자본에 대하여 각국에서 규정할 수 있도록 허용하고 있다.

보론 1-2 공인회계사와 세무사 자격시험

1. 공인회계사 자격시험

공인회계사(Certified Public Accountants, CPA)가 되려면 금융감독원이 주관하여 실시하는 공인회계사 제1차 시험과 제2차 시험에 합격하여 자격을 갖추어야 한다.[21]

1.1 응시자격

국적, 학력, 연령에 대한 제한 없이 제1차 시험에 응시할 수 있으나, 제1차 시험과 제2차 시험은 다음과 같은 응시자격의 제한이 있다.

---

21) 공인회계사시험과 시행에 대한 자세한 내용은 금융감독원 공인회계사시험 홈페이지(http://cpa.fss.or.kr)를 참조.

표 1-9 | 공인회계사 시험의 응시자격

구분	응시자격
제1차 시험	• 「고등교육법」에 따른 대학 등에서 12학점 이상의 회계학 및 세무 관련 과목, 9학점 이상의 경영학 과목, 3학점 이상의 경제학 과목을 이수한 자 • 「공인회계사법」에 따라 해당 영어시험에서 합격에 필요한 점수를 취득한 자
제2차 시험	• 제1차 시험에 합격한 자[*1] • 「공인회계사법」에 따라 제1차 시험을 면제받은 자(경력자)

*1. 「공인회계사법」에 따라 제1차 시험에 합격한 자에 대하여는 다음 해의 시험에 한하여 제1차 시험을 면제함.

1.2 시험방법 및 시험과목

(1) 제1차 시험

제1차 시험은 객관식 필기시험으로, ① 경영학, ② 경제원론, ③ 상법(총칙편, 상행위편, 회사편, 어음법 및 수표법 포함), ④ 세법개론, ⑤ 회계학(회계원리와 회계이론, 정부회계 포함)의 5 과목으로 구성된다.[22]

표 1-10 | 공인회계사 제1차 시험의 시험과목 등

구분	시험시간	시험과목	문항수	배점
1교시	110분	경영학	40	100점
		경제원론	40	100점
2교시	120분	상법	40	100점
		세법개론	40	100점
3교시	80분	회계학	50	150점

영어과목은 시험일 이전 2년 이내(예: 2018년 시험의 경우 2016년 1월 1일 이후) 다음 영어시험기관에서 실시된 시험에서 취득한 성적으로 대체한다.

22) 법률, 회계기준, 회계감사기준 등을 적용하여 정답을 구하는 문제는 **시험일**(제2차 시험은 해당 시험과목의 시험일) **전일까지 시행된 법률, 기준 등을 적용**하여 정답을 구하여야 하며, 시험일 전에 법률, 기준 등의 조기적용이 허용되는 경우에도 **시험 전일 현재 시행일이 경과한 법률, 기준 등을 적용**하여 그 정답을 구하여야 한다.

표 1-11 | 공인회계사 제1차 시험의 영어과목

영어시험의 종류		TOEFL		TOEIC	TEPS	G-TELP (Level 2)	FLEX
		PBT	IBT				
합격에 필요한 점수	일반응시자	530점 이상	71점 이상	700점 이상	345점 이상	65점 이상	625점
	청각장애인 응시자	352점 이상	35점 이상	350점 이상	204점 이상	43점 이상	375점

(2) 제2차 시험

제2차 시험은 주관식 필기시험으로, ① 세법, ② 재무관리, ③ 회계감사, ④ 원가회계, ⑤ 재무회계의 5과목으로 구성된다.

표 1-12 | 공인회계사 제2차 시험의 시험과목 등

구분		시험시간	시험과목	배점
1일차	1교시	120분	세 법	100점
	2교시	120분	재무관리	100점
	3교시	120분	회계감사	100점
2일차	1교시	120분	원가회계	100점
	2교시	150분	재무회계	150점

1.3 합격자 결정방법과 실무수습 등

매과목(영어 제외) 배점의 4할 이상, 전과목(영어 제외) 배점합계의 6할 이상을 득점한 자 중에서 전과목 총득점에 의한 고득점자순으로 합격자를 결정한다.

매과목 배점의 6할 이상을 득점한 자를 합격자로 결정한다.

제1차 시험의 합격자가 제1차 시험 합격연도에 실시된 제2차 시험의 과목 중 일부 과목 배점의 6할 이상 득점한 경우 그 과목을 부분합격과목으로 하여 매과목별 부분합격자를 결정한다. 부분합격과목은 다음 해의 제2차 시험에 한하여 해당 과목의 시험을 면제한다.

제2차 시험 합격자는 1년 이상의 실무수습을 받은 후 금융위원회에 등록하면 공인회계사 자격증이 주어지며 「공인회계사법」에 따른 직무를 행할 수 있다.[23]

---

23) **실무수습**에 관한 사항은 한국공인회계사회(http://www.kicpa.or.kr)가 관리하고 있다.

1.4 2025년 이후 공인회계사 자격시험의 변화

2025년부터 공인회계사 자격시험이 개편된다. 현재의 공인회계사 시험제도는 2007년 이후 큰 변동없이 시행되어 왔다. 이에 2022년 4월 「공인회계사법 시행령」을 개정하여 공인회계사 시험과목 및 배점 등을 변경하였다. 주요 변경사항은 ① 사전이수 과목의 변화, ② 인정되는 영어시험의 추가, ③ 제1차 시험의 과목, 범위와 배점의 변경, ④ 제2차 시험의 과목과 배점의 변경으로 요약되며, 변경사항은 2025년 제1차시험부터 적용한다.

표 1-13 | 2025년부터 변화되는 공인회계사 자격시험

구분	2024년까지	2025년부터	비고
제1차 시험 응시자격	회계학 및 세무 관련 과목 12학점, 경영학 과목 9학점, 경제학 과목 3학점 이상 이수	회계학 및 세무 관련 과목 12학점, 경영학 과목 6학점, 경제학 과목 3학점, 정보기술 과목 3학점 이상 이수	• 경영학 과목 3학점 축소 • 정보기술 과목 3학점 추가
영어시험의 종류 및 합격에 필요한 점수	TOEFL PBT 530점(청각장애인 응시자[*1] 352점) 이상, IBT 71점(35점) 이상, TOEIC 700점(350점) 이상, TEPS 340점(204점) 이상, G-TELP 65점(43점) 이상, FLEX 625점(375점) 이상	TOEFL PBT 530점(청각장애인 응시자[*1] 352점) 이상, IBT 71점(35점) 이상, TOEIC 700점(350점) 이상, TEPS 340점(204점) 이상, G-TELP 65점(43점) 이상, FLEX 625점(375점) 이상, IELTS Score 4.50점 이상	• IELTS 추가
제1차 시험 과목 및 과목별 배점	회계학(회계원리와 회계이론) 150점, 경영학 100점, 경제원론 100점, 상법(「상법」의 총칙편 · 상행위편 및 회사편, 어음법 및 수표법 포함) 100점, 세법개론 100점	회계학(회계원리와 회계이론) 150점, 경영학 80점, 경제원론 80점, 기업법(「상법」의 총칙편 · 상행위편 및 회사편, 「주식회사 등의 외부감사에 관한 법률」 및 「공인회계사법」을 포함) 100점, 세법개론 100점	• 경영학과 경제학 배점을 80점으로 축소 • 상법을 기업법으로 변경하고, 어음법 및 수표법을 제외하며, 「주식회사 등의 외부감사에 관한 법률」 및 「공인회계사법」을 포함
제2차 시험 과목 및 과목별 배점	재무회계 150점, 원가회계 100점, 회계감사 100점, 세법 100점, 재무관리 100점	재무회계 I (중급회계) 100점, 재무회계 II (고급회계) 50점, 원가관리회계 100점, 회계감사 100점, 세법 100점, 재무관리 100점	• 재무회계 150점을 재무회계 I (중급회계) 100점 및 재무회계 II (고급회계) 50점으로 분리 • 원가회계를 원가관리회계로 변경

*1. 청각장애인 응시자의 합격에 필요한 점수는 해당 영어능력검정시험(G-TELP는 제외)에서 듣기 부분을 제외한 나머지 부분에서 취득한 점수를 말함.

2. 세무사 자격시험

세무사(Certified Tax Accountants, CTA)가 되려면 한국산업인력공단이 주관하여 실시하는 세무사 제1차 시험과 제2차 시험에 합격하여 자격을 갖추어야 한다.[24)]

2.1 응시자격

제1차 시험과 제2차 시험은 다음과 같은 응시자격의 제한이 있다.

표 1-14 | 세무사 시험의 응시자격

구분	응시자격
제1차 시험	• 「세무사법」에 따라 해당 영어시험에서 합격에 필요한 점수를 취득한 자
제2차 시험	• 제1차 시험에 합격한 자[*1] • 「세무사법」에 따라 제1차 시험을 면제받은 자(경력자)

*1. 「세무사법」에 따라 제1차 시험에 합격한 자에 대하여는 다음 해의 시험에 한하여 제1차 시험을 면제함.

2.2 시험방법 및 시험과목

제1차 시험은 객관식 5지 선택형 필기시험으로, ① 재정학, ② 세법학개론 (「국세기본법」, 「국세징수법」, 「조세범처벌법」, 「소득세법」, 「법인세법」, 「부가가치세법」, 「국제조세조정에 관한 법률」), ③ 회계학개론, ④ 「상법」(회사편) · 「민법」(총칙) · 「행정소송법」(「민사소송법」 준용규정 포함) 중 택 1의 4과목으로 구성된다.[25)]

영어과목은 공인어학시험성적으로 대체한다.[26)]

24) **세무사시험**과 시행에 대한 자세한 내용은 **한국산업인력공단 국가자격시험 세무사홈페이지**(www.Q-net.or.kr/site/semu)를 참조.

25) 시험과 관련하여 법률·회계처리기준 등을 적용하여 정답을 구하여야 하는 문제는 해당 **시험 전일 현재 시행 중인 법률·기준 등을 적용**하여 그 정답을 구하여야 한다. 회계학 과목의 경우 **한국채택국제회계기준(K-IFRS)만 적용**하여 출제한다.

26) **공인어학성적의 인정범위**는 시험일 이전 **2년 이내**(예: 2018년 시험의 경우 2016년 1월 1일 이후)에 실시된 시험으로 원서접수 마감일까지 성적발표 및 성적표가 교부된 시험 중 기준점수 이상인 경우에 한한다.

표 1-15 | 세무사 제1차 시험의 영어과목

시험명	TOEFL		TOEIC	TEPS	G-TELP	FLEX
	PBT	IBT				
일반응시자	530	71	700	340	65(level-2)	625
청각장애인[*1]	352	-	350	204	43(level-2)	375

*1. 장애의 정도가 심한 (청각)장애인(구 2, 3급 청각장애인) 듣기부분을 제외한 나머지 부분의 성적 점수를 인정함.

제2차 시험은 주관식 필기시험으로, ① 회계학 1부(재무회계, 원가관리회계), ② 회계학 2부(세무회계), ③ 세법학 1부(「국세기본법」, 「소득세법」, 「법인세법」, 「상속세 및 증여세법」), ④ 세법학 2부(「부가가치세법」, 「개별소비세법」, 「조세특례제한법」, 「지방세법」·「지방세기본법」, 「지방세징수법」 및 「지방세특례제한법」 중 취득세·재산세 및 등록에 대한 등록면허세)의 4과목으로 구성된다.

제1차 시험과 제2차 시험의 과목별 시험시간은 다음과 같다.

표 1-16 | 세무사 제1차 및 제2차 시험의 과목별 시험시간 등

구분	교시	시험과목	시험시간	문항수
제1차 시험	1교시	① 재정학 ② 세법학개론	80분	과목별 40문항
	2교시	③ 회계학개론 ④ 상법·민법·행정소송법 중 택 1	80분	과목별 40문항
제2차 시험	1교시	회계학 1부	90분	4문항
	2교시	회계학 2부	90분	4문항
	3교시	세법학 1부	90분	4문항
	4교시	세법학 2부	90분	4문항

2.3 합격자 결정방법

제1차 시험의 합격자는 영어과목을 제외한 나머지 과목에서 과목당 100점을 만점으로 하여 각 과목의 점수가 40점 이상이고, 전과목 평균점수가 60점 이상인 사람을 합격자로 결정한다.

제2차 시험의 합격자는 과목당 100점을 만점으로 하여 각 과목의 점수가 40점 이상이고, 전과목 평균점수가 60점 이상인 사람을 합격자로 결정한다.

신문에서 배우는 회계 · 세상

✣ 개성상인의 세계最古 '현대식 회계장부' 찾았다

19세기 복식부기 14권 통째 발굴 … 대차대조표 상용 서구보다 앞서

19세기 후반부터 25년간 현대식 복식부기로 완벽하게 작성된 개성상인의 회계장부 14권이 발굴됐다. 세계적으로 20세기에 들어서야 현대식 복식부기를 사용했다는 것이 통설이지만 그보다 앞서 개성상인이 대차대조표, 손익계산서, 이익배당 내용까지 포괄하는 현대식 복식부기를 사용해 합리적 경영을 했음을 증명하는 자료가 나온 것이다.

개성상인의 후손 박영진 씨가 소장한 총 1,000여 쪽 분량의 회계장부 14권에는 개성상인 가문이 1887년부터 1912년까지 인삼 재배 및 거래, 목화와 면포 거래, 금융업을 하면서 작성한 회계의 모든 과정이 낱낱이 기록돼 있다. 여기에는 분개장(分介帳 · 일기장에 기입한 내용을 원장에 옮기기 전에 대변과 차변으로 나누어 상세히 기입하는 회계장부)부터 총계정원장, 대차대조표, 손익계산서, 투자자에 대한 이익배당까지 약 30만건의 거래내용이 담겨 있다.

박 씨 가문의 회계장부를 연구한 전성호 한국학중앙연구원 교수는 "20세기 이전에 현대식 복식부기로 모든 회계 과정을 기록한 완벽한 실무회계기록은 세계 어디에서도 발견된 적이 없다"며 "이 자료를 통해 개성상인이 이미 19세기 말에 서구는 물론이고 중국, 일본의 영향을 받지 않은 독자적인 방식으로 현대식 관리회계기술을 사용했음이 밝혀졌다"고 설명했다.

박 씨 가문의 자료보다 100년 앞선 1786년에 복식부기로 기록된 또 다른 개성상인의 부채장부도 발굴됐다. 현재 북한 사회과학원이 소장한 이 자료는 국내 한 출판사가 PDF 파일형태로 입수했다. 이는 한국의 가장 이른 복식부기 장부로 알려진 일본 고베대 도서관 소장 개성상인 회계장부(1854년)보다 68년 앞선다. 전 교수는 "이로써 구체적 자료로 증명되는 한국의 자본주의 전통이 18세기까지 앞당겨졌다. 그 주역은 고려시대부터 개성을 중심으로 국내 상업과 국제 교역을 이끈 개성상인이었다"고 평가했다.

개성상인 복식부기 장부 14권 발굴 … "조선 말 자본주의式 경영 입증할 세계적 자료"

개성상인 후손 박영진 씨 가문의 회계장부 14권은 개성상인들이 이미 19세기에 현대식 복식부기를 사용했음을 뚜렷이 입증한다. 개성상인이 사개송도치부법(四介松都治簿法)이라는 고유의 복식부기를 사용했음은 어느 정도 알려진 사실이지만 이를 입증하는 완벽한 현대식 복식부기 장부가 발굴된 것은 처음이다.

분개장부터 총계정원장, 대차대조표, 손익계산서, 투자자에 대한 이익배당 기록까지 회계의 모든 과정을 복식부기로 작성하는 것은 20세기 들어와 모든 기업에서 일반화됐다. 박 씨 가문의 회계장부는 현대식 복식부기로 작성된 세계에서 가장 빠른 실무회계기록이란 게 전문가들의 설명이다. 복식부기의 발상지로 알려진 이탈리아 베네치아

박진영 씨 가문이 소장한 1887년 부채장부 중 한 쪽

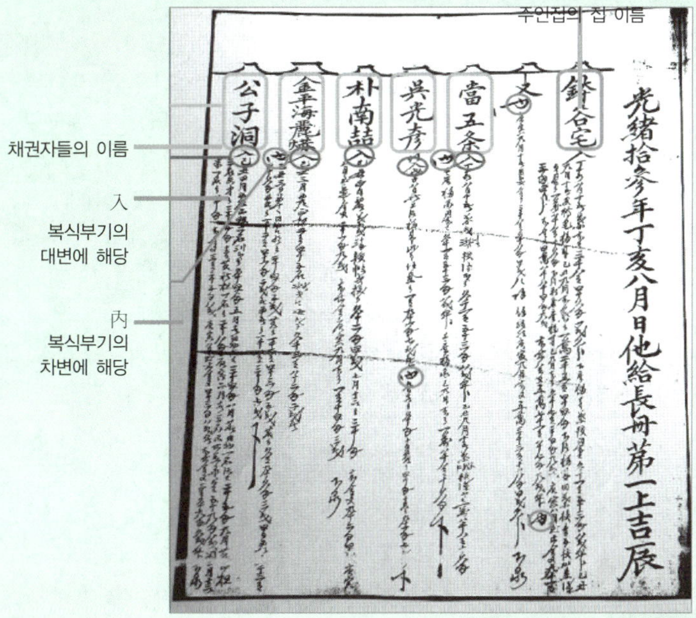

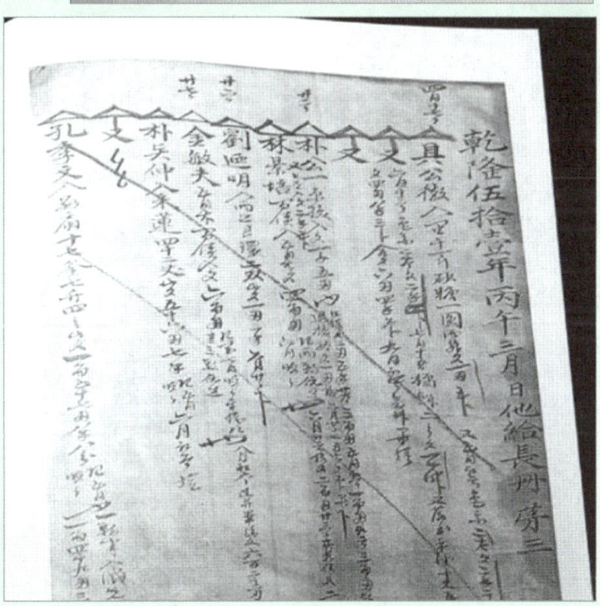

아래 사진은 북한 사회과학원이 소장한 1786년 개성상인 부채장부의 한 쪽. 위쪽 문서와 같은 형식으로 세모꼴 기호 밑에 주인의 이름과 채권자들의 이름, 자기자본과 타인자본 명세가 세로쓰기로 나란히 씌어 있다(전성호 교수 제공).

에도 13세기부터 복식부기로 작성된 회계기록은 있지만 대부분 파편화된 낱장으로 남아 있어 기업경영을 총체적으로 보여주진 못했다.

이 자료를 연구한 전성호 한국학중앙연구원 교수는 "박 씨 가문의 회계장부에 기록된 약 30만 건의 거래기록을 조목조목 살펴보니 현대식 복식부기로, 한 치의 오차 없이 투명하게 기록돼 있어 현대 경영의 기준으로 봐도 놀라울 정도"라고 말했다.

일례로 박 씨 가문의 1887년 부채장부(타급장책·他給長冊)에는 주인이 최초로 투자한 자기자본과 남에게 빌린 타인자본이 세로쓰기로 일목요연하게 정리돼 있다. 문서 상단의 지붕모양 기호들 밑에 주인집 이름인 발곡택(鉢谷宅)과 함께 채권자들의 이름이 나열돼 있다. 문서 곳곳에 보이는 내(內) 자와 입(入) 자가 각각 복식부기의 차변과 대변에 해당한다.

박 씨 가문의 자료보다 100년 앞선 1786년에 복식부기 방식으로 기록된 또 다른 개성상인의 부채장부도 개성상인의 앞선 회계방식을 입증한다. 북한 학자 홍희유가 1962년 논문에서 이 자료를 언급한 적이 있지만 실체가 확인된 것은 처음이다. 전 교수 연구팀은 이 부채장부를 포함해 1786~1947년 북한 개성상인의 회계장부 23권의 사진파일을 확보했다.

복식부기는 '회계학의 아버지'로 불리는 루카 파치올리가 르네상스시대 이탈리아 베네치아의 상인들이 쓰던 복식부기를 『산술·기하·비율 및 비례 총람(1494년)』이라는 책에 소개하면서 널리 알려졌다. 복식부기는 서구 자본주의와 합리주의의 발전을 이끈 것으로 평가받았고, 괴테는 복식부기를 '인류의 지혜가 낳은 가장 위대한 발명의 하나'로 꼽았다.

중세의 복식부기는 기업의 상업활동과 금융활동만을 차변과 대변으로 나눠 기록했다. 현대식 복식부기는 상업활동, 금융활동과 더불어 기업활동, 즉 외부 공개를 목적으로 한 대차대조표와 손익계산서, 내부 보고를 목적으로 한 원가관리회계를 포함한다.

일찍이 소설가이자 철학자인 현병주가 『사개송도치부법(1916년)』이란 저서를 통해 개성상인이 베네치아상인보다 200년 앞서 세계 최초로 복식부기를 발명했다고 주장했다. 회계학자 윤근호도 논문 『사개송도치부법 연구(1970년)』에서 개성상인이 고려 초부터 복식부기를 사용했다고 주장했다. 하지만 실증자료는 없이 고려시대 『상서도관첩(1262년)』에 쓰인 회계용어와 개성상인 회계장부에 쓰인 용어가 일치한다는 점만 근거로 추정되어 왔다.

송상(松商)으로 불린 개성상인은 고려와 조선시대에 개성을 중심으로 국내 상업은 물론 국제교역을 이끌었다. 개성상인의 합리적인 경영과 수완은 후대에까지 이어져 아모레퍼시픽, OCI(동양제철화학), 에이스침대, 삼립식품 등 많은 기업의 뿌리가 됐다.

http://news.donga.com/Main/3/all/20131030/58554185/1(수정)

논술문제

1 정보시스템 관점에 따라 회계에 대해 정의하고, 회계정보시스템의 기능에 대해 설명하시오.

2 회계와 부기의 차이에 대해 설명하시오.

3 기업의 활동과 회계에 대해 설명하시오.

4 기업의 활동에 어떤 것들이 있는가를 설명하고 재무제표와의 관계에 대해 설명하시오.

5 회계정보의 주요 내부이용자와 외부이용자에 대한 예를 들고 이들이 회계정보를 필요로 하는 이유를 설명하시오.

6 회계의 사회적 역할에 대해 설명하시오.

7 기업실체에 대해 설명하시오.

8 일반적으로 인정된 회계원칙에 대해 설명하시오.

9 일반적으로 인정된 회계원칙과 외부감사제도에 대해 설명하시오.

10 국제회계기준의 체계와 특징에 대해 설명하시오.

11 우리나라가 국제회계기준을 수용함으로써 얻을 수 있는 효익에 대해 설명하시오.

12 우리나라의 회계원칙에 대해 설명하시오.

13 한국회계기준원의 웹사이트를 방문하여 최근까지 제정된 기업회계기준서와 한국회계기준원이 하는 일에 대해 조사해 보시오.

14 회계의 분야에 대해 설명하시오.

15 기업회계담당자가 수행하는 업무에 대해 설명하시오.

16 공인회계사와 그 업무분야에 대해 설명하시오.

17 재무회계, 관리회계와 세무회계에 대해 설명하시오.

18 금융감독원의 웹사이트를 방문하여 공인회계사 자격시험에 대해 알아보시오.

객관식문제

■ 기본문제

1 한국채택국제회계기준에 대한 설명으로 틀린 것은? (기업회계 2급 43회)

① 한국채택국제회계기준은 상장법인만이 적용가능한 회계기준이다.

② 비상장법인은 일반회계기준을 적용하며, 상장법인 등이 적용하고 있는 한국채택국제회계기준을 적용하여 회계처리할 수도 있다.

③ 중소기업회계기준은 「주식회사 등의 외부감사에 관한 법률」상 외부 회계감사 대상 법인이 아닌 기업의 회계처리에 적용된다.

④ 중소기업회계기준 적용대상인 기업이라도 일반기업회계기준을 적용할 수 있다.

| 풀이 |

한국채택국제회계기준은 상장법인과 일부 금융회사(연결 비상장회사 포함)이 적용대상임.

| 정답 | ①

2 한국채택국제회계기준의 도입과 관련한 설명으로 옳지 않은 것은? (국가직 7급 2011)

① 공시체계가 연결재무제표 중심으로 전환되어 내부거래가 제거된 연결재무정보가 공시되므로 회계투명성과 재무정보의 질이 높아진다.

② 회계처리의 기본원칙과 방법론을 제시하는 데 주력하는 원칙 중심의 기준체계로 복잡한 현실을 모두 규율할 수 없어 기업의 규제회피가 쉬워진다.

③ 자본시장의 투자자에게 기업의 재무상태 및 내재가치에 대한 의미 있는 투자정보를 제공하는 데 중점을 두어 공정가치 회계가 확대 적용된다.

④ 한국회계기준원 및 규제기관에 대한 질의와 회신의 역할이 축소되어 기업 회계담당자들의 전문성이 절실하게 요구된다.

| 풀이 |

원칙중심의 회계처리에는 전문가적인 판단이 요구되지만 이로 인해 경제적 실질에 대해 일관된 원칙을 적용하게 함으로써 규제 투명성을 향상시킴.

| 정답 | ②

■ 심화문제

1 다음 중 회계정보의 기능에 대한 설명으로 타당하지 않은 것은? (CPA 2010)

① 회계정보는 자본시장에서 정보비대칭으로 인해 존재하는 역선택의 문제를 완화하여 자본이 투자자로부터 기업에게로 원활히 공급될 수 있도록 하는 데 도움을 준다.

② 회계정보는 경제실체 간 자원의 이동에 관한 의사결정에는 직접적인 경제적 영향을 미치지는 못하지만 경제실체 내에서의 자원의 이동에 관한 의사결정에는 도움을 준다.

③ 회계정보는 자본시장에서 발생할 수 있는 대리인의 기회주의적인 행위인 도덕적 해이라는 문제를 해결하는 데 도움을 준다.

④ 회계정보는 자본주의 시장경제체제에서 희소한 경제적 자원이 자본시장을 통해 효율적으로 배분되도록 하는 데 도움을 준다.

⑤ 회계정보는 정부가 효율적이고 적절한 자원배분을 위한 정책을 수립하는 데 도움을 준다.

| 풀이 |

회계정보는 투자자나 채권자 등의 의사결정에 유용한 정보를 제공하여 경제실체 간에 자원이 효율적으로 배분되는 데 기여할 뿐만 아니라 경영진이 소유한 자원을 효율적으로 관리하고 이용하는 데 필요한 정보를 제공함으로써 경제실체 내에서 자원이 효율적으로 배분되는 데 기여함.

| 정답 | ②

2 다음 중 한국채택국제회계기준에 대한 설명으로 타당하지 않은 것은? (CPA 2010)

① 국제적으로 통용되는 회계기준을 채택함으로써 회계정보의 신뢰성을 향상시키고, 다른 나라로부터의 자금조달이 용이해지며 차입원가를 절감할 수도 있다.

② 한국채택국제회계기준은 회계처리에 대하여 구체적인 회계처리방법을 제시하기보다는 선분가적 판단을 중시하는 접근법을 따르고 있다.

③ 한국채택국제회계기준의 연결범위에는 「주식회사 등의 외부감사에 관한 법률」에 의한 외부감사대상이 아닌 소규모회사는 포함되지 않는다.

④ 한국채택국제회계기준은 2011년부터 모든 주권상장법인이 의무적으로 적용하되 원하는 기업은 2009년부터 조기 적용하고 있다.

⑤ 한국채택국제회계기준은 국제회계기준위원회에서 공표한 국제회계기준을 기초로 한국회계기준위원회에서 제정하고 금융위원회에 보고 후 공표된 것이다.

| 풀이 |

한국채택국제회계기준의 연결범위에는 「주식회사 등의 외부감사에 관한 법률」에 따른 외부감사대상이 아닌 소규모회사도 포함됨.

| 정답 | ③

CHAPTER 02

재무보고와 재무제표 I:

재무상태표 등

쉬어가는 페이지

인생의 가장 먼 여행은
머리에서 가슴까지의 여행이라고 합니다.
냉철한 머리보다 따뜻한 가슴이
그만큼 더 어렵기 때문입니다.
그러나 또 하나의 가장 먼 여행이 있습니다.
가슴에서 발까지의 여행입니다.
발은 실천입니다.
현장이며 숲입니다.

신영복, 처음처럼

1년의 소중함을 알고 싶으면
1년 동안 시험 준비해 낙방한 사람에게 물어보고,
1달의 소중함은 1달 부족한 미숙아를 난 산모에게,
1주일의 소중함은 주간지 편집장에게,
하루의 소중함은
하루 벌어서 하루 먹고 사는 가장에게,
1시간의 소중함은 애인을 위해서
1시간을 기다려야 하는 사람에게,
1분의 소중함은 1분차로
비행기를 놓친 사람에게,
1초의 소중함은 1초 차이로
대형참사를 모면한 사람에게,
1/10초의 소중함은 올림픽에서
은메달을 딴 사람에게 물어봐라.

웨인 다이어, 시간의 소중함

제1절 재무보고와 재무제표

1. 재무보고와 재무제표

1.1 재무정보와 비재무정보

기업의 정보(즉, 회계정보)는 크게 재무정보와 비재무정보로 나눈다. 재무정보(financial information)는 재무상태에 대한 정보와 재무상태의 변동에 대한 정보를 말하며, 비재무정보(nonfinancial information)는 재무정보 이외의 정보를 말한다.

표 2-1 | 재무정보와 비재무정보

구분		내용	비고
재무정보	재무상태에 대한 정보	기업의 경제적 자원과 청구권(자산의 구성)에 대한 정보	일정시점의 정보
	재무상태의 변동에 대한 정보	기업의 경제적 자원과 청구권의 변동에 대한 정보로, 발생기준에 따른 재무성과(포괄손익계산서의 이익), 현금기준에 따른 재무성과(현금흐름표의 현금흐름), 자본변동(자본변동표의 자본변동) 등에 관한 정보	두 시점 사이에서 발생한 재무적 변동에 관한 정보
비재무정보	재무정보 이외의 정보	예: 임직원의 교체, 구조조정에 따른 기업조직의 변경, 새로운 사업부의 추가 등	

재무정보는 회계기간 말의 재무상태와 회계기간 동안의 경영성과(이익)와 같은 과거정보는 물론 이익전망과 같은 미래정보도 포함한다. 또한 재무정보는 양적 정보뿐만 아니라 질적 정보(숫자로 나타내기 어려운 정보)도 포함한다.

1.2 재무보고: 재무제표와 기타의 재무보고

재무보고(financial reporting)는 기업이 외부정보이용자에게 재무정보를 제공하는 모든 수단으로 재무제표(또는 일반목적 재무제표)와 기타의 재무보고로 나누어진다.

최근의 회계는 재무제표의 작성에만 국한하지 아니하고 정보이용자의 의사결정에 유용한 여러 가지 재무정보를 포괄적으로 제공하는 것을 기본목표로 하고 있다. 따라서 종래의 재무제표보다 광범위한 재무보고라는 용어를 사용하고 있다. 재무제표는 재무보고의 핵심수단이다. 그러나 재무보고는 영업보고서 등과 같이 계량화하기 어려운 질적인 정보까지 포함하여 서술적 형태로 필요할 때마다 수시로 전달하는 광범위한 보고수단과 영역을 포함하는 포괄적인 개념이다.

(1) 재무제표

1) 재무제표의 의의와 종류

재무보고의 목적은 기업의 외부정보이용자가 의사결정을 하는 데 유용한 정보를 제공하는 것이다. 그러나 기업의 이해관계자들은 매우 다양하고 그들이 원하는 정보의 유형과 정보를 이용하는 목적도 다르기 때문에 기업이 다양한 이해관계자들이 원하는 정보를 선별하여 제공한다는 것은 불가능하다 할 것이다. 따라서 기업은 모든 이해관계자들이 공통적으로 사용할 수 있는 기본적이고 핵심적인 재무정보를 일반적으로 인정된 회계원칙(Generally Accepted Accounting Principles, GAAP, 재무제표의 작성 및 보고과정에서 준거해야 할 지침이나 규칙)에 따라 일정한 보고형식으로 정기적으로 제공한다. 이때 작성되는 재무제표를 일반목적 재무제표(general purpose financial statements)라 한다. 즉, 일반목적 재무제표는 투자자와 채권자 등을 위한 재무보고라 할 수 있다.

K-IFRS에서는 재무제표(financial statements)로 재무상태표, 포괄손익계산서, 자본변동표, 현금흐름표와 주석을 포함하며, 기업의 재무상태, 경영성과, 자본변동, 현금흐름 등에 대한 정보를 제공한다.[1] 재무제표의 종류와 재무제표가 제공하는 정보는 다음과 같다.

표 2-2 | 재무제표의 종류와 제공하는 정보

재무제표	제공정보	내용
재무상태표	재무상태	일정시점의 기업이 보유하고 있는 자산, 부채와 자본(재무상태)에 대한 정보
포괄손익계산서*1	경영성과*2	일정기간 기업의 경영성과에 대한 정보
자본변동표	자본변동	일정시점의 기업의 자본의 크기와 일정기간 기업의 자본변동에 대한 정보
현금흐름표	현금흐름	일정기간 기업의 현금유입과 현금유출(현금흐름)에 대한 정보
주석		재무제표 본문에 표시하기 어려운 목적적합한 추가 정보

*1. 포괄손익계산서는 재무성과표, 손익계산서, 손익과 기타포괄손익계산서라고도 함.
*2. 경영성과는 재무성과라고도 함.

(2) 기타의 재무보고

기타의 재무보고는 기업이 외부정보이용자에게 재무정보를 제공하는 재무제표 이외의 모든 수단을 말하며, 회사의 대표가 주주에게 보내는 재무정보에 대한 서신, 기업이 재무정

1) 회계감사를 받은 기업의 **재무제표를 포함하는 다양한 공시자료는 금융감독원의 전자공시시스템**(http://dart.fss.or.kr)에 공시하고 있다. 이 인터넷 사이트를 방문하면 기업의 **재무제표**를 검색하고 **주석** 등을 입수할 수 있다.

보에 대하여 신문, 방송 등에 제공하는 여러 가지 형식의 보고를 예로 들 수 있다.

1.3 재무제표의 상호관계(연계성)

재무제표는 일정시점의 기업의 재무상태를 나타내는 재무상태표와 일정기간 동안 기업의 경영성과를 나타내는 포괄손익계산서, 일정기간 동안 기업의 현금흐름을 나타내는 현금흐름표와 일정기간 동안 자본의 변동을 나타내는 자본변동표 등이 있다. 재무제표 중에서 일정시점으로 표시하는 재무제표는 재무상태표뿐이고 나머지는 모두 일정기간 동안의 활동을 표시한다. 이러한 재무제표 간의 연계성(상호관계)을 그림으로 표시하면 다음과 같다.

그림 2-1 재무제표의 연계성

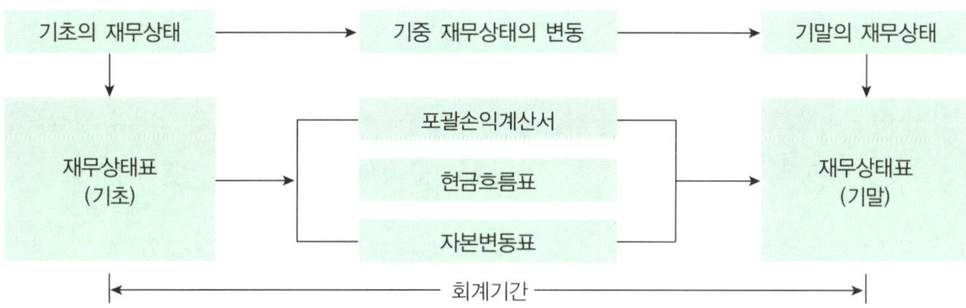

2. 재무제표의 작성과 표시의 일반원칙

재무제표의 작성과 표시의 일반원칙은 국제회계기준 「재무제표 표시」에서 규정하고 있다. 「재무제표 표시」는 과거기간의 재무제표나 다른 기업의 재무제표와 비교가능하도록 일반목적 재무제표의 표시에 관한 기준을 정하고 있다. 「재무제표 표시」는 재무제표의 표시에 관한 전반적인 요구사항, 재무제표의 구조에 대한 지침과 재무제표의 내용에 대한 최소한의 요구사항을 규정한다.2)

2.1 공정한 표시

재무제표는 기업의 재무상태, 경영성과 및 현금흐름을 공정하게 표시(fairly presentation)

2) 「**재무제표 표시**」는 한국회계기준원의 회계기준위원회가 제정한 **기업회계기준서 제1001호** 「**재무제표 표시**」를 말한다. **재무제표 표시**는 국제회계기준위원회가 제정한 국제회계기준 제1호(IAS 1) 「재무제표 표시(Presentation of Financial Statements)」에 대응하는 기준이다.

해야 한다. 공정한 표시를 위해서는 「개념체계」[3]에서 정한 자산, 부채, 수익 및 비용에 대한 정의와 인식요건에 따라 거래, 그 밖의 사건과 상황의 효과를 충실하게 표현해야 한다. K-IFRS에 따라 작성된 재무제표는 공정하게 표시된 재무제표로 본다.

2.2 계속기업

경영진은 재무제표를 작성할 때 계속기업(going concern)으로서의 존속가능성을 평가해야 한다. 경영진이 기업을 청산하거나 경영활동을 중단할 의도를 가지고 있지 않거나, 청산 또는 경영활동의 중단 외에 다른 현실적 대안이 없는 경우가 아니면 계속기업을 전제로 재무제표를 작성한다.

2.3 발생기준 회계

기업은 현금흐름 정보를 제외하고는 발생기준(accrual basis) 회계를 사용하여 재무제표를 작성한다. 발생기준 회계를 사용하는 경우 각 항목이 「개념체계」의 정의와 인식요건을 충족할 때 자산, 부채, 자본, 수익 및 비용(재무제표의 요소)으로 인식한다.

2.4 중요성과 통합표시

유사한 항목은 중요성(materiality) 분류에 따라 재무제표에 구분하여 표시한다. 성격이나 기능이 상이한 항목은 구분하여 표시한다. 다만 중요하지 않은 항목은 성격이나 기능이 유사한 항목과 통합(aggregation)하여 표시할 수 있다.

2.5 상계

K-IFRS에서 요구하거나 허용하지 않는 한 자산과 부채, 수익과 비용은 상계(offsetting)하지 아니한다. 상계표시는 발생한 거래, 그 밖의 사건과 상황을 이해하고 기업의 미래현금흐름을 분석할 수 있는 재무제표이용자의 능력을 저해한다.

3) **개념체계**는 한국회계기준원의 회계기준위원회가 제정한 「**재무보고를 위한 개념체계**」를 말하며, **개념체계**에 대한 자세한 내용은 **보론 재무보고를 위한 개념체계**의 설명을 참조.

2.6 보고빈도

전체 재무제표(비교정보를 포함)는 적어도 1년마다 작성한다(1년 기준). 보고기간 종료일을 변경하여 재무제표의 보고기간이 1년을 초과하거나 미달하는 경우 재무제표 해당 기간뿐만 아니라 다음 사항을 추가로 공시한다.

1. 보고기간이 1년을 초과하거나 미달하게 된 이유
2. 재무제표에 표시된 금액이 완전하게 비교가능하지는 않다는 사실

2.7 비교정보의 공시

K-IFRS가 달리 허용하거나 요구하는 경우를 제외하고는 당기 재무제표에 보고되는 모든 금액에 대해 전기 비교정보(comparative information)를 표시한다. 당기 재무제표를 이해하는 데 목적적합하다면 서술형 정보의 경우에도 비교정보를 포함한다. 최소한 두 개의 재무상태표와 두 개의 포괄손익계산서, 두 개의 현금흐름표, 두 개의 자본변동표 그리고 관련 주석을 표시해야 한다.

2.8 표시의 계속성

재무제표 항목의 표시와 분류는 다음의 경우를 제외하고는 매기 동일하여야 한다(consistency, 일관성[4]).

1. 사업내용에 유의적인 변화가 있거나, 재무제표를 검토한 결과 다른 표시나 분류방법이 더 적절한 것이 명백한 경우
2. K-IFRS에서 표시방법의 변경을 요구하는 경우

---

4) **일관성**은 비교가능성과 관련은 되어 있지만 동일하지는 않다. 일관성은 한 기업 내에서 **기간 간** 또는 같은 기간 동안에 **기업 간, 동일한 항목에 대해 동일한 방법을 적용**하는 것을 말한다. **비교가능성**은 **목표**이고 **일관성**은 그 **목표를 달성**하는 데 도움을 준다.

제2절 재무상태표

1. 재무상태표의 정의, 구조와 보고방식

1.1 재무상태와 재무상태표

재무상태표(statement of financial position)는 대차대조표(balance sheet, B/S)라고도 하는데, 기업의 자산, 부채 및 자본을 좌우 대칭형식으로 표시하고 있기 때문이다.

재무상태표는 일정시점에 있어 기업의 재무상태에 대한 정보를 제공하는 재무제표이다. 재무상태(financial position)는 기업이 보유하고 있는 자산, 부채와 자본의 구성상태를 말한다. 정보이용자는 재무상태표를 통해 기업의 재무구조, 유동성, 부채상환능력, 영업환경의 변화에 대한 적응능력 등을 평가할 수 있다.[5]

재무상태표는 재무상태, 즉 자금의 운용상태(자산)와 조달원천(부채와 자본)의 관계를 나타낸다. 재무상태표에서 자산항목은 기업이 조달한 자금을 어떻게 활용하고 있는가 하는 자금의 운용상태(즉, 투자활동)를 나타내며, 부채와 자본항목은 이와 같은 자금의 조달원천을 표시하여 기업의 자본을 어떻게 조달하였는가 하는 자본구조(즉, 재무활동)를 나타내고 있다. 따라서 재무상태표는 기업의 재무(자금조달)활동과 투자활동의 결과를 한 시점에서 정리한 보고서로서 의미를 갖는다.

1.2 재무상태표의 구조와 등식

재무상태표의 양식은 머리부분과 본문(본체)으로 구성된다. 머리부분은 ① 보고서명, ② 회사명, ③ 작성일(재무제표 보고일이라고도 하며, 재무상태표의 기준일이 되는 특정일자), ④ 금액단위의 네 부분으로 구성되어 있다. 본문(본체)은 기업의 재무상태를 나타내며, 자산, 부채와 자본의 세 부분으로 구성되어 있다.

5) **유동성**(liquidity)은 단기적인 현금가용성(단기지불능력)을, **부채상환능력**(solvency, **지급능력**)은 장기적인 현금가용성(장기지불능력)을 의미한다. 자산이 단기간 내에 현금으로 전환되거나 소비될 가능성이 클수록, 그리고 부채의 상환예정일이 빠를수록 유동성이 높다.

표 2-3 | 재무상태표의 구조와 내용

구분		내용
머리 부분	보고서명	재무상태표라는 재무제표의 명칭
	회사명	소유주와 독립된 기업의 입장에서 회계처리하여야 함(회계실체의 원칙)
	작성일	재무상태를 표시하는 기준시점으로, 원칙적으로 회계연도 말에 작성하며 반기말, 분기말에 작성하기도 함
	금액단위	원, 천원 또는 백만원 등의 금액단위를 표시함
본문		재무상태표의 구성요소인 자산, 부채와 자본을 보고함

재무상태표의 구조는 자산을 왼쪽(차변)에, 부채와 자본을 오른쪽(대변)에 나타낸다. 재무상태표에서 자산은 부채와 자본의 합계액과 항상 일치한다. 이러한 관계는 다음의 등식으로 표시할 수 있다.

자산 = 부채 + 자본

이 등식을 회계등식(accounting equation) 또는 재무상태표등식이라고 한다. 또한 재무상태표의 오른쪽 전체를 지분(equity)[6]이라고도 하며, 이 중 부채는 채권자지분(creditors' equity)이라고 하고 자본은 소유주지분(owners' equity)이라고도 한다.

자산 = 지분
자산 = 채권자지분 + 소유주지분

재무상태표에서는 왼쪽에 기업이 보유하는 자산의 현황(자금의 투자현황 또는 운용상태)이 표시되고, 오른쪽에 이러한 자산을 보유할 수 있도록 한 자금의 조달원천을 표시하는 것으로 해석할 수 있다.

6) **지분**은 **청구권**이라고도 한다. 투자자(소유주)와 채권자는 기업이 소유한 자산에 대하여 자기가 제공한 대가만큼 요구할 수 있는 **청구권**(claims)을 갖는데, 채권자가 가지는 청구권(**채권자청구권**)을 **부채**라 하고 소유주가 가지는 청구권(**소유주청구권** 또는 **주주청구권**)을 **자본**이라 한다.
자산 = 청구권
기업의 경제적 자원 = 경제적 자원에 대한 청구권
자산 = 채권자청구권 + 소유주청구권(또는 주주청구권)

▌그림 2-2 ▌재무상태표의 구조

재무상태표	
자산: 기업이 소유하고 있는 경제적 자원	부채(타인자본): 경제적 자원에 대한 의무 자본(자기자본): 소유주의 지분(=자산-부채)
• 조달된 자금의 사용내역, 운용상태, 투자현황	• 자금의 조달원천

1.3 재무상태표의 보고방법(양식): 계정식과 보고식

재무상태표의 보고방법(양식)은 계정식과 보고식이 있다. 계정식은 좌우 대칭으로 왼쪽에는 자산계정을 나열하고 오른쪽에는 부채와 자본계정을 나열한다. 보고식은 좌우 구별 없이 위에서부터 자산, 부채와 자본계정을 순서대로 나열한다. 실무에서는 일반적으로 보고식을 사용한다.

표 2-4 | 계정식 재무상태표

재무상태표

(주)울산　　제×기 20×1년 12월 31일 현재　　(단위: 천원)

자산		부채	
유동자산	×××	유동부채	×××
비유동자산	×××	비유동부채	×××
		부채총계	×××
		자본	
		자본금	×××
		자본잉여금	×××
		기타포괄손익누계액	×××
		이익잉여금	×××
		자본총계	×××
자산총계	×××	부채 및 자본총계	×××

표 2-5 | 보고식 재무상태표

재무상태표

(주)울산	제×기 20×1년 12월 31일 현재	(단위: 천원)
자산		
유동자산		×××
비유동자산		×××
자산총계		×××
부채		
유동부채		×××
비유동부채		×××
부채총계		×××
자본		
자본금		×××
자본잉여금		×××
기타포괄손익누계액		×××
이익잉여금		×××
자본총계		×××
부채 및 자본총계		×××

2. 재무상태표의 표시

2.1 재무상태표의 예시[7)]

K-IFRS의 특징 중 한 가지는 재무상태표를 포함한 재무제표를 작성할 때 과거의 회계기준에서와 같이 계정의 분류나 표시를 엄격하게 지키지 않아도 된다는 것이다.[8)] K-IFRS에서 명시적으로 언급하지 않는 한 기업의 선택에 따라 자산, 부채와 자본을 통합하거나 구분하여 표시할 수 있다.

K-IFRS에서 예시하고 있는 재무상태표 양식은 [표 2-6]과 같다. 이 재무상태표는 공시목적으로 작성된 것이므로 유사계정이 통합표시되어 있으나, 실무에서 장부에 기록할 때에는 이보다 상세한 계정을 사용한다.

7) 이 장에서 **예시**로 제시하는 **재무제표 양식**은 **기업회계기준서 제1001호(재무제표 표시)**의 **실무적용지침**에 제시된 재무제표 양식을 수정하여 제시한 것이다. 재무제표의 양식은 **부록 2. 재무제표 양식**에 제시되어 있으므로 이를 참조. K-IFRS는 지배기업의 재무제표와 종속기업의 재무제표를 합한 **연결재무제표**의 작성을 기본으로 하고 있으므로, 재무제표 양식도 연결재무제표가 예시되어 있다. 연결재무제표는 **고급회계**에서 설명한다.

8) K-IFRS에서는 재무제표의 양식, 표시되어야 할 항목의 순서나 형식을 규정하고 있지 않다. 그러나 K-IFRS은 별도로 구분 표시되어야 할 최소한의 항목을 명시하고 있다.

2.2 재무상태표의 작성

(1) 유동과 비유동의 구분

K-IFRS에서는 재무상태표를 작성할 때 유동성구분법 이외의 유동성배열법도 사용할 수 있으며, 유동성구분법과 유동성배열법을 함께 사용할 수 있다. 유동성배열법이 신뢰성 있고 더욱 목적적합한 정보를 제공하는 경우를 제외하고는 유동성구분법을 사용하여야 한다.

자산과 부채를 유동과 비유동으로 구분하여 표시하는 이유는 유동자산과 유동부채에 대비한 기업의 단기자금 운용능력(유동성)의 평가를 쉽게 하고, 비교적 단기간에 현금화되지 못하는 자산을 유동자산에 포함시켜 현금유동성을 높게 보고할 위험에 대비하기 위해서이다.

유동성(liquidity)은 기업이 자산을 쉽게 그리고 빨리 현금으로 전환할 수 있는 정도를 의미한다. 유동성이 높다는 것은 자산의 경우 현금으로 전환되는 속도가 빠르다는 것을 의미하며, 부채의 경우 현금으로 지급하는 시기가 빨리 도래한다는 것을 의미한다.

1) 유동성구분법(유동 · 비유동구분법)

재무상태표는 유동성의 크기에 따라 자산을 유동자산과 비유동자산으로 구분하고 부채를 유동부채와 비유동부채를 구분하여 표시한다. [표 2-6]은 유동성구분법(즉, 유동 · 비유동구분법)을 적용하여 작성한 재무상태표를 예시하고 있다.

표 2-6 | 유동성구분법에 따라 작성한 재무상태표[9)]

재무상태표
제×기 20×1년 12월 31일 현재
제×기 20×0년 12월 31일 현재

(주)울산 (단위: 천원)

과목	당기	전기
자산		
유동자산		
현금 및 현금성자산	×××	×××
매출채권	×××	×××
재고자산	×××	×××
기타유동자산	×××	×××
…	×××	×××
비유동자산		
유형자산	×××	×××
영업권	×××	×××
기타무형자산	×××	×××
…	×××	×××
자산총계	×××	×××
부채		
유동부채		
매입채무와 기타미지급금	×××	×××
단기차입금	×××	×××
유동성장기차입금	×××	×××
…	×××	×××
비유동부채		
장기차입금	×××	×××
○○충당부채	×××	×××
…	×××	×××
부채총계	×××	×××
자본		
납입자본	×××	×××
이익잉여금	×××	×××
기타자본구성요소	×××	×××
자본총계	×××	×××
자본 및 부채총계	×××	×××

9) 이 재무상태표 양식에는 **유동자산(부채)을 비유동자산(비유동부채) 앞에 표시**하고 있으나 **유동자산(부채)을 비유동자산(비유동부채) 뒤에 표시**해도 되며, **자본을 부채 뒤에 표시**하고 있으나 **자본을 부채 앞에 표시**해도 된다.

2) 유동성배열법(유동성 순서에 따른 표시방법)

[표 2-7]은 유동성배열법을 이용하여 작성한 재무상태표의 예시를 제시하고 있다. 유동성배열법(유동성 순서에 따른 표시방법)은 자산과 부채를 유동과 비유동으로 구분하지 않고 유동성의 순서에 따라 열거하여 재무상태표를 작성한다.

표 2-7 | 유동성배열법에 따라 작성한 재무상태표[10]

재무상태표

제×기 20×1년 12월 31일 현재

(주)울산 제×기 20×0년 12월 31일 현재 (단위: 천원)

과목	당기	전기
자산		
현금 및 현금성자산	×××	×××
매출채권	×××	×××
단기대여금	×××	×××
재고자산	×××	×××
장기대여금	×××	×××
유형자산	×××	×××
무형자산	×××	×××
기타비유동자산	×××	×××
자산총계	×××	×××
부채		
매입채무	×××	×××
단기차입금	×××	×××
유동성장기차입금	×××	×××
장기차입금	×××	×××
○○충당부채	×××	×××
사채	×××	×××
부채총계	×××	×××
자본		
자본금	×××	×××
이익잉여금	×××	×××
기타자본구성요소	×××	×××
자본총계	×××	×××
자본 및 부채총계	×××	×××

10) 유동성배열법을 사용할 때 유동성이 가장 높은 항목부터 시작할 수도 있고 유동성이 가장 낮은 항목부터 시작할 수도 있다.

(2) 재무상태표 작성시 유의사항

재무상태표를 작성할 때 유의할 사항은 다음과 같다.

첫째, 원칙적으로 재무상태표는 유동성구분법(유동 · 비유동구분법)을 적용하여 유동항목과 비유동항목을 구분하여 표시한다.

둘째, 재무상태표를 포함하는 재무제표는 기간별로 비교할 수 있도록 전기와 당기를 비교하는 형식으로 작성하여야 한다(기간별 비교가능성). 이와 같이 두 기간을 함께 보고하는 재무제표를 비교재무제표(comparative financial statements)라 한다.

셋째, K-IFRS에서 요구하거나 허용하지 않는 한 자산과 부채는 상계(offset)하지 않고 총액으로 표시한다. 상계표시는 발생한 거래, 그 밖의 사건과 상황을 이해하고 기업의 미래현금흐름을 분석할 수 있는 재무제표이용자의 능력을 저해한다.

넷째, 재무상태표를 포함하는 재무제표에 표시되는 항목의 형식이나 순서에는 제한이 없다.

제3절 재무상태표의 구성요소

재무상태표는 일정시점의 기업이 소유하고 있는 경제적 자원(자산), 그 경제적 자원에 대한 의무(부채)와 소유주지분(자본)에 관한 정보를 제공한다.

1. 자산

1.1 자산의 정의와 특징

자산(assets)은 과거 사건의 결과로 기업이 통제하고 있고, 미래 경제적 효익이 기업에 유입될 것으로 기대되는 자원이다.

이러한 자산의 정의에 포함된 특징을 살펴보면 다음과 같다.

첫째, 미래 경제적 효익(future economic benefits, 또는 용역잠재력)[11]은 직접(예: 매출채권) 또는 간접적(예: 기계, 원재료 → 재공품 → 제품 → 매출채권 → 현금)으로 미래에 현금유입을 증가시키거나 현금유출을 감소시키는 능력(잠재력)을 말한다. 이러한 잠재력은 해

11) **미래 경제적 효익**은 **미래의 잠재적인 현금흐름**이라고 이해하면 된다. **자산**의 기본적인 특성은 **미래의 현금유입에 대한 잠재력**이며, **부채**의 기본적인 특성은 **미래의 현금유출에 대한 잠재력**이다.

당 자산이 재화나 용역의 생산에 투입되거나 다른 자산과 교환됨으로써, 또는 부채를 상환하거나 소유주에게 배분하는 데 사용되는 등 다양한 형태로 기업에 공헌하게 된다.

둘째, 자산을 기업이 통제할 수 있어야 한다. 이것은 자산으로부터 얻을 수 있는 효익이 기업에 전적으로 귀속되며, 자산보유에 따르는 위험(예: 가격하락, 도난 등)을 기업이 전적으로 부담하여야 한다는 것이다(특정 실체의 배타적 권리).

셋째, 자산은 과거의 거래나 그 밖의 사건에서 발생한다. 이것은 미래에 발생할 것으로 예상되는 거래나 사건에 기초하여 자산을 인식하는 것을 방지하기 위한 것이다.

넷째, 대부분의 자산은 물리적 형태(유형물)가 있으나 비록 형태는 없으나 소유기업에 법적 또는 경제적 청구권이나 사용권이 있는 것도 있다.

1.2 자산의 분류

(1) 자산의 분류기준: 유동성구분법

K-IFRS에서는 원칙적으로 자산을 유동자산과 비유동자산으로 구분한다. 자산은 다음의 경우에 유동자산(current assets)으로 분류하고 그 이외의 경우에는 비유동자산(non-current assets)으로 분류한다.

1. 기업의 정상영업주기(normal operating cycle)[12] 내에 실현될 것으로 예상하거나, 정상영업주기 내에 판매하거나 소비할 의도가 있다.
2. 주로 단기매매목적으로 보유하고 있다.
3. 보고기간(재무상태표일) 후 12개월 이내에 실현될 것으로 예상한다.

유동자산의 분류기준에서와 같이, 일반적으로 보고기간(재무상태표일) 후부터 12월(1년 또는 정상영업주기) 내에 현금으로 실현될 것으로 예상되는 경우에는 유동자산이며, 그 이외의 경우에는 비유동자산으로 분류한다.[13]

12) **영업주기**(operating cycle)는 영업활동을 위한 자산의 취득시점에서부터 그 자산이 현금으로 실현되는 시점까지 소요되는 기간을 말한다. **정상영업주기**는 영업활동을 위한 자산의 취득시점에서부터 그 자산이 현금으로 실현되는 시점까지 소요되는 **평균기간**을 말한다. **정상영업주기를 명확하게 식별하기 어려운 경우**에는 **12개월**로 본다.

13) **1년 기준과 정상영업주기기준: 1년 기준**은 재무상태표일부터 1년 이내에 현금화되거나 상환해야 하는 항목을 유동항목으로 분류하고 그렇지 않은 항목은 비유동항목으로 분류하는 것을 말한다.
정상영업주기기준은 **정상적인 영업활동[현금(→ 원재료, 제조경비, 노무비)→ 재고자산 → 매출채권 → 현금]**에 소요되는 평균기간에 따라 유동항목과 비유동항목으로 분류하는 것을 말한다. **예**를 들어, 정상영업주기를 명확하게 식별한 수 없거나, 12개월 이내에 실현되지 않더라도 재고자산이나 매출채권과 같이 정상영업주기의 일부로서 판매 또는 실현되는 자산(예: 3년 숙성 위스키)은 유동자산으로 보고한다.

(2) 유동자산

유동자산은 다음과 같이 구분한다.

표 2-8 | 유동자산의 분류

구분		내용
현금 및 현금성자산	현금	• 통화(지폐와 동전) • 통화대용증권(타인발행수표 등)
	요구불예금	당좌예금, 보통예금
	현금성자산	취득 당시 만기가 3개월 이내에 도래하는 단기금융상품
대여금 및 수취채권	매출채권	재고자산에 대한 외상매출채권으로 재무상태표일부터 12개월 이내에 회수되는 것 • 매출채권 = 외상매출금 + 받을어음
	단기대여금	현금대여채권으로 재무상태표일부터 12개월 이내에 회수되는 것
	미수금	재고자산 이외의 자산에 대한 외상매출채권으로 재무상태표일부터 12개월 이내에 회수되는 것
	단기금융상품	정기예금 등 금융기관이 취급하는 금융상품으로 만기가 재무상태표일부터 12개월 이내에 도래하는 것
당기손익-공정가치측정 금융자산		재무상태표일부터 12개월 이내에 매도할 목적이거나 만기가 도래하는 유가증권[*1]
재고자산	상품, 제품, 재공품, 원재료, 반제품 등	정상적인 영업과정에서 판매를 목적으로 구입한 것, 생산한 것, 제조과정에 있는 제품, 제품을 제조할 목적으로 구입한 원료와 재료, 제조 중인 중간제품으로 판매가능한 것 등
기타유동자산	선급금	매입대금을 일부 또는 전부 지급한 것으로 재무상태표일부터 12개월 이내에 제품이 인수·회수되는 것 등
	미수수익	당기에 발생한 수익으로 재무상태표일부터 12개월 이내에 세품이 인수·회수되는 것 등
	선급비용	당기에 현금으로 지출한 비용 중 다음 회계기간에 속하는 것

*1. 유가증권은 재산권을 나타내는 증권으로 주식 등의 지분증권과 채권(국공채, 회사채) 등의 채무증권을 말함

또한 유동자산은 당좌자산과 재고자산으로 구분하기도 한다. 당좌자산은 판매과정 없이 현금화되는 자산을 말하며, 재고자산 이외의 유동자산을 말한다. 재고자산은 판매목적으로 보유하는 자산을 말한다.

(3) 비유동자산

비유동자산은 투자자산(long-term investments), 유형자산(property, plant and equipment), 무형자산(intangible assets)과 기타비유동자산으로 구분한다. 투자자산은 다른 기업을 지배할 목적이나 장기투자목적으로 보유하는 자산을 말하고, 유형자산은 영업활동에 사용할 목적으로 보유하고 있는 물리적 실체가 있는 자산을 말하며, 무형자산은 영업활동에 사용할 목적으로 보유하고 있는 물리적 실체가 없는 자산을 말한다.

표 2-9 | 비유동자산의 분류

구분		내용
대여금 및 수취채권	장기매출채권	재고자산에 대한 외상매출채권으로 재무상태표일부터 12개월 이후에 회수되는 것
	장기대여금	현금대여채권으로 재무상태표일부터 12개월 이후에 회수되는 것
	장기미수금	재고자산 이외의 자산에 대한 외상매출채권으로 재무상태표일부터 12개월 이후에 회수되는 것
	임차보증금	타인의 부동산 등을 사용하기 위해 담보로 임대인에게 지급한 금액
	장기금융상품	정기예금 등 금융기관이 취급하는 금융상품으로 만기가 재무상태표일부터 12개월 이후에 도래하는 것
상각후원가측정 금융자산, 기타포괄손익-공정가치측정 금융자산		장기적인 투자수익을 목적으로 보유하는 주식 또는 채권
투자부동산		임대수익이나 시세차익을 얻기 위하여 보유하고 있는 자산
유형자산	토지, 건물, 비품, 기계장치, 건설 중인 자산 등	영업활동에 사용할 목적으로 보유하는 물리적 실체가 있는 자산
무형자산	특허권, 상표권 등, 개발비, 영업권 등	영업활동에 사용할 목적으로 보유하는 물리적 실체가 없는 자산
기타비유동자산	장기선급금 등	위에 속하지 않는 비유동자산

1.3 자산의 측정[14]

자산의 측정은 자산의 화폐금액을 결정하는 과정을 말한다. 자산은 취득원가나 공정가치로 표시한다.

유형자산은 원칙적으로 취득시점에는 취득원가(역사적 원가)로 표시하나, 대부분의 금융자산이나 투자자산은 취득시점뿐만 아니라 재무상태표 보고시점에서도 공정가치(시장가격 등)로 측정하여 표시한다.

2. 부채

2.1 부채의 정의와 특징

부채(liabilities)는 과거 사건에 의하여 발생하였으며, 경제적 효익을 갖는 자원이 기업으로부터 유출됨으로써 이행될 것으로 기대되는 현재의무이다. 부채는 기업이 미래의 어느 시점에 제3자에게 현금을 지급하거나 재화나 용역을 제공해야 할 경제적 의무를 나타낸다. 또한 부채는 기업의 자산 중 채권자들이 소유권을 주장할 수 있는 부분인 채권자지분(creditor's equity)을 의미하며, 부채는 채권자가 기업에 빌려준 자금이므로 타인자본이라고도 한다.

이러한 부채의 정의에 포함된 특징을 살펴보면 다음과 같다.

첫째, 부채의 본질적인 특징은 기업이 현재의무를 가지고 있다는 것이다. 기업이 현재의무를 이행하기 위해서는 미래 경제적 효익을 갖는 자원을 희생하게 된다. 따라서 부채를 미래 경제적 효익의 희생(probable future sacrifices of economic benefits)이라고 정의하기도 한다.

둘째, 자산과 마찬가지로 부채도 과거의 거래나 그 밖의 사건에서 발생한다.

셋째, 부채를 인식하기 위해서 지급시기, 지급대상과 지급금액이 반드시 확정될 필요가 없다. 현재의무를 수반하며 부채의 정의를 충족한다면 금액을 추정하더라도 부채를 인식해야 한다. 이러한 부채를 충당부채라 하며, 판매된 제품의 품질보증에 따른 제품보증충당부채와 진행 중인 소송사건에 대한 손해배상손실충당부채를 예로 들 수 있다.

---

14) **자산의 측정과 측정기준**[역사적 원가, 현행원가, 실현가능가치, 현재가치]에 대한 설명은 **보론 재무보고를 위한 개념체계, 6. 재무제표의 구성요소, 6.3 재무제표 요소의 측정**의 설명을 참조.

2.2 부채의 분류

(1) 부채의 분류기준: 유동성구분법

K-IFRS에서는 원칙적으로 부채를 유동부채와 비유동부채로 구분한다. 부채는 다음의 경우에 유동부채(current liabilities)로 분류하고, 그 밖의 모든 부채는 비유동부채(non-current liabilities)로 분류한다.

1. 정상영업주기 내에 결제될 것으로 예상하고 있다.
2. 보고기간(재무상태표일) 후 12개월 이내에 결제하기로 되어 있다.

유동부채의 분류기준에서와 같이, 일반적으로 보고기간(재무상태표일) 후부터 12월(1년 또는 정상영업주기) 내에 결제될 것으로 예상되는 경우에는 유동부채이며, 그 이외의 경우에는 비유동부채로 분류한다.

(2) 유동부채

유동부채는 다음과 같이 구분한다.

표 2-10 | 유동부채의 분류

구분		내용
금융부채	매입채무	재고자산에 대한 외상매입채무로 재무상태표일부터 12개월 이내에 지급하는 것 • 매입채무 = 외상매입금 + 지급어음
	단기차입금	현금차입채무로 재무상태표일부터 12개월 이내에 지급하는 것
	미지급금	재고자산 이외의 자산에 대한 외상매입채무로 재무상태표일부터 12개월 이내에 지급하는 것
	미지급비용	당기에 발생한 비용으로 재무상태표일부터 12개월 이내에 지급되는 것(예: 미지급이자, 미지급임차료 등)
충당부채	제품보증충당부채, 손해배상손실충당부채 등	제품보증의무이행, 손해배상청구소송 등에 예상되는 금액을 추정하여 계상한 것
기타부채	예수금	제3자에게 지급할 금액을 임시로 보관하고 있는 것
	미지급법인세	당기 발생한 법인세로 납부하지 아니한 것
	선수금	판매대금을 일부 또는 전부 받은 것으로 재무상태표일부터 12개월 이내에 제품이 인도·지급되는 것
	선수수익	당기에 현금으로 받은 수익 중 다음 회계기간에 속하는 것(예: 선수이자, 선수임대료 등)

(3) 비유동부채

비유동부채는 다음과 같이 구분한다.

표 2-11 | 비유동부채의 분류

구분		내용
금융부채	장기매입채무	재고자산에 대한 외상매입채무로 재무상태표일부터 12개월 후에 지급하는 것 장기매입채무=장기외상매입금+장기지급어음
	장기차입금	현금차입채무로 재무상태표일부터 12개월 후에 지급하는 것
	장기미지급금	재고자산 이외의 자산에 대한 외상매입채무로 재무상태표일부터 12개월 후에 지급하는 것
	사채	주식회사가 장기자금을 조달하기 위해 채무증권을 발행하고 차입한 채무
충당부채	퇴직급여부채	종업원이 퇴직할 때 지급할 퇴직금이나 퇴직연금의 현재가치
기타부채	임대보증금	타인에게 부동산 등을 빌려주고 담보로 임차인에게서 받은 금액
	장기선수금	판매내금을 일부 또는 선부 받은 것으로 재무상태표일부터 12개월 이내에 제품이 인도·지급되는 것
	장기선수수익 등	위에 속하지 않은 비유동부채

2.3 부채의 측정[15]

부채의 측정은 기업이 부담하는 부채의 화폐금액을 결정하는 과정을 말한다. 부채의 측정도 자산의 측정과 마찬가지로 취득원가, 공정가치 등이 있다.

3. 자본

3.1 자본의 정의

자본(equity)은 소유주지분(owners' equity)이라 한다. 자본은 기업의 자산에서 부채를 차감한 잔액으로 순자산(net assets)이라고도 한다. 자본은 기업의 자산에 대한 우선청구권을 가진 채권자지분을 차감한 후에 남는 금액이므로 잔여지분(residual interest)이라고도 한다.

자본은 잔여지분이므로 회계등식 또는 재무상태표등식에서 도출한 다음 등식으로 나타

15) **부채의 측정과 측정기준**[역사적 원가, 현행원가, 실현가능가치, 현재가치]에 대한 설명은 **보론 재무보고를 위한 개념체계, 6. 재무제표의 구성요소, 6.3 재무제표 요소의 측정**의 설명을 참조.

내는데, 자본등식(capital equation)이라 한다.

회계등식: 자산＝부채＋자본
자본등식: 자본＝자산－부채

자본은 지분참여자와의 거래(예: 주식발행, 현금배당금 지급 등)뿐만 아니라 기업의 경영성과에 따라 변동한다. 기업이 당기순이익이 발생하면 그만큼 자본이 증가하며, 당기순손실이 발생하면 그만큼 자본도 감소한다.

3.2 자본의 분류

자본은 다음과 같이 구분한다.

표 2-12 | 자본의 분류

<table>
<tr><th>구분</th><th>내용</th><th colspan="2">자본의 분류</th></tr>
<tr><td>자본금</td><td>주주가 납입한 자본으로 법률이 정한 납입자본금(법정자본금)</td><td colspan="2">보통주자본금, 우선주자본금</td></tr>
<tr><td rowspan="2">자본
잉여금</td><td rowspan="2">증자, 감자나 그 밖의 자본거래에서 발생하는 자본금의 초과액</td><td>주식발행
초과금</td><td>보통주주식발행초과금, 우선주주식발행초과금</td></tr>
<tr><td>기타
자본잉여금</td><td>감자차익, 자기주식처분이익, 자산수증이익 등</td></tr>
<tr><td rowspan="2">자본조정</td><td rowspan="3">자본에 가산 또는 차감하여야 할 임시적 성격의 항목</td><td>자기주식</td><td></td></tr>
<tr><td>기타
자본조정</td><td>주식할인발행차금, 감자차손, 자기주식처분손실, 미교부주식배당금, 신주청약증거금, 배당건설이자 등</td></tr>
<tr><td>기타
포괄손익
누계액*1</td><td colspan="2">재평가잉여금, 기타포괄손익-공정가치측정 금융자산평가손익(FVOCI 금융자산평가손익) 등</td></tr>
<tr><td rowspan="3">이익
잉여금
(또는
결손금)</td><td rowspan="3">영업활동에 따른 손익거래에서 발생한 순이익 중에서 배당으로 지급되지 않고 회사 내부에 유보된 이익</td><td>법정적립금</td><td>이익준비금 등</td></tr>
<tr><td>임의적립금</td><td>감채적립금, 사업확장적립금, 신축적립금, 배당평균적립금, 결손보전적립금, 별도적립금 등</td></tr>
<tr><td colspan="2">미처분이익잉여금*2(또는 미처리결손금)</td></tr>
</table>

*1. 기타포괄손익누계액은 각각 해당 항목에 대한 기타포괄손익의 누계액임.
*2. 미처분이익잉여금은 배당금이나 다른 이익잉여금으로 처분되지 않은 이익잉여금, 즉 차기이월이익잉여금을 말함.

3.3 자본의 측정

재무상태표에 표시되는 자본의 금액은 자산과 부채 금액의 측정에 따라 종속적으로 측정되며, 기업이 발행한 주식의 가치와 일치하지 않는다.

제4절 회계기간

기업의 경영활동은 영업을 시작하는 날부터 폐업하는 날까지 계속(계속기업의 가정)되기 때문에 그 기간 전체에 대한 재무상태와 경영성과를 파악하기는 어렵다. 왜냐하면 정보이용자들은 의사결정에 필요한 정보가 적시에 제공되기를 원하기 때문이다. 따라서 기업은 인위적으로 구분한 일정기간마다 재무상태와 경영성과를 보고하며, 이 기간을 회계기간(accounting period) 또는 보고기간(reporting period)이라 한다.

회계기간은 1년을 넘지 않는 기간 내에서 기업이 임의로 설정할 수 있는데(1년 기준), 일반적으로 1년을 하나의 회계기간으로 한다. 회계기간의 시작시점과 종료시점은 기업이 임의로 정할 수 있다. 예를 들어 회계기간이 1월 1일부터 12월 31일까지라고 하면, 회계기간이 시작되는 시점인 1월 1일을 기초(期初)라 하고, 회계기간이 끝나는 시점인 12월 31일을 기말(期末)이라고 한다.[16] 또한 전년도 1월 1일부터 12월 31일까지의 회계기간(이전 회계기간)을 전기(前期)라 하고, 금년도 1월 1일부터 12월 31일까지의 회계기간(해당 회계기간)을 당기(當期)라 하며, 다음 연도 1월 1일부터 12월 31일까지의 회계기간(다음 회계기간)을 자기(次期)라 한다.

그림 2-3 회계기간의 구분

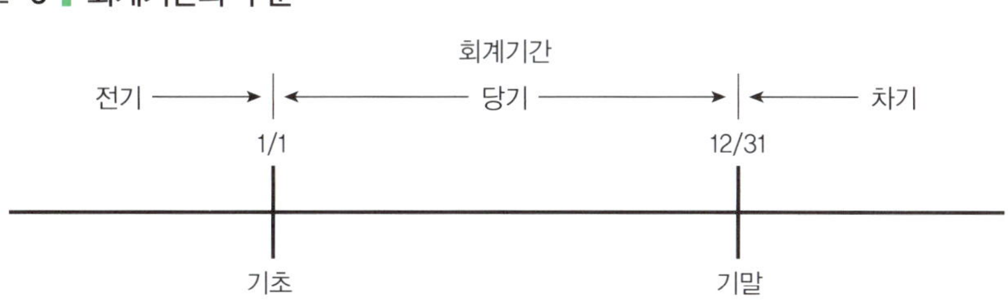

16) 한편 1월 1일을 회계연도의 **개시일**이라고 하고, 12월 31일을 **결산일**이라고 한다. 회계연도 개시일부터 결산일까지의 기간을 **회계기간**이라고도 한다.

1년 주기의 회계기간을 회계연도라 한다. 회계연도는 일반적으로 특정 월의 첫 번째 날부터 시작하여 12개월 후가 되는 월의 마지막 날로 끝난다. 많은 기업들은 역년(曆年, calendar year, 달력의 1년인 1월 1일부터 12월 31일까지)을 회계연도로 사용한다. 일부 기업들은 역년 이외의 기간을 회계연도로 사용하기도 한다. 예를 들어 어떤 기업은 4월 1일부터 다음 연도 3월 31일까지가 한 회계연도이고, 다른 기업은 7월 1일부터 다음 연도 6월 30일까지가 한 회계연도이다.

보론 재무보고를 위한 개념체계[17)]

1. 재무보고를 위한 개념체계의 의의

기업은 다수의 정보이용자가 정보를 비교할 수 있도록 일정한 기준에 따라 재무제표를 작성하는데 재무제표를 작성하고 공시하는데 있어 지켜야 할 기준을 회계기준 또는 일반적으로 인정된 회계원칙이라 한다. 이러한 회계기준은 재무보고의 개념체계(conceptual framework)를 토대로 작성된다.

재무보고를 위한 개념체계는 재무회계개념체계 또는 개념체계라고도 한다. 개념체계는 기업의 재무보고 목적을 명확하게 하고 이를 달성하는 데 필요한 핵심개념들을 수미일관된 체계로 제시할 목적으로 국제회계기준위원회가 마련한 것이다.

「재무보고를 위한 개념체계」[18)]는 외부정보이용자를 위한 재무제표의 작성과 표시(재무보고)의 기초가 되는 개념을 정립한다. 한국채택국제회계기준은 「재무보고를 위한 개념체계」를 근거로 제정한 핵심적인 원칙을 서술하는 방식을 채택하고 있다.

---

17) **이 보론**은 한국회계기준원의 회계기준위원회가 제정한 「**재무보고를 위한 개념체계**」**를 요약하여 설명**한 것이다. **개념체계**는 **회계원리 수준에서 이해하기가 어려운 부분**이므로 자세한 내용에 대해서는 **중급회계** 또는 **회계이론**에서 설명한다.

18) **재무보고를 위한 개념체계**는 **국제회계기준위원회**가 제정한 「재무보고를 위한 개념체계(Conceptual Framework for Financial Reporting, 2018)」에 대응하는 기준이다.
「**재무보고를 위한 개념체계**」는 일반목적 재무보고의 목적(제1장), 유용한 재무정보의 질적 특성(제2장), 재무제표와 보고기업(제3장), 재무제표의 구성요소(제4장), 인식과 제거(제5장), 측정(제6장), 표시와 공시(제7장)와 자본 및 자본유지 개념(제8장)의 **8개 장으로 구성**되어 있다. **이 보론**의 **3. 개념체계의 목적과 위상**부터 「**재무보고를 위한 개념체계**」의 제1장, 제2장, 제4장부터 제6장까지의 내용을 순서대로 요약하여 설명한다.

2. 재무보고를 위한 개념체계의 구조

재무보고를 위한 개념체계의 구조는 다음과 같이 요약할 수 있다.

▌그림 2-4 ▌재무보고를 위한 개념체계의 구조

<table>
<tr><td colspan="2">일반목적 재무보고의 목적</td><td>유용성
(정보이용자의 경제적 의사결정에 유용한 정보제공)</td></tr>
<tr><td colspan="3">⬇</td></tr>
<tr><td rowspan="2">유용한 재무정보의 질적 특성</td><td>근본적 질적 특성</td><td>목적적합성, 표현충실성</td></tr>
<tr><td>보강적 질적 특성</td><td>비교가능성, 검증가능성, 적시성, 이해가능성</td></tr>
<tr><td colspan="3">⬇</td></tr>
<tr><td colspan="2">재무제표와 보고기업</td><td>계속기업, 보고기간, 보고기업</td></tr>
<tr><td colspan="3">⬇</td></tr>
<tr><td rowspan="3">재무제표의 표시와 공시</td><td>재무제표의 구성요소</td><td>자산, 부채, 자본, 수익, 비용</td></tr>
<tr><td>재무제표 요소의 인식과 제거</td><td>정의에 부합, 미래 경제적 효익의 발생가능성,
측정의 신뢰성</td></tr>
<tr><td>재무제표 요소의 측정</td><td>역사적 원가, 현행가치(현행원가, 공정가치,
사용가치와 이행가치)</td></tr>
<tr><td colspan="3">⬇</td></tr>
<tr><td colspan="3">재무제표의 작성 및 제공</td></tr>
</table>

일반목적 재무보고의 목적은 외부정보이용자가 의사결정을 할 때 유용한 재무정보를 제공하는 것이다. 따라서 의사결정에 유용하기 위해서 정보가 어떠한 질적 특성을 가지고 있어야 할 것인가에 대한 논의가 필요할 것이며, 이것은 재무제표의 작성지침인 회계기준을 제정할 때 이러한 질적 특성을 고려하여야 하기 때문이다.

좁은 의미의 재무정보는 재무제표를 의미하며, 재무제표를 작성하기 위해 필요한 전제가 계속기업, 보고기간과 보고기업이다. 기본가정을 전제하였다면 재무제표에 포함될 요소를 정의한다. 재무제표 요소를 어떻게 인식하고 측정할 것인지에 따라 재무제표의 유용성이 달라질 수 있으므로 어느 기준에 따라 재무제표 요소를 인식하고 측정할 것인지를 규정한다.

회계담당자는 한국채택국제회계기준과 같은 회계기준을 준수하여 작성한 재무제표를 이용자에게 제공함으로써 재무보고의 목적(의사결정에 유용한 정보의 제공)을 달성한다.

3. 개념체계의 목적과 위상

3.1 개념체계의 목적

개념체계의 목적은 다음과 같다.

1. 한국회계기준위원회: 한국회계기준위원회(아래에서는 회계기준위원회라 함)가 일관된 개념에 기반하여 한국채택국제회계기준(아래에서는 회계기준이라 함)을 제·개정하는 데 도움을 준다.
2. 재무제표 작성자: 특정 거래나 다른 사건에 적용할 회계기준이 없거나 회계기준에서 회계정책을 선택하는 것을 허용하는 경우에 재무제표 작성자가 일관된 회계정책을 개발하는 데 도움을 준다.
3. 모든 이해관계자: 모든 이해관계자가 회계기준을 이해하고 해석하는 데 도움을 준다.

3.2 개념체계의 위상: 개념체계와 회계기준과의 관계(우선순위)

개념체계는 회계기준이 아니다. 따라서 이 개념체계의 어떠한 내용도 회계기준이나 그 요구사항에 우선하지 아니한다.

4. 일반목적 재무보고의 목적

일반목적 재무보고(general purpose financial reporting)의 목적은 현재 및 잠재적 투자자, 대여자와 그 밖의 채권자가 기업에 자원을 제공하는 것에 대한 의사결정을 할 때 유용한 보고기업의 재무정보를 제공하는 것이다.

일반목적 재무보고서는 보고기업의 재무상태에 관한 정보, 즉 기업의 경제적 자원(자산) 및 보고기업에 대한 청구권(부채와 자본)에 관한 정보를 제공하고, 경제적 자원과 청구권을 변동시키는 거래와 그 밖의 사건의 영향에 대한 정보도 제공한다.

표 2-13 | 일반목적 재무보고서가 제공하는 정보

구분		관련 재무제표
경제적 자원과 청구권에 대한 정보		재무상태표
경제적 자원과 청구권의 변동에 관한 정보	재무성과에 따른 변동	포괄손익계산서, 현금흐름표
	재무성과 이외의 사유에 따른 변동 (자금조달에 대한 정보)	현금흐름표, 자본변동표

5. 유용한 재무정보의 질적 특성

유용한 재무정보의 질적 특성(qualitative characteristics)은 일반목적 재무보고서에 포함된 정보(재무정보)가 이용자의 의사결정에 유용한 정보가 되기 위하여 갖추어야 할 속성을 말한다.

개념체계에서 규정하고 있는 유용한 재무정보의 질적 특성(qualitative characteristics of useful financial information)을 요약하면 다음 그림과 같다.

▌그림 2-5 ▌유용한 재무정보의 질적 특성

일반목적 재무보고의 목적		유용성 (정보이용자의 경제적 의사결정에 유용한 정보)
유용한 재무정보의 질적 특성	근본적 질적 특성	목적적합성(예측가치, 확인가치, 중요성) 표현충실성(완전한 서술, 중립적 서술, 오류 없는 서술)
	보강적 질적 특성	비교가능성, 검증가능성, 적시성, 이해가능성
포괄적 제약요인		원가제약 (재무정보의 효익 > 재무정보의 원가)

재무정보가 유용하기 위해서는 목적적합해야 하고 나타내고자 하는 바를 충실하게 표현해야 한다(근본적 질적 특성). 재무정보가 비교가능하고, 검증가능하며, 적시성 있고, 이해가능한 경우 그 재무정보의 유용성은 보강된다(보강적 질적 특성).

5.1 근본적 질적 특성

근본적 질적 특성(fundamental qualitative characteristics)은 정보가 유용하기 위해 근본적(본질적)으로 갖추어야 할 질적 특성이며,[19] 목적적합성과 표현충실성이 있다.

(1) 목적적합성

목적적합한 재무정보는 이용자들의 의사결정에 차이가 나도록 할 수 있다.

19) 근본적 질적 특성은 그 자체로 존재하여 다른 특성으로 보강을 받을 수 있으나 다른 특성을 보강하지 않는 특성이라는 의미이다.

재무정보에 예측가치, 확인가치 또는 이 둘 모두가 있다면 그 재무정보는 의사결정에 차이가 나도록 할 수 있다.

1) 예측가치와 확인가치

이용자들이 미래결과를 예측하기 위해 사용하는 절차의 투입요소로 재무정보가 사용될 수 있다면, 그 재무정보는 예측가치(predictive value)를 갖는다.[20] 재무정보가 과거평가에 대해 피드백을 제공한다면(과거평가를 확인하거나 변경시킨다면) 확인가치(confirmatory value)를 갖는다.

재무정보의 예측가치와 확인가치는 상호연관되어 있다. 예측가치를 갖는 정보는 확인가치도 갖는 경우가 많다. 예를 들어, 미래연도 수익의 예측근거로 사용될 수 있는 당해 연도의 수익정보를 과거연도에 행한 당해 연도의 수익예측치와 비교할 수 있다. 그 비교결과는 이용자가 그 과거예측에 사용한 절차를 수정하고 개선하는 데 도움을 줄 수 있다.

2) 중요성

정보가 누락되거나 잘못 기재된 경우 특정 보고기업의 재무정보를 제공하는 일반목적 재무보고서에 근거하여 이루어지는 주요이용자들의 의사결정에 영향을 줄 수 있다면 그 정보는 중요한 것이다. 즉, 중요성(materiality)은 개별 기업 재무보고서 관점에서 해당 정보와 관련된 항목의 성격이나 규모 또는 이 둘 모두에 근거하여 해당 기업에 특유한 측면의 목적적합성을 의미한다.

(2) 표현충실성

재무정보가 유용하기 위해서는 목적적합한 현상을 표현하는 것뿐만 아니라 나타내고자 하는 현상의 실질을 충실하게 표현해야 한다.[21] 완벽한 표현충실성(perfectly faithful representation)을 위해서는 서술에 세 가지의 특성이 있어야 할 것이다. 서술은 완전하고, 중립적이며, 오류가 없어야 할 것이다.

1) 완전한 서술

완전한 서술(complete depiction)은 필요한 기술과 설명을 포함하여 정보이용자가 서술되는 현상을 이해하는 데 필요한 모든 정보를 포함하는 것이다.

---

20) 재무정보가 예측가치를 갖기 위해서 그 자체가 예측치 또는 예상치일 필요는 없다. 예측가치를 갖는 재무정보는 이용자들 자신이 예측하는 데 사용된다.

21) 많은 경우 경제적 현상의 실질과 그 법적 형식은 같다. 만약 같지 않다면 **법적 형식에 따른 정보만 제공해서는 경제적 현상을 충실하게 표현할 수 없을 것**이다

2) 중립적 서술

중립적 서술(neutral depiction)은 재무정보의 선택이나 표시에 편의(偏倚, bias)가 없는 것이다. 중립적 서술은 이용자들이 재무정보를 유리하게 또는 불리하게 받아들일 가능성을 높이기 위해 편파적이 되거나, 편중되거나, 강조되거나, 경시되거나 그 밖의 방식으로 조작되지 않는다.[22]

3) 오류 없는 서술

오류가 없다(free from error)는 것은 현상의 기술에 오류나 누락이 없고, 보고정보를 생산하는 데 사용되는 절차의 선택과 적용시 절차상 오류가 없음을 의미한다. 이 맥락에서 오류가 없다는 것은 모든 면에서 완벽하게 정확하다는 것을 의미하지는 않는다.[23]

5.2 보강적 질적 특성

보강적 질적 특성(enhancing qualitative characteristics)은 목적적합성과 나타내고자 하는 바를 충실하게 표현하는 것 모두를 충족하는 정보의 유용성을 보강시키는 질적 특성으로 비교가능성, 검증가능성, 적시성 및 이해가능성이다.

(1) 비교가능성

보고기업에 대한 정보는 다른 기업에 대한 유사한 정보 및 해당 기업에 대한 다른 기간이나 다른 일자의 유사한 정보와 비교될 수 있다면 더욱 유용하다.

비교가능성(comparability)은 이용자들이 항목 간의 유사점과 차이점을 식별하고 이해할 수 있게 하는 질적 특성이다.[24]

---

22) **중립성**(neutrality)은 신중을 기함으로써 뒷받침된다. **신중성**(prudence)은 불확실한 상황에서 판단할 때 주의를 기울이는 것이다. 신중을 기한다는 것은 자산과 수익이 과대평가(overstated)되지 않고 부채와 비용이 과소평가(understated)되지 않는 것을 의미한다. 마찬가지로 신중을 기한다는 것은 자산이나 수익의 과소평가나 부채나 비용의 과대평가를 허용하지 않는다. 그러한 그릇된 평가(misstatements)는 미래 기간의 수익이나 비용의 과대평가나 과소평가로 이어질 수 있다.

23) 재무보고서의 화폐금액을 직접 관측할 수 없어 추정해야만 하는 경우에는 **측정불확실성**(measurement uncertainty)이 발생한다. 합리적인 추정치의 사용은 재무정보의 작성에 필수적인 부분이며, 추정이 명확하고 정확하게 기술되고 설명되는 한 정보의 유용성을 저해하지 않는다.

24) **일관성**(consistency)은 비교가능성과 관련은 되어 있지만 동일하지는 않다. 일관성은 한 보고기업 내에서 **기간 간** 또는 같은 기간 동안에 **기업 간 동일한 항목에 대해 동일한 방법을 적용**하는 것을 말한다. **비교가능성**은 **목표**이고 **일관성**은 그 **목표를 달성**하는 데 도움을 준다.
비교가능성은 **통일성**(uniformity)이 아니다. 정보가 비교가능하기 위해서는 비슷한 것은 비슷하게 보여야 하고 다른 것은 다르게 보여야 한다.

(2) 검증가능성

검증가능성은 정보가 나타내고자 하는 경제적 현상을 충실히 표현하는지를 이용자들이 확인하는 데 도움을 준다. 검증가능성(verifiability)은 합리적인 판단력이 있고 독립적인 서로 다른 관찰자가 어떤 서술이 표현충실성이라는 데, 비록 반드시 완전히 일치하지는 못하더라도, 의견이 일치할 수 있다는 것을 의미한다.

(3) 적시성

적시성(timeliness)은 의사결정에 영향을 미칠 수 있도록 의사결정자가 정보를 제때에 이용가능하게 하는 것을 의미한다. 일반적으로 정보는 오래될수록 유용성이 낮아진다.

(4) 이해가능성

이해가능성(understandability)은 정보가 유용하려면 정보이용자가 이해할 수 있어야 한다는 것이다. 정보를 명확하고 간결하게 분류하고, 특징지으며, 표시하는 것은 정보를 이해가능하게 한다. 재무보고서는 사업활동과 경제활동에 대해 합리적인 지식이 있고, 부지런히 정보를 검토하고 분석하는 정보이용자들을 위해 작성된다.

5.3 유용한 재무보고에 대한 원가제약

원가제약(cost constraint)은 정보의 제공 여부를 판단하는 포괄적인 제약조건이다.

재무정보의 보고에는 원가가 소요되고, 해당 정보 보고의 효익이 그 원가를 정당화한다는 것이 중요하다.

1. 재무정보의 원가: 재무정보의 제공자는 재무정보의 수집, 처리, 검증 및 전파에 대부분의 노력을 기울인다.
2. 재무정보의 효익: 목적적합하고 나타내고자 하는 바가 충실하게 표현된 재무정보를 보고하는 것은 이용자들이 더 확신을 가지고 의사결정하는 데 도움이 된다.

원가 제약요인을 적용함에 있어서 특정 정보를 보고하는 효익이 그 정보를 제공하고 사용하는 데 발생한 원가를 정당화할 수 있을 것인지 평가한다.

6. 재무제표의 구성요소

6.1 재무제표의 요소

개념체계에 정의된 재무제표 요소는 다음과 같다.

1. 보고기업의 재무상태와 관련된 자산, 부채 및 자본
2. 보고기업의 재무성과와 관련된 수익 및 비용

이러한 요소들은 경제적 자원, 청구권 및 경제적 자원과 청구권의 변동과 연계되어 있으며, 다음 표에 정의되어 있다.

표 2-14 | 재무제표의 요소

구분		요소	정의 또는 설명
재무상태	경제적 자원	자산	• 과거 사건의 결과로 기업이 통제하는 현재의 경제적 자원 • 경제적 자원은 경제적 효익을 창출할 잠재력을 지닌 권리
	경제적 자원에 대한 청구권	부채	과거 사건의 결과로 기업의 경제적 자원을 이전해야 하는 현재의무
		자본	기업의 자산에서 모든 부채를 차감한 후의 잔여지분
재무상태의 변동	재무성과를 반영하는 경제적 자원 및 청구권의 변동	수익	• 자본의 증가를 가져오는 자산의 증가나 부채의 감소 • 자본청구권 보유자의 출자와 관련된 것은 제외
		비용	• 자본의 감소를 가져오는 자산의 감소나 부채의 증가 • 자본청구권 보유자에 대한 분배와 관련된 것은 제외

6.2 재무제표 요소의 인식

(1) 인식

인식(recognition)은 자산, 부채, 자본, 수익 또는 비용과 같은 재무제표 요소 중 하나의 정의를 충족하는 항목을 재무상태표나 재무성과표에 포함하기 위하여 포착하는 과정이다. 인식은 그러한 재무제표 중 하나에 어떤 항목(단독으로 또는 다른 항목과 통합하여)을 명칭과 화폐금액으로 나타내고, 그 항목을 해당 재무제표의 하나 이상의 합계에 포함시키는 것과 관련된다.

(2) 인식기준

자산, 부채 또는 자본의 정의를 충족하는 항목만이 재무상태표에 인식된다. 마찬가지로 수익이나 비용의 정의를 충족하는 항목만이 재무성과표에 인식된다.

자산이나 부채를 인식하고 이에 따른 결과로 수익, 비용 또는 자본변동을 인식하는 것이 재무제표이용자들에게 유용한 정보를 모두 제공하는 경우에만 자산이나 부채를 인식한다.

6.3 재무제표 요소의 측정

(1) 측정

재무제표에 인식된 요소들은 화폐단위로 수량화되어 있다. 이를 위해 측정기준(measurement basis)을 선택해야 한다. 측정기준은 측정 대상 항목에 대해 식별된 속성(예: 역사적 원가, 공정가치 또는 이행가치)이다. 자산이나 부채에 측정기준을 적용하면 해당 자산이나 부채, 관련 수익과 비용의 측정치가 산출된다.

(2) 측정기준

1) 역사적 원가

역사적 원가 측정치(historical cost measures)는 적어도 부분적으로 자산, 부채 및 관련 수익과 비용을 발생시키는 거래나 그 밖의 사건의 가격에서 도출된 정보를 사용하여 자산, 부채 및 관련 수익과 비용에 관한 화폐적 정보를 제공한다. 현행가치와 달리 역사적 원가는 자산의 손상이나 손실부담에 따른 부채와 관련되는 경우를 제외하고는 가치의 변동을 반영하지 않는다.

2) 현행가치

현행가치 측정치(current value measures)는 측정일의 조건을 반영하기 위해 갱신된 정보를 사용하여 자산, 부채 및 관련 수익과 비용의 화폐적 정보를 제공한다. 이러한 갱신에 따라 자산과 부채의 현행가치는 이전 측정일 이후의 변동, 즉 현행가치에 반영되는 현금흐름과 그 밖의 요소의 추정치의 변동을 반영한다.

현행가치 측정기준은 다음을 포함한다.

1. 공정가치: 공정가치(fair value)는 측정일에 시장참여자 사이의 정상거래에서 자산을 매도할 때 받거나 부채를 이전할 때 지급하게 될 가격이다.
2. 자산의 사용가치 및 부채의 이행가치: 사용가치(value in use)는 기업이 자산의 사용과 궁극적인 처분으로 얻을 것으로 기대하는 현금흐름 또는 그 밖의 경제적 효익의 현

재가치이다. 이행가치(fulfillment value)는 기업이 부채를 이행할 때 이전해야 하는 현금이나 그 밖의 경제적 자원의 현재가치이다.[25]

3. 현행원가: 자산의 현행원가(current cost)는 측정일에 동등한 자산의 원가로서 측정일에 지급할 대가와 그 날에 발생할 거래원가를 포함한다. 부채의 현행원가는 측정일에 동등한 부채에 대해 수취할 수 있는 대가에서 그 날에 발생할 거래원가를 차감한다.

25) 사용가치와 이행가치는 (공정가치와 달리) **시장참여자의 가정보다는 기업 특유의 가정을 반영**한다. 사용가치와 이행가치는 (공정가치와 달리) **직접 관측될 수 없으며 현금흐름기준 측정기법으로 결정**된다

신문에서 배우는 회계 · 세상

✣ 감사인의 '적정의견', 재무상태 좋다는 뜻 아냐

감사보고서 제대로 읽기
회계기준에 맞는지 판단한 것 … 적정의견 회사 중 상장폐지 2%대
강조사항 · 주석 주의 깊게 보고 '계속기업 불확실성' 언급 땐 유의
조선 · 건설업 '핵심감사사항' 확인

직장인 김모 씨는 한 건설회사가 수도권에 큰 공사를 따낼 것이라는 소문을 듣고, 주식 투자를 하기로 마음먹었다. 김씨는 회사에 대한 정보를 얻기 위해 이 회사의 사업보고서를 뒤졌다. 보고서에는 '적정의견'이라는 문구가 적혀 있었다. 김씨는 이 회사의 재무구조가 건전하다고 판단했고, 곧바로 자신의 결혼자금 중 일부를 투자해 주식을 샀다. 하지만 8개월 뒤 이 회사는 부도가 났고, 주식시장에서 상장폐지됐다. 이처럼 사업보고서의 일부 내용만 참고한 채 무리하게 주식투자에 나섰다가 낭패를 보는 경우가 종종 발생한다. 금융감독원은 이 같은 피해를 입지 않으려면 기업의 '감사(監査)보고서'를 꼼꼼히 살펴보는 것이 좋다고 조언했다.

감사보고서 재무제표 '적정의견'≠재무 건전성 양호

감사보고서란 기업의 재무제표가 공정하게 작성됐는지에 대한 감사인의 의견을 담은 보고서다. 12월에 결산하는 상장법인은 다음 해 3월 말까지 사업보고서를 제출하게 돼 있는데, 각 회사의 사업보고서에 이 감사보고서가 첨부돼 있다. 금감원 '전자공시시스템'(dart.fss.or.kr)에서 열람할 수 있다.

감사인은 회사의 재무제표가 회계기준에 따라 제대로 작성됐는지를 살핀다. 그러고 나서 '적정의견' '한정의견' '부적정의견' '의견거절' 등을 감사보고서에 기재한다. 이 가운데 '적정의견'은 기업의 재무제표가 회계기준에 따라 적정하게 표시돼 있다고 판단할 때 내려진다. 하지만 적정의견을 받았다고 해서 반드시 기업의 재무상태가 튼튼하다는 것을 뜻하는 것은 아니다. 재무제표가 기준에 맞게 잘 작성됐다는 것을 의미할 뿐이다. 금감원에 따르면 지난 2014년(회계연도 기준) 상장법인 1,848개 업체 가운데 감사의견이 적정의견으로 표명된 회사는 99.1%(1,832개 업체)에 달하지만, 적정의견을 받은 회사 중 2.7%(50개 사)가 감사보고서 발행 후 2년도 되지 않아 상장폐지됐다. 금감원 관계자는 "재무 상태가 엉망이어도, 회계기준에 맞게 재무제표가 표시됐다면 적정의견을 받을 수 있기 때문에 이것으로만 재무상태를 판단해서는 안 된다"고 말했다.

'강조사항'과 '계속기업 불확실성'도 따져봐야

감사보고서에 등장하는 '강조사항'도 반드시 살펴봐야 한다. 감사 결과 중요하다고 판단되는 내용은 강조사항란에 담긴다. 예를 들면 "기업이 소송을 진행 중이어서 재무상 변화가 있을 수도 있다"는 내용이나 기업의 최대 주주와 같은 특수 관계자와의 중요한 거래, 영업 환경의 변경 등이 해당된다. 이는 회사의 재무상태와 경영성과에 큰 영향을 미칠 수 있기 때문에 주의 깊게 따져봐야 한다.

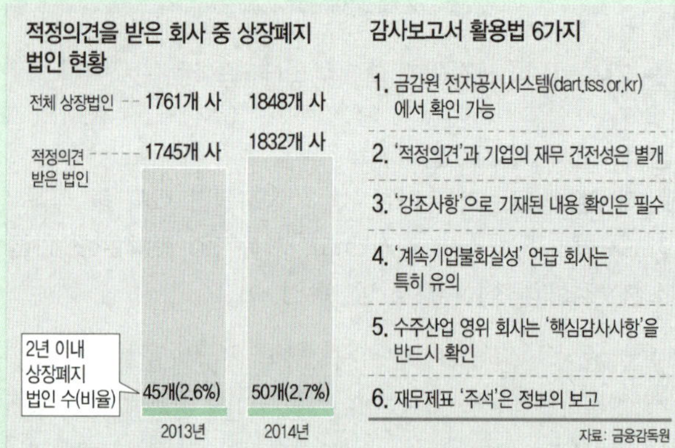

감사보고서에 '계속기업 불확실성'이라고 언급된 회사도 유심히 볼 필요가 있다. 기업이 추진하는 사업전망이 나쁘거나 재무제표 건전성이 나빠지는 등 기업이 계속 존재하는 게 불투명하다고 판단될 때 감사인은 강조사항에 계속기업 불확실성이라고 표시한다. 금감원에 따르면 지난 2014년 계속기업 불확실성을 강조사항에 기재한 적정의견 기업 가운데 2년 내 상장폐지된 비율(16.2%)이 강조사항을 기재하지 않은 기업 중 상장폐지된 비율(2.2%)보다 약 8배 가까이 높았다.

조선 · 건설업 투자 땐 '핵심감사사항' 살펴야

기계 · 조선 · 건설처럼 수요처의 주문에 따라 생산하는 이른바 '수주(受注)산업' 업체에 투자할 경우에는 감사보고서에 나와 있는 '핵심감사사항'을 확인하는 것이 좋다. 조선이나 건설 업체는 선박 제조나 아파트 건설이 비교적 오랜 시간 동안 이루어지기 때문에 여러 해에 걸쳐 손익을 추정하는 경우가 많다. 그래서 더욱 세밀하고 집중적인 회계감사가 이루어진다. 이 때문에 감사인은 청구되지 않은 공사 변동액이나, 아직 발생하지 않은 수익 등 재무제표에 큰 영향을 끼치는 항목을 핵심감사사항으로 정해 강조사항에 기재한다.

이와 함께 감사보고서에 있는 재무제표 가운데 '주석(notes)'도 반드시 봐야 한다. 주석에는 회사 개황, 재무제표 작성 근거 등이 설명돼 있다. 특히 주석에 표시되는 타인에 대한 지급 보증이나 소송 사건의 결과에 따라 변동되는 미래 예상 손실금액, 기업의 최대 주주와 친인척, 임원과 같은 특수 관계자와의 거래 내역 등은 회사의 재무상태에 영향을 미칠 수 있는 사항이기 때문에 꼼꼼히 살펴보고 투자하는 것이 좋다.

http://biz.chosun.com/site/data/html_dir/2017/03/30/2017033000105.html

논술문제

1 재무보고와 재무제표에 대해 설명하시오.

2 일반적으로 인정된 회계원칙에 대해 설명하시오.

3 재무제표의 목적, 종류와 제공하는 정보에 대해 설명하시오.

4 재무제표의 작성과 표시의 일반원칙에 대해 설명하시오.

5 재무상태표를 작성하는 목적을 설명하시오.

6 재무상태표의 의의, 구조와 내용에 대해 설명하시오.

7 재무상태와 구성요소에 대해 설명하시오.

8 자산, 부채와 자본의 예를 들고 설명하시오.

9 유동자산과 비유동자산에 해당하는 자산을 세 개씩 예를 들고 그 분류기준에 대해 설명하시오.

10 자본을 구성하는 요소와 잔여지분이라고 하는 이유에 대해 설명하시오.

11 재무상태와 경영성과에 대해 설명하시오.

12 금융감독원 웹사이트인 전자공시시스템(http://dart.fss.or.kr)을 방문하여 관심 있는 기업의 재무제표를 찾아보고 자세히 공부하시오.

13 회계기간이 필요한 이유와 정의에 대해 설명하시오.

14 계속기업과 회계기간의 개념을 설명하고 이들의 관계를 설명하시오.

객관식문제

■ 기본문제

1 회계기준을 통하여 작성된 재무제표는 다음과 같은 특성과 한계가 있다. 이에 대한 설명으로 틀린 것은? (전산회계 1급 특별)

① 재무제표는 화폐단위로 측정된 정보를 주로 제공한다.
② 재무제표는 미래에 발생할 거래나 사건에 대한 정보도 포함한다.
③ 재무제표는 추정에 의한 측정치를 포함하고 있다.
④ 재무제표는 특정 기업실체에 관한 정보를 제공한다.

| 풀이 |
재무제표는 대부분 과거에 발생한 거래나 사건에 대한 정보를 나타냄.
| 정답 | ②

2 다음은 재무상태표의 기본구조에 대한 설명이다. 틀린 것은? (전산회계 1급 67회)

① 자산과 부채는 유동성이 작은 항목부터 배열하는 것을 원칙으로 한다.
② 자산은 유동자산과 비유동자산으로 구분한다.
③ 비유동자산은 투자자산, 유형자산, 무형자산 및 기타 비유동자산으로 구분한다.
④ 자본은 자본금, 자본잉여금, 자본조정, 기타포괄손익누계액 및 이익잉여금(또는 결손금)으로 구분한다.

| 풀이 |
자산과 부채는 유동성이 큰 항목부터 배열하는 것을 원칙으로 함.
| 정답 | ①

3 다음 중 한국채택국제회계기준 제1001호 '재무제표 표시'에 대한 설명이다. 옳지 않은 것은? (기업회계 1급 45회)

① 유사한 항목은 중요성분류에 따라 재무제표에 구분하여 표시하고 중요하지 않은 항목은 성격이나 기능이 유사한 항목과 통합하여 표시할 수 있다.
② 기업은 현금기준 회계를 사용하여 재무제표를 작성한다.
③ 해당 기간에 인식한 모든 수익과 비용은 단일포괄손익계산서 또는 당기손익부분을 표시하는 별개의 손익계산서와 포괄손익을 표시하는 보고서 중 한 가지 방법으로 표시한다.
④ 재무제표 작성 시 계속기업으로서의 존속가능성을 평가해야 한다.

| 풀이 |
기업은 발생주의기준 회계를 사용하여 재무제표를 작성함.
| 정답 | ②

4 재무상태표 표시와 관련한 설명 중 틀린 것은? (기업회계 2급 40회)

① 자산과 부채는 유동성이 큰 항목부터 배열하는 것을 원칙으로 한다.
② 자산은 유동자산과 비유동자산으로 구분하며, 비유동자산은 투자자산, 유형자산, 무형자산, 기타비유동자산으로 구분한다.
③ 부채는 유동부채와 비유동부채로 구분한다.
④ 매출채권에 대한 대손충당금은 해당 자산에서 직접 가감하여 표시할 수 없다.

| 풀이 |
매출채권에 대한 대손충당금 등은 해당 자산이나 부채에서 직접 가감하여 표시할 수 있음.
| 정답 | ④

■ 심화문제

1 재무제표 표시에 관한 설명으로 옳지 않은 것은? (CTA 2014)

① 재고자산에 대한 재고자산평가충당금과 매출채권에 대한 대손충당금과 같은 평가충당금을 차감하여 관련 자산을 순액으로 측정하는 것은 상계표시에 해당한다.
② 중요하지 않은 정보일 경우 한국채택국제회계기준에서 요구하는 특정 공시를 제공할 필요는 없다.
③ 상이한 성격이나 기능을 가진 항목을 구분하여 표시하되, 중요하지 않은 항목은 성격이나 기능이 유사한 항목과 통합하여 표시할 수 있다.
④ 투자자산 및 영업용자산을 포함한 비유동자산의 처분손익은 처분대금에서 그 자산의 장부금액과 관련처분비용을 차감하여 표시한다.
⑤ 외환손익 또는 당기손익-공정가치측정 금융자산에서 발생하는 손익과 같이 유사한 거래의 집합에서 발생하는 차익과 차손은 순액으로 표시하되, 그러한 차익과 차손이 중요한 경우에는 구분하여 표시한다.

| 풀이 |
재고자산에 대한 재고자산평가충당금과 매출채권에 대한 대손충당금과 같은 평가충당금을 차감하여 관련 자산을 순액으로 측정하는 것은 상계표시에 해당하지 아니함.
| 정답 | ①

2 다음 중 재무제표의 작성과 표시에 대한 설명으로 타당하지 않은 것은 어느 것인가? (CPA 2011)

① 해당 기간에 인식한 모든 수익과 바용 항목은 (1) 별개의 손익계산서와 당기순손익에서 시작하여 기타포괄손익의 구성요소를 표시하는 보고서 또는 (2) 단일 포괄손익계산서 중 한 가지 방법으로 표시한다.

② 유동성 순서에 따른 표시방법을 적용할 경우에는 모든 자산과 부채를 유동성의 순서에 따라 표시한다.

③ 영업활동을 위한 자산의 취득시점부터 그 자산이 현금이나 현금성자산으로 실현되는 시점까지 소요되는 기간이 영업주기이다.

④ 매입채무 그리고 종업원 및 그 밖의 영업원가에 대한 미지급비용과 같은 기업의 정상영업주기 내에 사용되는 운전자본 항목은 보고기간 후 12개월 후에 결제일이 도래한다 하더라도 유동부채로 분류한다.

⑤ 비용의 기능에 대한 정보가 미래현금흐름을 예측하는 데 유용하기 때문에, 비용을 성격별로 분류하는 경우에는 비용의 기능에 대한 추가 정보를 공시하는 것이 필요하다.

| 풀이 |

비용의 성격에 대한 정보가 미래현금흐름을 예측하는 데 유용하기 때문에 비용을 기능별로 분류하는 경우에는 비용의 성격에 대한 추가 공시가 필요함.

| 정답 | ⑤

사례문제

1 재무상태표 작성

다음은 (주)울산의 20×5년 12월 31일로 종료하는 회계연도의 자산, 부채 및 자본과 관련된 계정이다.

현금	₩40,000	선수금	₩10,000
토지	130,000	매출채권	25,000
매입채무	20,000	자본금	200,000
임차보증금	50,000	상품	79,000
선급보험료	2,000	이익잉여금	?
단기차입금	35,000	미지급임차료	28,000

| 요구사항 |

(주)울산의 20×5년 12월 31일로 종료하는 회계연도의 재무상태표를 작성하시오. 단, 재무상태표의 각 항목은 유동성이 높은 항목부터 기록하시오.

| 풀이 |

재무상태표

(주)울산 20×5년 12월 31일 현재

현금	₩40,000	매입채무	₩20,000
매출채권	25,000	단기차입금	35,000
선급보험료	2,000	선수금	10,000
상품	79,000	미지급임차료	28,000
토지	130,000	자본금	200,000
임차보증금	50,000	이익잉여금	33,000
자산총계	₩326,000	부채 및 자본총계	₩326,000

2 재무상태표등식

아래의 문제들은 서로 독립적이다. 각 물음에 답하시오.

1. 총자산이 ₩1,500,000이고 총부채가 ₩800,000이면 자본은 얼마인가?
2. 총부채가 ₩1,200,000이고 자본이 ₩1,400,000이면 총자산은 얼마인가?
3. 총자산이 ₩3,500,000이고 자본이 ₩2,500,000이면 총부채가 얼마인가?
4. 총자산이 ₩2,800,000이고 자본금이 ₩1,000,000이며 이익잉여금이 ₩300,000이면 총부채가 얼마인가? 단, 자본에 따른 항목은 없다.
5. 총자산이 ₩2,500,000이고 자본금이 ₩900,000이며 총부채가 ₩1,200,000이면 이익잉여금은 얼마인가? 단, 자본에 다른 항목은 없다.

| 풀이 |

1. 자　본=총자산-총부채=1,500,000-800,000=₩700,000
2. 총자산=총부채+자　본=1,200,000+1,400,00=₩2,600,000
3. 총부채=총자산-자　본=3,500,000-2,500,000=₩1,000,000
4. 총부채=총자산-자본금-이익잉여금
   =2,800,000-1,000,000-3000,000=₩1,500,000
5. 이익잉여금=총자산-총부채-자본금
   =2,500,000-1,200,000-900,000=₩400,000

3 재무상태표

다음은 20×6년 12월 31일 현재 (주)양지의 자산, 부채 및 자본항목이다.

현금	₩100,000	매입채무	₩300,000
비품	700,000	매출채권	400,000
이익잉여금	400,000	상품	1,300,000
소모품	100,000	자본금	?
단기차입금	400,000	차량운반구	1,500,000

| 요구사항 |

1. 자산에 속하는 항목은?
2. 부채에 속하는 항목은?
3. 자본에 속하는 항목은?
4. 자본금을 계산하시오.
5. 재무상태표를 작성하시오.

| 풀이 |

1, 2, 3 생략 (풀이 5 참고)

4. 회계등식을 이용해서 자본총액을 구한 다음 그 금액에서 이익잉여금을 차감하면 자본금이 계산된다.

   자산총액=100,000+400,000+1,300,000+100,000+700,000+1,500,000
   　　　　=₩4,100,000

   부채총액=300,000+400,000=₩700,000

   자본총액=4,100,000-700,000=₩3,400,000

   따라서, 자본금=자본총액 3,400,000-이익잉여금 400,000=₩3,000,000

5. 재무상태표 작성

재무상태표

(주)양지 20×6년 12월 31일 현재

자산		부채	
현금	₩ 100,000	매입채무	₩ 300,000
매출채권	400,000	단기차입금	400,000
상품	1,300,000	부채총계	₩ 700,000
소모품	100,000		
비품	700,000	자본	
차량운반구	1,500,000	자본금	₩3,000,000
		이익잉여금	400,000
		자본총계	₩3,400,000
자산총계	₩4,100,000	부채 및 자본총계	₩4,100,000

4 재무상태표등식

공인회계사 김평기 씨는 (주)청구의 20×5년 12월 31일 현재 재무상태를 조사하여 다음의 사항을 발견하였다.

현금	₩24,000	자본금	50,000	미지급금	₩21,000
차량운반구	45,000	매출채권	54,000	예수금	13,000
토지	66,000	단기차입금	94,000	당기손익-공정가치측정 금융자산	39,000
매입채무	35,000	선급금	29,000	비품	19,000

| 요구사항 |

1. (주)청구의 20×5년 12월 31일 현재 자본총계를 계산하시오.
2. (주)청구의 20×5년 12월 31일 현재 이익잉여금 잔액을 계산하시오.

| 풀이 |

1. 자본총계의 계산

자산총계:	현금	24,000
	매출채권	54,000
	당기손익-공정가치측정 금융자산	39,000
	선급금	29,000
	토지	66,000
	비품	19,000
	차량운반구	45,000
		276,000
부채총계:	매입채무	35,000
	미지급금	21,000
	예수금	13,000
	단기차입금	94,000
		163,000

자본총계 = 자산총계 - 부채총계 = ₩276,000 - ₩163,000 = ₩113,000

2. 이익잉여금 잔액의 계산

자본총계 = 자본금 + 이익잉여금

이익잉여금 = 자본총계 - 자본금 = ₩113,000 - ₩50,000 = ₩63,000

CHAPTER 03

재무보고와 재무제표 Ⅱ: 포괄손익계산서 등

쉬어가는
페이지

네 살 아들이 스마트폰으로 게임을 하다가
'fail'이 뜨자 좋아했다.
의아해진 아버지가 묻는다.
'fail이 무슨 뜻인지 아니?'
'응, 아빠, 실패라는 뜻이잖아.'
'그러면 실패가 무슨 뜻인지는 아니?'
'그럼, 아빠. 다시 하라는 거잖아'

– 김연수 『소설가의 일』에서

제1절 포괄손익계산서

1. 포괄손익계산서의 정의, 구조와 보고방식

1.1 수익인식과 포괄손익계산서

(1) 경영성과와 포괄손익계산서

일정기간 동안 경영성과를 나타내는 재무제표를 손익계산서(income statement)라 한다. 손익계산서는 당기순손익을 보고하는데, 최근 당기순손익 아래에 기타포괄손익을 추가하여 표시하는 기타포괄손익계산서를 작성하여 보고하고 있다. 포괄손익계산서(statement of comprehensive income 또는 statement of profit and loss and other comprehensive income)는 일정기간 동안 기업의 경영성과(performance)인 총포괄손익(당기순손익과 기타포괄손익의 합계)에 대한 정보를 제공하는 재무제표이다.[1)]

총포괄손익(comprehensive income)은 일정기간 동안 지분참여자(주주)와의 자본거래를 제외한 거래에서 발생한 자본의 변동을 말한다. 총포괄손익은 당기순손익과 기타포괄손익으로 구분한다.

총포괄손익 = 당기순손익±기타포괄손익

당기순손익은 수익에서 비용을 차감하여 표시하는 경영성과이고, 기타포괄손익은 손익거래를 통해 자본의 변동을 가져오지만 손익계산서의 당기순이익을 계산할 때는 포함되지 않는 항목을 말한다. 기타포괄손익 항목의 예에는 기타포괄손익-공정가치측정 금융자산평가손익(FVOCI 금융자산평가손익), 재평가잉여금 등이 있다.[2)]

수익 - 비용 = 당기순손익

당기순손익 + 기타포괄이익 - 기타포괄손실

1) K-IFRS에서는 재무제표의 명칭은 「주식회사 등의 외부감사에 관한 법률」에 따르며, **손익과 기타포괄손익계산서라는 명칭은 사용하지 않고 포괄손익계산서라는 명칭만을 사용**한다고 규정하고 있다. 「재무보고를 위한 개념체계」에서는 **포괄손익계산서**를 **재무성과표**(statement of financial performance)라는 용어를 사용하고 있다.

2) **기타포괄손익** 항목은 단기간 내에 미래현금흐름에 영향을 미치지 않을 것이기 때문에 이를 당기순손익에 포함시키면 미래현금의 예측을 오도할 수 있다.

포괄손익계산서는 기업의 수익성을 파악하고 미래 현금흐름을 예측하는데 유용한 정보를 제공한다. 특히 수익성에 관한 정보는 일정기간 동안 경영자 또는 기업의 경영성과를 평가하는 데 도움을 준다.

(2) 수익과 비용의 인식

수익(비용)의 인식은 회계장부에 수익(비용)으로 기록하는 것을 말한다.[3]

현금기준(cash basis, 또는 현금주의)은 현금이 수입(유입)되는 시점에 수익을 인식하며, 현금이 지출(유출)되는 시점에 비용을 인식한다.

현금기준에 따라 재무제표를 작성하면 결산일 현재 수익이 발생하였다 하더라도 현금을 수령하지 않았다면 수익을 기록하지 않을 것이며, 결산일 현재 비용이 발생하였다 하더라도 현금을 지급하지 않았다면 비용을 기록하지 않을 것이다.

발생기준(accrual basis, 또는 발생주의)은 현금의 수입과 지출시점에 관계없이 거래가 발생한 시점에 수익과 비용을 인식한다. 회계기준은 발생기준을 근간으로 수익과 비용을 인식한다.[4]

발생기준에서는 수익은 실현주의에 따라 인식하고 비용은 수익·비용대응의 원칙에 따라 비용을 관련 수익에 대응시키는 방법으로 인식한다.

1.2 포괄손익계산서의 구조와 등식

포괄손익계산서의 양식은 머리부분과 본문(본체)으로 구성된다. 머리부분은 ① 보고서명, ② 회사명, ③ 회계기간, ④ 금액단위의 네 부분으로 구성되어 있다. 본문(본체)은 기업의 경영성과를 나타내며 수익과 비용으로 구성되어 있다.

3) **인식**(recognition)은 간단히 말하면 회계장부에 기록하는 것을 말한다.

4) **현금기준과 발생기준을 비교**하면 다음과 같다.

구분	인식시기	
	현금기준	발생기준
수익	현금이 수입되는 때	재화가 판매(인도)되거나 용역이 제공된 때
비용	현금이 지출되는 때	수익을 획득하기 위해 발생되었은 때

표 3-1 | 포괄손익계산서의 구조와 내용

구분		내용
머리 부분	보고서명	포괄손익계산서라는 재무제표의 명칭
	회사명	소유주와 독립된 기업의 입장에서 회계처리하여야 함(회계실체의 원칙)
	회계기간	경영성과의 계산대상이 되는 회계기간으로, 원칙적으로 1년이나 반기, 분기 등에 대해 작성하기도 함
	금액단위	원, 천원 또는 백만원 등의 금액단위를 표시함
본문	손익계산서	경영성과의 구성요소인 수익과 비용으로 구성되며, 그 차이를 순이익(손실)으로 보고함
	포괄손익계산서	당기순손익으로부터 시작하여 총포괄손익까지 표시하는 보고서

이익(income, earning)은 수익에서 비용을 차감한 금액이다. 일정기간 동안 총수익에서 총비용을 차감한 것을 당기순손익이라 한다. 당기순손익은 당기순이익과 당기순손실을 합하여 부르는 말이다. 당기순이익은 수익이 비용보다 큰 경우에 발생하며, 반대로 비용이 수익보다 큰 경우에는 많으면 손실(당기순손실)이 발생한다. 이를 등식으로 표현하면 다음과 같다.

수익 − 비용 = 당기순이익 또는
비용 − 수익 = 당기순손실

포괄손익계산서의 구조는 비용을 왼쪽(차변)에, 수익을 오른쪽(대변)에 나타내며, 이를 표로 표시하면 다음과 같다.

표 3-2 | 계정식 포괄손익계산서

포괄손익계산서

(주)울산 제×기 20×1년 1월 1일부터 20×1년 12월 31일까지 (단위: 천원)

비용	×××	수익	×××
당기순이익	×××		
	×××		×××

포괄손익계산서에서 비용과 당기순이익의 합계액은 수익과 항상 일치한다. 이러한 관계는 다음의 등식으로 표시할 수 있으며, 이 등식을 포괄손익계산서등식이라고 한다.

비용 + 당기순이익 = 수익 또는
비용 = 수익 + 당기순손실

1.3 포괄손익계산서의 보고방법(양식): 계정식과 보고식

포괄손익계산서의 보고방법(양식)은 계정식과 보고식이 있다. 계정식은 좌우 대칭으로 왼쪽에는 비용계정을 나열하고 오른쪽에는 수익계정을 나열한다. 보고식은 좌우 구별 없이 위에서부터 수익과 비용계정을 순서대로 나열한다. 실무에서는 일반적으로 보고식을 사용한다.

표 3-3 | 보고식 포괄손익계산서

포괄손익계산서

(주)울산	제×기 20×1년 1월 1일부터 20×1년 12월 31일까지	(단위: 천원)
수익		×××
비용		(×××)
당기순이익		×××

2. 포괄손익계산서의 표시

2.1 포괄손익계산서의 예시

K-IFRS에 따라 포괄손익계산서를 작성할 때 과거의 회계기준에서와 같이 계정의 분류나 표시를 엄격하게 지키지 않아도 된다. K-IFRS에서 명시적으로 언급하지 않는 한 기업의 선택에 따라 수익과 비용을 통합하거나 구분하여 표시할 수 있다.

K-IFRS에서 예시하고 있는 포괄손익계산서 양식은 [표 3-6]과 같다. 이 포괄손익계산서는 공시목적으로 작성된 것이므로 유사계정이 통합표시되어 있으나, 실무에서 장부에 기록할 때에는 이보다 상세한 계정을 사용한다.[5)]

5) **실무**에서 사용하는 **포괄손익계산서의 양식**에는 **[표 3-6]의 법인세비용차감전순이익과 당기순이익** 사이에 **계속영업이익과 중단영업손익**이 포함된다.
기업이 두 개 이상의 사업부문을 운영하던 중 특정 사업부문을 당기 중에 매각하거나 폐쇄할 경우 이 사업부문을 **중단영업**이라 한다. 만일, 이 사업부문에서 발생한 손익이 있다면 이를 **중단영업손익**(즉, 해당연도 기초시점부터 사업중단시점까지 그 사업부에서 발생한 손익)으로 하여 계속영업(부문)의 손익과 구분하여 중단영업손익(세후순액)으로 별도 표시한다.

2.2 포괄손익계산서의 작성

(1) 단일표시 방식과 분리표시 방식

K-IFRS에서는 포괄손익계산서를 다음의 두 가지 방법 중의 하나를 선택하여 표시할 수 있도록 규정하고 있다.[6]

1. 단일표시방식의 포괄손익계산서: [표 3-4]와 같이 당기순손익의 아래에 기타포괄손익항목을 추가하여 보고하고, 그 아래에 두 항목의 결과인 당기총포괄손익으로 표시한다.
2. 분리표시방식의 포괄손익계산서: [표 3-5]와 같이 포괄손익계산서의 양식을 ① 하나는 당기순손익까지 표시하는 보고서(손익계산서)와 ② 다른 하나는 당기순손익으로부터 시작하여 총포괄손익까지 표시하는 보고서(포괄손익계산서)로 나누어 작성한다.

표 3-4 | 단일표시방식의 포괄손익계산서

포괄손익계산서

(수)울산	제×기 20×1년 1월 1일부터 20×1년 12월 31일까지	(단위: 천원)
수익		×××
비용		(×××)
당기순이익		×××
기타포괄손익		×××
총포괄손익		×××

법인세비용차감전 계속영업이익	×××
계속영업이익 법인세비용	(×××)
계속영업이익	×××
중단영업손실(세후순액)	(×××)
당기순이익	×××

회계원리에서는 계속영업이익과 중단영업손익의 구분에 대해 관심을 갖지 않아도 무방하며, 중단영업과 관련된 회계처리는 중급회계에서 설명한다.

6) 이 책에서는 분리표시방식의 포괄손익계산서를 작성하는 것을 전제로 하여 설명한다.

표 3-5 | 분리표시방식의 포괄손익계산서

손익계산서

(주)울산	제×기 20×1년 1월 1일부터 20×1년 12월 31일까지	(단위: 천원)
수익		×××
비용		(×××)
당기순이익		×××

포괄손익계산서

(주)울산	제×기 20×1년 1월 1일부터 20×1년 12월 31일까지	(단위: 천원)
당기순이익		×××
기타포괄손익		×××
총포괄손익		×××

(2) 비용의 분류: 기능별 또는 성격별 분류

K-IFRS에서는 포괄손익계산서를 작성할 때 비용을 기능별로 구분하여 표시(기능별 분류법)할 것인지, 성격별로 구분하여 표시(성격별 분류법)할 것인지 선택할 수 있도록 규정하고 있다.

1) 기능별 분류법: 매출원가법

기능별 분류법(function of expense method)은 비용을 매출원가, 물류원가, 관리활동원가(관리비) 등과 같이 기능별로 분류(classification by function)하여 표시하는 방법으로, 매출원가를 다른 비용과 분리하여 표시하므로 매출원가법(cost of sales method)이라 한다. 이 방법을 따를 경우 매출액에서 매출원가를 차감한 금액을 매출총이익으로 구분하여 표시한다.

표 3-6 | 비용의 기능별 분류법에 따라 작성한 포괄손익계산서 (단일 표시방식 포괄손익계산서)

포괄손익계산서

제×기 20×1년 1월 1일부터 20×1년 12월 31일까지

(주)울산 제×기 20×0년 1월 1일부터 20×0년 12월 31일까지 (단위: 천원)

과목	당기	전기
수익(매출액)	×××	×××
매출원가	(×××)	(×××)
매출총이익	×××	×××
판매비와관리비		
물류원가(운송비)	(×××)	(×××)
관리비	(×××)	(×××)
영업이익	×××	×××
기타수익	×××	×××
이자비용	(×××)	(×××)
기타비용	(×××)	(×××)
법인세비용차감전순이익	×××	×××
법인세비용	(×××)	(×××)
당기순이익	×××	×××
기타포괄손익	×××	×××
법인세비용차감후기타포괄손익	×××	×××
총포괄이익	×××	×××
주당순이익:		
기본주당순이익	×××	×××
희석주당순이익	×××	×××

2) 성격별 분류법

성격별 분류법(nature of expense method)은 비용을 감가상각비, 원재료의 구입, 운송비, 종업원급여와 광고비 등과 같이 성격별로 분류(classification by nature)하여 표시하는 방법이다. 이 방법을 따를 경우 당기상품의 변동액을 당기상품매입액에 가감하는 방법으로 표시한다.[7]

7) 비용을 성격별로 분류하는 방법은 중급회계에서 설명한다.

표 3-7 | 비용의 성격별 분류법에 따라 작성한 포괄손익계산서 (단일 표시방식 포괄손익계산서)

포괄손익계산서

제×기 20×1년 1월 1일부터 20×1년 12월 31일까지
제×기 20×0년 1월 1일부터 20×0년 12월 31일까지

(주)울산 (단위: 천원)

과목	당기	전기
수익(매출액)	×××	×××
기타수익	×××	×××
제품과 재공품의 변동	(×××)	(×××)
원재료와 소모품의 사용액	(×××)	(×××)
종업원급여비용	(×××)	(×××)
감가상각비	(×××)	(×××)
이자비용	(×××)	(×××)
기타비용	(×××)	(×××)
법인세비용차감전순이익	×××	×××
법인세비용	(×××)	(×××)
당기순이익	×××	×××
기타포괄손익	×××	×××
법인세비용차감후기타포괄손익	×××	×××
총포괄이익	×××	×××
주당순이익:		
기본주당순이익	×××	×××
희석주당순이익	×××	×××

(3) 영업이익의 구분표시

IFRS에서는 분류의 자의성 등을 이유로 영업이익의 표시를 강제하고 있지 않으나 K-IFRS에서는 영업이익을 포괄손익계산서 본문에 포함시켜 공시(구분표시)하도록 규정하고 있다.[8] 이 경우 손익계산서는 발생원천이 비슷한 유형의 수익과 비용을 대응시켜 단계별로 이익을 산출하는 형식으로 작성한다(단계별 이익개념에 따른 손익계산서). 예를 들면, 기업의 주요 영업활동과 관련하여 발생한 수익(즉, 매출액)에 매출원가를 대응하여 매출총이익(gross profit)을 계산하고, 여기에 정상영업활동에서 발생하는 판매비와관리비를 차감하여 영업이익(operating profit)을 계산한다. 영업이익에 기업의 영업이익과 직접 관련 없이 발생하는 금융수익이나 기타수익을 가산하고 금융비용이나 기타비용을 차감하여 법인세비용차감전순이익(profit before income tax)을 산출하고, 여기에 법인세비용을

8) K-IFRS에서는 이익항목을 매출총이익, 영업이익, 법인세비용차감전순이익과 당기순이익으로 **구분하여 표시**하도록 규정하고 있다. 이와 같이 이익항목을 구분하여 표시하면 **해당 이익이 기업경영의 어떤 활동에서 발생하였는지를 파악**할 수 있다.

차감하여 당기순이익(net profit)을 계산한다.

표 3-8 | 영업이익의 구분표시

매출액	×××
매출원가	(×××)
매출총이익	×××
판매비와관리비(영업비)	(×××)
영업이익(손실)	×××
기타수익	×××
기타비용	(×××)
법인세비용차감전순이익(손실)	×××
법인세비용	(×××)
당기순이익(손실)	×××

영업이익(영업손실)은 기업의 주된 영업활동에서 발생한 수익과 비용의 차액을 말한다. 정보이용자의 입장에서 영업손익이 중요한 이유는 기업의 주요 영업활동에서 가득한(얻은) 손익과 기타의 활동에서 발생한 손익은 미래 지속성에 차이가 있기 때문에 미래의 순이익이나 현금흐름을 예측하기 위해서 영업손익의 분석이 중요하기 때문이다.

비용을 기능별로 구분하여 표시하는 경우(기능별 분류법) 영업이익은 매출액에서 매출원가, 판매비와 일반관리비에 해당하는 비용을 차감하여 계산한다.

영업이익 = 매출액 − 매출원가 − 판매비와 일반관리비

여기서 판매비와 일반관리비는 용역, 상품 또는 제품의 판매활동과 관리활동에서 발생하는 비용으로 매출원가에 속하지 아니하는 비용(예: 물류비, 마케팅비용, 일반관리비 등) 등을 말한다.[9]

(4) 포괄손익계산서 작성시 유의사항

포괄손익계산서를 작성할 때 유의할 사항은 다음과 같다.

첫째, 수익과 비용은 발생주의 기준에 따라 표시한다. 수익과 비용은 그 수익과 비용이

---

9) 비용을 성격별로 구분하여 표시하는 경우(**성격별 분류법**) 영업이익은 영업수익(매출액)에서 영업비용을 차감하여 계산한다.
영업이익 = 영업수익 − 영업비용
여기서 **영업비용**은 기능별 분류법에서 설명한 매출원가 및 판매비와 일반관리비에 해당하는 비용을 말한다.

발생한 기간에 배분하여야 한다. 단, 수익은 실현주의에 따라 수익의 실현시기를 기준으로 계산하며, 미실현수익은 당기의 손익계산에 포함하지 않는다.

둘째, 수익과 비용은 대응원칙에 따라 그 발생원천에 따라 분류하고 각 수익과 이를 얻기 위해 지출한 비용을 그 수익의 인식시점에 함께 인식하여야 한다.

셋째, 수익과 비용은 상계(offset)하지 않고 총액으로 표시한다.

넷째, 이익은 구분표시한다. 포괄손익계산서는 매출총손익, 영업손익, 법인세비용차감전순손익과 당기순손익으로 구분하여 표시하여야 한다.

제2절 포괄손익계산서의 구성요소

포괄손익계산서는 일정기간 동안 기업의 경영성과(이익)에 관한 정보를 제공한다. 이익의 측정과 관련된 요소는 수익과 비용이며, 이에 추가하여 당기순이익, 기타포괄손익, 총포괄손익에 대해 살펴본다.

1. 수익

1.1 수익의 정의와 특징

수익(revenue)은 자산의 증가 또는 부채의 감소에 따라 자본이 증가하는 특정 회계기간 동안에 발생한 경제적 효익의 증가로서, 지분참여자(주주)에 의한 출연과 관련된 것은 제외한다.

이러한 수익의 정의에 포함된 특징을 살펴보면 다음과 같다.

첫째, 수익은 기업의 주요 영업활동(주된 영업활동, 정상영업활동)에서 발생한다. 그러나 넓은 의미의 수익에는 차익(gains, 이득)도 포함되는데, 차익은 정상영업활동 이외의 부수적인 거래나 사건에서 발생한다. 예를 들어 컴퓨터 매매업을 주된 영업으로 하는 기업이 컴퓨터를 판매하였을 때에는 매출액과 매출원가를 인식하며, 일반 기업이 비품으로 사용하던 컴퓨터를 매각하였을 때는 유형자산의 처분이며, 이 처분에서 발생한 수익은 차익에 해당한다. 따라서 수익은 지분참여자(주주)와의 거래(자본거래)를 제외한 거래에서 발생한 자본의 증가를 의미한다.

둘째, 자산이 증가하거나 부채가 감소하면 자본(=자산−부채)이 증가한다. 따라서 수익을 인식하면 자본이 증가한다.

수익은 일정기간 동안 기업의 주된 영업활동인 재화의 판매나 용역의 제공 등의 대가로 발생하는 자본의 증가를 말한다. 수익이 발생하면 자산의 증가나 부채의 감소가 발생하게 되므로, 결과적으로 자본이 증가한다. 주의할 점은 자본의 증가는 경영성과와 관계없는 지분참여자(주주)의 출자에 의한 부분은 제외한다는 것이다. 용역(서비스)기업의 경우 용역을 제공하고 현금을 받거나 미래에 현금을 수취할 수 있는 권리를 얻었을 경우 용역매출이라는 수익항목이 발생하며, 상품매매기업의 경우 상품을 판매하고 현금을 받거나 미래에 현금을 수취할 수 있는 권리를 얻었을 경우 매출이라는 수익항목이 발생한다.

1.2 수익의 분류

수익은 크게 매출액, 영업이익, 기타이익으로 구분하여 표시한다(발생원천별 수익의 구분표시).

표 3-9 | 수익의 분류

<table>
<tr><th colspan="2">구분</th><th>내용</th><th>비고</th></tr>
<tr><td colspan="2">매출액 또는 수익[*1]</td><td>상품(또는 제품), 용역의 판매대가</td><td>기업의 주된 영업활동과 관련하여 재화를 판매하거나 용역을 제공한 대가로 받는 수익으로, 그 기업의 주된 영업활동이 무엇인지에 따라 달라지게 됨</td></tr>
<tr><td colspan="2">매출총이익</td><td>매출액에서 매출원가를 차감한 것</td><td></td></tr>
<tr><td colspan="2">영업이익</td><td>매출총이익에서 판매비와관리비를 차감한 것</td><td>기업의 영업활동과 관련하여 발생하는 수익</td></tr>
<tr><td rowspan="2">영업외이익</td><td>금융수익</td><td>이자수익</td><td rowspan="2">기업의 주된 영업활동 이외의 활동(즉, 재무활동 및 투자활동)과 관련하여 발생하는 수익</td></tr>
<tr><td>기타수익</td><td>배당금수익, 임대료(수익), 수수료수익, 당기손익-공정가치측정 금융자산처분이익, 유형자산처분이익 등</td></tr>
<tr><td colspan="3">법인세비용차감전이익</td><td></td></tr>
<tr><td colspan="3">당기순이익</td><td></td></tr>
</table>

*1. 매출액 또는 수익: 매출액을 포괄손익계산서에 표시할 때 기타수익과 구별하기 위하여 수익이라는 계정과목을 사용하여 표시할 수도 있음.

1.3 수익의 인식

(1) 영업주기와 수익인식기준[10)]

수익은 거래와 관련된 경제적 효익의 유입가능성이 증가하고 해당 금액을 신뢰성 있게 측정할 수 있을 때 인식하며, 그 거래에 따라 받았거나 받기로 한 대가의 공정가치로 측정한다.

수익의 실현기준은 발생기준이 수익에 적용된 것이다. 수익은 경영활동의 전과정을 통하여 지속적으로 발생한다. 기업이 수익을 창출하기 위해 정상영업활동을 수행하는 과정을 살펴보면 다음 그림과 같은 반복적인 순환과정을 거치는데, 이를 영업주기(operating cycle)라 한다.

그림 3-1 | 영업주기

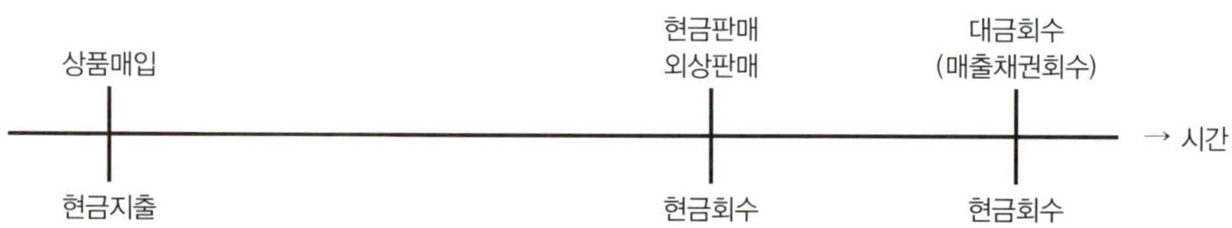

그림에서 기업이 영업을 시작한 후 현금으로 상품을 매입하여 보관·관리하고 진열·판촉하여 상품을 판매한다. 현금판매의 경우 상품은 즉시 현금으로 전환되며, 외상판매의 경우 대금회수 과정이 추가로 필요하다. 영업주기 동안 얻은 수익에서 발생한 비용을 차감하면 1영업주기 동안 발생한 이익이 계산된다.

이론적으로 본다면 수익은 영업주기의 진행정도에 따라 비례적으로 인식할 수 있을 것이다. 그러나 이것은 이론적으로만 가능하지 영업주기의 진행단계별로 수익을 측정한다는 것은 불가능하다.

따라서 몇 가지 중요한 조건이 충족되면 수익을 인식하도록 실현원칙(realization principle)을 규정하였다. 실현원칙은 수익이 ① 실현되었거나(realized) 실현가능한 시점에 인식하며(realizable), ② 가득과정이 완료된(earned, 벌어들인) 시점에 인식된다는 것이다.

---

10) 2018년 1월 1일부터 시행되는 기업회계기준서 제1115호 '고객과의 계약에서 생기는 수익(IFRS 15 Revenue from Contracts with Customers)'에서는 수익을 인식하기 위해서는 다음의 5단계를 적용해야 한다.
1단계: 고객과의 계약을 식별
2단계: 수행의무를 식별
3단계: 거래가격을 산정
4단계: 거래가격을 계약 내 수행의무에 배분
5단계: 수행의무를 이행할 때 수익을 인식
K-IFRS 제1115호의 수익인식에 대해서는 **이 장의 보론 K-IFRS 제1115호의 수익인식**의 설명을 참조.

첫 번째 실현원칙은 이익창출의 중요한 활동이 완료되었다는 것을 의미한다. 재화를 판매하는 기업은 재화의 인도시점이, 용역을 판매하는 기업은 용역을 제공한 시점이 중요한 활동이 완료된 시점이다.

두 번째 실현원칙은 측정할 수 있어야 한다는 의미이다. 즉 현금의 회수나 매출채권 금액을 합리적으로 측정가능한 시점에 수익을 인식한다. 추가적인 판매보증, 사후서비스의 제공, 매출채권 손상차손(대손상각) 등이 있다 하더라도 이들 비용을 합리적으로 예측할 수 있기 때문에 수익의 인식시점에 영향을 미치지 아니한다.

재화의 판매에 있어 이러한 조건을 만족시키는 수익의 실현기준을 판매기준이라고 한다.

(2) 재화의 판매와 수익인식기준

재화를 판매하는 기업은 판매시점에 수익이 실현되었다고 보기 때문에 판매시점에 수익을 인식하며, 이를 판매기준이라 한다. 상품을 고객에게 인도할 때 판매과정의 대부분이 끝나기 때문에 판매기준을 인도기준이라고도 한다. 일반적으로 판매를 목적으로 고객에게 재화를 인도하면 재화의 법률적 소유권과 함께 그 재화와 관련된 위험과 효익도 함께 이전된다.

대부분의 경우 상품의 인도시점을 판매의 완료시점으로 보나 위탁판매나 시용판매 등과 같은 인도시점에 판매가 완료되지 않는 특수한 판매형태의 경우 거래의 특성에 따라 재화의 소유에 따른 위험과 효익이 이전되는 시점을 분석하여 결정하여야 한다.[11]

(3) 용역의 제공과 수익인식기준

용역을 제공하는 기업은 일반적으로 진행기준(percentage of completion method)에 따라 수익을 인식하며, 이 기준은 용역의 진행률에 따라 수익을 인식한다. 진행률(percentage of completion)은 용역을 제공하기 위한 작업의 진척도를 말하며, 거래의 특성에 따라 원가발생비율이나 공사계약진행률 등 여러 가지로 측정할 수 있다.

한편, 진행기준과 달리 완성기준(complete contract method)은 건설공사 등이 완성되어 제품이 인도 또는 용역의 제공이 완료되는 시점에 수익을 인식한다.

(4) 이자, 배당금, 로열티와 수익인식기준

재화의 판매 또는 용역의 제공 이외에 기업이 소유한 자산을 타인에게 사용(대여 또는 임대)하게 하고 그 대가로 수익을 얻을 수도 있는데, 여기에는 이자수익, 배당금수익과

11) **위탁판매**의 경우 수탁자가 위탁품을 판매한 날에, **시용판매**의 경우 매입자가 매입의사표시를 한 날에 수익을 인식한다. **제10장(재고자산) 제4절 기말재고자산에 포함될 항목의 결정**의 설명 참조.

로열티수익(특정 기술, 산업재산권 또는 소프트웨어 등의 무형자산을 제공하고 받는 수익) 등이 있다.

이자, 배당, 로열티수익 등은 대부분 시간이 지나면 계속적으로 발생하며, 이들 수익은 시간의 경과에 따른 발생기준에 따라 수익을 인식한다. 또한 로열티수익은 일정기간의 고객매출액 또는 생산액 등 계약에 정한 방법에 따라 인식한다.

2. 비용

2.1 비용의 정의와 특징

비용(expenses)은 자산의 감소 또는 부채의 증가에 따라 자본이 감소하는 특정 회계기간 동안에 발생한 경제적 효익의 감소로서, 지분참여자(주주)에 대한 분배와 관련된 것은 제외한다.

이러한 비용의 정의에 포함된 특징을 살펴보면 다음과 같다.

첫째, 비용은 기업의 주요 영업활동(주된 영업활동, 정상영업활동)에서 발생한다. 그러나 넓은 의미의 비용에는 차손(losses, 손실)도 포함되는데, 차손은 정상영업활동 이외의 부수적인 거래나 사건에서 발생한다. 예를 들어 유형자산의 처분에서 발생한 손실은 차손에 해당한다. 따라서 비용은 지분참여자(소유주)에 대한 분배를 제외한 거래에서 발생한 자본의 감소를 의미한다.

둘째, 자산이 감소하거나 부채가 증가하면 자본(=자산−부채)이 감소한다. 따라서 비용을 인식하면 자본이 감소한다.

비용은 일정기간 동안 기업이 수익을 얻기 위해 소비 또는 희생한 재화 또는 용역의 가치로 발생하는 자본의 감소를 말한다. 비용이 발생하면 자산의 감소나 부채의 증가가 발생하게 되므로, 결과적으로 자본이 감소한다. 주의할 점은 자본의 감소는 경영성과와 관계없는 지분참여자(주주)와의 거래(예: 배당금 지급, 출자금 반환 등)에 의한 부분은 제외한다는 것이다. 기업이 영업활동을 수행하는 과정에서 판매한 상품에 대한 매출원가나 판매관리비에 속하는 급여, 감가상각비, 이자비용 등이 비용의 대표적인 형태이다.

2.2 비용의 분류

비용은 매출원가(cost of sales), 판매비(selling expenses), 관리비(administrative expenses), 금융비용(finance costs), 법인세비용(income tax expenses), 기타비용(other expenses)으로 구분한다.

표 3-10 | 비용의 분류

<table>
<tr><th colspan="3">구분</th><th>내용</th></tr>
<tr><td colspan="3">매출원가</td><td>당기에 판매된 상품(또는 제품)의 매출액에 대응되는 매입원가(또는 제조원가)</td></tr>
<tr><td rowspan="2">판매비와 관리비[*1] (영업비용)</td><td>판매비</td><td>판매사원의 급여, 광고비, 판매촉진비, 운송비(물류원가, 판매운반비), 접대비 등</td><td>상품(또는 제품), 용역의 판매활동 원가와 물류원가</td></tr>
<tr><td>관리비</td><td>관리사원의 급여, 감가상각비, 임차료(비용), 수도광열비, 여비교통비, 통신비, 차량유지비, 보험료, 소모품비 등</td><td>기업의 영업활동에 필요한 여러 가지 관리활동에서 발생하는 비용</td></tr>
<tr><td rowspan="2">영업외 비용</td><td>금융비용</td><td>이자비용</td><td rowspan="2">기업의 주된 영업활동 이외의 활동과 관련하여 발생하는 비용</td></tr>
<tr><td>기타비용</td><td>당기손익-공정가치측정 금융자산처분손실, 유형자산처분손실, 재해손실 등</td></tr>
<tr><td colspan="3">법인세비용</td><td>법인세비용차감전순이익에 대해 당기에 부담해야 하는 법인세비용(법인세비용차감전순이익×법인세율)</td></tr>
</table>

*1. 판매비와관리비는 상품과 용역의 판매활동 또는 기업의 관리와 유지활동에서 발생하는 비용으로 매출원가에 속하지 아니하는 모든 영업비용을 말함. 판매비는 매출액의 증감에 비례하는 변동비 성격이 강하고, 관리비는 고정비 성격이 강하므로 관리목적상 구분해서 처리하는 것이 바람직하나, 실무상 명확히 구분하기가 쉽지 않기 때문에 함께 판매비와관리비로 처리하기도 함.

2.3 비용의 인식

비용은 자산의 감소나 부채의 증가와 관련하여 미래 경제적 효익이 감소하고 해당 금액을 신뢰성 있게 측정할 수 있을 때 인식한다. 비용을 인식하는 기준은 기본적으로 인과관계(cause and effect relationship)에 근거한 대응원칙이다. 대응원칙(matching principle)은 수익을 얻기 위해 소요된 비용을 그 수익의 인식시점에 함께 인식한다는 원칙으로, 직접대응과 간접대응이 있다.

직접대응(direct matching)은 개별대응이라고도 하며, 특정한 수익과 인과관계가 명확한 비용을 그 수익의 인식과 동시에 인식한다. 이러한 비용을 직접비용(direct expense)이라고 하며, 매출원가, 판매수수료 등을 예로 들 수 있다.

간접대응(indirect matching)은 기간대응(periodic matching)이라고도 하며, 특정한 수익과 인과관계가 명확하지 않은 비용을 같은 기간에 실현된 수익과 대응되는 것으로 가정하여 비용화한다. 이러한 비용을 간접비용(indirect expense) 또는 동일한 기간의 수익과 대응시킨다는 의미에서 기간비용(periodic expense)이라고 하며, ① 체계적인 방법으로 회계기간 간에 배분하는 비용(예: 유형자산 감가상각비, 영업권, 특허권, 상표권과 같은 무형자산 상각비)과 ② 발생 즉시 비용화하는 비용(예: 광고선전비)이 있다.

3. 당기순손익, 기타포괄손익과 총포괄손익

지금까지는 설명의 편의상 수익에서 비용을 차감한 순액을 당기순손익이라고 하였다. 그러나 정확하게 표현하면 수익에서 비용을 차감한 순액을 총포괄손익(comprehensive income)이라고 한다.

총포괄손익은 일정기간 동안 지분참여자(주주)와의 거래(자본거래)를 제외한 거래에서 발생한 자본의 변동을 말한다. 총포괄손익은 당기순손익과 기타포괄손익으로 구분한다.

기초자본(순자산)±소유주와의 거래±총포괄손익=기말자본(순자산)

총포괄손익=당기순손익±기타포괄손익

총포괄손익은 대부분 당기순손익이다. 그러나 수익과 비용이 정의에 해당되나 당기순손익으로 인식하지 아니하는 수익과 비용항목이 있는데, 이를 기타포괄손익(other comprehensive income)이라 한다.

기타포괄손익은 손익거래를 통해 자본의 변동을 가져오지만 손익계산서의 당기순이익을 계산할 때는 포함되지 않는 항목을 말한다. 기타포괄손익의 당기 발생액은 포괄손익계산서에 표시하고, 재무상태표에는 이 발생액을 과거로부터 모두 누계시킨 기타포괄손익누계액을 표시한다. 기타포괄손익누계액 항목의 예에는 기타포괄손익-공정가치측정 금융자산평가손익(FVOCI 금융자산평가손익), 재평가잉여금 등이 있다.[12]

표 3-11 | 기타포괄손익의 재무제표 표시

구분		내용
포괄손익 계산서[13]	손익계산서	당기순손익=수익-비용
	포괄손익계산서	당기총포괄손익=당기순손익±기타포괄손익
재무상태표		기타포괄손익누계액=당기 말까지 누적된 기타포괄손익

1. 당기에 발생한 당기순손익과 당기 중에 발생(변동)된 기타포괄손익은 포괄손익계산서에 보고됨. 당기순손익의 누적액(잔액)은 재무상태표의 이익잉여금으로 보고되며, 기타포괄손익의 누적액(잔액)은 기타포괄손익누계액으로 보고함.

12) 이들 항목은 단기간 내에 미래현금흐름에 영향을 미치지 않을 것이기 때문에 이를 당기순손익에 포함시키면 미래현금의 예측을 오도할 수 있다.

13) K-IFRS에서는 재무제표의 명칭은 「주식회사 등의 외부감사에 관한 법률」에 따르며, **손익과 기타포괄손익계산**

제3절 자본변동표, 현금흐름표와 주석

1. 자본변동표

자본변동표(statement of changes in equity)는 일정기간 발생한 자본의 크기와 변동(증감)을 표시한 재무제표이다. 자본변동표는 자본을 구성하고 있는 자본금, 자본잉여금, 자본조정, 기타포괄손익누계액과 이익잉여금의 크기와 변동에 관한 포괄적인 정보를 제공한다.14)

표 3-12 | 자본변동표의 양식

자본변동표

(주)울산 제×기 20×1년 1월 1일부터 20×1년 12월 31일까지 (단위: 원)

항목	자본금	자본잉여금	자본조정	기타포괄손익누계액[*1]	이익잉여금	총계
20×1. 1. 1	×××	×××	×××	×××	×××[*2]	×××
회계정책 변경 누적효과					×××	×××
전기오류수정					×××	×××
수정후 이익잉여금					×××[*3]	×××
연차배당					(×××)	(×××)
처분후 이익잉여금					×××	×××
중간배당					(×××)	(×××)
유상증자	×××	×××				×××
당기순이익(손실)					×××	×××
자기주식 취득			(×××)			(×××)
기타포괄손익 공정가치측정 금융자산평가이익				×××		×××
20×1. 12. 31	×××	×××	×××	×××	×××[*4]	×××

*1. 기타포괄손익누계액은 재평가잉여금, 해외사업장의 재무제표 환산으로 인한 손익, 기타포괄손익-공정가치측정 금융자산의 재측정손익, 현금흐름위험회피파생금융상품의 평가손익으로 분류하여 표시할 수 있음.
*2. 수정전 전기말 재무상태표에 보고된 기말잔액임.
*3. 수정후 전기말 재무상태표의 이익잉여금임.
*4. 당기말 재무상태표에 보고된 기말잔액임.

자본변동표는 기초잔액에 회계기간 동안의 증감액을 가감하여 기말잔액을 표시하는 방식으로 작성한다.

서라는 명칭은 사용하지 않고 **포괄손익계산서라는 명칭만을 사용**한다고 규정하고 있다.

14) **자본변동표에 대한 설명은 제14장(자본) 제8절 자본변동표**의 설명을 참조. **자본변동표의 구체적인 작성방법**에 대해서는 **중급회계**에서 설명한다.

2. 현금흐름표

현금흐름표(statement of cash flow)는 현금 및 현금성자산(현금)으로 정의되는 기업의 자금을 경영자가 어떻게 조달하고 운용하였는지를 보여주는 재무제표이다. 현금흐름표의 일차적 목적은 일정기간의 현금유입과 현금유출(즉, 현금흐름)에 대한 정보를 제공하고, 현금유입과 유출의 원천별(즉, 영업활동, 투자활동, 재무활동) 정보를 제공하는 것이다.[15]

표 3-13 | 현금흐름표의 양식 예시

현금흐름표

(주)울산　　제×기　20×1년 1월 1일부터 20×1년 12월 31일까지　　(단위: 원)

항목	제×기	
영업활동으로부터의 현금흐름		
영업활동 현금유입액	×××	
영업활동 현금유출액	(×××)	
영업활동 순현금흐름		×××
투자활동으로부터의 현금흐름		
투자활동 현금유입액	×××	
투자활동 현금유출액	(×××)	
투자활동 순현금흐름		×××
재무활동으로부터의 현금흐름		
재무활동 현금유입액	×××	
재무활동 현금유출액	(×××)	
재무활동 순현금흐름		×××
순현금 증가(감소)		×××
기초현금		×××
기말현금		(×××)

손익계산서가 발생주의 관점에서 한 회계기간의 수익활동의 결과치로서 당기순이익(또는 당기순손실)을 보고하는 데 비해, 현금흐름표는 현금주의로 측정한 경영성과(현금주의 순이익)를 표시한다.

3. 주석

재무제표에는 주석, 부속명세서와 그 밖의 정보도 포함하며, 이들도 재무제표의 일부이

15) 현금흐름표는 **현금의 변동내역**을 현금유입과 현금유출로 구분하고, **현금유입**의 경우는 **조달된 현금의 원천별**로, **현금유출**의 경우에는 **사용된 현금의 용도별**로 세분하여 **한 기간의 현금흐름**을 표시한다. **현금흐름표의 구체적인 작성방법**에 대해서는 **중급회계**에서 설명한다.

다. 주석과 부속명세서 등은 재무제표의 본문에 표시하기 어려우나 정보이용자에게 목적적합한 정보를 추가적으로 전달하는 역할을 한다.

3.1 주석

주석(footnote)은 재무제표에 표시된 항목을 구체적으로 설명하거나 세분화하는 정보와 해당 재무제표의 인식조건을 충족하지 못하는 항목에 대해 추가적으로 제공하는 정보 등을 재무제표에 첨부된 별지(別紙)에 기술한 것을 말한다.[16] 주석은 재무제표의 전반 또는 재무제표의 해당 과목에 식별번호를 붙이고 별지에 동일한 식별번호를 표시하고 그 내용에 대한 세부적 사항을 서술적으로 기재한다. 주석에는 회사의 개요, 회사가 채택한 회계정책, 재무제표에 표시된 특정 계정의 세부내용 등이 기재된다.

K-IFRS는 중요한 회계정책의 요약과 그 밖의 설명으로 구성된 주석의 기능을 크게 강조하여 각 기준서에서 주석의 기재사항을 상세하게 규정하고 있다.

주석은 다음의 정보를 제공한다.

1. 재무제표 작성 근거와 구체적인 회계정책에 대한 정보
2. K-IFRS에서 요구하는 정보이지만 재무제표 어느 곳에도 표시되지 않는 정보
3. 재무제표 어느 곳에도 표시되지 않지만 재무제표를 이해하는 데 목적적합한 정보

3.2 부속명세서

부속명세서(supplementary schedules)는 재무제표에 첨부되는 서류로, 재무제표에 기재된 계정과목 중에서 중요한 항목에 대한 세부내역(예: 특정 항목의 전기이월액, 당기의 증가 또는 감소액과 차기이월액 등)을 기술한 보고서이다. 부속명세서는 「상법」에서 정하고 있는 회계서류로, 기업이 필요하다고 판단하는 경우 특정 계정을 설명하는 부속명세서를 작성할 수 있다. 부속명세서의 예에는 재고자산명세서나 유가증권명세서 등이 있다.

16) **주기**는 재무정보를 재무제표의 **본문 안에 괄호로 표시**하는 것을 말한다.

제4절 재무보고와 공시제도

재무제표의 작성과 공시에 관하여 여러 가지 차원의 제도적 규제가 있다.

1. 기업의 공시제도

「상법」 등의 법률에서는 다음과 같은 회계정보의 작성 및 공시제도를 규정하고 있다.

표 3-14 | 회계정보의 작성 및 공시제도

구분	대상회사		
	자산 120억원 미만	자산 120억원 이상	
		비상장회사	상장회사
상법	결산 재무제표의 작성 및 열람		
주식회사 등의 외부감사에 관한 법률	–	강제적 외부감사	
자본시장과 금융투자업에 관한 법률	–	–	정기 및 수시 공시

「상법」에서는 회사는 결산기마다 재무제표를 작성하여 이사회의 승인을 받도록 규정하고 있다(상법 제447조).

「주식회사 등의 외부감사에 관한 법률(아래에서는 외감법이라 한다)」은 재무제표의 종류, 준수되어야 할 기업회계기준, 외부감사인의 자격과 회계감사기준, 재무제표를 작성하는 경영자와 이를 감사하는 감사인의 부정행위에 대한 벌칙과 손해배상책임등을 규정하고 있다.[17]

17) **주식회사 등의 외부감사에 관한 법률**은 다음 표의 **외부감사 제외 대상 회사를 제외한 모든 주식회사·유한회사를 외부감사 대상으로 규정**하고 있다. 따라서 주식회사·유한회사 중 자산, 부채, 매출액, 종업원수, 사원수(유한회사에 한정) 등을 고려하여 외부감사 대상으로 선정하며, 자산 또는 매출액이 500억원 이상인 경우 외부감사 의무를 부과한다.

구분	외부감사 제외 대상
주식회사	4가지 요건(① 자산 120억원 미만, ② 매출액 100억원 미만, ③ 부채 70억원 미만, ④ 종업원수 100인 미만) 중 3개 이상 충족하면 외부감사 대상에서 제외함
유한회사	주식회사의 4가지 요건에 '사원수 50인 미만' 기준을 추가하여 총 5개 요건 중 3개 이상을 충족하면 외부감사 대상에서 제외함

「자본시장과 금융투자업에 관한 법률(아래에서는 자본시장법이라 한다)」은 한국거래소에 유가증권을 상장하고 있는 회사를 주요 대상으로 하며, 재무 및 회계에 관한 엄격한 공시규정을 규정함으로써 일반 투자자 및 채권자에게 영향을 미칠 수 있는 기업정보를 신속하게 시장에 전달하도록 하고 있다.

자본시장법에서는 여러 가지 유형의 유통시장 공시제도를 운영하고 있다. 주권상장법인은 그 사업보고서(감사필 연차재무제표를 포함)를 각 사업연도 경과 후 90일 이내에 금융위원회와 거래소에 제출하여야 하며, 그 사업연도 개시일부터 6개월간의 사업보고서(반기보고서)와 사업연도 개시일부터 3개월간 및 9개월간의 사업보고서(분기보고서)를 각각 그 기간 경과 후 45일 이내에 금융위원회와 거래소에 제출하여야 한다.[18] 또한 수시공시제도를 통해 장래계획, 잠정영업실적 등 기업의 주요 경영사항을 공시하고, 특수공시사항으로 합병, 분할, 영업양수도신고나 자기주식 취득 및 처분신고 등을 공시하도록 하고 있다.

2. 완전공시, 부문보고와 중간재무보고

아래에서는 완전공시와 정보의 적시성을 위한 중간재무보고(중간재무제표), 목적적합성[19]을 위한 부문보고(영업부문별 보고)에 대해 살펴본다.

2.1 완전공시와 주석

회계기준은 정보제공자로 하여금 질적 및 양적으로 충분한 정보를 강제 공시하도록 하여 정보제공자와 정보이용자 간의 정보불균형을 해소하려는 노력을 하고 있다.

재무제표 본문 내용에 추가하여 상세한 정보를 전달하기 위해 주석과 부속명세서 등이 이용된다.

2.2 부문보고: 부문별 (영업)보고

기업의 영업활동이 점차 다양해지면서 투자자나 재무분석가는 기업의 재무제표에 나

18) 공시의무가 있는 기업이 공시한 자료는 **금융감독원의 전자공시시스템**(http://dart.fss.or.kr)에서 구할 수 있다. 전자공시시스템을 통하여 기업 등 공시의무자가 공시서류를 전자문서로 제출하고, 일반이용자는 인터넷을 통해 열람할 수 있는 공시제도이며, 일반이용자들은 이 시스템을 통해 정보공시의 대상이 되는 기업의 재무제표 정보와 다양한 공시정보를 이용할 수 있다.

19) 그 밖에 **목적적합성**을 위한 공세에는 **중단영업**(discounted operation, 이미 처분되었거나 매각예정으로 분류된 기업의 구분단위), 특수관계자에 대한 공시가 있으나 **중급회계**에서 설명한다.

타나지 않는 더 자세한 정보를 제공할 수 있는 부문보고가 필요하다. 부문보고(segment reporting, 영업부문별 보고)는 기업의 이익을 구성하고 있는 각 영업부문(operating segment)의 수익 및 이익에 관한 정보를 공시하는 것을 말한다.

영업부문별로 구분하여 독립적으로 영업활동을 수행하는 실체의 경우 부문보고를 하면 기업의 경영성과를 깊이 있게 이해할 수 있고, 미래현금흐름과 위험을 보다 정확하게 예측할 수 있다.

K-IFRS에서는 사업부문별 보고를 주석으로 상세하게 공시하도록 요구하고 있다.

2.3 중간재무보고

중간재무보고(interim reporting)는 한 회계연도(1년)보다 짧은 기간인 반기(6개월) 또는 분기(3개월)의 회계기간을 대상으로 수행되는 재무보고를 말한다. 중간재무보고는 적시성 있는 중간재무제표의 제공을 통하여 정보의 유용성을 제고시킨다.

보고기간이 짧을수록 적시성 있는 정보를 제공할 수 있으나 보고기간이 짧아지면 거래의 인식과 측정에 많은 추정과 배분이 필요하므로 정보의 신뢰성을 손상시킬 수 있으며 정보생산비용이 증가할 수 있다. 따라서 적시성뿐만 아니라 정보의 신뢰성과 정보생산비용을 고려하여 중간재무보고를 하여야 한다.

상장회사는 반기재무제표와 분기재무제표를 작성하고 있다. K-IFRS에서는 중간재무보고로 연차재무제표에서 정하는 방법에 따라 작성된 전체 재무제표와 완전한 주석을 포함할 수 있도록 하고 있다.

보론 K-IFRS 제1115호의 수익인식[20]

전통적으로 수익은 실현(발생)요건과 가득(측정)요건이 충족될 때 인식한다. K-IFRS에서는 이를 구체화하여 수익을 인식하기 위해서는 다음의 5단계를 적용해야 한다.

1단계: 고객과의 계약을 식별

2단계: 수행의무를 식별

3단계: 거래가격을 산정

4단계: 거래가격을 계약 내 수행의무에 배분

5단계: 수행의무를 이행할 때(또는 기간에 걸쳐 이행하는 대로) 수익을 인식

수익인식의 5단계 중 1단계에서 4단계까지는 실현요건이고, 5단계는 가득요건이라 할 수 있다.

예제 3-1 상품매매기업의 수익인식 5단계

(주)부산은 전자제품전문매매회사로 고객에게 PC 1대를 ₩1,300,000(원가 ₩1,000,000)에 현금을 받고 판매하였으며, PC는 즉시 판매장에서 인도하였다.

| 요구사항 |

이 거래에서 수익의 5단계를 식별하시오.

| 풀이 |

구분		내용
1단계	고객과의 계약 식별	고객과의 매매의사 농의시 구두계약이 성립함
2단계	수행의무 식별	PC 인도라는 단일 수행의무
3단계	거래가격 산정	₩1,300,000
4단계	거래가격 배분	하나의 수행의무만 있으므로 거래가격을 배분하지 않음(즉 ₩1,300,000을 PC 인도에 전액 배분함)
5단계	수익인식	PC 인도시점에 ₩1,300,000의 수익을 인식함

20) 다음 내용은 **기업회계기준서 제1115호 고객과의 계약에서 생기는 수익**(IFRS 15 Revenue from Contracts with Customers)의 수익인식을 요약한 것이다. **K-IFRS 제1115호 수익인식**에 대한 자세한 내용은 **중급회계**에서 설명함.

■ 1단계: 고객과의 계약 식별

고객(customer)은 기업의 통상적인 활동의 산출물인 재화나 용역을 대가와 교환하여 획득하기로 기업과 계약한 당사자를 말하며, 계약(contract)은 둘 이상의 당사자 사이에 집행가능한 권리와 의무가 생기게 하는 합의를 말한다.

수익을 인식하기 위해 회사가 먼저 해야 할 일은 고객과의 계약(의 존재 여부)을 결정하는 것이다. 고객과의 계약에 해당하려면 둘 이상의 당사자가 계약(서면, 구두, 거래관행 등)을 승인하고, 계약에서 각자의 권리, 의무, 지급조건을 식별할 수 있으며, 당사자가 각자의 의무를 수행할 의도가 있고 대가의 회수가능성이 높다는 것 등의 조건을 충족하여야 한다.

■ 2단계: 수행의무를 식별

수행의무(performance obligation)는 고객과의 계약에서 재화 또는 용역을 고객에게 이전하기로 한 각 약속을 말한다. 고객과의 계약은 하나의 수행의무로만 구성될 수 있고 여러 개의 수행의무로 구성될 수 있다.

다음의 2가지 기준을 충족하는 경우 수행의무는 별도로 구분된다.

1. 재화나 용역이 구별된다. 즉, 고객이 재화나 용역 그 자체에서나 효익을 얻거나 고객이 쉽게 구할 수 있는 다른 자원과 함께하여 재화나 용역에서 효익을 얻을 수 있다.
2. 재화나 용역을 이전하기로 한 회사의 약속을 계약 내의 다른 약속과 별도로 식별할 수 있다.

■ 3단계: 거래가격을 산정

거래가격(transaction price)은 고객에게 약속한 재화나 용역을 이전하고 그 대가로 기업이 받을 권리를 갖게 될 것으로 예상하는 금액이다. 거래가격은 고객이 지급하는 고정된 금액일 수도 있으나, 어떤 경우에는 변동대가를 포함하거나 현금 외의 형태로 지급될 수도 있다.

거래가격은 계약에 유의적인 금융요소가 포함된다면 화폐의 시간가치 영향을 조정하며, 고객에게 지급하는 대가가 있는 경우에도 거래가격에서 조정한다. 대가가 변동된다면 고객에게 약속한 재화나 용역을 이전하고 그 대가로 받을 권리를 갖게 될 것으로 예상하는 금액을 추정한다.

■ 4단계: 거래가격을 계약 내 수행의무에 배분

4단계는 3단계에서 산정한 거래가격을 2단계에서 분리한 각 수행의무에 배분하는 것이다. 배분기준은 각 수행의무의 개별판매가격이다.

거래가격은 일반적으로 계약에서 약속한 각 구별되는 재화나 용역의 상대적 개별 판매가격을 기준으로 배분한다. 개별 판매가격을 관측할 수 없다면 추정해야 한다.

■ 5단계: 수행의무를 이행할 때(또는 기간에 걸쳐 이행하는 대로) 수익을 인식

기업이 약속한 재화나 용역을 고객에게 이전하여 수행의무를 이행할 때(고객이 재화나 용역을 통제하게 되는 때) 수익을 인식한다. 인식하는 수익 금액은 이행한 수행의무에 배분된 금액이다.

수행의무는 한 시점(예: 인도기준)에 이행하거나(일반적으로 고객에게 재화를 이전하는 약속의 경우), 기간에 걸쳐(예: 진행기준) 이행한다(일반적으로 고객에게 용역을 이전하는 약속의 경우). 기간에 걸쳐 이행하는 수행의무의 수익은 그 수행의무의 진행률을 적절하게 측정하는 방법을 선택하여 기간에 걸쳐 인식한다.

신문에서 배우는 회계 · 세상

✣ 건설사 해외發 어닝 쇼크는 국제회계기준(IFRS) '고무줄 적용' 때문

IFRS, 2012년에 이어 또 잡음 … 설익은 기준이 화 키웠다

'2차 IFRS(국제회계기준, International Financial Reporting Standards) 대란'이 일어나고 있다.

GS건설은 2013년 4월 10일 1분기 영업손실이 5,354억원을 기록했다고 발표했다. 증시는 단숨에 큰 충격에 빠졌다. GS건설은 다음 날 하한가까지 급락했고, 전체 건설주 주가도 10% 가까이 하락했다. 실적이 예상에 크게 못 미쳐 일어나는 '어닝 쇼크'였다. 당시까지 증권가 애널리스트들이 예상했던 GS건설의 영업이익은 500억원 안팎이었다. 예상치와 무려 6,000억원 가까이 차이가 났다.

삼성엔지니어링도 2013년 4월 16일 어닝 쇼크를 일으켰다. 증권가 예상치(1,740억원 흑자)에 3,938억원이나 모자랐다. 1분기 증시는 어닝 쇼크가 수두룩하다. 증권가 애널리스트들이 틀려도 너무 틀린 것 아닐까?

여기엔 숨겨진 이유가 있다고 증권가는 털어놓는다.

2011년부터 전면 도입된 한국식 국제회계기준(K-IFRS)이 어닝 쇼크를 만들고 있다는 것이다.

영업이익 구분 불분명한 'IFRS'
기업 자율성 보장이 오히려 毒 … 부실기업 이익 뻥튀기에 악용

IFRS는 원래 국제회계기준심의회(IASB)가 세계 각국의 회계기준을 통일하기 위해 만든 회계기준이다. IASB는 원래 민간단체라 구속력은 없다. 하지만 2002년 미국 엔론에서 대규모 분식회계 사건이 터지며 각국 공통의 기준을 만들자는 얘기가 나오면서 이 기준을 세계에서 일괄 도입하는 방향으로 논의가 진행됐다. 유럽연합(EU)은 지난 2005년 상장기업에 도입을 의무화했다. 한국도 이 추세를 따라 지난 2011년부터 도입했다.

한데, 여기서 문제가 발생했다. IFRS는 이전에 사용하던 한국식 일반회계기준(GAAP)에 비하면 어디까지 영업이익으로 볼지가 애매모호했다. 또 건설 등은 이 기준으로 하면 부채비율이 높아져 자금조달이 어려워진다고 주장, 일부 예외를 인정받았다. 이 때문에 현재 한국에서 쓰는 것은 원래 IFRS 규정과도 약간 다른 한국식 국제회계기준(K-IFRS)이다.

IFRS 논란 일지

2010년 5월	조선 · 건설업협회 등 IFRS 개선 건의
2011년 5월	건설업, 회계 처리 예외 허용, 저축은행업, IFRS 적용 유예 결정
2012년 3월	영업손익 분류 기준 문제점 부각, 한국회계기준원, 영업손익 규정 명확히 하자고 IASB에 제안
2012년 9월	한국회계기준원, 영업손익 기준 강화안 발표
2012년 10월	두산인프라코어, 신종 자본증권 발행
2012년 11월	금융위원회, 두산인프라 신종 자본증권에 '자본 아니다'라고 입장 밝혀
2012년 12월	한진해운 등, 신종 자본증권이 자본일 경우 발행하겠다는 입장 밝혀
2013년 4월	GS건설, 회계법 탓에 어닝 쇼크, 일부 코스닥기업, 자회사 실적 반영 시 10%대 지분으로 100% 실적 반영하려 시도

어닝쇼크 유발하는 'K-IFRS'

건설사는 한국식 기준 채택, 유럽과 현실 다르다며 예외 둬

완공 前에 미리 매출 잡아 놔… 예상보다 원가 많이 들면 다 짓고 매출 삭감하는 구조

올해 어닝쇼크를 일으킨 것은 대체로 국제회계기준과는 다른 '한국식'을 채용한 업종이다.

GS건설의 경우 해외사업장의 공사일정에 맞춰 매출, 영업이익을 반영해오다 뒤늦게 '예상했던 것보다 원가가 많이 나왔다'며 이미 집계했던 이익을 전부 삭감했다.

S사는 한 해외사업장에서 매출이 마이너스로 잡혔다. 상식적으로 상상하기 어려운 이 사태는 완공이 되기 전에 매출액을 대거 재무제표에 반영했다가 완공일이 늦어지며 기존에 반영했던 매출을 깎아야 했기 때문이다.

본래의 국제기준을 따랐다면 이런 상황은 없었을 것이다.

저축은행업종도 마찬가지다. 저축은행은 IFRS가 도입되면 한국자산관리공사(캠코)에 매각한 부실 프로젝트파이낸싱(PF) 채권 충당금을 쌓아야 했다. 이 경우 상장 저축은행은 재무구조 악화로 상장폐지를 피할 수 없었고, 금융 당국은 IFRS 도입을 5년 연기해줬다. 하지만 상장 저축은행은 줄줄이 추가 부실이 터지며 푸른저축은행만 빼고 모두 퇴출됐다.

1차 대란, 영업이익 분류 제멋대로

IFRS를 도입하면서 일어난 혼란, 이른바 'IFRS 대란'은 이미 2012년에 1차로 일어났었다. 41개의 부실 코스닥기업이 건물 매각 차익, 충당부채 환입 등의 일회성 이익을 영업이익으로 분류, '5년 연속 영업손실 시 관리종목에 지정한다'는 규정을 빠져나간 것이다. 대규모 매각 차익을 영업이익에 반영, 매출보다 영업이익이 더 큰 희한한 사례조차 나왔다.

이 때문에 2012년 9월, 금융위원회는 기업들에 매출에서 매출원가, 판관비를 뺀 수치만을 영업이익으로 분류하라고 통지했다. 이렇게 혼란은 끝나는 것만 같았다.

하지만 아니었다. 상장사들의 '꼼수'는 계속되고 있다.

2013년 초엔 한 코스닥 기업이 주력 기술을 매각하는 방식으로 5년 만에 흑자 전환했다. 주력 기술 매각으로 당장 올해 다시 적자를 내게 됐음에도 '기술 매각은 회사의 주요 영업방식'이라는 논리를 펴 회계법인을 설득했다.

또 다른 기업은 미리 충당금을 잔뜩 쌓았다가 이듬해 이를 환입받아 영업이익을 흑자로 만들었다. 이익 2년치를 모아 한 해는 대형 적자를 보고 한 해는 이익을 내 상장폐지로 이어질 수 있는 연속 적자를 피한 것이다. 또 다른 코스닥 기업은 자회사 지분이 10% 정도밖에 없음에도 실적을 전부 모회사 영업이익에 반영하려 해 논란이 일었다.

이정조 리스크컨설팅코리아 대표는 "문제의 원인은 IFRS에서 보장하는 기업들의 자율성"이라며 "기업에 맡기는 부분이 많다 보니 같은 업종 내 기업이어도 다른 회계방식을 적용해 단순 비교가 어려워졌다"고 설명했다.

계속되는 논란

두산인프라코어가 첫 발행한 초장기 회사채 '신종자본증권', 부채인지 자본인지 분류 못해

논란은 지속 중이다. 이번엔 신종자본증권이 문제가 되고 있다. 두산인프라코어는 지난 3월 주주총회에서 작년 말 발행한 5억달러의 신종자본증권을 자본으로 분류한 재무제표와 감사보고서를 승인했다. 신종자본증권이란 원래 채권(부채)이면서도 만기가 워낙 길어 자본으로 분류될 수 있는 특징이 있는 증권 상품이다.

IFRS에서는 만기가 30년 이상일 경우 채권이지만 자본으로 분류할 수 있게 했는데 우리나라에선 아직 정확한 결정을 내리지 못했다. 이 신종 자본증권 덕분에 두산인프라는 부채비율을 215.6%에서 막을 수 있었는데, 만약 부채라는 판단이 나오면 부채비율은 단숨에 300%대까지 치솟는다. 신종자본증권이 자본인지는 이르면 14일 결정된다. 국제회계기준위원회는 오는 14일부터 이틀간 열리는 해석위원회의 안건 가운데 하나로 '신종자본증권의 해석 여부'를 채택했다. 앞으로도 당분간 K-IFRS 논란은 지속될 전망이다.

회계 전문가들은 'IFRS 혼란'이 예고돼 왔다고 지적한다. 한 회계사 출신의 증권사 애널리스트는 "원래 IFRS가 완전하지 않았던 데다, 한국만의 특징이라며 예외조항을 마구잡이로 덧붙이며 혼란이 커졌다"며 "일부 기업이 규정의 허를 찔러 악용하고 있는 것도 문제"라고 강조했다.

해외에서 도입 열기는 한풀 꺾여

美・日・인도 "아직 허점 많다" … IFRS 도입 유보

IFRS 도입 열기는 한풀 죽은 상태다. 대부분의 나라가 도입했지만 오히려 미국과 일본, 인도 등 당초 IFRS 도입에 강한 의욕을 보였던 나라들이 기업의 비용부담을 이유로 한 발짝 물러서고 있다.

딜로이트안진회계법인에 따르면, 현재 한국을 포함해 전 세계 130개 국가가 IFRS를 채택하고 있다. G20 국가 중에서 IFRS를 도입하지 않은 국가는 미국과 일본, 인도, 중국, 인도네시아 등 5개국이다.

미국은 최근 10년간 국제회계기준위원회와 공동 프로젝트를 통해 IFRS를 미국 회계기준에 포함하려 하고 있지만, 부담이 커진다는 이유로 대다수의 기업이 반대하는 상황이다.

일본은 당초 한국보다 조금 늦은 2009년에 IFRS 도입 구상을 발표하고 2015년까지 도입을 의무화한다는 방침이었다. 하지만 지난 2011년 3월 대규모 쓰나미로 경제가 타격을 입은 데다, 준비기간을 더 달라는 산업계의 요청에 따라 2017년 이후로 도입을 늦추기로 했다. 인도 역시 최근 IFRS 도입을 재고하기로 했다. 중국의 경우 자국의 회계기준이 IFRS와 정합성을 이뤘다고 주장하고 있지만 국제적으로는 이를 인정받지 못하는 상태다.

일부 분야 추가 규정 만들어야 한다는 의견도

전문가들은 IFRS 또한 한국의 기존 일반회계기준(GAAP)처럼 완벽한 것이 아니었음이 드러났고, 유럽과 한국 상황이 다르다는 것도 확인된 만큼 논란이 일고 있는 일부 분야는 추가 규정을 만들어야 한다는 견해를 보이고 있다. 다만 규정의 방향은 특정 산업의 재무제표 악화 방지가 아니라 '고무줄 회계'를 막는 방향이어야 한다는 것이다.

http://inside.chosun.com/site/data/html_dir/2013/05/13/2013051300625.html 수정

논술문제

1 손익계산서를 작성하는 목적을 설명하시오.

2 수익과 비용의 예를 들고 설명하시오.

3 포괄손익계산서의 의의, 구조와 내용에 대해 설명하시오.

4 경영성과와 구성요소에 대해 설명하시오.

5 비용의 기능별 분류와 성격별 분류에 대해 설명하시오.

6 영업이익의 구분표시에 대해 설명하시오.

7 수익의 인식과 비용의 인식에 대해 설명하시오.

8 자본변동표에 대해 설명하시오.

9 현금흐름표에 대해 설명하시오.

10 주석에 대해 설명하시오.

11 재무보고와 공시제도에 대해 설명하시오.

객관식문제

■ 기본문제

1 다음 손익계산서에 대한 설명으로 옳지 않은 것은? (기업회계 3급 44회)

① 매출총손익은 매출액에서 매출원가를 차감하여 산출한다.
② 재무상태표, 자본변동표, 현금흐름표 등과 함께 재무제표를 구성한다.
③ 수익과 비용은 각각의 순액으로 보고서를 작성하는 것을 원칙으로 한다.
④ 기업의 일정기간 동안 경영성과에 대한 정보를 제공하는 재무보고서이다.

| 풀이 |

수익과 비용은 각각 총액으로 보고하는 것을 원칙으로 함. 단, 동일 또는 유사한 거래나 회계사건에서 발생한 차익, 차손 등은 총액으로 표시하지만 중요하지 않은 경우에는 관련 차익과 차손 등을 상계하여 표시할 수 있음.

| 정답 | ③

2 다음은 도매업을 하는 기업의 약식 손익계산서와 관련 자료이다. (가), (나)에 반영할 금액은? 난, 제시된 자료 외에는 고려하지 않는다. (기업회계 3급 41회)

약식 손익계산서	매출총이익	₩500,000
	판매비와관리비	(×××)
	영업이익	(가)
	영업외수익	×××
	영업외비용	×××
	법인세비용차감전순이익	(나)

관련 자료			
• 임대료	₩80,000	• 이자수익	₩30,000
• 보험료	40,000	• 광고선전비	20,000
• 여비교통비	15,000	• 이자비용	5,000

	(가)	(나)		(가)	(나)
①	₩420,000	₩530,000	②	₩420,000	₩540,000
③	₩425,000	₩530,000	④	₩25,000	₩540,000

| 풀이 |

영업이익은 매출총이익에서 핀매비와관리비(보험료, 광고선전비, 여비교통비)를 차감하여 계산하고, 이 금액에 영업외수익(임대료, 이자수익)을 가산하고, 영업외비용(이자비용)을 차감하여 법인세비용차감전순이익을 계산함.

| 정답 | ③

3 다음은 한국채택국제회계기준에서 제시하는 손익계산서의 내용이다. 옳은 것을 모두 나열한 것은? (기업회계 1급 43회)

1. 당기손익과 기타포괄손익을 단일의 포괄손익계산서에 두 부분으로 나누어 표시 불가능
2. 단일의 포괄손익계산서를 당기손익과 기타포괄손익 두 부분으로 나눌 경우 당기손익을 먼저 표시하고 이어서 기타 포괄손익을 표시
3. 당기손익 부문을 별개의 손익계산서로 표시 불가능
4. 당기손익 부문을 별개의 손익계산서로 표시할 경우 포괄손익을 표시하는 보고서 바로 뒤에 표시

① 1, 3　　② 1, 4　　③ 2, 3　　④ 2, 4

| 풀이 |

- 당기손익과 기타포괄손익을 단일의 포괄손익계산서에 두 부분으로 나누어 표시가능함.
- 당기손익 부문을 별개의 손익계산서로 표시할 경우, 포괄손익을 표시하는 보고서 바로 앞에 표시함.

| 정답 | ③

■ 심화문제

1 재무상태표와 포괄손익계산서에 관한 설명으로 옳지 않은 것은? (CTA 2014)

① 자산항목을 재무상태표에서 구분표시하기 위해서는 금액의 크기, 성격, 기능 및 유동성을 고려한다.

② 기업이 재무상태표에 유동자산과 비유동자산, 그리고 유동부채와 비유동부채로 구분하여 표시하는 경우, 이연법인세자산(부채)은 유동자산(부채)으로 분류하지 아니한다.

③ 당기손익으로 인식한 비용항목은 기능별 또는 성격별로 분류하여 표시할 수 있다.

④ 수익과 비용의 어느 항목도 포괄손익계산서 또는 주석에 특별손익항목으로 표시할 수 없다.

⑤ 과거기간에 발생한 중요한 오류를 해당 기간에는 발견하지 못하고 당기에 발견하는 경우, 그 수정효과는 당기손익으로 인식한다.

| 풀이 |

전기오류의 수정은 오류가 발견된 기간의 당기손익으로 보고하지 않음.

| 정답 | ⑤

2 다음은 한국채택국제회계기준에 의한 포괄손익계산서의 표시에 대한 설명이다. 옳지 않은 것은? (CTA 2016)

① 포괄손익계산서는 비용의 분류에 따라 기능별 또는 성격별로 작성할 수 있으나 금융원가, 법인세비용 등 일부 항목은 기능별 또는 성격별 표시와 관계없이 포괄손익계산서에 구분하여 표시해야 한다.

② 기타포괄손익항목은 후속적으로 당기손익으로 재분류되는 항목과 재분류되지 않는 항목을 구분하여 표시해야 하는데, 재평가잉여금 및 확정급여제도에서 발생한 재측정요소가 후속적으로 당기손익으로 재분류되는 기타포괄손익에 해당한다.

③ 기타포괄손익의 항목은 이와 관련된 법인세효과 반영 전 금액으로 표시하고 각 항목들에 관련된 법인세효과는 단일금액으로 합산하여 표시할 수 있다.

④ 영업손익을 포괄손익계산서 본문에 구분하여 표시하여야 한다. 이 경우 영업손익은 영업의 특수성을 고려할 필요가 있는 경우나 비용을 성격별로 분류하는 경우를 제외하고는 수익에서 매출원가 및 판매비와관리비를 차감하여 산출한다.

⑤ 포괄손익계산서는 단일의 포괄손익계산서로 표시하거나 당기손익 부분을 표시하는 별개의 손익계산사와 포괄손익을 표시하는 보고서로 구성된 두 개의 보고서로 표시할 수 있다.

| 풀이 |

기타포괄손익항목 중 재평가잉여금과 확정급여제도에서 발생한 재측정손익에는 후속적으로 당기손익으로 재분류되지 않으며, 기타포괄손익-공정가치측정금융자산평가손익, 해외사업환산손익 및 파생상품평가손익은 후속적으로 당기손익으로 재분류됨.

| 정답 | ②

3 영업이익 공시에 관한 설명으로 옳지 않은 것은? (CTA 2013)

① 한국채택국제회계기준은 포괄손익계산서의 본문에 영업이익을 구분하여 표시하도록 요구하고 있다.

② 비용을 기능별로 분류하는 기업은 수익에서 매출원가 및 판매비와관리비(물류원가 등을 포함)를 차감하여 영업이익을 측정한다.

③ 금융회사와 같이 영업의 특수성으로 인해 매출원가를 구분하기 어려운 경우, 영업수익에서 영업비용을 차감하는 방식으로 영업이익을 측정할 수 있다.

④ 영업이익에는 포함되지 않았지만, 기업의 영업성과를 반영하는 그 밖의 수익 또는 비용항목이 있다면 영업이익에 이러한 항목을 가감한 금액을 조정영업이이 등의 명칭으로 포괄손익계산서 본문에 보고한다.

⑤ 영업이익 산출에 포함된 주요항목과 그 금액을 포괄손익계산서 본문에 표시하거나 주석으로 공시한다.

| 풀이 |

조정영업이익은 포괄손익계산서 본문에 표시하는 것이 아니라 주석으로 공시할 수 있음.

| 정답 | ④

4 **(주)대한의 20×3년 말 회계자료는 다음과 같다.**

매출액	₩300,000	매출원가	₩128,000
대손상각비*	4,000	급여	30,000
사채이자비용	2,000	감가상각비	3,000
임차료	20,000	유형자산처분이익	2,800
상각후원가측정 금융자산 처분이익	5,000		

* 대손상각비는 매출채권에서 발생한 것이다.

(주)대한이 20×3년도 기능별 포괄손익계산서에 보고할 영업이익은 얼마인가? (CTA 2014)

① ₩113,000　② ₩115,000　③ ₩117,800
④ ₩120,000　⑤ ₩120,800

| 풀이 |

매출액	₩300,000
매출원가	(128,000)
매출총이익	172,000
판매비와관리비	
대손상각비	(4,000)
급여	(30,000)
감가상각비	(3,000)
임차료	(20,000)
영업이익	115,000
영업외수익	
유형자산처분이익	2,800
상각후원가측정 금융자산처분이익	5,000
영업외비용	
사채이자비용	(2,000)

| 정답 | ②

사례문제

1 회계등식

빈 칸에 적절한 금액을 계산하여 기입하고 계산에 필요한 회계등식을 제시하시오. 단, 각 사례는 서로 독립적이다.

사례	기초			수익	비용	순손익
	자산	부채	자본			
A	900,000	400,000		540,000		85,000
B	800,000	300,000		150,000	200,000	
C		150,000	200,000		100,000	20,000
D	250,000		100,000		70,000	30,000
E	500,000		360,000	260,000		60,000

| 풀이 |

수익－비용＝순손익, 자본=자산－부채, 자산＝부채＋자본, 자산＝부채＋자본금＋순이익

사례	기초			수익	비용	순손익
	자산	부채	자본			
A	900,000	400,000	**500,000**	540,000	**455,000**	85,000
B	800,000	300,000	**600,000**	150,000	200,000	**－50,000**
C	**350,000**	150,000	200,000	**120,000**	100,000	20,000
D	250,000	**150,000**	100,000	**100,000**	70,000	30,000
E	500,000	**140,000**	360,000	260,000	**200,000**	60,000

2 회계등식

빈 칸에 적절한 금액을 계산하여 기입하고 계산에 필요한 회계등식을 제시하시오. 단, 각 사례는 서로 독립적이다.

사례	기초			기말			수익	비용	순손익
	자산	부채	자본	자산	부채	자본			
A	90,000	30,000			50,000		80,000		10,000
B		65,000	20,000	100,000		40,000		70,000	
C	50,000	30,000			35,000		25,000		－5,000
D		15,000	35,000	70,000	40,000			25,000	
E	80,000	20,000		60,000			43,000		－12,000

| 풀이 |

수익－비용＝순손익, 기초자산－기초부채＝기초자본, 기말자산－기말부채＝기말자본, 기말자본－기초자본＝순손익, 기말자본＝기초자본± 당기순손익

사례	기초			기말			수익	비용	순손익
	자산	부채	자본	자산	부채	자본			
A	90,000	30,000	**60,000**	**120,000**	50,000	**70,000**	80,000	**70,000**	10,000
B	**85,000**	65,000	20,000	100,000	**60,000**	40,000	**90,000**	70,000	**20,000**
C	50,000	30,000	**20,000**	**50,000**	35,000	**15,000**	25,000	**30,000**	−5,000
D	**50,000**	15,000	35,000	70,000	40,000	**30,000**	**20,000**	25,000	**−5,000**
E	80,000	20,000	**60,000**	60,000	**12,000**	**48,000**	43,000	**55,000**	−12,000

3 포괄손익계산서등식

아래의 문제들은 서로 독립적이다. 아래의 각 문제에서 기타포괄손익은 없다고 가정한다. 각 물음에 답하시오.

1. 총수익이 ₩2,500,000이고 총비용이 ₩1,800,000이면 당기순이익은 얼마인가?
2. 당기순이익이 ₩500,000이고 총비용이 ₩1,300,000이면 총수익이 얼마인가?
3. 총비용이 ₩1,800,000이고 당기순손실이 ₩300,000이면 총수익이 얼마인가?

| 풀이 |

1. 당기순이익＝총수익 2,500,000－총비용 1,800,000＝₩700,000
2. 총수익＝총비용 1,300,000＋당기순이익 500,000＝₩1,800,000
3. 총수익＝총비용 1,800,000－당기순손실 300,000＝₩1,500,000

4 포괄손익계산서

다음은 (주)강남기업의 20×6년 한 해 동안 발생한 수익 및 비용항목이다.

매출액	₩3,600,000	통신비	₩80,000
급여	350,000	운송비	120,000
매출원가	2,500,000	이자비용	120,000
감가상각비	80,000	임차료	120,000
광고비	120,000	이자수익	100,000

| 요구사항 |

1. 수익에 속하는 항목은?
2. 비용에 속하는 항목은?
3. 포괄손익계산서를 작성하시오.

| 풀이 |

1, 2 (풀이 3 참고)

3. 포괄손익계산서 작성

포괄손익계산서

(주)강남 20×6년 1월 1일 ~ 20×6년 12월 31일

수익:	매출액		₩3,600,000
	이자수익		100,000
			3,700,000
비용:	매출원가	2,500,000	
	급여	350,000	
	통신비	80,000	
	운송비	120,000	
	광고비	120,000	
	감가상각비	80,000	
	임차료	120,000	
	이자비용	120,000	3,490,000
당기순이익			210,000
기타포괄손익			0
총포괄이익			₩210,000

5 포괄손익계산서 작성

다음은 (주)서울의 20×5년 12월 31일로 종료하는 회계연도의 수익 및 비용과 관련된 계정이다.

① 20×5년도 손익을 기능별로 분류한 내역은 다음과 같다.

구분	금액
매출액	₩500,000
매출원가	380,000
관리비	30,000
금융비용	10,000

② 20×5년도 손익을 성격별로 분류한 내역은 다음과 같다.

구분	금액
매출액	₩500,000
제품과 재공품의 변동(감소)	40,000
원재료의 사용액	200,000
종업원급여비용	150,000
감가상각비	20,000
금융비용	10,000

③ 당기에 발생한 기타포괄이익은 다음과 같다. 각 금액은 법인세부담액을 차감한 후의 금액이다.

구분	금액
당기손익-공정가치측정금융자산평가이익	₩20,000
재평가잉여금	10,000

④ (주)서울이 당기에 부담할 법인세율은 20%이다.

| 요구사항 |

1. 기능별 분류법에 따른 20×5년도의 포괄손익계산서를 작성하시오.
2. 성격별 분류법에 따른 20×5년도의 포괄손익계산서를 작성하시오.

| 풀이 |

1. 기능별 분류법에 따른 20×5년도의 포괄손익계산서

포괄손익계산서

(주)서울 20×5년 1월 1일부터 12월 31일까지

수익(매출액)	₩500,000
매출원가	(380,000)
매출총이익	₩120,000
관리비	(30,000)
영업이익	90,000
금융비용	(10,000)
법인세비용차감전순이익	₩80,000
법인세비용	(16,000)
당기순이익	₩64,000
기타포괄이익	
당기손익-공정가치측정금융금융자산평가이익	20,000
재평가잉여금	10,000
총포괄이익	₩94,000

2. 성격별 분류법에 따른 20×5년도의 포괄손익계산서

포괄손익계산서

(주)서울 20×5년 1월 1일부터 12월 31일까지

매출액		₩500,000
총비용		
제품과 재공품의 변동	₩40,000	
원재료의 사용액	200,000	
종업원급여비용	150,000	
감가상각비	20,000	
금융비용	10,000	(420,000)
법인세비용차감전순이익		₩80,000
법인세비용		(16,000)
당기순이익		₩64,000
기타포괄이익		
당기손익-공정가치측정금융금융자산평가이익		20,000
재평가잉여금		10,000
총포괄이익		₩94,000

02 PART

혼자서도 잘하는 회계원리
Accounting Principles

회계순환과정

쉬어가는
페이지

✣ 골프와 자식의 공통점

1. 한 번 인연을 맺으면 죽을 때까지 끊을 수 없다.
2. 언제나 똑바른 길로 가길 염원한다.
3. 끝까지 눈을 떼지 말아야 한다.
4. 간혹 부부간 의견 충돌을 일으킨다.
5. 안 될수록 패지 말고 띄워줘야 한다.
6. 잘못 때리면 다른 길로 빠져나가 삐뚤어지기 십상이다.
7. 남들에게 자랑할 때 허풍이 좀 들어간다.
8. 같은 배 속(회사)에서 나왔는데 성격은 모두 다르다.
9. 비싼 과외를 해도 되지 않을 때가 있다.
10. 18이 지나면 내가 할 수 있는 일이 없다.

✣ 행복을 원한다면

한 시간의 행복을 원한다면 (다 팽개치고) 낮잠을 자라.
하루의 행복을 원한다면 (다 팽개치고) 낚시를 하라.
한 달의 행복을 원한다면 (다 팽개치고) 여행을 가라.
1년의 행복을 원한다면 (만약 가능하다면) 결혼을 하라.
평생의 행복을 원한다면 (만사 젖혀놓고) 다른 사람을 도와라.

중국속담

CHAPTER 04

거래의 인식과 측정:

회계등식을 이용한 재무제표의 작성

쉬어가는 페이지

✣ 리더와 보스

리더는 희망을 준다. 보스는 겁을 준다.
리더는 '가자'고 권한다. 보스는 '가라'고 명령한다.
리더는 공개적으로 일한다. 보스는 등 뒤에서 일한다.
리더는 귀가 여러 개 있다. 보스는 귀가 없다.
리더는 약점을 숨기기 않는다. 보스는 약점을 숨긴다.
리더는 앞에서 이끈다. 보스는 뒤에서 호령한다.
리더는 존경을 모은다. 보스는 복종을 요구한다.
리더는 남을 믿는다. 보스는 남을 믿지 않는다.
리더는 사람을 이끌고 간다. 보스는 그들을 몰고간다.
리더는 선의에 의존한다. 보스는 권위에 의존한다.
리더는 '우리'라고 말한다. 보스는 '나'라고 말한다.

홍사중, 리더와 보스

피터 드러커가 리더십의 가장 중요한 3가지 요소에 대해 질문받고 다음과 같이 대답했다.
첫째, 단순하게 하라. 당신이 하는 일을 너무 복잡하게 만들지 마라.
둘째, 언어습관에서 가장 중요한 2가지는 경어를 쓰는 것과 '감사합니다'라는 말이다.
셋째, 누가 옳은지를 물어보지 말고 무엇이 옳은지를 물어라.

제1절 회계거래의 기록

1. 회계거래의 의의

기업이 상품매매, 비품구입, 현금차입 등과 같은 경영활동(영업활동, 투자활동과 재무활동)을 하면 경제적 영향을 미치는 사건이 발생한다. 이러한 사건을 경제적 사건(economic events) 또는 단순히 사건이라 하며 회계인식(회계기록)을 해야 한다는 관점에서 회계사건(accounting events)이라 한다. 경제적 영향은 자산, 부채와 자본이 변동(증가・감소)하거나 수익과 비용이 발생하는 것을 말한다. 이러한 경제적 사건의 결과로 자산, 부채, 자본의 항목들이 변화하여 이들을 재무제표에 기록할 필요가 있을 때 이러한 경제적 사건을 회계거래라 한다.

2. 일반적인 거래와 회계거래

회계기록의 대상은 회계거래이다. 회계에서 말하는 거래, 즉 회계거래(accounting transactions, 회계상 거래 또는 회계적 거래)는 일반적인 거래(일상생활에서 사용하는 거래)와 일치하지 않는다는 데 유의하여야 한다.

거래가 발생하였을 때 회계거래로 인식(회계장부에 기록하여야 할 거래인지 판단)되려면 다음의 두 가지 조건을 충족하여야 한다.

1. 그 거래가 기업의 재무상태(구체적으로 자산, 부채 및 자본 중의 하나 또는 그 이상)에 변동을 가져와야 한다.
2. 재무상태의 변동을 화폐단위로 신뢰성 있게 측정할 수 있어야 한다.[1]

---

1) **신뢰성 있는 측정**이 정확한 측정을 의미하는 것이 아니라 정확하지 않더라도 **합리적인 추정이 가능**하다면 신뢰성 있는 측정치로 간주되기 때문에 장부에 기록할 수 있다. 예를 들어, 기업에 대한 **손해배상소송**이 진행 중이고 배상금액에 대한 법원의 확정판결이 나지 않은 상태라 하더라도 배상금액을 합리적으로 추정할 수 있다면 관련 부채(이러한 부채를 **충당부채**라 한다)를 장부에 기록하여야 한다.

표 4-1 | 회계거래와 일반적인 거래의 구분

구분	회계처리	예
일반적인 거래이나 회계거래가 아닌 경우	장부에 기록하지 않음	상품의 주문서 발송, 상품의 매매계약, 건물의 임대차계약, 부동산의 담보설정
일반적인 거래는 아니나 회계거래인 경우	장부에 기록하여야 함	공장의 화재, 상품의 도난 또는 파손, 상품가격의 하락, 기계장치의 사용에 따른 장부금액의 감소

예를 들어, 매매계약의 체결 그 자체는 계약에 서명한 시점에서는 어떤 재화의 공급도 이루어지지 않는다. 기업의 재무상태에 변동을 가져오지 않았기 때문에 회계거래가 아니다. 대신에 의무를 이행하여야 할 약정일에 매매가 이행되면 자산과 부채에 영향을 미치므로 이 날짜에 회계거래가 발생한다. 만약 그 약정의무의 불이행으로 위약금이 지불되면 현금이 감소하므로 이것도 회계거래가 된다.

그림 4-1 회계거래와 일반적인 거래

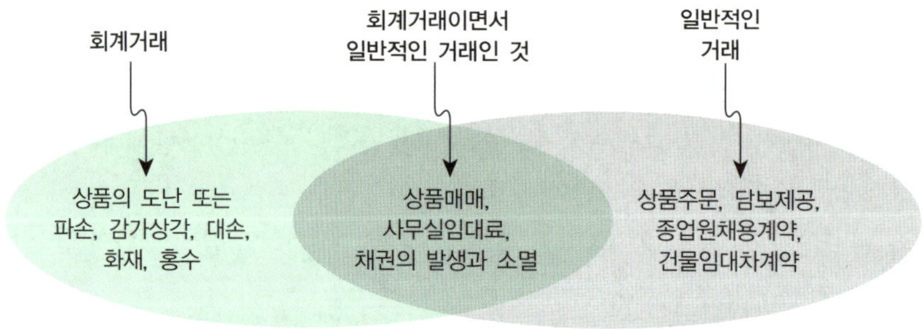

한편 기업의 재무상태에 큰 영향을 미칠 수 있는 유능한 경영자의 영입과 같은 사건은 이 사건이 기업의 재무상태나 성과에 미치는 영향을 화폐단위로 신뢰성 있게 측정하기가 쉽지 않기 때문에 회계거래로 인식하지 않는다.

예제 4-1 회계거래

다음은 (주)도피안의 거래내역이다.

1. 월급여 ₩2,000,000을 주기로 하고 종업원을 채용하다.
2. 상품 ₩5,000,000을 외상으로 판매하다.
3. 월세 ₩500,000을 주기로 하고 사무실 임차계약을 체결하다.
4. 화재로 장부금액 ₩200,000,000의 공장이 불에 타다.
5. 상품 ₩3,000,000을 주문하고 7일 후에 공급받기로 하다.

6. 하나은행에서 현금 ₩5,000,000을 차입하다.
7. 예금이자 ₩200,000이 발생하다.
8. 월말에 현금 ₩50,000이 분실되었다는 것을 발견하다.
9. (주)심원과 (주)화암의 거래에 (주)도피안이 지급보증을 하다.
10. (주)심원이 (주)화암에게 구입대금을 지급하지 못해 지급보증인인 (주)도피안이 대신 현금 ₩50,000,000을 지급하다.

| 요구사항 |

위의 각 거래가 회계거래인지 아닌지 분석하시오.

| 풀이 |

1. 종업원을 채용했을 뿐 기업의 재무상태에 변동이 없으므로 회계거래가 아니다.
2. 자산(매출채권)이 증가하고 자산(상품)이 감소하므로 회계거래이다.
3. 임차계약을 체결했을 뿐 기업의 재무상태에 변동이 없으므로 회계거래가 아니다.
4. 자산(건물)이 감소하고 비용(재해손실)이 발생하므로 회계거래이다.
5. 주문만 했을 뿐 기업의 재무상태에 변동이 없으므로 회계거래가 아니다.
6. 자산(현금)과 부채(차입금)가 증가하므로 회계거래이다.
7. 자산(현금)이 증가하고 수익(이자수익)이 발생하므로 회계거래이다.
8. 자산(현금)이 감소하고 비용(잡손실)이 발생하므로 회계거래이다
9. 지급보증을 했을 뿐 기업의 재무상태에 변동이 없으므로 회계거래가 아니다.
10. 지급보증인인 (주)도피안이 대신 현금 ₩50,000,000을 지급하여 자산이 감소하고 비용(지급보증손실)이 발생하므로 회계거래이다.

3. 거래의 8요소: 거래요소의 결합관계

3.1 거래의 8요소의 결합관계

기업의 경영활동에 따라 발생하는 거래는 자산의 증가와 감소, 부채의 증가와 감소, 자본의 증가와 감소, 수익의 발생과 비용의 발생이라는 8가지 요소로 구성되며, 이를 거래의 8요소라 한다. 거래의 8요소가 서로 결합되어 여러 가지 조합을 이루는 관계는 다음 그림과 같다.

그림 4-2 거래의 8요소의 결합관계

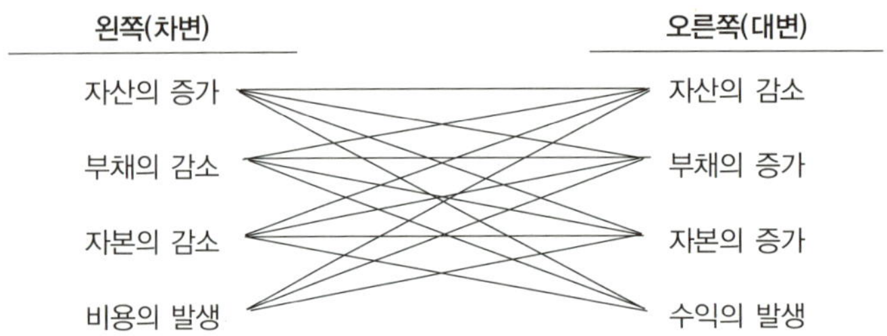

위의 그림에서 왼쪽을 차변이라 하고, 오른쪽을 대변이라 한다. 모든 거래는 차변요소와 대변요소가 여러 가지 형태로 결합하여 발생한다. 위 그림의 거래요소 결합관계는 재무상태표등식과 포괄손익계산서등식을 기초로 작성하였다.

재무상태표등식: 자산 = 부채 + 자본[2)]

포괄손익계산서등식: 비용 + 당기순이익 = 수익[3)]

자산은 재무상태표등식의 왼쪽에 기입하므로 증가를 차변(왼쪽)에, 감소를 대변(오른쪽)에 표시한다. 부채와 자본은 재무상태표등식의 오른쪽에 기입하므로 증가를 대변(오른쪽)에, 감소를 차변(왼쪽)에 표시한다.

수익은 포괄손익계산서등식의 오른쪽에 기입하므로 수익의 발생을 대변(오른쪽)에 표시하며, 비용은 포괄손익계산서등식의 왼쪽에 기입하므로 비용의 발생을 차변(왼쪽)에 표시한다.

3.2 거래의 8요소 간 결합관계의 예시

위에서 설명한 거래의 8요소 간의 결합관계에 대해 예를 들어 설명하면 다음 표와 같다.

2) 나중에 설명하겠지만 기초자본과 기말자본은 다음과 같은 관계를 갖는다.
기말자본 = 기초자본 ± 당기순손익

3) 당기순손실이 발생할 경우 포괄손익계산서등식은 다음과 같이 바뀌게 된다.
포괄손익계산서등식: 비용 = 수익 + 당기순손실

표 4-2 | 거래의 8요소 간 결합관계의 예시

구분		거래	거래요소의 결합관계 예
자산의 증가	자산의 감소	상품 ₩30,000을 현금으로 매입하다.	(차) 상품(자산) 증가 30,000 (대) 현금(자산) 감소 30,000
	부채의 증가	기계 ₩70,000을 외상으로 구입하다.	(차) 기계장치(자산) 증가 70,000 (대) 미지급금(부채) 증가 70,000
	자본의 증가	현금 ₩100,000을 출자하여 영업을 시작하다.	(차) 현금(자산) 증가 100,000 (대) 자본금(자본) 증가 100,000
	수익의 발생	은행예금이자 ₩25,000을 현금으로 받다.	(차) 현금(자산) 증가 25,000 (대) 이자수익(수익) 발생 25,000
자산의 증가	자산의 감소	비품 ₩20,000을 현금으로 구입하다.	(차) 비품(자산) 증가 20,000 (대) 현금(자산) 감소 20,000
부채의 감소		단기차입금 ₩32,000을 현금으로 상환하다.	(차) 단기차입금(부채) 감소 32,000 (대) 현금(자산) 감소 32,000
자본의 감소		자본금 중 ₩100,000을 현금으로 인출하다.	(차) 자본금(자본) 감소 100,000 (대) 현금(자산) 감소 100,000
비용의 발생		수도료 ₩13,000을 현금으로 지급하다.	(차) 수도광열비(비용) 발생 13,000 (대) 현금(자산) 감소 13,000

예를 들어 첫 번째 거래를 설명하면, 상품 ₩30,000을 현금으로 매입한 경우 이 거래를 거래요소의 결합관계로 표시하면 다음과 같다

상품(자산) 증가 ₩30,000 / 현금(자산) 감소 ₩30,000

위의 거래는 상품이라는 자산의 증가와 현금이라는 자산의 감소가 결합된 거래로, 자산의 증가를 차변(왼쪽)에, 자산의 감소를 대변(오른쪽)에 표시한 것이다.

[그림 4-2] 거래의 8요소의 결합관계에서 설명한 거래의 8요소 간의 결합관계 중 [표 4-2] 거래의 8요소 간 결합관계의 예시에서 설명한 것을 제외한 나머지도 동일한 결합원리가 나타난다.

3.3 거래의 이중성

거래는 자산, 부채와 자본의 증가와 감소, 수익과 비용의 발생이라는 차변요소와 대변요소가 결합하여 발생한다. 따라서 거래가 발생하면 차변과 대변 양쪽에 동일한 금액을 이

중으로 기입한다. 이를 거래의 이중성 또는 거래의 양면성(duality of transactions)이라 한다.[4)]

4. 거래의 종류

거래는 그 분류기준에 따라 여러 가지로 나눌 수 있다.

첫째, 손익(수익과 비용)의 발생 여부에 따라 교환거래, 손익거래와 혼합거래로 구분한다.

표 4-3 | 교환거래, 손익거래와 혼합거래

구분	내용	예
교환거래	수익과 비용의 증감이 없는 거래로 자산, 부채와 자본을 변동시키는 거래를 말함	• 상품의 현금구입(자산의 교환거래) • 상품의 외상매입(자산과 부채의 교환거래)
손익거래	수익과 비용이 발생하는 거래로, 수익거래와 비용거래로 구분함	• 수익거래: 수수료, 이자의 현금수취 • 비용거래: 급료, 임대료의 현금지급
혼합거래	교환거래와 손익거래가 동시에 발생하는 거래를 말함	• 원가 ₩900의 상품을 ₩1,000에 현금판매: 매출원가(비용발생 → 손익거래)와 상품감소(자산의 감소 → 교환거래) • 차입금 원금과 이자의 상환: 차입금 상환(부채감소 → 교환거래)과 이자지급(비용발생 → 손익거래) • 대여금 원금과 이자의 수취: 대여금 수취(자산증가 → 교환거래)와 이자수익(수익발생 → 손익거래)

둘째, 현금수지(수입과 지출)에 따라 입금거래, 출금거래와 대체거래로 구분한다.

표 4-4 | 입금거래, 출금거래와 대체거래

구분	내용	예
입금거래	현금이 유입되는 거래	상품의 현금판매, 대여금 원금과 이자수취
출금거래	현금이 유출되는 거래	차입금 원금과 이자지급
대체거래	현금의 유입과 유출이 없는 거래	상품의 외상구입

4) **거래의 이중성**에 따라 모든 거래는 반드시 어떤 계정의 차변과 다른 계정의 대변에 같은 금액이 기입되므로, 아무리 많은 거래가 기입되더라도 **계정 전체를 두고 보면 차변금액의 합계와 대변금액의 합계는 반드시 일치**하게 되는데, 이를 **대차평균의 원리**(principle of equilibrium, 또는 **대차평형의 원리**)라 한다.
거래의 이중성, 대차평균의 원리와 복식부기에 대해서는 **제5장(회계순환과정 I) 제2절 거래의 이중성과 복식부기**에 대한 설명을 참조.

제2절 회계등식

이 절에서는 거래가 발생하면 어떻게 장부에 기록하며, 재무상태와 경영성과를 적절하게 표시하는 재무제표를 어떻게 작성하는지를 설명한다.[5]

1. 회계등식과 장부기록원리

거래를 장부에 기록하는 원리(규칙)는 의외로 단순하다. 거래가 발생하면 기업이 보유하는 자산이나 부채가 변동(증가 또는 감소)한다. 자산에서 부채를 빼고 남은 순자산을 자본이라 한다.

거래의 발생에 따른 재무상태(구체적으로 자산, 부채와 자본 중의 하나 또는 그 이상)의 변동내용을 장부에 기록하기 위하여 자산, 부채와 자본의 관계를 등식으로 표현할 수 있는데, 이를 회계등식(accounting equation) 또는 재무상태표등식이라 한다.

재무상태표등식: 자산 = 부채 + 자본

위 식의 본질은 등식이므로 어떤 거래가 발생한다 하더라도 위 식의 등호는 유지된다는 것이 회계등식의 핵심이다.

기업이 영업활동을 하는 과정에서 수익이나 비용이 발생한다. 이익(당기순이익)은 수익이 비용보다 큰 경우에 발생하며, 반대로 비용이 수익보다 큰 경우에는 손실(당기순손실)이 발생한다.

수익과 비용이 발생하는 거래의 경우에도 회계등식이 성립한다. 수익이 발생하면 그만큼 자산이 증가(또는 부채가 감소)하면서 자본도 증가하며, 비용이 발생하면 그만큼 자산이 감소(또는 부채가 증가)하면서 자본도 감소한다. 따라서 수익에서 비용을 뺀 당기순이익만큼 자본이 증가한다. 이를 등식으로 표현하면 다음과 같다.

포괄손익계산서등식: 수익 − 비용 = 당기순이익 또는 비용 + 당기순이익 = 수익

5) 이 장의 **제3절(회계등식을 이용한 거래의 기록)**에서는 **장부에 기록하는 방법**에 대해 설명하며, **제4절(재무상태와 경영성과의 측정과 보고)**에서는 재무상태와 경영성과를 표시하는 **재무제표의 작성방법**에 대한 **기초적인 내용**을 설명한다.

최초로 기업이 설립된 시점에는 자본은 주주가 출자한 금액(자본금)으로만 구성된다. 그러나 당기순이익이 발생하면 기업의 자본은 주주가 출자한 금액과 당기순이익의 합계액으로 구성된다.

자본에 영향을 미치는 거래를 요약하면 다음 그림과 같다.

▌그림 4-3 ▌자본과 이익잉여금의 증감요인

자본의 구성		증가	감소
자본	자본금	+ 출자	
	이익잉여금	+ 수익	− 비용

위의 재무상태표등식에 기초하여 수익과 비용거래를 기록하면 재무상태(자산, 부채와 자본)에 대한 회계정보는 제공할 수 있으나, 경영성과(수익, 비용과 당기순이익)에 대한 회계정보는 제공할 수 없다. 왜냐하면 일정기간 동안 발생한 수익과 비용이 별도로 구분되어 표시되지 않고 순액인 당기순이익으로 자본에 포함되어 표시되기 때문이다.

위에서 설명한 것과 같이, 자본은 주주가 출자한 금액과 당기순이익으로 구성된다. 따라서 자본은 좁은 의미의 자본(주주가 출자한 금액)과 기업이 얻은 당기순이익(수익과 비용)으로 분해하여 다음과 같은 회계등식으로 표시할 수 있다.

자산 = 부채 + 자본 + 당기순이익
자산 = 부채 + 자본 + 수익 − 비용

위의 회계등식에서 모든 항목의 부호를 양(+)으로 일치시키기 위하여 우변의 비용을 좌변으로 옮기면 다음과 같은 회계등식을 만들 수 있다. 아래에서는 이 등식을 사용하여 거래를 분석할 것이다.

자산 + 비용 = 부채 + 자본 + 수익[6]

장부기록(부기)의 원리는 위의 회계등식의 개념을 장부기록의 규칙으로 전환한 것이다. 장부기록의 원리는 거래가 발생하면 회계등식의 좌변 또는 우변의 어떤 항목이 변동(증가 또는 감소)하는데, 회계등식의 등호를 유지하면서 이러한 변동내용을 장부에 기록하

6) 이 등식은 **제5장(회계순환과정 I : 회계기간 중의 거래기록) 제7절 시산표의 작성**에서 **시산표등식**이라 하며, 이 등식을 이용하여 **복식부기의 자기검증기능**이 실현된다. 자세한 내용은 해당 부분의 설명을 참조.

는 것이다. 이때 회계등식의 좌변 또는 우변의 증가 또는 감소를 동시에 기록하기 때문에 이러한 장부기록방법을 복식부기(複式簿記)라 한다.7)

2. 회계등식의 구성요소

회계등식은 자산, 부채, 자본, 수익과 비용으로 구성된다.8)

제3절 회계등식을 이용한 거래의 기록

1. 회계등식을 이용한 거래의 분석

회계거래는 기업의 자산, 부채, 자본, 수익 또는 비용에 영향을 미친다. 회계거래는 회계등식(자산+비용=부채+자본+수익)의 틀 속에서 이해하기가 쉽기 때문에 아래에서는 여러 가지 유형의 회계거래가 회계등식에 어떠한 영향을 미치며, 회계등식의 틀이 어떻게 유지되는지를 살펴본다. 회계거래는 회계등식의 구성요소에 영향을 미치며(재무상태를 변동시키며), 회계거래가 기록된 후에도 회계등식의 등호는 항상 성립한다.

그림 4-4 | 회계거래가 회계등식에 미치는 영향

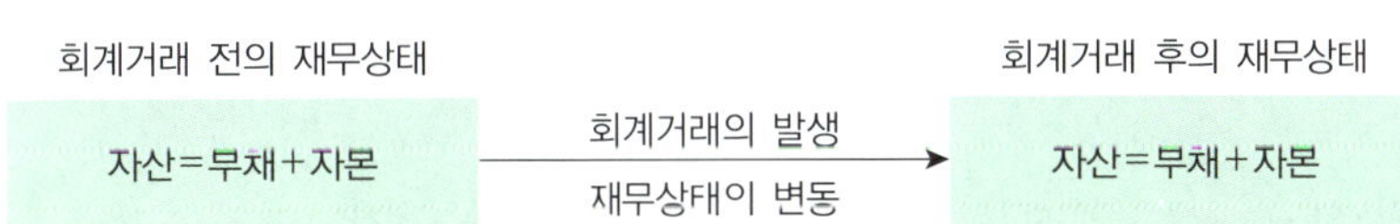

회계거래가 회계등식에 미치는 영향을 분석할 때에는 먼저 그 거래에 따라 기업의 자산, 부채 또는 자본 중 어느 항목이 얼마나 변동하는지를 살펴보아야 하며, 동시에 회계등식의 좌변과 우변에 영향을 미친 금액이 일치하는지를 살펴보아야 한다. 만일 회계등식의 좌

---

7) **단식부기**(單式簿記)는 좌변 또는 우변의 항목을 동시에 기록하지 않고 어느 한 항목만 기록하는 장부기록방법을 말한다.

8) **자산, 부채와 자본의 정의**에 대해서는 **제2장 재무보고와 재무제표 I: 재무상태표** 등의 **제2절 재무상태표**에서 설명하였으며, **수익과 비용의 정의**에 대해서는 **제3장 재무보고와 재무제표 II: 포괄손익계산서** 등의 **제1절 포괄손익계산서**에서 설명하였다. 해당 부분의 설명을 참조.

변과 우변 금액이 일치하지 않는다면 거래분석이 잘못되었다는 의미이다.

2. 회계등식을 이용한 거래의 분석 예시

경영컨설팅을 주업(주된 영업활동)[9]으로 하는 (주)태화경영컨설팅의 20×1년 3월 한 달 동안 발생한 거래를 대상으로, 거래가 기업에 어떠한 경제적 영향(특히, 재무상태에 미치는 영향)을 미치는가를 회계등식을 이용하여 설명한다. 거래를 분석하면서 재무상태가 변동하더라도 회계등식의 등호는 유지된다는 점에 주목하여야 한다.

예제 4-2 거래의 분석 - 거래가 기업에 미치는 효과

경영자문회사인 (주)태화경영컨설팅의 20×1년 3월 중의 거래내역은 다음과 같다.

① 3월 1일 주당액면 ₩5,000인 보통주 주식 200주를 발행하여 받은 현금 ₩1,000,000으로 영업을 시작하다.

② 3월 4일 컴퓨터 등 사무용비품 ₩200,000을 구입하고 ₩120,000은 현금으로 지급하고 잔액은 나중에 지급하기로 하다.

③ 3월 5일 사무용 소모품 ₩10,000을 현금으로 구입하다.

④ 3월 7일 경남은행에서 ₩300,000을 6개월 후에 상환하기로 하고 차입하다.

⑤ 3월 10일 (주)한강에 ₩300,000의 경영자문 용역을 제공하고 ₩100,000은 현금으로 받고 잔액은 외상으로 하다.

⑥ 3월 15일 (주)금강에 ₩100,000의 경영자문 용역을 제공하고 현금으로 받다.

⑦ 3월 25일 3월 10일에 받지 못했던 용역대금을 현금으로 받다.

⑧ 3월 28일 3월분 임차료 ₩10,000을 현금으로 지급하다.

⑨ 3월 30일 급여 ₩50,000을 현금으로 지급하다.

① 3월 1일 주당액면 ₩5,000인 보통주 주식 200주를 발행하여 받은 현금 ₩1,000,000으로 영업을 시작하다.

[거래 ① 분석] 주식의 발행: 현금(자산)의 증가와 자본금(자본)의 증가

거래 ①은 (주)태화경영컨설팅에 ₩1,000,000의 현금(자산)을 증가시키고 ₩1,000,000의 자본금(자본)을 증가시킨다. 거래 ①의 영향을 회계등식으로 나타내면 다음과 같다.

---

9) 이 장과 **제5장(회계순환과정Ⅰ: 회계기간 중의 거래기록)** 및 **제6장(회계순환과정Ⅱ: 회계기간 말의 결산과정)**에서는 **용역기업(서비스기업)**을 대상으로 설명한다. 상품매매업을 주업으로 하는 **상품매매기업**의 경우 상품이라는 재고자산의 매입과 매출이라는 다소 복잡한 회계처리가 필요하다. **상품매매기업의 회계처리**는 **제7장**에서 설명한다.

	자산	+	비용	=	부채	+	자본	+	수익
	현금						자본금		
거래 전:	₩0						₩0		
거래영향:	1,000,000						1,000,000		
거래 후:	₩1,000,000						₩1,000,000		

거래 ①에 따라 회계등식의 좌변과 우변에 각각 ₩1,000,000씩 증가하였다. 거래 ① 이후에도 회계등식(자산+비용=부채+자본+수익)은 유지된다.

거래 ①의 결과를 회계등식 대신에 재무상태표로 나타내면 다음과 같다.

표 4-5 | 3월 1일의 재무상태표

재무상태표

(주)태화경영컨설팅 20×1년 3월 1일 현재 (단위: 원)

자산		부채	
현금	₩1,000,000	자본	
		자본금	₩1,000,000
자산총계	₩1,000,000	부채 및 자본총계	₩1,000,000

② 3월 4일 컴퓨터 등 사무용비품 ₩200,000을 구입하고 ₩120,000은 현금으로 지급하고 잔액은 나중에 지급하기로 하다.

[거래 ② 분석] 비품의 구입: 비품(자산)의 증가와 현금(자산)의 감소 및 미지급금(부채)의 증가

거래 ②는 ₩200,000의 비품(자산)을 증가시키고, 구입대금 중 현금으로 지급한 ₩120,000의 현금(자산)을 감소시키며 나머지는 앞으로 지급하여야 할 ₩80,000이 미지급금[10](부채)을 증가시킨다. 거래 ②의 영향을 회계등식으로 나타내면 다음과 같다.

10) **미지급금**은 기업의 **주요 영업활동 이외의 거래**에서 재화 또는 용역을 **외상구입**할 때 발생하는 부채를 말한다. **주요 영업활동**은 기업의 주된 영업품목(재화 또는 용역)과 관련된 거래를 말하며, **주요 영업활동 거래**에서 재화 또는 용역을 **외상구입**할 때 발생하는 부채는 **매입채무**이다. 예에서 **(주)태화경영컨설팅**의 주된 영업품목은 **경영자문 용역을 제공**하는 것이므로 사무용비품의 구입거래는 주요 영업활동에 속하지 않는다.

	자산	+ 비용	= 부채	+ 자본	+ 수익
	현금 등		미지급금	자본금	
거래 전:	₩1,000,000		₩0	₩1,000,000	
거래영향:	200,000 −120,000		80,000		
거래 후:	₩1,080,000		₩80,000	₩1,000,000	

자산의 변동을 자세하게 표시하면 다음과 같다.

	자산		
	현금	비품	계
거래 전:	₩1,000,000	₩0	₩1,000,000
거래영향:	−120,000	200,000	80,000
거래 후:	₩880,000	₩200,000	₩1,080,000

회계등식을 재무상태표로 나타내면 다음과 같다.

표 4-6 | 3월 4일의 재무상태표

재무상태표

(주)태화경영컨설팅 20×1년 3월 4일 현재 (단위: 원)

자산		부채	
현금	₩880,000	미지급금	₩80,000
비품	200,000	자본	
		자본금	₩1,000,000
자산총계	₩1,080,000	부채 및 자본총계	₩1,080,000

③ 3월 5일 사무용 소모품 ₩10,000을 현금으로 구입하다.

[거래 ③ 분석] 소모품의 구입: 소모품(자산)의 증가와 현금(자산)의 감소

거래 ③은 ₩10,000의 소모품(자산)을 증가시키고 ₩10,000의 현금(자산)을 감소시킨다. 거래 ③의 영향을 회계등식으로 나타내면 다음과 같다.

	자산	+	비용	=	부채	+	자본	+	수익
	현금 등				미지급금		자본금		
거래 전:	₩1,080,000				₩80,000		₩1,000,000		
거래영향:	10,000 −10,000								
거래 후:	₩1,080,000				₩80,000		₩1,000,000		

자산의 변동을 자세하게 표시하면 다음과 같다.

	자산			
	현금	소모품	비품	계
거래 전:	₩880,000	₩0	₩200,000	₩1,080,000
거래영향:	−10,000	10,000		0
거래 후:	₩870,000	₩10,000	₩200,000	₩1,080,000

회계등식을 재무상태표로 나타내면 다음과 같다.

표 4-7 | 3월 5일의 재무상태표

재무상태표

(주)태화경영컨설팅 20×1년 3월 5일 현재 (단위: 원)

자산		부채	
현금	₩870,000	미지급금	₩80,000
소모품	10,000	자본	
비품	200,000	자본금	₩1,000,000
자산총계	₩1,080,000	부채 및 자본총계	₩1,080,000

④ 3월 7일 경남은행에서 W300,000을 6개월 후에 상환하기로 하고 차입하다.

[거래 ④ 분석] 현금의 차입: 현금(자산)의 증가와 단기차입금(부채)의 증가

거래 ④는 ₩300,000의 현금(자산)을 증가시키고 ₩300,000의 단기차입금(부채)을 증가시킨다. 거래 ④의 영향을 회계등식으로 나타내면 다음과 같다.

	자산	+	비용	=	부채	+	자본	+	수익
	현금 등				미지급금 등		자본금		
거래 전:	₩1,080,000				₩80,000		₩1,000,000		
거래영향:	300,000				300,000				
거래 후:	₩1,380,000				₩380,000		₩1,000,000		

자산의 변동을 자세하게 표시하면 다음과 같다.

	자산			
	현금	소모품	비품	계
거래 전:	₩870,000	₩10,000	₩200,000	₩1,080,000
거래영향:	300,000			300,000
거래 후:	₩1,170,000	₩10,000	₩200,000	₩1,380,000

부채의 변동을 자세하게 표시하면 다음과 같다.

	부채		
	미지급금	단기차입금	계
거래 전:	₩80,000	₩0	₩80,000
거래영향:		300,000	300,000
거래 후:	₩80,000	₩300,000	₩380,000

회계등식을 재무상태표로 나타내면 다음과 같다.

표 4-8 | 3월 7일의 재무상태표

재무상태표

(주)태화경영컨설팅 20×1년 3월 7일 현재 (단위: 원)

자산		부채	
현금	₩1,170,000	미지급금	₩80,000
소모품	10,000	단기차입금	300,000
비품	200,000	자본	
		자본금	₩1,000,000
자산총계	₩1,380,000	부채 및 자본총계	₩1,380,000

⑤ 3월 10일 (주)한강에 ₩300,000의 경영자문 용역을 제공하고 ₩100,000은 현금으로 받고 잔액은 외상으로 하다.

[거래 ⑤ 분석] 용역의 매출: 현금(자산)의 증가와 매출채권(자산)의 증가 및 용역매출(수익)의 발생

거래 ⑤는 ₩100,000의 현금(자산)을 증가시키고 ₩200,000의 매출채권(자산)을 증가시키며 ₩300,000의 용역매출(수익)을 발생시킨다. 거래 ⑤의 영향을 회계등식으로 나타내면 다음과 같다.

	자산	+	비용	=	부채	+	자본	+	수익
	현금 등				미지급금 등		자본금		용역매출
거래 전:	₩1,380,000				₩380,000		₩1,000,000		₩0
거래영향:	100,000 200,000								300,000
거래 후:	₩1,680,000				₩380,000		₩1,000,000		₩300,000

자산의 변동을 자세하게 표시하면 다음과 같다.

	자산				
	현금	매출채권	소모품	비품	계
거래 전:	₩1,170,000	₩0	₩10,000	₩200,000	₩1,380,000
거래영향:	100,000	200,000			300,000
거래 후:	₩1,270,000	₩200,000	₩10,000	₩200,000	₩1,680,000

회계등식을 재무상태표와 포괄손익계산서로 나타내면 다음과 같다.

표 4-9 | 3월 10일의 재무상태표와 포괄손익계산서

포괄손익계산서

(주)태화경영컨설팅 제×기 20×1년 3월 1일부터 20×1년 3월 10일까지 (단위: 원)

비용		수익	
당기순이익	₩300,000	용역매출	₩300,000
	₩300,000		₩300,000

재무상태표

(주)태화경영컨설팅 20×1년 3월 10일 현재 (단위: 원)

자산		부채	
현금	₩1,270,000	미지급금	₩80,000
매출채권	200,000	단기차입금	300,000
소모품	10,000	자본	
비품	200,000	자본금	₩1,000,000
		이익잉여금	300,000
자산총계	₩1,680,000	부채 및 자본총계	₩1,680,000

자본의 구성요소 중 하나로 이익잉여금이 있다.[11] 이익잉여금은 순이익 중에서 배당되지 않고 기업에 유보된 것으로 기업이 설립된 이후 매기간 발생하는 순이익(순손실)에 따라 증가(감소)하고 배당금을 지급하면 감소한다. 따라서 기업의 순이익에 영향을 미치는 거래는 모두 이익잉여금에 영향을 미치게 된다.

순이익은 수익에서 비용을 뺀 것이므로 수익(비용)을 발생시키는 거래는 당기순이익을 증가(감소)시켜 결과적으로 이익잉여금에 영향을 미치게 되며, 이익잉여금의 증가(감소)는 회사의 자본을 증가(감소)시키게 된다.

▌그림 4-5▐ 수익과 비용의 발생이 이익잉여금과 자본에 미치는 영향

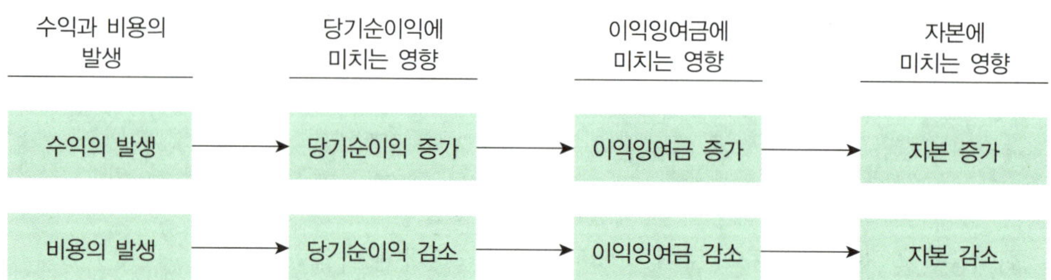

이와 같이, 수익에서 비용을 차감한 금액(순이익)도 넓은 의미에서 자본이나 회계등식에서 이를 구분하고 있을 뿐이다. 수익은 자본 중에서 이익잉여금을 증가시킨다.

⑥ 3월 15일 (주)금강에 ₩100,000의 경영자문 용역을 제공하고 현금으로 받다.

11) **자본**은 자본금, 자본잉여금, 자본조정, 기타포괄손익누계액, 이익잉여금(또는 결손금)으로 구성되나, **자본**에 대해서는 **제2장(재무보고와 재무제표 I: 재무상태표 등) 제2절 재무상태표**의 설명을 참조.

[거래 ⑥ 분석] 용역의 매출: 현금(자산)의 증가와 용역매출(수익)의 발생

거래 ⑥은 ₩100,000의 현금(자산)을 증가시키고 ₩100,000의 용역매출(수익)을 발생시킨다. 거래 ⑥의 영향을 회계등식으로 나타내면 다음과 같다.

	자산	+	비용	=	부채	+	자본	+	수익
	현금 등				미지급금 등		자본금		용역매출
거래 전:	₩1,680,000				₩380,000		₩1,000,000		₩300,000
거래영향:	100,000								100,000
거래 후:	₩1,780,000				₩380,000		₩1,000,000		₩400,000

자산의 변동을 자세하게 표시하면 다음과 같다.

	자산				
	현금	매출채권	소모품	비품	계
거래 전:	₩1,270,000	₩200,000	₩10,000	₩200,000	₩1,680,000
거래영향:	100,000				100,000
거래 후:	₩1,370,000	₩200,000	₩10,000	₩200,000	₩1,780,000

회계등식을 재무상태표와 포괄손익계산서로 나타내면 다음과 같다.

표 4-10 | 3월 15일의 재무상태표와 포괄손익계산서

포괄손익계산서

(주)태화경영컨설팅 제×기 20×1년 3월 1일부터 20×1년 3월 15일까지 (단위: 원)

비용		수익	
당기순이익	₩400,000	용역매출	₩400,000
	₩400,000		₩400,000

재무상태표

(주)태화경영컨설팅 20×1년 3월 15일 현재 (단위: 원)

자산		부채	
현금	₩1,370,000	미지급금	₩80,000
매출채권	200,000	단기차입금	300,000
소모품	10,000	자본	
비품	200,000	자본금	₩1,000,000
		이익잉여금	400,000
자산총계	₩1,780,000	부채 및 자본총계	₩1,780,000

⑦ 3월 25일 3월 10일에 받지 못했던 용역대금을 현금으로 받다.

[거래 ⑦ 분석] 매출채권의 회수: 현금(자산)의 증가와 매출채권(자산)의 감소

거래 ⑦은 ₩200,000의 현금(자산)을 증가시키고 ₩200,000의 매출채권(자산)을 감소시킨다. 거래 ⑦의 영향을 회계등식으로 나타내면 다음과 같다.

	자산	+	비용	=	부채	+	자본	+	수익
	현금 등				미지급금 등		자본금		용역매출
거래 전:	₩1,780,000				₩380,000		₩1,000,000		₩400,000
거래영향:	200,000 −200,000								
거래 후:	₩1,780,000				₩380,000		₩1,000,000		₩400,000

자산의 변동을 자세하게 표시하면 다음과 같다.

	자산				
	현금	매출채권	소모품	비품	계
거래 전:	₩1,370,000	₩200,000	₩10,000	₩200,000	₩1,780,000
거래영향:	200,000	−200,000			0
거래 후:	₩1,570,000	₩0	₩10,000	₩200,000	₩1,780,000

회계등식을 재무상태표와 포괄손익계산서로 나타내면 다음과 같다. 포괄손익계산서는 3월 15일까지의 포괄손익계산서와 동일하다.

표 4-11 | 3월 25일의 재무상태표와 포괄손익계산서

포괄손익계산서

(주)태화경영컨설팅 제×기 20×1년 3월 1일부터 20×1년 3월 25일까지 (단위: 원)

비용		수익	
당기순이익	₩400,000	용역매출	₩400,000
	₩400,000		₩400,000

재무상태표

(주)태화경영컨설팅 20×1년 3월 25일 현재 (단위: 원)

자산		부채	
현금	₩1,570,000	미지급금	₩80,000
소모품	10,000	단기차입금	300,000
비품	200,000	자본	
		자본금	₩1,000,000
		이익잉여금	400,000
자산총계	₩1,780,000	부채 및 자본총계	₩1,780,000

⑧ 3월 28일 3월분 임차료 ₩10,000을 현금으로 지급하다.

[거래 ⑧ 분석] 임차료의 지급: 임차료(비용)의 발생과 현금(자산)의 감소

거래 ⑧은 ₩10,000의 임차료(비용)를 발생시키고 ₩10,000의 현금(자산)을 감소시킨다. 거래 ⑧의 영향을 회계등식으로 나타내면 다음과 같다.

	자산	+	비용	=	부채	+	자본	+	수익
	현금 등		임차료		미지급금 등		자본금		용역매출
거래 전:	₩1,780,000		₩0		₩380,000		₩1,000,000		₩400,000
거래영향:	−10,000		10,000						
거래 후:	₩1,770,000		₩10,000		₩380,000		₩1,000,000		₩400,000

자산의 변동을 자세하게 표시하면 다음과 같다.

	자산			
	현금	소모품	비품	계
거래 전:	₩1,570,000	₩10,000	₩200,000	₩1,780,000
거래영향:	−10,000			−10,000
거래 후:	₩1,560,000	₩10,000	₩200,000	₩1,770,000

회계등식을 재무상태표와 포괄손익계산서로 나타내면 다음과 같다.

표 4-12 | 3월 28일의 재무상태표와 포괄손익계산서

포괄손익계산서

(주)태화경영컨설팅 제×기 20×1년 3월 1일부터 20×1년 3월 28일까지 (단위: 원)

비용		수익	
임차료	₩10,000	용역매출	₩400,000
당기순이익	₩390,000		
	₩400,000		₩400,000

재무상태표

(주)태화경영컨설팅 20×1년 3월 28일 현재 (단위: 원)

자산		부채	
현금	₩1,560,000	미지급금	₩80,000
소모품	10,000	단기차입금	300,000
비품	200,000	자본	
		자본금	₩1,000,000
		이익잉여금	390,000
자산총계	₩1,770,000	부채 및 자본총계	₩1,770,000

⑨ 3월 30일 급여 ₩50,000을 현금으로 지급하다.

[거래 ⑨ 분석] 급여의 지급: 급여(비용)의 발생과 현금(자산)의 감소

거래 ⑨는 ₩50,000의 급여(비용)를 발생시키고 ₩50,000의 현금(자산)을 감소시킨다. 거래 ⑨의 영향을 회계등식으로 나타내면 다음과 같다.

	자산	+	비용	=	부채	+	자본	+	수익
	현금 등		임차료 등		미지급금 등		자본금		용역매출
거래 전:	₩1,770,000		₩10,000		₩380,000		₩1,000,000		₩400,000
거래영향:	−50,000		50,000						
거래 후:	₩1,720,000		₩60,000		₩380,000		₩1,000,000		₩400,000

자산의 변동을 자세하게 표시하면 다음과 같다.

	자산			
	현금	소모품	비품	계
거래 전:	₩1,560,000	₩10,000	₩200,000	₩1,770,000
거래영향:	−50,000			−50,000
거래 후:	₩1,510,000	₩10,000	₩200,000	₩1,720,000

비용의 발생을 자세하게 표시하면 다음과 같다.

	비용		
	임차료	급여	계
거래 전:	₩10,000	₩0	₩10,000
거래영향:		50,000	50,000
거래 후:	₩10,000	₩50,000	₩60,000

회계등식을 재무상태표와 포괄손익계산서로 나타내면 다음과 같다.

표 4-13 | 3월 30일의 재무상태표와 포괄손익계산서

포괄손익계산서

(주)태화경영컨설팅 제×기 20×1년 3월 1일부터 20×1년 3월 30일까지 (단위: 원)

비용		수익	
임차료	₩10,000	용역매출	₩400,000
급여	50,000		
당기순이익	₩340,000		
	₩400,000		₩400,000

재무상태표

(주)태화경영컨설팅 20×1년 3월 30일 현재 (단위: 원)

자산		부채	
현금	₩1,510,000	미지급금	₩80,000
소모품	10,000	단기차입금	300,000
비품	200,000	자본	
		자본금	₩1,000,000
		이익잉여금	340,000
자산총계	₩1,720,000	부채 및 자본총계	₩1,720,000

지금까지 설명한 [예제 4-2]의 거래 ①부터 거래 ⑨까지의 거래분석의 요약하면 [표 4-14]와 같으며, 자산, 부채, 자본, 수익과 비용 항목으로 자세하게 살펴보면 [표 4-15]와 같다.

표 4-14 | 거래 ①부터 거래 ⑨까지의 거래분석의 요약 Ⅰ

	자산	+	비용	=	부채	+	자본	+	수익
거래 전	₩0		₩0		₩0		₩0		₩0
거래 ①	1,000,000						1,000,000		
거래 ②	200,000 −120,000				80,000				
거래 ③	10,000 −10,000								
거래 ④	300,000				300,000				
거래 ⑤	100,000 200,000								300,000
거래 ⑥	100,000								100,000
거래 ⑦	200,000 −200,000								
거래 ⑧	−10,000		10,000						
거래 ⑨	−50,000		50,000						
거래 후	₩1,720,000	+	₩60,000	=	₩380,000	+	₩1,000,000	+	₩400,000

표 4-15 | 거래 ①부터 거래 ⑨까지의 거래분석의 요약 Ⅱ

	자산				+	비용		=	부채		+	자본	+	수익
	현금	매출채권	소모품	비품		임차료	급여		미지급금	단기차입금		자본금		용역매출
거래 전	₩0	₩0	₩0	₩0		₩0	₩0		₩0	₩0		₩0		₩0
거래 ①	1,000,000											1,000,000		
거래 ②	−120,000			200,000					80,000					
거래 ③	−10,000		10,000											
거래 ④	300,000									300,000				
거래 ⑤	100,000	200,000												300,000
거래 ⑥	100,000													100,000
거래 ⑦	200,000	−200,000												
거래 ⑧	−10,000					10,000								
거래 ⑨	−50,000						50,000							
거래 후	₩1,510,000	₩0	₩10,000	₩200,000		₩10,000	₩50,000	=	₩80,000	₩300,000		₩1,000,000		₩400,000
	자산총계 ₩1,720,000					비용총계 ₩60,000			부채총계 ₩380,000			자본총계 ₩1,000,000		수익총계 ₩400,000
	자산과 비용총계 ₩1,780,000								부채, 자본과 수익총계 ₩1,780,000					

제4절 재무상태와 경영성과의 측정과 보고

1. 재무상태와 경영성과

재무상태는 일정시점에 기업이 보유하고 있는 자산, 부채와 자본의 구성상태(즉, 잔액)를 말한다. 경영성과는 일정기간 동안 기업에서 발생한 수익과 비용이 얼마인지, 그 결과 순이익을 얼마나 벌었는지를 의미한다.

앞에서 살펴본 (주)태화경영컨설팅의 예시에서 3월 초와 3월 말의 재무상태와 3월 한 달 동안의 경영성과에 대해 살펴본다.

표 4-16 | (주)태화경영컨설팅의 3월 1일과 3월 30일의 회계등식

	자산	+	비용	=	부채	+	자본	+	수익
3월 1일	₩1,000,000					+	₩1,000,000		
	₩1,000,000						₩1,000,000		
3월 30일	₩1,720,000		₩60,000		₩380,000	+	₩1,000,000		₩400,000
	₩1,780,000						₩1,780,000		

(주)태화경영컨설팅의 20×1년 3월 1일 설립 당시 재무상태는 자산 ₩1,000,000과 자본 ₩1,000,000으로 이루어져 있다. 3월 한 달 동안 경영성과로 수익 ₩400,000과 비용 ₩60,000이 발생하여 순이익 ₩340,000이 발생하였다. 3월 30일 현재 자산은 ₩1,720,000인데 3월 1일에 비해 ₩720,000 증가하였다. 자산이 증가한 이유는 3월 1일에 비해 부채가 ₩380,000 증가하였고, 순이익이 ₩340,000 발생하여 그 결과 자본이 ₩340,000 증가하였기 때문이다. 따라서 3월 30일 현재 재무상태는 자산 ₩1,720,000, 부채 ₩380,000, 자본 1,340,000이며, 3월 한 달 동안 경영성과는 순이익 ₩340,000이다.

2. 재무상태표와 손익계산서의 작성

재무상태표는 일정시점에 있어 기업의 재무상태에 대한 정보를 제공하는 재무제표이다. 포괄손익계산서는 일정기간 동안 기업의 수익과 비용의 총액 및 당기순이익 등 경영성과에 대한 정보를 제공하는 재무제표이다.

재무상태표와 포괄손익계산서는 회계등식에서 도출된다. 아래에서는 앞 절에서 살펴본 (주)태화경영컨설팅의 예시에서 재무상태표와 포괄손익계산서가 어떻게 도출되는지를 살펴본다.

표 4-17 | (주)태화경영컨설팅의 3월 30일의 회계등식

	자산	+	비용	=	부채	+	자본	+	수익
3월 30일	₩1,720,000		₩60,000		₩380,000		₩1,000,000		₩400,000
	₩1,780,000						₩1,780,000		

위의 회계등식에서 좌변과 우변이 합계는 각각 ₩1,780,000로 일치하고 있다. 회계등식의 구성요소와 금액을 다음과 같은 시산표로 표시할 수 있다.[12] 시산표(trial balance, T/B)는 일정시점에서 자산, 부채와 자본의 잔액과 그 시점까지 발생한 수익과 비용을 나타내는 작업표를 말한다.

표 4-18 | 시산표와 시산표등식

시산표

(주)태화경영컨설팅　　20×1년 3월 30일 현재　　(단위: 원)

차변	금액	대변	금액
자산	₩1,720,000	부채	₩380,000
비용	60,000	자본	1,000,000
		수익	400,000
	₩1,780,000		₩1,780,000

위의 시산표 양식을 보면 왼쪽과 오른쪽의 합계는 각각 ₩1,780,000으로 일치하고 있다. 왼쪽(차변)에는 자산과 비용을 기록하고 오른쪽(대변)에는 부채, 자본과 수익을 기록하며, 차변합계와 대변합계는 반드시 일치한다. 이것을 등식으로 나타낸 것을 시산표등식이라 한다.

시산표등식: 자산 + 비용 = 부채 + 자본 + 수익

위의 시산표를 수익과 비용 부분을 떼어 포괄손익계산서를 작성하고, 자산, 부채와 자본 부분을 떼어 재무상태표를 작성한다. 시산표의 아래 부분인 수익과 비용 부분을 보면 수익

12) 시산표와 시산표등식에 대해서는 제5장(회계순환과정 I: 회계기간 중의 거래기록) 제7절 시산표의 작성의 설명을 참조.

이 비용보다 많고, 윗부분인 자산, 부채와 자본 부분을 보면 자산이 부채와 자본의 합계보다 많다는 것을 알 수 있으며, 두 부분의 차이는 ₩340,000으로 일치한다. 3월 한 달 동안 (주)태화경영컨설팅의 수익은 ₩400,000이고 비용은 ₩60,000이므로 수익이 비용보다 ₩340,000 많은데, 이를 당기순이익이라 한다. 앞에서 설명한 것과 같이, 기업이 벌어들인 당기순이익도 넓은 의미의 자본에 포함된다.

시산표에서 도출된 재무상태표와 포괄손익계산서를 제시하면 다음과 같다.

표 4-19 | 재무상태표와 포괄손익계산서

포괄손익계산서

(주)태화경영컨설팅 제×기 20×1년 3월 1일부터 20×1년 3월 30일까지 (단위: 원)

비용	₩60,000	수익	₩400,000
당기순이익	340,000		
	₩400,000		₩400,000

재무상태표

(주)태하경영컨설팅 20×1년 3월 30일 현재 (단위: 원)

자산	₩1,720,000	부채	₩380,000
		자본	1,000,000
		당기순이익	340,000
	₩1,720,000		₩1,720,000

위의 재무상태표와 포괄손익계산서는 그 내용을 요약한 것이다. 앞으로 작성하게 될 재무상태표와 포괄손익계산서는 자산, 부채, 자본, 수익과 비용으로 표시하는 것이 아니라 더 세부적인 항목으로 표시할 것이다. 위의 재무상태표와 포괄손익계산서를 좀 더 세부적인 항목으로 작성하면 다음과 같다.

표 4-20 | 세부항목으로 표시한 잔액시산표,[13] 재무상태표와 포괄손익계산서

잔액시산표

(주)태화경영컨설팅 20×1년 3월 31일 현재 (단위: 원)

차변	계정과목	대변
₩1,510,000	현금	
10,000	소모품	
200,000	비품	
	미지급금	₩80,000
	단기차입금	300,000
	자본금	1,000,000
	용역매출	400,000
10,000	임차료	
50,000	급여	
₩1,780,000	합계	₩1,780,000

포괄손익계산서

(주)태화경영컨설팅 제×기 20×1년 3월 1일부터 20×1년 3월 30일까지 (단위: 원)

비용		수익	
임차료	₩10,000	용역매출	₩400,000
급여	50,000		
당기순이익	340,000		
	₩400,000		₩400,000

재무상태표

(주)태화경영컨설팅 20×1년 3월 30일 현재 (단위: 원)

자산		부채	
현금	₩1,510,000	미지급금	₩80,000
소모품	10,000	단기차입금	300,000
비품	200,000	자본	
		자본금	1,000,000
		이익잉여금	340,000
자산총계	₩1,720,000	부채 및 자본총계	₩1,720,000

13) 시산표는 **잔액시산표**, **합계시산표**, **합계잔액시산표**의 세 가지로 분류되며, 자세한 내용은 **제5장(회계순환과정 I: 회계기간 중의 거래기록) 제7절 시산표의 작성**의 설명을 참조.

제5절 배당금 지급 관련 거래의 분석

자본의 구성요소 중 하나로 이익잉여금이 있다. 이익은 소유주(주주)의 몫이므로 이익의 전부를 주주에게 배당금으로 지불할 수 있으나, 기업이 새로운 사업분야에 진출하거나 기존 사업분야의 확장에 투자하기 위하여 이익을 전부 배당하지 않고 그 일부를 회사 내부에 유보시킨다(사내유보). 이를 유보이익(retained earnings)이라 하는데 우리나라의 회계기준에서는 이익잉여금이라 한다.

순이익이 발생하면 자본에 더해지고 이러한 순이익을 원천으로 배당이 이루어진다. 구체적으로 이익잉여금은 순이익 중에서 배당되지 않고 기업에 유보된 것으로 기업이 설립된 이후 매기간 발생하는 순이익(순손실)에 따라 증가(감소)하고 배당금을 지급하면 감소한다. 배당금(dividends)은 기업이 벌어들인 순이익 중에서 사내에 유보(누적)시켜 온 이익잉여금의 일부를 소유주(주주)에게 분배하는 것을 말한다.[14]

배당금이 있는 경우의 회계등식[15]은 다음과 같이 표시할 수 있다.

자산 + 비용 + 배당금 = 부채 + 자본 + 수익

지금까지 설명한 자본에 영향을 미치는 거래를 요약하면 다음 그림과 같다. 주식회사의 자본은 출자(주식발행)가 이루어지면 증가한다. 이익잉여금은 수익이 발생하면 증가하고, 비용이나 (현금)배당이 발생하면 감소한다.

14) **배당과 비용**은 다음과 같은 **차이**가 있다. **배당**은 비용이 아니라 순이익이 결정된 후에 확정된 소유주 몫을 근거로 소유주에게 분배하는 것(**이익의 처분**)이므로 포괄손익계산서의 수익에서 빼지 않고 **이익잉여금에서 직접 차감**한다. 이에 비하여 **비용**은 수익을 얻기 위하여 발생하는 희생으로 포괄손익계산서에서 **수익에서 차감**하는 형태로 당기순이익에 반영한다.

15) **배당금이 있는 경우의 시산표**: 만일 **배당금**이 있으면 **시산표의 차변**에 기록되며, 재무제표를 작성할 때에는 **이익잉여금에서 차감**되므로 **재무상태표 본문에는 표시되지 않는다**. 배당금은 **자본변동표에 보고**된다.

시산표

차변		대변	
자산	×××	부채	×××
비용	×××	자본	×××
배당금	×××	수익	×××
	×××		×××

시산표등식: 자산 + 비용 + 배당금 = 부채 + 자본 + 수익

시산표와 **시산표등식**에 대해서는 **제5장(회계순환과정 I : 회계기간 중의 거래기록) 제7절 시산표의 작성**의 설명을 참조.

▌그림 4-6 ▌배당금이 있는 경우 자본과 이익잉여금의 증감요인

자본의 구성		증가	감소
자본	자본금	+ 출자	
	이익잉여금	+ 수익	− 비용
			− 배당

거래 ⑩을 예를 들어 설명하면, (주)태화경영컨설팅은 20×1년 3월 중의 영업활동 결과 수익이 ₩400,000이고 비용이 ₩60,000이므로 (당기)순이익이 ₩340,000이 된다. 이 이익 중 ₩30,000을 배당으로 지급하면 나머지 ₩310,000이 당기에 유보된 이익잉여금이 된다.

⑩ 3월 31일 (주)태화경영컨설팅은 당기순이익(이익잉여금) ₩340,000 중 ₩30,000을 현금으로 지급하다.

[거래 ⑩ 분석] 배당금의 지급: 이익잉여금(자본)의 감소와 현금(자산)의 감소

거래 ⑩은 ₩30,000의 현금(자산)을 감소시키고 ₩30,000의 이익잉여금(자본)을 감소시킨다. 거래 ⑩의 영향을 회계등식으로 나타내면 다음과 같다.

	자산	+	비용	=	부채	+	자본	+	수익
	현금 등		임차료 등		미지급금 등		자본금 등		용역매출
거래 전:	₩1,720,000		₩60,000		₩380,000		₩1,000,000		₩400,000
거래영향:	−30,000						−30,000		
거래 후:	₩1,690,000		₩60,000		₩380,000		₩970,000		₩400,000

자산의 변동을 자세하게 표시하면 다음과 같다.

	자산			
	현금	소모품	비품	계
거래 전:	₩1,510,000	₩10,000	₩200,000	₩1,720,000
거래영향:	−30,000			−30,000
거래 후:	₩1,480,000	₩10,000	₩200,000	₩1,690,000

자본의 변동을 자세하게 표시하면 다음과 같다.

	자본		
	자본금	이익잉여금	계
거래 전:	₩1,000,000	₩340,000[*1]	₩1,340,000
거래영향:		−30,000	−30,000
거래 후:	₩1,000,000	₩310,000	₩1,310,000

*1. (주)태화경영컨설팅의 20×1년 3월 30일까지의 거래결과 수익 ₩400,000에서 비용 ₩60,000을 뺀 ₩340,000이 당기순이익이 되며, 당기순이익에서 배당금 뺀 금액이 이익잉여금이 된다. 이와 같이 회계기간 중에 배당금을 지급한 경우, 재무상태표의 이익잉여금항목은 당기순이익과 배당금을 반영한 후의 기말잔액으로 기말재무상태표에 나타나게 된다.

기초이익잉여금	₩0
(+) 당기순이익	340,000
(−) 배당금	(30,000)
기말이익잉여금	₩310,000

회계등식을 재무상태표, 포괄손익계산서와 자본변동표[16]로 나타내면 다음과 같다.

표 4-21 | 3월 31일의 재무상태표, 포괄손익계산서와 자본변동표

포괄손익계산서

(주)태화경영컨설팅 제×기 20×1년 3월 1일부터 20×1년 3월 31일까지 (단위: 원)

비용		수익	
임차료	₩10,000	용역매출	₩400,000
급여	50,000		
당기순이익	₩340,000		
	₩400,000		₩400,000

재무상태표

(주)태화경영컨설팅 20×1년 3월 31일 현재 (단위: 원)

자산		부채	
현금	₩1,480,000	미지급금	₩80,000
소모품	10,000	단기차입금	300,000
비품	200,000	자본	
		자본금	₩1,000,000
		이익잉여금	310,000
자산총계	₩1,690,000	부채 및 자본총계	₩1,690,000

16) **자본변동표**에 대해서는 **제3장(재무보고와 재무제표Ⅱ: 포괄손익계산서 등) 제3절(자본변동표, 현금흐름표와 주석), 1. 자본변동표**의 설명을 참조.

자본변동표

(주)태화경영컨설팅 제×기 20×1년 3월 1일부터 20×1년 3월 31일까지 (단위: 원)

항목	자본금	이익잉여금	총계
20×1년 3월 1일	₩0	₩0	₩0
유상증자	₩1,000,000		₩1,000,000
당기순이익		340,000	340,000
배당금		(30,000)	(30,000)
20×년 3월 31일	₩1,000,000	₩310,000	₩1,310,000

신문에서 배우는 회계 · 세상

✣ 급증하는 기업 쪼개기 … 작년 기업분할 17개社 주가 12% 상승

[7 Questions] 상반기 기업분할 공시기업 14곳 작년 같은 기간보다 75% 증가

식음료 사업이 주력인 오리온은 2016년 11월 오리온홀딩스, 오리온으로 분리한다고 공시하고 2017년 회사를 분리했다. 분할로 인해 새로 만들어지는 '오리온'은 제과사업 부문을 전담하는 사업회사가 됐고, 기존에 있던 회사인 '오리온홀딩스'는 제과 외 쇼박스 등 사업부문을 맡고 지주회사 역할을 하게 됐다. 이처럼 증시에 회사를 쪼개겠다고 나서는 '기업분할' 열풍이 불고 있다. 한국거래소에 따르면 2017년 상반기 회사를 나누겠다고 공시한 기업은 14곳으로 지난해 같은 기간보다 75% 늘었다. 기업분할이란 말 그대로 한 개의 기업을 여러 개로 쪼개는 것을 뜻한다. 기업들은 왜 회사를 쪼개겠다고 나서는 것일까. 기업분할에 대해 궁금한 점을 7개 질문을 통해 알아봤다.

1. 기업분할에는 어떤 것이 있나?

기업분할은 새로 만들어지는 회사의 주식을 누가 어떤 방식으로 갖느냐에 따라 크게 '인적분할(人的分割)'과 '물적 분할(物的分割)' 두 가지로 나누게 된다. 인적분할은 기존 회사 주주들이 일정비율대로 새로 만들어진 회사의 주식을 나눠 갖고, 나머지 주식은 일반투자자나 기관이 가지는 분할방법을 말한다. 분할한 회사 중 기존 기업을 이어받는 기업은 변경 상장되고 새로 생긴 기업은 한국거래소의 심사를 거쳐 재상장된다. 반면 물적 분할은 회사를 둘로 나눈 뒤 기존 회사가 새로 만들어진 회사의 주식을 전부 소유하는 방식이다.

2. 기업분할을 하게 되면 회사는 어떻게 변하나?

분할 후 회사의 지위는 차이가 있다. 인적분할이 이루어지면 기존 회사와 신설 회사는 수평적 관계가 된다. 예를 들면 모회사인 A그룹에 속해 있는 B회사가 인적분할을 통해 B와 C로 쪼개질 경우 B와 C는 서열이 같은 계열사로 A그룹 밑에 놓이게 되는 것이나. 반면 물적 분할이 이루어지면 기존 회사가 모(母)회사가 되고 신설되는 회사는 자(子)회사인 수직적 관계인 점에서 인적분할과는 차이가 있다.

3. 기업분할은 왜 하나?

연관성이 떨어지는 사업을 하는 기업이 한 사업에 집중해야 하는 상황이 발생할 수 있다. 그렇게 되면 소외되는 분야는 상대적으로 조직이 어수선해지는 등의 문제가 발생할 수 있다. 차라리 회사를 핵심 사업과 비핵심 사업으로 나눠 주력 사업에 더욱 집중하는 게 좋을 수 있다. 이럴 때 기업분할이 이용된다. 또 기업의 지배구조를 투명하게 하기 위해서 지주회사와 사업회사로 나눌 때도 기업분할이 이루어진다. 이와 함께 우회상장 수단으로 인적분할이 활용되기도 하는데, 비상장기업이 상장기업을 합병한 후, 다시 인적분할을 진행하면 인수 기업과 피인수 기업 모두 상장이 가능해지기 때문이다. 이 밖에 구조조정을 위해서는 물적 분할이 이루어지기도 한다. 사업성이 떨어지거나 실적이 좋지 않은 사업부문을 분리해 자회사로 둔 뒤 매각하면 되기 때문이다.

4. 기업분할을 하면 주가에 어떤 영향을 끼치게 되나?

일반적으로 기업분할은 증시에서 호재로 인식되는 경우가 많다. 회사가 새로 만들어지면 주주들이 주식을 받을 수 있는 점 등은 긍정적이라고 볼 수 있기 때문이다. 지난해 물적 분할에 나선 17개 기업의 주가 추이를 살펴본 결과 분할 공시가 이뤄진 후부터 실제 분할이 이뤄진 이후 한 달까지 주가는 약 12.6% 올랐다. 하지만 반대의 경우도 있다. CJ오쇼핑이 2010년 인적분할 결정을 밝힌 직후 사흘간 CJ오쇼핑의 주가는 8.91% 급락하기도 했다.

5. 기업분할에 따른 장·단점은 무엇이 있나?

기업을 나눠 지주회사를 세울 경우 지배구조가 투명해지는 장점이 있다. 분할된 회사들은 각 사업의 전문성을 높이고, 경영의 신속성과 유연성을 확보할 수 있으며 기업가치도 재평가받을 수 있다. 이 때문에 기업을 분할하면 장기적으로 회사 가치가 올라갈 것으로 기대하는 경우가 많다. 그러나 하나였던 기업을 두 개로 나누면 경영 효율성이 떨어지는 단점도 발생할 수 있다. 회사가 하나 더 생기면서 관리자도 늘어나고 각종 판매관리비도 이중으로 들어가기 때문이다.

6. 최근 기업분할은 많아지는 추세인가?

한국거래소에 따르면 2017년 상반기 유가증권시장 상장기업의 인적·물적 분할 공시가 전년 동기보다 2배 이상 많았다. 특히 인적분할은 전년 동기 2건에서 올해 7건으로 세 배 이상 증가했다. 반면 기업들의 '몸집 부풀리기'로 알려진 합병 공시는 전년보다 1건 줄었다.

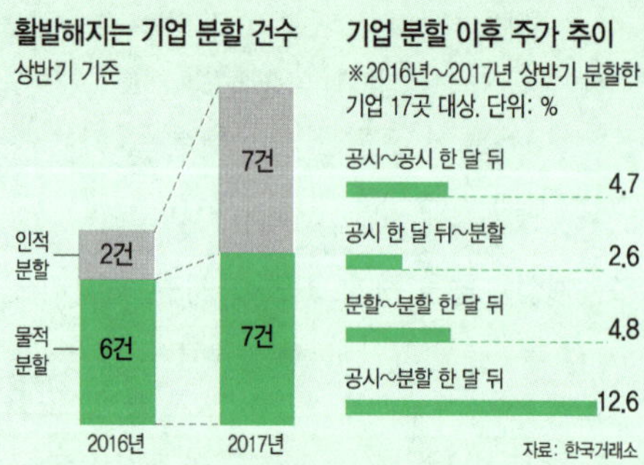

올해 상반기 분할 규모 상위 기업 ※자산 규모순

회사명	분할 신설 법인	자산 총액	분할 유형
롯데제과	롯데제과[가칭]	1조7117억원	인적 분할
SK케미칼	SK케미칼[가칭]	1조6393억원	인적 분할
BGF리테일	BGF리테일[가칭]	1조1110억원	인적 분할
제일약품	제일약품[가칭]	3821억원	인적 분할
동아타이어공업	동아타이어공업	3650억원	인적 분할

7. 기업분할주에 투자할 경우 어떤 점을 유의해야 하나?

말 그대로 회사를 단순 분할하는 방식 그 자체로는 기업가치가 변화한다고 보기 어렵다. 그래서 전문가들은 기업분할을 하더라도 기업의 실적이나 전망 등 회사 사정에 따라 주가는 달라질 수 있다고 지적한다. 사업환경이 변하지 않은 상황에선 기업의 기초 체력을 고려해 투자해야 할 필요가 있다.

http://biz.chosun.com/site/data/html_dir/2017/07/06/2017070601582.html 수정

논술문제

1 거래, 경제적 사건과 회계사건에 대해 설명하시오.

2 일반적인 거래와 회계거래에 대해 설명하시오.

3 거래의 8요소에 대해 설명하시오.

4 거래의 이중성에 대해 설명하시오.

5 회계등식과 장부기록원리에 대해 설명하시오.

6 회계등식을 이용한 거래의 분석에 대해 설명하시오.

객관식문제

■ 기본문제

1 다음 등식이 성립될 수 없는 것은? (기업회계 3급 40회)

① 총비용+당기순이익=총수익
② 기초자본+당기순이익=기말자본
③ 매출원가+매출총이익=당기순매출액
④ 기말자산+총비용=기말부채+기말자본+총수익

| 풀이 |
기말자산+총비용=기말부채+기초자본+총수익
| 정답 | ④

2 다음 제시된 거래요소의 결합관계에 해당하는 것은? (기업회계 3급 45회)

(차변요소)	(대변요소)
비용의 발생	자산의 감소

① 여비교통비 ₩200,000을 현금으로 지급하다.
② 거래처에 현금 ₩400,000을 대여하다.
③ 영업용 승용차를 ₩1,000,000에 현금으로 구입하다.
④ 정기예금에 대한 이자 ₩200,000을 현금으로 받다.

| 풀이 |
여비교통비 200,000 / 현금 200,000
| 정답 | ①

3 다음 제시된 (가), (나)의 거래에 대한 거래의 종류를 바르게 나타낸 것은? (기업회계 3급 42회)

(가) 단기대여금 ₩500,000과 그에 대한 이자 ₩50,000을 현금으로 회수하다.
(나) 비품 ₩4,000,000을 구입하고, 대금은 10개월 무이자 할부로 카드결제하다.

	(가)	(나)		(가)	(나)
①	교환거래	교환거래	②	교환거래	혼합거래
③	혼합거래	교환거래	④	손익거래	혼합거래

| 풀이 |
(가)는 자산증가, 자산감소, 수익발생의 혼합거래, (나)는 자산증가, 부채증가의 교환거래
| 정답 | ③

4 **다음 자료에 의해 기말자본, 총수익 그리고 순이익을 각각 계산하면 얼마인가? 단, 회계기간 중 추가출자 및 인출액은 없음.** (기업회계 3급 45회)

- 기초자본: ₩100,000
- 기말자산: ₩300,000
- 기말부채: ₩140,000
- 총비용: ₩30,000

	기말자본	총수익	순이익
①	₩160,000	₩60,000	₩60,000
②	₩160,000	₩90,000	₩60,000
③	₩200,000	₩60,000	₩90,000
④	₩200,000	₩90,000	₩90,000

| 풀이 |

- 기말자본 = 기말자산(₩300,000) − 기말부채(₩140,000) = ₩160,000
- 총수익 = 총비용(₩30,000) + 순이익(₩60,000) = ₩90,000
- 순이익 = 기말자본(₩160,000) − 기초자본(₩100,000) = ₩60,000

| 정답 | ②

5 **다음 중 빈 칸에 들어갈 금액으로 옳은 것은? 단, 아래 정보 외 거래는 없는 것으로 가정한다.** (전산회계 2급 67회)

기초	기밀			당기순이익
자본	자산	부채	자본	
₩100,000	(가)	₩90,000	(나)	₩10,000

	(가)	(나)
①	₩180,000	₩110,000
②	₩180,000	₩90,000
③	₩200,000	₩110,000
④	₩200,000	₩90,000

| 풀이 |

- 기말자본 ₩110,000 = 기초자본 ₩100,000 + 당기순이익 ₩10,000
- 기밀자산 W200,000 − 기밀부채 W90,000 + 기밀자본 W110,000

| 정답 | ③

사례문제

1 회계거래

다음은 (주)연화의 거래내역이다.

1. 상품 ₩500,000을 외상으로 매입하다.
2. 종업원을 월급 ₩800,000에 채용하다.
3. 현금 ₩30,000을 분실하다.
4. 차입금에 대한 이자 ₩20,000을 현금으로 지급하다.
5. 우리은행에 현금 ₩200,000을 당좌예입하다.
6. 건물을 월세 ₩500,000에 임차계약을 맺다.
7. 광고료 ₩1,000,000을 현금으로 지급하다.
8. 상품 ₩300,000의 주문을 받다.
9. 상품 ₩50,000을 도난당하다.
10. 상품 ₩150,000을 외상매출하다.

| 요구사항 |

위의 각 거래가 회계거래인지 아닌지 분석하시오.

| 풀이 |

회계거래는 1, 3, 4, 5, 7, 9, 10이고, 나머지 거래는 재무상태에 변동이 없으므로 회계거래가 아니다.

1. 자산(상품) ₩500,000과 부채(매입채무) ₩500,000이 증가하므로 회계거래이다.
2. 종업원을 채용한다는 사실이 재무상태에 영향을 미치지 않으므로 회계거래가 아니다.
3. 자산(현금) ₩30,000이 감소하고 비용(잡손실) ₩30,000이 발생하므로 회계거래이다.
4. 자산(현금) ₩20,000이 감소하고 비용(이자비용) ₩20,000이 발생하므로 회계거래이다.
5. 자산(현금) ₩200,000이 감소하고 자산(당좌예금) ₩200,000이 증가하므로 회계거래이다.
6. 건물의 임대차계약을 했다는 사실이 재무상태에 영향을 미치지 않으므로 회계거래가 아니다.
7. 자산(현금) ₩1,000,000이 감소하고 비용(광고선전비) ₩1,000,000이 발생하므로 회계거래이다.
8. 상품의 주문을 했다는 사실이 재무상태에 영향을 미치지 않으므로 회계거래가 아니다.
9. 자산(상품) ₩50,000이 감소하고 비용(재고자산감모손실) ₩50,000이 발생하므로 회계거래이다.
10. 자산(상품) ₩150,000이 감소하고 자산(매출채권) ₩150,000이 증가하므로 회계거래이다.

2 거래의 8요소

다음의 각 거래의 결합관계를 〈보기〉와 같이 밝히시오.

- 상품 ₩100,00을 외상매입하다.
- 자산의 증가 ↔ 부채의 증가

① 주식을 발행하여 현금 ₩500,000을 받다.
② 은행차입금 이자 ₩100,000이 발생하여 현금으로 지급하다.
③ 당사 소유차량을 거래처의 기계장치와 교환하다
④ 은행차입금 ₩500,000을 현금으로 상환하는 대신 주식을 발행하여 교부하다.
⑤ 본사 건물에 대해 ₩200,000의 감가상각비를 계상하다.
⑥ 화재발생으로 창고에 있던 상품 ₩300,000이 소실되다.
⑦ 주주에게 배당금 ₩1,000,000을 지급하다.
⑧ 상품을 ₩100,000에 외상으로 구입하다.
⑨ 장부금액 ₩100,000의 토지를 ₩150,000에 처분하다.
⑩ 은행예금에 대해 발생한 이자 ₩100,000을 수취하다.

| 풀이 |

① 자산의 증가 ↔ 자본의 증가
② 비용의 발생 ↔ 자산의 감소
③ 자산의 증가 ↔ 자산의 감소
④ 부채의 감소 ↔ 자본의 증가
⑤ 비용의 발생 ↔ 자산의 감소
⑥ 비용의 발생 ↔ 자산의 감소
⑦ 자본의 감소 ↔ 자산의 감소
⑧ 자산의 증가 ↔ 부채의 증가
⑨ 자산의 증가 ↔ 자산의 감소 및 수익의 발생
⑩ 자산의 증가 ↔ 수익의 발생

3 회계등식을 이용한 거래의 기록

다음은 컨설팅 영업을 하기 위해 20×6년 8월 초에 설립된 (주)서울컨설팅의 20×6년 8월의 거래이다.

① 주주들이 현금 ₩500,000을 출자하여 회사를 설립하였다.
② 사무실에서 사용할 비품을 ₩200,000에 구입하였다. 구입대금 중 ₩100,000은 현금으로 지급하고 나머지는 외상으로 하였다.
③ S사에 컨설팅용역을 제공하고 용역대금 ₩100,000을 현금으로 받았다.
④ P사에 컨설팅용역을 제공하고 용역대금의 일부인 ₩60,000을 현금으로 받았으며, 나머지 대금 ₩40,000은 9월에 받기로 하였다.
⑤ 종업원급여 ₩50,000을 현금으로 지급하였다.
⑥ 사무실 임차료 ₩60,000이 발생하였는데 아직 지급하지 않았다.

| 요구사항 |

1. 회계등식을 이용하여 위의 거래들을 기록하시오.
2. 8월의 총수익과 총비용, 그리고 당기순이익이 각각 얼마인가? 단, 비품의 감가상각비는 무시한다.
3. 8월의 포괄손익계산서를 작성하시오.
4. 8월 말의 재무상태표를 작성하시오.

| 풀이 |

1. 회계등식을 이용한 기록

	현금	+	매출채권	+	비품	=	미지급금	+	미지급비용	+	자본금	+	이익잉여금
거래 ①	+500,000										+500,000		
거래 ②	−100,000				+200,000		+100,000						
거래 ③	+100,000												+100,000
거래 ④	+60,000		+40,000										+100,000
거래 ⑤	−50,000												−50,000
거래 ⑥									+60,000				−60,000
	510,000	+	40,000	+	200,000	=	100,000	+	60,000	+	500,000	+	90,000

2. 총수익 = 거래 ③의 용역매출 100,000 + 거래 ④의 용역매출 100,000 = ₩200,000
   총비용 = 거래 ⑤의 급여 50,000 + 거래 ⑥의 임차료 60,000 = ₩110,000
   당기순이익 = 총수익 200,000 − 총비용 110,000 = ₩90,000

3. 포괄손익계산서 작성

포괄손익계산서

(주)서울컨설팅　　20×6년 8월 1일부터 20×6년 8월 31일까지　　(단위: 원)

비용		수익	
급여	₩50,000	용역매출	₩200,000
임차료	60,000		
당기순이익	90,000		
	₩200,000		₩200,000

4. 재무상태표 작성

재무상태표

(주)서울컨설팅 20×6년 8월 31일 현재

자산		부채	
현금	₩510,000	미지급금	₩100,000
매출채권	40,000	미지급비용	60,000
비품	200,000	부채총계	₩160,000
		자본	
		자본금	₩500,000
		이익잉여금	90,000
		자본총계	₩590,000
자산총계	₩750,000	부채 및 자본총계	₩750,000

4 거래의 영향과 재무제표의 작성

다음 (주)성공설계사무소의 거래를 아래의 양식에 기입하고 20×5년 6월 30일 현재의 재무상태표와 6월의 포괄손익계산서를 작성하라.

① 20×5년 6월 1일 현금 ₩50,000을 출자하여 (주)성공설계사무소를 설립하다.
② 6월 2일 비품과 소모품을 각각 ₩10,000과 ₩5,000에 외상으로 구입하다.
③ 6월 5일 설계용역을 제공하고 용역대금 ₩30,000을 외상으로 하다.
④ 6월 10일 은행에서 ₩10,000을 차입하다.
⑤ 6월 15일 미회수 용역대금 중 ₩15,000을 회수하다
⑥ 6월 20일 전력요금 ₩5,000을 지급하다.
⑦ 6월 25일 임차료 ₩8,000을 지급하다.

	자산				=	부채		+	자본	
	현금	매출채권	소모품	비품	=	미지급금	차입금	+	자본금	이익잉여금
거래 전	0	0	0	0		0	0		0	0
거래 ①										
거래 ②										
⋮										
거래 후										

| 풀이 |

1. 거래가 등식에 미치는 영향

	자산				=	부채		+	자본	
	현금	매출채권	소모품	비품	=	미지급금	차입금	+	자본금	이익잉여금
거래 전	0	0	0	0		0	0		0	0
거래 ①	+50,000								+50,000	
거래 ②			+5,000	+10,000		+15,000				
거래 ③		+30,000								+30,000
거래 ④	+10,000						+10,000			
거래 ⑤	+15,000	−15,000								
거래 ⑥	−5,000									−5,000
거래 ⑦	−8,000									−8,000
거래 후	62,000	15,000	5,000	10,000		15,000	10,000		50,000	17,000

2. 포괄손익계산서와 재무상태표

포괄손익계산서

(주)성주설계사무소 20×5년 6월 1일부터 20×5년 6월 30일까지 (단위: 원)

비용		수익	
수도광열비	₩5,000	용역매출	₩30,000
임차료	8,000		
당기순이익	₩17,000		
	₩30,000		₩30,000

재무상태표

(주)성주설계사무소 20×5년 6월 30일 현재 (단위: 원)

자산		부채	
현금	₩62,000	미지급금	₩15,000
매출채권	15,000	단기차입금	10,000
소모품	5,000	자본	
비품	10,000	자본금	₩50,000
		이익잉여금*	17,000
자산총계	₩92,000	부채 및 자본총계	₩92,000

* 이익잉여금은 자산총계와 부채 및 자본총계를 일치시키도록 산출하였음. 이익잉여금의 변동내역은 다음과 같음.

기초이익잉여금		0
당기순이익: 수익	30,000	
비용	13,000	17,000
기말이익잉여금		17,000

5 회계등식

다음은 인터넷서비스기업인 (주)나우누리의 20×1년 9월 중의 거래이다.

9월 1일 총액면금액 ₩2,000,000에 보통주 주식 10,000주를 발행하여 영업을 시작하다.
9월 2일 건물을 현금 ₩150,000에 구입하다.
9월 8일 ₩200,000의 서비스를 외상으로 제공하다.
9월 12일 위의 외상대금 중 ₩150,000을 회수하다.
9월 13일 3개월 만기의 어음 ₩200,000을 발행하고 컴퓨터를 구입하다.
9월 15일 서비스를 현금 ₩120,000과 외상 ₩180,000에 제공하다.
9월 25일 당월 교통비 ₩80,000을 현금으로 지급하다.
9월 28일 당월 급여 ₩120,000을 현금으로 지급하다.
9월 29일 당월분 전기료 ₩80,000을 현금으로 지급하다.
9월 30일 배당금 ₩50,000을 현금으로 지급하다.

| 요구사항 |

1. 다음 회계등식을 나타내는 표에 위의 각 거래가 자산, 부채, 자본, 수익과 비용에 미치는 영향을 일자별로 표시하시오. 다음 표는 9월 1일 거래를 예로 제시한 것이다.

	자산	+	비용	=	부채	+	자본	+	수익
9/1	현금						자본금		
거래 전:	₩0						₩0		
거래영향:	2,000,000						2,000,000		
거래 후:	₩2,000,000						₩2,000,000		

2. 9월의 포괄손익계산서를 작성하시오.
3. 9월 30일의 재무상태표를 작성하시오.

| 풀이 |

1. 거래가 회계등식에 미치는 영향

[9/1 거래분석] 주식의 발행: 현금(자산)의 증가와 자본금(자본)의 증가

	자산	+	비용	=	부채	+	자본	+	수익
9/1	현금						자본금		
거래 전:	₩0						₩0		
거래영향:	2,000,000						2,000,000		
거래 후:	₩2,000,000						₩2,000,000		

[9/2 거래분석] 건물의 구입: 건물(자산)의 증가와 현금(자산)의 감소

	자산		+	비용	=	부채	+	자본	+	수익
9/2	현금	건물						자본금		
거래 전:	₩2,000,000	₩0						₩2,000,000		
거래영향:	−150,000	150,000								
거래 후:	₩1,850,000	₩150,000						₩2,000,000		

[9/8 거래분석] 용역의 외상매출: 매출채권(자산)의 증가와 용역매출(수익)의 발생

	자산			+ 비용	= 부채	+ 자본	+ 수익
9/8	현금	매출채권	건물			자본금	용역매출
거래 전:	₩1,850,000	₩0	₩150,000			₩2,000,000	₩0
거래영향:		200,000					200,000
거래 후:	₩1,850,000	₩200,000	₩150,000			₩2,000,000	₩200,000

[9/12 거래분석] 매출채권의 회수: 현금(자산)의 증가와 매출채권(자산)의 감소

	자산			+ 비용	= 부채	+ 자본	+ 수익
9/12	현금	매출채권	건물			자본금	용역매출
거래 전:	₩1,850,000	₩200,000	₩150,000			₩2,000,000	₩200,000
거래영향:	150,000	−150,000					
거래 후:	₩2,000,000	₩50,000	₩150,000			₩2,000,000	₩200,000

[9/13 거래분석] 비품의 구입: 비품(자산)의 증가와 미지급금(부채)의 증가

	자산				+ 비용	= 부채	+ 자본	+ 수익
9/13	현금	매출채권	건물	비품		미지급금	자본금	용역매출
거래 전:	₩2,000,000	₩50,000	₩150,000	₩0		₩0	₩2,000,000	₩200,000
거래영향:				200,000		200,000		
거래 후:	₩2,000,000	₩50,000	₩150,000	₩200,000		₩200,000	₩2,000,000	₩200,000

[9/15 거래분석] 용역의 매출: 현금(자산)과 매출채권(자산)의 증가와 용역매출(수익)의 발생

	자산				비용	= 부채	+ 자본	+ 수익
9/15	현금	매출채권	건물	비품		미지급금	자본금	용역매출
거래 전:	₩2,000,000	₩50,000	₩150,000	₩200,000		₩200,000	₩2,000,000	₩200,000
거래영향:	120,000	180,000						300,000
거래 후:	₩2,120,000	₩230,000	₩150,000	₩200,000		₩200,000	₩2,000,000	₩500,000

[9/25 거래분석] 교통비의 지급: 교통비(비용)의 발생과 현금(자산)의 감소

	자산				비용	= 부채	+ 자본	+ 수익
9/25	현금	매출채권	건물	비품	교통비	미지급금	자본금	용역매출
거래 전:	₩2,120,000	₩230,000	₩150,000	₩200,000	₩0	₩200,000	₩2,000,000	₩500,000
거래영향:	−80,000				80,000			
거래 후:	₩2,040,000	₩230,000	₩150,000	₩200,000	₩80,000	₩200,000	₩2,000,000	₩500,000

[9/28 거래분석] 급여의 지급: 급여(비용)의 발생과 현금(자산)의 감소

	자산				비용		= 부채	+ 자본	+ 수익
9/28	현금	매출채권	건물	비품	교통비	급여	미지급금	자본금	용역매출
거래 전:	₩2,040,000	₩230,000	₩150,000	₩200,000	₩80,000	₩0	₩200,000	₩2,000,000	₩500,000
거래영향:	−120,000					120,000			
거래 후:	₩1,920,000	₩230,000	₩150,000	₩200,000	₩80,000	₩120,000	₩200,000	₩2,000,000	₩500,000

[9/29 거래분석] 전기료의 지급: 전기료(비용)의 발생과 현금(자산)의 감소

	자산				비용			= 부채	+ 자본	+ 수익
9/29	현금	매출채권	건물	비품	교통비	급여	전기료	미지급금	자본금	용역매출
거래 전:	₩1,920,000	₩230,000	₩150,000	₩200,000	₩80,000	₩120,000	₩0	₩200,000	₩2,000,000	₩500,000
거래영향:	−80,000						80,000			
거래 후:	₩1,840,000	₩230,000	₩150,000	₩200,000	₩80,000	₩120,000	₩80,000	₩200,000	₩2,000,000	₩500,000

[9/30 거래분석] 배당금의 지급: 현금(자산)의 감소와 이익잉여금(자본)의 감소

	자산				비용			= 부채	+ 자본		+ 수익
9/30	현금	매출채권	건물	비품	교통비	급여	전기료	미지급금	자본금	이익잉여금*1	용역매출
거래 전:	₩1,840,000	₩230,000	₩150,000	₩200,000	₩80,000	₩120,000	₩80,000	₩200,000	₩2,000,000		₩500,000
거래영향:	−50,000									−50,000	
거래 후:	₩1,790,000	₩230,000	₩150,000	₩200,000	₩80,000	₩120,000	₩80,000	₩200,000	₩2,000,000	−₩50,000	₩500,000

*1. (주)나우누리의 20×1년 9월 29일까지의 거래결과 수익 ₩500,000에서 비용 ₩280,000을 뺀 ₩220,000이 당기순이익이 되며, 당기순이익에서 배당금 뺀 금액이 이익잉여금이 된다. 이와 같이 회계기간 중에 배당금을 지급한 경우, 재무상태표의 이익잉여금항목은 당기순이익과 배당금을 반영한 후의 기말잔액으로 기말재무상태표에 나타나게 된다.

기초이익잉여금	₩0
(+) 당기순이익	220,000
(−) 배당금	(50,000)
기말이익잉여금	₩170,000

2. 포괄손익계산서의 작성

포괄손익계산서

(주)나우누리 제×기 20×1년 9월 1일부터 20×1년 9월 30일까지 (단위: 원)

비용		수익	
교통비	₩80,000	용역매출	₩500,000
급여	120,000		
전기료	80,000		
당기순이익	₩220,000		
	₩500,000		₩500,000

3. 재무상태표의 작성

재무상태표

(주)나우누리 20×1년 9월 30일 현재 (단위: 원)

자산		부채	
현금	₩1,790,000	미지급금	₩200,000
매출채권	230,000	자본	
건물	150,000	자본금	₩2,000,000
비품	200,000	이익잉여금	170,000
자산총계	₩2,370,000	부채 및 자본총계	₩2,370,000

CHAPTER 05

회계순환과정 I: 회계기간 중의 거래기록

쉬어가는 페이지

✣ 불가능을 가능하게 하는 긍정의 힘

1975년 어느 날 박정희 대통령은 현대건설 정주영 회장을 불렀다. 오일달러가 넘쳐나는 중동국가에서 건설공사를 할 의향이 있는지 타진하기 위해서였다.

이미 다른 사람들은 너무 더워서 일을 할 수 없고, 건설공사에 절대적으로 필요한 물이 없어서 불가능하다는 답을 한 터였다.

미션을 받고 한달음에 중동에 다녀온 정 회장은 대통령에게 이렇게 보고했다.

"중동은 이 세상에서 건설공사 하기에 제일 좋은 지역입니다."
"왜요?"
"1년 열두 달 비가 오지 않으니 1년 내내 공사를 할 수 있고요."
"또요?"
"건설에 필요한 모래, 자갈이 현장에 있으니 자재조달이 쉽고요."
"물은?"
"그거야 어디서든 실어오면 되고요."
"50도나 되는 더위는?"
"낮에는 자고 밤에 시원해지면 그때 일하면 됩니다."

1970년대를 상징하는 중동 붐은 이렇게 시작되었다.
긍정은 '할 수 있다'는 자신감이 '할 수 없다'는 두려움을 이기는 것이다.

강신장, 오리진이 되라

제1절 회계순환과정

회계순환과정(accounting cycle)은 회계거래가 발생할 때마다 이를 분석하여 회계장부에 기록하고, 분류 및 요약하여 재무제표를 작성하기까지의 일련의 회계처리과정을 주기적으로 수행하는 과정을 말한다. 이를 순환과정이라고 부르는 이유는 기업이 회계기간 중에 회계거래의 기록에서부터 재무제표를 작성하기까지 동일한 회계처리과정을 회계기간마다 반복적으로 수행하기 때문이다.

표 5-1 | 회계정보시스템의 기능과 회계순환과정의 단계 간 관계

<table>
<tr><th>회계정보시스템의 기능</th><th colspan="3">회계순환과정의 단계[*1]</th><th>내용</th><th>비고</th></tr>
<tr><td rowspan="2">인식과 측정</td><td rowspan="2">1단계</td><td colspan="2">거래분석</td><td>거래를 분석하고 측정함</td><td rowspan="3">회계기간 중의 거래기록</td></tr>
<tr><td colspan="2">분개</td><td>거래를 분석한 결과를 분개장에 기록(분개)함</td></tr>
<tr><td rowspan="2">처리: 분류 · 요약</td><td>2단계</td><td colspan="2">전기</td><td>분개장에 기록한 거래를 계정별로 총계정원장의 해당 계정에 옮겨 적음(전기)</td></tr>
<tr><td>3단계</td><td colspan="2">결산수정 분개[*2]와 전기</td><td>• 회계기간 말에 계정별 잔액을 요약하여 수정전시산표를 작성함
• 회계기간 말에 결산수정분개와 전기를 함
• 수정전시산표에 결산수정분개를 반영하여 수정후시산표를 작성함</td><td rowspan="3">회계기간 말의 결산과정</td></tr>
<tr><td rowspan="2">보고</td><td rowspan="2">4단계</td><td rowspan="2">결산 완료</td><td>재무제표의 작성</td><td>수정후시산표를 근거로 재무제표를 작성함</td></tr>
<tr><td>계정마감 · 잔액이월</td><td>원장의 각 계정을 마감하고 잔액을 이월함</td></tr>
</table>

*1. 거래분석을 별도의 단계로 나누어 회계순환과정을 5단계(거래분석, 분개, 전기, 결산수정분개와 전기, 재무제표의 작성)로 나누어 설명하기도 함.

*2. 결산수정분개는 오류를 수정하는 수정분개(correcting entries)와 구분하기 위하여 사용하였으며, 기말수정분개, 결산조정분개, 조정분개, 정리분개라고도 함.

제1장에서 회계정보시스템은 ① 회계거래의 인식과 측정, ② 회계자료의 처리(분류와 요약), ③ 회계정보의 보고라는 세 가지 기능을 한다고 설명하였다. 이러한 회계정보시스템의 단계별 기능은 회계순환과정과 밀접한 관련을 갖는다.

| 그림 5-1 | 회계정보시스템과 회계순환과정

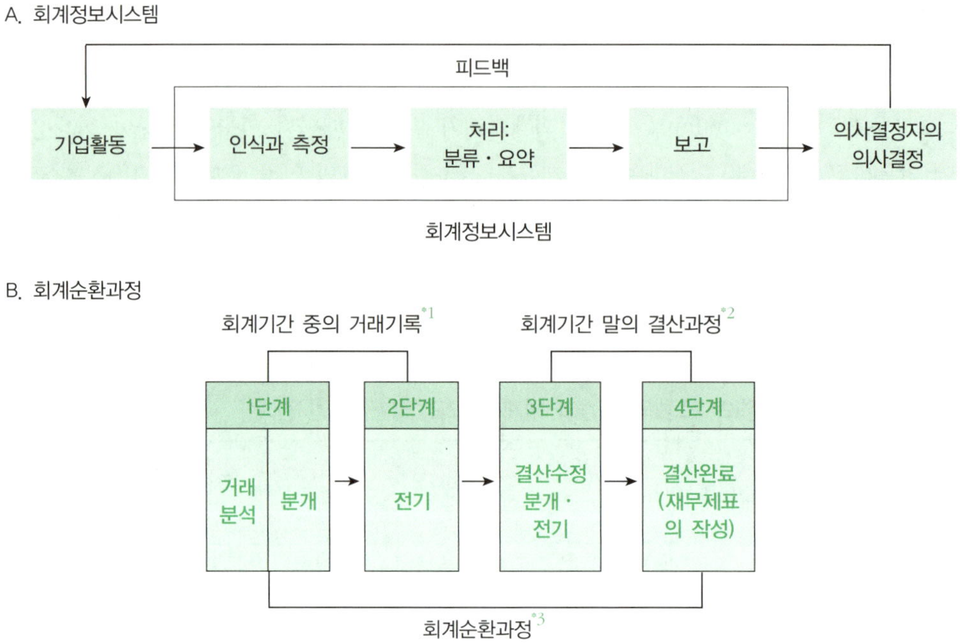

*1. 회계기간 중의 거래기록은 회계기간 중에 1단계(거래분석과 분개)부터 2단계(전기)까지를 반복함.
*2. 회계기간 말의 결산과정으로 회계기간 말에 3단계(결산수정분개 · 전기)와 4단계(결산완료)를 수행함.
*3. 회계순환과정: 4단계에서 결산이 끝나면(즉, 1단계부터 4단계까지로 이루어진 회계순환과정의 한 바퀴가 끝나면), 다음 회계기간 초에 1단계부터 다시 새로운 회계순환이 시작됨.

회계순환과정은 ① 1단계(거래분석과 분개), ② 2단계(전기), ③ 3단계(결산수정분개와 전기)와 ④ 4단계(결산완료)의 네 단계로 나누어 설명할 수 있다. 또한 회계순환과정은 ① 회계기간 중의 거래기록과 ② 회계기간 말의 결산과정으로 나누어 설명할 수도 있다. 회계기간 중의 거래기록은 회계기간 중에 거래가 발생할 때마다 1단계(거래분석과 분개)부터 2단계(전기)까지를 반복한다. 회계기간 말의 결산과정은 회계기간 말이 되면 3단계(결산수정분개와 전기)와 4단계(결산완료)를 수행하는데 이것을 결산이라 한다.[1]

1) 이 책에서는 회계기간 중의 거래기록은 제5장 회계순환과정Ⅰ: 회계기간 중의 거래기록에서 설명하고, 회계기간 말의 결산과정은 제6장 회계순환과정Ⅱ: 회계기간 말의 결산과정으로 나누어 설명한다.

▌그림 5-2▐ 회계순환과정

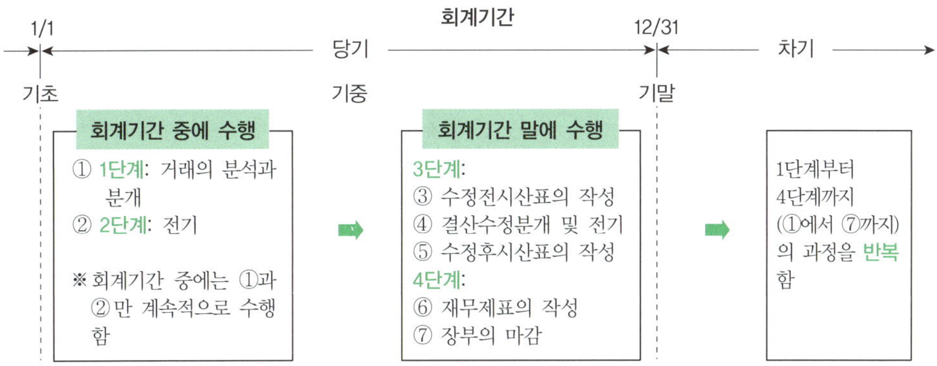

결산은 회계기간 중의 경영성과와 회계기간 말의 재무상태를 알아보는 과정을 말한다. 결산이 끝나면 1단계부터 4단계까지로 이루어진 회계순환과정의 한 바퀴가 끝나며, 이렇게 한 바퀴가 끝나면 다음 회계기간 초에 1단계부터 다시 새로운 회계순환이 시작된다.

다음 표는 회계순환과정의 단계별 주요 활동, 장부(서식과 증명서류)와 수행주기에 관해 요약하고 있다.

표 5-2 | 회계순환과정의 단계별 주요 활동, 장부와 수행주기의 요약

회계순환 과정	주요 활동		장부, 서식과 증명서류	수행주기
1단계	거래분석		송장, 영수증 등 증명서류	회계거래가 발생할 때(건별 또는 날짜별)마다
	분개		분개장	
2단계	전기		원장(각종 계정)	주기적(매일, 매주 등)으로
3단계	결산수정분개와 전기		시산표 등*1	재무제표를 작성할 때마다
4단계	결산 완료	재무제표의 작성	재무제표*2	재무보고를 할 때(매월 등)마다
		계정마감・잔액이월		

*1. 수정전시산표, 수정후시산표 등의 서식이 사용됨.
*2. 회계장부를 마감하려면 원장이 필요함.

1단계(거래분석과 분개)는 경영활동(거래)이나 경제적 사건이 발생했을 때 회계담당자가 이를 분석하여 회계기록의 대상이 되는 거래(회계거래)만 골라 분개장에 발생순서별(건별 또는 날짜별)로 기록(분개)하는 단계이다.

2단계(전기)는 분개장에 기록된 거래를 같은 계정별로 분류하여 해당 원장에 주기적

(매일, 매주 등)으로 옮겨 적어(전기) 같은 유형의 거래를 한 곳(계정)으로 모으는 단계이다.

3단계(결산수정분개와 전기)는 원장에 기록된 모든 계정에 대하여 회계기간 말시점(또는 재무제표 작성 기준시점)의 잔액 또는 총액을 계산하여 그 금액을 계정과목별로 한 곳에 모아 집계표를 만드는 단계로, 이 표를 시산표(trial balance)라 한다. 따라서 회계기간 말에 각 계정별 잔액을 요약하여 수정전시산표를 작성한다. 수정전시산표는 결산수정분개 전의 시산표를 말하며, 회계기간 말에 결산수정분개를 한 후 수정전시산표에 결산수정분개를 반영하여 작성한 시산표를 수정후시산표라 한다.

4단계(결산완료)는 수정후시산표에 표시된 계정과목과 금액을 회계기준 등에서 정하는 방법과 순서에 따라 자산, 부채와 자본으로 구분표시하여 재무상태표를 작성하고, 수익과 비용의 계정과목을 적절하게 배열하여 포괄손익계산서를 작성하는 등 재무제표를 작성하여 공시하는 단계이다. 마지막으로 다음 기간의 회계기록으로 연결시키기 위하여 회계장부를 마감하는 절차가 필요하다. 마감은 손익계정이나 그 밖의 임시계정을 마감시켜 다음 회계기간의 기초잔액이 ₩0에서 시작할 수 있도록 장부를 정리하는 절차이다.

제2절 거래의 이중성과 복식부기

거래가 기업실체에 미치는 효과는 자산의 증가와 감소, 부채의 증가와 감소, 자본의 증가와 감소, 비용의 발생과 수익의 발생 등이 있다. 예를 들어 은행에서 ₩1,000,000을 단기간 동안 차입하였다면 기업에는 ₩1,000,000의 현금이라는 자산이 증가하고 동일한 금액의 단기차입금이라는 부채가 증가한다. 이 예에서 두 측면의 효과는 각각 ₩1,000,000으로 동일하며 자산=부채+자본이라는 회계등식(또는 재무상태표등식)의 등호(=)가 그대로 유지된다. 이와 같이 두 측면에 동일한 효과가 발생하는 거래의 성질을 거래의 이중성(duality of transactions 또는 거래의 양면성)이라 한다.

거래의 이중성에 따라 모든 거래는 반드시 어떤 계정의 차변과 다른 계정의 대변에 같은 금액이 기입되므로 아무리 많은 거래가 기입되더라도 계정 전체를 두고 보면 모든 계정의 차변합계와 대변합계는 반드시 일치하게 되는데, 이를 대차평균의 원리(principle of equilibrium, 또는 대차평형의 원리)라 한다.

대차평균의 원리에 따라 총계정원장의 전체 계정의 차변합계와 대변합계를 비교하여 그것이 일치하는지를 확인함으로써 기록이나 계산의 정확성 여부를 자동적으로 검증할 수 있다. 만일 차변합계와 대변합계가 일치하지 않는다면 분개에서 원장에 전기하는 과정 중 어딘가 그 계산이나 기록이 잘못되어 있다는 것을 의미한다. 이와 같은 기능을 복식부기의 자기검증기능(또는 자동검증기능)이라고 한다. 이것이 거래를 기록할 때 차변과 대변을 동시에 기록하는 복식부기를 사용하여야 하는 이유이다.

복식부기(double-entry bookkeeping system)는 거래의 이중성을 근간으로 하는 장부기록법, 즉 거래의 이중성에 따라 차변과 대변에 같은 금액을 두 번 기록하게 되는 회계기록 방법을 말한다.

제3절 계정

1. 계정의 의의와 설정

거래가 발생하면 기업의 재무상태가 변동한다. 그러나 이를 단순히 자산, 부채와 자본이 얼마만큼 증가 또는 감소하였고, 수익과 비용이 얼마만큼 발생하였다고 기록하면 자산 등의 세부항목을 알 수 없게 된다. 예를 들어, 특정 기업의 현재 자산총액이 ₩100,000,000이라고 하면 이 금액만으로는 어떤 항목이 얼마나 포함되어 있는지 알 수 없다. 회계정보이용자는 자산의 총액뿐만 아니라 그 자산 중에 현금이 얼마이고 토지가 얼마인지 세부적인 구성항목에 대해서도 알고 싶어 할 것이다. 이것은 자산뿐만 아니라 부채, 자본, 수익과 비용에 대해서도 마찬가지이다.

이와 같이 회계에서는 거래를 체계적으로 기록하기 위하여 계정을 사용한다. 계정(計定, account, A/C)은 세부적인 항목별로 구분하여 설정된 기록·계산의 단위를 말한다. 즉, 계정은 재무상태의 변동(즉, 자산, 부채와 자본의 증감과 수익과 비용의 발생)을 기록·계산하기 위한 단위(장소)이며, 재무제표에 표시되는 세부적인 항목을 말한다. 계정에는 현금계정, 매출채권계정 등 다양한 계정이 있으며, 기업은 각 계정별로 하나씩 별도의 장부를 만든다고 생각하면 된다.[2)]

기업이 사용하는 계정은 기업의 업종, 규모, 거래의 발생빈도 등에 따라 다를 수 있다.

---

2) 기업은 **재무제표에 표시되는 각 항목별로 계정을 설정**하여 기록하며, 모든 계정은 하나의 장부에 집합되는데, 이 장부를 **총계정원장**이라 한다.

기업은 자체의 필요에 따라 계정을 설정할 수 있다.

1. 계정의 성격을 명확히 표시할 수 있어야 한다.
2. 거래의 빈도가 많고 금액이 큰 경우 별도의 계정과목을 설정하여야 한다.
3. 거래의 빈도가 적고 금액이 작은 경우 통합하여 사용하는 것이 좋다.

2. 계정의 형식

2.1 계정의 양식과 내용

실무에서 사용하는 계정의 양식은 산업과 기업에 따라 차이가 있을 수 있다. 계정은 ① 계정과목(또는 계정번호), ② 일자, ③ 적요, ④ 다른 회계기록과의 상호 연관관계를 표시하는 분면, ⑤ 금액의 증감과 같은 정보가 기록될 수 있도록 양식을 설계한다.

표 5-3 | 계정의 내용

구분	내용
계정과목[*1]	그 계정에 어떤 항목의 자료가 기록되는지를 나타냄(계정의 이름)
일자	거래의 일자를 나타냄
적요	거래의 내용을 설명함
분면	기입의 원천(분개장의 페이지 수)을 표시함
금액	계정에 기입되는 금액은 기초금액, 당기증가, 당기감소와 기말잔액으로 구성됨

*1. 특정 계정을 좀 더 편리하게 지정할 수 있도록 하기 위하여 계정과목을 직접 사용하는 대신 각 계정과목에 계정번호를 부여하여 사용하기도 함.

표 5-4 | 계정의 양식과 기입 예

계정과목 계정번호 ××

일자	적요	분면	금액	일자	적요	분면	금액

현금 계정번호 11

일자		적요	분면	금액	일자		적요	분면	금액
3	1	자본금	1	1,000,000	3	2	보증금	2	200,000

계정에 나타난 거래내용을 기입(entries)이라고 하며, 계정에 금액이 나타나도록 적어 넣는 것을 기입한다라고 한다. 즉, 계정에 기입한다는 것은 계정잔액의 증감을 나타내는 계정 내의 특정 장소에 금액을 기록하는 것을 말한다.

2.2 T-계정

일반적으로 회계학 교과서와 강의용(학습용)으로 계정의 약식형태인 T-계정을 많이 사용한다. 이러한 계정은 계정의 모양이 T자를 닮았다고 하여 T-계정이라 한다. T-계정에는 일반적으로 거래의 내용을 설명하는 적요 등에 대한 기입을 생략하고 일자, 계정과목과 금액만을 기입한다.[3]

그림 5-3 T-계정 양식과 기입 예

계정과목

차변	대변

현금

3/1	자본금	1,000,000	3/2	보증금	200,000

3. 계정의 분류

계정은 자산계정, 부채계정, 자본계정, 수익계정과 비용계정으로 분류한다. 재무상태표에 보고되는 자산, 부채와 자본에 속하는 계정을 재무상태표계정이라 하고, 포괄손익계산서에 보고되는 수익과 비용에 속하는 계정을 포괄손익계산서계정이라 한다. 일반적으로 기업이 사용하는 계정을 예시하면 다음과 같다.

---

3) T-계정은 **왼쪽**과 같이 **일자와 금액**을 기록하거나 **오른쪽**과 같이 **거래번호와 금액**을 기록한다. 오른쪽과 같이 **거래번호와 금액**을 기록하는 경우 각 거래의 기입을 식별하기 위한 수단으로, **특정한 숫자나 글자를 각 기록의 앞쪽에 표시**하고 있다. 이것은 필요한 경우 **거래의 내용을 추적**하기가 쉬울 뿐만 아니라 **오류가 발생할 경우 이를 쉽게 식별**할 수 있도록 하기 위한 것이다.

현금

3/1	자본금	1,000,000	

현금

(1)	자본금	1,000,000	

표 5-5 | 계정의 분류와 예

구분			계정의 예
계정	재무상태표 계정	자산계정	현금, 매출채권, 대여금, 미수금, 상품, 토지, 건물, 비품 등
		부채계정	매입채무, 미지급금, 미지급비용, 차입금 등
		자본계정	자본금, 이익잉여금 등
	포괄손익계산서 계정	수익계정	매출, 이자수익, 용역매출 등
		비용계정	매출원가, 급여, 보험료, 임차료, 이자비용, 법인세비용 등

4. 계정의 기입방법

4.1 계정의 차변과 대변

모든 거래는 계정에 기록되고 계산된다. 계정의 기록과 계산은 차변과 대변이라는 두 개의 계산장소에 나누어 기입된다. 즉, 계정은 두 개의 계산장소로 나누어져 있는데, 계정의 왼쪽(좌변)을 차변(debit, Dr)이라고 하고, 오른쪽(우변)을 대변(credit, Cr)이라 한다.[4]

그림 5-4 | 계정의 차변과 대변

각 계정에는 계정의 이름(명칭)이 있는데 이를 계정과목(account name)이라고 한다.

4.2 계정의 차변기입과 대변기입

거래가 발생하였을 때 (계정의 종류나 기입의 내용에 관계없이) 계정의 왼쪽(차변)에 기입하는 것을 차변기입(debit entry) 또는 차기라 하고, 계정의 오른쪽(대변)에 기입하는 것을 대변기입(credit entry) 또는 대기라 한다. 차변에 기입(기록)한다를 차기한다로 표현하고, 대변에 기입(기록)한다를 대기한다로 표현한다.

차변기입액의 합계가 대변기입액의 합계보다 크면 그 계정은 차변잔액을 가진다고 하

4) **차변과 대변의 의미**: 차변 또는 대변이 특정한 의미가 있는 것이 아니라 **계정의 왼쪽**을 가리키기 위하여 차변이라고 부르고 **계정의 오른쪽**을 가리키기 위하여 대변이라고 부를 뿐이다.

고, 반대로 대변기입액의 합계가 차변기입액의 합계보다 크면 그 계정은 대변잔액을 가진다고 한다.

4.3 계정기입의 규칙

(1) 재무상태표계정의 기입

자산은 재무상태표의 차변에 기입하므로 그 증가를 자산계정의 차변에 기입하고, 부채와 자본은 재무상태표의 대변에 기입하므로 그 증가를 부채와 자본계정의 대변에 기입한다. 따라서 재무상태표계정의 계정기입의 규칙은 다음과 같이 요약할 수 있다.

1. 자산의 증가는 차변에, 자산의 감소는 대변에 기록한다.
2. 부채의 증가는 대변에, 부채의 감소는 차변에 기록한다.
3. 자본의 증가는 대변에, 자본의 감소는 차변에 기록한다.

자산계정은 잔액이 차변에 생기며, 부채와 자본계정은 잔액이 대변에 생긴다. 따라서 각 계정의 증가가 기록되는 위치와 각 계정이 재무상태표에 나타나는 위치가 일치한다는 것을 알 수 있다.

그림 5-5 | 재무상태표계정의 기입규칙

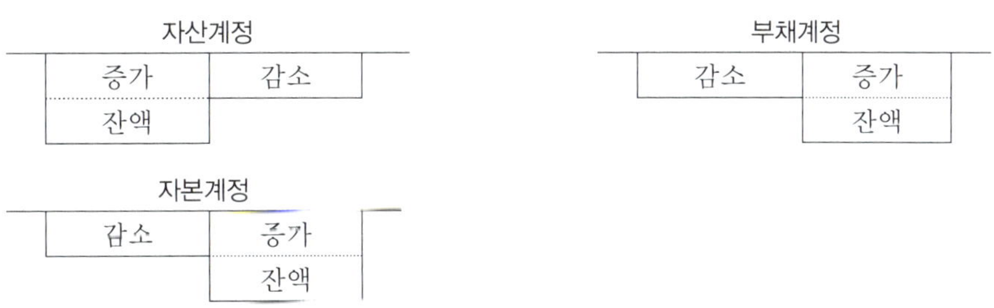

(2) 포괄손익계산서계정의 기입

비용은 포괄손익계산서의 차변에 기입하므로 그 발생을 비용계정의 차변에 기입하고, 수익은 포괄손익계산서의 대변에 기입하므로 그 발생을 수익계정의 대변에 기입한다. 따라서 포괄손익계산서계정의 계정기입의 규칙은 다음과 같이 요약할 수 있다.

1. 수익의 발생(증가)은 대변에, 수익의 감소는 차변에 기록한다.[5)]
2. 비용의 발생(증가)은 차변에, 비용의 감소는 대변에 기록한다.

5) **수익의 증가**는 자본(정확하게는 이익잉여금)을 증가시키므로 **자본의 증가**가 나타나는 **대변**에 기록되어야 하며, **비용의 증가**는 자본(정확하게는 이익잉여금)을 감소시키므로 **자본의 감소**가 나타나는 **차변**에 기록되어야 한다.

수익계정은 잔액이 대변에 생기며, 비용계정은 잔액이 차변에 생긴다. 따라서 각 계정의 발생(증가)이 기록되는 위치와 각 계정이 포괄손익계산서에 나타나는 위치가 일치한다는 것을 알 수 있다.

| 그림 5-6 | 포괄손익계산서계정의 기입규칙

수익계정	
감소	발생(증가)
	잔액

비용계정	
발생(증가)	감소
잔액	

제4절 회계기간 중의 거래기록

1. 회계기간 중의 거래기록

회계기간 중에 거래가 발생하면 거래가 발생할 때마다 회계순환과정의 단계 중 1단계와 2단계를 거쳐 기록한다.

표 5-6 | 회계기간 중의 거래기록

회계순환과정의 단계		내용	비고
1단계	거래분석	거래가 자산, 부채, 자본, 수익과 비용계정에 미치는 영향을 분석하고 측정함	거래의 증명서류인 세금계산서, 신용카드매출전표 등에 근거하여 분석함
	분개	거래를 분석한 결과를 분개장에 기록함	거래의 발생순서대로 기록함
2단계	전기	분개장의 기록을 계정별로 총계정원장의 해당 계정에 옮겨 적음	주기적으로 전기함

1단계(거래분석과 분개)는 경영활동(거래)이나 경제적 사건이 발생했을 때 회계담당자가 이를 분석하여 회계기록의 대상이 되는 거래(회계거래)만 골라 분개장에 해당 거래를 발생순서대로 기록(분개)하는 단계이다.

2단계(전기)는 분개장에 기록된 거래를 같은 계정별로 분류하여 해당 원장에 주기적으로 옮겨 적어(전기) 같은 유형의 거래를 한 곳(계정)으로 모으는 단계이다.

2. 회계기간 중의 거래기록의 예제

경영컨설팅을 주업(주된 영업활동)[6]으로 하는 (주)태화경영컨설팅의 20×1년 3월 한 달 동안 발생한 거래를 대상으로 회계기간 중의 거래기록(분개와 전기)을 설명한다.

예제 5-1 회계기간 중 거래

경영자문회사인 (주)태화경영컨설팅의 20×1년 3월 중의 거래내역은 다음과 같다.

- 3월 1일 주당액면 ₩5,000인 보통주 주식 200주를 발행하여 받은 현금 ₩1,000,000으로 영업을 시작하다.
- 3월 4일 컴퓨터 등 사무용비품 ₩200,000을 구입하고 ₩120,000은 현금으로 지급하고 잔액은 나중에 지급하기로 하다.
- 3월 5일 사무용 소모품 ₩10,000을 현금으로 구입하다.
- 3월 7일 경남은행에서 ₩300,000을 6개월 후에 상환하기로 하고 차입하다.
- 3월 10일 (주)한강에 ₩300,000의 경영자문 용역을 제공하고 ₩100,000은 현금으로 받고 잔액은 외상으로 하다.
- 3월 15일 (주)금강에 ₩100,000의 경영자문 용역을 제공하고 현금으로 받다.
- 3월 25일 3월 10일에 받지 못했던 용역대금을 현금으로 받다.
- 3월 28일 3월분 임차료 ₩10,000을 현금으로 지급하다.
- 3월 30일 급여 ₩50,000을 현금으로 지급하다.

6) 제5장(회계순환과정Ⅰ)과 제6장(회계순환과정Ⅱ)에서는 용역기업(서비스기업)을 대상으로 설명한다. 상품매매업을 주업으로 하는 상품매매기업의 경우 상품이라는 재고자산의 매입과 매출이라는 복잡한 회계처리가 필요하다. 상품매매기업의 회계처리는 제7장에서 설명한다.

제5절 분개와 분개장

1. 분개의 의의

기업에서 발생하는 수많은 거래를 각 계정의 차변과 대변에 바로 기입하면 기록의 오류 또는 누락이 발생할 가능성이 있다. 따라서 거래를 각 계정에 기입하기 전에 미리 다음의 내용을 결정하여야 한다.

1. 어느 계정에 기입할 것인가?
2. 그 계정의 차변 또는 대변 어느 쪽에 기입할 것인가?
3. 기입할 금액은 얼마인가?

이러한 절차를 분개(journalizing)라 한다. 분개는 거래가 발생하면 거래를 식별하여 자산, 부채, 자본, 수익과 비용의 세부항목으로 분류하여 거래의 발생순서대로 기록하는 것이다.

2. 분개장과 기입방법

분개를 기입하는 장부를 분개장(journal)이라 한다.[7] 분개장은 거래의 발생순서에 따라 분개를 기입하는 장부이다.

대부분의 회계학 교과서에서는 강의용(학습용)으로 분개를 다음과 같이 표시한다.

월일	(차)	차변계정과목	×××	(대)	대변계정과목	×××

분개장에 분개하는 방법은 계정기입의 규칙과 동일하며, 이를 요약하면 다음과 같다.

1. 자산의 증가는 차변에, 자산의 감소는 대변에 기록한다.
2. 부채의 증가는 대변에, 부채의 감소는 차변에 기록한다.
3. 자본의 증가는 대변에, 자본의 감소는 차변에 기록한다.
4. 수익의 발생(증가)은 대변에, 수익의 감소는 차변에 기록한다.

---

7) **분개장**은 거래가 최초로 기록되는 장부이므로 **원시기입장**(book of original entry)이라고도 한다. **회계장부**에 대해서는 **보론: 회계장부**의 설명을 참고.

5. 비용의 발생(증가)은 차변에, 비용의 감소는 대변에 기록한다.

3. 예제의 분개와 분개장 기입

분개를 설명하기 위하여, 지금까지 설명한 [예제 5-1: 회계기간 중 거래]의 분개를 모두 표시하면 다음과 같다.[8]

표 5-7 | 예제의 분개(학습용 분개장)

3/ 1	(차)	현금	1,000,000	(대)	자본금	1,000,000
3/ 4	(차)	비품	200,000	(대)	현금	120,000
					미지급금	80,000
3/ 5	(차)	소모품	10,000	(대)	현금	10,000
3/ 7	(차)	현금	300,000	(대)	단기차입금	300,000
3/10	(차)	현금	100,000	(대)	용역매출[9]	300,000
		매출채권	200,000			
3/15	(차)	현금	100,000	(대)	용역매출	100,000
3/25	(차)	현금	200,000	(대)	매출채권	200,000
3/28	(차)	임차료	10,000	(대)	현금	10,000
3/30	(차)	급여	50,000	(대)	현금	50,000

4. 실무에서 사용하는 분개장의 기입 예

[예제 5-1: 회계기간 중 거래]를 설명하기 위해 사용한 학습용 분개장을 실무에서 사용하는 분개장과 비교하여 설명하기 위해 예제의 첫 번째 거래(3월 1일)의 분개를 예시하면 다음과 같다. 실무에서 사용하는 분개장의 양식은 산업과 기업에 따라 차이가 있을 수 있다.

8) **분개과정**(즉, **거래분석과 분개**)에 대한 설명은 **제4장(거래의 인식과 측정) 제3절 회계등식을 이용한 거래의 기록**에서 설명하였으므로 이를 참조.

9) 회계원리 교과서에 따라서는 **용역매출** 계정 대신 **용역수익**, **수수료수익** 계정을 사용하기도 한다.

표 5-8 | 학습용 분개장과 실무에서 사용하는 분개장의 기입 예

3/ 1　(차) 현금　1,000,000　(대) 자본금　1,000,000

분개장　　제1면

일자		적요	원면	차변	대변
3	1	현금	11	1,000,000	
		자본금	31		1,000,000
		주당액면 ₩5,000인 주식 200주를 발행하다.			

분개장에 기록된 내용을 살펴보면 다음의 사실을 알 수 있다.

1. 일자(또는 월일)란에 거래의 발생일자를 기록한다.
2. 적요(계정과목 및 설명)란은 차변에 기입되는 계정과목(예에서 현금)을 첫 줄에 기입하고, 이에 해당하는 금액을 같은 줄의 금액란(양식에서 차변)에 기입한다. 대변에 기입되는 계정과목(예에서 자본금)을 둘째 줄에 기입(왼쪽에 몇 칸을 띄우고 시작하거나 오른쪽에 붙여서 쓴다)하고, 이에 해당하는 금액을 같은 줄의 금액란(양식에서 대변)에 기입한다. 마지막 계정과목이 기록된 다음 줄에 거래에 대한 간단한 설명을 기록한다.
3. 각 거래의 분개 사이에는 줄을 긋거나 한 줄을 띄어 각 거래가 구분되도록 한다.
4. 원면란은 분개할 때에 기록하지 않고, 분개 후에 차변금액과 대변금액을 원장으로 옮겨 적을 때(전기라 한다) 원장에 있는 해당 계정의 번호를 여기에 기록한다.[10] 분개장에는 차변기입과 대변기입 각각의 원면란에 11과 31을 기록하고 있으며, 이는 각각 총계정원장 해당 계정의 번호를 의미한다. 또한 분개장에 기입된 내용을 원장으로 전기할 때 분개장 원면란에 계정번호를 표시함으로써 원장으로 전기가 완료되었다는 사실을 나타낸다.

---

10) **원면과 분면**: 분개장의 자료를 원장으로 추적할 수 있고 반대로 원장의 자료를 분개장으로 추적할 수 있도록 하기 위하여 회계장부 사이에 서로 조회할 수 있도록 **분개장의 원면(원장의 계정번호)**과 **원장의 분면(분개장의 페이지수)**을 기록하는 방법이 고안되었다.
분면란의 설명과의 비교: 이 장 제6절(전기와 총계정원장) 4. 실무에서 사용하는 총계정원장의 기입 예에 대한 설명 중 [표 5-10] 학습용 T-계정과 실무에서 사용하는 총계정원장의 계정 기입 예의 분면란에 대한 설명을 참조.

제6절 전기와 총계정원장

1. 전기와 총계정원장

거래가 발생하면 거래의 발생순서대로 분개장에 분개한다. 분개장에 기록된 거래는 원장의 해당 계정으로 옮겨 적는다. 분개장의 차변에 기입된 내용은 원장의 해당 계정의 차변에 옮겨 적고, 분개장의 대변에 기입된 내용은 원장의 해당 계정의 대변에 옮겨 적는다. 이러한 과정을 전기(posting)라 한다. 전기는 분개장에 기록된 거래를 같은 계정별로 분류하여 해당 원장에 주기적(매일, 매주 등)으로 옮겨 적어 같은 유형의 거래를 한 곳(계정)으로 모으는 단계이다.

기업은 재무제표에 표시되는 각 항목별로 계정을 설정하여 기록한다. 모든 계정이 하나의 장부에 집합되며, 이 장부를 원장(ledger) 또는 총계정원장(general ledger, G/L)이라 한다.

2. 총계정원장에 전기하는 방법

총계정원장에 전기하는 방법을 요약하면 다음과 같다.

1. 분개장에 기록된 분개의 해당 계정을 찾는다.
2. 분개된 차변계정의 금액을 총계정원장의 해당 계정의 차변에 기입하고, 분개된 대변계정의 금액을 총계정원장의 해당 계정의 대변에 기입한다.
3. 총계정원장의 적요란에 상대계정과목을 기입한다.

3. 예제의 전기와 원장 기입

지금까지 설명한 [예제 5-1: 회계기간 중 거래]의 분개를 전기한 원장(총계정원장)의 내용을 모두 표시하면 다음과 같다.

표 5-9 | 예제의 원장

현금

날짜	계정	금액	날짜	계정	금액
3/ 1	자본금	1,000,000	3/ 4	비품	120,000
3/ 7	단기차입금	300,000	3/ 5	소모품	10,000
3/10	용역매출	100,000	3/28	임차료	10,000
3/15	용역매출	100,000	3/30	급여	50,000
3/25	매출채권	200,000			

매출채권

날짜	계정	금액	날짜	계정	금액
3/10	용역매출	200,000	3/25	현금	200,000

비품

날짜	계정	금액	날짜	계정	금액
3/ 4	제좌[11]	200,000			

소모품

날짜	계정	금액	날짜	계정	금액
3/ 5	현금	10,000			

미지급금

날짜	계정	금액	날짜	계정	금액
			3/ 4	비품	80,000

단기차입금

날짜	계정	금액	날짜	계정	금액
			3/ 7	현금	300,000

자본금

날짜	계정	금액	날짜	계정	금액
			3/ 1	현금	1,000,000

용역매출

날짜	계정	금액	날짜	계정	금액
			3/10	제좌	300,000
			3/15	현금	100,000

11) **제좌**(諸座)는 여러 계좌(計座)라는 뜻으로, 분개할 때에 한 거래의 대차 어느 한쪽의 계정과목이 둘 이상에 걸쳐 있는 일을 말한다. 예를 들어, 차변의 상품에 대하여 대변은 현금과 매입채무가 되는 경우이다.

임차료

3/28 현금 10,000	

급여

3/30 현금 50,000	

4. 실무에서 사용하는 총계정원장의 기입 예

지금까지 [예제 5-1: 회계기간 중 거래]를 설명하기 위해 사용한 학습용 T-계정을 실무에서 사용하는 총계정원장의 계정과 비교하여 설명하기 위해 예제의 첫 번째 분개(3월 1일)를 예시하면 다음과 같다. 실무에서 사용하는 계정은 산업과 기업에 따라 차이가 있을 수 있다.

표 5-10 | 학습용 T-계정과 실무에서 사용하는 총계정원장의 계정 기입 예

현금

3/ 1 자본금 1,000,000	

자본금

	3/ 1 현금 1,000,000

현금 계정번호 11

일사		석요	분면	차변	대변	잔액
3	1	자본금	1	1,000,000		1,000,000

자본금 계정번호 31

일자		적요	분면	차변	대변	잔액
3	1	현금	1		1,000,000	1,000,000

원장에 기록된 내용을 살펴보면 다음의 사실을 알 수 있다.

1. 일자(또는 월일)란에 거래의 발생일자를 기록한다.
2. 적요란은 분개의 상대계정과목을 기입하는데, 그 이유는 거래에 대한 정보를 제공하기

위한 것이다. 현금계정을 살펴보면 차변에 ₩1,000,000이 기록되어 있으므로 현금이 ₩1,000,000 증가되었다는 것을 알 수 있으며, 일자란과 적요란에 3월 1일과 자본금이라고 기록되어 있으므로 3월 1일에 현금 ₩1,000,000을 출자하여 영업을 시작하였다는 것을 알 수 있다.

3. 분면란은 분개장에서 원장으로 옮겨 적을 때(전기) 분개장의 페이지 수를 여기에 기록한다. 예에서는 원천기록이 분개장의 1면에서 왔다는 것을 의미한다.[12]

제7절 시산표의 작성

1. 시산표의 의의와 목적

시산표(trial balance, T/B)는 일정시점에서 총계정원장의 모든 계정의 잔액 또는 총액을 모아놓은 표를 말한다. 시산표는 재무제표가 아니며 분개장에 기입된 모든 거래의 분개가 총계정원장에 정확하게 전기되었는지를 검증하기 위해 작성하는 작업표이다.

시산표가 작성되는 기간은 다양할 수 있다. 시산표는 원장전기의 정확성 여부를 알기 위한 수단이므로 결산시에만 작성하는 것이 아니라 필요에 따라 매일, 매주 또는 매월 작성할 수도 있다. 아래에 예시한 (주)태화경영컨설팅의 시산표는 3월 한 달 동안 발생한 거래를 모은 것인데, 이와 같이 특정한 월에 발생한 거래를 모은 시산표를 월계표라 한다. 또한 하루 동안 발생한 거래를 모은 시산표를 일계표라 한다. 한 회계기간의 재무제표를 작성하기 위하여 만드는 시산표는 1년 동안 발생한 거래를 모은 연단위의 시산표라고 이해하면 된다.

시산표는 다음과 같은 목적을 위하여 작성한다.

1. 시산표는 원장의 차변과 대변의 합계가 일치하는지를 검증하기 위하여 작성한다. 대차평균의 원리(또는 대차평형의 원리)에 따라 총계정원장의 계정을 하나의 표에 모은 시산표의 차변합계와 대변합계는 일치하여야 한다. 만일 시산표의 차변합계와 대변합계가 일치하지 않는다면 분개와 전기 과정 중 어딘가 오류가 발생한 것이므로 재무제표를 작성하기 전에 오류를 찾아내어 수정하여야 한다.

12) 원면란의 설명과 비교: 이 장 제5절(분개와 분개장) 4. 실무에서 사용하는 분개장의 기입 예에 대한 설명 중 [표 5-8] 학습용 분개장과 실무에서 사용하는 분개장의 기입 예의 원면란에 대한 설명을 참조.

2. 시산표는 재무제표를 쉽게 작성할 수 있도록 한다. 시산표를 작성하면 모든 계정의 잔액이 하나의 표에 모아지기 때문에 재무제표를 작성하는 과정이 단순해지고 재무제표 작성단계에서 발생하는 오류를 줄일 수 있다. 시산표 중 자산, 부채와 자본 부분을 떼어 재무상태표를 작성하고, 수익과 비용 부분을 떼어 포괄손익계산서를 작성한다.

2. 시산표등식과 복식부기의 자기검증기능

2.1 시산표등식

시산표의 차변에는 자산과 비용을 기록하고 대변에는 부채, 자본과 수익을 기록하며, 차변합계와 대변합계는 반드시 일치한다. 이것을 등식으로 나타낸 것을 시산표등식이라 한다.

표 5-11 | 시산표와 시산표등식[13)]

(잔액)시산표

차변		대변	
자산	×××	부채	×××
비용	×××	자본	×××
		수익	×××
	×××		×××

시산표등식: 자산+비용=부채+자본+수익

만약 시산표의 차변과 대변의 합계가 일치하지 않는다면 이는 다음과 같은 오류가 한 개 이상 발생하였기 때문이다.

1. 시산표의 차변 또는 대변의 합계를 계산할 때 발생하는 계산상의 오류
2. 원장의 각 계정의 잔액을 계산할 때 발생하는 계산상의 오류

13) **배당금이 있는 경우의 시산표와 시산표등식**: 만일 **배당금**이 있으면 **시산표의 차변**에 기록되며, 재무제표를 작성할 때에는 **이익잉여금에서 차감**되므로 **재무상태표 본문에는 표시되지 않는다**. 배당금은 **자본변동표**에 보고된다.

시산표

차변		대변	
자산	×××	부채	×××
비용	×××	자본	×××
배당금	×××	수익	×××
	×××		×××

시산표등식: 자산+비용+배당금=부채+자본+수익

3. 원장의 잔액을 시산표로 옮겨 적는 과정에서 발생하는 오류(예: 차변과 대변의 혼동, 숫자의 잘못 기록 등)
4. 분개장에서 원장의 각 계정으로 전기하는 과정에서 발생하는 오류(예: 분개장의 차변기입을 원장의 대변으로 전기하거나 또는 그 반대의 전기 등)
5. 분개과정의 오류
6. 거래자료의 오류

위와 같은 오류가 발생한 경우 오류를 찾아 수정하고[14] 시산표를 재작성한다.

그러나 시산표의 차변과 대변의 합계가 일치한다고 해서 오류가 발생하지 않았다고 할 수 없다는 데 주의하여야 한다. 시산표는 원장의 차변과 대변의 합계가 일치하는지를 검증하기 위한 수단일 뿐이다. 따라서 다음과 같이 차변과 대변에 동일한 금액의 오류가 발생하는 경우에는 시산표를 통하여 검증되지 않는다.

1. 거래가 전혀 기록되지 않고 누락된 오류
2. 거래가 차변과 대변에 이중으로 기록된 오류
3. 계정과목을 잘못 기록하는 오류(예: 보험료계정 차변에 기록하여야 할 것을 광고선전비계정 차변에 기록한 경우 등)
4. 거래의 차변과 대변의 계정과목을 바꾸어 기록한 경우

2.2 시산표와 복식부기의 자기검증기능

거래의 이중성(또는 거래의 양면성)에 따라 모든 거래는 반드시 어떤 계정의 차변과 다른 계정의 대변에 같은 금액이 기입되므로 아무리 많은 거래가 기입되더라도 계정 전체를 두고 보면 모든 계정의 차변합계와 대변합계는 반드시 일치하게 되는데, 이를 대차평균의 원리(principle of equilibrium, 또는 대차평형의 원리)라 한다.

대차평균의 원리에 따라 총계정원장의 전체 계정을 하나의 표에 모은 시산표의 차변합계와 대변합계는 일치하여야 한다. 만일 시산표의 차변합계와 대변합계가 일치하지 않는다면 거래분석 및 분개과정에서 원장에 전기하는 과정까지 중 어딘가 기록이나 계산이 잘못되어 있다(즉, 오류가 발생되었다)는 것을 의미한다. 따라서 시산표의 차변과 대변의 합계가 일치하지 않을 경우에는 오류를 찾아내어 수정할 수 있을 것이다. 이와 같은 기능을 복식부기의 자기검증기능(또는 자동검증기능)이라고 한다. 이것이 거래를 기록할 때 차변과 대변을 동시에 기록하는 복식부기를 사용하여야 하는 이유이다.

---

14) **오류수정**에 대해서는 **제8절 오류수정**의 설명을 참조.

3. 시산표의 종류

시산표는 작성하는 방법과 목적에 따라 잔액시산표, 합계시산표, 합계잔액시산표의 세 종류가 있다. 일반적으로 실무에서는 합계잔액시산표를 많이 사용하며, 회계학 교과서에서는 강의용으로 잔액시산표를 많이 사용한다. 특히, 강의용으로는 설명의 편의상 T-계정 형식으로 표시하는 잔액시산표를 주로 사용한다.

3.1 잔액시산표

잔액시산표는 총계정원장 각 계정의 잔액만을 모아 하나의 표에 나타낸 것이다. 총계정원장 각 계정의 차변잔액은 시산표의 차변에 기입하고, 총계정원장 각 계정의 대변잔액은 시산표의 대변에 기입하여 작성한다.

예제의 (주)태화경영컨설팅의 총계정원장을 토대로 잔액시산표를 작성하면 다음과 같다.

표 5-12 | 잔액시산표

잔액시산표

(주)태화경영컨설팅 20×1년 3월 31일 현재 (단위: 원)

차변	계정과목	대변
₩1,510,000	현금	
200,000	비품	
10,000	소모품	
	미지급금	₩80,000
	단기차입금	300,000
	자본금	1,000,000
	용역매출	400,000
10,000	임차료	
50,000	급여	
₩1,780,000	합계	₩1,780,000

잔액시산표의 작성방법은 다음과 같다.

1. 총계정원장의 각 계정의 차변합계에서 대변합계를 차감하여 잔액을 계산한다.
2. 계정과목을 자산, 부채, 자본, 수익과 비용 순으로 기입한 표를 만든다. 차변잔액이 있는(차변잔액이 더 큰) 자산과 비용계정은 시산표의 차변에 기입하고, 대변잔액이 있는(대변잔액이 더 큰) 부채, 자본과 수익계정은 시산표의 대변에 기입한다.
3. 차변과 대변의 합계를 계산한다.

4. 차변과 대변의 합계를 비교하여 일치하는지를 확인한다.

3.2 합계시산표

합계시산표는 총계정원장 각 계정의 차변합계와 대변합계를 모아 하나의 표에 나타낸 것이다. 총계정원장 각 계정의 차변합계는 시산표의 차변에 기입하고, 총계정원장 각 계정의 대변합계는 시산표의 대변에 기입하여 작성한다.

예제의 (주)태화경영컨설팅의 총계정원장을 토대로 합계시산표를 작성하면 다음과 같다.

표 5-13 | 합계시산표

합계시산표

(주)태화경영컨설팅 20×1년 3월 31일 현재 (단위: 원)

차변	계정과목	대변
₩1,700,000	현금	₩190,000
200,000	매출채권	200,000
200,000	비품	
10,000	소모품	
	미지급금	80,000
	단기차입금	300,000
	자본금	1,000,000
	용역매출	400,000
10,000	임차료	
50,000	급여	
₩2,170,000	합계	₩2,170,000

3.3 합계잔액시산표

합계잔액시산표는 잔액시산표와 합계시산표를 하나의 표로 작성한 것이다.

예제의 (주)태화경영컨설팅의 총계정원장을 토대로 합계잔액시산표를 작성하면 다음과 같다.

표 5-14 | 합계잔액시산표

합계잔액시산표

(주)태화경영컨설팅 20×1년 3월 31일 현재 (단위: 원)

차변		계정과목	대변	
잔액	합계		합계	잔액
₩1,510,000	₩1,700,000	현금	₩190,000	
0	200,000	매출채권	200,000	
200,000	200,000	비품		
10,000	10,000	소모품		
		미지급금	80,000	₩80,000
		단기차입금	300,000	300,000
		자본금	1,000,000	1,000,000
		용역매출	400,000	400,000
10,000	10,000	임차료		
50,000	50,000	급여		
₩1,780,000	₩2,170,000	합계	₩2,170,000	₩1,780,000

제8절 오류수정

분개를 하는 과정에서 계정과목을 잘못 사용하거나 금액을 잘못 기록하는 등의 오류가 발생할 수 있다. 기업은 오류를 발견하는 즉시 수정분개와 전기를 하여 오류를 고쳐야 한다.

이러한 오류를 발견하면 분개장에 두 줄을 긋거나 × 표시를 하여 수정하거나 수정액으로 지우지 말고, 반드시 수정분개(correcting entries, 또는 정정분개)를 하여 오류를 수정하여야 한다. 수정분개는 빨간색으로 기록하여 시각적 효과를 높이는 것이 일반적이다. 물론 수정분개도 해당 계정에 전기하여야 한다.

예제 5-2 금액오류와 계정과목오류

1. 소모품 ₩56,000을 구입하고 다음과 같이 분개하다.

(차) 소모품	65,000	(대) 현금	65,000

2. 광고선전비 ₩50,000을 지급하고 다음과 같이 분개하다.

(차) 보험료	50,000	(대) 현금	50,000

| 요구사항 |

위 거래에 대한 수정분개를 하시오.

| 풀이 |

1. (차) 현금 9,000 (대) 소모품 9,000[15)]

위의 오류로 소모품이 ₩9,000 과대계상되고 현금이 ₩9,000 과소계상되었으므로 현금을 증가시키고 소모품을 감소시키는 수정분개를 하여야 함.

2. (차) 광고선전비 50,000 (대) 보험료 50,000

위의 오류로 보험료가 ₩50,000 과대계상되고 광고선전비가 ₩50,000 과소계상되었으므로 광고선전비를 증가시키고 보험료를 감소시키는(즉, 보험료 계정에서 광고선전비계정으로 ₩50,000을 옮기는) 수정분개를 하여야 함.

15) 수정분개를 하기 위하여 **부정확한 분개와 정확한 분개를 비교**하면 수정되어야 하는 계정과 금액을 쉽게 확인할 수 있다. **1번 거래**를 **예**로 들어 설명하면 다음과 같다.

잘못된 분개:	(차) 소모품	65,000	(대) 현금	65,000
정확한 분개:	(차) 소모품	56,000	(대) 현금	56,000

잘못된 분개와 정확한 분개를 비교하면, 소모품이 ₩9,000 과대계상되고 현금이 ₩9,000 과소계상되었다. 따라서 현금을 증가시키고 소모품을 감소시키는 수정분개를 한다.

수정분개:	(차) 현금	9,000	(대) 소모품	9,000

또한, 수정분개를 하는 대신 **잘못된 분개에 대한 반대분개**를 하고 **정확한 분개**를 하는 방법도 있다. 이 방법은 수정분개보다 더 많은 분개를 하여야 하나 결과는 동일하다. **1번 거래**를 **예**로 들어 설명하면 다음과 같다.

잘못된 분개의 반대분개:	(차) 현금	65,000	(대) 소모품	65,000
정확한 분개:	(차) 소모품	56,000	(대) 현금	56,000

보론 회계장부

1. 회계장부의 의의

기업은 모든 거래를 기록으로 남기며 이 기록을 회계장부라 한다. 회계장부(accounting books)는 기업의 재무상태와 경영성과를 파악하기 위하여 경영활동에서 발생한 거래를 조직적으로 기록, 계산, 정리하는 기록부를 말한다. 회계장부의 형식은 기업마다 다를 수 있으나 거래의 내용과 금액을 명확하게 보여주기 위하여 거래일자, 거래내용과 거래금액 등을 반드시 기록한다.

2. 회계장부의 조직

회계장부는 일반적으로 주요장부와 보조장부로 나눈다. 주요장부(main book)는 경영활동에서 발생하는 모든 거래를 총괄하여 기록·계산하는 장부로, 분개장과 총계정원장이 있다. 거래가 발생하면 거래의 발생순서대로 분개장에 분개한다. 분개장에 기록된 거래는 총계정원장의 해당 계정으로 전기한다.

표 5-15 | 장부조직

구분			회계장부	비고
회계장부	주요장부		분개장	
			총계정원장(원장)	
	보조장부	보조기입장	현금출납장, 당좌예금출납장, 소액현금출납장, 매입장, 매출장, 받을어음기입장, 지급어음기입장 등	분개장의 보조기능
		보조원장	상품재고장, 매출처원장, 매입처원장 등	총계정원장의 보조기능

보조장부(subsidiary book)는 현금의 수입과 지출, 상품의 매입과 매출 등 특수한 거래나 계정에 대해서만 그 내용을 상세하게 기록하여 주요장부에 요약된 내용을 보충하기 위한 장부를 말한다. 보조장부는 보조기입장과 보조원장으로 나눈다. 보조기입장(subsidiary journal)은 분개장의 보조기능을 하는 반면 보조원장(subsidiary ledger)은 총계정원장의 보조기능을 하는 것으로 볼 수 있다.

특정 유형의 거래가 자주 발생할 때 이들 거래만을 집합시켜 기록해두는 보조장부를 보조기입장이라 한다. 예를 들어 외상매출이나 외상매입 거래만을 기록해두는 매출장이나 매입장이 있다.

총계정원장에서 파생된 원장으로 총계정원장의 내역을 보충하여 기록해주는 장부를 보조원장이라 한다. 예를 들어 거래처가 여러 곳일 경우 거래처별로 매출채권이 얼마나 발생하였고 회수되었는지를 알아야 매출채권을 제대로 관리할 수 있을 것이다. 이 경우 거래처별로 매출채권 원장(매출처원장)을 만들 수 있는데, 거래처 숫자만큼 매출처원장이 만들어진다.

3. 적합한 장부조직의 구축과 운영

기업의 장부조직(장부체계)은 기업의 규모나 업종, 거래의 빈도와 복잡성, 조직의 구성 등에 따라 달라질 수 있다. 또한 장부기록을 수작업으로 하느냐 또는 컴퓨터를 이용하느냐에 따라서도 달라질 수 있다. 따라서 기업은 그 특성에 적합한 장부조직을 구축하고 운영하여야 한다.

신문에서 배우는 회계 · 세상

✣ 사내유보금 역대 최대지만 … 기업들 "사내유보금=현금 아닙니다"

새 정부 들어 또다시 쟁점화
기업들 "이익잉여금, 투자해도 사내유보금으로 그대로 남아 … 징벌적 과세 말이 안돼" 반발 … 실제 현금보유율 10% 조금 넘어
정부 · 시민단체 "벌어들인 이익금, 투자 · 고용 등으로 돌려주지 않고 차곡차곡 쌓아두고 있다" 비판

'사내유보금'이 또다시 쟁점이 되고 있다. "기업들이 투자를 하지 않고 임금도 올리지 않고 사내에 현금만 쌓아놓고 있다. 이런 기업들이 보유한 유보금을 환수해 서민들에게 도움이 되도록 해야 한다"는 주장이다. 최근 정부는 이동통신사들이 갖고 있는 수십조원 사내유보금을 근거로 통신요금 인하 압박에 나서고 있다. 이에 대해 기업들은 "사내유보금은 곳간에 쌓아놓은 현금이 아니다"면서 "여기에 징벌적으로 과세하는 건 말이 안 된다"고 반발하고 있다.

30대 그룹 사내유보금 700조원

기업정보사이트인 재벌닷컴은 최근 "자산 상위 30대 그룹 소속 178개 상장사의 감사보고서(별도 기준) 기준 유보금은 2017년 3월 말 현재 691조 5,000억원으로 역대 최대로 집계됐다"고 밝혔다. 이 상장사들의 유보금은 2012년 말 515조 4,000억원, 2013년 말 557조 7,000억원, 2014년 말 602조 4,000억원, 2015년 말 655조원, 2016년 말 681조원 등으로 계속 늘어났다. 여기서 유보금은 기업이 영업활동으로 벌어들인 이익에서 주주들에게 배당금을 나눠주고 남은 '이익잉여금'과 자본거래에서 생긴 '자본잉여금'을 합친 말이다. 유보금을 납입자본금으로 나눈 '유보율'도 2012년 1003.4%에서 4년여 만인 2017년 3월 말 1223.8%로 220.4%포인트 높아졌다. 특히 최근 5년간 늘어난 유보금은 176조원을 넘어섰다.

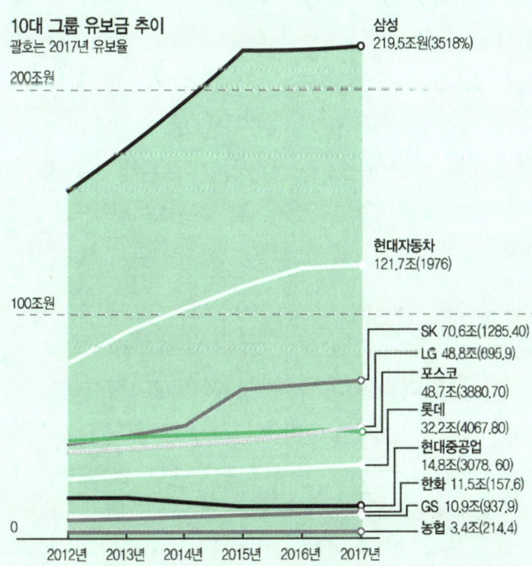

그룹별 상장사 유보금은 삼성그룹이 3월 말 현재 219조5000억원으로 2012년 말보다 65조원(42.0%) 증가했다. 현대차그룹은 121조 7,000억원으로 5년 새 43조 4,000억원(55.5%) 급증했다. SK그룹 유보금은 70조 6,000억원으로 5년간 28조 1,000억원(66.2%) 늘어나 증가율이 가장 높았다. LG그룹은 상장사 보유 유보금이 38조 9,000억원에서 48조 8,000억원으로 9조 9,000억원(25.5%) 늘었다. 정부와 시민단체에서는 이런 통계를 근거로 "대기업들이 영업해 벌어들인 이익을 투자나 고용, 주주배당 등으로 돌려주지 않고 쌓아만 두고 있다"고 비판하고 있다.

투자 늘려도 유보금은 증가

이런 지적에 대해 기업들은 "사내유보금이라는 용어 때문에 빚어진 오해다"라고 항변한다. 자본잉여금과 이익잉여금을 합친 사내유보금은 회계기준에도 없고 상법에도 나오지 않는 용어다. 회계장부상 잉여금은 기업의 자본구조를 설명하는 것이기 때문에 잉여금으로는 사내유보의 형태를 파악할 수 없다. 전문가들은 "유보금은 현금성 자산뿐만 아니라 당좌자산, 재고자산, 투자자산, 유형자산, 무형자산 등의 형태로 존재하기 때문에 사내유보금이 늘었다고 투자를 하지 않는다고 볼 수 없다"고 지적했다.

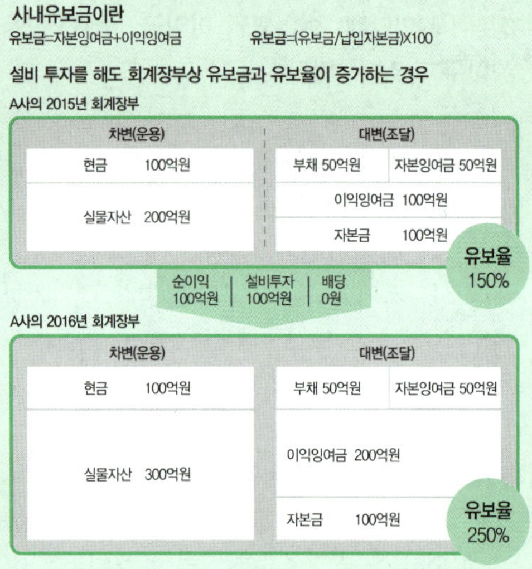

예를 들어 순이익 100억원인 A사가 이를 모두 신규 설비투자에 사용했다고 가정해 보자(그림 참조). 2015년 기준 이 회사 자본금은 100억원, 자본잉여금은 50억원, 이익잉여금은 100억원이다. 이 경우 유보금은 150억원, 유보율(유보금/자본금)은 150%가 된다. 2015년 이 회사는 순이익 100억원을 벌어들였고, 이를 전부 신규 설비투자에 쏟아부었다. 2016년 회계장부에서 어떤 일이 벌어질까. 먼저 100억원어치의 설비가 늘어났기 때문에 이 회사의 실물자산은 100억원 증가해 모두 300억원이 된다. 그리고 이익잉여금도 100억원 늘어난 200억원으로 기록된다. 그 결과, 이 회사의 유보금은 100억원이 늘어난 250억원이 되고 유보율도 250%로 급증하게 된다. 설비투자를 해도 유보금과 유보율이 높아지는 사태가 발생한 것이다.

이렇게 기업의 유보금이나 유보율이 높더라도 상당수준 자금이 투자 등으로 이어졌기 때문에, 보유현금 수준은 그렇게 높지 못하다. 실제로 삼성전자의 2017년 1분기 기준 이익잉여금 합계는 약 142조원이다. 이 중 현금 및 현금성자산의 규모는 약 4조 8,000억원에 불과하다. 나머지 137조원은 설비나 건물 등의 유형자산에 50조원, 사업목적 등으로 다른 회사 지분에 투자한 금액 55조원 등이다.

기업들 자산 대비 현금비율 낮아져

전문가들은 한국 기업의 자산 대비 현금비율이 점차 낮아지는 추세라고 지적했다. 한국경제연구원은 자산 300억원 이상 상장·비상장기업 7,841개를 대상으로 진행한 분석보고서에서 "기업의 자산 대비 현금보유비율이 10년 전보다 감소한 것으로 나타났다"고 밝혔다. 이 기업들의 자산 대비 현금보유비율은 2008년 금융위기 이후를 기점으로 점차 감소하고 있는 것으로 나타났다. 2001년에는 평균 13.2%였는데, 2012년에는 12.2%로 감소했다. 상장기업의 경우 14.3%에서 13.3%로 낮아졌고, 비상장기업도 12.6%에서 11.8%로 감소했다.

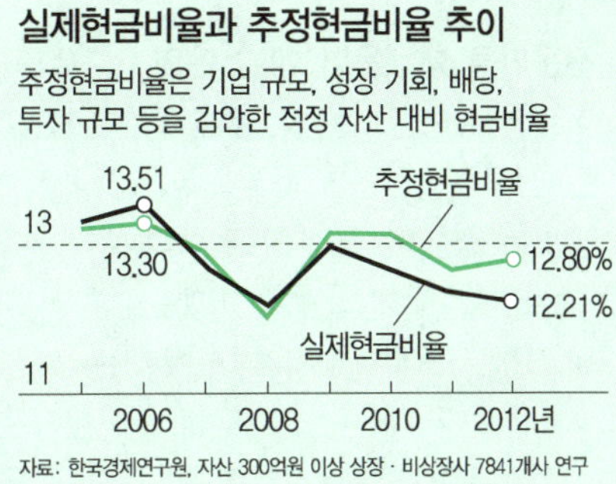

한경연은 또 "기업들이 최근 들어 과도하게 현금보유를 늘리고 있다"는 주장에 대해서도 반박했다. 이를 위해 한경연은 2001년부터 2004년 기간 중 재무 데이터를 근거로 기업규모, 성장기회, 배당, 투자규모 등을 감안한 적정 자산 대비 현금비율(추정현금비율)을 도출했다. 이를 2005년 이후 실제자산 대비 현금비율을 비교한 결과 2008년 금융위기 전까지 전반기 동안은 추정치와 실제현금보유비율 차이가 거의 없었으며, 2009년 이후부터는 오히려 실제현금보유비율이 추정현금비율에 비해 낮은 것으로 나타났다. 이 연구를 진행한 김윤경 박사는 "기존의 주장과 달리 오히려 최근 들어 기업들이 필요한 현금보유량보다 적은 현금을 보유하고 있는 것으로 분석된다"고 말했다. 황인태 전 회계학회장(중앙대 교수)은 "미국과 비교해 한국의 현금자산비율은 절반 수준인 반면, 설비투자 등을 포괄하는 유형자산비율은 28.3%로 미국 19.9%보다 약 8.4%포인트 높았다"면서 "국내 대기업들이 사내유보금 증가로 현금자산을 늘리고 실물투자를 줄여 국가경쟁력이 저하됐다는 주장이 맞지 않는다는 것을 보여준다"고 말했다.

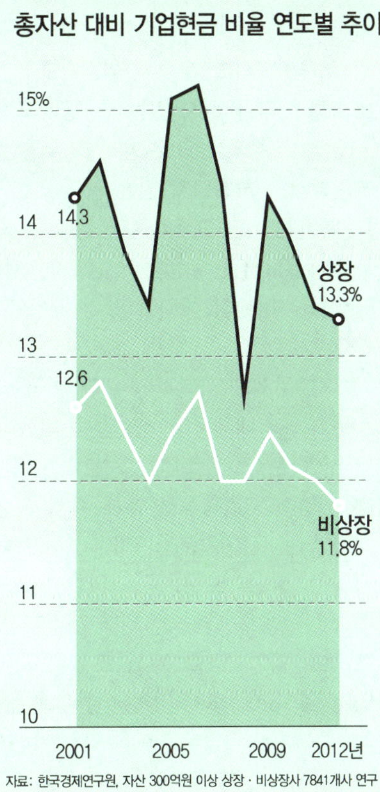

http://biz.chosun.com/site/data/html_dir/2017/06/19/2017061900065.html

✣ "사내 유보금이란 용어가 오해 부추겨"

전문가들 대체용어 개발 논의 … '세후 재투자 자본' 가장 적절

'사내유보금' 논란에서 빠질 수 없는 게 바로 '사내유보금'이라는 단어 자체다. 권태신 전국경제인연합회 부회장은 "사내유보금에 대한 오해는 사실 용어 자체 때문에 증폭되는 경향이 있다"고 말했다.

실제로 '유보'라는 단어에는 투자나 임금 인상, 배당 등 기업이 해야 할 일을 하지 않고 회사 내부에 미루어 둔다는 느낌을 준다. 또 '금(金)'이라는 단어가 붙어, 마치 '사내유보금=현금'으로 오해하게 한다는 지적이다.

경제용어사전에 따르면 사내유보금은 기업이 영업활동을 통해 누적된 이익 중 배당 등으로 유출된 금액을 제외하고 남아있는 금액을 뜻한다. 기업은 이를 영업 또는 투자 목적으로 사용하거나 현금보유를 할 수 있어 어떤 형태로든 이미 넓은 의미에서 투자가 이루어졌다고 볼 수 있다. 또 기업의 수익성 있는 영업활동이 지속되고 순이익을 초과해 배당을 하지 않는 한 증가하는 것이 일반적이다.

권성수 한국회계기준원 상임위원은 "사내유보금은 국내회계기준은 물론, 외국회계기준에서도 사용되지 않는 용어"라면서 "일본과 미국에서도 사내유보금에 해당하는 별도 용어가 없다"고 말했다.

사내유보금을 기업들이 금고에 쌓아두고 사용하지 않는 여유재원으로 오해하면서 불필요한 마찰이 생기고 있기 때문에 회계적으로 더 적합한 용어를 찾아야 한다는 것이다.

이런 문제를 극복하기 위해 한국회계기준원에서는 한국회계학회 소속 교수 등 관련 전문가들과 대체용어 개발을 논의했다. 논의 과정에서 '세후 사내 재투자'(세금을 이미 납부했다는 것과 조달된 자본이 여러 형태로 재투자됐다는 의미를 포함), '내부조달자본'(기업이 영업활동을 통해 수익을 창출하고 이를 통해 누적된 이익을 주주에게 배당하고 남은 잔여지분을 의미), '누계잉여금'(기업의 자본잉여금과 이익잉여금이 누적된 것이란 의미를 표현) 등 다양한 대안이 고려됐지만, '세후 재투자 자본'이 가장 적절한 것으로 결론을 내렸다. 세후 재투자 자본은 세금을 이미 납부한 금액이라는 사실을 강조하고, 영업활동을 통해 조달된 자본이 다시 여러 형태로 재투자되었음을 표현하고 있다. 또 이에 대한 권리는 주주의 몫(자본)임을 나타낸다.

http://biz.chosun.com/site/data/html_dir/2017/06/19/2017061900062.html

논술문제

1 회계순환과정에 대해 설명하시오.

2 회계순환과정의 주요 활동, 장부와 증빙서류, 수행주기에 대해 설명하시오.

3 거래의 이중성과 복식부기에 대해 설명하시오.

4 계정은 무엇이며 어떤 정보가 기록되는가?

5 계정기입의 규칙에 대해 설명하시오.

6 분개장과 원장을 비교 · 설명하시오.

7 시산표와 이를 작성하는 이유에 대해 설명하시오.

8 시산표와 복식부기의 자기검증기능에 대해 설명하시오.

9 시산표의 차변과 대변 합계가 일치하지 않게 되는 오류에는 어떤 것이 있는가?

10 회계장부에 대해 설명하시오.

객관식문제

■ 기본문제

1 다음 중 회계순환과정의 순서가 가장 올바른 것은? (전산회계 1급 69회)

① 거래식별 → 전기 → 분개 → 수정전시산표 작성 → 기말 수정분개
② 수정전시산표 작성 → 수익비용계정의 마감 → 수정후시산표 작성 → 기말 수정분개 → 집합손익계정의 마감 → 자산부채자본계정의 마감 → 재무제표 작성
③ 수정후시산표 작성 → 기말 수정분개 → 자산부채자본계정의 마감 → 집합손익계정의 마감 → 수익비용계정의 마감 → 재무제표 작성
④ 기말 수정분개 → 수정후시산표 작성 → 수익비용계정의 마감 → 집합손익계정의 마감 → 자산부채자본계정의 마감 → 재무제표 작성

| 풀이 |
거래식별 → 분개 → 전기 → 수정전시산표 작성 → 기말 수정분개 → 수정후시산표 작성 → 수익비용계정의 마감 → 집합손익계정의 마감 → 자산부채자본계정의 마감 → 재무제표 작성

| 정답 | ④

2 거래처로부터 받은 상품매출과 관련된 계약금을 매출액으로 잘못 처리하였다. 이와 같은 회계처리가 재무상태표와 손익계산서에 미치는 영향으로 옳은 것은? (기업회계 3급 44회)

① 자산이 과대계상되고, 부채가 과대계상되었다.
② 자산이 과소계상되고, 수익이 과대계상되었다.
③ 부채가 과소계상되고, 수익이 과대계상되었다.
④ 자산이 과소계상되고, 부채가 과소계상되었다.

| 풀이 |
올바른 회계처리는 현금 ×× /선수금 ××이나 현금 ×× /매출 ××로 잘못 회계처리된 경우이므로 부채가 과소계상되고 수익이 과대계상된 경우임.

| 정답 | ③

3 다음은 (주)한국의 결산 결과 당기순이익 ₩100,000이 계산되었으나, 다음과 같은 누락사항이 발견되었다. 수정 후의 정확한 당기순이익을 계산한 금액으로 옳은 것은? (기업회계 3급 40회)

• 임차료 선급분: ₩10,000
• 광고선전비 미지급액: ₩20,000
• 임대료 미수액: ₩12,000
• 대여금 이자 선수분: ₩30,000

① ₩48,000 ② ₩72,000 ③ ₩108,000 ④ ₩128,000

| 풀이 |

₩100,000 + ₩10,000 + ₩12,000 − ₩20,000 − ₩30,000 = ₩72,000

| 정답 | ②

4 합계잔액시산표에서 오류를 발견할 수 있는 경우는? (전산회계 2급 70회)

① 거래 전체의 분개가 누락된 경우
② 한 거래를 같은 금액으로 이중으로 분개한 경우
③ 분개 시 대·차 금액을 다르게 입력한 경우
④ 분개 시 대·차 계정과목을 잘못 기록한 경우

| 풀이 |

분개 시 대·차 금액을 다르게 입력하면 시산표의 차변과 대변의 합계가 일치하지 않음.

| 정답 | ③

5 시산표의 작성으로 발견할 수 없는 오류에 해당하는 것은? (전산회계 2급 72회)

① 분개의 차변과 대변 중 어느 한쪽만을 전기한 경우
② 분개의 차변과 대변의 계정과목을 반대로 전기한 경우
③ 분개의 차변과 대변 금액을 다르게 기입한 경우
④ 분개의 차변과 대변 모두를 같은 쪽에 전기한 경우

| 풀이 |

시산표는 대차평균의 원리를 이용한 자기검증이므로 차·대변 금액의 변화가 없는 오류는 발견할 수 없음.

| 정답 | ②

6 시산표의 작성을 통해서 발견할 수 있는 오류는? (국가직 9급 2011)

① 비품 ₩100,000을 현금으로 구입하면서 비품계정에 ₩100,000 차기하고, 현금계정에 ₩100,000 대기하는 기록을 두 번 반복하였다.
② 매입채무 ₩200,000을 현금으로 지급하면서 현금계정에 ₩100,000 대기하고, 매입채무계정에 ₩100,000 차기하였다.
③ 매출채권 ₩100,000을 현금으로 회수하면서 매출채권계정에 ₩100,000 차기하고, 현금계정에 ₩100,000 대기하였다.
④ 대여금 ₩100,000을 현금으로 회수하면서 현금계정에 ₩200,000 대기하였다.

| 풀이 |

①, ②, ③은 차변과 대변에 동일한 금액 오류가 있으므로 시산표에서는 오류를 발견할 수 없음.

| 정답 | ④

사례문제

1 분개

다음은 건축회사인 (주)공간에서 20×1년 7월 중에 발생한 거래이다.

7월 1일	주주에게서 현금 ₩10,000,000을 출자받아 회사를 설립하다.
7월 2일	직원을 ₩1,000,000에 고용계약하다.
7월 7일	설계용 비품을 ₩10,000,000에 외상으로 구입하다.
7월 8일	주차장의 설계도를 완성하고 용역대금 ₩5,200,000에 대한 청구서를 고객에게 보내다.
7월 15일	주택설계를 하기로 하고 고객으로부터 현금 ₩15,000,000을 미리 받다.
7월 16일	고객에게 설계용역을 제공하고 ₩2,500,000을 현금으로 받다.
7월 22일	7월 7일 외상대금 중 ₩6,000,000을 현금으로 지급하다.
7월 31일	7월분 급여 ₩800,000을 현금으로 지급하다.
7월 31일	7월분 임차료 ₩800,000을 현금으로 지급하다.

| 요구사항 |

위의 각 거래를 분개하시오.

| 풀이 |

분개

7/ 1	(차)	현금	10,000,000	(대)	자본금	10,000,000
7/ 2			분개 없음[*1]			
7/ 7	(차)	비품	10,000,000	(대)	미지급금	10,000,000
7/ 8	(차)	매출채권	5,200,000	(대)	용역매출	5,200,000
7/ 15	(차)	현금	15,000,000	(대)	선수금	15,000,000
7/ 16	(차)	현금	2,500,000	(대)	용역매출	2,500,000
7/ 22	(차)	미지급금	6,000,000	(대)	현금	6,000,000
7/ 31	(차)	급여	800,000	(대)	현금	800,000
7/ 31	(차)	임차료	800,000	(대)	현금	800,000

*1. 직원을 고용하기로 계약한다는 사실이 재무상태에 영향을 미치지 않으므로 회계거래가 아님.

2 거래의 추정

다음은 컨설팅용역을 제공하는 (주)태화경영컨설팅이 분개장에 기록한 분개이다.

①	(차)	비품	150,000	(대)	현금	50,000
					미지급금	100,000
②	(차)	급여	30,000	(대)	현금	30,000
③	(차)	현금	80,000	(대)	용역매출	180,000
		매출채권	100,000			
④	(차)	차입금	100,000	(대)	현금	100,000
⑤	(차)	현금	60,000	(대)	매출채권	60,000
⑥	(차)	광고선전비	40,000	(대)	미지급비용	40,000
⑦	(차)	현금	500,000	(대)	토지	450,000
					유형자산처분이익	50,000

| 요구사항 |

위의 각 분개를 보고 어떤 거래가 발생하였는지 추정하시오.

| 풀이 |

① 비품을 ₩150,000에 취득하면서 ₩50,000은 현금을 지급하고 잔액 ₩100,000은 외상으로 하다.
② 급여 ₩30,000을 현금지급하다.
③ 용역 ₩180,000을 제공하면서 대가로 현금 ₩80,000을 받고 잔액 ₩100,000은 외상으로 하다.
④ 차입금 ₩100,000을 상환하다.
⑤ 매출채권 ₩60,000을 현금으로 받다.
⑥ 광고선전비 ₩40,000이 발생하였으나 나중에 지급하기로 하다.
⑦ 장부금액 ₩450,000의 토지를 현금 ₩500,000을 받고 처분하다.

3 거래의 분개 및 전기

다음은 컨설팅 영업을 하기 위해 20×6년 8월 초에 설립된 (주)서울컨설팅의 20×6년 8월의 거래이다.

① 주주들이 현금 ₩500,000을 출자하여 회사를 설립하였다.
② 사무실에서 사용할 비품을 ₩200,000에 구입하였다. 구입대금 중 ₩100,000은 현금으로 지급하고 나머지는 외상으로 하였다.
③ S사에 컨설팅용역을 제공하고 용역대금 ₩100,000을 현금으로 받았다.
④ P사에서 컨설팅용역을 제공하고 용역대금의 일부인 ₩60,000을 현금으로 받았으며, 나머지 대금 ₩40,000은 9월에 받기로 하였다.
⑤ 종업원급여 ₩50,000을 현금으로 지급하였다.
⑥ 사무실 임차료 ₩60,000이 발생하였는데 아직 지급하지 않았다.

| 요구사항 |

1. 8월의 각 거래를 분개하시오(수익과 비용에 대해서는 이익잉여금 대신에 수익 및 비용의 계정과목을 사용한다).
2. 위의 분개 내용을 해당 계정에 각각 전기하시오.

| 풀이 |

1. 분개

①	(차)	현금	500,000	(대)	자본금	500,000
②	(차)	비품	200,000	(대)	현금	100,000
					미지급금	100,000
③	(차)	현금	100,000	(대)	용역매출	100,000
④	(차)	현금	60,000	(대)	용역매출	100,000
		매출채권	40,000			
⑤	(차)	급여	50,000	(대)	현금	50,000
⑥	(차)	임차료	60,000	(대)	미지급비용	60,000

2. 전기

현금

①	500,000	②	100,000
③	100,000	⑤	50,000
④	60,000		

매출채권

④	40,000		

비품

②	200,000		

미지급금

		②	100,000

미지급비용

		⑥	60,000

자본금

		①	500,000

용역매출

		③	100,000
		④	100,000

급여

⑤	50,000		

임차료

⑥	60,000		

4 시산표의 작성

다음은 (주)세계의 당기 총계정원장의 잔액(또는 총액)이다.

건물	₩450,000	비품	₩120,000
매입채무	150,000	차입금	200,000
매출채권	180,000	자본금	?
급여	150,000	임차료	80,000
매출	370,000	보험료	20,000
미지급금	30,000	현금	60,000
이자비용	40,000	소모품	50,000

| 요구사항 |

위의 자료를 사용하여 T계정 형식으로 시산표를 작성하고, 당기말 자본금 잔액을 계산하시오.

| 풀이 |

시산표

현금	₩60,000	매입채무	₩150,000
매출채권	180,000	미지급금	30,000
소모품	50,000	차입금	200,000
비품	120,000	자본금	400,000
급여	150,000	매출	370,000
건물	450,000		
임차료	80,000		
보험료	20,000		
이자비용	40,000		
	₩1,150,000		₩1,150,000

시산표 차변의 합계와 대변의 합계가 동일해야 하기 때문에 차변의 합계 ₩1,150,000을 대변의 합계로 놓고 자본금 잔액을 역산하면 됨.

5 분개, 전기와 시산표 작성

다음은 경영컨설팅회사인 (주)비즈벤처컨설팅에서 20×1년 4월 중에 발생한 거래이다.

4월 1일	주당 액면금액 ₩5,000인 보통주 10,000주를 발행하고 대금을 현금으로 받다.
4월 3일	사무용 건물을 ₩10,000,000에 현금으로 매입하다.
4월 4일	사무용 비품을 ₩8,000,000에 현금으로 구입하다.
4월 10일	현금 ₩6,000,000을 당좌예금에 예입하다.
4월 13일	외환은행에서 ₩5,000,000을 차입하다.
4월 19일	(주)하나에 컨설팅을 하고 컨설팅수수료 ₩2,500,000을 외상으로 하다.
4월 20일	광고비 ₩1,000,000을 현금으로 지급하다.
4월 22일	(주)두나에 컨설팅을 하고 수수료 ₩1,200,000을 현금으로 받다.
4월 23일	(주)하나에게서 컨설팅수수료 미수액 중 ₩1,500,000을 현금으로 받다.
4월 27일	차량유지비 ₩300,000을 현금으로 지급하다.
4월 30일	4월분 전기료 ₩23,000이 고지되었으나 아직 납부하지 못하다.
4월 30일	4월분 급여 ₩800,000을 현금으로 지급하다.
4월 30일	외환은행 차입금 중 ₩2,000,000을 수표를 발행하여 지급하다.

| 요구사항 |

1. 위의 각 거래를 분개하시오.
2. 위의 각 분개를 총계정원장(T-계정)에 전기하시오.
3. 위의 총계정원장을 토대로 잔액시산표를 작성하시오.

| 풀이 |

1. 분개

4/ 1	(차)	현금	50,000,000	(대)	자본금	50,000,000
4/ 3	(차)	건물	10,000,000	(대)	현금	10,000,000
4/ 4	(차)	비품	8,000,000	(대)	현금	8,000,000
4/ 10	(차)	당좌예금	6,000,000	(대)	현금	6,000,000
4/ 13	(차)	현금	5,000,000	(대)	단기차입금	5,000,000
4/ 19	(차)	매출채권	2,500,000	(대)	용역매출	2,500,000
4/ 20	(차)	광고선전비	1,000,000	(대)	현금	1,000,000
4/ 22	(차)	현금	1,200,000	(대)	용역매출	1,200,000
4/ 23	(차)	현금	1,500,000	(대)	매출채권	1,500,000
4/ 27	(차)	차량유지비	300,000	(대)	현금	300,000
4/ 30	(차)	전기료	23,000	(대)	미지급전기료	23,000
4/ 30	(차)	급여	800,000	(대)	현금	800,000
4/ 30	(차)	단기차입금	2,000,000	(대)	당좌예금	2,000,000

2. 전기(생략)

3. 잔액시산표

잔액시산표

(주)비즈벤처컨설팅 20×1년 4월 30일 현재 (단위: 원)

차변	계정과목	대변
₩31,600,000	현금	
4,000,000	당좌예금	
1,000,000	매출채권	
8,000,000	비품	
10,000,000	건물	
	미지급전기료	₩23,000
	단기차입금	3,000,000
	자본금	50,000,000
	용역매출	3,700,000
1,000,000	광고선전비	
300,000	차량유지비	
23,000	전기료	
800,000	급여	
₩56,723,000	합계	₩56,723,000

6 분개, 전기와 시산표 작성

다음은 20×5년 10월 1일에 심부름용역을 제공하기 위해 설립한 (주)울산심부름의 10월 한 달 동안 발생된 거래내용이다. (주)울산심부름의 회계기간은 1개월이며 매달 말일에 결산을 한다.

① 주식을 발행하여 받은 ₩10,000으로 영업을 시작하다.

② 심부름용 차량을 ₩8,000에 구입하였는데 ₩3,000은 현금으로 지급하고 나머지는 외상으로 하다.

③ 심부름에 사용하는 소모품 ₩800을 외상으로 구입하다. (주)울산심부름은 소모품을 구입할 때 자산계정을 사용하고 있다.

④ 20×5년 10월 1일부터 효력이 발생하는 보험에 가입하고 1년간 보험료 ₩2,400을 현금으로 지급하다. (주)울산심부름은 보험료를 지급할 때 보험료 지급액 전부를 보험료계정에 차기하고 있다.

⑤ 심부름용역을 제공하고 ₩3,500의 대금을 청구하다.

⑥ 차량 외상구입액 중 ₩1,000과 소모품 외상매입액 중 ₩400을 현금으로 지급하다.

⑦ 10월분 종업원급여 ₩1,800을 현금으로 지급하다.

⑧ ⑤에서 청구한 용역대금 중 ₩1,400이 회수되다.

⑨ 심부름 용역을 제공하고 ₩2,500의 대금을 청구하다.

⑩ 10월분 유류비 ₩300을 현금으로 지급하다.

| 요구사항 |

1. 위의 각 거래를 분개하시오.
2. 위의 각 분개를 총계정원장(T－계정)에 전기하시오.
3. 위의 총계정원장을 토대로 잔액시산표를 작성하시오.

| 풀이 |

1. 분개

①	(차) 현금	10,000	(대) 자본금	10,000
②	(차) 차량운반구	8,000	(대) 현금	3,000
			미지급금	5,000
③	(차) 소모품	800	(대) 매입채무*	800
④	(차) 보험료	2,400	(대) 현금	2,400
⑤	(차) 매출채권	3,500	(대) 용역매출	3,500
⑥	(차) 미지급금	1,000	(대) 현금	1,400
	매입채무	400		
⑦	(차) 급여	1,800	(대) 현금	1,800
⑧	(차) 현금	1,400	(대) 매출채권	1,400
⑨	(차) 매출채권	2,500	(대) 용역매출	2,500
⑩	(차) 유류비	300	(대) 현금	300

* 주된 영업활동인 심부름에 사용하는 소모품의 외상구입은 매입채무계정에 기록하고, 그 외의 영업활동에 사용하는 소모품의 외상구입은 미지급금계정을 사용함.

2. 전기(생략)
3. 잔액시산표

잔액시산표

(주)울산심부름 20×5년 10월 31일 현재 (단위: 원)

차변	계정과목	대변
₩2,500	현금	
4,600	매출채권	
800	소모품	
8,000	차량운반구	
	매입채무	₩400
	미지급금	4,000
	자본금	10,000
	용역매출	6,000
1,800	급여	
300	유류비	
2,400	보험료	
₩20,400	합계	₩20,400

7 오류수정

김신입 씨는 대학을 졸업하고 (주)신설의 회계부서에 근무 중이다. 경험부족으로 다음과 같은 실수를 하였다.

1. 매입채무로 지급한 ₩140,000을 현금계정에 대기하고 매출채권계정에 차기하다.
2. 비품 ₩300,000을 현금으로 구입하고 기계장치계정에 차기하고 매출채권계정에 대기하다.
3. 매출채권 ₩56,000을 회수하고 매출채권계정에 ₩65,000을 대기하고 현금계정에 ₩65,000을 차기하다.

| 요구사항 |

위의 오류를 수정하는 분개를 하시오.

| 풀이 |

1	(차)	매입채무	140,000	(대)	매출채권	140,000[16]
2	(차)	매출채권	300,000	(대)	기계장치	300,000
		비품	300,000		현금	300,000
3	(차)	매출채권	9,000	(대)	현금	9,000

16) 수정분개를 하기 위하여 **잘못된 분개와 정확한 분개를 비교**하면 수정되어야 하는 계정과 금액을 쉽게 확인할 수 있다. 1번 거래를 예로 들어 설명하면 다음과 같다.

잘못된 분개: (차) 매출채권 140,000 (대) 현금 140,000

정확한 분개: (차) 매입채무 140,000 (대) 현금 140,000

잘못된 분개와 정확한 분개를 비교하면, 매출채권이 ₩140,000 과대계상되고 매입채무가 ₩140,000 과소계상되었다. 따라서 매입채무를 증가시키고 매출채권을 감소시키는 수정분개를 한다.

수정분개: (차) 매입채무 140,000 (대) 매출채권 140,000

CHAPTER 06

회계순환과정 II: 회계기간 말의 결산과정

쉬어가는 페이지

✣ 학생과 직장인의 차이점

학생은 직장에 들어가면 다 될 것 같고,
직장인은 회사만 그만두면 다 될 것 같다.

학생은 하루 빠져도 그뿐이지만,
직장인은 하루 빠지면 영원히 못 나갈 수 있다.

학생은 술자리가 없어서 서글프고,
직장인은 접대하는 술자리 때문에 서글프다.

학생은 자퇴하면 불쌍해 보이지만,
직장인은 사표 던지는 사람이 멋있어 보인다.

✣ 학교와 회사의 공통점과 차이점

향후 기업은 종합대학이 되어야 한다. 반대로, 대학은 마치 기업처럼 마케팅활동을 많이 해야 할 것 같다. 기업의 CEO는 종합대학의 총장처럼 다양한 전문과목을 구성원들이 부족 없이 배울 수 있도록 해야 하고, 대학총장들은 마치 CEO처럼 대학이 서비스를 팔아야 하는 마케팅의 귀재가 되어야 한다.

존 나이스빗, Reinventing the Corporation, 1986

제1절 회계기간 말의 결산과정

1. 회계순환과정과 회계기간 말의 결산과정

회계순환과정은 회계거래의 기록에서부터 재무제표를 작성하기까지 반복적으로 수행하는 일련의 절차를 말하며, ① 회계기간 중의 거래기록과 ② 회계기간 말의 결산과정으로 나눌 수 있다.[1)]

표 6-1 | 회계순환과정의 단계

회계순환과정의 단계			내용	비고
1단계	거래분석		거래를 분석하고 측정함	회계기간 중의 거래기록
	분개		거래의 분석결과를 분개장에 기록(분개)함	
2단계	전기		분개장에 기록한 거래를 계정별로 총계정원장의 해당 계정에 옮겨 적음(전기)	
3단계	결산수정분개[*1]와 전기		• 회계기간 말에 계정별 잔액을 요약하여 수정전시산표를 작성함 • 회계기간 말에 결산수정분개와 전기를 함 • 수정전시산표에 결산수정분개를 반영하여 수정후시산표를 작성함	회계기간 말의 결산과정
4단계	결산 완료	재무제표의 작성	수정후시산표를 근거로 재무제표를 작성함	
		계정마감·잔액이월	원장의 각 계정을 마감하고 잔액을 이월함	

*1. 결산수정분개는 오류를 수정하는 수정분개(correcting entries)와 구분하기 위하여 사용하였으며, 기말수정분개, 결산조정분개, 조정분개, 정리분개라고도 함.

1) 이 책에서는 회계순환과정 중 **회계기간 중의 거래기록**에 해당하는 **1단계(거래분석과 분개)**와 **2단계(전기)**는 **제5장(회계순환과정Ⅰ)**에서 설명하고, **회계기간 말의 결산과정**에 해당하는 **3단계(결산수정분개와 전기)**와 **4단계(결산완료)**는 **제6장(회계순환과정Ⅱ)**에서 설명한다. **회계순환과정**에 대한 설명은 **제5장 제1절 회계순환과정**의 설명을 참조.

2. 결산의 의의와 결산과정

회계기간 중의 거래기록은 기업의 경영활동에 따라 발생한 거래를 분석하여 회계기록의 대상이 되는 거래(회계거래)를 분개장에 분개하고(1단계: 거래분석과 분개), 분개장에 기록된 거래를 같은 계정별로 분류하여 해당 총계정원장에 옮겨 적는다(2단계: 전기). 그러나 분개와 전기만으로 재무상태와 경영성과를 명확하게 파악할 수 없다. 따라서 일정기간을 단위로 회계기간(회계)을 정하고, 회계기간 말에 장부를 정리・마감하여 회계기간의 경영성과와 회계기간 말의 재무상태를 명확하게 파악할 필요가 있다.

회계기간 말의 결산과정은 결산이라 한다. 결산(closing)은 일정시점에서 장부를 마감하여 회계기간 중의 경영성과(수익, 비용과 순이익)와 회계기간 말의 재무상태(자산, 부채와 자본의 상태)를 확정하는 과정을 말한다.

결산은 다음과 같은 순서로 이루어진다.

1. 수정전시산표의 작성: 회계기간 말에 회계기간 중에 기록한 총계정원장의 계정별 기말잔액을 모아 수정전시산표를 작성한다.
2. 결산수정분개와 전기: 회계기간 말에 결산수정분개와 전기를 한다.
3. 수정후시산표의 작성: 수정전시산표에 결산수정분개를 반영하여 수정후시산표를 작성한다.
4. 장부의 마감: 원장의 각 계정을 마감하고 잔액을 이월한다.
5. 재무제표의 작성: 수정후시산표를 근거로 포괄손익계산서와 재무상태표를 작성한다.

결산이 끝나면 1단계부터 4단계까지로 이루어진 회계순환과정의 한 바퀴가 끝나며, 이렇게 한 바퀴가 끝나면 다음 회계기간 초에 1단계부터 다시 새로운 회계순환이 시작된다.

결산과정은 상당한 시간과 노력이 필요할 정도로 복잡한 과정이므로, 실무에서는 결산의 작업과정을 일목요연하게 볼 수 있는 정산표(work sheet)를 이용하기도 한다.[2)]

2) **정산표를 이용한 결산**에 대해서는 이 장의 **보론: 정산표를 이용한 결산**의 설명을 참조.

제2절 현금기준과 발생기준

1. 계속기업의 가정과 회계기간

기업은 도산과 같은 반증이 없는 한 영원히 존속한다는 계속기업(going concern)으로 가정된다. 실제로 기업이 도산하기도 하나 도산을 사전적으로 예측할 수 없기 때문에 회계에서는 계속기업으로 가정한다.

기업이 모든 영업활동을 완전히 끝낸 후에 재무제표를 작성한다면 계정에 대한 수정이 필요하지 않을 것이다. 영업활동을 끝낸 시점에서는 기업이 최종적인 재무상태와 경영성과를 계산할 수 있기 때문이다. 그러나 정보이용자들은 기업의 재무상태와 경영성과를 일정기간마다 한 번씩 확인하려 한다. 따라서 기업의 영업활동을 쉽게 파악할 수 있도록 하기 위하여 영업활동기간을 인위적으로 일정기간으로 나눈다. 이를 회계기간(accounting period)이라 한다.[3]

많은 거래가 둘 이상의 회계기간에 영향을 미친다. 모든 기업들은 재무상태와 경영성과를 평가하기 위하여 각 거래가 특정 회계기간과 어떻게 관련되는지를 분석한다. 이러한 분석을 하기 위하여 정기적으로 재무제표를 작성하며, 회계기간은 일반적으로 1년이다.

2. 발생기준과 현금기준

현금기준(cash basis, 또는 현금주의, 현금주의회계, 현금기준회계, cash basis accounting)은 현금이 수입(유입)되는 시점에 수익을 인식하며, 현금이 지출(유출)되는 시점에 비용을 인식한다.

현금기준에 따라 재무제표를 작성하면 결산일 현재 수익이 발생하였다 하더라도 현금을 수령하지 않았다면 수익을 기록하지 않을 것이며, 결산일 현재 비용이 발생하였다 하더라도 현금을 지급하지 않았다면 비용을 기록하지 않을 것이다. 따라서 현금기준을 적용하면 재무상태와 경영성과를 적정하게 보고하기 어렵다.[4] 또한, 현금기준을 적용하면 현금을 지급하면 모두 지급한 연도의 비용으로 인식하고, 현금을 수령하면 모두 수령한 연도의 수익으로 인식한다.[5] 이와 같이 현금기준에 따라 장부를 기록하면 당기 중에 현금의

---

3) **회계기간**에 대해서는 **제2장(재무보고와 재무제표Ⅰ: 재무상태표 등) 제4절 회계기간**의 설명을 참조.

4) **예**를 들어, 결산일이 20×1년 12월 31일이라고 가정할 때 12월분 급여를 20×2년 초에 지급했다고 하면 회사가 현금기준에 따라 장부를 기록하면 급여는 20×1년 비용이 아니라 20×2년 비용으로 보고될 것이다.

5) **예**를 들어, 결산일이 20×1년 12월 31일이라고 가정할 때 20×1년 9월 1일에 1년분 보험료 ₩120,000을 지급하

수입과 지출의 결과는 보고할 수 있으나, 당기의 적정한 재무상태와 경영성과를 보고하지 못한다는 한계가 있다.

발생기준(accrual basis, 또는 발생주의, 발생주의회계, 발생기준회계, accrual basis accounting)은 현금의 수입과 지출시점에 관계없이 거래가 발생한 시점에 수익과 비용을 인식한다. 회계기준은 발생기준을 근간으로 수익과 비용을 인식한다.

현금기준과 발생기준의 차이를 알아보기 위해 앞에서 살펴본 (주)태화경영컨설팅의 다음 거래를 예를 들어 살펴보자.

3월 10일　(주)한강에 ₩300,000의 경영자문 용역을 제공하고 ₩100,000은 현금으로 받고 잔액은 외상으로 하다.

3/10	(차) 현금	100,000	(대) 용역매출	300,000
	매출채권	200,000		

만일 이 거래에 대해 현금기준을 적용하였다면 용역제공대금 중 나중에 받기로 한 ₩200,000을 용역매출과 매출채권으로 기록하지 못하고, 현금을 수령한 ₩100,000만 용역매출로 인식하였을 것이다(현금 100,000/용역매출 100,000). 왜냐하면 현금기준을 적용할 경우 외상매출한 ₩200,000은 거래가 발생한 시점이 아니라 나중에 현금을 수령하는 시점에 용역매출을 인식하기 때문이다(현금 200,000/용역매출 200,000). 따라서 외상매출 거래가 발생하였을 때 용역매출과 매출채권을 인식(매출채권 200,000/용역매출 200,000)한 것은 발생기준에 따른 회계처리에 해당한다.

발생기준에 따라 장부를 기록하면 매출채권과 같이 미래에 현금이 유입되는 계정이나 미지급금과 같이 미래에 현금이 유출되는 계정이 재무상태표에 표시되나, 현금기준에 따라 장부를 기록하면 매출채권이나 미지급금과 같은 계정이 재무상태표에 표시되지 않을 것이다.

회계정보이용자들은 재무상태표에 보고되는 매출채권이나 미지급금을 보고 미래에 어느 정도 현금유입이나 현금유출이 있을지 예상할 수 있다. 따라서 재무제표를 통해 미래의 현금흐름을 예측할 수 있도록 하기 위하여 발생기준에 따라 재무제표가 작성되어야 한다.

면서 이를 모두 20×1년 비용으로 인식했다고 하면, 지급한 보험료 ₩120,000 중 ₩40,000(4개월분)만 20×1년 비용이고 나머지 ₩80,000(8개월)은 20×2년 비용인데도 불구하고 ₩120,000 전액을 20×1년 비용으로 보고하는 문제가 발생한다.

3. 수익과 비용의 인식

수익(비용)의 인식은 회계장부에 수익(비용)으로 기록하는 것을 말한다.[6] 발생기준에서는 수익은 실현주의에 따라 인식하고 비용은 수익·비용대응의 원칙에 따라 비용을 관련 수익에 대응시키는 방법으로 인식한다.

수익인식의 원칙은 수익은 재화가 판매되거나 용역이 제공된 기간에 인식한다(판매기준)는 것이다. 왜냐하면 수익은 회계거래가 발생했을 때 인식하기 때문이다.

수익·비용대응의 원칙은 수익을 얻기 위해 소요된 비용을 그 수익의 인식시점에 함께 인식한다는 원칙이다. 즉 비용의 인식은 수익의 인식과 연결되어 있으며, 비용인식의 주요한 관점은 비용은 수익발생에 기여했을 때 인식하라는 것이다.

제3절 결산수정분개

1. 결산수정분개

1.1 결산수정분개의 의의

많은 거래가 둘 이상의 회계기간에 걸쳐 수행되기 때문에 이들 거래는 둘 이상의 회계기간에 영향을 미친다. 예를 들어 어떤 수익활동이 둘 이상의 회계기간에 걸쳐 수행되고 현금수령은 없었으나 수익을 얻을 수 있다. 현금기준에서는 현금을 수취할 때까지 수익을 인식하지 않으나 발생기준에서는 수익을 인식하여야 한다. 이것은 비용에 대해서도 동일하다. 이와 같이 계속기업의 가정과 발생주의회계로 인하여 두 회계기간에 걸쳐 획득되는 수익 또는 지출되는 비용 중에서 회계기간 말까지 발생기준에 따라 인식되지 않은 부분을 추가로 인식하는 분개를 결산수정분개라 한다. 결산수정분개(adjusting entries)는 기말수정분개, 결산조정분개, 조정분개, 정리분개라고도 한다.[7]

---

6) **인식**(recognition)은 간단히 말하면 회계장부에 기록하는 것을 말한다. **인식**과 **측정**에 대해서는 **제2장(재무보고와 재무제표Ⅰ: 재무상태표 등), 보론(재무보고를 위한 개념체계) 6. 재무제표의 구성요소**의 설명을 참조. 또한, **수익과 비용의 인식과 측정**에 대해서는 **제3장(재무보고와 재무제표Ⅱ: 포괄손익계산서 등) 제2절 포괄손익계산서의 구성요소**의 설명을 참조.

7) **결산수정분개**는 오류를 수정하는 **수정분개**(correcting entries)와 구분하기 위하여 사용하였다. **수정분개**에 대해서는 **제5장(회계순환과정Ⅰ: 회계기간 중의 거래기록) 제8절 오류수정**의 설명을 참조.

결산수정분개의 목적은 일상의 거래기록 과정에서 적정하게 측정하지 못한 회계기간의 수익과 비용을 발생기준에 따라 수정하려는 것이다. 대부분의 결산수정분개사항은 수익 또는 비용 관련 거래를 인식할 때 현금기준과 발생기준이 다르기 때문에 발생하는 차이를 발생기준 관점에서 수정하기 위한 절차라 할 수 있다.

결산수정분개는 정확한 기록에 근거해야 하므로 회계기간 말에 분개장에 기입된 모든 거래의 분개가 총계정원장에 정확하게 전기되었는지를 검증하기 위해 작성하는 수정전시산표를 작성한 후에 수행한다.

1.2 수정전시산표, 결산수정분개와 수정후시산표의 관계

수정전시산표는 결산수정분개가 반영되기 전의 시산표를 말하며, 회계기간 말에 총계정원장의 계정별 잔액 등을 요약하여 작성한다. 회계기간 말에 결산수정분개를 한 후 수정전시산표에 결산수정분개를 반영하여 작성한 시산표를 수정후시산표라 한다. 따라서 특정 회계연도의 재무상태표와 포괄손익계산서는 수정후시산표에서 도출된다.

| 그림 6-1 | 수정전시산표, 결산수정분개와 수정후시산표의 관계

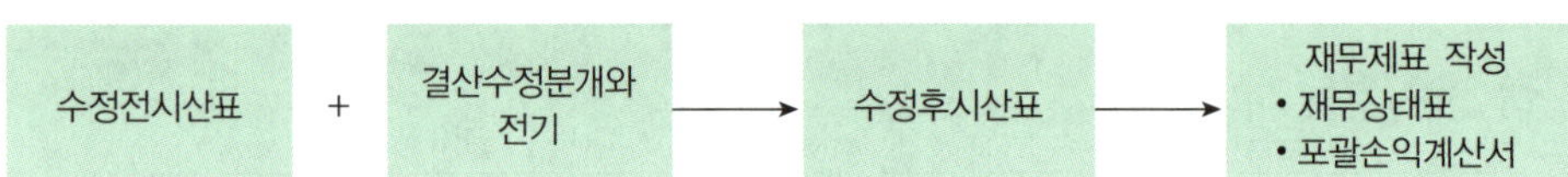

2. 결산수정분개의 유형별 처리

2.1 결산수정분개의 분류

결산수정분개는 크게 발생분개(accruals)와 이연분개(deferrals)로 구분할 수 있다. 발생분개(손익의 발생)는 당기에 발생하였으나 다음 회계기간에 현금이 수취 또는 지급되기 때문에 아직 기록되지 않은 수익과 비용을 해당 회계기간에 인식하기 위한 결산수정분개를 말한다. 이연분개(손익의 이연)는 현금의 수취나 지급을 통해 해당 회계기간에 이미 기록된 거래 중 아직 발생되지 않은 수익과 비용의 일부를 다음 회계기간으로 이연시키는 결산수정분개를 말한다.

결산수정분개의 유형에는 수익발생, 비용발생, 수익이연과 비용이연의 네 가지가 있다.

표 6-2 | 결산수정분개의 분류

구분		내용	예
발생분개	수익발생	당기에 수익이 실현되었으나 아직 현금이 수취되지 않아 기록되지 않은 수익의 인식	미수임대료, 미수이자, 미수수수료 등 미수수익
	비용발생	당기에 비용이 발생하였으나 아직 현금이 지급되지 않아 기록되지 않은 비용의 인식	미지급임차료, 미지급이자, 미지급수수료 등 미지급비용
이연분개	수익이연	당기에 이미 현금을 수취하였으나 아직 실현되지 않은 수익의 이연	선수임대료, 선수이자, 선수수수료 등 선수수익
	비용이연	당기에 이미 현금을 지급하였으나 아직 발생되지 않은 비용의 이연	선급임차료, 선급이자, 선급보험료 등 선급비용

2.2 발생에 대한 결산수정분개

발생은 당기 중에 현금의 수입과 지출이 없었다 하더라도 당기에 수익과 비용을 인식한다는 것을 의미한다. 당기 중에 수익 또는 비용이 발생하였으나 결산일(재무상태표일)까지 현금의 수취나 지급이 없어(즉, 차기 이후에 현금의 수취나 지급이 일어나) 아무런 회계처리도 하지 않았다면 이에 대해 결산수정분개를 하여야 한다.

(1) 수익의 발생: 미수수익의 계상[8]

당기에 수익이 발생하였으나(대금의 회수일이 도래하지 않아) 결산일까지 현금이 수취되지 않아 장부에 기록되지 않은 수익을 수익의 발생(revenue accruals)이라 한다. 수익발생은 임대료수익, 수수료수익, 이자수익과 같이 시간의 경과에 따라 발생하는 것과 용역이 제공되었으나(전체 용역 중 일부분만 제공하여 모든 용역제공이 완료된 후에 대금을 청구하려고) 청구되지 않거나 회수되지 않은 것이 있다.

수익의 발생에 대한 결산수정분개는 결산수정분개 전 자산과 수익이 과소계상되어 있기 때문에 회계기간 말에 미수수익(accrued revenues)[9]계정의 차변에 기입하여 자산을 증가시키고 수익계정의 대변에 기입하여 수익을 증가시킨다. 미수수익에는 미수이자, 미수임대료, 미수수수료 등이 있는데 그 금액이 중요하지 않으면 통틀어 미수수익이라 한다.

결산할 때: (차) 미수수익 ××× (대) 수익 ×××

8) **계상**(計上)은 특정 금액을 장부나 재무제표에 올리는 것을 말한다.
9) **미수수익**은 채권의 일종이며, 여기서 **채권**(receivable)은 미래에 현금을 받을 수 있는 권리를 말한다.

미수수익은 자산계정이므로 다음 연도로 이월되며, 다음 연도에 미수수익과 관련된 현금을 수령할 때 다음과 같이 이전 연도에 인식했던 미수수익을 감소시키는 분개를 하여야 한다.

다음 연도에 현금을 수령할 때: (차) 현금 ××× (대) 미수수익 ×××

예제 6-1 미수수익(미수임대료)[10)]

(주)천은은 20×1년 10월 1일에 1년간 건물을 빌려주기로 하고, 1년분 임대료 ₩120,000은 20×2년 9월 30일에 받기로 하다. (주)천은은 현금을 받지 않았으므로 회계처리를 하지 않았다.

| 요구사항 |

20×1년 12월 31일의 결산수정분개를 하시오.

| 풀이 |

(차) 미수임대료	30,000	(대) 임대료	30,000

20×2년 9월 30일에 임대료 ₩120,000을 받게 되나 ₩30,000은 20×1년에 발생한 것이므로 ₩30,000은 20×1년의 임대료로 계상하고 같은 금액을 미수임대료로 처리하여야 한다.

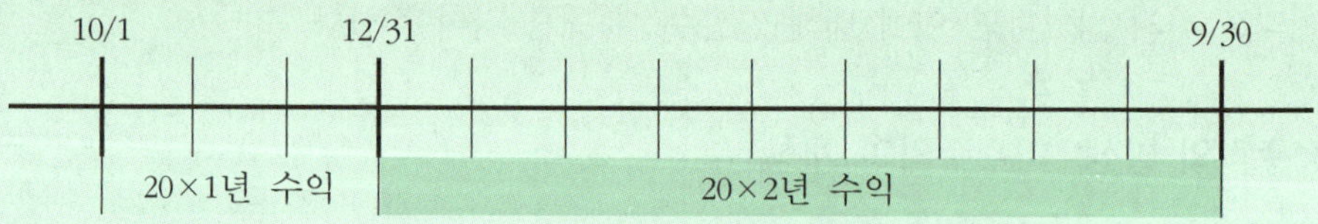

20×2년 9월 30일에 임대료 ₩120,000을 받게 되면 다음과 같이 분개한다.

(차) 현금	120,000	(대) 미수임대료	30,000
		임대료	90,000

10) 회계기간 말에 결산수정분개를 할 때 **일반적 상거래 이외의 거래(기타거래)**에서 발생하였으나 아직 기록되지 않은 수익(비용)을 기록하기 위해서는 **미수금(미지급금)**계정을 사용하는 것이 아니라 **미수수익(미지급비용)**계정을 사용한다.
한편, 기업의 **일반적 상거래**에서 발생한 미수액(미지급액)은 **매출채권(매입채무)**계정을 사용하며, **일반적 상거래 이외의 거래(기타거래)**에서 발생한 미수액(미지급액)은 **미수금(미지급금)**계정을 사용한다.
예제: 수익의 발생
(주)태화경영컨설팅은 20×1년 10월 1일에 6개월이 걸리는 ₩600,000의 경영컨설팅서비스를 제공하기로 계약하고 서비스를 제공해 왔다. 대금은 서비스제공을 완료한 후에 청구하기로 하였다.
[요구사항] 20×1년 12월 31일의 결산수정분개를 하시오.
[풀이] (차) 매출채권 300,000 (대) 용역매출 300,000
20×2년 3월 30일에 컨설팅용역대금 ₩600,000을 받게 되나 ₩300,000은 20×1년에 발생한 것이므로 ₩300,000은 20×1년의 컨설팅용역수익으로 계상하고 같은 금액을 매출채권으로 처리하여야 한다.
20×2년 3월 30일에 컨설팅용역대금 ₩600,000을 받게 되면 다음과 같이 분개한다.

(차) 현금	600,000	(대) 매출채권	300,000
		용역매출	300,000

회계학 교과서에 따라서는 **용역매출**계정 대신 **용역수익**, **수수료수익**계정을 사용하기도 한다.

(2) 비용의 발생: 미지급비용의 계상

당기에 비용이 발생하였으나(대금의 지급일이 도래하지 않아) 결산일까지 현금이 지급되지 않아 장부에 기록되지 않은 비용을 비용의 발생(expense accruals)이라 한다.

비용의 발생에 대한 결산수정분개는 결산수정분개 전 부채와 비용이 과소계상되어 있기 때문에 회계기간 말에 미지급비용(accrued expenses)[11]계정의 대변에 기입하여 부채를 증가시키고 비용계정의 차변에 기입하여 비용을 증가시킨다. 미지급비용에는 미지급이자, 미지급임차료, 미지급수수료, 미지급급여 등이 있는데 그 금액이 중요하지 않으면 통틀어 미지급비용이라 한다.

결산할 때: (차) 비용	×××	(대) 미지급비용	×××

미지급비용은 부채계정이므로 다음 연도로 이월되며, 다음 연도에 미지급비용과 관련된 현금을 지급할 때 다음과 같이 이전 연도에 인식했던 미지급비용을 감소시키는 분개를 하여야 한다.

다음 연도에 현금을 지급할 때: (차) 미지급비용	×××	(대) 현금	×××

예제 6-2 미지급비용(미지급이자)

(주)청학은 20×1년 7월 1일에 은행으로부터 ₩1,000,000을 1년간 차입하다. 이자율은 연 10%이며, 이자는 원금상환일에 일시에 지급하기로 하다.

| 요구사항 |

20×1년 12월 31일의 결산수정분개를 하시오.

| 풀이 |

(차) 이자비용	50,000	(대) 미지급이자	50,000

20×2년 6월 30일에 이자 ₩100,000을 지급하게 되나 ₩50,000은 20×1년에 발생한 것이므로 20×1년의 이자비용으로 계상하고 같은 금액을 미지급이자로 처리하여야 한다.

이자는 다음과 같이 계산한다.

이자비용 = 금액 × 이자율 × 경과기간/12

= ₩1,000,000 × 0.10 × (6 ÷ 12) = ₩50,000

11) 기업의 **일반적 상거래**에서 발생한 미지급액은 **매입채무**계정을 사용하며, **일반적 상거래 이외의 거래**(기타거래)에서 발생한 미지급액은 **미지급금**계정을 사용한다.

이자율은 통상 연이자율로 표시되며, 경과기간은 차입일부터 상환일까지의 기간을 말한다.

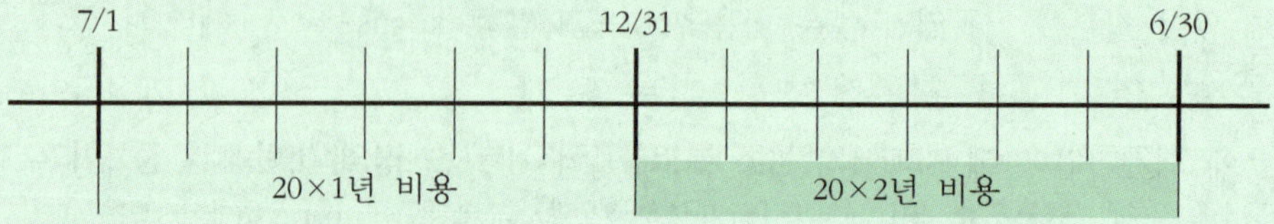

20×2년 6월 30일에 이자비용 ₩100,000을 지급하면 다음과 같이 분개한다.

(차) 미지급이자	50,000	(대) 현금	100,000
이자비용	50,000		

2.3 이연에 대한 결산수정분개

이연은 당기가 아니라 차기 이후 기간에 수익 또는 비용을 인식한다는 것을 의미한다. 당기 중에 현금의 수취나 지급에 대한 회계처리는 하였으나 결산일(재무상태표일) 현재 관련 수익과 비용이 발생하지 않은 경우 이에 대해 결산수정분개를 하여야 한다.

이연에 대한 결산수정분개는 기업이 당초 현금의 수취 또는 지급시점에 어떻게 회계처리 하였는가에 따라 달라진다.

(1) 수익의 이연: 선수수익의 계상

당기에 이미 현금을 받고 수익으로 기록한 금액 중에서 차기의 수익에 해당하는 부분을 회계기간 말에 이연시키는 것을 수익의 이연(revenue deferrals)이라 한다. 이연될 수익을 선수수익 또는 미실현수익(unearned revenues)이라 하는데 일반적으로 선수수익(revenues received in advance, 또는 선수금)이라는 용어를 사용한다.

수익의 이연에 대한 결산수정분개는 회계기간 말에 선수수익계정의 대변에 기입하여 부채를 증가시키고 수익계정의 차변에 기입하여 수익을 감소시킨다. 선수수익에는 선수이자, 선수임대료, 선수수수료 등이 있는데[12] 그 금액이 중요하지 않으면 통틀어 선수수익이라 한다.

12) **선수수익과 선급비용**: 선수수익과 선급비용은 상대적인 개념으로 **대금을 수령하는 기업**은 미래에 용역을 제공할 의무인 **선수수익(부채)**이 되며, **대금을 지급하는 기업**은 미래에 용역을 제공받을 권리인 **선급비용(자산)**이 된다.

예제 6-3 수익의 이연

(주)태화경영컨설팅은 20×1년 4월 1일에 앞으로 1년간 컨설팅용역을 제공하기로 하고 대금 ₩1,200,000을 미리 받다.

| 요구사항 |

20×1년 12월 31일의 결산수정분개를 하시오.

| 풀이 |

20×1년 4월 1일에 1년분 컨설팅용역대금 ₩1,200,000을 받았다 하더라도 이를 모두 20×1년의 수익으로 인식할 수 없다. 다음 그림과 같이 20×1년에 9개월분 컨설팅용역대금 ₩900,000이 인식되고, 20×2년에 3개월분 컨설팅용역대금 ₩300,000이 인식되어야 한다.

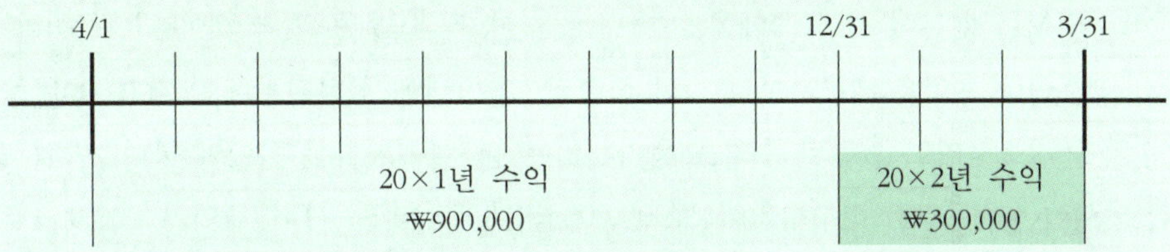

결산수정분개는 현금을 수령할 때 어떻게 회계처리하였는지에 따라 달라진다. 방법 1은 현금기준에 따라 회계처리한 것이고, 방법 2는 발생기준에 따라 회계처리한 것이라 할 수 있나. 실무에서는 대부분의 기업들이 방법 1을 사용하고 있다.

구분	선수수익에 대한 결산수정분개	
	방법 1: 현금을 수령할 때 모두 수익으로 회계처리한 경우	방법 2: 현금을 수령할 때 모두 부채로 회계처리한 경우
현금을 수령할 때	(차) 현금 1,200,000 (대) 용역매출[*1] 1,200,000	(차) 현금 1,200,000 (대) 선수수익[*2] 1,200,000
결산수정분개[*3]	(차) 용역매출 300,000 (대) 선수수익[*2] 300,000	(차) 선수수익 900,000 (대) 용역매출[*1] 900,000
다음 연도 기간이 경과했을 때	(차) 선수수익 300,000 (대) 용역매출 300,000	(차) 선수수익 300,000 (대) 용역매출 300,000

*1. 용역매출은 용역수익, 수수료수익으로 회계처리하기도 함.
*2. 선수수익은 선수금으로 회계처리하기도 함.
*3. 방법 1은 이미 인식한 수익 중에서 기간미경과분(₩300,000)만큼 수익을 감소시키면서 선수수익을 인식하며, 방법 2는 이미 인식한 선수수익 중에서 기간경과분(₩900,000)만큼 선수수익을 감소시키면서 수익을 인식함.

방법 1과 같이 20×1년에 현금을 수령할 때 모두 수익으로 회계처리하였다면 20×2년에 귀속될 수익까지 20×1년의 수익으로 미리 인식한 결과가 된다. 따라서 20×1년에 실제로 실현된 수익은 ₩900,000뿐이므로 결산수정분개를 하지 않는다면 수익이 과대계상된다. 결산수정분개는 수익 중 아직 실현되지 않은 부분인 ₩300,000을 20×2년으로 이연시켜 그만큼 수익을 감소시키고 동시에 부채(선수수익)를 인식하는 분개를 하여야 한다. 20×1년 말 선수수익 ₩300,000은 20×2년으로 이월되어 계약기간이 경과될 때(20×2년 3월 31일) 수익으로 대체[13]한다.

방법 2에서는 컨설팅용역대금을 미리 받았으나 아직 용역을 제공한 것이 아니므로 받은 금액을 수익으로 인식하지 않고 선수수익(부채)으로 인식한 것이다. 이와 같이 20×1년에 현금을 수령할 때 모두 부채(선수수익)로 회계처리하였다면 20×1년에 수익을 인식하지 않은 결과가 된다. 현금지급으로 소멸되는 대부분의 다른 부채와 달리 선수수익은 상품이나 용역의 제공에 따라 부채가 소멸되며 소멸되는 부채만큼 수익으로 인식된다. 따라서 상품이나 용역을 제공하여 수익이 실현된 20×1년에 실현된 수익 ₩900,000만큼 선수수익을 감소시키고 관련된 수익을 증가시키는 결산수정분개를 하여야 한다. 만일 결산수정분개가 누락된다면 선수수익이 ₩900,000 과대계상되고 용역매출이 ₩900,000 과소계상될 것이다. 이와 같이 결산수정분개를 하면 20×1년 말 선수수익은 ₩300,000이 되며, 선수수익 ₩300,000은 방법 1과 마찬가지로 20×2년으로 이월되어 계약기간이 경과될 때 수익으로 대체된다.

어떤 방법을 사용하든 기말잔액에는 아무런 차이가 없다. 20×1년의 수익은 ₩900,000이 인식되고 20×2년의 수익은 ₩300,000이 인식되며, 20×1년 말 재무상태표에는 선수수익 ₩300,000이 부채로 보고된다.

(2) 비용의 이연: 선급비용의 계상

당기에 이미 현금을 지급하고 비용으로 기록한 금액 중에서 차기의 비용에 해당하는 부분을 회계기간 말에 당기 비용에서 제거하고 차기 이후의 비용으로 이연시키는 것을 비용의 이연(expense deferrals)이라 한다. 이연될 비용을 선급비용 또는 선급금(prepayments)이라 하는데 일반적으로 선급비용(prepaid expenses)이라는 용어를 사용한다.

비용의 이연에 대한 결산수정분개는 회계기간 말에 선급비용계정의 차변에 기입하여 자산을 증가시키고 비용계정의 대변에 기입하여 비용을 감소시킨다. 선급비용에는 선급이자, 선급임차료, 선급보험료 등이 있는데, 그 금액이 중요하지 않으면 통틀어 선급비용이라 한다.

---

13) **대체**(對替)한다는 것은 한 계정에서 다른 계정으로 바꾼다는 것을 의미한다.

예제 6-4 비용의 이연(선급보험료)

(주)건봉은 20×1년 10월 1일에 1년분 화재보험료 ₩120,000을 현금으로 지급하다.

| 요구사항 |

20×1년 12월 31일의 결산수정분개를 하시오.

| 풀이 |

20×1년 10월 1일에 1년분 화재보험료 ₩120,000을 지급하였다 하더라도 이를 모두 20×1년의 비용으로 인식할 수 없다. 다음 그림과 같이 20×1년에 3개월분 보험료 ₩30,000이 인식되고, 20×2년에 9개월분 보험료 ₩90,000이 인식되어야 한다.

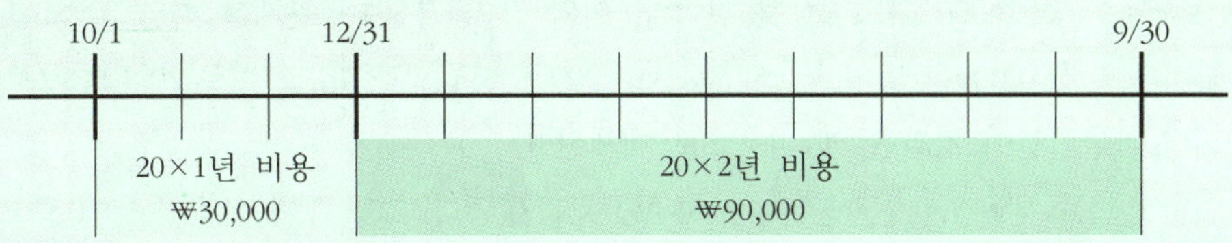

결산수정분개는 현금을 지급할 때 어떻게 회계처리하였는지에 따라 달라진다. 방법 1은 현금기준에 따라 회계처리한 것이고, 방법 2는 발생기준에 따라 회계처리한 것이라 할 수 있다. 실무에서는 대부분의 기업들이 방법 1을 사용하고 있다.

구분	선급비용에 대한 결산수정분개	
	방법 1: 현금을 지급할 때 모두 비용으로 회계처리한 경우	방법 2: 현금을 지급할 때 모두 자산으로 회계처리한 경우
현금을 지급할 때	(차) 보험료 120,000 (대) 현금 120,000	(차) 선급보험료 120,000 (대) 현금 120,000
결산수정분개[*1]	(차) 선급보험료 90,000 (대) 보험료 90,000	(차) 보험료 30,000 (대) 선급보험료 30,000
다음 연도 기간이 경과했을 때	(차) 보험료 90,000 (대) 선급보험료 90,000	(차) 보험료 90,000 (대) 선급보험료 90,000

*1. 방법 1은 이미 인식한 비용 중에서 기간미경과분(₩90,000)만큼 비용을 감소시키면서 선급비용을 인식하며, 방법 2는 이미 인식한 선급비용 중에서 기간경과분(₩30,000)만큼 선급비용을 감소시키면서 비용을 인식함.

방법 1과 같이 20×1년에 현금을 지급할 때 모두 비용으로 회계처리하였다면 20×2년에 귀속될 비용까지 20×1년의 비용으로 미리 인식한 결과가 된다. 따라서 20×1년에 실제로 발생된 비용은 ₩30,000뿐이므로 결산수정분개를 하지 않는다면 비용이 과대계상된다. 결산수정분개는 비용 중 아직 실현되지 않은 부분인 ₩90,000을 20×2년으로 이연시켜 그만큼 비용을 감소시키고 동시에 자산(선급비용)을 인식하는 분개를 하여야 한다. 20×1년 말 선급비용 ₩90,000은 20×2년으로 이월되어 계약기간이 경과될 때(20×2년 9월 30

일) 비용으로 대체한다.

방법 2에서는 보험료를 지급하였으나 아직 용역을 제공받은 것이 아니므로 지급한 금액을 비용으로 인식하지 않고 선급비용(자산)으로 인식한 것이다. 이와 같이 20×1년에 현금을 수령할 때 모두 자산(선급비용)으로 회계처리하였다면 20×1년에 비용을 인식하지 않은 결과가 된다. 선급비용은 용역을 제공받게 됨에 따라 자산이 소멸되며 소멸되는 자산만큼 비용으로 인식된다. 따라서 용역을 제공받게 됨에 따라 비용이 발생된 20×1년에 발생된 비용 ₩30,000만큼 선급비용을 감소시키고 관련된 비용을 증가시키는 결산수정분개를 하여야 한다. 만일 결산수정분개를 하지 않는다면 선급비용이 ₩30,000 과대계상되고 보험료가 ₩30,000 과소계상될 것이다. 이와 같이 결산수정분개를 하면 20×1년 말 선급비용은 ₩90,000이 되며, 선급비용 ₩90,000은 방법 1과 마찬가지로 20×2년으로 이월되어 계약기간이 경과될 때 비용으로 대체된다.

어떤 방법을 사용하든 기말잔액에는 아무런 차이가 없다. 20×1년의 비용은 ₩30,000이 인식되고 20×2년의 비용은 ₩90,000이 인식되며, 20×1년 말 재무상태표에는 선급비용 ₩90,000이 자산으로 보고된다.

(3) 이연에 대한 결산수정분개의 추가

앞에서 설명한 비용의 이연(선급비용의 계상)과 유사한 결산수정분개를 하는 것이 소모품과 감가상각비이다.

1) 소모품비

기업은 사무용품(문방구)이나 기타소모품(청소용품, 기계장치용 윤활유 등)을 일시에 구입하여 상당한 기간 동안 사용한다. 회계기간 말에 소모품 중 기중에 사용한 부분은 비용(소모품비계정)으로 보고하고, 나머지 사용하지 않은 부분은 자산(소모품계정)으로 보고한다.

결산수정분개는 소모품을 구입할 때 현금을 지급하면서 어떻게 회계처리하였는지에 따라 달라진다.

예제 6-5 소모품의 회계처리

(주)영원은 20×1년 11월 1일에 사무용 소모품 ₩100,000을 현금으로 구입하다. 결산일인 20×1년 12월 31일 현재 미사용 소모품이 ₩20,000이라는 것을 확인하다.

| 요구사항 |

20×1년 12월 31일의 결산수정분개를 하시오.

| 풀이 |

20×1년에 구입한 ₩100,000의 소모품 중 20×1년에 사용한 ₩80,000의 소모품은 소모품비(비용)로 보고되고, 20×1년에 사용하지 않은 ₩20,000의 소모품은 소모품(자산)으로 보고되어야 한다.

구분	소모품에 대한 결산수정분개	
	방법 1: 현금을 지급할 때 모두 비용으로 회계처리한 경우	방법 2: 현금을 지급할 때 모두 자산으로 회계처리한 경우
현금을 지급할 때	(차) 소모품비 100,000 (대) 현금 100,000	(차) 소모품 100,000 (대) 현금 100,000
결산수정분개*1	(차) 소모품 20,000 (대) 소모품비 20,000	(차) 소모품비 80,000 (대) 소모품 80,000
다음 연도 기간이 경과했을 때	(차) 소모품비 20,000 (대) 소모품 20,000	(차) 소모품비 20,000 (대) 소모품 20,000

*1. 방법 1은 비용으로 인식한 소모품비 중에서 미사용분(₩20,000)만큼 소모품비를 감소시키면서 소모품을 인식하나, 방법 2는 자산으로 인식한 소모품 중에서 사용분(₩80,000)만큼 소모품을 감소시키면서 소모품비를 인식함.

방법 1은 소모품을 구입할 때 모두 비용으로 회계처리하였으므로 미사용 소모품 ₩20,000만큼 비용을 감소시키고 자산으로 처리하는 결산수정분개를 하여야 한다.

방법 2는 소모품을 구입할 때 모두 자산으로 회계처리하였으므로 사용한 소모품 ₩80,000만큼 자산을 감소시키고 비용으로 처리하는 결산수정분개를 하여야 한다.

어떤 방법을 사용하든 기말잔액에는 아무런 차이가 없다. 20×1년 포괄손익계산서에는 소모품비 ₩80,000이 비용으로 보고되고, 20×1년 말 재무상태표에는 소모품 ₩20,000이 자산으로 보고된다.

2) 감가상각비

기업이 영업활동을 하기 위해서는 토지, 건물, 기계장치, 비품 등이 필요하다. 이러한 자산은 유형자산(property, plant and equipment)이라 하며, 영업활동에 사용할 목적으로 보유하고 있는 물리적 실체가 있는 자산이다.

유형자산은 여러 회계기간에 걸쳐 영업활동을 통해 수익을 창출하는 과정에 사용됨으로써 그 가치가 점차 소멸된다. 이 경우 회계기간마다 그 기간 동안의 영업활동을 통해 소멸된 유형자산의 원가만큼 그 기간의 비용으로 인식해야 한다. 이와 같이 유형자산의 취득원가를 그 자산을 사용한 기간 동안 비용으로 체계적으로 배분하는 과정을 감가상각(depreciation)이라 하고, 각 회계기간에 배분된 유형자산의 원가는 그 회계기간의 비용인 감가상각비(depreciation expense)로 계상한다.14)

표 6-3 | 감가상각에 대한 회계처리

구분	회계처리			
유형자산을 취득할 때	(차) 유형자산*1	×××	(대) 현금	×××
결산수정분개	(차) 감가상각비*2	×××	(대) 감가상각누계액*3	×××

*1. 유형자산은 건물, 비품 등 유형자산계정을 기록함.
*2. 감가상각비는 모든 감가상각비를 감가상각비라는 동일 계정에 기록하는 것이 일반적임.
*3. 감가상각누계액은 건물감가상각누계액, 비품감가상각누계액 등과 같이 유형자산별로 별도로 기록하여야 함. 이것은 이들 계정이 차감계정이므로 각 계정의 잔액이 건물과 비품 등 어느 계정에서 차감하는지를 식별할 수 있어야 하기 때문임.

예제 6-6 감가상각비

(주)태화경영컨설팅은 영업활동에 사용하기 위하여 건물을 ₩1,200,000에 구입하다. 이 건물의 사용가능한 연수(내용연수)는 4년이고, 4년 후에 남은 가치(잔존가치)는 없으며, 매년 동일한 금액으로 감가상각하는 방법(정액법)을 적용한다고 가정한다.

| 요구사항 |

20×1년 12월 31일의 결산수정분개를 하시오.

| 풀이 |

정액법을 적용하면 취득원가를 내용연수로 나누어 감가상각비가 ₩300,000(=₩1,200,000÷4년)으로 계산된다.

(차) 감가상각비	300,000	(대) 건물감가상각누계액	300,000

감가상각누계액은 대변과목이나 부채가 아니라 자산에 대한 차감계정(contra account)15)으로 해당 자산을 이 계정을 통하여 간접적으로 감소시킨다. 감가상각누계액계정에는 해당 자산의 구입한 때부터 사용함에 따라 감소된 자산의 가치가 누적되어 표시된다. 감가상각누계액은 수정후시산표에는 대변에 나타나나 재무상태표에는 이를 해당 자산에서 차감하여 표시한다.

위의 예제를 사용하여 건물과 감가상각누계액을 재무상태표에 보고하는 방법을 예시하면 다음과 같다.

14) **감가상각비를 계산하고 회계처리하는 방법**에 대해서는 **제11장 유형자산과 무형자산**의 설명을 참조.
15) **차감계정**은 다른 계정의 잔액에서 그 계정의 잔액을 차감하도록 설정된 계정을 말한다.

재무상태표

(주)태화경영컨설팅 20×1년 12월 31일 현재 (단위: 원)

자산			부채	
유형자산				
건물	₩1,200,000		자본	
건물감가상각누계액	(300,000)	₩900,000		
자산총계		×××	부채 및 자본총계	×××

장부상 남아 있는 가치를 장부금액(book value)이라 하며 해당 자산의 취득원가에서 감가상각누계액을 차감하여 계산된다. 예에서 건물의 취득원가가 ₩1,200,000이고, 감가상각누계액이 ₩300,000이므로 건물의 장부금액은 ₩900,000이라는 것을 알 수 있다.

3. 회계기간 말의 결산과정 예제

이 장에서 회계기간 말의 결산과정에 대해 설명하기 위해 앞 장에서 사용한 (주)태하경영컨설팅의 사례를 계속 사용한다. 아래에서는 (주)태화경영컨설팅의 20×1년 3월 한 달 동안 발생한 거래를 대상으로 회계기간 중의 거래기록(분개와 전기)과 시산표를 다시 제시하였다.[16]

3.1 회계기간 중의 거래기록의 예

(1) 회계기간 중의 거래기록의 예제

예제 6-7 회계기간 중의 거래

경영자문회사인 (주)태화경영컨설팅의 20×1년 3월 중의 거래내역은 다음과 같다.

3월 1일 주당액면 ₩5,000인 보통주 주식 200주를 발행하여 받은 현금 ₩1,000,000으로 영업을 시작하다.

16) 이 절의 내용은 **제5장(회계순환과정Ⅰ)의 제4절 회계기간 중 거래의 기록, 제5절 분개와 분개장, 제6절 전기와 총계정원장, 제7절 시산표의 작성**에서 설명한 내용에 이어서 **회계기간 말의 결산과정**을 설명한다. 따라서 **회계기간 중 거래기록의 예제, 분개와 분개장 기입, 전기와 총계정원장 기록, 시산표의 작성**에 대해서는 **제5장(회계순환과정Ⅰ: 회계기간 중의 거래기록)의 제4절부터 제7절까지의 설명**을 읽고 이 장의 설명을 읽어야 내용을 연결하여 이해할 수 있을 것이다.

3월 4일	컴퓨터 등 사무용비품 ₩200,000을 구입하고 ₩120,000은 현금으로 지급하고 잔액은 나중에 지급하기로 하다.
3월 5일	사무용 소모품 ₩10,000을 현금으로 구입하다.
3월 7일	경남은행에서 ₩300,000을 6개월 후에 상환하기로 하고 차입하다.
3월 10일	(주)한강에 ₩300,000의 경영자문 용역을 제공하고 ₩100,000은 현금으로 받고 잔액은 외상으로 하다.
3월 15일	(주)금강에 ₩100,000의 경영자문 용역을 제공하고 현금으로 받다.
3월 25일	3월 10일에 받지 못했던 용역대금을 현금으로 받다.
3월 28일	3월분 임차료 ₩10,000을 현금으로 지급하다.
3월 30일	급여 ₩50,000을 현금으로 지급하다.

(2) 예제에 대한 분개와 분개장 기입

위의 예제에 대한 분개를 표시하면 다음과 같다.

표 6-4 | 예제의 분개 [17]

3월 1일	(차)	현금	1,000,000	(대)	자본금	1,000,000
3월 4일	(차)	비품	200,000	(대)	현금	120,000
					미지급금	80,000
3월 5일	(차)	소모품	10,000	(대)	현금	10,000
3월 7일	(차)	현금	300,000	(대)	단기차입금	300,000
3월 10일	(차)	현금	100,000	(대)	용역매출	300,000
		매출채권	200,000			
3월 15일	(차)	현금	100,000	(대)	용역매출	100,000
3월 25일	(차)	현금	200,000	(대)	매출채권	200,000
3월 28일	(차)	임차료	10,000	(대)	현금	10,000
3월 30일	(차)	급여	50,000	(대)	현금	50,000

(3) 예제에 대한 시산표의 작성

위 예제의 총계정원장을 토대로 잔액시산표를 작성하면 다음 [표 6-5]와 같다. 시산표(trial balance)는 원장에 기록된 모든 계정에 대하여 회계기간 말(또는 재무제표 작성 시점)의 잔액을 계산하여 그 금액을 계정과목별로 한 곳에 모아 만든 집계표를 말한다.

17) [표 6-4] 예제의 분개는 [표 5-7] 예제의 분개(학습용 분개장)와 동일하다.
분개를 한 후 분개장에 기록한 거래를 계정별로 총계정원장의 해당 계정에 **전기**한다. 위의 예제의 전기는 **제5장(회계순환과정 I: 회계기간 중의 거래기록) 제6절 전기와 총계정원장 [표 5-[illegible]] 예제의 원장**을 참조.

표 6-5 | 수정전잔액시산표[18]

수정전잔액시산표

(주)태화경영컨설팅 20×1년 3월 31일 현재 (단위: 원)

차변	계정과목	대변
₩1,510,000	현금	
200,000	비품	
10,000	소모품	
	미지급금	₩80,000
	단기차입금	₩300,000
	자본금	1,000,000
	용역매출	400,000
10,000	임차료	
50,000	급여	
₩1,780,000	합계	₩1,780,000

3.2 회계기간 말의 결산과정의 예

(1) 결산수정분개와 전기의 예

위에서 제시한 (주)태화경영컨설팅의 시산표는 결산수정분개가 반영되지 않은 상태이다. 아래에서는 (주)태화경영컨설팅의 20×1년 3월 31일 현재 결산수정사항을 반영하여 결산수정분개와 전기를 하고 수정후시산표를 작성할 것이다.

예제 6-8 결산수정분개

앞의 (주)태화경영컨설팅의 3월 중 거래 내용에 추가하여 결산정리사항은 다음과 같다.

1. 비품에 대한 감가상각비는 ₩5,000이다.
2. 차입금에 대한 이자발생액은 ₩5,000이다.
3. 당기에 발생하였으나 아직 지급하지 않은 급여가 ₩10,000이다.
4. 소모품 중 사용되지 않고 남아 있는 금액이 ₩3,000이다.

18) [표 6-5] 수정전잔액시산표는 [표 5-12] 잔액시산표, [표 5-14] 합계잔액시산표의 잔액부분과 동일하다.

| 요구사항 |

결산정리사항에 대해 결산수정분개를 하고 T-계정에 전기하시오.

| 풀이 |

1. 결산수정분개

①	(차) 감가상각비	5,000	(대) 비품감가상각누계액	5,000
②	(차) 이자비용	5,000	(대) 미지급이자	5,000
③	(차) 급여	10,000	(대) 미지급급여	10,000
④	(차) 소모품비	7,000	(대) 소모품	7,000

2. 결산수정분개의 전기

위의 결산수정분개를 총계정원장에 전기한 후의 (주)태화경영컨설팅의 20×1년 3월 31일 현재 총계정원장의 내용을 모두 표시하면 다음과 같다.[19] 구분을 위하여 결산수정분개는 진한 글자로 표시하였다.

현금

3/ 1	자본금	1,000,000	3/ 4	비품	120,000
3/ 7	단기차입금	300,000	3/ 5	소모품	10,000
3/10	용역매출	100,000	3/28	임차료	10,000
3/15	용역매출	100,000	3/30	급여	50,000
3/25	매출채권	200,000			

매출채권

3/10	용역매출	200,000	3/25	현금	200,000

비품

3/ 4	제좌	200,000			

소모품

3/ 5	현금	10,000	**3/31**	**소모품비**	**7,000**

미지급금

			3/ 4	비품	80,000

19) 결산수정분개를 총계정원장에 전기하기 전의 총계정원장의 내용은 [표 5-9] 예제의 원장에 표시되어 있다.

단기차입금

			3/ 7	현금	300,000

자본금

			3/ 1	현금	1,000,000

용역매출

			3/10	제좌	300,000
			3/15	현금	100,000

임차료

3/28	현금	10,000			

급여

3/30	현금	50,000			
3/31	미지급급여	10,000			

이자비용

3/31	미지급이자	5,000			

감가상각비

3/31	비품감가상각누계액	5,000			

비품감가상각누계액

			3/31	감가상각비	5,000

미지급이자

			3/31	이자비용	5,000

미지급급여

			3/31	급여	10,000

소모품비

3/31	소모품	7,000			

제4절 재무제표의 작성

1. 수정후시산표의 작성

위와 같이 결산수정분개와 전기가 끝나면 수정전시산표에 결산수정분개를 반영한 수정후시산표(adjusted trial balance)[20]를 작성한다.

(주)태화경영컨설팅의 예제를 사용하여 결산수정분개를 수정전시산표에 반영한 수정후시산표를 제시하면 다음과 같다. 구분을 위하여 결산수정분개와 관련된 항목은 진한 글자로 표시하였다.

표 6-6 | 수정후잔액시산표

수정후잔액시산표

(주)태화경영컨설팅 20×1년 3월 31일 현재 (단위: 원)

차변	계정과목	대변
₩1,510,000	현금	
200,000	비품	
3,000	소모품	
	미지급금	₩80,000
	단기차입금	300,000
	자본금	1,000,000
	용역매출	400,000
10,000	임차료	
60,000	급여	
5,000	이자비용	
	비품감가상각누계액	**5,000**
	미지급이자	**5,000**
	미지급급여	**10,000**
5,000	**감가상각비**	
7,000	**소모품비**	
₩1,800,000	합계	₩1,800,000

수정후시산표는 다음 목적으로 작성한다.

20) 수정후시산표는 조정후시산표, 정리후시산표라 하기도 한다.

1. 결산수정분개와 전기 후에 차변계정의 잔액의 합계와 대변계정의 잔액의 합계가 일치하는지 여부를 검증한다.
2. 재무제표 작성을 비롯한 결산절차를 쉽게 한다.

첫 번째 목적은 결산정리분개와 전기에도 오류가 발생할 수 있으므로 대차평균의 원리(또는 대차평형의 원리)로 다시 검증하는 것이다. 수정후시산표에는 회계기간 중의 거래기록과 회계기간 말의 결산수정기록이 모두 반영되어 있다. 따라서 수정후시산표는 두 번째 목적인 재무제표 작성을 위한 최종자료가 된다. 즉 수정후시산표에서 수익과 비용을 식별하여 포괄손익계산서를 작성하고, 자산, 부채와 자본을 식별하여 재무상태표를 작성할 수 있다. 또한 일시계정(포괄손익계산서계정)을 마감하고, 영구계정(재무상태표계정)의 잔액에 대한 이월기록을 쉽게 할 수 있다.

2. 재무제표의 작성

수정후시산표에는 회계기간의 모든 거래가 반영되어 있다. 수정후시산표에 표시된 계정과목과 금액을 일반적으로 인정된 회계기준에서 정하는 재무제표 작성과 보고양식에 따라 자산, 부채와 자본을 하나의 표에 모으면 재무상태표가 작성되고, 수익과 비용을 하나의 표에 모으면 포괄손익계산서가 작성된다.

위의 (주)태화경영컨설팅의 수정후시산표를 사용하여 포괄손익계산서와 재무상태표를 작성하면 다음과 같다.

표 6-7 | 포괄손익계산서와 재무상태표

포괄손익계산서

(주)태화경영컨설팅　　제×기 20×1년 3월 1일부터 20×1년 3월 31일까지　　(단위: 원)

비용		수익	
임차료	₩10,000	용역매출	₩400,000
급여	60,000		
이자비용	5,000		
감가상각비	5,000		
소모품비	7,000		
당기순이익	₩313,000		
	₩400,000		₩400,000

재무상태표

(주)태화경영컨설팅		20×1년 3월 31일 현재		(단위: 원)
자산			**부채**	
현금		₩1,510,000	미지급금	₩80,000
비품	200,000		단기차입금	300,000
감가상각누계액	(5,000)	195,000	미지급이자	5,000
소모품		3,000	미지급급여	10,000
			자본	
			자본금	₩1,000,000
			이익잉여금	313,000
자산총계		₩1,708,000	**부채 및 자본총계**	₩1,708,000

재무상태표의 이익잉여금 항목은 당기순이익을 반영한 후의 기말잔액으로 20×1년 3월 31일 현재 재무상태표에 나타나게 된다.[21]

기초이익잉여금	₩0
(+) 당기순이익	313,000
기말이익잉여금	₩313,000

일반적으로 수정후시산표에 표시된 재무상태표 항목의 이익잉여금계정에는 기초이익잉여금의 잔액이 나타난다. 그러나 (주)태화경영컨설팅은 20×1년 3월 1일에 영업을 개시하여 기초이익잉여금의 잔액이 없으므로 수정후시산표에 (기초)이익잉여금계정이 나타나지 않았다. 예에서 수익이 ₩400,000이고 비용이 ₩87,000이므로 당기순이익이 ₩313,000이다. 당기순이익은 이익잉여금의 증가항목이므로 기말이익잉여금은 ₩313,000이 된다.

21) 회계기간 중에 **배당금을 지급한 경우** 재무상태표의 **이익잉여금** 항목은 당기순이익과 배당금을 반영한 후의 기말잔액으로 기말재무상태표에 나타나게 된다.

기초이익잉여금	×××
(+) 당기순이익	×××
( ) **배당금**	YYY
기말이익잉여금	×××

제5절 장부의 마감

1. 장부의 마감

마지막으로 다음 기간의 회계기록으로 연결시키기 위하여 회계장부를 마감하는 절차가 필요하다. 마감은 손익계정이나 그 밖의 임시계정을 마감시켜 다음 회계기간의 기초잔액이 ₩0에서 시작할 수 있도록 장부를 정리하는 절차이다.

장부마감[22]은 다음의 절차를 거친다.

1. 임시계정(포괄손익계산서계정)을 마감한다.
2. 영구계정(재무상태표계정)의 잔액에 대한 이월기록을 한다.

마감절차도 반드시 분개를 하여야 하는데 이 분개를 마감분개(closing entries, 또는 결산분개)라 한다. 마감분개는 일정기간의 경영성과와 기말의 재무상태를 정확하게 계산하고, 다음 회계기간의 계정기입을 위한 기준점이 된다.

포괄손익계산서계정인 수익과 비용계정을 임시계정(temporary accounts, 또는 일시계정) 또는 명목계정(nominal accounts)이라고 한다. 임시계정은 한 회계기간의 기간이익을 계산하기 위해 임시로 설정되는 계정으로 재무상태표의 이익잉여금계정에 그 결과를 대체하고 소멸하는 계정을 말한다. 한편, 재무상태표계정인 자산, 부채와 자본계정을 영구계정(permanent accounts) 또는 실질계정(real accounts)이라고 한다. 영구계정은 한 회계기간이 지나도 계정잔액이 소멸되지 않고 다음 회계기간에 이월되는 계정을 말한다.

22) **분개장의 마감**: 분개장의 차변합계와 대변합계를 계산하여 서로 일치하는지를 확인하고, 그 아래에 두 줄을 그어 장부를 마감한다. **(주)태화경영컨설팅**의 **분개장 마감**을 **예**로 들면 다음과 같다.

분개장 제×면

일자		적요	원면	차변	대변
3	1	현금	11	₩1,000,000	
		자본금	31		₩1,000,000
		주당액면 ₩5,000인 주식 200주를 발행하다			
		중간 생략			
	31	집합손익		313,000	
		이익잉여금			313,000
		집합손익계정을 마감하다			
				×××	×××

2. 포괄손익계산서계정의 마감

2.1 수익과 비용계정의 마감

수익과 비용계정은 당기의 경영성과를 나타내기 때문에 차기의 경영활동에 영향을 미치지 않아야 한다. 따라서 수익과 비용계정은 한 회계기간이 끝나면 계정잔액을 '0'으로 만들어 차기의 경영활동에 따른 기록은 '0'에서 시작되도록 하여야 한다.

수익과 비용계정은 다음과 같은 절차에 따라 마감한다.

표 6-8 | 수익과 비용계정의 마감절차

구분	내용
집합손익계정의 설정	수익과 비용계정을 마감하기 위하여 총계정원장에 집합손익 계정을 설정
수익계정의 마감	수익계정의 잔액을 집합손익계정의 대변에 대체 (차) 수익 ××× (대) 집합손익 ×××
비용계정의 마감	비용계정의 잔액을 집합손익계정의 차변에 대체 (차) 집합손익 ××× (대) 비용 ×××
집합손익계정의 마감과 당기순손익의 대체	집합손익계정의 잔액이 대변잔액인 경우[*1] 당기순이익이 발생하며, 당기순이익을 이익잉여금계정에 대체 (차) 집합손익 ××× (대) 이익잉여금 ×××

*1. 집합손익계정의 잔액이 차변잔액인 경우 당기순손실이 발생하며, 당기순손실은 다음과 같이 이익잉여금계정에 대체함.
(차) 이익잉여금 ××× (대) 집합손익 ×××[23)]

집합손익계정의 설정은 기업의 경영활동 결과인 당기순손익을 계산하기 위해 모든 수익과 비용계정을 집계하는 집합손익(income summary)계정을 새로 만드는 것이다. 집합손익계정은 포괄손익계산서계정의 마감과정에서 임시로 사용되는 계정이며, 이익잉여금계정으로 대체되면서 없어진다.

수익과 비용계정의 대체와 마감은 모든 포괄손익계산서계정 잔액을 '0'으로 마감하고 집합손익계정에 집계하는 분개를 하는 것이다. 수익계정의 마감은 수익계정의 잔액이 대변에 나타나기 때문에 '0'으로 만들기 위해서는 차변에 수익계정의 잔액을 기록하고 대변에 집합손익계정을 기록한다. 비용계정의 마감은 비용계정의 잔액은 차변에 나타내기 때

23) **당기순손실이 발생**하면 이익잉여금의 차변에 대체한다. 이것은 전기이월이익잉여금보다 당기순손실이 더 많다는 것을 의미하며 이익잉여금의 잔액은 음(−)의 값을 갖게 된다. 이러한 경우에는 재무상태표에 이익잉여금이라고 표시하지 않고 결손금이라고 표시한다.
자세한 내용은 **제14장(자본) 제7절 이익잉여금**의 설명을 참조.

문에 '0'으로 만들기 위해서는 대변에 비용계정의 잔액을 기록하고 차변에 집합손익계정을 기록한다.

이렇게 분개하면 수익계정의 잔액은 집합손익계정의 대변에 집계되고 비용계정의 잔액은 집합손익계정의 차변에 집계되므로, 집합손익계정에 집계된 내용은 위에서 살펴본 포괄손익계산서와 동일하다. 이때 집합손익계정의 잔액을 계산하면 당기의 수익(대변)에서 비용(차변)을 차감한 당기순손익이 산출된다.

집합손익계정의 마감과 당기순손익의 대체는 집합손익계정의 잔액이 대변(차변)잔액인 경우 당기순이익(당기순손실)이 발생하며, 당기순이익(당기순손실)을 이익잉여금계정에 대체하면 집합손익계정도 잔액이 '0'이 된다.

2.2 수익과 비용계정의 마감 예

(주)태화경영컨설팅의 예를 보면, 20×1년 3월의 예에서 수익 ₩400,000과 비용 ₩87,000이 발생하여 당기순이익이 ₩313,000 발생하였다. 당기순이익은 이익잉여금의 증가항목이므로 당기순이익 ₩313,000만큼 (주)태화경영컨설팅의 이익잉여금이 증가하였다.

수익계정의 마감:	(차) 용역매출	400,000	(대) 집합손익	400,000
비용계정의 마감:	(차) 집합손익	87,000	(대) 임차료	10,000
			급여	60,000
			이자비용	5,000
			감가상각비	5,000
			소모품비	7,000
집합손익계정의 마감:	(차) 집합손익	313,000	(대) 이익잉여금	313,000

(주)태화경영컨설팅의 포괄손익계산서계정의 마감분개를 전기한 결과는 다음과 같으며, 마감분개의 전기는 고딕체로 표시(결산수정분개의 전기는 진한 글자로 표시)하였다. 다음 표를 보면 마감분개와 전기 후에는 모든 손익, 비용과 집합손익계정의 잔액이 0이 된다는 것을 알 수 있다. 이익잉여금계정은 영구계정이므로 마감하지 않고 잔액을 이월시킨다.

표 6-9 | 포괄손익계산서계정의 마감분개의 전기 예

A. 수익계정의 마감

용역매출

3/31	집합손익	400,000	3/10	제좌	300,000
			3/15	현금	100,000
		400,000			400,000

B. 비용계정의 마감

임차료

3/28	현금	10,000	3/31	집합손익	10,000
		10,000			10,000

급여

3/30	현금	50,000	3/31	집합손익	60,000
3/31	**미지급급여**	**10,000**			
		60,000			60,000

이자비용

3/31	**미지급이자**	**5,000**	3/31	집합손익	5,000
		5,000			5,000

감가상각비

3/31	**비품감가상각누계액**	**5,000**	3/31	집합손익	5,000
		5,000			5,000

소모품비

3/31	**소모품**	**7,000**	3/31	집합손익	7,000
		7,000			7,000

C. 집합손익계정의 마감

집합손익

3/31	임차료	10,000	3/31	용역매출	400,000
3/31	급여	60,000			
3/31	이자비용	5,000			
3/31	감가상각비	5,000			
3/31	소모품비	7,000			
3/31	당기순이익	313,000			
		400,000			400,000

이익잉여금

		3/31	집합손익	313,000

3. 재무상태표계정의 마감

3.1 자산, 부채와 자본계정의 마감

포괄손익계산서계정을 마감한 후에는 재무상태표계정인 자산, 부채와 자본계정을 마감해야 한다. 잔액이 0으로 마감되는 포괄손익계산서계정과 달리, 영구계정인 재무상태표계정의 잔액은 기말에도 0으로 되지 않고 다음 회계기간으로 이월된다. 따라서 재무상태표계정의 마감을 잔액이월이라고도 하며, 당기의 기말잔액을 차기의 기초잔액으로 이월하는 것을 말한다.

재무상태표계정의 마감은 별도의 분개 없이 장부상 최종잔액에 차기이월이라고 기입하는 것으로 종료된다.

❙ 그림 6-2 ❙ 자산, 부채와 자본계정의 마감

자산계정

전기이월	×××	감 소	×××
증 가	×××	차기이월	×××
	×××		×××
전기이월	×××		

부채 또는 자본계정

감 소	×××	전기이월	×××
차기이월	×××	증 가	×××
	×××		×××
		전기이월	×××

재무상태표계정은 차변 또는 대변에 잔액이 남게 되며, 잔액은 차기로 이월되므로 그 잔액만큼 자산은 대변, 부채 및 자본은 차변에 붉은색으로 차기이월을 기입하여 차변과 대변의 합계액을 일치시키고 그 밑에 두 줄을 그어 장부를 마감한다. 차기이월 금액만큼을 다음 회계기간의 개시일에 차기이월이 기록된 편의 반대편에 전기이월로 기입한다. 전기이월은 붉은색으로 기록하지 않는다.[24]

다음 연도의 총계정원장은 전기이월된 금액에서 시작한다.

3.2 자산, 부채와 자본계정의 마감 예

(주)태화경영컨설팅의 재무상태표계정을 마감한 결과는 다음과 같다. 이월된 잔액은 재무상태표계정의 금액과 같으며, 고딕체로 표시(결산수정분개의 전기는 진한 글자로 표시)하였다. 자본계정에는 집합손익계정에서 대체된 이익잉여금계정도 포함된다.

표 6-10 | 재무상태표계정의 마감 예

A. 자산계정의 마감

현금

3/ 1	자본금	1,000,000	3/ 4	비품	120,000
3/ 7	단기차입금	300,000	3/ 5	소모품	10,000
3/10	용역매출	100,000	3/28	임차료	10,000
3/15	용역매출	100,000	3/30	급여	50,000
3/25	매출채권	200,000		차기이월	1,510,000
		1,700,000			1,700,000
	전기이월	1,510,000			

매출채권

3/10	매출	200,000	3/25	현금	200,000
				차기이월	0
		200,000			200,000
	전기이월	0			

비품

3/ 4	제좌	200,000		차기이월	200,000
		200,000			200,000
	전기이월	200,000			

소모품

3/ 5	현금	10,000	**3/31**	**소모품비**	**7,000**
				차기이월	3,000
		10,000			10,000
	전기이월	3,000			

비품감가상각누계액

	차기이월	5,000	**3/31**	**감가상각비**	**5,000**
		5,000			5,000
				전기이월	5,000

24) **분개장의 분면란**에는 차기이월과 전기이월은 **분개를 하지 않았다는 표시**로 √를 표시한다.

B. 부채계정의 마감

미지급금

차기이월	80,000	3/ 4	비품	80,000
	80,000			80,000
			전기이월	80,000

단기차입금

차기이월	300,000	3/ 7	현금	300,000
	300,000			300,000
			전기이월	300,000

미지급이자

차기이월	5,000	**3/31**	**이자비용**	**5,000**
	5,000			5,000
			전기이월	5,000

미지급급여

차기이월	10,000	**3/31**	**급여**	**10,000**
	10,000			10,000
			전기이월	10,000

C. 자본계정의 마감

자본금

차기이월	1,000,000	3/ 1	현금	1,000,000
	1,000,000			1,000,000
			전기이월	1,000,000

이익잉여금

차기이월	313,000		집합손익	313,000
	313,000			313,000
			전기이월	313,000

4. 이월시산표

위에서 살펴본 장부의 마감으로 모든 결산과정이 끝났다. 그러나 결산수정분개, 마감분개와 이월기입의 과정에서도 오류가 발생할 수 있다. 따라서 결산 후에 재무상태표 계정의 이월잔액을 모아 시산표를 작성하는데 이를 이월시산표(post-closing trial balance)라 한다. 이월시산표에는 재무상태표계정의 잔액만 존재하는데, 포괄손익계산서계정은 마감되어 잔액이 0으로 되었기 때문이다.

이월시산표의 작성은 결산과정에 필수적인 것은 아니다.

표 6-11 | 이월시산표

이월시산표

(주)태화경영컨설팅 20×1년 3월 31일 현재 (단위: 원)

차변	계정과목	대변
₩1,510,000	현금	
200,000	비품	
	비품감가상각누계액	₩5,000
3,000	소모품	
	미지급금	80,000
	단기차입금	300,000
	미지급이자	5,000
	미지급급여	10,000
	자본금	1,000,000
	이익잉여금	313,000
₩1,713,000	합계	₩1,713,000

보론 정산표를 이용한 결산

1. 정산표의 의의

앞에서 설명하였듯이 결산은 수정전시산표의 작성, 결산수정분개, 수정후시산표의 작성, 재무제표의 작성, 포괄손익계산서계정의 마감과 재무상태표계정의 이월기입의 순서로 수행된다. 결산과정을 일목요연하게 볼 수 있는 별도의 양식을 작성하여 결산할 수도 있는데, 이를 정산표(work sheet, W/S)라 한다.[25] 정산표는 재무제표가 아니고, 정산표의 작성도 결산의 필수적인 절차가 아니라 임의로 선택할 수 있다. 다만 정산표를 작성하면 수정후시산표와 재무제표를 손쉽게 작성할 수 있다.

대부분의 기업들은 컴퓨터를 이용하여 장부기장을 한다. 당기 중에 발생한 거래의 분개와 결산수정분개를 컴퓨터에 입력하면 자동으로 장부에 전기되고 수정후시산표, 포괄손익계산서와 재무상태표가 만들어진다. 따라서 실무에서 정산표를 작성하는 예는 많지 않다. 다만 회계학 교과서에서는 수작업 환경에서 재무제표의 전반적인 작성과정을 정산표를 통해 설명함으로써 분개와 전기, 시산표와 재무제표 간의 관련성을 쉽게 파악할 수 있도록 하기 위하여 정산표를 사용한 결산과정을 설명한다.

2. 정산표의 작성

아래에서는 (주)태화경영컨설팅의 예를 사용하여 정산표를 작성하는 과정을 설명한다. 지금까지 정산표의 작성과정을 명시적으로 설명하지 않았으나 사실상 앞에서 이미 설명하였다. 정산표의 작성과정을 요약하면 다음과 같다.

25) **정산표의 종류**: 정산표는 난(column)의 수에 따라 8위식, 10위식 등이 있으며, 8위식은 수정후시산표란이 없다.

표 6-12 | 정산표

계정과목	수정전시산표		결산수정분개		수정후시산표		포괄손익계산서		재무상태표	
	차변	대변	차변	대변	차변	대변	차변	대변	차변	대변
현금	₩1,510,000				₩1,510,000				₩1,510,000	
비품	200,000				200,000				200,000	
소모품	10,000			④₩7,000	3,000				3,000	
미지급금		₩80,000				₩80,000				₩80,000
단기차입금		300,000				300,000				300,000
자본금		1,000,000				1,000,000				1,000,000
용역매출		400,000				400,000		₩400,000		
임차료	10,000				5,000		5,000			
급여	50,000		③₩10,000		60,000		60,000			
	₩1,780,000	₩1,780,000								
이자비용			②5,000		10,000		10,000			
비품감가상각누계액				①5,000		5,000				5,000
미지급이자				②5,000		5,000				5,000
미지급급여				③10,000		10,000				10,000
감가상각비			①5,000		5,000		5,000			
소모품비			④7,000		7,000		7,000			
당기순이익							313,000			313,000
			₩27,000	₩27,000	₩1,800,000	₩1,800,000	₩400,000	₩400,000	₩1,713,000	₩1,713,000

2.1 수정전시산표란의 기입

[표 6-5]의 수정전잔액시산표의 잔액을 수정전시산표란에 옮긴다.

2.2 결산수정분개란의 기입

[예제 6-8]의 결산수정분개를 결산수정분개란에 기입한다.

2.3 수정후시산표란의 기입과 수정후시산표의 작성

수정전시산표란과 결산수정분개란의 차변과 대변의 금액을 합계 또는 상계하여 수정후시산표란에 기입한다.[26] 만일 수정전시산표란과 결산수정분개란의 금액이 모두 같은 변에 있으면 그 합을 수정후시산표란의 같은 변에 기입하고, 수정전시산표란과 결산수정분개란의 금액이 다른 변에 있으면 상계하여 잔액이 남는 변의 것을 수정후시산표란의 동일한 변에 기입한다. 이렇게 작성한 수정후시산표란을 별도로 표로 만든 것이 수정후시산표이다.

2.4 포괄손익계산서란의 기입과 포괄손익계산서의 작성

수정후시산표란에서 수익과 비용계정을 식별하여 수익은 포괄손익계산서란의 대변에 기입하고 비용은 포괄손익계산서란의 차변에 기입한다. 포괄손익계산서란에서 '수익–비용'을 구하여 양수(음수)면 당기순이익(당기순손실)이 발생한다. 예에서 수익이 ₩400,000이고 비용이 ₩87,000이므로 당기순이익이 ₩313,000이다.

계정과목란의 마지막 줄에 '당기순이익'이라는 줄을 만들어 포괄손익계산서란의 차변에 ₩313,000을 기입한다. 당기순이익을 차변에 기입하는 이유는 비용의 합이 수익보다 적은 만큼을 포괄손익계산서의 차변에 기입하여 차변과 대변의 합 사이에 균형을 맞추기 위함이다.

포괄손익계산서란의 차변과 대변의 합을 각각 합계란에 기입한다. 포괄손익계산서란을 회계기준의 양식에 맞추어 작성하면 포괄손익계산서가 된다.[27]

2.5 재무상태표란의 기입과 재무상태표의 작성

수정후시산표란에서 자산, 부채와 자본계정을 식별하여 자산은 재무상태표란의 차변에 기입하고 부채와 자본은 재무상태표란의 대변에 기입한다.

기입할 때 다음에 주의하여야 한다. 첫째, 자산의 차감항목(비품감가상각누계액)은 자산(비품) 바로 아래에 별도의 난을 만들어 대변에 기입하는 것이 좋다. 둘째, 이익잉여금은 자본에 속하므로 기초잔액이 대변에 나타나나 예에서는 이익잉여금의 기초잔액이 없으며, 이익잉여금을 감소시키는 회계기간 중의 배당금이 있으면 배당금이 차변에 나타난다.

포괄손익계산서란에서 구한 당기순이익(당기순손실)을 대변(차변)에 기입한다.[28] 재무상태표란의 차변과 대변의 합을 구하여 합계란에 기입한다. 재무상태표란을 기업회계기준의 양식에 맞추어 작성하면 재무상태표가 된다.[29]

---

26) **수정후잔액시산표**는 [표 6–6]과 같다.
27) **포괄손익계산서**는 [표 6–7]과 같다.
28) **당기순이익**은 자본에 속하는 대변 계정과목인 **이익잉여금을 증가**시키므로 재무상태표란의 대변에 나타난다.
29) **재무상태표**는 [표 6–7]과 같다.

신문에서 배우는 회계 · 세상

컨설팅 '붐' … 대형 회계법인 '반년치 예약' 꽉차

한국 넘어 전 세계 트렌드
코로나 이후 디지털전환 가속
기업 신사업 · M&A 수요 폭발
삼일, 작년 관련 매출 7,100억원
다른 법인도 매출 30~40% 늘어

정보기술(IT) 업종의 스타트업 C사는 경영 컨설팅을 받기 위해 국내 '빅4' 회계법인(삼일 · 삼정 · 한영 · 안진) 중 한 곳을 찾았다. C사는 전사적자원관리(ERP) 시스템 구축부터 기업공개(IPO), 해외 진출 방안까지 종합적인 경영 컨설팅을 받고 싶었다. 하지만 해당 회계법인은 "업무가 너무 많아 최소 5~6개월은 기다려야 한다"고 답했다. C사는 어쩔 수 없이 국내 10위권 회계법인으로 발길을 돌려야 했다.

중요 회계법인의 경영자문 매출
(단위: 억원)

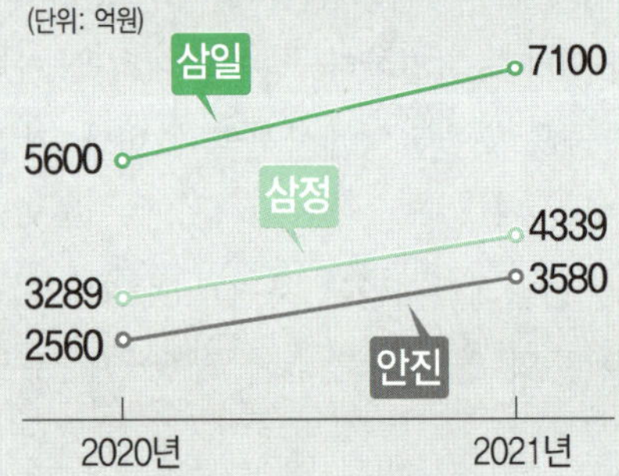

※ 삼일은 6월, 삼정은 3월, 안진은 5월 결산법인
※ 회계법인 경영자문 매출 및 별도 컨설팅법인 매출을 모두 합산한 수치 기준

국내 대형 회계법인의 컨설팅 및 자문 사업이 호황을 구가하고 있다. "단군 이래 최대 호황"이라는 말까지 나올 정도다. 기업들의 인수합병(M&A) 회계자문, 내부회계관리제도 구축 컨설팅 등이 꾸준히 이어지는 가운데 코로나19 이후 디지털 트랜스포메이션 추진 및 신사업 진출 등을 위한 신규 컨설팅 수요가 급증한 덕분이란 설명이다.

두 자릿수 급증한 컨설팅 매출

25일 회계법인 업계에 따르면 삼일회계법인 등 국내 대형 회계법인의 컨설팅 매출이 지난 회계연도에 적게는 25%, 많게는 40%대의 고성장세를 보인 것으로 나타났다.

6월 결산법인인 삼일회계법인은 별도 컨설팅법인(PwC컨설팅) 매출을 합친 컨설팅 · 자문 부문 매출이 지난해(2021년 7월~2022년 6월) 7,100억원에 달한 것으로 잠정 집계됐다. 전년(5,600억원)보다 27% 증가한 수치다. 세부 분야별로는 M&A 자문 매출이 전년보다 약 20%, 경영 관련 컨설팅 매출이 약 35% 증가한 것으로 알려졌다.

5월 결산법인인 딜로이트안진회계법인도 별도 컨설팅법인(딜로이트컨설팅)을 포함한 컨설팅 · 자문 매출이 지난해(2021년 6월~2022년 5월) 3,580억원으로 전년(2,560억원)보다 40% 급증한 것으로 잠정 집계됐다.

앞서 3월 결산법인인 삼정회계법인은 M&A 자문 및 컨설팅을 수행하는 경영자문 부문 매출이 2020회계연도 3,289억원에서 2021회계연도 4,339억원으로 32% 증가했다고 공시했다.

이 같은 대형 회계법인들의 컨설팅·자문 매출 증가폭은 전통 사업 영역으로 꼽히던 회계감사나 세무자문을 훨씬 앞선 것이다. 예컨대 삼정회계법인은 2021회계연도에 회계감사 부문 매출은 2,146억원으로 10.2% 증가했고, 세무자문은 1,124억원으로 16.4% 늘었다.

한 대형 회계법인 임원은 "최근 몇 년간 회계법인 매출 증가세가 신(新)외부감사법 시행 이후 외부감사 투입시간 증가와 주기적 감사인 지정제도 시행 때문이란 시각이 많다"며 "하지만 적어도 대형 회계법인은 공통적으로 감사 부문보다는 컨설팅 부문이 훨씬 빠른 성장세를 보이며 매출 증가를 주도하고 있다"고 말했다.

팬데믹 이후 컨설팅 수요 '급증'

대형 회계법인의 컨설팅·자문 매출이 급증하는 것은 다양한 수요가 맞물린 결과란 설명이다. M&A 자문, 사내 업무 프로세스 개선, 내부 회계시스템 구축 등 회계법인이 과거부터 강점을 지닌 분야의 컨설팅 수요가 꾸준히 이어지는 가운데 코로나19 발생 이후에는 디지털 트랜스포메이션 관련 컨설팅 수요가 급증했다. 재택근무, 온라인 신사업 진출, ERP 시스템 구축, 디지털 마케팅 전략 수립, 메타버스 활용 전략 등이 대표적이다. 여기에 최근 1~2년간 ESG(환경·사회·지배구조) 트렌드에 대응하기 위한 컨설팅을 받으러 회계법인을 찾는 기업도 크게 늘었다.

한 대형 회계법인 관계자는 "최근 오스템임플란트, 우리은행 등의 횡령 사건이 발생한 뒤 인공지능(AI)을 활용한 회계시스템 구축을 문의하는 기업도 많아졌다"고 말했다.

컨설팅·자문 매출 급증은 한국뿐 아니라 글로벌 트렌드다. 월스트리트저널에 따르면 딜로이트, 언스트&영(EY), KPMG, PwC 등 글로벌 4대 회계법인의 컨설팅 매출(세금 자문 포함)은 지난해 총 1,150억달러로, 감사 매출(530억달러)의 두 배가 넘었다. 한 대형 회계법인 대표는 "미래에 닥쳐올 큰 변화의 흐름에 대비하려는 기업이 많아 앞으로 회계법인의 컨설팅 매출은 더 늘어날 것으로 예상한다"고 말했다.

https://www.hankyung.com/finance/article/2022072590341

논술문제

1 결산과정에 대해 설명하시오.

2 회계기간 말의 결산과정에 대해 설명하시오.

3 현금기준과 발생기준에 대해 설명하시오.

4 결산수정분개의 의의와 결산수정분개를 하는 이유에 대해 설명하시오.

5 수정전시산표, 결산정리분개와 수정후시산표의 관계에 대해 설명하시오.

6 결산수정분개가 필요한 거래의 유형에 대해 설명하시오.

7 회계기간 말에 결산을 하는 이유에 대해 설명하시오.

8 수익의 이연과 발생에 대해 설명하시오.

9 비용의 이연과 발생에 대해 설명하시오.

10 재무제표의 작성에 대해 설명하시오.

11 장부의 마감에 대해 설명하시오.

객관식문제

■ 기본문제

1 다음 자료에 의한 12월 31일 결산정리분개로 옳은 것은? 단, 월할계산한다. (기업회계 3급 42회)

9월 1일에 6개월분 임대료 ₩600,000을 현금으로 선수입하고 다음과 같이 분개하였다.

(차) 현금 600,000 (대) 임대료 600,000

---

① (차) 임대료 200,000 (대) 선수임대료 200,000
② (차) 임대료 400,000 (대) 선수임대료 400,000
③ (차) 미수임대료 200,000 (대) 임대료 200,000
④ (차) 미수임대료 400,000 (대) 임대료 400,000

| 풀이 |

6개월분이 ₩600,000이므로 1개월분은 ₩100,000이며, 12월 31일(결산일) 현재 2개월이 경과하지 않았으므로 ₩200,000이 선수임대료이며, 이 금액을 임대료에서 차감하고, 선수임대료로 차기에 이월함.

| 정답 | ①

2 다음은 (주)한국의 20X1년 기말결산 사항이다. 결산수정분개가 틀린 것은? (기업회계 2급 44회)

① 본사 자동차보험료 중 기간미경과분 ₩100,000
(차) 선급보험료 100,000 (대) 보험료 100,000
② 자산으로 계상한 소모품 사용액 ₩20,000
(차) 소모품 20,000 (대) 소모품비 20,000
③ 1년 만기 임대료수입 중 기간미경과분 ₩200,000
(차) 임대료수입 200,000 (대) 선수수익 200,000
④ 재고자산 평가손실액 ₩150,000
(차) 재고자산평가손실 150,000 (대) 재고자산평가충당금 150,000

| 풀이 |

(차) 소모품비 20,000 (대) 소모품 20,000

| 정답 | ②

3 **다음 중 소모품비계정(판매비와관리비)에 기입된 내용에 대한 설명으로 옳은 것은?** (기업회계 3급 43회)

소모품비

12/1	현　　금	₩100,000	12/31	소 모 품	₩20,000
			12/31	손　　익	80,000
		₩100,000			₩100,000

① 당기 소모품 구입은 ₩20,000이다.
② 당기 소모품 미사용액은 ₩80,000이다.
③ 손익계산서에 계상되는 소모품비는 ₩100,000이다.
④ 결산시 소모품 미사용에 대한 분개는 (차) 소모품 20,000 (대) 소모품비 20,000이다.

| 풀이 |
소모품비계정의 차변에 '12/1 현금 ₩100,000'은 소모품 구입액을 의미하고, 미사용액은 ₩20,000임.

| 정답 | ④

4 **다음 합계잔액시산표상 A, B, C에 들어갈 금액의 합은?** (전산회계 1급 69회)

차변		계정과목	대변	
잔액(원)	합계(원)		합계(원)	잔액(원)
10,000	(A)	현　　금	240,000	
20,000	(B)	외상매출금	310,000	
	110,000	외상매입금	(C)	10,000
		자 본 금	500,000	500,000
250,000	250,000	여비교통비		
		이 자 수 익	110,000	110,000

① ₩560,000　② ₩620,000　③ ₩680,000　④ ₩700,000

| 풀이 |
₩250,000 + ₩330,000 + ₩120,000 = ₩700,000

| 정답 | ④

5 **(주)한국은 기초 소모품이 ₩5,000이었고, 기중에 소모품 ₩6,000을 추가로 구입하고 자산으로 처리하였다. 기말에 남아 있는 소모품이 ₩3,000이라면 소모품과 관련된 기말수정분개는?** (지방직 9급 2011)

	차변		대변	
①	소모품비	8,000	소모품	8,000
②	소모품	3,000	소모품비	3,000
③	소모품비	3,000	소모품	3,000
④	소모품	8,000	소모품비	8,000

| 풀이 |

당기 소모품사용분=(기초 소모품+기중구입 소모품)-기말 소모품
=(₩5,000+6,000)-3,000=₩8,000

| 정답 | ①

6 **(주)한국의 20X1년도 현금주의에 의한 영업이익은 ₩100,000이다. 20X1년 1월 1일에 비해 20X1년 12월 31일 선수수익은 ₩10,000 증가하였고 미수수익은 ₩20,000 증가하였다. (주)한국의 20X1년도 발생주의에 의한 영업이익은?** (국가직 9급 2014)

① ₩100,000 ② ₩110,000 ③ ₩130,000 ④ ₩140,000

| 풀이 |

발생주의 영업이익=현금주의 영업이익+미수수익 증가분-선수수익 증가분
=₩100,000+20,000-10,000=₩110,000

| 정답 | ②

7 **(주)한국은 20X1년 3월 1일에 건물 임대시 1년분 임대료 ₩360,000을 현금으로 수취하고 임대수익으로 처리하였으나 기말에 수정분개를 누락하였다. 그 결과 20X1년도 재무제표에 미치는 영향으로 옳은 것은? 단, 월할계산한다.** (국가직 9급 2017)

① 자산총계 ₩60,000 과대계상 ② 자본총계 ₩60,000 과소계상
③ 부채총계 ₩60,000 과소계상 ④ 비용총계 ₩60,000 과대계상

| 풀이 |

건물 임대시 수취한 임대료 ₩360,000 중 2015년 귀속 임대료는 3월~12월의 10개월치인 ₩300,000이므로 기말에 과대인식한 임대료(수익) 중 ₩60,000을 감액하고 선수임대료(부채)를 인식하는 수정분개가 필요함.

기말수정분개: (차) 임대수익 60,000 (대) 선수임대료 60,000

| 정답 | ③

8 **(주)한국의 20X1년 기초와 기말 재무상태표에는 선급보험료가 각각 ₩24,000과 ₩30,000이 계상되어 있다. 포괄손익계산서에 보험료가 ₩80,000으로 계상되어 있다고 할 경우, 20X1년에 현금으로 지급한 보험료는?** (국가직 7급 2015)

① ₩56,000 ② ₩74,000 ③ ₩80,000 ④ ₩86,000

| 풀이 |

선급보험료가 기초에 비해 기말에 ₩6,000만큼 증가하였으므로 동 금액만큼은 당기 보험료로 인식한 금액에 추가적으로 현금지급이 이루어진 것임.

| 정답 | ④

사례문제

1 결산수정분개

청소용역회사인 (주)입석은 9월 1일 영업을 시작하였으며, 9월 30일 시산표 일부 계정의 잔액은 다음과 같다.

선급보험료	₩72,000	기계장치	₩560,000
지급어음	400,000	선수금	84,000
용역매출	36,000		

월말에 다음과 같은 추가 자료가 발견되었다.

1. 선급보험료는 2년의 계약기간에 대한 보험료로 9월 1일부터 보험이 적용된다.
2. 기계에 대한 감가상각은 월 ₩10,000이다.
3. 지급어음은 9월 1일 발행되었다. 만기는 6개월이고 연이율은 12%이다.
4. (주)입석은 6개월간 청소용역권을 ₩12,000에 판매하였는데 7명의 고객이 신청하고 대금을 현금으로 납부하였다. 회사는 9월부터 고객에게 용역을 제공하였다.
5. 9월 30일 현재 청소용역을 제공하였으나 기록되지 않은 금액이 ₩30,000 있다.

| 요구사항 |

결산수정분개를 하고 계산근거를 제시하시오.

| 풀이 |

결산수정분개

1	(차) 보험료*	3,000	(대) 선급보험료	3,000
	* ₩72,000÷24개월=₩3,000			
2	(차) 감가상각비	10,000	(대) 기계감가상각누계액	10,000
3	(차) 이자비용**	4,000	(대) 미지급이자	4,000
	** ₩400,000×12%÷12개월=₩4,000			
4	(차) 선수금***	14,000	(대) 용역매출	14,000
	*** ₩12,000÷6개월×7명=₩14,000			
5	(차) 매출채권	30,000	(대) 용역매출	30,000

2 현금기준과 발생기준

다음은 (주)보문의 20×1년 10월 중 거래이다.

10월에 외상으로 제공한 서비스	₩808,000
현금회수	
주식발행(액면금액)	802,000
매출채권회수	506,000
10월 동안 현금으로 제공한 서비스	305,000
현금지급	
10월에 발생한 비용	420,000
10월 이전에 발생한 비용	300,000
11월에 지급하나 10월 중에 발생한 비용	340,000

| 요구사항 |

10월의 현금기준 손익과 발생기준 손익을 계산하시오.

| 풀이 |

1. 현금기준 손익

수익	현금수익	₩305,000	
	매출채권회수	506,000	₩811,000
비용	10월의 비용지급	420,000	
	10월 이전의 비용지급	300,000	720,000
당기순이익			₩91,000

2. 발생기준 손익

수익	외상	₩808,000	
	현금	305,000	₩1,113,000
비용	10월 발생비용	420,000	
	11월에 지급할 발생비용	340,000	760,000
당기순이익			₩353,000

3 결산수정분개, 전기와 시산표 작성

다음은 이삿짐운송회사인 (주)구룡익스프레스의 20×1년 4월 30일의 잔액시산표와 5월 중에 발생한 거래내역이다.

잔액시산표

(주)구룡익스프레스 20×1년 4월 30일 현재 (단위: 원)

차변	계정과목	대변
₩766,500	현금	
640,500	매출채권	
31,000	소모품	
353,000	차량운반구	
	차입금	₩74,000
	지급어음	665,000
	자본금	1,000,000
	이익잉여금	52,000
₩1,791,000	합계	₩1,791,000

① 이삿짐을 운송해주고 수수료 ₩623,000을 아직 받지 못하다.
② 소모품 ₩6,500을 현금으로 구입하다.
③ 기업은행에서 ₩100,000을 차입하다.
④ 매출채권 ₩305,000을 현금으로 받다.
⑤ 지급어음 ₩260,000이 만기가 되어 현금으로 지급하다.
⑥ 당월분 급여 ₩386,000 중 반액을 현금으로 지급하고 나머지는 다음 달에 지급하기로 하다.
⑦ 소모품의 미사용잔액은 ₩25,500이다.

| 요구사항 |

1. 5월 중에 발생한 거래를 분개하시오.
2. 위의 거래를 총계정원장(T-계정)에 전기하시오.
3. 5월 30일의 잔액시산표를 작성하시오.

| 풀이 |

1. 분개(아래 분개 외 생략)

①	(차) 매출채권	623,000	(대) 용역매출	623,000
②	(차) 소모품	6,500	(대) 현금	6,500
③	(차) 현금	100,000	(대) 차입금	100,000
④	(차) 현금	305,000	(대) 매출채권	305,000
⑤	(차) 지급어음	260,000	(대) 현금	260,000
⑥	(차) 급여	386,000	(대) 현금	193,000
			미지급급여	193,000
⑦	(차) 소모품비[30]	12,000	(대) 소모품	12,000

2. 전기(생략)
3. 잔액시산표

잔액시산표

(주)구룡익스프레스 20×1년 5월 30일 현재 (단위: 원)

차변	계정과목	대변
₩712,000	현금	
958,500	매출채권	
25,500	소모품	
353,000	차량운반구	
	미지급급여	₩193,000
	차입금	174,000
	지급어음	405,000
	자본금	1,000,000
	이익잉여금	52,000
	용역매출	623,000
386,000	급여	
12,000	소모품비	
₩2,447,000	합계	₩2,447,000

30)

4. 30 잔액	₩31,000	
② 현금구입	+6,500	₩37,500
⑦ 미사용잔액		25,500
		₩12,000

4 결산수정분개와 전기, 수정후시산표 작성, 재무제표 작성과 마감분개

심부름용역회사인 (주)울산심부름은 20×5년 10월 1일에 설립되었다. (주)울산심부름의 10월 31일 현재 시산표 일부 계정의 잔액과 결산수정사항은 다음과 같다.

잔액시산표

(주)울산심부름　　20×5년 10월 31일 현재　　(단위: 원)

차변	계정과목	대변
₩2,500	현금	
4,600	매출채권	
800	소모품	
8,000	차량운반구	
	매입채무	₩400
	미지급금	4,000
	자본금	10,000
	용역매출	6,000
1,800	급여	
300	유류비	
2,400	보험료	
₩20,400	합계	₩20,400

① 10월 31일 현재 심부름용역을 제공하고 아직 청구하지 않은 용역매출 금액이 ₩2,400이다.

② 차량운반구에 대한 감가상각비는 ₩400이다.

③ 매월 보험료는 ₩200이다.

④ 소모품 중 남아 있는 금액은 ₩200이다.

⑤ 당기 중 발생하였으나 지급되지 않은 급여가 ₩900이다.

| 요구사항 |

1. 위의 자료를 사용하여 10월 31일에 필요한 결산수정분개를 하시오.
2. 위의 각 결산수정분개를 총계정원장(T－계정)에 전기하시오.
3. 위의 총계정원장을 토대로 수정후잔액시산표를 작성하시오.
4. 포괄손익계산서와 재무상태표를 작성하시오.
5. 20×5년 10월 31일에 필요한 마감분개를 하시오.

| 풀이 |

1. 결산수정분개

①	(차)	매출채권	2,400	(대)	용역매출	2,400
②	(차)	감가상각비	400	(대)	차량운반구 감가상각누계액	400
③	(차)	선급보험료	2,200	(대)	보험료	2,200
④	(차)	소모품비	600	(대)	소모품	600
⑤	(차)	급여	900	(대)	미지급급여	900

2. 전기(생략)
3. 수정후잔액시산표

수정후잔액시산표

(주)울산심부름 20×5년 10월 31일 현재 (단위: 원)

차변	계정과목	대변
₩2,500	현금	
7,000	매출채권	
200	소모품	
8,000	차량운반구	
	매입채무	₩400
	미지급금	4,000
	자본금	10,000
	용역매출	8,400
2,700	급여	
300	유류비	
200	보험료	
400	감가상각비	
	차량운반구감가상각누계액	400
2,200	선급보험료	
600	소모품비	
	미지급급여	900
₩24,100	합계	₩24,100

4. 포괄손익계산서와 재무상태표

포괄손익계산서

(주)울산심부름 제×기 20×5년 10월 1부터 20×5년 10월 31일까지 (단위: 원)

비용		수익	
급여	₩2,700	용역매출	₩8,400
보험료	200		
유류비	300		
감가상각비	400		
소모품비	600		
당기순이익	4,200		
	₩8,400		₩8,400

재무상태표

(주)울산심부름 20×5년 10월 31일 현재 (단위: 원)

자산			부채	
현금		₩2,500	매입채무	₩400
매출채권		7,000	미지급금	4,000
선급보험료		2,200	미지급급여	900
소모품		200	자본	
차량운반구	8,000		자본금	10,000
차량운반구감가상각누계액	(400)	7,600	이익잉여금	4,200
자산총계		₩19,500	부채 및 자본총계	₩19,500

5. 마감분개

①	(차)	용역매출	8,400	(대)	집합손익	8,400
②	(차)	집합손익	4,200	(대)	급여	2,700
					보험료	200
					유류비	300
					감가상각비	400
					소모품비	600
③	(차)	집합손익	4,200	(대)	이익잉여금	4,200

5 기중거래의 분개와 전기 및 수정전시산표의 작성, 결산수정분개와 전기, 수정후시산표 작성, 재무제표 작성과 마감분개

20×1년 7월 1일 개업한 (주)현대여행은 여행회사이다. 다음은 (주)현대여행의 20×1년 7월 1일부터 7월 31일까지의 거래내역이다.

① 7월 1일 주식을 발행하여 현금 ₩70,000,000을 조달하다.

② 7월 1일 현금 ₩20,000,000을 연 12%의 이자율 조건으로 3년 동안 차입하였다. 단, 이자는 3개월 단위로 지급하기로 하였다.

③ 7월 2일 사무실에 대한 12개월에 해당하는 임차료로 현금 ₩12,000,000을 미리 지불하다. 단, 지불된 임차료는 선급임차료로 회계처리하였다.

④ 7월 2일 사무실에 대한 화재보험에 가입하고 12개월분 보험료 ₩6,000,000을 현금으로 지급하다. 단, 지불된 보험료는 선급보험료로 회계처리하였다.

⑤ 7월 5일 소모품 ₩5,000,000을 현금으로 구입하였다. 소모품은 구입시 자산으로 회계처리하였다.

⑥ 7월 10일 광고비 ₩2,600,000을 현금으로 지급하다.

⑦ 7월 15일 여행패키지 상품을 제공하고 대금 ₩12,500,000을 20일 후에 받기로 하다.

⑧ 7월 20일 여행상품을 판매완료하고 현금 ₩13,000,000을 받다.

⑨ 7월 25일 7월 15일에 발생한 외상대금 중 ₩7,000,000을 현금으로 받다.

⑩ 7월 30일 당월 동안 발생한 급여 ₩5,500,000을 종업원에게 지급하다.

⑪ 7월 31일 (주)삼성전자와 여행상품 계약을 하다. 여행서비스는 8월 5일부터 10일까지 제공될 예정이고 판매대금 ₩18,000,000은 전액 현금으로 미리 받다.

| 요구사항 |

1. 위의 거래를 분개하고 각 계정에 전기하시오.
2. 수정전잔액시산표를 작성하시오.
3. 다음은 (주)현대여행의 결산수정사항이다. (주)현대여행이 20×1년 7월 31일자로 재무제표를 작성한다고 할 때, 이를 이용하여 결산수정분개 및 전기를 하시오.
   ① 7월 1일 차입한 장기차입금에 대한 이자가 아직 지급되지 않았다.
   ② 7월 2일 인식한 선급임차료에 대한 결산수정이 이루어지지 않았다.
   ③ 7월 2일 인식한 선급보험료에 대한 결산수정이 이루어지지 않았다.
   ④ 소모품에 대한 재고액은 ₩1,000,000인 것으로 조사되었다.
4. 수정후잔액시산표를 작성하시오.
5. 포괄손익계산서와 재무상태표를 작성하시오
6. 포괄손익계산서계정을 마감(마감분개와 전기)하시오.
7. 재무상태표계정을 마감(잔액이월)하시오.

| 풀이 |

1. 분개(전기는 생략)

①	(차)	현금	70,000,000	(대)	자본금	70,000,000
②	(차)	현금	20,000,000	(대)	장기차입금	20,000,000
③	(차)	선급임차료	12,000,000	(대)	현금	12,000,000
④	(차)	선급보험료	6,000,000	(대)	현금	6,000,000
⑤	(차)	소모품	5,000,000	(대)	현금	5,000,000
⑥	(차)	광고선전비	2,600,000	(대)	현금	2,600,000
⑦	(차)	매출채권	12,500,000	(대)	용역매출	12,500,000
⑧	(차)	현금	13,000,000	(대)	용역매출	13,000,000
⑨	(차)	현금	7,000,000	(대)	매출채권	7,000,000
⑩	(차)	급여	5,500,000	(대)	현금	5,500,000
⑪	(차)	현금	18,000,000	(대)	선수금	18,000,000

2. 수정전시산표(정산표 참고)
3. 결산수정분개(전기는 생략)

①	(차)	이자비용	200,000	(대)	미지급이자	200,000
		*₩20,000,000×0.12×(1/12)=₩200,000				
②	(차)	임차료	1,000,000	(대)	선급임차료	1,000,000
③	(차)	보험료	500,000	(대)	선급보험료	500,000
④	(차)	소모품비	4,000,000	(대)	소모품	4,000,000

4. 수정후잔액시산표(정산표 참고)
5. 포괄손익계산서와 재무상태표(정산표 참고)
6. 포괄손익계산서계정의 마감(마감분개와 전기)[포괄손익계산서 참고]

(차)	용역매출	25,500,000	(대)	집합손익	25,500,000
(차)	집합손익	13,800,000	(대)	광고선전비	2,600,000
				급여	5,500,000
				이자비용	200,000
				임차료	1,000,000
				보험료	500,000
				소모품비	4,000,000
(차)	집합손익	11,700,000	(대)	이익잉여금	11,700,000

7. 재무상태표계정을 마감(잔액이월)[생략]

정 산 표

(주)현대여행 20×1년 7월 31일 현재 (단위: 천원)

계정과목	수정전시산표		결산수정분개		수정후시산표		포괄손익계산서		재무상태표	
	차변	대변	차변	대변	차변	대변	차변	대변	차변	대변
현금	₩96,900				₩96,900				₩96,900	
매출채권	5,500				5,500				5,500	
소모품	5,000			④ ₩4,000	1,000				1,000	
선급보험료	6,000			③ 500	5,500				5,500	
선급임차료	12,000			② 1,000	11,000				11,000	
선수금		₩18,000				₩18,000				₩18,000
장기차입금		20,000				20,000				20,000
자본금		70,000				70,000				70,000
용역매출		25,500				25,500		₩25,500		
광고선전비	2,600				2,600		₩2,600			
급여	5,500				5,500		5,500			
이자비용			① ₩200		200		200			
임차료			② 1,000		1,000		1,000			
보험료			③ 500		500		500			
소모품비			④ 4,000		4,000		4,000			
미지급이자				① 200		200				200
당기순이익							11,700			11,700
합계	₩133,500	₩133,500	₩5,700	₩5,700	₩133,700	₩133,700	₩25,500	₩25,500	₩119,900	₩119,900

6 정산표를 이용한 결산

창고임대회사인 (주)서창은 20×1년 1월 1일 설립되었으며, 1월 31일 현재 시산표 일부 계정의 잔액은 다음과 같다.

잔액시산표

(주)서창 20×1년 1월 31일 현재 (단위: 원)

차변	계정과목	대변
₩403,200	현금	
72,000	선급보험료	
6,600	소모품	
	차입금	₩98,400
	자본금	237,000
	용역매출	210,000
18,000	임차료	
2,400	판매비	
43,200	급여	
₩545,400	합계	₩545,400

① 매월 보험료는 ₩6,000이다.
② 1월 31일 현재 소모품 재고는 ₩2,400이다.
③ 차입금에 대한 당월분 이자 ₩780을 아직 지급하지 않았다.
④ 당월분 급여 ₩36,000을 아직 지급하지 않았다.

| 요구사항 |

1. 위의 자료를 사용하여 1월 31일에 필요한 결산수정분개를 하시오.
2. 20×1년 1월의 정산표를 작성하시오.
3. 20×1년 1월의 포괄손익계산서를 작성하시오.
4. 20×1년 1월 31일의 재무상태표를 작성하시오.
5. 20×1년 1월 31일에 필요한 마감분개를 하시오.

| 풀이 |

1. 분개

①	(차) 보험료	6,000	(대) 선급보험료	6,000
②	(차) 소모품비	4,200	(대) 소모품	4,200
③	(차) 이자비용	780	(대) 미지급이자	780
④	(차) 급여	36,000	(대) 미지급급여	36,000

2. 정산표

계정과목	수정전시산표		결산수정분개		수정후시산표		포괄손익계산서		재무상태표	
	차변	대변	차변	대변	차변	대변	차변	대변	차변	대변
현금	₩403,200				₩403,200				₩403,200	
선급보험료	72,000			①₩6,000	66,000				66,000	
소모품	6,600			②4,200	2,400				2,400	
차입금		₩98,400				₩98,400				₩98,400
자본금		237,000				237,000				237,000
용역매출		210,000				210,000		₩210,000		
임차료	18,000				18,000		₩18,000			
판매비	2,400				2,400		2,400			
급여	43,200		④₩36,000		79,200		79,200			
	₩545,400	₩545,400								
보험료			①6,000		6,000		6,000			
소모품비			②4,200		4,200		4,200			
이자비용			③780		780		780			
미지급이자				③780		780				780
미시급급여				④36,000		36,000				36,000
당기순이익							99,420			99,420
			₩46,980	₩46,980	₩582,180	₩582,180	₩210,000	₩210,000	₩471,600	₩471,600

3. 포괄손익계산서(생략, 정산표 참고)

4. 재무상태표(생략, 정산표 참고)

5. 마감분개

(차) 용역매출	210,000	(대) 집합손익	210,000
(차) 집합손익	110,580	(대) 임차료	18,000
		판매비	2,400
		급여	79,200
		부험류	6,000
		소모품비	4,200
		이자비용	780
(차) 집합손익	99,420	(대) 이익잉여금	99,420

CHAPTER 07

상품매매기업의 회계순환과정

쉬어가는 페이지

✣ 기업(企業)

기업에서 사람(人)이 빠지면 멈춰선다(止).

마쓰시다 고노스케

기업은 사람(人)이 모여(止) 힘을 합쳐 일(業)하는 곳이다.

기업은 사람으로 구성되고, 사람에 의해 운영되고, 사람을 위해 서비스하는 시스템이다.

C. Bernard

일이 곧 학습이다.
Working may be redefined as learning.

Fortune, 1993

직장은 돈을 받으면서,
즉 전액장학금을 받으면서 공부하는 곳이고,
학교는 돈을 내고 공부하는 곳이란 차이만 있다.
이제는 모든 직장이 곧 학교여야 한다.

제1절 상품매매기업의 영업활동

1. 기업의 분류와 재고자산

기업은 수행하는 주된 영업활동에 따라 다음과 같이 분류할 수 있다.

1. 용역을 제공하는 서비스기업(service companies, 또는 용역기업)
2. 재화(상품)를 매입하여 판매하는 상품매매기업(merchandising companies, 또는 유통기업)
3. 원재료를 매입 · 가공하여 제품을 생산하고 판매하는 제조기업(manufacturing companies)

이 중에서 서비스기업의 영업활동이 가장 간단하고 그 회계도 단순하다. 따라서 회계를 처음 대하는 학생들이 회계를 쉽게 이해할 수 있도록 제4장부터 제6장까지 서비스기업(경영컨설팅회사)의 회계처리와 회계순환과정을 설명하였다. 이 장에서는 상품매매기업의 회계처리와 회계순환과정을 설명할 것이다. 상품매매기업의 회계도 상품매매와 관련된 몇 가지 사항을 제외하면 서비스기업의 회계와 큰 차이가 없다.

서비스기업과 달리 상품매매기업은 상품을 매입하여 판매하는 영업활동을 한다. 상품매매기업은 매입한 후 판매되기 전까지 보유하는 상품(merchandise)이라 불리는 재고자산이 있기 때문에 서비스회사보다 회계처리 내용이 복잡하다.[1] 재고자산(inventories)은 기업이 판매목적으로 보유하고 있는 자산을 말한다. 상품 중 회계기간 중에 판매된 상품은 포괄손익계산서에 매출원가로 보고되며, 판매되지 않은 상품은 재무상태표에 재고자산으로 보고된다.

1) 기업이 보유하는 **재고자산의 종류**는 **기업의 특성**에 따라 다르다. **상품매매기업의 재고자산**은 **상품**이며, **제조업의 재고자산**은 제품, 재공품, 원재료 등이 있다.
재고자산에 대한 자세한 내용은 **제10장 재고자산**의 설명을 참조.

2. 영업주기

기업이 수익을 창출하기 위해 주된 영업활동을 수행하는 과정을 살펴보면 다음 그림과 같이 상품의 매입에서 판매대금의 회수까지 반복적인 과정을 거치는데, 이를 영업주기(operating cycle)라 한다.

| 그림 7-1 | 상품매매기업의 영업주기

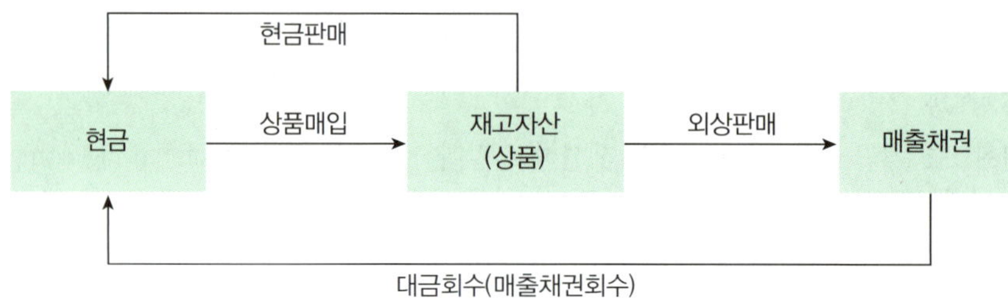

기업이 영업을 시작한 후 현금으로 상품을 매입하여 보관·관리하고 진열·판촉하여 상품을 판매한다. 현금판매의 경우 상품이 즉시 현금으로 전환되며 외상판매의 경우 대금회수(매출채권회수) 과정이 추가로 필요하다. 영업주기 동안 얻은 수익에서 발생한 비용을 차감하면 그 영업주기 동안 발생한 이익이 계산된다.

서비스기업에 비해 상품매매기업의 영업활동에 있어 두드러진 특성은 상품(재고자산)이기 때문에 상품매매기업의 회계는 서비스기업의 회계에 비하여 다음 내용이 추가로 필요하다. 따라서 상품매매기업은 서비스기업보다 회계처리 내용이 복잡하다.

1. 상품매입의 기록
2. 상품매출의 기록
3. 회계기간 말에 보유 중인 상품의 평가에 대한 회계

3. 상품매매기업의 포괄손익계산서

상품매매기업의 순이익은 서비스기업과 마찬가지로 수익에서 비용을 차감한 금액으로 결정된다. 상품매매기업의 포괄손익계산서에 있어 주요 항목은 매출액, 매출원가, 판매비와 관리비 등이다.

상품매매기업의 주된 영업활동에서 발생한 수익은 상품판매에 따른 매출액(sales)이다. 매출액이라는 수익을 창출하는 데 판매된 상품의 취득원가인 매출원가(cost of goods sold)라는 비용이 발생한다. 매출원가는 영업활동에서 중요한 비중을 차지하기 때문에

상품매매기업의 포괄손익계산서에는 이를 다른 비용항목과 구분하여 별도로 표시한다. 매출액에서 매출원가를 차감하면 매출총이익이 계산된다. 매출총이익에서 상품판매와 기업유지를 위한 비용인 판매비와관리비를 차감하면 당기순이익이 계산된다.

판매비는 판매활동과 직접 관련되는 비용으로 판매원 급여, 광고선전비, 운송비 등을 예로 들 수 있다. 관리비는 주요 영업활동을 수행하는 데 드는 기타의 관리비용으로 사무원 급여, 임차료, 수도광열비 등을 예로 들 수 있다.

표 7-1 | 상품매매기업과 서비스기업의 포괄손익계산서

A. 상품매매기업의 포괄손익계산서

포괄손익계산서

(주)울산	제×기 20×1년 1월 1일부터 20×1년 12월 31일까지	(단위: 원)
매출액(매출)		×××
매출원가		×××
매출총이익		×××
판매비와관리비		×××
당기순이익		×××

B. 서비스기업의 포괄손익계산서

포괄손익계산서

(주)울산	제×기 20×1년 1월 1일부터 20×1년 12월 31일까지	(단위: 원)
매출(용역매출)		×××
판매비와관리비		×××
당기순이익		×××

서비스기업은 용역매출에서 판매비와관리비를 차감하여 당기순이익을 계산한다. 상품매매기업의 거래기록 과정에서 발생하는 매출액과 매출원가계정이 서비스기업과 구별되는 항목이다.

상품매매기업이 포괄손익계산서에 매출액과 매출원가를 보고해야 하는 이유는 외부정보이용자의 입장에서 매출총이익의 구체적인 구성내역(매출액과 매출원가)을 유용한 정보로 활용할 수 있기 때문이다. 따라서 상품매매기업은 포괄손익계산서에 매출액과 매출원가를 보고하기 위한 회계처리를 수행해야 한다.

제2절 상품매매거래의 기록방법: 계속기록법과 실지재고조사법

1. 기말재고자산과 매출원가의 관계

상품매매기업의 손익계산에 있어 매출(액)과 매출원가가 가장 큰 비중을 차지한다. 매출(액)은 구입된 상품이 판매과정을 통해 고객에게 인도될 때 실현되는 수익으로 판매된 수량에 단위당 판매가격을 곱하여 계산한다. 매출원가는 판매된 상품의 취득원가로, 판매된 상품의 수량에 단위당 취득원가를 곱하여 계산한다. 매출(액)과 매출원가의 차액이 매출총이익이 된다.

| 그림 7-2 | 매출과 매출원가

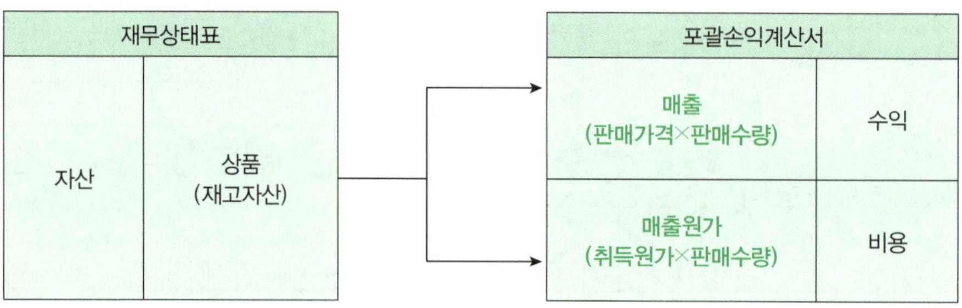

매출은 판매할 때 기록하는 매출계정의 금액이므로 큰 어려움 없이 계산할 수 있으나, 매출원가는 계산하기가 쉽지 않다. 왜냐하면 상품을 매입할 때마다 매입단가가 다를 수 있으므로 판매할 때 어느 (매입)원가로 판매되었는지를 개별적으로 계산하기가 쉽지 않기 때문이다.

매출원가는 다음과 같이 계산된다. 기초재고자산에 당기매입액을 더하면 당기에 판매할 수 있는 판매가능액(goods available for sale)이 된다. 기초재고자산은 전기에서 이월된 것이고 당기매입액은 매입계정에 기록된 것이므로 판매가능액은 어렵지 않게 계산할 수 있다. 판매가능액 중 판매한 상품의 원가가 매출원가이고 판매되지 않고 남아 있는 상품의 원가가 기말재고자산이다. 기말재고자산을 파악하면 매출원가가 결정된다.[2)]

---

2) 이러한 내용을 **재고자산계정에 표시**하면 다음과 같다.

재고자산

기초재고	매출원가
매입액	기말재고

▌그림 7-3 ▌매출원가와 기말재고자산

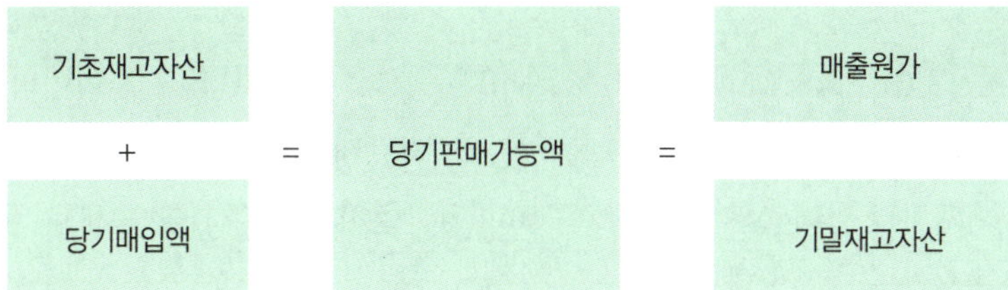

판매가능액을 기말재고자산과 매출원가로 배분하는 방법에 계속기록법과 실지재고조사법이 있다.

2. 계속기록법

계속기록법(perpetual inventory system)은 상품을 매입하고 판매할 때마다 상품계정과 매출원가계정에 직접 기록한다. 즉, 상품을 구입하거나 판매할 때마다 그 증감을 상품계정에 기록하는데, 판매에 따라 감소된 재고자산이 매출원가가 된다.

계속기록법은 상품을 구입하거나 판매할 때마다 매출원가를 기록하는 방법으로, 장부상 남아 있는 재고자산을 기말재고자산으로 결정한다. 기말재고자산은 다음과 같이 계산한다. 기초재고자산에 당기매입액을 가산한 당기판매가능액에서 매출이 발생할 때마다 기록한 매출원가를 차감하면 기말재고자산을 계산할 수 있다.

기말재고자산 = 기초재고자산 + 당기매입액 − 매출원가
= 당기판매가능액 − 매출원가

계속기록법을 사용할 경우 기초재고자산, 당기매입액, 당기매출원가가 모두 장부에 기록되어 있으므로 언제든지 장부상 재고자산을 파악할 수 있다. 계속기록법에서는 매출이 발생할 때마다 매출원가를 기록함으로써 회계기간 중 언제든지 매출원가와 재고자산을 쉽게 파악할 수 있다.

3. 실지재고조사법

실지재고조사법(periodic inventory system)은 실제재고조사법, 실사법이라고도 한다. 실지재고조사법은 회계기간 중에는 매출원가와 기말재고자산을 파악하기 위한 기록을 하지 않고, 회계기간 말에 실사(physical counting, 실지재고조사)를 통해 기말재고자산을 파악하여 매출원가를 산정한다.

실지재고조사법은 기중에 상품을 구입할 때에는 상품계정 대신 임시계정인 매입계정을 사용하고, 상품을 판매할 때 매출원가계정을 사용하지 않는다. 기말에 실사를 통해 기말재고자산을 파악하여 매출원가를 산정한다. 따라서 기중에는 매출원가계정이 나타나지 않으며, 기말시점에 당기판매가능액에서 기말재고자산을 차감하여 매출원가를 파악한다.

매출원가 = 기초재고자산 + 당기매입액 − 기말재고자산
= 당기판매가능액 − 기말재고자산

실지재고조사법을 사용할 경우 기초재고자산, 당기매입액만 기록하고 기말에 실지재고조사(실사)를 한 후 매출원가를 일괄적으로 파악한다. 실지재고조사법에서는 기중에 별도로 상품과 매출원가에 대한 회계처리를 하지 않기 때문에 기말에 상품과 매출원가를 보고하기 위한 결산수정분개를 하여야 한다.

4. 계속기록법과 실지재고조사법의 비교

재고자산을 판매할 때마다 해당 재고자산의 취득원가를 일일이 파악해야 하는 번거로움을 고려하지 않는다면, 재고자산에 대한 내부관리목적상 계속기록법이 실지재고조사법보다 나은 방법이다. 왜냐하면 계속기록법은 경영자에게 특정 시점의 재고자산 잔액과 그때까지 발생한 매출원가에 대한 회계자료를 적시에 제공해 줄 수 있기 때문이다. 대부분의 기업들이 컴퓨터시스템을 사용하여 재고자산을 관리하기 때문에 실시간으로 재고자산 잔액과 매출원가에 대한 정보를 입수할 수 있다. 따라서 실무에서는 대부분 계속기록법을 적용하고 있다.

계속기록법과 실지재고조사법 중 어느 방법을 적용하여 재고자산의 매매거래를 회계처리하였는지에 관계없이 포괄손익계산서에는 동일한 금액으로 매출(액)과 매출원가가 총액으로 표시되며, 두 금액이 차이인 매출총이익이 표시된다. 또한 재무상태표의 기말재고자산도 동일한 금액으로 보고된다.

제3절 상품매매기업의 회계순환과정 I : 회계기간 중의 거래기록

1. 회계기간 중 거래의 기록

다음에서는 상품매매업을 주업(주된 영업활동)으로 하는 상품매매기업의 회계순환과정을 회계기간 중의 거래기록과 회계기간 말의 결산과정으로 나누어 설명한다.[3] 먼저 상품매매기업의 회계순환과정 중 회계기간 중의 거래기록(분개와 전기)에 대해 설명한다. 회계기간 중에 거래가 발생하면, 거래가 발생할 때마다 회계순환과정의 단계 중 1단계(거래분석과 분개)와 2단계(전기)를 거쳐, 회계거래를 발생순서대로 분개하고 분개장에 기록된 거래를 계정별로 분류하여 총계정원장에 전기한다.

이 절에서는 상품매매기업의 회계기간 중 거래의 기록을 계속기록법과 실지재고조사법으로 나누어 설명한다.

표 7-2 | 계속기록법과 실지재고조사법

구분	계속기록법	실지재고조사법
의의	계속기록법은 상품을 매입(매출)할 때마다 상품계정을 증가(감소)시키는 기록을 하고 매출원가를 기록한다. 따라서 회계기간 중에(언제든지) 매출원가와 상품(재고자산)[*1]을 파악할 수 있다.	실지재고조사법은 상품을 매입(매출)할 때마다 상품계정과 매출원가계정을 기록하지 않고 매입(매출)계정을 사용하여 기록하기 때문에 기말에 상품과 매출원가를 보고하기 위한 결산수정분개를 하여야 한다.

*1. 계속기록법에서는 상품의 매매거래가 발생할 때마다 상품을 증가 또는 감소시키기 때문에 기말상품재고액은 총계정원장의 상품계정 잔액으로 확인할 수 있다.
기말상품재고액=기초상품재고액+당기상품매입액−매출원가

2. 상품의 매입 기록

2.1 상품의 매입거래

상품을 매입할 때마다 다음과 같이 회계처리한다. 구매자의 매입액은 선적지인도가격에 매입운임을 가산한 금액이다.

---

3) 상품매매기업의 회계순환과정도 **제4장부터 제6장까지 설명했던 서비스기업의 경우**와 절차에 있어 근본적인 차이는 없다. **제4장(거래의 인식과 측정)**, **제5장(회계순환과정 I : 회계기간 중의 거래기록)** 및 **제6장(회계순환과정 II: 회계기간 말의 결산과정)**에서는 서비스기업을 대상으로 설명하였으며, **이 장**에서는 **상품매매기업의 회계순환과정**을 설명한다. **상품매매기업**의 경우 상품이라는 재고자산의 매입과 매출 등의 회계처리가 필요하다는 차이가 있다.

표 7-3 | 상품의 매입 기록

구분	계속기록법	실지재고조사법
상품을 매입할 때	상품을 매입할 때 취득원가로 상품계정을 증가시킨다. 예를 들어, 단가 ₩100의 상품 100단위를 외상으로 매입하면 다음과 같이 분개한다. (차) 상품 10,000 (대) 매입채무[*1] * 10,000 * 현금으로 매입할 때는 현금계정을 사용함.	상품을 매입할 때 상품계정을 증가시키지 않고 임시계정인 매입계정(비용계정)[*2]을 사용하여 기록한다. 예를 들어, 단가 ₩100의 상품 100단위를 외상으로 매입하면 다음과 같이 분개한다. (차) 매입 10,000 (대) 매입채무 10,000
매입채무를 지급할 때	위의 매입채무를 현금으로 지급한 경우 다음과 같이 분개한다. (차) 매입채무 10,000 (대) 현금 10,000	

*1. 상품매매기업이 판매(주된 영업활동)를 목적으로 자산을 외상매입한 경우에는 매입채무계정을 사용하고, 일반적인 영업활동을 목적으로 자산을 외상매입한 경우에는 미지급금계정을 사용함.
*2. 매입계정은 엄밀히 말하면 자산이나 부채계정이 아니며 매출원가를 계산하기 위한 임시계정으로, 기말의 결산수정분개 후에는 계정잔액이 0이 됨.
실지재고조사법에서는 상품을 매입할 때마다 매입이라는 임시계정을 사용하기 때문에 매입계정의 기말잔액은 한 회계기간 동안 매입한 상품액(당기매입액)이 됨.
매출원가 = 기초재고자산 + 당기매입액 − 기말재고자산

2.2 상품의 매입 관련 거래

상품의 매입거래에서 추가적으로 고려하여야 할 매입운임, 매입환출과 에누리, 매입할인에 대해서는 다음과 같이 회계처리한다.

(1) 매입운임

매입운임(transportation-in)은 상품의 취득과정에 직접 관련하여 발생하는 지출이므로 재고자산의 취득원가에 포함하여야 한다. 상품의 매매계약을 체결할 때 판매자와 구매자는 누가 운임을 부담할 것인지와 누가 상품운송을 책임질 것인가를 결정하여야 한다.

매입운임의 부담조건은 일반적으로 선적지인도기준(FOB shipping point)[4]과 도착지인도기준(FOB destination 또는 C.I.F.)[5]으로 구분한다.

4) 선적지인도기준은 선적지기준, 선적지인도가격이라고도 하며, FOB는 free on board의 약자이다.
5) 도착지인도기준은 도착지기준, 도착지인도가격이라고도 하며, C.I.F.는 cost, insurance & freight의 약자이다.

표 7-4 | 매입운임의 부담조건과 회계처리

구분	내용	취득원가 포함
선적지인도 기준	판매를 위하여 상품을 선적하는 시점에 상품의 소유권이 판매자에게서 구매자에게로 이전되기 때문에 구매자가 운임을 부담함	구매자가 매입운임을 재고자산 취득원가에 가산함 (매입액에 포함)
도착지인도 기준	상품의 도착시점에 상품의 소유권이 판매자에게서 구매자에게로 이전되기 때문에 판매자가 운임을 부담함	판매자가 판매비(운송비[*1])로 처리함

구매자의 매입액은 선적지인도가격에 매입운임을 가산한 금액이다. 판매자의 매출액은 선적지인도가격으로 계상하나, 운임을 판매자가 부담할 경우 운송비를 당기비용으로 계상한다.[6]

예제 7-1 매입운임

(주)해운은 (주)일광으로부터 상품 ₩300,000을 외상구매하고 발생한 운임 ₩10,000을 현금으로 지급하였다.

| 요구사항 |

위 거래에 대해 계속기록법 또는 실지재고조사법을 적용할 경우의 회계처리를 하시오.

| 풀이 |

구분	회계처리	
	계속기록법	실지재고조사법
매입운임이 발생할 때	(차) 상품 310,000 (대) 매입채무 300,000 현금 10,000	(차) 매입 310,000 (대) 매입채무 300,000 현금 10,000

(2) 매입환출과 매입에누리[7]

매입한 상품에 결함, 파손, 주문서와의 규격불일치 등으로 판매불가능한 경우 판매자에게 상품을 반환(반품)한 것을 매입환출(purchase returns)이라 하고, 판매가능한 경우 판매자가 상품 값을 에누리해 주는 것을 매입에누리(purchase allowance)라 한다. 회계기간 중에 매입환출과 에누리가 발생하면 매입환출 및 에누리계정으로 회계처리하고, 회계기간 말에 매입환출 및 에누리계정의 잔액을 제거하고 회계기간의 순매입액을 계산하기 위한 결산수정분개를 한다.

6) **운송비**에 대해서는 **3.2 상품의 매출관련 거래 (1) 매출운임**에 관한 설명을 참조.
7) **매입환출과 매입에누리**에 대한 자세한 설명은 **제9장(금융자산: 수취채권과 지급채무) 수취채권과 지급채무**에 대한 설명을 참조.

예제 7-2 매입환출과 매입에누리

(주)만리는 12월 20일에 상품 100개(@₩1,000)를 ₩100,000의 가격으로 외상매입하였다. 구입한 상품을 확인한 결과 5개의 불량품을 발견하고, 불량품 5개를 반환하였다.

| 요구사항 |

위 거래에 대해 계속기록법 또는 실지재고조사법을 적용할 경우의 회계처리를 하시오.

| 풀이 |

구분	회계처리	
	계속기록법	실지재고조사법
매입환출 및 에누리가 발생한 때	(차) 매입채무 5,000 (대) 매입환출 및 에누리 5,000	

(3) 매입할인[8)]

매입할인(purchase discounts)은 외상으로 상품을 매입한 후 조기에 외상매입대금을 지급할 경우 거래처에서 일정금액을 깎아 주는 것을 말한다. 회계기간 중에 매입할인이 발생하면 매입할인계정으로 회계처리하고, 회계기간 말에 매입할인계정의 잔액을 제거하고 회계기간의 순매입액을 계산하기 위한 결산수정분개를 한다.

상품 ₩100,000의 외상거래에 대해 2/10, n/30라는 할인조건을 가정하면 다음과 같이

8) **매입할인에 대한 회계처리**는 총액법(gross method)과 순액법(net method)이 있다. 현금할인이 있는 거래에서는 매입액에 할인액이 포함되어 있으며, **총액법**은 할인액과 상품의 매입액을 구분하지 않고 전체 금액을 재고자산계정에 기록하는 방법이고 **순액법**은 할인액을 제외한 상품의 매입액만을 재고자산계정에 기록하는 방법이다. **실무**에서는 **총액법**을 사용한다.
회계처리 **예**에서 **상품 ₩100의 외상거래에 대해 2/10, n/30라는 할인조건을 가정**한다.

구분	매입할인의 회계처리*1	
	순액법	총액법
매입할 때	(차) 재고자산 98 (대) 매입채무 98	(차) 재고자산 100 (대) 매입채무 100
할인기간 내에 현금을 지급한 경우	(차) 매입채무 98 (대) 현금 98	(차) 매입채무 100 (대) 현금 98 매입할인*1 2
할인기간 이후에 현금을 지급한 경우	(차) 매입채무 98 이자비용*2 2 (대) 현금 100	(차) 매입채무 100 (대) 현금 100

*1. 재고자산계정은 계속기록법에서는 상품계정, 실지재고조사법에서는 매입계정임.
*2. 이자비용을 다른 종류의 이자비용과 구분하기 위하여 할인기간경과손실 또는 매입할인손실로 기록할 수 있음.

매출할인에 대해서도 동일하게 설명할 수 있다.

회계처리한다.[9)]

표 7-5 | 매입할인의 회계처리

구분	회계처리					
	계속기록법			실지재고조사법		
매입할인이 발생한 때[*1]	(차)	매입채무	100,000	(대)	현금 매입할인	98,000 2,000

*1. 할인기간 이후에 현금을 지급한 경우에는 다음과 같이 분개함.
(차) 매입채무 100,000 (대) 현금 100,000

2.3 순매입액의 계산

매입환출 및 에누리계정과 매입할인계정은 매입한 재고자산(계속기록법에서는 상품계정, 실지재고조사법에서는 매입계정)의 차감계정이다. 매입계정의 회계기간 말의 잔액과 매입운임계정의 잔액을 합한 총매입액에서 매입환출 및 에누리계정과 매입할인계정의 잔액을 차감하면 순매입액(net purchase)이 계산된다.

표 7-6 | 순매입액의 계산

매입액	(×××)
(+) 매입운임	(×××)
총매입액	×××
(−) 매입환출 및 에누리	(×××)
(−) 매입할인	(×××)
순매입액	×××

9) 외상거래의 할인조건은 다음과 같은 의미이다.

할인조건[*1]	내용
2/10, n/30	외상거래 후 10일 이내에 대금을 회수할 경우 외상대금의 2%를 할인해주고, 나머지 부분은 할인 없이 30일 이내에 갚아야 함

*1. 할인조건은 일반적으로 할인율/할인기간, n/신용판매기간으로 제시함.

3. 상품의 매출 기록

3.1 상품의 매출거래

상품을 매출할 때마다 다음과 같이 회계처리한다. 판매자의 매출액은 선적지인도가격으로 계상하나, 운임을 판매자가 부담한 경우 별도의 운송비를 당기비용으로 계상한다.

표 7-7 | 상품의 매출 기록

구분	계속기록법	실지재고조사법
상품을 매출할 때	상품을 매출할 때 매출(판매액)을 수익으로 인식(매출을 기록하는 분개)하고 동시에 판매된 상품의 취득원가만큼 매출원가로 대체(매출원가를 기록하는 분개)하는 분개를 한다.[*1] 예를 들어, 위의 상품 중 60단위를 단가 ₩150(원가 ₩100)에 외상판매하면 다음과 같이 분개한다. (차) 매출채권[*2] 9,000 (대) 매출[*3] 9,000 (차) 매출원가 6,000 (대) 상품 6,000 *현금으로 매출할 때는 현금계정을 사용함.	상품을 매출할 때 상품계정을 감소시키지 않고 매출(판매액)만 수익으로 인식한다. 즉 매출원가를 별도로 기록하지 않는다. 예를 들어, 위의 상품 중 ₩60단위를 단가 ₩150에 외상판매하면 다음과 같이 분개한다. (차) 매출채권 9,000 (대) 매출 9,000
매출채권을 회수할 때	위의 매출채권을 현금으로 회수한 경우 다음과 같이 분개한다. (차) 현금 9,000 (대) 매출채권 9,000	

*1. 계속기록법에서는 상품을 판매할 때마다 매출수익과 매출원가를 동시에 기록함. 첫 번째 분개는 판매가격으로 계산한 매출에 대한 기록이고, 두 번째 분개는 취득원가로 계산하여 상품을 감소시키고 이를 매출원가로 대체하기 위한 분개임.

*2. 상품매매기업이 주된 영업활동(판매)을 목적으로 자산을 외상매출한 경우에는 매출채권계정을 사용하고, 일반적인 영업활동을 목적으로 자산을 외상매출한 경우에는 미수금계정을 사용함.

*3. K-IFRS에서는 포괄손익계산서에 수익으로 보고하여야 하나, 회계학 교과서에서는 대부분 매출계정을 사용하여 설명함.

3.2 상품의 매출 관련 거래

상품의 매출거래에서 추가적으로 고려하여야 할 매출운임, 매출환입과 에누리, 매출할인에 대해서는 다음과 같이 회계처리한다. 매출운임은 매입운임에 대비되고, 매출환입과 에누리는 매입환출과 에누리에 대비되며, 매출할인은 매입환출에 대비되므로 간략하게 요약만 한다.

(1) 매출운임

판매자가 판매된 상품의 운임을 부담하는 경우 운임을 운송비계정에 기록한다. 포괄손익계산서에서 운송비는 상품판매와 직접 관련하여 발생한 다른 비용과 함께 판매비로 분류된다.

예제 7-3 **매출운임**

(주)일광은 (주)해운에게 상품을 판매하고 발생한 운임 ₩100,000은 (주)일광이 부담하기로 하였다.

| 요구사항 |

위 거래에 대해 계속기록법 또는 실지재고조사법을 적용할 경우의 회계처리를 하시오.

| 풀이 |

구분	회계처리	
	계속기록법	실지재고조사법
매출운임	(차) 운송비[*1] 100,000 (대) 현금(또는 미지급운임) 100,000	

*1. 운송비는 운반비라 하기도 함.

(2) 매출환입과 에누리

매출환입(sales returns)은 판매한 상품에 결함, 파손, 주문서와의 규격불일치 등이 있어 판매 불가능한 경우 구매자에게서 상품이 반품되는 것을 말하며, 매출에누리(sales allowance)는 판매한 상품에 결함 등이 있어도 판매가능한 경우 상품의 값을 깎아 주는 것을 말한다. 회계기간 중에 매출환입과 에누리가 발생하면 매출환입 및 에누리계정으로 회계처리하고, 회계기간 말에 매출환입 및 에누리계정의 잔액을 제거하고 회계기간의 순매출액을 계산하기 위한 결산수정분개를 한다.

예제 7-4 매출환입과 매입에누리

(주)천리는 12월 20일에 (주)만리에게 상품 ₩300,000(원가 ₩240,000)을 외상매출하였다. 판매한 상품 중 ₩50,000(원가 ₩40,000)이 불량으로 12월 22일에 반품되었다.

| 요구사항 |

위 거래에 대해 계속기록법 또는 실지재고조사법을 적용할 경우의 회계처리를 하시오.

| 풀이 |

구분	회계처리	
	계속기록법	실지재고조사법
매출환입 및 에누리가 발생한 때	계속기록법에서는 반품된 상품의 매출원가를 고려하여야 한다. 상품의 반품에 따른 매출액의 취소분개(매출에 대한 차감계정인 매출환입 및 에누리계정을 사용하여 기록)와 매출원가의 취소분개를 한다.	실지재고조사법에서는 반품된 상품의 매출원가를 고려하지 않는다. 상품의 반품에 따른 매출액의 취소분개(매출에 대한 차감계정인 매출환입 및 에누리계정을 사용하여 기록)만 한다.
	(차) 매출환입 및 에누리 50,000 (대) 매출채권 50,000 (차) 상품 40,000 (대) 매출원가 40,000	(차) 매출환입 및 에누리 50,000 (대) 매출채권 50,000

(3) 매출할인

매출할인은 외상으로 상품을 판매한 후 매출채권을 조기에 회수하기 위하여 상품의 구매자가 일정기간(할인기간) 내에 상품대금을 지급할 경우 상품판매대금의 일정금액을 깎아 주는 것을 말한다. 회계기간 중에 매출할인이 발생하면 매출할인계정으로 회계처리하고, 회계기간 말에 매출할인계정의 잔액을 제거하고 회계기간의 순매출액을 계산하기 위한 결산수정분개를 한다.

상품 ₩300,000의 외상매출거래에 대해 2/10, n/30라는 할인조건을 가정하면 다음과 같이 회계처리한다.

표 7-8 | 매출할인의 회계처리

구분	회계처리	
	계속기록법	실지재고조사법
매출할인이 발생한 때[*1]	(차) 현금 294,000 (대) 매출채권 300,000 매출할인 6,000	

*1. 할인기간 이후에 현금을 수령한 경우에는 다음과 같이 분개함.
(차) 현금 300,000 (대) 매출채권 300,000

3.3 순매출액의 계산

매출환입 및 에누리계정과 매출할인계정은 매출의 차감계정(contra revenue account)이다. 매출계정의 회계기간 말의 잔액이 총매출액(gross sales)이고, 총매출액에서 매출환입 및 에누리계정과 매출할인계정의 잔액을 차감하면 순매출액(net sales)이 계산된다.

표 7-9 | 순매출액의 계산

총매출액	×××
(−) 매출환입 및 에누리	(×××)
(−) 매출할인	(×××)
순매출액	×××

4. 상품의 매입과 매출 기록의 요약

지금까지 설명한 계속기록법과 실지재고조사법을 적용한 경우의 상품의 매입과 매출 기록의 결과를 요약하면 다음과 같다.

표 7-10 | 상품의 매입과 매출 기록의 결과

구분	계속기록법	실지재고조사법
매출원가와 기말재고	앞에서 설명한 매출과 매입거래의 기록 예에서 매입과 매출에 대한 분개를 한 후 매출원가계정에 ₩6,000, 상품계정에 ₩4,000, 매출계정에 ₩9,000의 잔액이 기록된다. 상품계정에 기록된 ₩4,000(=₩10,000−₩6,000)의 잔액은 이 시점의 재고자산이 된다. 매출원가는 매출원가계정에 기록된 ₩6,000이 된다. 이와 같은 방법으로 계속기록하면 언제든지 매출원가계징에서 매출원가를 구하고 재고자산계정에서 재고자산을 구할 수 있다. 따라서 회계기간 말까지의 매출원가계정의 누적액이 당기의 총매출원가이고, 회계기간 말의 재고자산계정의 잔액이 그 시점의 재고자산이다.	실지재고조사법의 경우 판매할 때 재고자산의 감소와 매출원가를 기록하는 분개가 없다. 대신 기말에 매입계정 차변잔액(당기매입액)에 전년도 기말에서 당기로 이월된 기초재고를 합하여 판매가능액을 구하고 기말재고를 차감하여 매출원가를 구한다. 매출원가=기초재고액+당기매입액−기말재고액 판매가능액 중 판매한 상품의 원가가 매출원가이고 기말까지 판매되지 않고 남아 있는 상품의 원가가 기말재고이다. 기말재고를 파악하면 매출원가가 결정된다. 실지재고조사법에서 매출원가를 구하는 핵심은 기말재고의 결정이다.

매출총이익은 다음과 같이 계산한다.

표 7-11 | 매출총이익의 계산

당기총매출액		×××	
(−) 매출환입 및 에누리		(×××)	
(−) 매출할인		(×××)	
당기순매출액			×××
기초재고액		×××	
당기매입액	×××		
(+) 매입운임	×××		
당기총매입액	×××		
(−) 매입환출 및 에누리	(×××)		
(−) 매입할인	(×××)		
당기순매입액		×××	
당기판매가능액		×××	
(−) 기말재고액		(×××)	
매출원가			×××
매출총이익			×××

제4절 상품매매기업의 회계순환과정Ⅱ: 회계기간 말의 결산과정

1. 회계기간 말의 결산과정

다음에서는 상품매매기업의 회계순환과정 중 회계기간 말의 결산과정(결산수정분개와 전기 및 결산완료)에 대해 설명한다. 결산은 수정전시산표의 작성, 결산수정분개와 전기, 수정후시산표의 작성, 재무제표의 작성, 장부의 마감 순으로 이루어진다.[10] 결산이 끝나면 회계순환과정의 한 바퀴가 끝나며, 이렇게 한 바퀴가 끝나면 다음 회계기간 초에 다시 새로운 회계순환이 시작된다.

10) 이 절에서는 상품매매기업의 회계순환과정Ⅱ: 회계기간 말의 결산과정 중 결산수정분개와 전기, 장부의 마감에 대해서만 설명하였다. 이 절에서 설명하지 않은 수정전시산표의 작성, 수정후시산표의 작성, 재무제표의 작성에 대해서는 이 장 제5절 상품매매기업의 회계순환과정 I에서 설명하였으므로 이에 대한 설명과 제6장(회계순환과정Ⅱ: 회계기간 말의 결산과정)의 설명을 참조.

2. 결산수정분개

2.1 매출원가를 기록하기 위한 결산수정분개

계속기록법을 적용하는 경우 매출원가를 기록하기 위한 결산수정분개를 하지 않는다. 실지재고조사법에서는 매출원가를 기록하기 위한 결산수정분개를 하여야 한다.

표 7-12 | 결산수정분개의 개관

구분		계속기록법	실지재고조사법
결산수정분개	매출원가를 산출하기 위한 결산수정분개	계속기록법을 적용하는 경우 매출원가를 기록하기 위한 결산수정분개를 하지 않는다.	실지재고조사법을 적용하는 경우 기말에 재고를 실사한 후 매출원가를 기록하기 위한 결산수정분개를 하여야 한다.
	순매입액과 순매출액을 계산하기 위한 수정분개	회계기간 중에 매입할인, 매입환출과 에누리, 매출할인, 매출환입과 에누리 등이 발생한 경우 순매입액과 순매출액을 계상하기 위한 결산수정분개를 하여야 한다.	

(1) 순매입액을 계산하기 위한 결산수정분개

계속기록법과 실지재고조사법을 적용할 경우 다음과 같이 순매입액을 계산하기 위한 결산수정분개를 하여야 한다.

표 7-13 | 순매입액을 계산하기 위한 결산수정분개

구분	계속기록법	실지재고조사법
순매입액을 계산하기 위한 결산수정분개	계속기록법에서는 매입할인과 매입환출 및 에누리계정의 잔액만큼 상품의 감소를 기록하는 결산수정분개를 한다. 수정분개 후 상품 계정의 잔액은 재무상태표에 보고되는 기말의 상품금액이 된다.	실지재고조사법에서는 매입할인과 매입환출 및 에누리계정이 잔액만큼 매입(당기에 매입한 상품의 금액)을 감소시키는 결산수정분개를 한다. 수정분개 후 매입계정의 잔액은 당기에 순매입한 상품금액이 된다.
	(차) 매입환출 및 에누리 ××× 매입할인 ××× (대) 상품 ×××	(차) 매입환출 및 에누리 ××× 매입할인 ××× (대) 매입 ×××

(2) 매출원가를 계산하기 위한 결산수정분개

계속기록법을 적용하는 경우 매출원가를 기록하기 위한 결산수정분개를 하지 않으며, 실지재고조사법에서는 다음과 같이 매출원가를 계산하기 위한 결산수정분개를 하여야 한다.

표 7-14 | 매출원가를 계산하기 위한 결산수정분개

구분	계속기록법	실지재고조사법
매출원가를 기록하기 위한 결산수정분개	계속기록법을 사용하면, 기말(결산)에 기말재고와 매출원가를 결정하는 과정과 결산수정분개가 필요하지 않다.	실지재고조사법은 상품을 매입(매출)할 때마다 상품계정과 매출원가계정을 기록하지 않고 매입(매출)계정을 사용하여 기록하기 때문에 상품계정은 기초금액을 유지할 뿐만 아니라 매출원가를 인식하는 회계처리를 하지 않는다.[*1] 따라서 기말(결산)에 상품계정을 실사에 의해 파악된 기말금액으로 전환하고, 회계기간 중 상품을 매출할 때 기록하지 않았던 매출원가를 인식하는 결산수정분개가 필요하다. 이것은 기말의 실지재고조사를 통해 기말재고자산을 파악하는 것이다.
	분개 없음	1. 기초재고자산의 매출원가계정 대체 (차) 매출원가 ××× (대) 상품(기초) ××× 2. 기말재고자산의 매출원가계정 대체 (차) 상품(기말) ××× (대) 매출원가 ××× 3. 매입계정의 매출원가계정으로의 대체 (차) 매출원가 ××× (대) 매입 ×××

*1. 실지재고조사법을 사용할 경우 결산수정분개를 하기 전(수정전시산표)의 상품 금액은 기초재고상품임. 위의 매출원가를 기록하기 위한 결산수정분개 1과 2를 거치면 상품계정에는 기초재고상품이 제거되는 대신 기말재고상품이 계상되어 수정후시산표(재무상태표)에는 최종적으로 기말재고상품이 보고됨.

실지재고조사법의 경우 매출원가를 계산하기 위한 결산수정분개의 과정을 그림으로 표시하면 다음과 같다.

그림 7-4 | 실지재고조사법의 결산수정분개를 통한 매출원가의 산출과정

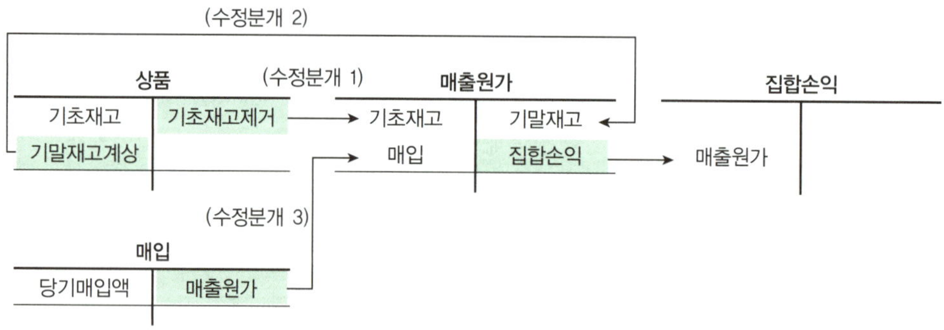

(3) 순매출액을 계산하기 위한 결산수정분개

계속기록법과 실지재고조사법을 적용할 경우 다음과 같이 동일한 방식으로 순매출액을 계산하기 위한 결산수정분개를 하여야 한다.

표 7-15 | 순매출액을 계산하기 위한 결산수정분개

구분	계속기록법	실지재고조사법
순매출액을 계산하기 위한 결산수정분개	당기에 발생한 총매출액에서 매출할인과 매출환입 및 에누리 금액을 차감하여 순매출액을 계상하기 위한 결산 수정분개를 한다. 즉, 매출할인과 매출환입 및 에누리 금액만큼 매출을 취소하는 회계처리를 한다.	
	(차) 매출 ××× (대) 매출환입 및 에누리 ××× 매출할인 ×××	

2.2 비용과 수익의 이연 또는 발생에 대한 결산수정분개

제6장에서 서비스기업에 대한 비용과 수익의 이연 또는 발생에 대한 결산수정분개를 설명하였다.[11] 상품매매기업의 비용과 수익의 이연 또는 발생에 대한 결산수정분개도 서비스기업의 결산수정분개와 다르지 않다.

2.3 재고자산감모손실에 대한 결산수정분개

장부상 재고자산 수량과 실제보유하고 있는 재고자산 수량이 다르다면 이에 대한 결산수정분개가 필요하다.[12]

표 7-16 | 재고자산감모손실에 대한 결산수정분개

구분	계속기록법	실지재고조사법
재고자산 감모손실에 대한 결산수정 분개	회계기간 중에 재고자산의 부패, 도난과 같은 재고자산의 감소(재고자산감모손실)가 발생하면 그대로 재고자산으로 계속 남는 것으로 취급되어 실제로 보유 중인 재고자산과 장부상 재고자산 사이에 그만큼 차이가 난다. 따라서 계속기록법을 사용하는 기업도 기말에 재고조사를 하여 이 차이를 조정하는 분개를 하여야 한다.	실지재고조사법을 사용할 경우 실사에 의해 파악된 기말재고수량이 재무상태표에 보고되고 판매가능액과의 차이가 역산되어 모두 매출원가에 계상되므로 재고자산감모손실은 자동적으로 매출원가의 일부로 포함된다.
	예를 들어, 장부상 기말재고자산은 ₩4,000이나 실사 결과 확인된 재고자산이 ₩3,950이라면, ₩50의 재고자산감모손실이 발생하며 다음과 같이 분개한다. (차) 매출원가(재고자산감모손실) 50 (대) 재고자산(상품) 50	분개 없음

11) 서비스기업의 비용과 수익의 이연 또는 발생에 대한 결산조정분개에 대해서는 제6장(회계순환과정Ⅱ: 회계기간 말의 결산과정) 제3절 결산수정분개의 설명을 참조.

12) 재고자산감모손실에 대해서는 제10장(재고자산) 제10절(재고자산의 평가손실과 감모손실) 3. 재고자산의 감모손실의 설명을 참조.

3. 마감분개

마감분개는 당기순이익에 영향을 미치는 손익계정(임시계정)의 잔액을 집합손익계정으로 대체시키고 집합손익계정의 잔액을 이익잉여금계정으로 대체하는 회계처리를 말한다.

3.1 매출총이익을 계산하는 마감분개

제6장에서 설명한 서비스기업의 마감분개와 이 장에서 설명하는 상품매매기업의 마감분개와의 차이는 수익계정인 매출과 비용계정인 매출원가, 운송비계정이 추가된다는 것이다.

표 7-17 | 매출총이익을 계산하는 마감분개

구분	내용
수익계정의 마감	매출계정의 잔액(당기의 순매출액)을 집합손익계정의 대변에 대체
	(차) 매출 ××× (대) 집합손익 ×××
비용계정의 마감	매출원가와 운송비계정의 잔액을 집합손익계정의 차변에 대체
	(차) 집합손익 ××× (대) 매출원가 ××× 운송비 ×××

3.2 각종 수익과 비용계정의 마감분개 등

각종 수익과 비용계정은 다음과 같은 절차에 따라 마감한다.[13] 서비스기업의 각종 수익과 비용계정의 마감분개는 상품매매기업의 그 마감분개와 동일하다.

표 7-18 | 수익과 비용계정의 마감분개

구분	내용
수익계정의 마감	수익계정의 잔액을 집합손익계정의 대변에 대체
	(차) 수익 ××× (대) 집합손익 ×××
비용계정의 마감	비용계정의 잔액을 집합손익계정의 차변에 대체
	(차) 집합손익 ××× (대) 비용 ×××
집합손익계정의 마감과 당기순손익의 대체	집합손익계정의 잔액이 대변잔액인 경우[*1] 당기순이익이 발생하며, 당기순이익을 이익잉여금계정에 대체
	(차) 집합손익 ××× (대) 이익잉여금 ×××

*1. 집합손익계정의 잔액이 차변잔액인 경우 당기순손실이 발생하며, 당기순손실은 다음과 같이 이익잉여금계정에 대체함.
(차) 이익잉여금 ××× (대) 집합손익 ×××[14]

13) 서비스기업의 마감분개에 대해서는 제6장(회계순환과정Ⅱ: 회계기간 말의 결산과정) 제5절 장부의 마감의 설명을 참조.

14) 당기순손실이 발생하면 이익잉여금의 차변에 대체한다. 이것은 전기이월이익잉여금보다 당기순손실이 더 많다

제5절 상품매매기업의 회계순환과정 예

1. 회계순환과정의 예제

다음에서는 상품매매업을 주업(주된 영업활동)으로 하는 (주)현대종합상사의 20×1년 9월 한 달 동안 발생한 거래를 대상으로 상품매매기업의 회계순환과정을 회계기간 중의 거래기록과 회계기간 말의 결산과정으로 나누어 설명한다.

예제 7-5 회계순환과정의 예제

(주)현대종합상사의 20×1년 8월 31일 현재의 재무상태표는 다음과 같다.

재무상태표

(주)현대종합상사　　20×1년 8월 31일 현재　　(단위: 원)

자산		부채	
현금	₩1,000,000	장기차입금	₩300,000
상품	800,000	자본	
선급보험료	100,000	자본금	1,250,000
		이익잉여금	350,000
자산총계	₩1,900,000	부채 및 자본총계	₩1,900,000

20×1년 9월 중 (주)현대종합상사에서 다음과 같은 거래가 발생하였다.

- 9월 1일 (주)쌍용에 원가 ₩400,000인 상품을 ₩620,000에 현금으로 매출하다.
- 9월 5일 (주)쌍용에 판매한 상품 중 파손 등의 이유로 판매대금 ₩100,000의 상품이 반송되다(상품의 취득원가 ₩50,000).
- 9월 7일 (주)기아상사에서 상품을 ₩600,000에 외상으로 매입하고, 운임 ₩30,000을 현금으로 지급하다.
- 9월 8일 (주)삼성물산에 원가 ₩600,000인 상품을 ₩900,000에 매출하고 대금 중 ₩400,000은 현금으로 받고 잔액은 외상으로 하다.
- 9월 12일 (주)기아상사에서 매입한 상품 중 ₩100,000을 파손을 이유로 반송하다.
- 9월 15일 (주)삼성물산의 매출채권 ₩400,000에 대해 기간내 결제에 따른 2%의 매출할인을 허용하고 나머지 금액 ₩392,000을 현금으로 받다.
- 9월 17일 (주)기아상사 매입채무의 일부인 ₩400,000을 현금으로 상환하다.
- 9월 25일 당월분 급여 ₩400,000을 현금으로 지급하다.

는 것을 의미하며 이익잉여금의 잔액은 음(−)의 값을 갖게 된다. 이러한 경우에는 재무상태표에 이익잉여금이라고 표시하지 않고 **결손금**이라고 표시한다.
자세한 내용은 **제14장(자본) 제7절 이익잉여금**의 설명을 참조.

2. 회계기간 중의 거래기록의 예

아래에서는 (주)현대종합상사의 예제를 이용하여 상품매매기업의 회계순환과정 중 회계기간 중의 거래기록(분개와 전기)에 대해 설명한다.

예제 7-6 상품매매기업의 회계기간 중 거래기록

위의 (주)현대종합상사의 예제 자료를 사용하여 다음 요구사항에 답하시오.

| 요구사항 |

계속기록법 또는 실지재고조사법을 적용할 경우

1. 20×1년 9월 중 거래를 분개하시오.
2. 분개한 거래를 총계정원장에 전기하시오.
3. 20×1년 9월 30일 현재 수정전잔액시산표를 작성하시오.

| 풀이 |

1. 분개

20×1년 9월 중에 발생한 거래에 대한 분개를 표시하면 다음과 같다.

• 분개

월일	계속기록법		실지재고조사법	
9/ 1	(차) 현금	620,000	(차) 현금	620,000
	(대) 매출	620,000	(대) 매출	620,000
	(차) 매출원가	400,000		
	(대) 상품	400,000		
9/ 5	(차) 매출환입 및 에누리	100,000	(차) 매출환입 및 에누리	100,000
	(대) 현금	100,000	(대) 현금	100,000
	(차) 상품	50,000		
	(대) 매출원가	50,000		
9/ 7	(차) 상품	630,000	(차) 매입	630,000
	(대) 매입채무	600,000	(대) 매입채무	600,000
	현금	30,000	현금	30,000
9/ 8	(차) 현금	400,000	(차) 현금	400,000
	매출채권	500,000	매출채권	500,000
	(대) 매출	900,000	(대) 매출	900,000
	(차) 매출원가	600,000		
	(대) 상품	600,000		
9/12	(차) 매입채무	100,000	(대) 매입환출 및 에누리	100,000
9/15	(차) 현금	392,000	(대) 매출채권	400,000
	매출할인	8,000		
9/17	(차) 매입채무	400,000	(대) 현금	400,000
9/25	(차) 급여	400,000	(대) 현금	400,000

2. 전기

위의 분개를 총계정원장에 전기한 내용은 다음과 같다.

• 총계정원장 전기: 계속기록법을 적용한 경우[15)]

현금

날짜	계정	금액	날짜	계정	금액
9/ 1	전기이월	1,000,000	9/ 5	매출환입 및 에누리	100,000
9/ 1	매출	620,000	9/ 7	상품	30,000
9/ 8	매출	400,000	9/17	매입채무	400,000
9/15	매출채권	392,000	9/25	급여	400,000

매출채권

날짜	계정	금액	날짜	계정	금액
9/ 8	매출	500,000	9/15	제좌	400,000

선급보험료

날짜	계정	금액	날짜	계정	금액
9/ 1	전기이월	100,000			

상품

날짜	계정	금액	날짜	계정	금액
9/ 1	전기이월	800,000	9/ 1	매출원가	400,000
9/ 5	매출원가	50,000	9/ 8	매출원가	600,000
9/ 7	제좌	630,000			

매입채무

날짜	계정	금액	날짜	계정	금액
9/12	매입환출 및 에누리	100,000	9/ 7	상품	600,000
9/17	현금	400,000			

장기차입금

날짜	계정	금액	날짜	계정	금액
			9/ 1	전기이월	300,000

자본금

날짜	계정	금액	날짜	계정	금액
			9/ 1	진기이월	1,250,000

이익잉여금

날짜	계정	금액	날짜	계정	금액
			9/ 1	전기이월	350,000

15) 아래의 **전기**는 **계속기록법을 적용할 경우**의 분개장 분개를 총계정원장에 전기한 것이다. 상품매매기업의 회계순환과정에 대한 나머지 부분의 설명에서도 **계속기록법을 적용할 경우**를 전제로 설명한다.
실지재고조사법을 적용할 경우의 분개장 분개를 총계정원장에 전기한 것은 **학생이 직접 연습**해 보기 바란다. **실지재고조사법을 적용할 경우**의 매입과 매출 관련 거래의 기중거래의 분개, 결산수정분개와 마감분개의 전기에 대해서는 **[예제 7-7] 6. 매입과 매출 관련 거래의 기중거래의 분개, 결산수정분개와 마감분개의 전기: 실지재고조사법을 적용한 경우**의 설명을 참조.

매출

			9/ 1	현금	620,000
			9/ 8	제좌	900,000

매입환출 및 에누리

			9/ 12	매입채무	100,000

매출원가

9/ 1	상품	400,000	9/ 5	상품	50,000
9/ 8	상품	600,000			

매출환입 및 에누리

9/ 5	현금	100,000			

급여

9/25	현금	400,000			

매출할인

9/15	매출채권	8,000			

3. 수정전시산표

위의 총계정원장을 토대로 20×1년 9월 30일 현재 수정전잔액시산표를 작성하면 다음과 같다.

• 수정전잔액시산표

수정전잔액시산표

(주)현대종합상사 20×1년 9월 30일 현재 (단위: 원)

차변	계정과목	대변
₩1,482,000	현금	
100,000	매출채권	
100,000	선급보험료	
480,000	상품	
	매입채무	₩100,000
	장기차입금	300,000
	자본금	1,250,000
	이익잉여금	350,000
	매출	1,520,000
	매입환출 및 에누리	100,000

950,000	매출원가	
400,000	급여	
8,000	매출할인	
100,000	매출환입 및 에누리	
₩3,620,000	합계	₩3,620,000

3. 회계기간 말의 결산과정의 예

다음에서는 (주)현대종합상사의 예제를 이용하여 상품매매기업의 회계순환과정 중 회계기간 말의 결산과정(결산수정분개와 전기 및 결산완료)에 대해 설명한다.

예제 7-7 상품매매기업의 회계기간 말 결산과정

위의 (주)현대종합상사의 예제 자료와 다음의 결산정리사항(또는 기말수정사항)을 사용하여 다음 요구사항에 답하시오.

| 결산정리사항 |

1. 선급보험료 중 당월분 ₩20,000을 비용으로 기록하다.
2. 당월의 이자비용 ₩40,000이나 다음 달 5일에 지급할 예정이다.
3. 매입 및 매출 관련 계정에 대한 대체분개를 하다.
4. 실지재고조사를 실시한 결과 기말재고자산은 ₩380,000으로 파악되었다.

| 요구사항 |

계속기록법 또는 실지재고조사법을 적용할 경우

1. 위의 결산정리사항에 대한 수정분개를 하시오.
2. 계속기록법을 적용할 경우 분개한 거래를 총계정원장에 전기하시오.
3. 20×1년 9월 30일 현재 수정후잔액시산표를 작성하시오.
4. 20×1년 9월의 포괄손익계산서와 20×1년 9월 30일 현재의 재무상태표를 작성하시오.
5. 계속기록법을 적용할 경우 필요한 마감분개와 전기 및 잔액이월을 하시오.
6. 실지재고조사법을 적용할 경우 매입과 매출 관련 거래에 대한 기중거래의 분개, 결산수정분개와 마감분개의 전기를 하시오.

| 풀이 |

1. 결산수정분개

① (차) 보험료	20,000	(대) 선급보험료	20,000
② (차) 이자비용	40,000	(대) 미지급이자	40,000

상품매매기업의 매출원가를 계산하기 위한 분개를 계속기록법을 적용한 경우와 실지재고조사법을 적용한 경우를 비교하여 설명하면 다음과 같다.

• 계속기록법과 실지재고조사법의 회계처리 비교

구분	계속기록법		실지재고조사법	
순매입액을 계산하기 위한 결산수정 분개	(차) 매입환출 및 에누리	100,000	(차) 매입환출 및 에누리	100,000
	(대) 상품	100,000	(대) 매입	100,000
매출원가를 계산하기 위한 결산수정 분개	분개 없음		(차) 매출원가	800,000
			(대) 상품(기초)	800,000
			(차) 매출원가	530,000
			(대) 매입(당기)	530,000
			(차) 상품(기말)	380,000
			(대) 매출원가	380,000
순매출액을 계산하기 위한 결산수정 분개	(차) 매출	108,000	(차) 매출	108,000
	(대) 매출할인	8,000	(대) 매출할인	8,000
	매출환입 및 에누리	100,000	매출환입 및 에누리	100,000

2. 결산수정분개의 전기: 계속기록법을 적용한 경우[16]

위의 결산수정분개를 전기한 후의 (주)현대종합상사의 20×1년 9월 30일 현재 총계정원장의 내용을 표시하면 다음과 같다. 구분을 위하여 결산수정분개는 진한 글자로 표시하였다.

• 결산수정분개 전기 후 총계정원장

현금

9/ 1	전기이월	1,000,000	9/ 5	매출환입 및 에누리	100,000
9/ 1	매출	620,000	9/ 7	상품	30,000
9/ 8	매출	400,000	9/17	매입채무	400,000
9/15	매출채권	392,000	9/25	급여	400,000

매출채권

9/ 8	매출	500,000	9/15	제좌	400,000

선급보험료

9/ 1	전기이월	100,000	**9/30**	**보험료**	**20,000**

16) 다음의 **전기**는 **계속기록법을 적용할 경우**의 분개장 분개를 총계정원장에 전기한 것이다. **실지재고조사법을 적용할 경우**의 **매입과 매출 관련 거래의 기중거래의 분개, 결산수정분개와 마감분개의 전기**에 대해서는 **[예제 7-7] C. 매입과 매출 관련 거래의 기중거래의 분개, 결산수정분개와 마감분개의 전기: 실지재고조사법을 적용할 경우**의 설명을 참조.

상품

일자	계정	금액	일자	계정	금액
9/ 1	**전기이월**	800,000	9/ 1	매출원가	400,000
9/ 5	매출원가	50,000	9/ 8	매출원가	600,000
9/ 7	제좌	630,000	**9/30**	**매입환출 및 에누리**	**100,000**

매입채무

일자	계정	금액	일자	계정	금액
9/12	매입환출 및 에누리	100,000	9/ 7	상품	600,000
9/17	현금	400,000			

미지급이자

일자	계정	금액	일자	계정	금액
			9/30	**이자비용**	**40,000**

장기차입금

일자	계정	금액	일자	계정	금액
			9/ 1	전기이월	300,000

자본금

일자	계정	금액	일자	계정	금액
			9/ 1	전기이월	1,250,000

이익잉여금

일자	계정	금액	일자	계정	금액
			9/ 1	전기이월	350,000

매출

일자	계정	금액	일자	계정	금액
9/30	**제좌**	**108,000**	9/ 1	현금	620,000
			9/ 8	제좌	900,000

매입환출 및 에누리

일자	계정	금액	일자	계정	금액
9/30	**상품**	**100,000**	9/ 12	매입채무	100,000

매출원가

일자	계정	금액	일자	계정	금액
9/ 1	상품	400,000	9/ 5	상품	50,000
9/ 8	상품	600,000			

매출환입 및 에누리

일자	계정	금액	일자	계정	금액
9/ 5	현금	100,000	**9/30**	**매출**	**100,000**

급여

일자	계정	금액	일자	계정	금액
9/25	현금	400,000			

보험료

9/30	**선급보험료**	**20,000**			

이자비용

9/30	**미지급이자**	**40,000**			

매출할인

9/15	매출채권	8,000	**9/30**	**매출**	**8,000**

3. 수정후잔액시산표의 작성

(주)현대종합상사의 예제를 사용하여 결산수정분개를 수정전잔액시산표에 반영한 수정후잔액시산표를 제시하면 다음과 같다. 구분을 위하여 결산수정분개와 관련된 항목은 진한 글자로 표시하였다.[17]

• 수정후잔액시산표

수정후잔액시산표

(주)현대종합상사 20×1년 9월 30일 현재 (단위: 원)

차변	계정과목	대변
₩1,482,000	현금	
100,000	매출채권	
80,000	**선급보험료**	
380,000	**상품**	
	매입채무	₩100,000
	미지급이자	**40,000**
	장기차입금	300,000
	자본금	1,250,000
	이익잉여금	350,000
	매출	**1,412,000**
950,000	매출원가	
400,000	급여	
20,000	**보험료**	
40,000	**이자비용**	
₩3,452,000	합계	₩3,452,000

17) **실지재고조사법을 적용**하더라도 **계속기록법을 적용**한 경우와 **동일한 수정후 시산표**가 작성된다.

4. 포괄손익계산서와 재무상태표의 작성

위의 (주)현대종합상사의 수정후잔액시산표를 사용하여 포괄손익계산서와 재무상태표를 작성하면 다음과 같다.

• 포괄손익계산서와 재무상태표

포괄손익계산서

(주)현대종합상사 제×기 20×1년 9월 1일부터 20×1년 9월 30일까지 (단위: 원)

매출액		₩1,412,000
매출원가		(950,000)
매출총이익		462,000
비용		
급여	400,000	
보험료	20,000	
이자비용	40,000	(460,000)
당기순이익		₩2,000

(주)현대종합상사의 예를 보면 20×1년 9월에 매출총이익 ₩462,000이 발생하였고, 비용 ₩460,000이 발생하여 당기순이익이 ₩2,000 발생하였다. 당기순이익은 이익잉여금의 증가항목이므로 당기순이익만큼 자본(이익잉여금)이 증가하나, 당기순손실은 이익잉여금의 감소항목이므로 당기순손실만큼 자본(이익잉여금)이 감소한다.

재무상태표

(주)현대종합상사 20×1년 9월 30일 현재 (단위: 원)

자산		부채	
현금	₩1,482,000	매입채무	₩100,000
매출채권	100,000	미지급이자	40,000
선급보험료	80,000	장기차입금	300,000
상품	380,000	자본	
		자본금	1,250,000
		이익잉여금	352,000
자산총계	₩2,042,000	부채 및 자본총계	₩2,042,000

재무상태표의 이익잉여금항목은 당기순손이익을 반영한 후의 기말잔액으로 20×1년 3월 31일 현재 재무상태표에 나타나게 된다.[18)]

기초이익잉여금	₩350,000
(+) 당기순이익	2,000
기말이익잉여금	₩352,000

5. 마감분개: 계속기록법을 적용한 경우[19)]

5.1 수익과 비용계정의 마감분개와 전기

(주)현대종합상사의 포괄손익계산서계정의 마감분개를 전기한 결과는 다음과 같으며, 마감분개의 전기는 고딕체로 표시(결산수정분개의 전기는 진한 글자로 표시)하였다. 이익잉여금계정은 영구계정이므로 마감하지 않고 잔액을 이월시킨다.

• 수익과 비용계정의 마감분개

수익계정의 마감:	(차) 매출	1,412,000	(대) 집합손익	1,412,000
비용계정의 마감:	(차) 집합손익	1,410,000	(대) 매출원가	950,000
			급여	400,000
			보험료	20,000
			이자비용	40,000
집합손익계정의 마감:	(차) 집합손익	2,000	(대) 이익잉여금	2,000

A. 수익계정의 마감

매출

9/30	**제좌**	**108,000**	9/ 1	현금	620,000
9/30	집합손익	1,412,000	9/ 8	제좌	900,000
		1,520,000			1,520,000

18) 회계기간 중에 **배당금을 지급한 경우**, 재무상태표의 **이익잉여금**항목은 당기순이익과 배당금을 반영한 후의 기말잔액으로 기말재무상태표에 나타나게 된다.

기초이익잉여금	×××
(+) 당기순이익	×××
(−) **배당금**	×××
기말이익잉여금	×××

19) 다음의 **전기**는 **계속기록법을 적용할 경우**의 분개장 분개를 총계정원장에 전기한 것이다. **실지재고조사법을 적용할 경우**의 **매입과 매출 관련 거래의 기중거래의 분개, 결산수정분개와 마감분개의 전기**에 대해서는 **[예제 7-7] 6. 매입과 매출 관련 거래의 기중거래의 분개, 결산수정분개와 마감분개의 전기: 실지재고조사법을 적용할 경우**의 설명을 참조.

B. 비용계정의 마감

매출원가

9/ 1	상품(기초)	400,000	9/ 5	상품(기말)	50,000
9/ 8	상품	600,000	9/30	집합손익	950,000
		1,000,000			1,000,000

급여

9/25	현금	400,000	9/30	집합손익	400,000
		400,000			400,000

보험료

9/30	**선급보험료**	**20,000**	9/30	집합손익	20,000
		20,000			20,000

이자비용

9/30	**미지급이자**	**40,000**	9/30	집합손익	40,000
		40,000			40,000

C. 집합손익계정의 마감

집합손익

9/30	매출원가	950,000	9/30	매출	1,412,000
9/30	급여	400,000			
9/30	보험료	20,000			
9/30	이자비용	40,000			
9/30	당기순이익	2,000			
		1,412,000			1,412,000

이익잉여금

			9/ 1	전기이월	350,000
			9/30	집합손익	2,000

5.2 재무상태표계정의 마감과 이월기입

재무상태표계정의 마감은 별도의 분개 없이 장부상 최종잔액에 차기이월이라고 기입하는 것으로 종료된다.[20]

• 자산, 부채와 자본계정의 마감

A. 자산계정의 마감

현금

일자	적요	금액	일자	적요	금액
9/ 1	전기이월	1,000,000	9/ 5	매출환입 및 에누리	100,000
9/ 1	매출	620,000	9/ 7	상품	30,000
9/ 8	매출	400,000	9/17	매입채무	400,000
9/15	매출채권	392,000	9/25	급여	400,000
			9/30	차기이월	1,482,000
		2,412,000			2,412,000
10/1	전기이월	1,482,000			

매출채권

일자	적요	금액	일자	적요	금액
9/ 8	매출	500,000	9/15	제좌	400,000
			9/30	차기이월	100,000
		500,000			500,000
10/1	전기이월	100,000			

선급보험료

일자	적요	금액	일자	적요	금액
9/ 1	전기이월	100,000	**9/30**	**보험료**	**20,000**
			9/30	차기이월	80,000
		100,000			100,000
10/1	전기이월	80,000			

상품

일자	적요	금액	일자	적요	금액
9/ 1	전기이월	800,000	9/ 1	매출원가	400,000
9/ 5	매출원가	50,000	9/ 8	매출원가	600,000
9/ 7	제좌	630,000	**9/30**	**매입환출 및 에누리**	**100,000**
			9/30	차기이월	380,000
		1,480,000			1,480,000
10/1	전기이월	380,000			

B. 부채계정의 마감

매입채무

일자	적요	금액	일자	적요	금액
9/12	매입환출 및 에누리	100,000	9/ 7	상품	600,000
9/17	현금	400,000			
9/30	차기이월	100,000			
		600,000			600,000
			10/1	전기이월	100,000

20) 결산수정분개, 마감분개와 이월기입의 과정에서 발생할 수 있는 오류를 검증하기 위해 결산 후에 **재무상태표 계정의 이월잔액**을 모아 **이월시산표**를 작성하기도 한다. 이월시산표에 대한 설명은 **제6장(회계순환과정Ⅱ: 회계기간 말의 결산과정) 제5절 장부의 마감 4. 이월시산표**에 대한 설명을 참조.

미지급이자

9/30	차기이월	40,000	9/30	이자비용	40,000
		40,000			40,000
			10/1	전기이월	40,000

장기차입금

9/30	차기이월	300,000	9/ 1	전기이월	300,000
		300,000			300,000
			10/1	전기이월	300,000

C. 자본계정의 마감

자본금

9/30	차기이월	1,250,000	9/ 1	전기이월	1,250,000
		1,250,000			1,250,000
			10/1	전기이월	1,250,000

이익잉여금

9/30	차기이월	352,000	9/ 1	전기이월	350,000
			9/30	집합손익	2,000
		352,000			352,000
			10/1	전기이월	352,000

6. 매입과 매출 관련 기중거래의 분개, 결산수정분개와 마감분개의 전기: 실지재고조사법을 적용한 경우

매입

9/ 7	제좌	630,000	9/30	매입환출 및 에누리	100,000
			9/30	매출원가	530,000
		630,000			630,000

매입환출 및 에누리

9/30	매입	100,000	9/12	매입채무	100,000
		100,000			100,000

상품

9/ 1	전기이월	800,000	9/30	매출원가	800,000
9/30	매출원가	380,000	9/30	차기이월	380,000
		1,180,000			1,180,000

매출

날짜	적요	금액	날짜	적요	금액
9/30	제좌	108,000	9/ 1	현금	620,000
9/30	집합손익	1,412,000	9/ 8	제좌	900,000
		1,520,000			1,520,000

매출환입 및 에누리

날짜	적요	금액	날짜	적요	금액
9/ 5	현금	100,000	9/30	매출	100,000

매출할인

날짜	적요	금액	날짜	적요	금액
9/15	매출채권	8,000	9/30	매출	8,000
		8,000			8,000

매출원가

날짜	적요	금액	날짜	적요	금액
9/30	상품(기초)	800,000	9/30	상품(기말)	380,000
9/30	매입	530,000	9/30	집합손익	950,000
		1,330,000			1,330,000

집합손익

날짜	적요	금액	날짜	적요	금액
9/30	매출원가	950,000	9/30	매출	1,412,000
9/30	급여	400,000			
9/30	보험료	20,000			
9/30	이자비용	40,000			
9/30	당기순이익	2,000			
	(이익잉여금)	1,412,000			1,412,000

보론 7-1 기중거래분개, 결산수정분개, 마감분개와 전기 요약

지금까지 설명한 계속기록법과 실지재고조사법을 적용할 경우 기중거래분개, 결산수정분개와 마감분개의 전기를 그림으로 표시하면 다음과 같다.

▌그림 7-5 ▌ 계속기록법의 경우 기중거래의 분개, 결산수정분개와 마감분개

상품

차변		대변	
기초재고	×××	④매출원가	×××
①매입채무	×××	ⓐ매입환출 및 에누리	×××
⑤매출원가		ⓐ매입할인	×××

매출원가

차변		대변	
④상품	×××	⑤상품	×××
		㉯집합손익	×××

매출

차변		대변	
ⓑ매출환입 및 에누리	×××	④매출채권	×××
ⓑ매출할인	×××		
㉮집합손익	×××		

매입환출 및 에누리

차변		대변	
ⓐ상품	×××	②매입채무	×××

집합손익

차변		대변	
㉯매출원가	×××	㉮매출	×××
㉰당기순이익 (이익잉여금)	×××		

매출환입 및 에누리

차변		대변	
⑤매출채권	×××	ⓑ매출	×××

매입할인

차변		대변	
ⓐ상품	×××	③매입채무	×××

이익잉여금

차변		대변	
		㉰집합손익	×××

매출할인

차변		대변	
⑥매출채권	×××		

〈기중거래〉

거래	차변	금액	대변	금액
① 매입	(차) 상품	×××	(대) 매입채무	×××
② 매입환출과 에누리	(차) 매입채무	×××	(대) 매입환출 및 에누리	×××
③ 매입할인	(차) 매입채무	×××	(대) 현금	×××
			매입할인	×××
④ 매출	(차) 매출채권	×××	(대) 매출	×××
	(차) 매출원가	×××	(대) 상품	×××
⑤ 매출환입과 에누리	(차) 매출환입 및 에누리	×××	(대) 매출채권	×××
	(차) 상품	×××	(대) 매출원가	×××
⑥ 매출할인	(차) 현금	×××	(대) 매출채권	×××
	매출할인	×××		

〈결산수정분개〉

거래	차변	금액	대변	금액
ⓐ 순매입액 계산	(차) 매입환출 및 에누리	×××	(대) 상품	×××
	매입할인	×××		
ⓑ 순매출액 계산	(차) 매출	×××	(대) 매출환입 및 에누리	×××
			매출할인	×××

〈마감분개〉

㉮ 수익계정 마감	(차) 매출	×××	(대) 집합손익	×××
㉯ 비용계정 마감	(차) 집합손익	×××	(대) 매출원가	×××
㉰ 집합손익계정 마감과 당기순이익 대체	(차) 집합손익	×××	(대) 이익잉여금	×××

▌그림 7-6▐ 실지재고조사법의 경우 기중거래의 분개, 결산수정분개와 마감분개

상품

차변		대변	
기초재고	xxx	ⓒ 1 매출원가	xxx
ⓒ 2 매출원가	xxx		

매출원가

차변		대변	
ⓒ 1 상품(기초)	xxx	ⓒ 2 상품(기말)	xxx
ⓒ 3 매입	xxx	㉯ 집합손익	xxx

매출

차변		대변	
ⓑ 매출환입 및 에누리	xxx	④ 매출채권	xxx
ⓑ 매출할인	xxx		
㉮ 집합손익	xxx		

매입

차변		대변	
① 매입채무	xxx	ⓐ 매입환출 및 에누리	xxx
		ⓐ 매입할인	xxx
		ⓒ 3 매출원가	xxx

집합손익

차변		대변	
㉯ 매출원가	xxx	㉮ 매출	xxx
㉰ 당기순이익(이익잉여금)	xxx		

매출환입 및 에누리

차변		대변	
⑤ 매출채권	xxx	ⓑ 매출	xxx

매입환출 및 에누리

차변		대변	
ⓐ 매입	xxx	② 매입채무	xxx

이익잉여금

차변		대변	
		㉰ 집합손익	xxx

매출할인

차변		대변	
⑥ 매출채권	xxx	ⓑ 매출	xxx

매입할인

차변		대변	
ⓐ 매입	xxx	③ 매입채무	xxx

〈기중거래〉

① 매입	(차) 매입	×××	(대) 매입채무	×××
② 매입환출과 에누리	(차) 매입채무	×××	(대) 매입환출 및 에누리	×××
③ 매입할인	(차) 매입채무	×××	(대) 현금	×××
			매입할인	×××
④ 매출	(차) 매출채권	×××	(대) 매출	×××
⑤ 매출환입과 에누리	(차) 매출환입 및 에누리	×××	(대) 매출채권	×××
⑥ 매출할인	(차) 현금	×××	(대) 매출채권	×××
	매출할인	×××		

〈결산수정분개〉

ⓐ 순매입액 계산	(차) 매입환출 및 에누리	×××	(대) 매입	×××
	매입할인	×××		
ⓑ 순매출액 계산	(차) 매출	×××	(대) 매출환입 및 에누리	×××
			매출할인	×××
ⓒ1 기초재고자산의 매출원가계정 대체	(차) 매출원가	×××	(대) 상품(기초)	×××

ⓒ2 기말재고자산의 매출원가계정 대체	(차) 상품(기말)	×××	(대) 매출원가	×××
ⓒ3 매입계정의 매출원가 계정 대체	(차) 매출원가	×××	(대) 매입	×××

〈마감분개〉

㉮ 수익계정 마감	(차) 매출	×××	(대) 집합손익	×××
㉯ 비용계정 마감	(차) 집합손익	×××	(대) 매출원가	×××
㉰ 집합손익계정 마감과 당기순이익 대체	(차) 집합손익	×××	(대) 이익잉여금	×××

보론 7-2 정산표를 이용한 상품매매기업의 결산[21)]

아래에서는 (주)현대종합상사의 예를 사용하여 정산표를 작성하여 상품매매기업의 결산과정을 설명한다. 정산표의 작성과정을 요약하면 다음과 같다.

표 7-19 | 정산표의 작성과정 요약: 계속기록법을 적용한 경우

구분	회계처리
수정전시산표란의 기입	수정전시산표를 수정전시산표란에 옮김
결산수정분개란의 기입	결산수정분개를 결산수정분개란에 기입함 ① (차) 보험료 20,000 (대) 선급보험료 20,000 ② (차) 이자비용 40,000 (대) 미지급이자 40,000 ③ (차) 매입환출 및 에누리 100,000 (대) 상품 100,000 (차) 매출 108,000 (대) 매출할인 8,000 매출환입 및 에누리 100,000
수정후시산표란의 기입과 수정후시산표 작성	수정전시산표란과 결산수정분개란의 차변과 대변의 금액을 합계 또는 상계하여 수정후시산표란에 기입함
포괄손익계산서란의 기입과 포괄손익계산서의 작성	수정후시산표란에서 수익계정은 포괄손익계산서란의 대변에 기입하고 비용계정은 포괄손익계산서란의 차변에 기입함. 포괄손익계산서란의 차변과 대변의 합을 합계란에 기입하고, 기업회계기준의 양식에 맞추어 작성하면 포괄손익계산서가 됨

21) **정산표**와 **정산표를 사용한 결산**에 대한 자세한 내용은 **제6장(회계순환과정Ⅱ: 회계기간 말의 결산과정) 보론: 정산표를 이용한 결산**에 대한 설명을 참조.
이 보론에서는 이 장에서 상품매매기업의 결산과정을 설명하기 위해 사용한 (주)현대종합상사의 예 중 **계속기록법을 적용한 경우의 예**를 이용하여 설명한다.

재무상태표란의 기입과 재무상태표의 작성	수정후시산표란에서 자산계정은 재무상태표란의 차변에 기입하고 부채계정과 자본계정은 재무상태표란의 대변에 기입함. 포괄손익계산서란에서 구한 당기순이익(당기순손실)을 차변(대변)에 기입하고, 재무상태표란의 차변과 대변의 합을 합계란에 기입한 후 기업회계기준의 양식에 맞추어 작성하면 재무상태표가 됨

표 7-20 | 정산표

계정과목	수정전시산표		결산수정분개		수정후시산표		포괄손익계산서		재무상태표	
	차변	대변	차변	대변	차변	대변	차변	대변	차변	대변
현금	₩1,482,000				₩1,482,000				₩1,482,000	
매출채권	100,000				100,000				100,000	
선급보험료	100,000			①₩20,000	**80,000**				80,000	
상품	480,000			③100,000	**380,000**				380,000	
매입채무		₩100,000				₩100,000				₩100,000
미지급이자				②40,000		**40,000**				40,000
장기차입금		300,000				300,000				300,000
자본금		1,250,000				1,250,000				1,250,000
이익잉여금		350,000				350,000				350,000
매출		1,520,000	③₩108,000			**1,412,000**		₩1,412,000		
매입환출 및 에누리		100,000	③100,000							
매출원가	950,000				950,000		₩950,000			
급여	400,000				400,000		400,000			
보험료			①20,000		**20,000**		20,000			
매출할인	8,000			③8,000						
매출환입 및 에누리	100,000			③100,000						
이자비용			②40,000		**40,000**		40,000			
당기순이익							2,000			2,000
합계	₩3,620,000	₩3,620,000	₩268,000	₩268,000	₩3,452,000	₩3,452,000	₩1,412,000	₩1,412,000	₩2,042,000	₩2,042,000

신문에서 배우는 회계 · 세상

✣ 그 빚을 나보고 갚으라고요? 中企 울리는 '외담대(외상매출채권담보대출)'

물품대금을 '외담대'로 받은 하청기업, 어느날 은행에서 날벼락이…
"원청업체가 안갚는 빚, 하청업체가 갚으시오"
하청업체들, 그런 설명 제대로 못들었는데… 졸지에 빚더미에

– 1,500개 中企 원청업체 채무 떠안아

원청업체가 외담대를 안갚을 경우 하청업체로 그 빚이 고스란히 넘어가
에스콰이아 등 이런 규정 악용, 어음은 상환하면서 '외담대' 남발해
하청 中企 160곳, 330억원 넘게 물려

핸드백을 하청받아 만드는 A중소기업 사장 김모 씨는 올해 초 패션기업 에스콰이아(법인 이름 'EFC')에 물건을 만들어 납품했다. 그는 물품대금 1억 1,000만원을 '외상매출채권담보대출'(외담대)이라는 형식으로 받았다. 외담대란 물품을 납품받은 기업(원청업체)이 '조만간 우리가 지급할 대금이 있다'는 일종의 보증서를 하청업체에 발급하면 하청업체가 이를 담보로 은행에서 현금을 미리 받아 쓰는 금융상품이다. 원청업체가 만기일에 하청업체에 주어야 할 물품대금을 대신 은행에 지불하면 거래는 마무리된다. 은행은 이 과정에서 하청업체로부터 대출이자 형식으로 일종의 수수료를 받는다.

연 9% 수준의 이자를 미리 내고 외담대를 받아 쓴 김 씨는 지난 7월 B은행으로부터 갑자기 "돈을 갚아라"는 통보를 받았다. 김 씨가 "무슨 돈을 말하는 것이냐"며 의아해하자 은행 담당자는 "원래는 에스콰이아가 돈을 상환해야 하지만 에스콰이아가 법정관리에 들어가 돈을 갚지 못하겠다고 한다. 원청업체가 돈을 안 갚으면 하청업체가 이를 대신 갚아야 하는 게 외담대인데, 모르셨느냐"고 설명했다.

핸드백 부품비 등으로 이미 받은 돈을 다 써버린 김 씨는 결국 은행에 돈을 갚지 못했다. 신용불량사로 등록된 그는 법인카드가 정지되고 다른 은행의 금융거래가 모두 봉쇄돼 사업을 이어가기가 어려운 상황에 빠졌다. 김 씨가 갚지 못한 돈엔 지금도 연 15% 수준의 연체이자가 계속 붙고 있다. 김 씨는 "에스콰이아는 연초부터 계속 위험하다는 얘기가 돌았던 회사다. 그런 조항이 있는 줄 알았으면 그렇게 위험한 금융상품을 썼을 리가 없지 않나"라고 말했다.

디폴트(채무상환불능) 위험을 중소 하청업체에만 몰아버리는 '외담대' 때문에 피해를 보는 중소기업이 늘고 있다. 대부분의 하청업체가 이런 규정을 담은 '상환청구권'에 대한 설명을 제대로 들은 적이 없어 대책 마련이 시급하다는 지적이다.

원청업체 부도위험, 하청업체에 전가

외담대는 인터넷뱅킹을 통해 거래가 가능할 정도로 간편한 데다 기업 간 현금거래가 용이한 결제수단이어서 그 규모가 계속 늘고 있다.

금융결제원에 따르면 2011년 303조원 규모였던 외담대는 2013년 348조원으로 증가

했다. 문제는 많은 중소기업이 외담대 거래를 트면서 "원청업체가 돈을 갚지 않을 경우 그 돈을 대신 갚아야 할 의무가 있다"는 '상환청구권'에 대해 듣지 못했다는 것이다. 에스콰이아의 외담대 거래로 현재 3개 은행에 5억 6,800만원을 갚아야 할 상황이라는 가죽업체 C사 사장은 "외담대 거래를 틀 때 깨알 같은 글씨의 약관을 읽어본 사람이 있는지 의문이다. 그런 조항이 있는 줄 알았다면 차라리 어음을 받았을 것"이라고 말했다.

• **외상매출채권 담보대출 규모**

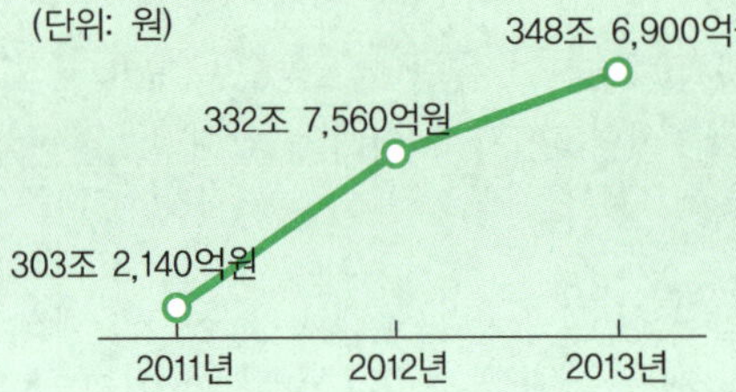

• **외상매출채권 담보대출, 어떻게 이루어지나**

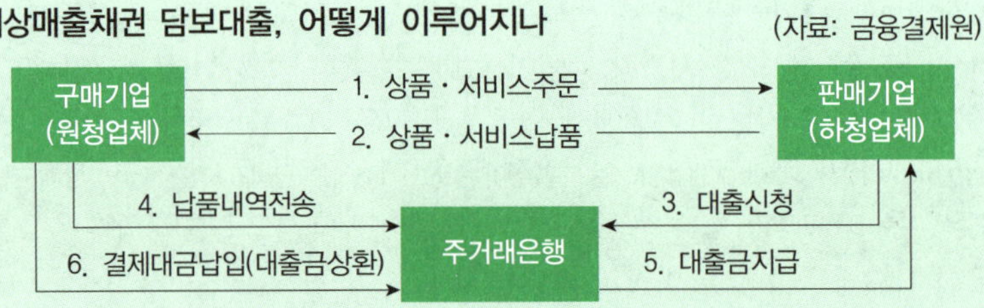

※ 구매기업의 상환을 연체하면 은행은 하청업체에 상환 요구

외담대의 이런 특성을 악용해 경영이 어려워진 기업이 돈을 갚지 않을 목적으로 외담대를 실행하는 부작용도 발생한다. 어음을 막지 못하면 회사가 부도가 나지만, 외담대를 상환하지 못할 경우 원청업체에 가해지는 제재가 딱히 없기 때문이다. 은행은 원청업체가 돈을 갚지 않을 경우 상환청구권을 들어 하청업체에서 돈을 받아내면 된다. 돈이 나가는 시점에 하청업체에서 적지 않은 이자를 챙긴 은행이 디폴트에 대한 위험부담까지 하청업체에 지우는 셈이다. 에스콰이아는 이런 특성을 이용해 어음은 계속 상환하면서도 외담대는 연체되도록 내버려뒀고, 워크아웃을 신청했던 올해 1분기에도 139억원의 외담대를 실행했다.

은행들은 부작용을 알고 있지만 대안이 없다는 입장이다. 한 은행의 여신 담당 임원은 "은행 입장에선 위험을 최대한 피할 수밖에 없다. 만약 상환청구권이 없다면 은행이 이런 상품을 취급할 이유가 없고 그 경우 결국 예전 같은 어음체계로 돌아갈 수밖에 없을 것"이라고 말했다.

금융당국 "대책 마련 중"

기업은행에 따르면 2012년부터 올해 7월까지 1,549개 하청업체가 원청업체가 갚지 않은 돈을 대신 갚았다.

금액은 784억원에 달한다. 현재 에스콰이아와의 외담대 거래로 은행에 돈을 대신 갚을 처지에 놓인 중소기업만 160개이고, 이들이 상환해야 할 금액은 289억원이다. 이 중 40개 기업은 현재 은행들을 상대로 채무부존재(채무 없음) 소송을 진행 중이다. 서울지방법원은 에스콰이아를 인수한 사모펀드 H&Q아시아퍼시픽코리아에 대해 하도급 업체들이 제기한 손해배상청구소송 중 H&Q의 재산 약 90억원에 대한 가압류 신청을 받아들여 이를 25일 집행했다. 이 소송을 진행 중인 법률사무소 '태우'의 도태우 변호사는 "H&Q가 돈을 갚지 못할 줄 알면서도 외담대를 실행했다는 점을 법원이 어느 정도 받아들인 것으로 해석할 수 있다"고 말했다.

문제가 계속 불거지자 금융당국도 대책 마련에 나섰다. 금융감독원 관계자는 "정부 차원에서 재원을 투입해서라도 외담대 사고 보상을 위한 보험을 활성화하고 상환청구권에 대한 고지 의무를 강화하는 등 외담대의 부작용을 최소화할 수 있는 대책을 수립 중"이라고 말했다. 현재 신용보증기금이 '외담대 보험'을 판매하고 있지만, 위험도가 높은 기업만 주로 보험에 드는 역(逆)선택 탓에 손해율(거둔 보험료 대비 지급한 보험금 비율)이 900%까지 올라가 운영이 사실상 불가능한 상태다.

외담대(외상매출채권담보대출)

하청업제가 원청업제에 물건을 납품한 뒤 하청업제가 그 매출채권을 담보로 은행에서 대출 형태로 물품대금을 받아가는 상품이다. 어음 돌려막기로 인한 중소기업 도산 폐해를 막기 위해 도입됐다.

http://biz.chosun.com/site/data/html_dir/2014/11/26/2014112604798.html

논술문제

1 서비스기업과 상품매매기업의 영업활동에 대해 설명하시오.

2 서비스기업과 상품매매기업 간 포괄손익계산서의 차이에 대해 설명하시오.

3 기말재고자산과 매출원가의 관계에 대해 설명하시오.

4 판매가능액, 재고자산과 매출원가의 관계에 대해 설명하시오.

5 상품매매거래의 기록방법에 대해 설명하시오.

6 계속기록법과 실지재고조사법에 대해 설명하시오.

7 상품매매기업의 회계순환과정에 대해 설명하시오.

8 상품매매기업의 회계순환과정 중 회계기간 중의 거래기록에 대해 설명하시오.

9 순매입액과 순매출액의 계산에 대해 설명하시오.

10 매출총이익의 계산에 대해 설명하시오.

11 상품매매기업의 회계순환과정 중 회계기간 말의 결산과정에 대해 설명하시오.

12 매출원가를 기록하기 위한 결산수정분개에 대해 설명하시오.

13 정산표를 이용한 상품매매기업의 결산에 대해 설명하시오.

객관식문제

■ 기본문제

1 (주)한국의 자료는 다음과 같다. 기말재고금액은 얼마인가? (기업회계 3급 44회)

- 기초상품재고액: ₩50,000
- 당기상품매입액: ₩120,000
- 당기매출액: ₩200,000
- 매출총이익률: ₩20

① ₩10,000 ② ₩20,000 ③ ₩30,000 ④ ₩40,000

| 풀이 |

기초 50,000 + 매입 120,000 − 매출원가 (200,000 − 200,000 × 20%) = 기말재고 ₩10,000

| 정답 | ①

2 다음 중 결산 시 기말상품재고액 ₩80,000을 ₩8,000으로 잘못 계상하였을 경우의 결과로 옳은 것은? (기업회계 3급 43회)

① 매출원가와 매출총이익 모두 감소한다.
② 매출원가와 매출총이익 모두 증가한다.
③ 매출원가가 증가하고 매출총이익이 감소한다.
④ 매출원가가 감소하고 매출총이익이 증가한다.

| 풀이 |

'매출원가 = 기초상품재고액 + 당기순매입액 − 기말상품재고액'으로 계산하므로 기말상품을 과소계상하면 매출원가가 증가하고 매출총이익이 감소함.

| 정답 | ③

3 다음은 (주)한국의 20×1년 5월 중 매출과 관련된 자료이다. 순매출액을 계산한 금액으로 옳은 것은? (기업회계 3급 42회)

- 총매출액: ₩1,000,000
- 매출환입액: ₩100,000
- 매출에누리액: ₩50,000
- 매출할인액: ₩20,000
- 매출운임: ₩30,000

① ₩800,000 ② ₩830,000 ③ ₩850,000 ④ ₩900,000

| 풀이 |

순매출액은 총매출액에서 매출환입액, 매출에누리액, 매출할인액을 차감하여 계산한다. 매출운임은 운반비(비용)로 처리함.

| 정답 | ②

4 **(주)한국의 회계자료이다. 손익계산서에 표시될 매출원가는 얼마인가?** (기업회계 3급 43회)

• 총매입액: ₩600,000	• 매입환출액: ₩50,000
• 매입할인액: ₩100,000	• 매입에누리액: ₩40,000
• 기초상품재고액: ₩80,000	• 기말상품재고액: ₩50,000

① ₩440,000 ② ₩460,000 ③ ₩490,000 ④ ₩630,000

| 풀이 |

매출원가=기초상품+당기순매입액−기말상품

당기순매입액=총매입액−매입환출액−매입할인액−매입에누리액

∴ 매출원가=₩80,000+(600,000−50,000−100,000−40,000)−50,000=₩440,000

| 정답 | ①

5 **다음 자료에서 총매입액과 매출원가를 계산한 금액은?** (기업회계 3급 40회)

• 기초상품재고액: ₩100,000	• 총매출액: ₩800,000
• 매출환입액: ₩50,000	• 매입환출액: ₩30,000
• 기말상품재고액: ₩150,000	• 매출총이익: ₩200,000

	총매입액	매출원가		총매입액	매출원가
①	₩600,000	₩550,000	②	₩600,000	₩600,000
③	₩630,000	₩550,000	④	₩630,000	₩600,000

| 풀이 |

총매출액 ₩800,000−매출환입액 ₩50,000=순매출액 ₩750,000

순매출액 ₩750,000−매출총이익 ₩200,000=매출원가 ₩550,000

매출원가 ₩550,000+기말상품재고액 ₩150,000=판매가능상품 ₩700,000

판매가능상품 ₩700,000−기초상품재고액 ₩100,000=순매입액 ₩600,000

순매입액 ₩600,000+매입환출액 ₩30,000=총매입액 ₩630,000

| 정답 | ③

6 **반도체 제조업체인 (주)한국의 20×1년 12월 31일 현재의 장부 및 창고의 재고자산과 20×1년 중 매출 · 매입현황은 아래와 같다. 20×1년 매출총이익으로 올바른 것은?** (기업회계 1급 40회)

- 20×1. 1. 1. 기초재고자산: ₩2,000,000
- 20×1. 1. 1. ~ 12. 31. 총매입액: ₩10,000,000
- 20×1. 1. 1. ~ 12. 31. 매입할인액: ₩1,000,000
- 20×1. 1. 1. ~ 12. 31. 매출액: ₩11,500,000
- 20×1. 12. 31. 기말재고자산: ₩1,500,000

① ₩2,000,000 ② ₩3,000,000 ③ ₩4,000,000 ④ ₩5,000,000

| 풀이 |

매출원가 ₩9,500,000 = ₩2,000,000 + (₩10,000,000 − ₩1,000,000) − ₩1,500,000

매출총이익 ₩2,000,000 = ₩11,500,000 − ₩9,500,000

| 정답 | ①

7 (주)한국은 정상가 ₩10,000,000의 상품을 외상으로 구입하면서 구입 즉시 판매자로부터 10%의 할인을 제공받았으며, 구입일로부터 30일 이내에 전액 현금을 지급하자 추가적으로 지급액의 3% 할인을 제공받았다. (주)한국은 상품을 구입하면서 운임 ₩300,000과 상품중개수수료 ₩200,000을 현금으로 지급하였다. (주)한국이 상품의 매입원가로 기록해야 할 금액은 얼마인가? (기업회계 2급 43회)

① ₩8,700,000 ② ₩9,200,000 ③ ₩9,230,000 ④ ₩9,500,000

| 풀이 |

(₩10,000,000 × 0.90 × 0.97) + ₩300,000 + ₩200,000 = ₩9,230,000

| 정답 | ③

8 상품매매기업인 (주)우리의 결산시점에서 각 계정의 잔액이 다음과 같은 때 매출원가와 매출총이익은? (지방직 9급 2014)

기초재고	₩48,000	당기총매입	₩320,000
매입에누리	3,000	매입할인	2,000
매입운임	1,000	매입환출	4,000
당기총매출	700,000	매출할인	16,000
매출에누리	18,000	매출환입	6,000
매출운임	1,000	광고비	39,000
급 여	60,000	수선유지비	5,000
기말재고	30,000		

	매출원가	매출총이익
①	₩329,000	₩331,000
②	₩330,000	₩330,000
③	₩332,000	₩328,000
④	₩338,000	₩362,000

| 풀이 |

당기순매입액 = 당기총매입 − (매입에누리 + 매입할인 + 매입환출) + 매입운임

= ₩320,000 − (3,000 + 2,000 + 4,000) + 1,000 = ₩312,000

매출원가＝기초재고＋당기순매입액－기말재고

＝₩48,000＋312,000－30,000＝₩330,000

순매출액＝당기총매출－(매출할인＋매출에누리＋매출환입)

＝₩700,000－(16,000＋18,000＋6,000)＝₩660,000

매출총이익＝순매출액－매출원가＝₩660,000－330,000＝₩330,000

| 정답 | ②

사례문제

1 기중거래 분개

의류도매회사인 (주)동대문의 20×1년 동안 발생한 거래는 다음과 같다.

1월 5일	경남은행으로부터 ₩5,000,000을 차입하다.
2월 28일	당기부터 부동산임대업을 하기 위하여 건물 ₩4,000,000을 현금으로 구입하다.
3월 1일	건물에 대한 1년분 임대료 ₩600,000을 현금으로 받다.
3월 2일	건물에 대한 1년분 화재보험료 ₩90,000을 현금으로 지급하다.
4월 2일	상품 ₩3,000,000을 매입하고 대금 중 ₩1,000,000은 현금으로 지급하고 잔액은 외상으로 하다.
4월 27일	원가 ₩2,500,000의 상품을 ₩4,000,000에 매출하고 현금 ₩3,000,000을 받고 잔액은 외상으로 하다.
5월 8일	상품판매의 중개를 하고 수수료 ₩20,000을 현금으로 받다.
6월 9일	매출채권 ₩1,500,000을 현금으로 받다.
7월 10일	매입채무 ₩1,000,000을 현금으로 지급하다.
8월 19일	차입금에 대한 이자 ₩500,000을 현금으로 지급하다.
9월 15일	사무용품 ₩50,000을 현금으로 구입하고 구입시 자산으로 처리하다.
10월 20일	은행예금에 대한 이자 ₩10,000을 현금으로 받다.
11월 18일	급여 ₩70,000을 현금으로 지급하다.
12월 20일	출장여비 ₩10,000을 현금으로 지급하다.
12월 24일	건물에 대한 수선유지비용으로 ₩80,000을 당좌예금으로 지급하다.

| 요구사항 |

(주)동대문이 계속기록법을 적용할 경우 위의 각 거래를 분개하시오.

| 풀이 |

분개(계속기록법)[22]

1/ 5	(차)	현금	5,000,000	(대)	차입금	5,000,000
2/ 28	(차)	건물	4,000,000	(대)	현금	4,000,000
3/ 1	(차)	현금	600,000	(대)	임대료	600,000
3/ 2	(차)	보험료	90,000	(대)	현금	90,000
4/ 2	(차)	상품	3,000,000	(대)	현금	1,000,000
					매입채무	2,000,000

22) **실지재고조사법을 적용할 경우** 다음의 분개만 차이가 난다.

4/ 2	(차)	매입	3,000,000	(대)	현금	1,000,000
					매입채무	2,000,000
4/ 27	(차)	현금	3,000,000	(대)	매출	4,000,000
		매출채권	1,000,000			

4/ 27	(차)	현금	3,000,000	(대)	매출	4,000,000
		매출채권	1,000,000			
	(차)	매출원가	2,500,000	(대)	상품	2,500,000
5/ 8	(차)	현금	20,000	(대)	수수료수익	20,000
6/ 9	(차)	현금	1,500,000	(대)	매출채권	1,500,000
7/ 10	(차)	매입채무	1,000,000	(대)	현금	1,000,000
8/ 19	(차)	이자비용	500,000	(대)	현금	500,000
9/ 15	(차)	소모품	50,000	(대)	현금	50,000
10/ 20	(차)	현금	10,000	(대)	이자수익	10,000
11/ 18	(차)	급여	70,000	(대)	현금	70,000
12/ 20	(차)	여비교통비	10,000	(대)	현금	10,000
12/ 24	(차)	수선유지비	80,000	(대)	당좌예금	80,000

2 매출원가와 기말재고액의 산정 및 포괄손익계산서의 구조

아래의 각 경우는 서로 독립적이다. 각 빈칸에 적절한 금액을 기입하시오.

구분	A	B	C	D
매출액	8,500	9,000	8,000	( )
기초재고액	1,000	( )	1,200	900
당기매입액	6,500	8,000	( )	6,500
기말재고액	1,200	1,800	1,300	( )
매출원가	( )	( )	( )	6,400
매출총이익	( )	2,000	( )	1,400
판매비와관리비	1,400	1,200	1,000	( )
당기순이익	( )	( )	500	500

| 풀이 |

	A	B	C	D
매출액	8,500	9,000	8,000	**(7,800)**
기초재고액	1,000	**(800)**	1,200	900
당기매입액	6,500	8,000	**(6,600)**	6,500
기말재고액	1,200	1,800	1,300	**(1,000)**
매출원가	**(6,300)**	**(7,000)**	**(6,500)**	6,400
매출총이익	**(2,200)**	2,000	**(1,500)**	1,400
판매비와관리비	1,400	1,200	1,000	**(900)**
당기순이익	**(800)**	**(800)**	500	500

3 매출원가 및 매출총이익의 계산

다음의 각 사례는 매출, 매입 및 재고자산과 관련된 자료들이다.

	사례 1	사례 2	사례 3
매출액	₩100,000	₩150,000	₩200,000
기초상품재고액	2,000	13,000	32,000
당기상품매입액	65,000	③	160,000
기말상품재고액	6,000	16,000	⑤
매출원가	①	103,000	⑥
매출총이익	②	④	48,000

| 요구사항 |

각 사례별로 각 번호에 들어갈 금액을 계산하라.

| 풀이 |

① 매출원가 = 기초상품재고액 + 당기상품매입액 − 기말상품재고액
= ₩2,000 + 65,000 − 6,000 = ₩61,000

② 매출총이익 = 매출액 − 매출원가 = ₩100,000 − 61,000 = ₩39,000

③ 매출원가 = 기초상품재고액 + 당기상품매입액 − 기말상품재고액
₩103,000 = ₩13,000 + 당기상품매입액 − 16,000
∴ 당기상품매입액 = ₩106,000

④ 매출총이익 = 매출액 − 매출원가 = ₩150,000 − 103,000 = ₩47,000

⑥ 매출원가를 먼저 계산해야 ⑤의 기말상품재고액을 계산할 수 있음.
매출원가 = 매출액 − 매출총이익 = ₩200,000 − 48,000 = ₩152,000

⑤ 매출원가 = 기초상품재고액 + 당기상품매입액 − 기말상품재고액
₩152,000 = ₩32,000 + 160,000 − 기말상품재고액
∴ 기말상품재고액 = ₩40,000

4 계속기록법과 실지재고조사법

다음은 컴퓨터부품을 판매하는 (주)컴퓨넷의 20×6년 6월 중의 매입·매출거래이다. (주)컴퓨넷의 회계기간은 1개월이다.

6/ 1일 6월의 기초상품재고액은 ₩200,000이다.
6/ 5일 ₩400,000의 상품을 매입하고 매입대금은 50일 후에 지급하기로 하다.
6/10일 ₩300,000의 상품을 ₩450,000에 판매하고 판매대금은 30일 후에 받기로 하다.
6/15일 ₩500,000의 상품을 매입하고 매입대금은 40일 후에 지급하기로 하다.
6/20일 ₩400,000의 상품을 ₩550,000에 판매하고 판매대금은 20일 후에 받기로 하다.
6/30일 기말의 상품재고액을 실지조사한 결과 ₩400,000의 상품이 남아 있다.

| 요구사항 |

1. 계속기록법과 실지재고조사법을 각각 사용하여 6월 매입·매출거래를 일자별로 분개하고 해당 계정에 전기하라.
2. 계속기록법과 실지재고조사법을 각각 사용하여 6월의 매출원가를 산정하라.

| 풀이 |

1. 매입·매출거래의 분개와 전기

① 분개

	계속기록법	실지재고조사법
6/5	(차) 상품 400,000 (대) 매입채무 400,000	(차) 매입 400,000 (대) 대입채무 400,000
6/10	(차) 매출채권 450,000 (대) 매출 450,000 (차) 매출원가 300,000 (대) 상품 300,000	(차) 매출채권 450,000 (대) 매출 450,000
6/15	(차) 상품 500,000 (대) 매입채무 500,000	(차) 매입 500,000 (대) 매입채무 500,000
6/20	(차) 매출채권 550,000 (대) 매출 550,000 (차) 매출원가 400,000 (대) 상품 400,000	(차) 매출채권 550,000 (대) 매출 550,000

② 전기

계속기록법

상품

기초	200,000	6/10	300,000
6/5	400,000	6/20	400,000
6/15	500,000		

매출원가

6/10	300,000		
6/20	400,000		

매출

		6/10	450,000
		6/20	550,000

실지재고조사법

상품

기초	200,000		

매입

6/5	400,000		
6/15	500,000		

매출

		6/10	450,000
		6/20	550,000

2. 6월의 매출원가

① 계속기록법: 매출원가계정의 차변합계인 ₩700,000이 6월의 매출원가이다.

② 실질재고조사법: 매출원가는 아래와 같이 산정한다.

기초재고액	200,000	← 상품계정의 기초잔액
당기매입액	+900,000	← 매입계정의 차변합계
판매가능상품액	1,100,000	
기말재고액	−400,000	← 실지조사로 파악한 금액
매출원가	700,000	

위와 같이 구해지면 상품계정을 기말재고액으로 수정하고 또 매출원가를 계정에 기록하는 수정분개가 필요하다.

5 계속기록법과 실지재고조사법

다음은 (주)파로의 20×1년 3월의 상품매매 거래내역이다. (주)파로는 매출환입 및 에누리, 매출할인, 매입환출 및 에누리, 매입할인계정을 별도로 사용하고 있으며 이들에 대한 조정은 결산수정분개에서 하고 있다. 20×1년 3월 1일의 상품재고는 10단위 @₩1,000이다.

3월 2일	(주)경포에 상품 7단위(원가 @₩1,000)를 단위당 ₩2,000에 '2/10, n/30' 신용조건으로 판매하였으며, 판매운임 ₩200은 현금으로 지급하다.
3월 4일	3월 2일 판매한 상품 2단위가 반품되어 돌아오다.
3월 6일	(주)소양에게서 상품 3단위를 단위당 ₩1,000에 '2/10, n/30' 신용조건으로 구매하였으며, 인수운임 ₩40은 현금으로 지급하다.
3월 8일	(주)소양에 매입상품 1단위를 반품시키다.
3월 10일	(주)경포에게서 상품판매대금을 전액 회수하다.
3월 14일	(주)소양의 외상매입대금을 현금으로 지급하다.
3월 31일	월말 상품재고는 7단위이다.

| 요구사항 |

1. 계속기록법과 실지재고조사법을 적용할 경우 위의 거래를 분개하시오.
2. 계속기록법과 실지재고조사법을 적용할 경우 결산수정분개를 하시오.
3. 위의 각 분개를 총계정원장(T-계정)에 전기하시오. 단, 상품(또는 매입)계정과 수익 및 비용계정만 표시하시오.
4. 계속기록법과 실지재고조사법을 적용할 경우 각각 마감분개를 하시오.

| 풀이 |

1. 기중거래 분개

월일	계속기록법		실지재고조사법	
3/2	(차) 매출채권 (대) 매출 (차) 매출원가 (대) 상품 (차) 운송비 (대) 현금	14,000 14,000 7,000 7,000 200 200	(차) 매출채권 (대) 매출 (차) 운송비 (대) 현금	14,000 14,000 200 200
3/4	(차) 매출환입 및 에누리 (대) 매출채권 (차) 상품 (대) 매출원가	4,000 4,000 2,000 2,000	(차) 매출환입 및 에누리 (대) 매출채권	4,000 4,000
3/6	(차) 상품 (대) 매입채무 현 금	3,040 3,000 40	(차) 매입 (대) 매입채무 현금	3,040 3,000 40
3/8	(차) 매입채무	1,000	(대) 매입환출 및 에누리	1,000
3/10	(차) 현금 매출할인[*1]	9,800 200	(대) 매출채권	10,000
3/14	(차) 매입채무	2,000	(대) 현금 매입할인[*2]	1,960 40

*1. (₩14,000 − ₩4,000[*a]) × 0.02 = ₩200

*a. 3월 4일 매출환입을 고려하여야 함.

*2. (₩3,000 − ₩1,000[*b]) × 0.02 = ₩40

*b. 3월 8일 매입환출을 고려해야 함.

2. 결산수정분개

월일	계속기록법		실지재고조사법	
3/31 결산 수정 분개	(차) 매출	4,200	(대) 매출환입 및 에누리 매출할인	4,000 200
	(차) 매입환출 및 에누리 매입할인 (대) 상품	1,000 40 1,040	(차) 매입환출 및 에누리 매입할인 (대) 매입	1,000 40 1,040
			(차) 매출원가 (대) 상품(기초) (차) 매출원가 (대) 매입 (차) 상품(기말) (대) 매출원가	10,000 10,000 2,000 2,000 7,000 7,000

3. 총계정원장 전기

(1) 계속기록법

상품

전기이월		10,000	3/ 2	매출원가	7,000
3/ 4	매출원가	2,000	3/31	제좌	1,040
3/ 6	제좌	3,040			

매출

3/31	제좌	4,200	3/ 2	매출채권	14,000

매출원가

3/ 2	상품	7,000	3/ 4	상품	2,000

매출환입 및 에누리

3/ 4	매출채권	4,000	3/31	매출	4,000

매출할인

3/10	매출채권	200	3/31	매출	200

운송비

3/ 2	현금	200			

매입환출 및 에누리

3/31	상품	1,000	3/ 8	매입채무	1,000

매입할인

3/31	상품	40	3/14	매입채무	40

(2) 실지재고조사법

상품

전기이월		10,000	3/31	매출원가	10,000
3/31	매출원가	7,000			

매출

3/31	제좌	4,200	3/ 2	매출채권	14,000

매출환입 및 에누리

3/ 4	매출채권	4,000	3/31	매출	4,000

매출할인

3/10	매출채권	200	3/31	매출	200

운송비

3/ 2	현금	200			

매입

3/ 6	제좌	3,040	3/31	제좌	1,040
			3/31	매출원가	2,000

매입환출 및 에누리

3/31	매입	1,000	3/ 8	매입채무	1,000

매입할인

3/31	매입	40	3/14	매입채무	40

매출원가

3/31	상품(기초)	10,000	3/31	상품(기말)	7,000
	매입	2,000			

4. 마감분개(계속기록법과 실지재고조사법 동일)

(차) 매출	9,800	(대) 집합손익	9,800
(차) 집합손익	5,200	(대) 매출원가	5,000
		운송비	200
(차) 집합손익	4,600	(대) 이익잉여금	4,600

6 계속기록법과 실지재고조사법

다음은 매월 말 결산을 하는 (주)울산의 20×1년 12월 거래내역이다. 12월 1일에 (주)울산은 상품 ₩300,000을 보유하고 있다.

12월 1일 (주)부산에게서 2/10, n/30의 신용조건으로 상품 ₩600,000을 외상으로 매입하였다. 상품을 매입하는 과정에서 운송비 ₩20,000을 현금으로 지급하였다.

12월 3일 12월 1일에 매입한 상품 중 ₩100,000을 파손 등의 이유로 (주)부산에 반송하였다.

12월 10일 12월 1일에 외상매입한 상품에 대한 매입대금을 (주)부산에 지급하였다.

12월 11일 (주)서울에 2/10, n/30의 신용조건으로 상품 ₩500,000(원가 ₩250,000)을 외상으로 판매하였다. 상품을 판매하는 과정에서 운송비 ₩20,000을 현금으로 지급하였다.

12월 13일 12월 11일에 판매한 상품 중 ₩100,000(원가 ₩50,000)을 파손 등의 이유로 (주)서울에서 반송되어 오다.

12월 20일 12월 11일에 판매한 상품에 대한 판매대금을 (주)서울에게서 현금으로 받다.

12월 31일 실지재고조사를 한 결과 기말재고자산은 ₩610,000이었다.

| 요구사항 |

1. 계속기록법과 실지재고조사법을 적용할 경우 위의 거래를 분개하시오.
2. 계속기록법과 실지재고조사법을 적용할 경우 결산수정분개를 하시오.
3. 계속기록법과 실지재고조사법을 적용할 경우 마감분개를 하시오.

| 풀이 |

1. 기중거래의 분개

구분	계속기록법		실지재고조사법	
	차변	대변	차변	대변
12/ 1	상품 620,000	매입채무 600,000 현금 20,000	매입 620,000	매입채무 600,000 현금 20,000
12/ 3	매입채무 100,000	매입환출 및 에누리 100,000	계속기록법과 동일	
12/10	매입채무 500,000	현금 490,000 매입할인[*1] 10,000	계속기록법과 동일	
12/11	매출채권 500,000 매출원가 250,000 운송비 20,000	매출 500,000 상품 250,000 현금 20,000	매출채권 500,000 운송비 20,000	매출 500,000 현금 20,000
12/13	매출환입 및 에누리 100,000 상품 50,000	매출채권 100,000 매출원가 50,000	매출환입 및 에누리 100,000	매출채권 100,000
12/20	현금 392,000 매출할인[*2] 8,000	매출채권 400,000	계속기록법과 동일	

*1. (₩600,000 − ₩100,000[*a]) × 0.02 = ₩10,000
*a. 12월 3일 매입환출을 고려하여야 함.
*2. (₩500,000 − ₩100,000[*b]) × 0.02 = ₩8,000
*b. 12월 13일 매출입환입을 고려해야 함.

2. 결산수정분개

구분	계속기록법		실지재고조사법	
	차변	대변	차변	대변
순매입액계산	매입환출 및 에누리 100,000 매입할인 10,000	상품 110,000	매입환출 및 에누리 100,000 매입할인 10,000	매입 110,000
매출원가계산	분개 없음	분개 없음	매출원가 300,000 매출원가 510,000 상품(기말) 610,000	상품(기초) 300,000 매입(당기) 510,000 매출원가 610,000
순매출액계산	매출 108,000	매출환입 및 에누리 100,000 매출할인 8,000	계속기록법과 동일	

3. 마감분개

구분	계속기록법		실지재고조사법	
	차변	대변	차변	대변
수익계정마감	매출 392,000	집합손익 392,000	계속기록법과 동일	
비용계정마감	집합손익 220,000	매출원가 200,000 운송비 20,000	계속기록법과 동일	
집합손익계정마감	집합손익 172,000	이익잉여금 172,000	계속기록법과 동일	

03

PART

혼자서도 잘하는 회계원리
Accounting Principles

계정별 회계처리

쉬어가는
페이지

✣ 나는 가장 많은 축복을 받은 사람이다

큰 일을 이루기 위해 힘을 주십사 하나님께 기도했더니
겸손함을 배우라고 연약함을 주셨다.
많은 일을 해낼 수 있는 건강을 구했는데
보다 가치 있는 일을 하라고 병을 주셨다.
행복해지고 싶어 부유함을 구했더니
지혜로워지라고 가난을 주셨다.
세상 사람들의 칭찬을 받고자 성공을 구했더니
뽐내지 말라고 실패를 주셨다.
삶을 누릴 수 있게 모든 걸 갖게 해 달라고 기도했더니
모든 걸 누릴 수 있는 삶, 그 자체를 선물로 주셨다.

구한 것 하나도 주시지 않았지만,
내 소원 모두 들어주셨다.
나는 가장 많은 축복을 받은 사람이다.

뉴욕대 부속병원 재활센터 벽에 걸려 있는 글

CHAPTER 08

금융자산: 현금 및 현금성자산

재무상태표

자산		부채
유동자산	현금 및 현금성자산	유동부채
	단기금융상품	비유동부채
비유동자산		부채총계
투자자산		자본
유형자산		자본금
무형자산		자본잉여금
기타비유동자산		기타포괄손익누계액
		이익잉여금
		자본총계
자산총계		부채 및 자본총계

제1절 금융자산

금융상품(financial instruments)은 한 거래당사자에게 금융자산을 발생시키고 동시에 다른 거래상대방에게 금융부채나 지분상품을 발생시키는 모든 계약을 말한다.[1] 금융상품의 취득회사는 금융자산을 보유하게 되고, 금융상품의 발행회사는 금융부채나 지분상품을 부담하게 된다.

표 8-1 | 금융상품의 계약당사자

계약당사자 A	다른 계약당사자 B	비고
금융자산*1을 인식함	금융부채를 인식함	금융부채는 제9장 금융자산: 수취채권과 지급채무 중 지급채무와 제13장 부채에서 설명함
	지분상품을 인식함	지분상품의 발행은 제14장 자본에서 설명함

*1. 금융자산에 대해서는 제8장 금융자산: 현금 및 현금성자산, 제9장 금융자산: 수취채권과 지급채무와 제12장 금융자산: 지분상품과 채무상품에서 설명함.

금융자산(financial asset)은 현금, 다른 기업의 지분상품, 거래상대방에게서 현금 등 금융자산을 수취할 계약상 권리 등을 말한다. 다른 기업의 지분상품(equity instruments)은 다른 기업이 발행한 지분상품(주식)을 취득할 경우 취득회사의 입장에서 그 지분상품을 금융자산으로 분류한다. 거래상대방에게서 현금 등을 수취할 계약상 권리는 수취채권(매출채권과 미수금), 대여금 및 채무상품(다른 회사가 발행한 사채, 국가가 발행한 국채, 지방자치단체가 발행한 공채 등)을 포함한다.

K-IFRS에서 금융자산에 포함하고 있는 항목을 요약하면 다음과 같다.

1) **금융자산과 금융부채**에 대한 설명은 **제12장 금융자산: 지분상품과 채무상품, 제1절 금융상품의 의의와 분류**에서 설명하였으므로 그 설명을 참조.

표 8-2 | 금융자산의 분류

금융자산의 분류		내용	
현금 및 현금성자산	현금		제8장 금융자산: 현금 및 현금성자산에서 설명함
	현금성자산		
수취채권	매출채권	외상매출금, 받을어음	제9장 금융자산: 수취채권과 지급채무에서 설명함
	비매출채권	대여금, 미수금 등	
기타 금융상품	유가증권	지분상품(지분형 금융상품) 채무상품(채무형 금융상품)	제12장 금융자산: 지분상품과 채무상품에서 설명함
	금융기관 취급상품	정기예금, 정기적금 등	제8장 금융자산: 현금 및 현금성자산에서 설명함
	파생금융상품[2]	선물, 옵션 등	중급회계 또는 고급회계에서 설명함

제2절 현금 및 현금성자산

1. 현금

1.1 현금의 의의와 분류

(1) 현금의 의의와 중요성

현금(cash)은 유동성(현금화가능성)이 가장 높은 자산으로 재화나 용역을 취득하거나 부채를 상환하기 위해 사용하는 교환수단(medium of exchange, 지불수단)이다.

유동성(liquidity)은 기업이 자산을 현금으로 쉽게 그리고 빨리 현금으로 전환할 수 있는 정도를 의미한다. 유동성이 높은 자산은 단기간에 현금으로 전환할 수 있는 자산을 말하며, 예를 들어 현금은 매출채권보다 유동성이 높으며, 평균적으로 매출채권은 재고자산보다 유용성이 높다.

기업은 유동성을 적절한 수준으로 관리하여 일시적 지급불능상태에 빠지지 않도록 하

2) **금융상품**에는 파생금융상품과 비파생금융상품이 있다. **파생금융상품의 회계처리**는 **고급회계**에서 설명하며, **이 장**에서는 **비파생금융상품의 회계처리**만 설명한다.
파생상품(derivatives)은 다른 상품이나 자산의 가격 또는 지수에 의해 그 가치가 결정되는 상품을 통칭한다. 파생상품의 기초자산이 주식, 채권, 외국통화 등과 같은 금융 항목인 경우 해당 파생상품은 **파생금융상품**(financial derivatives)이라고 한다.

여야 한다. 기업이 보유자산의 유동성이 낮아(유동성 부족) 단기 지급불능상태에 빠지면, 영업활동에 필요한 대금을 적시에 지급하지 못하거나 유동부채를 갚지 못해 부도가 날 가능성이 높아진다.[3)]

(2) 현금의 분류

일반적으로 현금은 통화만을 의미하나, 회계에서 현금의 의미는 ① 통화, ② 통화대용증권과 ③ 요구불예금을 포함하는 좀 더 넓은 의미로 사용된다.

통화(currency)는 지폐와 동전(주화)을 말하며, 원화로 전환이 쉬운 외화는 그 환산액을 현금에 포함한다.

통화대용증권은 통화는 아니나 통화와 마찬가지로 사용할 수 있는 것(즉, 언제든지 통화와 교환할 수 있을 뿐만 아니라 재화를 구매하는 등의 지불수단으로 사용할 수 있는 것)으로 타인이 발행한 당좌수표 등을 말한다.

요구불예금(demand deposit)은 입출금이 자유로운 예금으로 당좌예금과 보통예금을 말한다. 요구불예금은 현금이 은행에 보관되어 있다는 점에서 차이가 있을 뿐 유동성은 현금과 같다고 할 수 있다.

표 8-3 | 현금의 분류

구분		예	비고
현금	통화	지폐와 동전(주화)	
		외국통화	
	통화대용증권	은행발행 자기앞수표, 타인발행 당좌수표, 타인발행 가계수표, 우편환증서, 송금환, 만기가 도래한 국공채 및 회사채 이자표, 배당금지급통지표, 만기가 도래한 약속어음과 환어음, 일람출금어음 등	우표나 수입인지[*1] 또는 차용증서[*2]는 제외
	요구불예금	당좌예금, 보통예금	외화예금도 포함

*1. 우표나 수입인지는 교환의 매개로 사용하기 위해 보유하는 것이 아니라 우편요금 또는 인지대금이라는 비용을 선급한 것이므로, 그 금액이 큰 경우에는 선급비용 또는 소모품으로 처리하고 금액이 적은 경우에는 구입시 비용처리(소모품비 또는 통신비)함.

*2. 차용증서(다른 사람에게 현금을 빌려주고 받은 증서)는 양도 또는 유통이 불가능하여 현금화할 수 없으므로 수취채권 중 단기대여금(장기대여일 경우 장기대여금)으로 처리함.

3. 선일자수표(postdated checks)는 지급일을 발행일 이후의 날짜로 기록한 당좌수표를 말하며, 수취채권(거래내용에 따라 미수금 또는 매출채권)으로 처리함.

3) 손익계산서에 많은 이익을 보고한다고 하여 그 만큼의 현금이 확보되는 것이 아니다. 손익계산서의 이익은 발생주의에 따라 산출되므로 현금이 유입되지 않아도 수익으로 인식하고 현금이 유출되지 않아도 비용으로 인식하는 경우가 있기 때문이다. 따라서 손익계산서에는 이익을 내고 있지만 실제로 현금의 부족하여 도산하는 경우를 **흑자도산**이라고 한다.

표 8-4 | 통화대용증권

구분	내용
자기앞수표	은행이 발행인과 지급인인 수표로 부도의 위험을 방지하는 안정성이 보장된 수표
당좌수표	당좌예금계좌를 가진 기업이 발행하는 수표
가계수표	가계종합예금계좌를 가진 개인(자영업자, 급여생활자 등)이 발행하는 수표
송금환	• 원격지간 채권채무관계를 결제할 때 채무자가 은행을 통해 채권자에게 송금하는데 사용되는 어음(지급을 약속하는 증서) • 채무자는 은행에 돈을 납부하고 송금환을 받아 채권자에게 보내면 채권자는 은행에서 송금환과 교환하여 돈을 받음
우편환증서	우체국을 통해 송금환과 동일한 방식으로 돈을 송금하는데 사용되는 어음
배당금지급통지표	기업이 주주총회에서 배당을 결정한 후 배당금 대신 지급하는 증서 투자자는 배당금지급통지표에 지정된 장소에서 현금으로 교환함

예제 8-1 **현금의 범위**

(주)벽오는 기말에 금고를 실사한 결과 다음과 같은 자산이 있었다.

통화	₩1,000,000	우표	₩5,000
거래처 발행 가계수표	400,000	우편환증서	80,000
수입인지	30,000	배당금지급통지표	2,000,000
소액현금	130,000	만기가 도래한 국채이자표	300,000
차용증서	500,000		

| 요구사항 |

위의 항목 중 재무상태표에 현금으로 보고될 금액을 계산하시오.

| 풀이 |

통화 ₩1,000,000+거래처 발행 가계수표 ₩400,000+우편환증서 ₩80,000+배당금지급통지표 ₩2,000,000+소액현금 ₩130,000+만기가 도래한 국채이자표 ₩300,000=₩3,910,000

차용증서는 수취채권으로 보고하고, 우표와 수입인지는 소모품 또는 선급비용으로 보고함.

1.2 현금의 회계처리

회계상 현금은 통화, 통화대용증권과 요구불예금을 포함한다. 현금은 자산에 속하므로 현금의 수입은 현금계정의 차변에 기록하고, 현금의 지출은 현금계정의 대변에 기록한다.

예제 8-2 현금

12월 3일 (주)백두에서 사무용 책상과 의자 등의 비품을 현금 ₩5,000,000에 구입하다.

12월 12일 (주)지리에 상품을 ₩3,500,000에 매출하고, 대금은 (주)지리가 발행한 경남은행 수표로 받다.

| 요구사항 |

위 거래를 회계처리하시오.

| 풀이 |

월일	회계처리			
12/ 3	(차) 비품	5,000,000	(대) 현금	5,000,000
12/12	(차) 현금	3,500,000	(대) 매출	3,500,000

2. 현금성자산

2.1 현금성자산의 의의와 분류

현금성자산(cash equivalent)은 기업이 현금의 단기적인 운용목적으로 취득하여 보유하는 유동성이 매우 높은 유가증권 및 단기금융상품을 말한다. 기업은 당장 필요하지 않은 현금을 단기금융상품에 투자하여 이자수익을 얻을 수 있다.

현금성자산으로 분류되려면 ① 큰 거래비용 없이 현금으로 전환이 쉬운 자산 ② 이자율변동에 따른 가치변동이 작은 자산이라는 2가지 조건을 만족하여야 하며, 특별한 위험부담 없이 사실상 현금과 거의 동일하게 사용할 수 있어야 한다.

일반적으로 취득 당시 만기(또는 상환일)가 3개월 이내 도래하는 경우[취득일부터 만기일(상환일)까지의 기간이 3개월 이내인 경우]에만 현금성자산으로 분류된다.[4] 현금성자산의 예는 다음과 같다.

4) 만약 만기가 3개월 이상 남았다면 현금성자산이 아니라 단기금융상품(유동자산)으로 분류하며, 만기가 1년 이상 남았다면 장기금융상품(비유동자산)으로 분류한다.
또한, 현금성자산의 분류기준 중 **3개월**은 보고기간 말 현재 3개월 이내에 도래하는 것이 아니라 **취득 당시** 만기가 3월 이내에 도래하여야 한다.

표 8-5 | 현금성자산의 분류

구분	현금성자산에 포함되는 항목 예	비고
현금성 자산	• 취득 당시 만기가 3개월 이내에 도래하는 채권(국・공채와 사채) • 취득 당시 상환일까지의 기간이 3개월 이내인 상환우선주	
	• 취득 당시 3개월 이내의 환매조건을 가진 환매채 • 계약기간이 3개월 이하인 (초)단기수익증권 • 취득 당시 만기가 3개월 이내에 도래하는 금융기관이 취급하는 단기금융상품 등	양도성예금증서(CD), 기업어음(CP), 어음관리계좌(CMA), 환매조건부채권(RP) 등

정형화된 대표적인 단기금융상품은 기업어음(CP, commercial paper), 양도성예금증서(CD, certificate of deposit), 어음관리계좌(CMA, cash management account), 환매조건부채권(환매채, RP, repurchase agreement), 금전신탁(money in trust), 수익증권(fund) 등이 있다.

표 8-6 | 정형화된 단기금융상품

구분	내용
기업어음	신용평가에서 적격평가를 받은 기업이 운전자금 등 단기자금을 조달하기 위해 발행한 어음(융통어음)으로 금융기관이 할인매입하여 고객에게 판매한 어음
양도성예금증서	금융시장에서 자유롭게 양도가능한 은행이 발행하는 정기예금증서
어음관리계좌	금융기관이 고객이 맡긴 예탁금을 기업어음, 국・공채 등에 투자하여 얻은 수익을 수수료를 제외하고 고객에게 돌려주는 금융상품
환매조건부채권 (환매채)	일정기간이 지난 후에 확정금리를 보태 되사는 조건으로 금융기관이 발행하는 금융상품으로, 주로 금융기관이 보유한 채권을 담보로 발행함
금전신탁	고객의 자금을 금융기관이 운영하고 그 실적을 배당하는 금융상품
수익증권	투자회사가 일반인에게서 자금을 모아 투자(운용)한 후 이익을 분배받을 권리를 표시한 유가증권으로 일반적으로 펀드(fund)라 함

2.2 현금성자산의 회계처리

취득 당시 만기가 2개월 남은 국채 ₩5,000,000을 당좌예금으로 취득한 경우 다음과 같이 회계처리할 수 있다.

첫째, 현금 및 현금성자산 계정을 사용하면 당좌예금도 현금 및 현금성자산의 일부이므로 회계처리할 필요가 없다.

둘째, 현금, 당좌예금과 현금성자산을 별도의 계정으로 사용하면 다음과 같이 회계처리한다.

(차) 현금성자산 5,000,000 (대) 당좌예금 5,000,000

3. 단기금융상품

단기금융상품은 기업이 여유자금을 활용할 목적으로 보유하는 단기예금, 단기대여금, 당기손익인식-공정가치측정 금융자산 등 단기보유목적으로 보유하는 금융자산을 말한다.

3.1 단기예금

단기예금은 금융기관이 취급하는 예금 중 기업이 단기적인 자금운용목적이거나 결산일 현재 1년 이내에 만기가 도래하는 정기예금, 정기적금 또는 사용이 제한되어 있는 예금이 있다.

(1) 기타예금

은행예금에는 당좌예금 이외에 보통예금, 정기예금, 정기적금 등의 다양한 형태의 예금이 있다. 은행예금은 예금 금액의 크기와 거래의 빈도에 따라 다음과 같이 처리한다. 기타예금계정은 당좌예금 이외의 보통예금, 정기예금, 정기적금 등의 예금을 한꺼번에 처리하는 계정이다. 그러나 예금 금액이 많거나 거래가 자주 발생하면 보통예금, 정기예금, 정기적금 등 별도의 계정을 설정하여 기입할 수 있다.

기타예금은 만기가 재무상태표일(결산일)부터 12개월 이내 또는 이후에 도래하는지 여부(1년기준)에 따라 유동자산 또는 비유동자산으로 분류한다.

(2) 사용이 제한되어 있는 예금

기타예금 중 그 사용이 제한되어 있는 예금이 있다. 그 예에는 기업이 은행에서 대출할 때 대출액의 일정비율을 대출기간 중 예금 또는 적금으로 예치한 보상예금(compensating balances, 양건예금), 차입금에 대한 담보로 제공된 예금, 당좌계약을 체결할 때 예치해 둔 당좌개설보증금 등이 있다. 만일 만기가 1년 이내에 도래하는 사용목적이 제한되어 있는 예금은 유동자산의 단기금융상품으로 분류한다.[5]

[5] 이러한 예금은 차입금을 상환하거나 당좌계약을 해지하기 전까지는 예금의 인출이 제한되어 있기 때문에 이러한 사항을 재무제표의 **주석에 공시**하여야 한다. 만일 기한이 1년 이내에 도래하지 않고 사용목적이 제한되어 있다면, 이들 예금은 현금 및 현금성자산에 포함시키지 않고 **비유동자산의 기타금융상품으로 분류**한다.

표 8-7 | 사용이 제한되어 있는 예금의 분류

구분			재무상태표의 표시
계약기간 3개월 이내	사용이 제한되어 있지 않은 경우		현금 및 현금성자산
	사용이 제한되어 있는 경우	사용제한이 1년 이내인 경우	단기금융상품
		사용제한이 1년 이후인 경우	장기금융상품

3.2 정형화된 금융상품

정형화된 금융상품도 단기적인 자금운용을 목적으로 하거나 만기가 1년 이내에 도래하는 경우에는 단기금융상품으로 분류한다. 그러나 정형화된 금융상품의 경우에도 취득시 만기가 3개월 이내에 도래하여 유동성이 매우 높은 금융상품은 현금성자산으로 분류한다.[6]

4. 현금 및 현금성자산의 보고

기업은 현금, 당좌예금 및 현금성자산을 현금 및 현금성자산이라는 단일계정에 기록할 수도 있고 이들을 각각 별도의 계정에 기록한 후 재무상태표에는 현금 및 현금성자산계정으로 보고할 수도 있다.

표 8-8 | 현금 및 현금성자산의 보고

구분			재무상태표의 표시
현금 및 현금성자산	통화 및 통화대용증권		유동자산 중 현금 및 현금성자산
	요구불예금 등 은행예금	• 당좌예금 • 당좌예금 이외의 보통예금, 정기예금, 정기적금[*1]	
		당좌차월	유동부채 중 단기차입금
유가증권 및 금융기관이 취급하는 금융상품[*2]	취득 당시 만기가 3개월 이내인 단기금융상품		유동자산(당좌자산) 중 현금성자산
	취득 당시 만기가 3개월을 초과하거나 재무상태표일부터 만기가 12개월 이내인 금융상품		유동자산(당좌자산) 중 단기금융상품
	재무상태표일부터 만기가 12개월 이후인 금융상품		비유동자산(투자자산) 중 장기금융상품

6) 단기매매목적이라 하더라도 주식이나 신주인수권 등의 **지분상품**은 상환만기가 없고 단기적인 가치변동 위험이 크기 때문에 현금성자산에 포함하지 않는다.

*1. 요구불예금 등의 은행예금은 예금 금액의 크기와 거래의 빈도에 따라 당좌예금과 기타예금(보통예금, 정기예금, 정기적금계정을 사용할 수 있음)으로 나누어 처리할 수 있음.
*2. 금융기관이 취급하는 금융상품 중 현금 및 현금성자산으로 분류되지 않는 정기예금, 정기적금 등의 금융기관 예치금은 재무보고일부터 12개월 이내에 실현될 것으로 예상되는 경우에는 유동자산으로, 그렇지 않은 경우에는 비유동자산으로 보고함.

이 책에서는 현금, 당좌예금 및 현금성자산을 각각 별도의 계정에 기록한 후 재무상태표에 현금 및 현금성자산계정으로 보고하는 방법으로 설명한다.

제3절 당좌예금

1. 당좌예금

1.1 당좌예금의 의의

기업은 거액의 현금을 회사 내에 보관하기보다 은행과 당좌계약을 맺고 당좌계좌를 개설하는데, 이 계좌의 예금을 당좌예금(current deposit 또는 cash in bank)이라 한다.[7] 당좌예금은 기업이 직접 현금거래를 하기보다 은행을 통해 거래를 함으로써 현금관리와 통제목적(현금의 보관과 유출입에 따른 도난, 분실, 부정과 오류를 방지)으로 사용한다.

당좌예금은 회사의 운영자금을 은행의 당좌예금 계좌에 입금하고 현금결제가 필요할 때 당좌수표를 발행하여 거래한다.[8] 당좌예금은 기업이 언제든지 인출할 수 있기 때문에 현금 및 현금성자산으로 분류된다.

| 그림 8-1 | 당좌거래의 흐름

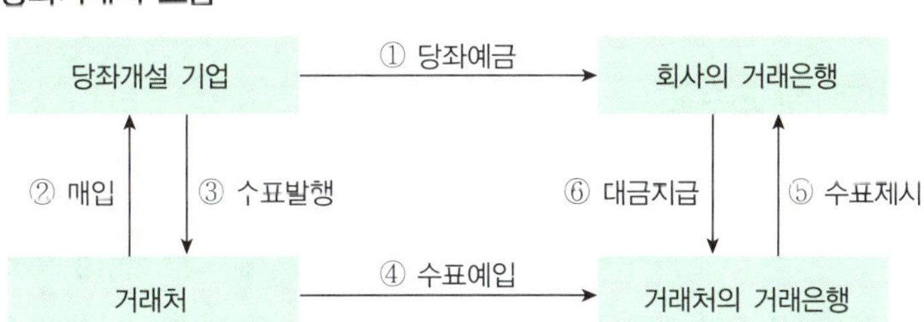

7) **당좌예금**은 언제든지 자유롭게 입출금할 수 있으므로 **요구불예금**이며 이자가 붙지 않으며, 은행에 **수수료를 지급**한다.
8) 그러나 현재 온라인거래가 발달하여 **거래처의 은행계좌에 온라인 송금으로 대금을 결제**하기 때문에 실무에서 당좌수표를 발행하는 경우는 많지 않다.

1.2 당좌예금의 회계처리

당좌예금은 현금이나 타인으로부터 받은 수표를 은행에 예입하였을 때 당좌예금계정의 차변에 기록하고, 당좌수표를 발행하였을 때 당좌예금계정의 대변에 기록한다.

예제 8-3 당좌예금

12월 1일 경남은행과 당좌거래계약을 하고 ₩3,000,000을 예입하다.
12월 3일 (주)설악에서 매출채권 ₩5,000,000을 회수하여 경남은행에 당좌예입하다.
12월 12일 (주)오대에 상품을 ₩3,500,000에 매출하고, 대금은 (주)오대가 발행한 수표를 받아 즉시 경남은행에 당좌예입하다.
12월 18일 (주)계룡광고에 광고비 ₩2,200,000을 수표를 발행하여 지급하다.
12월 25일 (주)내장의 외상매입금 ₩1,000,000을 수표를 발행하여 지급하다.

| 요구사항 |

위 거래를 회계처리하시오.

| 풀이 |

월일	회계처리			
12/ 1	(차) 당좌예금	3,000,000	(대) 현금	3,000,000
12/ 3	(차) 당좌예금	5,000,000	(대) 매출채권	5,000,000
12/12[*1]	(차) 당좌예금	3,500,000	(대) 매출	3,500,000
12/18	(차) 광고선전비	2,200,000	(대) 당좌예금	2,200,000
12/25	(차) 매입채무	1,000,000	(대) 당좌예금	1,000,000

*1. 위의 분개는 실지재고조사법을 적용한 경우의 분개이며, 계속기록법의 경우 상품계정을 사용함.

2. 당좌차월

2.1 당좌차월과 부도수표

기업은 당좌예금 계좌에 예치해 둔 당좌예금 잔액의 범위 내에서 당좌수표를 발행(당좌예금의 인출)할 수 있다. 만일 기업이 은행에 예치한 당좌예금 잔액을 초과하여 당좌수표를 발행하면 은행은 그 수표의 지급을 거절한다. 이와 같이 당좌예금 잔액을 초과하여 은행이 지급을 거절한 당좌수표를 부도수표(dishonored check)라 한다.

당좌수표가 부도날 경우 기업은 은행거래에 있어 상당한 불이익을 받게 된다. 따라서 기업은 사전에 은행과 당좌차월계약[6](거래은행에 담보를 설정하고 당좌예금 잔액을 초과하여 수표를 발행하더라도 당좌차월 한도액까지 거래은행이 이를 대신 지급해주는 계약)을 체결하면 당좌예금 잔액이 없더라도 약정된 당좌차월 한도금액까지 당좌예금 잔액을 초과하여 당좌수표를 발행할 수 있다. 이때 당좌예금 잔액을 초과하여 발행한 당좌수표 금액을 당좌차월(bank overdraft)이라 한다.[10]

당좌차월은 당좌예금 잔액을 초과하여 수표를 발행한 금액이므로 기업의 장부에는 당좌예금 잔액이 대변에 음(−)의 당좌예금으로 나타난다.

표 8-9 | 당좌예금계정과 당좌차월

당좌예금

차변	대변
예입(+)	수표발행(−)
	당좌차월(단기차입금)[*1]

*1. 당좌차월은 수표발행액이 예입액을 초과하는 차액을 말함.

(2) 당좌차월의 회계처리[11]

당좌차월의 회계처리방법은 회계기간 중에 당좌차월이 발생할 경우 당좌차월계정을 별도로 설정하여 이 계정에 기록한다. 당좌차월 계정에 잔액이 있을 때 당좌예금에 예입할 경우 당좌차월을 먼저 상계하고 나머지를 당좌예입한다. 만약 결산시점까지 상계되지 않은 당좌차월 잔액은 단기차입금계정으로 대체한다.

표 8-10 | 당좌차월의 회계처리

구분	회계처리		
당좌차월시	(차) 매입채무	×××	
	(대) 당좌예금		×××
	당좌차월		×××
입금시	(차) 당좌차월	×××	
	당좌예금	×××	
	(대) ○○		×××
결산시	(차) 당좌차월[*1]	×××	
	(대) 단기차입금[*2]		×××

*1. 당좌차월은 기중에 일시적으로 사용하나 재무상태표에는 나타나지 않는 임시계정임.
*2. 당좌차월은 다른 유형의 현금과 상계하면 안 되고 당좌차월계정의 잔액을 다른 단기차입금과 합하여 재무상태표에 단기차입금으로 표시하여야 함.

9) **당좌차월**은 은행으로부터의 **단기차입금**이므로 차월금액과 차월기간에 따라 **약정된 이자**를 지급하여야 한다.
10) **당좌차월**은 개인의 경우 **마이너스 통장의 마이너스 금액**을 생각하면 이해할 수 있다.
11) 기업이 **여러 은행과 당좌거래를 하고 있는 경우** 한 은행에 당좌예금 잔액이 있고 다른 은행에 당좌차월이 있다면, 이를 **상계처리하지 않고** 각각 유동자산(당좌예금)과 유동부채(단기차입금)로 분류하여 공시하여야 한다.

예제 8-4 당좌예금과 당좌차월

12월 1일 하나은행과 당좌거래계약을 하고 ₩3,000,000을 예입하다. 단, 당좌차월 한도액은 ₩3,000,000이다.

12월 8일 (주)월출에서 상품 ₩5,000,000을 매입하고, 대금은 수표를 발행하여 지급하다.

12월 12일 현금 ₩5,000,000을 하나은행에 당좌예입하다.

| 요구사항 |

위 거래를 회계처리하시오.

| 풀이 |

월일	회계처리			
12/ 1	(차) 당좌예금	3,000,000	(대) 현금	3,000,000
12/ 8	(차) 매입	5,000,000	(대) 당좌예금 당좌차월	3,000,000 2,000,000
12/12	(차) 당좌차월 당좌예금	2,000,000 3,000,000	(대) 현금	5,000,000

3. 부도수표[12)]

부도수표에 대해 회사는 수표발행인에게 수수료와 앞으로 회수할 때까지 발생할 이자를 포함함 채권을 행사할 수 있다. 부도가 발생하였을 때에는 원래 수표금액과 관련 수수료를 포함한 금액을 매출채권(부도수표)이라는 자산(채권)에 기록한다.[13)]

(차) 매출채권(부도수표) ××× (대) 당좌예금 ×××

만일 회수불능으로 채권을 포기[손상차손(대손)처리]하면 다음과 같이 분개한다.

(차) 손실충당금 ××× (대) 매출채권(부도수표) ×××
(또는 대손충당금)

12) **부도수표의 회계처리**에 대해서는 **제9장(금융자산: 수취채권과 지급채무) 제5절(어음의 회계처리)**의 **부도어음에 대한 회계처리**를 참고.

13) **부도수표**는 매출채권이 실질적으로 결제된 것이 아니므로 외상대금으로 받은 수표가 부도나면 일단 **매출채권**으로 처리하고 거래처(채무자)에 지급을 청구하여야 한다. 거래처가 지급능력이 없는 것으로 밝혀지면 **대손처리**하여야 한다.

제4절 현금관리제도

1. 현금에 대한 통제

기업은 현금보유액이 부족(유동성 부족)하면 도산과 같은 심각한 사항에 빠질 수 있는 반면, 이익을 발생시키지 않는 현금을 지나치게 보유하면 수익성이 떨어진다. 또한 현금은 유동성이 높고 입출금이 빈번하기 때문에 도난, 분실, 부정과 기록오류가 발생할 가능성이 높다. 따라서 기업경영에 있어 효율적인 현금통제가 필요하다.

기업의 현금통제에 사용되는 제도에는 다음과 같은 제도가 있다.

1. 현금과부족계정을 사용하여 장부상 현금계정의 잔액과 실제 보유현금잔액의 일치 여부에 대한 주기적인 검토
2. 소액현금제도의 사용
3. 은행계정조정표의 작성

2. 현금과부족: 현금계정의 조정

현금은 거래가 빈번하고 기록·계산의 오류, 분실, 도난 등이 발생하기 쉽기 때문에 장부상 현금계정 잔액과 실제 보유현금 잔액이 차이가 발생할 수 있다. 따라서 수시로 두 금액의 일치 여부를 확인하고, 잔액이 일치하지 않는 경우에 차이의 원인을 밝히려는 노력을 하여야 한다.

장부상 현금계정 잔액과 실제 보유현금 잔액이 일치하지 않는 경우 원인이 밝혀질 때까지 그 차이를 현금과부족(cash short or over)계정에 기록한다(임시계정). 실제잔액이 장부잔액보다 크면 현금계정 차변과 현금과부족계정 대변에 기입하고, 실제잔액이 장부잔액보다 적으면 현금과부족계정 차변과 현금계정 대변에 기입한다.

현금과부족의 원인을 조사하여 그 원인이 밝혀지면 현금과부족계정의 잔액을 해당 계정으로 대체한다. 만일 결산시까지 현금과부족의 원인이 밝혀지지 않으면 부족액은 잡손실로, 과다액은 잡이익으로 대체한다.

표 8-11 | 현금과부족의 회계처리

구분	현금이 부족한 경우: 실제잔액(80)이 장부잔액(100)보다 작은 경우	현금이 과다한 경우: 실제잔액(120)이 장부잔액(100)보다 큰 경우
현금과부족이 발생한 경우	(차) 현금과부족 20 (대) 현금 20	(차) 현금 20 (대) 현금과부족 20
현금과부족의 원인이 밝혀진 경우	〈계정 예〉 (차) 이자비용 10 수수료비용 8 여비교통비 2 (대) 현금과부족 20	(차) 현금과부족 20 〈계정 예〉 (대) 이자수익 10 수수료수익 8 임대료 2
결산 때까지 원인이 밝혀지지 않은 경우	(차) 잡손실 20 (대) 현금과부족 20	(차) 현금과부족 20 (대) 잡이익 20

예제 8-5 현금이 부족한 경우의 현금과부족

7월 25일 (주)두륜의 현금잔액은 ₩300,000이나 현금시재액을 조사한 결과 ₩270,000이다.

7월 30일 위의 불일치 원인을 조사한 결과 현금부족액 중 ₩20,000은 종업원의 교통비 지급액의 기입을 누락한 것으로 밝혀지다.

12월 31일 나머지 ₩10,000의 원인은 결산 때까지 밝혀지지 않다.

| 요구사항 |

위 거래를 회계처리하시오.

| 풀이 |

월일	회계처리			
7/25	(차) 현금과부족	30,000	(대) 현금	30,000
7/30	(차) 여비교통비	20,000	(대) 현금과부족	20,000
12/31	(차) 잡손실	10,000	(대) 현금과부족	10,000

3. 소액현금제도: 현금지출업무의 관리

현금은 분실이나 도난의 위험이 높은 자산이므로 이를 방지하기 위해 은행에 당좌예금 계좌를 개설하여 현금의 수입은 즉시 은행에 예치하고 모든 지출은 당좌수표를 발행하여 처리한다. 그러나 기업이 일상적인 업무를 수행하는 과정에서 반복적으로 발생하는 소액의 현금지출(예를 들어, 종업원에게 시내교통비를 지급하는 경우나 간단한 사무용품을 구입하는 경우)까지 일일이 수표를 발행한다는 것은 번거롭고 불편할 수 있다. 이러한 소액의 현금지출업무를 효과적으로 관리하기 위하여 소액현금제도(petty cash system)를 사용한다.[14]

소액현금제도는 반복적으로 발생하는 소액의 현금지출거래에 대비하여 당좌예금에서 일정한 금액을 인출하여 소액현금을 설정(현금으로 보관)하고 소액의 현금지출이 필요할 때마다 회계처리 없이 사용한 다음, 일정기간이 지난 후 소액현금의 사용 부분을 보충하는 시점에서 그 기간 동안 사용한 소액현금지출에 대한 회계처리를 하는 제도이다.

표 8-12 | 소액현금의 회계처리

구분	회계처리	비고
소액현금의 설정	(차) 소액현금 ××× (대) 당좌예금 ×××	회계담당자는 과거의 경험이나 그 밖의 자료에 근거하여 일정기간(예: 1개월) 동안 소액의 현금지출이 필요한 비용을 예측하여 그에 해당하는 당좌수표를 발행하여 소액현금담당자에게 인계함
소액현금의 사용	회계처리 없음	소액현금을 지출할 경우 이에 대한 회계처리를 하지 않고 영수증만 보관하였다가 소액현금을 보충하는 시점에 한꺼번에 회계처리함[*1]
소액현금의 보충	〈계정 예〉 (차) 여비교통비 ××× 통신비 ××× 사무용품비 ××× 잡비 ××× (대) 소액현금 ××× (차) 소액현금 ××× (대) 당좌예금 ×××	회계담당자는 소액현금담당자로부터 받은 지출내역에 대한 회계처리를 하고, 소액현금에서 지출한 금액만큼 당좌수표를 발행하여 소액현금담당자에게 줌

*1. 소액현금담당자는 은행계좌를 개설하여 회계담당자에게서 받은 수표를 예입하고, 필요할 때 수시로 인출하여 지출함. 지출에 대한 회계처리는 회계담당자가 하여야 하므로, 소액현금담당자는 지출에 대한 회계처리를 하지 않고 거래내역서를 기록하고 정해진 기간 말에 지출내역서를 작성하여 지출에 대한 증명서류인 영수증과 함께 회계담당자에게 제출함.

소액현금은 현금의 일종이므로 재무상태표의 현금 및 현금성자산에 포함시켜 표시한다.

최근 현금거래가 크게 감소하고 소액의 경우에도 신용카드를 사용할 수 있어 대부분의 회사들은 법인신용카드로 소액경비를 결제하고 소액현금제도를 사용하지 않기도 한다.

14) **소액현금제도**는 일정기간마다 사용한 현금만큼 보충해주는 **정액자금전도제**(imprest system, **정액소액현금제**)와 수시로 자금을 보충해주는 **부정액자금전도제**(**수시보충제, 수시소액현금제**)가 있으나, **부정액자금전도제가 주로 사용**된다.

예제 8-6 소액현금제도(정액자금전도제)

(주)선운은 소액현금지출에 사용하기 위하여 10월 1일부터 ₩500,000의 소액현금을 설정하고 매월 말일에 1개월 동안 사용한 현금에 대해 정산하여 그 부족분을 보충해주는 소액현금제도를 실시하기로 하다.[15)]

10월 1일 10월분 소액현금으로 ₩500,000을 수표발행하여 소액현금담당자에 지급하다.

10월 중 소액현금당당자는 10월 중 여비교통비 ₩100,000, 통신비 ₩150,000, 소모품비 ₩50,000, 세금과공과 ₩80,000을 지출하다.

10월 31일 10월분 소액현금지출과 월말 소액현금잔액을 보고받고 부족분을 보충하기 위해 당좌수표로 발행하다.

| 요구사항 |

위 거래를 회계처리하시오.

| 풀이 |

월일	회계처리			
10월 1일	(차) 소액현금	500,000	(대) 당좌예금	500,000
10월 중	회계처리 없음[*1]			
10월 31일	(차) 여비교통비	100,000	(대) 소액현금	380,000
	통신비	150,000		
	소모품비	50,000		
	세금과공과	80,000		
	(차) 소액현금	380,000	(대) 당좌예금	380,000

*1. 소액현금담당자는 소액현금출납장에 거래내역을 기록함.

이 경우 기말 소액현금잔액은 다음과 같다.

구분	정액자금전도제
지출전 소액현금	₩500,000
지출	(380,000)
보충	380,000
보충후 소액현금잔액	₩500,000

15) **부정액자금전도제**를 사용하는 경우, 위의 예제에서 '**10월 31일 10월분 소액현금지출과 월말 소액현금잔액을 보고받고 소액현금 ₩450,000을 보충하다**'라는 거래가 발생한 경우라고 가정할 때의 회계처리는 다음과 같다(**10월 1일과 10월 중 거래에 대한 회계처리는 동일함**).

(차) 여비교통비	100,000	(대) 소액현금	380,000
통신비	150,000		
소모품비	50,000		
세금과공과	80,000		
(차) 소액현금	450,000	(대) 당좌예금	450,000

이 경우 **기말 소액현금잔액**은 다음과 같다.

4. 은행계정조정표: 당좌예금계정의 조정

일정시점에 회사의 당좌예금계정 잔액과 은행의 당좌예금(원장) 잔액이 일치하여야 하나, 회사나 은행의 착오 또는 기록시점의 불일치 등으로 두 금액의 차이가 발생할 수 있다. 따라서 회사의 당좌예금 잔액과 은행의 해당 기업의 당좌예금 잔액(은행이 발행한 당좌예금잔액증명서의 금액) 간의 차이를 조사하여 수정하여야 하며, 이때 작성하는 표를 은행계정조정표(bank reconciliation statement)라 한다.[16]

은행계정조정표에 대한 이해를 돕기 위하여 다음과 같이 3단계로 나누어 설명한다.

표 3-13 | 은행계정조정표의 작성단계

구분		내용
단계 1	차이원인의 발견	회사의 당좌예금 잔액과 은행의 해당 기업의 당좌계좌 잔액이 일치하지 않는 이유를 찾아 회사와 은행의 입장에서 가산조정할 항목과 차감조정할 항목으로 구분
단계 2	은행계정 조정표의 작성	회사의 당좌예금 잔액과 은행의 당좌계좌 잔액을 일치시키기 위한 은행계정조정표를 작성
단계 3	수정분개	은행계정조정표를 작성하는 과정에서 회사의 장부잔액을 조정하여야 할 사항을 회사장부에 반영하기 위한 수정분개를 함

4.1 차이원인의 발견

당좌예금계정 잔액에 대한 회사의 기록과 은행의 기록이 일치하지 않는 이유는 여러 가지가 있다.

구분	부정액자금전도제
지출전 소액현금	₩500,000
지출	(380,000)
보충	450,000
보충후 소액현금잔액	₩570,000

16) **은행계정조정표를 작성하는 방법**은 다음과 같은 3가지 방법이 있다.
1. 회사측 잔액에서 시작하여 은행측 잔액으로 일치시키는 조정을 하는 방법
2. 은행측 잔액에서 시작하여 회사측 잔액으로 일치시키는 조정을 하는 방법
3. **회사측 잔액과 은행측 잔액을 모두 조정하는 방법**

3가지 방법 중 방법 '3'이 가장 바람직한데, 방법 '1'과 방법 '2'를 적용하여 은행계정조정표를 작성하면 회사측 잔액과 은행측 잔액 중 어떤 잔액이 옳은 것인지 알 수 없기 때문이다.

표 8-14 | 차이의 조정방법

<table>
<tr><th colspan="2">구분</th><th>내용</th><th>처리</th></tr>
<tr><td rowspan="2">회사는 기록하였으나 은행이 기록하지 않은 항목</td><td>기발행미인출(미지급, 미결재)수표</td><td>회사는 수표를 발행하고 장부에 출금기록을 하였으나, 수표소지인이 아직 은행에 청구를 하지 않아 은행은 아직 출금기록하지 않은 경우</td><td>은행의 잔액에서 차감</td></tr>
<tr><td>은행미기입예금</td><td>회사는 은행에 예입하고 장부에 입금기록을 하였으나 은행은 아직 입금기록하지 않은 경우
예: 은행의 업무마감시간 이후에 은행에 임시 예치된 경우, 다른 지역에서 송금되어 거래은행에 아직 통지가 되지 않은 경우</td><td>은행의 잔액에 가산</td></tr>
<tr><td rowspan="3">은행은 기록하였으나 회사가 기록하지 않은 항목</td><td>미통지예금</td><td>은행은 입금처리하였으나 회사는 아직 통보받지 않아 입금기록하지 않은 경우
예: 거래처가 기업에 통보하지 않고 온라인 또는 직접 무통장입금으로 송금한 매출채권, 받을어음의 추심*1</td><td rowspan="2">회사의 잔액에 가산</td></tr>
<tr><td>이자수익</td><td>은행은 입금처리하였으나 회사는 아직 통보받지 않아 입금기록하지 않은 경우
예: 예금에 대한 이자</td></tr>
<tr><td>부도수표*2</td><td>은행은 출금처리하였으나 회사는 아직 통보받지 않아 출금기록하지 않은 경우</td><td rowspan="3">회사의 잔액에서 차감</td></tr>
<tr><td rowspan="2">발생이자와 수수료 등</td><td>이자비용</td><td>은행은 출금처리하였으나 회사는 아직 통보받지 않아 출금기록하지 않은 경우
예: 당좌차월에 대한 이자, 차입금에 대한 이자</td></tr>
<tr><td>은행수수료</td><td>은행은 출금처리하였으나 회사는 아직 통보받지 않아 출금기록하지 않은 경우
예: 어음추심수수료, 당좌거래 또는 기타용역 제공에 대한 수수료</td></tr>
<tr><td colspan="2">기장오류</td><td>회사의 기장오류일 경우 회사가 잔액을 조정하나, 은행의 기장오류일 경우 은행이 잔액을 조정하여야 함</td><td>회사 또는 은행의 잔액에서 차감(또는 가산)</td></tr>
</table>

*1. 받을어음을 추심한다는 것은 은행이 어음발행자에게서 결제대금을 대신 받아주는 것을 말함.
*2. 부도수표는 매출채권이 실질적으로 결제된 것이 아니므로, 외상대금으로 받은 수표가 부도나면 일단 매출채권으로 처리하고, 거래처(채무자)에 지급을 청구하여야 함. 거래처가 지급능력이 없는 것으로 밝혀지면 대손처리하여야 함.
3. 기장오류를 제외한 항목은 오류가 아니라 기록시점의 불일치로 발생한 사항이므로 시간이 지나가면 자동적으로 조정됨.

4.2 은행계정조정표의 작성

일치하지 않는 회사의 당좌예금 잔액과 은행의 해당 기업의 당좌계좌 잔액을 조정하여 회사측 잔액과 은행측 잔액을 일치시키기 위하여 은행계정조정표를 작성한다.

표 8-15 | 은행계정조정표의 작성

은행계정조정표

구분		회사측		조정	은행측	
수정전 잔액			×××	≠		×××
조정항목	가산(+)	미통지예금 이자수익 기장오류	××× ××× ×××		은행미기입예금 기장오류	××× ×××
	차감(−)	부도수표 은행수수료 이자비용 기장오류	××× ××× ××× ×××		기발행미인출수표 기장오류	××× ×××
수정후 잔액			×××	=		×××

4.3 수정분개

은행계정조정표는 예금을 관리하기 위한 내부통제목적으로 부정기적으로 작성되기도 하나, 일반적으로 결산시(회계기간 말)에 정확한 당좌예금 잔액을 재무제표에 공시하기 위하여 정기적으로 작성한다. 따라서 은행계정조정표를 작성하는 과정에서 회사의 장부잔액을 조정하여야 할 사항에 대해서는 이들 사항을 회사장부에 반영하기 위한 수정분개를 하여야 한다.[17] 수정분개는 가산조정항목은 당좌예금을 증가시키고 차감조정항목은 당좌예금을 감소시키는 회계처리를 한다.

표 8-16 | 은행계정조정표 관련 수정분개

구분	회계처리	
가산조정항목	(차) 당좌예금 ×××	(대) 가산항목 ×××
차감조정항목	(차) 차감항목 ×××	(대) 당좌예금 ×××

17) 은행계정조정표를 작성하여 회사의 기록과 은행의 기록의 불일치를 조정한 후에도 두 금액이 일치하지 않을 경우에는 그 차이만큼 **현금과부족**계정으로 회계처리한다.

예제 8-7 은행계정조정표

신한은행과 당좌거래하고 있는 (주)팔공은 매월 말일 은행계정조정표를 작성하여 은행과 회사의 당좌예금 잔액의 차이를 조정한다. 결산을 위해 신한은행에 당좌예금 잔액을 조회한 결과 12월 31일 현재 ₩307,500이고, (주)팔공의 장부상 당좌예금 잔액은 ₩310,000이다. 두 금액의 차이를 조사한 결과 차이의 원인이 다음과 같이 밝혀졌다.

1. 거래처에서 외상매출금 ₩8,000이 당좌이체되었으나 회사에서는 아직 모르고 있다.
2. 발행수표 중 12월 31일까지 은행에서 인출되지 않은 기발행미인출수표는 ₩47,500이다.
3. 은행에서 당좌거래수수료 ₩3,000을 부과하고 이를 (주)팔공의 당좌예금 계좌에서 차감하였는데, 회사에서는 아직 정리하지 않은 상태이다.
4. 12월 31일 늦게 예입한 수표 ₩30,000을 은행에서는 다음 해 1월 2일에 입금처리하다.
5. 거래처에서 받아 예입한 수표 ₩25,000이 부도났다는 사실을 발견하다.

| 요구사항 |

1. 은행계정조정표를 작성하시오.
2. 회사측이 기말 결산시에 수행할 수정분개를 하시오.

| 풀이 |

1. 은행계정조정표

은행계정조정표

(주)팔공 20×1년 12월 31일

	회사측 잔액	은행측 잔액
12월 31일 수정전잔액	₩310,000	₩307,500
조정항목: 가산(차감)		
1. 미통지예금	8,000	
2. 기발행미인출수표		(47,500)
3. 은행수수료	(3,000)	
4. 은행미기입예금		30,000
5. 부도수표	(25,000)	
12월 31일 수정후잔액	₩290,000	₩290,000

2. 회사측 수정분개

거래	회계처리			
1	(차) 당좌예금	8,000	(대) 매출채권	8,000
3	(차) 수수료비용	3,000	(대) 당좌예금	3,000
5	(차) 매출채권(부도수표)	25,000	(대) 당좌예금	25,000

신문에서 배우는 회계 · 세상

✣ 지난해 감사보고서 고친 상장사 늘었다 … "신외감법 · 코로나19 맞물린 영향"

정정 횟수 전년 대비 34% 증가
전체 78%는 재무제표 본문 정정
"잦은 정정은 시장 혼란 줄 수도"

지난해 감사보고서를 정정한 상장회사 및 횟수가 모두 증가한 것으로 나타났다. 주기적 감사인 지정제도 등 신(新)외부감사법이 정착 중인 가운데 신종 코로나 바이러스 감염증(코로나19) 상황이 맞물리며 그 빈도가 늘어난 것으로 풀이됐다. 대부분이 재무제표 본문을 정정했는데, 최초 공시 후 정정공시까지 걸리는 기간이 전체 외부감사 대상회사 평균보다 길었다.

26일 금융감독원이 발표한 '2021년 중 상장회사 감사보고서 정정현황 분석 및 시사점'에 따르면 지난해 말 기준 상장사 2,487곳 중 감사보고서를 정정한 상장사는 전년보다 35곳(1.2%포인트p) 증가한 160곳(6.4%)으로 집계됐다.

감사보고서(연결 포함) 정정 상장회사 수

(단위: 사, %)

구분		'19년	'20년	'21년	전년 대비
상장	유가증권	24	44	51	+7(+15.9)
	코스닥	77	75	101	+26(+34.7)
	코넥스	6	6	8	+2(+33.3)
	계 (정정회사/전체)	107 (4.6)	125 (5.2)	160 (6.4)	+35(+28.0)
비상장 (정정회사/전체)		947 (3.1)	847 (2.9)	873 (2.6)	+26(+3.1)
계 (정정히사/전체)		1,054 (3.2)	972 (3.1)	1,033 (3.1)	+61(+6.3)

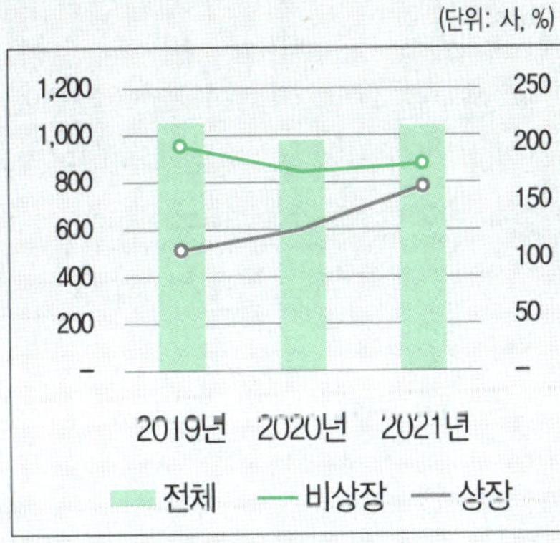

감사보고서(연결 포함) 정정 상장회사 수, 금융감독원 제공

유가증권시장 상장사 가운데 정정에 나선 건 51곳으로 15.9% 증가했다. 코스닥 상장사와 코넥스 상장사는 각각 34.7% 증가한 101곳, 33.3% 증가한 8곳으로 집계됐다. 전체 외부감사대상 회사의 감사보고서 정정 중 상장사가 차지한 비중은 15.5%로 2.6%p 증가했다.

횟수로 보면 모두 410회로 전년보다 105회(34.4%) 늘었다. 전체 410회를 분석한 결과, 2013~2020회계연도 감사보고서를 정정한 것으로 나타났다. 그중에는 2019, 2020 회계연도 감사보고서를 정정한 경우가 가장 많았다. 2017년 이전 49회, 2017년 30회,

2018년 54회, 2019년 139회, 2020년 138회였다.

대부분은 재무제표 본문을 정정했다. 전체 410회 중 320회(78.0%)는 재무제표 본문을 정정한 경우였다. 정정 내용은 크게 ▲감사보고서 본문 ▲재무제표(본문, 주석) ▲기타사항(내부회계관리제도 검토 (감사) 보고서, 외부감사 실시내용, 기타) 등으로 구분된다.

금감원 관계자는 "지난해 재무제표 본문 정정 비중은 상장사의 경우 78%로 높은 반면, 비상장사의 경우 40.9%로 상장사에 비해 낮은 수준"이라며 "상장사가 비상장사보다 중요 오류 위주로 감사보고서를 정정한 경우가 많았던 셈"이라고 설명했다.

상장사의 감사보고서가 정정되기까지 걸린 기간은 최초 공시 후 평균 18.5개월로 집계됐다. 한 해 전(18개월)과 큰 차이가 없었지만, 외부감사대상 회사 전체 평균이 9.5개월이라는 점을 고려하면 긴 편이라는 게 금감원의 분석이다.

지난해 감사보고서 정정 중 감사의견 변경은 총 19건(15사)으로 전년(27건, 20사) 대비 8건(5사)이 감소했다. 이때 감사의견 한정, 의견거절에서 적정으로 변경된 것이 94.7%로 대부분이었다. 적정에서 한정으로 변경된 건은 5.3%였다.

한편, 최근 상장사의 감사보고서 정정 횟수는 증가하는 추세다. 지난 2019년 242회였던 정정 횟수는 2020년 305회, 지난해에는 410회로 늘었다.

금감원 관계자는 "재무제표 심사제도, 주기적 감사인 지정 등 회계개혁 방안의 안정적 정착에 주로 기인하나, 코로나19 상황이 회사의 재무제표 결산업무 수행에 일부 부정적 영향을 준 것으로 판단한다"고 설명했다.

그러면서 "재무제표의 빈번한 정정 및 감사의견 변경은 전임 감사인과의 마찰 및 회사의 재감사 부담이 발생할 가능성이 있다"며 "잦은 정정으로 시장 혼란을 야기하는 회사에 대해서는 지속적으로 모니터링을 하겠다"고 밝혔다.

https://biz.chosun.com/stock/stock_general/2022/07/26/G2VYBLAFINAMDGAT24JETXL2WI/?utm_source=naver&utm_medium=original&utm_campaign=biz

논술문제

1 현금과 현금성자산의 의의와 분류에 대해 설명하시오.

2 당좌차월의 회계처리에 대해 설명하시오.

3 현금통제제도에 대해 설명하시오.

4 현금과부족의 의의와 회계처리에 대해 설명하시오.

5 소액현금제도에 대해 설명하시오.

6 은행계정조정표를 작성하는 이유에 대해 설명하시오.

객관식문제

■ 기본문제

1 다음 중 현금성자산에 대한 설명으로 옳지 않은 것은? (기업회계 2급 41회)

① 현금성자산은 단기의 현금수요를 충족하기 위한 목적으로 보유한다.
② 현금성자산은 현금으로 전환이 용이해야 한다.
③ 3개월 내에 만기가 도래하는 투자자산의 경우 일반적으로 현금성자산으로 분류된다.
④ 주식은 모두 현금성자산에서 제외된다.

| 풀이 |

주식은 모두 현금성자산에서 제외되지는 않음. 예를 들어 상환일이 정해져 있고 취득일로부터 상환일까지의 기간이 단기인 우선주(상환우선주)와 같이 실질적인 현금성자산과 그 효과가 동일한 경우에는 현금성자산으로 분류함.

| 정답 | ④

2 (주)한국의 20×1년 말 결산 시 보유하고 있는 자산계정 내역은 다음과 같다. 20×1년 기말 재무상태표에 표시될 현금 및 현금성자산은 얼마인가? (기업회계 2급 45회)

- 당좌개설보증금: ₩500,000
- 우편환증서: ₩200,000
- 수입인지: ₩100,000
- 선일자수표: ₩400,000
- 만기미도래 타인발행 약속어음: ₩600,000
- 환매조건부채권: ₩1,000,000(취득일 20×1년 10월 1일, 만기일 20×2년 1월 31일)

① ₩1,600,000 ② ₩1,300,000 ③ ₩1,200,000 ④ ₩200,000

| 풀이 |

- 당좌개설보증금: 당좌거래 당시에 보증금이라 장기금융상품으로 분류하며, 현금성자산 아님
- 수입증지: 현금성자산 아님
- 선일자수표: 받을어음으로 분류하며, 현금성자산 아님
- 만기미도래 타인발행 약속어음: 받을어음으로 분류하며, 현금성자산 아님
- 환매조건부채권: 취득일로부터 만기일까지의 기간이 4개월로 현금성자산 아님

| 정답 | ④

3 다음은 (주)한국의 20×1년 4월 중 당좌예금 거래내역이다. 4월 15일 대변 계정과목과 금액으로 옳은 것을 〈보기〉에서 모두 고른 것은? (기업회계 3급 40회)

〈거래내역〉

- 4월 1일 당좌예금 잔액 ₩500,000(당좌차월계약이 맺어져 있으며, 차월한도액은 ₩5,000,000이다)
- 4월 15일 거래처에서 상품 ₩700,000을 매입하고, 당좌수표를 발행하여 지급하다.

〈보기〉

ㄱ. 당좌예금 ₩500,000　ㄴ. 단기차입금 ₩200,000　ㄷ. 당좌예금 ₩700,000

① ㄱ　② ㄷ　③ ㄱ, ㄴ　④ ㄴ, ㄷ

| 풀이 |

당좌예금잔액이 ₩500,000이므로 당좌예금이 ₩500,000과 당좌차월 ₩200,000이 됨.

| 정답 | ③

4 (주)한국은 정액전도금이 ₩1,500,000인 소액현금제도를 이용하고 있는데 소액현금을 보충하기 전의 소액현금 운용내역은 다음과 같다. (주)한국이 소액현금의 보충에 대한 분개를 할 경우 다음 중 가장 올바른 것은? (기업회계 1급 40회)

- 동전과 지폐: ₩237,000
- 영수증(차량수리비): ₩320,000
- 종업원 간식비: ₩35,000
- 사무실 소모품비: ₩570,000
- 종업원의 출장비: ₩200,000

① 현금과부족 ₩138,000 대변에 기록　② 현금과부족 ₩138,000 차변에 기록
③ 당좌예금 ₩1,500,000 대변에 기록　④ 당좌예금 ₩1,500,000 차변에 기록

| 풀이 |

(차) 차량유지비	320,000	(대) 당좌예금	1,263,000
복리후생비	35,000		
소모품비	570,000		
여비교통비	200,000		
현금과부족	138,000		

| 정답 | ②

■ 심화문제

1 20×1년 말 (주)세무와 관련된 자료는 다음과 같다. 20×1년 말 (주)세무의 재무상태표에 표시해야 하는 현금 및 현금성자산은? 단, 사용이 제한된 것은 없다. (CTA 2016)

① (주)세무의 실사 및 조회자료

• 소액현금	₩100,000
• 지급기일이 도래한 공채이자표	₩200,000
• 수입인지 100,000	
• 양도성예금증서(만기 20×2년 5월 31일)	₩200,000
• 타인발행당좌수표	₩100,000
• 우표	₩100,000
• 차용증서	₩300,000
• 은행이 발급한 당좌예금잔액증명서 금액	₩700,000

② (주)세무와 은행 간 당좌예금잔액 차이 원인

• 은행이 (주)세무에 통보하지 않은 매출채권추심액	₩50,000
• 은행이 (주)세무에 통보하지 않은 은행수수료	₩100,000
• (주)세무가 당해 연도 발행했지만 은행에서 미인출된 수표	₩200,000
• 마감시간 후 입금으로 인한 은행미기입예금	₩300,000

① ₩1,050,000 ② ₩1,200,000 ③ ₩1,300,000
④ ₩1,350,000 ⑤ ₩1,400,000

| 풀이 |

현금 및 현금성자산:	소액현금	₩100,000
	기일이 도래한 공채이자표	200,000
	타인발행당좌수표	100,000
	당좌예금	800,000*
	계	₩1,200,000

* ₩700,000 − 200,000(기발행미인출수표) + 300,000(마감후 입금) = ₩800,000

| 정답 | ②

2 **(주)국세는 20×1년 12월 31일 자금담당직원이 회사자금을 횡령하고 잠적한 사건이 발생하였다. 12월 31일 현재 회사 장부상 당좌예금계정 잔액을 검토한 결과 ₩106,000이었으며, 은행측 당좌예금계정 잔액을 조회한 결과 ₩70,000으로 확인되었다. 회사측 잔액과 은행측 잔액이 차이가 나는 이유는 다음과 같다고 할 경우 자금담당직원이 회사에서 횡령한 것으로 추정할 수 있는 금액은 얼마인가?**(CTA 2012)

• 은행 미기입예금	₩60,000
• 은행수수료	₩10,000
• 기발행 미인출수표	₩50,000
• 미통지입금	₩46,000
• 타사발행수표를 (주)국세의 당좌예금계좌에서 차감한 금액	₩22,000

① ₩22,000 ② ₩26,000 ③ ₩32,000
④ ₩36,000 ⑤ ₩40,000

| 풀이 |

1. 횡령액은 회사측과 은행측 잔액에서 각각 시작하여 올바른 금액을 계산하였을 때 차이가 나는 금액으로 계산함.
2. 횡령액의 계산
   ① 은행계정조정표

은행계정조정표

수정전 회사측 잔액	₩106,000	수정전 은행측 잔액	₩70,000
은행수수료	(10,000)	미기입예금	60,000
미통지입금	46,000	기발행미인출수표	(50,000)
		오류	22,000
올바른 잔액	₩142,000	올바른 잔액	₩102,000

   ② 횡령액: ₩142,000 − 102,000 = ₩40,000

| 정답 | ⑤

사례문제

1 현금 관련 거래의 분개

다음은 (주)화문의 20×1년 7월 중 현금 관련 거래내역이다.

1. (주)양각에게서 상품 ₩120,000을 매입하고 대금은 (주)고산에게서 받은 수표 ₩100,000과 보유하고 있던 자기앞수표로 지급하다.
2. (주)양각에 상품 ₩200,000을 판매하고 대금 중 ₩150,000은 (주)양각이 발행한 수표로 받고, 잔액은 당사가 발행했던 수표로 받다.
3. 현금실재액은 ₩170,000이고 현금출납장의 잔액은 ₩200,000으로 차이가 있어 현금부족액의 원인을 조사 중이다.
4. 위의 현금부족액의 원인을 조사한 결과 여비교통비로 ₩20,000을 지급한 내용이 기록되지 않은 것으로 판명되었고 나머지는 결산일까지 원인을 찾지 못하였다.
5. 현금실재액이 장부잔액보다 ₩300,000이 많아 그 원인을 조사 중이다.
6. 위의 현금과다액 중 ₩200,000은 이자수익의 기입누락으로 판명되었고 잔액은 결산일까지 원인을 찾지 못하였다.
7. 국민은행과 당좌거래계약을 맺고 현금 ₩500,000을 당좌예입하다.
8. (주)양각에게서 상품 ₩300,000을 매입하고 대금 중 ₩200,000은 국민은행 당좌수표를 발행하여 지급하고 잔액은 외상으로 하다.
9. 12월 31일 결산일에 (주)고산에게서 상품 ₩500,000을 매입하고 대금은 수표를 발행하여 지급하다. 당좌예금 잔액은 ₩400,000이고 당좌차월 한도액은 ₩300,000이다.

| 요구사항 |

위의 거래를 회계처리하시오.

| 풀이 |

	차변	금액	대변	금액
1.	(차) 매입[*1]	120,000	(대) 현금[*2]	120,000
2.	(차) 현금	150,000	(대) 매출	200,000
	당좌예금	50,000		
3.	(차) 현금과부족	30,000	(대) 현금	30,000
4.	(차) 여비교통비	20,000	(대) 현금과부족	30,000
	잡손실	10,000		
5.	(차) 현금	300,000	(대) 현금과부족	300,000
6.	(차) 현금과부족	300,000	(대) 이자수익	200,000
			잡이익	100,000
7.	(차) 당좌예금	500,000	(대) 현금	500,000
8.	(차) 매입[*1]	300,000	(대) 당좌예금	200,000
			매입채무	100,000
9.	(차) 매입[*1]	500,000	(대) 당좌예금	400,000
			당좌차월[*3]	100,000

*1 위의 분개는 실지재고조사법을 적용한 경우의 분개이며, 계속기록법의 경우 상품계정을 사용함.
*2 거래처에게서 받은 당좌수표와 자기앞수표는 현금임.
*3 당좌차월은 단기차입금계정을 사용할 수 있음.

2 현금 및 현금성자산의 분류

(주)안산의 금고 실사결과 아래와 같은 자산이 있었다.

현금	₩1,580,000	양도성예금증서	₩7,000,000
보통예금	680,000	정기적금	1,000,000
당좌예금	6,500,000	자기앞수표	500,000
정기예금	2,000,000	우편환증서	500,000
수입인지	50,000	선일자수표	160,000

단, 정기예금은 만기가 9개월이며, 정기적금은 만기가 6개월이고 양도성예금증서는 취득 당시 만기가 2개월이다.

| 요구사항 |

위 자산을 재무상태표에 표시할 현금 및 현금성자산으로 분류하시오.

| 풀이 |

현금 및 현금성자산 ₩16,760,000
－현금 ₩1,580,000＋보통예금 ₩680,000＋당좌예금 ₩6,500,000
＋양도성예금증서 ₩7,000,000＋자기앞수표 ₩500,000
＋우편환증서 ₩500,000
만기 9개월의 정기예금과 만기 6개월의 정기적금은 단기금융자산이며, 선일자수표는 매출채권으로, 수입인지는 소모품 또는 선급비용으로 분류한다.

3 소액현금

(주)백두는 20×1년 12월 1일부터 소액현금제도를 운영하기로 하고 소액현금기금으로 ₩500,000을 설정하였다. 20×1년 12월 20일까지 사용한 소액현금의 내용은 다음과 같다.

여비	₩80,000
소모품비	50,000
접대비	200,000

(주)백두는 ① 정액자금전도제를 사용하는 경우와 ② 부정액자금전도제를 사용하는 경우로 구분하여 회계처리를 하라. 단, 소액현금 보충액은 ₩250,000으로 한다.

| 풀이 |

1. 정액자금전도제를 사용하는 경우

소액현금 설정시:	(차)	소액현금	500,000	(대)	당좌예금	500,000
소액현금 보충시:	(차)	여비	80,000	(대)	소액현금	330,000
		소모품비	50,000			
		접대비	200,000			
	(차)	소액현금	330,000	(대)	당좌예금	330,000

2. 부정액자금전도제를 사용하는 경우

소액현금 설정시:	(차)	소액현금	500,000	(대)	당좌예금	500,000
소액현금 보충시:	(차)	여비	80,000	(대)	소액현금	330,000
		소모품비	50,000			
		접대비	200,000			
	(차)	소액현금	250,000	(대)	당좌예금	250,000

4 소액현금

(주)조항은 소액현금제도를 운용하고 있다. 3월 1일에 ₩100,000의 소액현금이 설정되었다. 3월 중 다음의 소액현금영수증이 소액현금 보관함에서 발견되었다.

월일	적요	금액
3월 5일	우편료	₩39,000
3월 7일	배송료	21,000
3월 9일	잡손실	6,000
3월 11일	출장경비	24,000
3월 14일	잡손실	5,000

소액현금잔액이 ₩5,000이 된 3월 15일에 소액현금이 보충되었다. 3월 20일에 소액현금 설정금액이 ₩150,000으로 증가되었다.

| 요구사항 |

소액현금제도의 운용과 관련하여 3월의 회계처리를 하시오.

| 풀이 |

3월 1일	(차) 소액현금	100,000	(대) 당좌예금	100,000
3월 15일	(차) 우편료	39,000	(대) 소액현금	95,000
	배송료	21,000		
	잡손실	11,000		
	여비교통비	24,000		
	(차) 소액현금	95,000	(대) 당좌예금	95,000
3월 20일	(차) 소액현금	50,000	(대) 당좌예금	50,000

5 은행계정조정표

다음 자료는 (주)백두산의 20×1년 12월의 장부상 예금잔액과 안전은행의 은행측 예금잔액에 관한 것이다. 이를 이용하여 은행계정조정표를 작성하고 (주)백두산이 해야 할 분개를 하시오.

① 은행측과 회사측의 12월 31일 예금잔액은 각각 ₩1,000,000과 ₩1,502,000이다.

② (주)한강은 12월 31일에 상품매입대금 ₩5,000,000을 안전은행의 (주)백두산 당좌예금계좌로 무통장입금하고 (주)백두산에 입금사실을 통보하였다. 그러나 안전은행의 실수로 (주)백두산의 계좌가 아닌 (주)한라산의 계좌에 입금하였다.

③ (주)금강은 12월 31일에 상품매입대금 ₩1,500,000을 (주)백두산의 안전은행 당좌예금계좌로 입금하였으나 (주)백두산의 경리부에 통보를 하지 못하였다.

④ 12월 31일 발행하였으나 동일에 인출되지 않은 당좌수표 금액은 ₩3,000,000이다.

⑤ 12월 31일 안전은행은 수수료로 ₩2,000을 (주)백두산의 당좌예금계좌에서 인출하였지만 (주)백두산은 이 사실을 모르고 있었다.

| 풀이 |

1. 은행계정조정표의 작성

은행계정조정표

(주)백두산　　20×1년 12월 31일 현재　　(단위: 원)

은행측 조정		회사측 조정	
은행측 잔액	₩1,000,000	회사측 잔액	₩1,502,000
가산:		가산:	
은행미기입예금	₩5,000,000	회사미기입예금	₩1,500,000
차감:		차감:	
기발행미인출수표	₩(3,000,000)	회사미기입수수료	₩(2,000)
정확한 예금잔액	₩3,000,000	정확한 예금잔액	₩3,000,000

2. 수정분개

(차)	당좌예금	1,500,000	(대)	매출채권	1,500,000
(차)	수수료비용	2,000	(대)	당좌예금	2,000

6 은행계정조정표

20×1년 12월 31일 현재 (주)까치의 당좌예금계정 잔액은 ₩5,410,000이나, 은행에서 보내온 은행계정명세서의 잔액은 ₩5,150,000이다. 불일치의 원인은 다음과 같다.

1. (주)까치가 발행한 당좌수표 ₩300,000이 은행에서 아직 결제되지 않았다.
2. (주)까치가 입금한 ₩150,000이 은행에서는 아직 입금으로 기록되지 않았다.
3. 거래처가 입금한 외상매출대금 ₩600,000이 은행계정명세서에 입금으로 기록되어 있으나 (주)까치가 이 사실을 모르고 있었다.
4. 은행에서 당좌거래 수수료 ₩10,000을 처리하였으나 (주)까치에는 통보하지 않았다.
5. 거래처에서 매출대금으로 받아 예금하였던 수표 ₩700,000이 부도처리되었으나 (주)까치는 통보받지 못하였다.
6. (주)까치가 상품매매 대금을 지급하기 위해 수표 ₩950,000을 발행하였으나 이를 담당자가 ₩650,000으로 잘못 기록하였다.

| 요구사항 |

1. (주)까치의 은행계정조정표를 작성하시오.
2. (주)까치가 기말 결산시 수행하여야 할 수정분개를 하시오.

| 풀이 |

1. 은행계정조정표

은행계정조정표

(주)까치 20×1년 12월 31일 (단위: 원)

	회사측 잔액	은행측 잔액
12월 31일 수정전잔액	₩5,410,000	₩5,150,000
조정항목: 가산(차감)		
1. 기발행미인출수표		(300,000)
2. 은행미기입예금		150,000
3. 미통지예금	600,000	
4. 은행수수료	(10,000)	
5. 부도수표	(700,000)	
6. 기장오류	(300,000)	
12월 31일 수정후잔액	₩5,000,000	₩5,000,000

2. 수정분개

3	(차) 당좌예금	600,0000	(대) 매출채권	600,000
4	(차) 수수료비용	10,000	(대) 당좌예금	10,000
5	(차) 매출채권(부도수표)	700,000	(대) 당좌예금	700,000
6	(차) 매입채무	300,000	(대) 당좌예금	300,000

CHAPTER 09

금융자산: 수취채권과 지급채무

재무상태표

자산		부채	
유동자산	매출채권(외상매출금, 받을어음), 단기대여금, 미수금, 미수수익, 선급금, 선급비용 등	유동부채	매입채무(외상매입금, 지급어음), 단기차입금, 미지급금, 미지급비용, 선수금, 선수수익 등
		비유동부채	
비유동자산		부채총계	
투자자산		**자본**	
유형자산		자본금	
무형자산		자본잉여금	
기타비유동자산		기타포괄손익누계액	
		이익잉여금	
		자본총계	
자산총계		부채 및 자본총계	

제1절 수취채권과 지급채무의 의의와 분류

1. 수취채권과 지급채무의 의의

수취채권(receivables)은 기업이 영업활동 과정에서 외상(신용)으로 재화(상품 또는 제품)를 판매하거나 용역(서비스)을 제공하고 그 대가로 미래에 현금을 수취할 권리를 획득하는 경우에 발생하는 채권(계약상 권리)을 말한다.

이에 비하여, 외상으로 재화를 매입하거나 용역을 제공받고 미래에 현금을 지급할 의무를 부담하는 경우에 발생하는 채무(계약상 의무)를 지급채무(payables)라 한다.

채권자가 수취채권을 제공하면 그 신용을 제공받는 측에게는 지급채무가 발생한다.

2. 수취채권과 지급채무의 분류

2.1 발생원천에 따른 분류[1]

수취채권과 지급채무 중 일반적 상거래(주된 영업거래라고도 하며, 기업의 사업목적을 위한 정상영업활동과 관련하여 재화를 판매하거나 용역을 제공하는 과정을 말한다)에서 발생한 채권과 채무를 매출채권(trade receivables)과 매입채무(trade payables)라 한다.

수취채권과 지급채무 중 일반적 상거래 이외의 거래(기타거래라고도 한다)에서 발생한 채권과 채무를 기타채권(비매출채권, nontrade receivables)과 기타채무(비매입채무, nontrade payables)라 한다.

표 9-1 | 발생원천에 따른 수취채권과 지급채무의 분류

분류기준	구분		내용	예
발생원천	수취채권	매출채권	일반적 상거래에서 발생한 채권	외상매출금, 받을어음
		기타채권 (비매출채권)	일반적 상거래 이외의 거래에서 발생한 채권	단기대여금, 미수금, 미수수익, 선급금, 선급비용 등
	지급채무	매입채무	일반적 상거래에서 발생한 채무	외상매입금, 지급어음
		기타채무 (비매입채무)	일반적 상거래 이외의 거래에서 발생한 채무	단기차입금, 선수금, 미지급비용, 미지급금, 선수수익 등

1) 수취채권을 이와 같이 **구분하는 이유**는 매출채권과 관련된 손익은 **영업손익**으로, 기타채권과 관련된 손익은 **기타손익**으로 하여 기능별로 공시하기 위해서이다(**영업이익의 구분표시**). 수취채권 중 **매출채권**은 기업의 주된 수익활동인 **매출**과 관련된 주요 채권이다.

2.2 기간에 따른 분류

수취채권(지급채무) 중 재무상태표일(결산일)부터 1년 이내 또는 1년보다 길더라도 정상적인 영업주기 이내에 회수(지급)하는 단기채권(채무)은 유동자산(유동부채)으로, 그보다 긴 기간에 회수(지급)되는 장기채권(채무)은 비유동자산(비유동부채)으로 구분한다(1년 기준).

표 9-2 | 기간에 따른 수취채권과 지급채무의 분류

분류기준	구분		내용	예
기간 (1년 기준)	수취 채권	유동자산 (단기수취채권)	재무상태표일부터 1년 이내에 회수기일이 도래하는 채권	외상매출금, 받을어음, 단기대여금, 미수금, 미수수익, 선급금, 선급비용 등
		비유동자산 (장기수취채권)	재무상태표일부터 1년 이후에 회수기일이 도래하는 채권	장기매출채권, 장기대여금, 임차보증금, 장기미수금 등
	지급 채무	유동부채 (단기지급채무)	재무상태표일부터 1년 이내에 지급기일이 도래하는 채무	외상매입금, 지급어음, 단기차입금, 미지급금, 선수금, 예수금, 미지급비용, 미지급법인세, 미지급배당금, 유동성장기부채, 선수수익 등
		비유동부채 (장기지급채무)	재무상태표일부터 1년 이후에 지급기일이 도래하는 채무	장기매입채무, 장기차입금, 임대보증금, 장기선수금 등

3. 매출채권과 매입채무: 외상매출금과 받을어음(외상매입금과 지급어음)

매출채권을 세분하면 외상매출금(accounts receivables)과 받을어음(notes receivables)이 있고, 매입채무를 세분하면 외상매입금(accounts payables)과 지급어음(notes payables)이 있다.

매출채권 = 외상매출금 + 받을어음

매입채무 = 외상매입금 + 지급어음

영업의 주된 목적인 일반적 상거래에서 발생한 외상매출채권매입(채무)을 외상매출금(외상매입금)이라 한다. 외상매출금(외상매입금)은 신용거래에서 발생하고, 서류로 채권을 확보(채무를 담보)하지 않으며(구두계약), 회수기간이 짧기(보통 30일에서 90일 내에 회수) 때문에 대부분 이자가 붙지 않는다.

신용매출(신용매입) 중에서 어음을 받은 매출(어음을 발행한 매입)은 받을어음(지급어음)이라 한다.[2] 받을어음(지급어음)은 외상거래처의 외상매출금(외상매입금) 회수촉진수단으로 사용되기도 하고, 제3자에게 돈을 빌려주고(차입하고) 이에 대한 증명서류로 어음을 받기도 한다.

일반적으로 회계기간 중에는 외상매출금(외상매입금)과 받을어음(지급어음)계정을 분리하여 회계처리하나, 회계기간 말에 재무상태표를 작성할 때에는 외상매출금(외상매입금)과 받을어음(지급어음)계정의 금액을 통합하여 매출채권(매입채무)이라는 단일계정으로 표시한다.

제2절 매출채권과 매입채무의 회계처리

1. 외상매출금과 외상매입금의 회계처리

외상매출금(외상매입금)은 일반적 상거래에서 발생한 채권(채무) 중 가장 중요한 거래이므로 이에 대한 효율적인 관리가 필요하다.

1.1 외상매출의 회계처리

주된 영업활동과 관련하여 상품(용역)을 외상으로 판매(제공)한 경우에는 수익을 인식하는 시점(대부분 판매시점)에 다음과 같이 회계처리한다.

계속기록법을 적용할 경우 상품을 매출할 때 매출(판매액)을 수익으로 인식(매출을 기록하는 분개)하고 동시에 판매된 상품의 취득원가만큼 매출원가로 대체(매출원가를 기록하는 분개)하는 분개를 한다.

이에 비하여, 실지재고조사법을 적용할 경우 상품을 매출할 때 상품계정을 감소시키지 않고 매출(판매액)만 수익으로 인식한다. 즉, 실지재고조사법을 적용할 경우 매출원가를 별도로 기록하지 않는다.

2) 어음(notes, 약속어음)은 일정기일(만기일)에 일정금액을 지급하기로 약속한 증서를 말한다.

표 9-3 | 외상매출에 대한 회계처리

구분	회계처리	
	계속기록법을 적용할 경우	실지재고조사법을 적용할 경우
상품을 외상으로 매출할 때	(차) 매출채권 ××× [*1] (대) 매출 ××× (차) 매출원가 ○○○ [*2] (대) 상품 ○○○	(차) 매출채권 [*2] ××× (대) 매출 ×××
매출채권을 현금으로 회수할 때	(차) 현금 ×××	(대) 매출채권 ×××

*1. 현금으로 매출할 때는 현금계정을 사용하고, 외상으로 매출할 때는 외상매출금계정을 사용하며, 어음을 받고 매출할 때는 받을어음계정을 사용함.
*2. 계속기록법을 적용할 경우 상품의 원가를 ○○○로 분개함.

1.2 외상매입의 회계처리

주된 영업활동과 관련하여 상품(용역)을 외상으로 매입한(제공받은) 경우 상품을 매입할 때마다 다음과 같이 회계처리한다. 구매자의 매입액은 선적지인도가격에 매입운임을 가산한 금액이다.

계속기록법을 사용할 경우 상품을 매입할 때 취득원가로 상품계정을 증가시킨다. 이에 비하여 실지재고조사법을 사용할 경우 상품을 매입할 때 상품계정을 증가시키지 않고 임시계정인 매입계정을 사용하여 기록한다.

표 9-4 | 외상매입에 대한 회계처리

구분	회계처리	
	계속기록법을 적용할 경우	실지재고조사법을 적용할 경우
상품을 외상으로 매입할 때	(차) 상품 ××× (대) 매입채무 [*1] ×××	(차) 매입 [*2] ××× (대) 매입채무 [*1] ×××
매입채무를 현금으로 지급할 때	(차) 매입채무 ×××	(대) 현금 ×××

*1. 현금으로 매입할 때는 현금계정을 사용함.
*2. 매입계정은 엄밀히 말하면 자산이나 부채계정이 아니며 매출원가를 계산하기 위한 임시계정(비용계정)으로, 기말수정분개 후에는 계정잔액이 0이 됨.
실지재고조사법에서는 상품을 매입할 때마다 매입이라는 임시계정을 사용하기 때문에 매입계정의 기말잔액은 한 회계기간 동안 매입한 상품액(당기매입액)이 됨.
매출원가 = 기초재고자산 + 당기매입액 − 기말재고자산

예제 9-1 외상매출금과 외상매입금

다음 거래를 회계처리하시오.

3월 5일 (주)소백에서 상품 ₩100,000을 외상으로 매입하다.
3월 10일 (주)치악에게 상품 ₩300,000을 외상으로 매출하다.
3월 17일 (주)청량에서 상품 ₩70,000을 외상으로 매입하다.
3월 21일 (주)치악에서 외상매출금 ₩50,000을 수표로 받다.
3월 25일 (주)소백에서 외상매입금 ₩70,000을 현금으로 지급하다.
3월 28일 (주)주왕에게 상품 ₩200,000을 외상으로 매출하다.

| 풀이 |

월일	회계처리			
3/ 5	(차) 매입	100,000	(대) 매입채무	100,000
3/10	(차) 매출채권	300,000	(대) 매출	300,000
3/17	(차) 매입	70,000	(대) 매입채무	70,000
3/21	(차) 현금	50,000	(대) 매출채권	50,000
3/25	(차) 매입채무	70,000	(대) 현금	70,000
3/28	(차) 매출채권	200,000	(대) 매출	200,000

2. 매출채권과 매입채무의 평가[3)]

매출채권(매입채무)은 그 거래와 관련하여 받기로(지급하기로) 한 현금으로 평가하며, 매출채권(매입채무)의 평가는 매출할인(매입할인), 매출환입 및 에누리(매입환출 및 에누리), 회수불능채권의 평가 및 장기성 채권·채무의 현재가치 평가를 고려해야 한다.

3. 매출 및 매출채권의 조정(매입 및 매입채무의 조정)

매출거래와 관련하여 매출에누리, 매출환입과 매출할인 등의 거래가 발생할 수 있으며, 이들 항목들은 비용으로 인식하지 않고 매출에서 차감하는 회계처리를 한다.[4)]

3) 회계학에서는 **평가와 측정**의 개념을 사용하며, 이들 개념은 **금액을 부여하는 과정**을 의미한다. **평가**는 **재무상태표 항목에 대해 금액을 부여하는 과정**을 말하며, **측정**은 **포괄손익계산서 항목에 대해 금액을 부여하는 과정**을 말한다. 즉, 재무상태표 항목에 대해 자산의 평가, 부채의 평가와 자본의 평가라는 용어를 사용하며, 포괄손익계산서 항목에 대해 수익의 측정, 비용의 측정과 이익의 측정이라는 용어를 사용한다.

4) **매출**은 분개과정에서 사용하는 계정명칭이며, **매출액**은 포괄손익계산서에서 매출을 표시할 때 사용하는 용어이다. 그러나 포괄손익계산서에서도 매출이라 표시하는 경우도 있다.

(순)매출액=총매출액-매출에누리-매출환입-매출할인

따라서 매출액은 총매출액에서 매출에누리, 매출환입과 매출할인을 차감한 후의 순매출액을 의미한다.

이것은 매입거래에서도 동일하게 적용된다. 매입거래와 관련하여 매입에누리, 매입환출, 매입할인 등의 거래가 발생할 수 있으며, 이들 항목들은 매입에서 차감하는 회계처리를 한다.

(순)매입액=총매입액-매입에누리-매입환출-매입할인

따라서 매입액은 총매입액에서 매입에누리, 매입환출과 매입할인을 차감한 후의 순매입액을 의미한다.

3.1 매출환입과 매출에누리(매입환출과 매입에누리)

(1) 매출환입과 매출에누리

매출환입(sales returns)은 판매한 상품에 결함, 파손, 주문서와의 규격불일치 등이 있어 판매불가능한 경우 구매자에게 상품이 반품되는 것을 말하며, 매출에누리(sales allowance)는 판매한 상품에 결함 등이 있어도 판매가능한 경우 상품의 값을 깎아주는 것을 말한다. 그리고 일정기간의 거래수량이나 거래금액에 따라 매출액을 감액하는 것도 매출에누리에 포함된다.

표 9-5 | 매출환입과 에누리에 대한 회계처리

<table>
<tr><th rowspan="2">구분</th><th colspan="2">회계처리</th></tr>
<tr><th>계속기록법을 적용할 경우</th><th>실지재고조사법을 적용할 경우</th></tr>
<tr><td>매출할 때</td><td>(차) 매출채권 ×××
(대) 매출 ×××
(차) 매출원가 ○○○[*1]
(대) 상품 ○○○</td><td>(차) 매출채권 ×××
(대) 매출 ×××</td></tr>
<tr><td>매출환입 또는 매출에누리가 발생할 때[*2]</td><td colspan="2">(차) 매출환입 및 에누리[*3] ××× (대) 매출채권 ×××</td></tr>
<tr><td>결산할 때</td><td colspan="2">(차) 매출 ××× (대) 매출환입 및 에누리 ×××</td></tr>
</table>

5) 만일 상품을 매출할 때 **계속기록법**을 적용한다면 매출할 때 상품을 감소시키고 매출원가를 인식하였을 것이므로 매출 이후에 **매출환입**이 발생할 경우 반품받은 상품만큼 당초 매출원가를 인식했던 회계처리를 취소하는 회계처리가 필요하나. 그러나 **매출에누리**는 상품을 반품받지 않으므로 매출원가를 취소하는 회계처리가 필요하지

*1. 계속기록법을 적용할 경우 상품의 원가를 ○○○로 분개함.
*2. 매출환입 및 에누리는 매출환입계정과 매출에누리계정을 각각 설정하여 기록할 수 있으나, 매출환입 및 에누리(sales allowance returns)라는 하나의 계정에 기록할 수도 있음.
*3. 매출에누리가 발생할 때는 실지재고조사법을 적용한 경우와 계속기록법을 적용할 경우의 회계처리가 동일함. 매출환입이 발생할 경우의 회계처리는 다음과 같이 처리함.[5]

구분	회계처리	
	계속기록법을 적용할 경우	실지재고조사법을 적용할 경우
매출환입이 발생할 때	(차) 매출환입 ××× (대) 매출채권 ××× (차) 상품 ○○○ (대) 매출원가 ○○○	(차) 매출환입 ××× (대) 매출채권 ×××
매출에누리가 발생할 때	(차) 매출에누리 ××× (대) 매출채권 ×××	

(2) 매입환출과 매입에누리

매입한 상품에 결함, 파손, 주문서와의 규격불일치 등으로 판매불가능한 경우 판매자에게 상품을 반환(반품)한 것을 매입환출(purchase returns)이라 하고, 판매가능한 경우 판매자가 상품 값을 에누리해주는 것을 매입에누리(purchase allowance)라 한다. 그리고 일정기간의 거래수량이나 거래금액에 따라 매입액을 감액하는 것도 매입에누리에 포함된다.

표 9-6 | 매입환출과 매입에누리에 대한 회계처리

구분	회계처리	
	계속기록법을 적용할 경우	실지재고조사법을 적용할 경우
매입할 때	(차) 상품 ××× (대) 매입채무 ×××	(차) 매입 ××× (대) 매입채무 ×××
매입환출 또는 매입에누리가 발생할 때*1	(차) 매입채무 ××× (대) 매입환출 및 에누리*2 ×××	
결산할 때[6]	없음	(차) 매입환출 및 에누리 ××× 상품(기말) ××× 매출원가 ××× (대) 매입 ××× 상품(기초) ×××

*1. 매입환출 및 에누리는 매입환출계정과 매입에누리계정을 별도로 설정하여 기록할 수 있으나, 매입환출 및 에누리(purchase allowance returns)계정에 함께 기록하기도 함.
*2. 매입에누리가 발생할 때는 실지재고조사법을 적용한 경우와 계속기록법을 적용할 경우의 회계처리가 동일함. 매입환출이 발생할 때는 계속기록법을 적용할 경우의 회계처리는 다음과 같이 처리함.
(차) 매입채무 ××× (대) 상품 ×××

않다.

6) **실지재고조사법을 적용할 경우**의 결산수정분개를 단계별로 요약하면 다음과 같다.
1. **순매입액을 계산하기 위한 결산분개** (차) 매입환출 및 에누리 ××× (대) 매입 ×××
2. **매출원가를 기록하기 위한 결산분개**

예제 9-2 **매출환입과 에누리 및 매입환출과 에누리**

12월 20일 (주)속리는 상품 100개(@₩1,000)를 ₩100,000의 가격으로 (주)금오에 외상으로 판매하였는데 상품에 결함이 있는 경우 반품하기로 하다.

12월 22일 (주)금오는 구입한 상품을 확인한 결과 5개의 불량품을 발견하고 불량품 5개를 반환하였다.

12월 30일 (주)금오는 매입대금을 (주)속리에 전액 현금으로 지급하였다.

| 요구사항 |

위 거래에 대해 두 회사의 회계처리를 하시오.

| 풀이 |

월일	(주)속리: 매출	(주)금오: 매입
12/20	(차) 매출채권[*1] 100,000 (대) 매출 100,000	(차) 매입 100,000[*2] (대) 매입채무 100,000
12/22	(차) 매출환입 및 에누리 5,000 (대) 매출채권 5,000	(차) 매입채무 5,000 (대) 매입환출 및 에누리 5,000
12/30	(차) 현금 95,000 (대) 매출채권 95,000	(차) 매입채무 95,000 (대) 현금 95,000

*1. 위의 회계처리는 실지재고조사법을 적용한 경우의 분개이며, 계속기록법을 적용(상품의 원가를 ○○○로 가정)할 경우 다음과 같이 분개함.
(차) 매출채권 ××× (대) 매출 ×××
(차) 매출원가 ○○○ (대) 상품 ○○○

*2. 위 분개는 실지재고조사법을 적용한 경우의 분개이며, 계속기록법을 적용할 경우 다음과 같이 분개함.
(차) 상품 ××× (대) 매입채무 ×××

3.2 매출할인(매입할인)[7)]

(1) 매출할인과 매입할인

상품을 외상으로 판매하면 판매자는 현금판매와 비교하여 외상판매금액만큼 자금을 운용하여 이익을 얻거나 금융기관에 예금하여 이자수익을 얻을 수 있는 기회를 잃게 된다. 따라서 판매자는 외상으로 판매할 때에는 외상판매대금을 조기에 결제할 때 대금의 일

(1) 기초재고자산을 매출원가에 대체하는 수정분개 (차) 매출원가 ××× (대) 상품(기초) ×××
(2) 기말재고자산을 매출원가에 대체하는 수정분개 (차) 상품(기말) ××× (대) 매출원가 ×××
(3) 매입계정을 매출원가에 대체하는 수정분개 (차) 매출원가 ××× (대) 매입 ×××

7) **할인판매와 매출할인의 비교:** 백화점 등에서 연말, 명절이나 수시로 바겐세일(bargain sales)이라는 **할인판매**를 한다. 이러한 **할인판매**는 판매할 때에 할인해 주는 데 비하여, **매출할인**은 외상판매대금을 빨리 회수하기 위하여 일정기간 내에 회수된 금액에 대해 일부를 깎아준다는 점에서 차이가 있다. 백화점에서 세일기간에 100원의 상품을 30% 할인하여 70원에 판매한다면 70원이 매출이 되며, 이 경우 매출할인이 발생하지 않는다.
(차) 현금 70 (대) 매출 70

부를 할인해주는 현금할인제도이다. 현금할인은 판매자 입장에서는 매출할인(sales discounts)이 되며, 구매자 입장에서는 매입할인(purchase discounts)이 된다.

매출할인은 외상으로 상품을 판매한 후 매출채권을 조기에 회수하기 위하여 상품의 구매자가 일정기간(할인기간) 내에 상품대금을 지급할 경우 상품판매대금의 일정금액을 깎아주는 것을 말한다. 상품의 판매자 입장에서 매출할인이 발생하면 상품의 구매자 입장에서는 매입할인이 발생한다. 즉, 매출할인(매입할인)은 외상매출금(외상매입금)의 조기회수(조기상환)에 따른 현금할인액(외상대금에 대한 현금할인액)을 말한다.

외상거래의 할인조건으로는 다음과 같은 예를 들 수 있다.

표 9-7 | 외상거래의 할인조건 예

할인조건[*1]	내용
2/10, n/30	외상거래 후 10일 이내에 대금을 회수할 경우 외상대금의 2%를 할인해주고, 나머지 부분은 할인 없이 30일 이내에 갚아야 함
2/10, n/EOM[*2]	외상거래 후 10일 이내에 대금을 회수할 경우 외상대금의 2%를 할인해주고, 나머지 부분은 판매한 월말까지 갚아야 함
n/EOM	외상거래에 대한 할인은 없으며, 판매한 달의 말까지 갚아야 함

*1. 할인조건은 일반적으로 할인율/할인기간, n/신용판매기간으로 제시함.
*2. EOM은 End of Month라는 의미임.

(2) 매출할인과 매입할인의 회계처리

표 9-8 | 매출할인에 대한 회계처리

구분	회계처리	
	계속기록법을 적용할 경우	실지재고조사법을 적용할 경우
매출할 때	(차) 매출채권 ××× (대) 매출 ××× (차) 매출원가 ○○○ (대) 상품 ○○○	(차) 매출채권 ××× (대) 매출 ×××
매출할인이 발생할 때[*1]	(차) 현금 ××× 매출할인 ×××	(대) 매출채권 ×××
결산할 때	(차) 매출 ×××	(대) 매출할인 ×××

*1. 매출할인은 상품을 반품받지 않으므로 계속기록법을 적용했다 하더라도 매출원가를 취소하는 회계처리를 하지 않음. 따라서, 매출할인의 회계처리는 실지재고조사법을 적용한 경우의 분개와 계속기록법을 적용할 경우의 분개가 동일함.

표 9-9 | 매입할인에 대한 회계처리

구분	회계처리	
	계속기록법을 적용할 경우	실지재고조사법을 적용할 경우
매입할 때	(차) 상품 ××× (대) 매입채무 ×××	(차) 매입 ××× (대) 매입채무 ×××
매입할인이 발생할 때	(차) 매입채무 ×××	(대) 현금 ××× 매입할인 ×××
결산할 때[8]	(차) 매입할인 ××× (대) 매출원가 ×××	(차) 매입할인 ××× 상품(기말) ××× 매출원가 ××× (대) 매입 ××× 상품(기초) ×××

매출할인(매입할인)에 대한 회계처리 방법에는 총액법(gross method)과 순액법(net method)이 있다. 현금할인이 있는 거래에서는 판매액(매입액)에 할인액이 포함되어 있는데, 총액법은 할인액과 상품의 판매액(매입액)을 구분하지 않고 전체 금액을 매출(매입)계정에 기록하는 방법이고 순액법은 할인액을 제외한 상품의 판매액(매입액)만을 매출(매입)계정에 기록하는 방법이다.[9] 실무에서는 총액법을 사용한다.

회계처리 예에서 상품 ₩100의 외상거래에 대해 2/10, n/30라는 할인조건을 가정한다.

---

8) **실지재고조사법을 적용할 경우**의 결산수정분개를 단계별로 요약하면 다음과 같다.

1. 순매입액을 계산하기 위한 결산분개	(차) 매입할인 ×××	(대) 매입 ×××
2. 매출원가를 기록하기 위한 결산분개		
(1) 기초재고자산을 매출원가에 대체하는 수정분개	(차) 매출원가 ×××	(대) 상품(기초) ×××
(2) 기말재고자산을 매출원가에 대체하는 수정분개	(차) 상품(기말) ×××	(대) 매출원가 ×××
(3) 매입계정을 매출원가에 대체하는 수정분개	(차) 매출원가 ×××	(대) 매입 ×××

9) **총액법**은 매출(매입)할 때 **할인기간 이후에 현금을 지급할 것이라는 가정**에 따라 총판매액(총매입액)으로 매출과 매출채권(매입과 매입채무)을 계상하고, 할인기간 내에 대금을 지급한 경우 현금할인액을 매출할인(매입할인)으로 인식하는 방법이다. 이 방법을 사용할 경우 발생하는 매출할인액(매입할인액)은 매출액(매입액)에서 차감하여 포괄손익계산서에 표시한다.
순액법은 매출(매입)할 때 **할인기간 내에 현금을 지급할 것이라는 가정**에 따라 총판매액(총매입액)에서 매출할인액(매입할인액)을 차감한 순액으로 매출과 매출채권(매입과 매입채무)을 계상하고, 할인기간 내에 현금할인을 받지 않을 경우(할인기간 이후에 지급한 경우) 할인기간경과액을 **이자수익(이자비용)**으로 인식하는 방법이다.

표 9-10 | 매출할인에 대한 회계처리: 총액법과 순액법

구분	매출할인의 회계처리	
	순액법	총액법
매출할 때	(차) 매출채권 98 (대) 매출 98	(차) 매출채권 100 (대) 매출 100
할인기간 내에 현금을 받은 경우	(차) 현금 98 (대) 매출채권 98	(차) 현금 98 매출할인 2 (대) 매출채권 100
할인기간 이후에 현금을 받은 경우	(차) 현금 100 (대) 매출채권 98 이자수익 2	(차) 현금 100 (대) 매출채권 100

표 9-11 | 매입할인에 대한 회계처리: 총액법과 순액법

구분	매입할인의 회계처리	
	순액법	총액법
매입할 때	(차) 매입 98 (대) 매입채무 98	(차) 매입 100 (대) 매입채무 100
할인기간 내에 현금을 지급한 경우	(차) 매입채무 98 (대) 현금 98	(차) 매입채무 100 (대) 현금 98 매입할인[*1] 2
할인기간 이후에 현금을 지급한 경우	(차) 매입채무 98 이자비용[*2] 2 (대) 현금 100	(차) 매입채무 100 (대) 현금 100

*1. 매입할인의 회계처리는 실지재고조사법을 적용한 경우의 분개와 계속기록법을 적용할 경우의 분개가 동일함.
*2. 이자비용을 다른 종류의 이자비용과 구분하기 위하여 할인기간경과손실 또는 매입할인손실로 기록할 수 있음.

제3절 매출채권의 매각(양도)

1. 외상매출금의 팩토링

일반적인 경우 외상매출금은 회수기일(만기일) 이전에 회수되고 장부에서 제거된다. 그러나 경우에 따라 기업은 외상매출금의 회수기일이 도래하기 전에 외상매출금을 금융회사(할부금융회사 또는 채권추심회사)에 매각(양도)하여 필요한 현금을 조달한다. 이를 외상매출금의 팩토링(factoring)이라 한다.

▌그림 9-1▐ 외상매출금의 팩토링

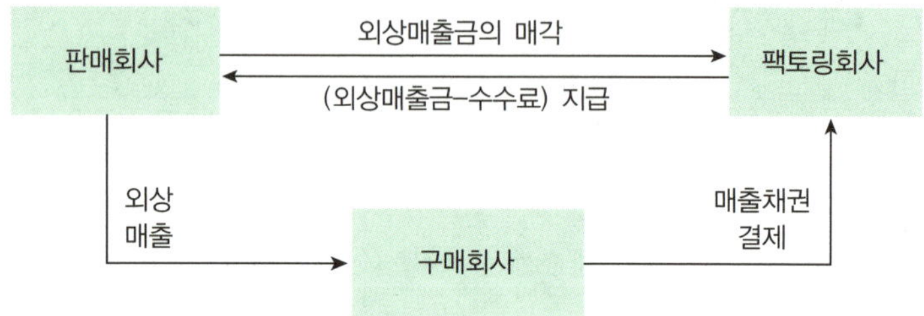

외상매출금을 매각하는 이유는 회사가 현금이 즉시 필요한 경우, 또는 외상매출금 회수에 시간이 오래 걸리거나 회수비용이 많이 들어 채권회수전문회사에 맡기려는 경우 등을 예로 들 수 있다.

외상매출금 팩토링의 경우 외상매출금을 양도하였다고 하여 무조건 장부에서 외상매출금을 제거하는 회계처리를 하는 것은 아니다. K-IFRS에서는 외상매출금을 양도함으로써 외상매출금의 소유에 따른 위험과 보상의 대부분을 상대방에게 이전한 경우에 매각거래로 보아 외상매출금을 장부에서 제거한다. 그러나 외상매출금을 양도하였다 하더라도 외상매출금의 소유에 따른 위험과 보상의 대부분을 보유하고 있는 경우는 외상매출금을 담보로 제공하고 자금을 차입한 것과 실질이 같으므로 차입거래로 보아 매출채권을 장부에서 제거하지 않고 부채(단기차입금)로 인식한다.[10)]

표 9-12 | 외상매출금 팩토링의 회계처리

구분	외상매출금의 소유에 따른 위험과 보상의 대부분을 상대방에게 이전한 경우(매각거래)	외상매출금의 소유에 따른 위험과 보상의 대부분을 상대방에게 이전하지 않은 경우(차입거래)
양도할 때	(차) 현금 ××× 매출채권처분손실 ××× (대) 매출채권 ×××	(차) 현금 ××× 이자비용[*1] ××× (대) 단기차입금 ×××

*1. 외상매출금을 매각할 때 매각하는 외상매출금의 일정비율을 수수료로 지급하며, 이 비용(이자비용, 팩토링 수수료비용)은 포괄손익계산서에는 금융비용으로 분류함.

10) **금융자산 제거에 대한 회계처리**는 이외에도 **지속적 관여**(continuous involvement, 양도자산의 가치변동에 대해 양도자가 부담하는 노출정도) 등 복잡한 부분이 많으며, 이에 대한 자세한 회계처리는 **중급회계**에서 설명한다.

예제 9-3 팩토링

(주)칠갑은 예상하지 못한 현금부족 상황이 발생하여 보유 중인 매출채권 ₩100,000을 우리캐피탈에 양도하였다. 팩토링 수수료는 5%이다.

1. 우리캐피탈이 (주)칠갑의 구매자로부터 매출채권을 회수하지 못하게 되더라도 우리캐피탈이 대손의 모든 위험을 부담하는 조건인 경우
2. 우리캐피탈이 (주)칠갑의 구매자로부터 매출채권을 회수하지 못하게 되는 경우 (주)칠갑이 대신 지급하는 경우

| 요구사항 |

위의 각 경우에 대해 회계처리하시오.

| 풀이 |

거래	회계처리	비고
1	(차) 현금 95,000 매출채권처분손실 5,000 (대) 매출채권 100,000	이는 (주)칠갑이 매출채권의 소유에 따른 위험과 보상의 대부분을 우리캐피탈에게 이전한 경우에 해당하는 것으로 보아야 하므로 매출채권의 매각거래로 회계처리를 함
2	(차) 현금 95,000 이자비용 5,000 (대) 단기차입금 100,000	이는 (주)칠갑이 매출채권의 대손위험을 계속 부담하고 있기 때문에 매출채권의 소유에 따른 위험과 보상의 대부분을 우리캐피탈에게 이전한 경우로 볼 수 없으므로 차입거래로 회계처리함

2. 신용카드매출거래

신용카드매출거래는 신용카드회사, 구매자와 판매자가 거래당사자가 된다. 판매자는 신용카드를 제시하는 구매자에게 신용매출 형태로 상품을 판매하고, 신용카드회사에서 수수료를 제외한 판매대금을 받는다. 기업이 신용카드매출거래를 통해 상품(서비스)을 판매(제공)하는 것도 매출채권의 매각거래의 한 가지로 볼 수 있다.

신용카드매출의 회계처리는 다음과 같다.

표 9-13 | 신용카드매출의 회계처리

구분	회계처리
신용카드매출을 할 때	(차) 외상매출금-○○은행신용카드 ××× (대) 매출 ×××
은행에 신용카드매출전표를 제출하고 할인료를 제외한 금액을 받은 경우	(차) 현금 ××× 신용카드할인료[*1] ××× (대) 외상매출금-○○은행신용카드 ×××

*1. 신용카드매출을 할 때 할인료는 이자비용 및 수수료의 성격을 띠고 있으므로 신용카드할인료, 수수료비용계정을 사용하고 포괄손익계산서에는 금융비용으로 분류함.

예제 9-4 신용카드거래

3월 10일 (주)모악은 (주)마이의 식사대 ₩100,000에 대해 하나은행 신용카드를 받고 결제하였다.

3월 15일 (주)모악은 하나은행에 신용카드매출전표를 제출하고 3%의 할인료를 제외한 금액을 현금으로 받았다.

| 요구사항 |

위의 거래에 대해 회계처리하시오.

| 풀이 |

월일	회계처리
3/10	(차) 외상매출금-하나은행신용카드 100,000 (대) 매출 100,000
3/15	(차) 현금 97,000 (대) 외상매출금-하나은행신용카드 100,000 신용카드할인료 3,000

3. 받을어음의 할인

실무에서 가장 흔하게 볼 수 있는 매출채권의 양도가 받을어음의 할인이다. 받을어음의 할인에 대한 회계처리는 이 장 제5절 어음의 회계처리의 받을어음의 할인에서 설명한다.

제4절 손상(대손)의 회계처리: 매출채권에 대한 회수가능성 평가

1. 매출채권 손상(대손)의 의의

결산일에 기업이 보유하고 있는 매출채권(외상매출금과 받을어음)[11]은 다음 연도 이후에 회수되겠지만, 거래처의 파산, 재무적 어려움 등으로 매출채권의 회수가 지연되거나 일부 또는 전부의 회수가 불가능한 경우도 발생한다. 이와 같이 매출채권의 전부 또는 일부를 회수할 수 없을 것으로 예상되는 상황을 손상(impairment)의 발생 또는 대손(bad debt)의 발생이라 한다.

손상이 발생할 경우 매출채권으로부터 기대신용손실(expected credit losses)을 측정하여 매출채권손상차손을 사용하여 비용을 인식하고, 손실충당금(loss allowance, 대손충당금)을 설정한다.

실무에서는 일반적 상거래와 관련된 매출채권에 대한 손상차손을 다른 자산에 대한 손상차손과 구분하여 대손상각비라는 용어를 사용하며, 대손이 발생할 경우 대손상각비(bad debt expense)계정을 사용하여 비용을 인식한다.

이 절에서는 손상차손(대손상각비)계정을 사용하여 회계처리한다.[12] 매출채권에 대한 손상차손과 대손상각비는 같은 것으로 보면 된다.

2. 손상차손의 회계처리

2.1 손상차손의 계상

(1) 손상치손의 인식방법: 직접상각법과 충당금설정법

손상차손의 인식방법에는 직접 매출채권에서 차감하는 직접상각법과 손실충당금계정을 설정하여 간접적으로 차감하는 충당금설정법이 있다.[13]

---

11) 매출채권뿐만 아니라 미수금, 단기대여금과 장기대여금 등 **모든 수취채권의 경우도 동일**하다.

12) **K-IFRS 제1109호 금융상품**에서는 **손상차손과 손실충당금계정을 사용**한다. 그러나 실무나 회계원리 교과서에서는 매출채권에 대한 **손상차손**을 **대손상각비**라는 용어를 사용하고, 그에 대응하는 **손실충당금**을 **대손충당금**이라는 용어를 사용하기도 한다.

13) **어느 방법을 사용하든 결산일 현재 매출채권의 장부금액과 손상차손(대손상각비)의 인식금액은 동일**하다. **실무와 K-IFRS**에서는 **충당금설정법**을 사용한다.
직접상각법(또는 직접차감법, direct write-off method)은 **결산시** 회계처리가 없다. 이후 매출채권이 **실제 회수 불가능하게 된 때**에 손상차손(대손상각비)을 기록하고 매출채권을 감소시킨다.

충당금설정법(allowance method)은 결산시 손상차손(대손상각비)을 추정하여 비용을 인식하고, 매출채권을 감소시키는 대신 매출채권의 차감계정인 손실충당금(loss allowance, 대손충당금)을 인식한다. 이후 매출채권이 실제 회수불가능하게 된 때에는 이미 인식했던 손실충당금과 매출채권을 상계하는 회계처리를 한다. 이 경우에도 결산시 추정한 손상차손보다 더 많은 매출채권이 회수불가능하게 되면 초과금액을 손상차손으로 인식한다.

표 9-14 | 손상차손(대손상각비)의 회계처리: 충당금설정법

구분	충당금설정법의 회계처리	
	손상차손으로 회계처리하는 경우	대손상각비로 회계처리하는 경우
결산할 때	(차) 매출채권손상차손 ××× (대) 손실충당금 ×××	(차) 대손상각비 ××× (대) 대손충당금 ×××
실제 회수불가능하게 된 때	(차) 손실충당금 ××× (대) 매출채권 ×××	(차) 대손충당금 ××× (대) 매출채권 ×××

매출채권의 장부금액은 매출채권계정 잔액에서 손실충당금(대손충당금)계정 잔액을 차감하여 평가한다.

매출채권의 장부금액 = 매출채권계정 잔액 − 손실충당금(대손충당금)계정 잔액

다음의 (부분)재무상태표와 같이 손실충당금(대손충당금)을 관련 수취채권에서 차감하는 형식[14]으로 보고한다. 이러한 보고형식은 재무상태표에서 수취채권의 발생액을 알 수 있을 뿐만 아니라 수취채권 중 회수불가능하여 손상(대손)이 발생한 손상차손금액(대손금액)도 알 수 있다는 장점이 있다.

구분	직접상각법의 회계처리	
	손상차손으로 회계처리하는 경우	대손상각비로 회계처리하는 경우
결산할 때	회계처리 없음	회계처리 없음
실제 회수불가능하게 된 때	(차) 매출채권손상차손 ××× (대) 매출채권 ×××	(차) 대손상각비 ××× (대) 매출채권 ×××

14) **손실충당금계정**은 재무상태표에 보고할 때 다른 부채나 자본계정과 같이 독립적인 계정으로 보고되지 않고 관련 자산인 수취채권에서 차감하는 형식으로 보고되며, 이를 **차감계정**(contra account)이라 한다. 이와 같이 어떤 계정이 자산, 부채, 자본과 같은 독립적인 재무제표의 항목이 되지 못하고, 관련 항목에 연계되어 부가(+) 또는 차감(−)시키는 역할을 할 때 이를 **평가계정**(valuation account)이라 한다. 평가계정은 **부가계정**과 **차감계정**으로 분류한다.

표 9-15 | 재무상태표의 손실충당금(대손충당금) 표시

재무상태표

(주)울산	20×1년 12월 31일 현재	(단위: 원)
유동자산		
:		
매출채권	₩1,000,000	
손실충당금(대손충당금)	(50,000)	₩950,000

(2) 매출채권의 회수가능성의 평가

K-IFRS에서는 기대신용손실법(expected credit loss method)에 따라 손상을 인식하고 신용손실(대손)에 해당하는 금액만큼 손실충당금(대손충당금)을 설정하도록 하고 있다.[15)]

매 결산일에 매출채권의 신용위험이 유의적으로 증가한 경우에는 전체 기간 기대신용손실을 추정하고 그 금액을 손상차손으로 인식(손실충당금을 추정)한다. 기대신용손실을 측정할 때 실무적인 간편법으로 충당금설정률표를 사용한 기대신용손실의 계산(연령분석법)도 사용할 수 있다.

실무에서는 매출채권의 회수불능추정액(손상추정액)을 산정할 때 1%와 같은 단일손실률을 적용하거나 연령분석법을 사용하여 왔다. 매출채권잔액비율기준은 기말의 매출채권 잔액에 대해 일률적으로 단일손실률을 곱하여 계산하는 방법이고, 연령분석법은 매출채권을 경과기간(채권이 발생한 때부터 현재까지의 기간)별로 분류하여 그 기간마다 서로 다른 손실률을 적용하는 방법이다.[16)]

15) **기대신용손실법**(expected credit loss method)은 회계기간 말의 매출채권 잔액에 대해 미래기간 동안 채무불이행으로 인해 예상되는 손실금액을 현재가치로 평가한 금액을 손실충당금으로 설정하는 방법이다. 자세한 내용은 **중급회계**에서 설명한다.

16) 개별 매출채권의 비중이 클 경우 개별적으로 손상발생에 대해 검토하나 그렇지 않은 경우에는 유사한 특성을 갖는 매출채권을 몇 개의 집단으로 묶어 손상발생에 대해 검토할 수 있다. 이러한 경우 **실무**에서는 연령분석법을 사용하여 손상발생을 검토하고 있다.
연령분석법(aging of accounting receivable method)은 회계기간 말의 매출채권 잔액을 각 **매출채권 잔액의 최초발생일 후 기간 경과일수**(또는 **매출채권의 연령**)의 장단을 기준으로 몇 개의 집단으로 분류하는 **연령분석표**(aging schedule)를 작성하고 각 집단의 특성을 고려하여 과거의 손상 경험에 근거하여 별도의 손상발생률을 적용하여 기말에 설정하여야 할 손실충당금의 잔액을 추정하는 방법을 말한다.

예제 9-5 연령분석법: 충당금설정률표에 따른 손실충당금 설정

(주)청량은 기말 매출채권 ₩380,000에 대해 경과일수별로 분류하여 회수불능채권액을 추정하였다.

경과기간	매출채권 장부금액	추정손실률
정상회수일 미경과	₩200,000	0.5%
1~30일	100,000	5.0
31~90일	50,000	10.0
91~150일	10,000	40.0
150일 초과	20,000	80.0

| 요구사항 |

결산 전 손실충당금 잔액이 ₩23,000일 경우 기말수정분개를 하시오.

| 풀이 |

경과기간	매출채권	손상발생률	회수불능채권액
정상회수일 미경과	₩200,000	0.5%	₩1,000
1~30일	100,000	5.0	5,000
31~90일	50,000	10.0	5,000
91~150일	10,000	40.0	4,000
150일 초과	20,000	80.0	16,000
계	₩380,000		₩31,000

(차) 매출채권손상차손 8,000* (대) 손실충당금 8,000

* 손실충당금 설정액 = 손상차손 추정액 − 손실충당금 잔액 = ₩31,000 − ₩23,000 = ₩8,000

(3) 손상(대손)에 대한 회계처리: 손상차손의 설정

회계기간 말에 회수되지 못할 것으로 예상되는 매출채권을 추정하여 손실충당금의 기말잔액이 결정되었을 경우 손실충당금의 기말잔액과 결산 직전(즉, 손실충당금의 기말수정분개를 반영하기 전)의 손실충당금 잔액을 비교한다. 손실충당금 기말잔액이 결산 직전 손실충당금 잔액보다 큰 경우에는 그 차이금액만큼 손실충당금을 추가로 설정하고 이를 매출채권손상차손로 인식한다. 손실충당금 기말잔액이 결산 직전 손실충당금 잔액보다 작은 경우 그 차이금액만큼 손실충당금을 환입한다.

표 9-16 | 손상(대손)계상에 대한 회계처리

<table>
<tr><th colspan="3">손상차손으로 회계처리하는 경우</th><th rowspan="2">비고</th></tr>
<tr><th colspan="2">구분</th><th>회계처리</th></tr>
<tr><td rowspan="2">손상 차손의 인식</td><td>손실충당금 기말잔액이 결산 직전 손실충당금 잔액보다 큰 경우</td><td>(차) 매출채권손상차손[*1] ×××
(대) 손실충당금 ×××</td><td>차액만큼 매출채권손상차손으로 인식함</td></tr>
<tr><td>손실충당금 기말잔액이 결산 직전 손실충당금 잔액보다 작은 경우</td><td>(차) 손실충당금 ×××
(대) 손실충당금환입[*2] ×××</td><td>차액만큼 손실충당금환입으로 인식함</td></tr>
</table>

*1. 매출채권손상차손은 매출채권에서 발생하면 관리비로, 미수금과 대여금 등 기타의 수취채권에서 발생하면 금융비용으로 분류함.
*2. 손실충당금환입은 포괄손익계산서에는 기타수익으로 표시함(당기이익).

예제 9-6 손실충당금의 설정

(주)마니는 손실충당금을 설정하여 손상차손을 계상한다. 20×1년 12월 31일 외상매출금 잔액은 ₩1,000,000이다. 회계담당자가 외상매출금의 손상차손을 검토한 결과 ₩50,000의 외상매출금에 손상이 발생한 것으로 조사되었으며, 차기 이후에 회수될 수 있는 외상매출금은 ₩950,000으로 추정하였다.

| 요구사항 |

1. 손실충당금계정을 사용할 경우 20×1년말 회계처리를 하시오.
2. 20×1년말 재무상태표에 외상매출금과 손실충당금을 표시하시오.

| 풀이 |

1. 분개

월일	회계처리
20×1년 12월 31일	(차) 매출채권손상차손 50,000 (대) 손실충당금 50,000

2. (부분)재무상태표

재무상태표

(주)마니	20×1년 12월 31일 현재	(단위: 원)
유동자산		
:		
매출채권	₩1,000,000	
손실충당금	(50,000)	₩950,000

2.2 손상(대손)의 확정과 손상(대손)처리한 매출채권의 회수

(1) 손상(대손)의 확정과 매출채권의 제거[17]: 손상(대손) 발생시

거래처의 파산, 재무적 어려움 등으로 매출채권의 회수가 불가능하다는 사실이 확인된 경우 이를 손상(대손)이 확정되었다고 한다. 매출채권에 대해 손상(대손)이 확정(실제 발생)된 경우 이미 계상한 손실충당금의 범위 내에서 손실충당금계정의 차변에 기록하고 매출채권계정의 대변에 기록한다.

표 9-17 | 손상확정의 회계처리

<table>
<tr><th colspan="2">구분</th><th>회계처리</th></tr>
<tr><td rowspan="2">손상이 확정된 때</td><td>대손확정액이 손실충당금 잔액보다 적은 경우</td><td>(차) 손실충당금 ××× (대) 매출채권 ×××</td></tr>
<tr><td>대손확정액이 손실충당금 잔액보다 많은 경우</td><td>(차) 손실충당금 ××× (대) 매출채권 ×××
매출채권손상차손 ×××</td></tr>
</table>

예제 9-7 손상의 확정과 매출채권의 제거

(주)민주의 20×0년 말 손실충당금 잔액은 ₩150,000이다.

1. 손상확정액이 손실충당금 잔액보다 적은 경우
   20×1년 중 (주)비슬의 파산으로 매출채권 ₩100,000을 받을 수 없다는 사실이 확인되었다.
2. 손상확정액이 손실충당금 잔액보다 많은 경우
   20×1년 중 (주)비슬의 파산으로 매출채권 ₩200,000을 받을 수 없다는 사실이 확인되었다.

| 요구사항 |

위의 거래를 회계처리하시오.

| 풀이 |

구분	회계처리
1. 손상확정액이 손실충당금 잔액보다 적은 경우	(차) 손실충당금 100,000 (대) 매출채권 100,000
2. 손상확정액이 손실충당금 잔액보다 많은 경우	(차) 손실충당금 150,000 (대) 매출채권 200,000 매출채권손상차손 50,000

17) **매출채권의 제거**(derecognition)는 손상(대손)이 확정 또는 대금이 결제되거나 매각이나 양도가 이루어졌을 때 **장부에서 관련 자산을 삭제**하는 것을 말한다. 이를 **제각**(除却, write-off)이라고도 한다.

(2) 손상(대손)처리한 매출채권의 회수: 손상(대손) 회복시

영업활동과정에서 회수불가능하다[손상(대손)이 확정되었다]고 판단하여 상각(장부에서 제거)한 매출채권이 나중에 회수되는 경우가 발생할 수 있다. 이 경우 회수불능으로 상각시킨 분개를 취소하는 역분개(reversing entry)를 하는데, 매출채권과 손실충당금을 원래대로 회복시키는 분개를 한다. 또한 매출채권을 현금으로 회수하는 회계처리를 하여야 한다.

표 9-18 | 손상처리한 매출채권 회수의 회계처리

구분*1	회계처리	
손상확정분개의 역분개	(차) 매출채권 ×××	(대) 손실충당금 ××× (또는 매출채권손상차손*2)
현금회수의 분개	(차) 현금 ×××	(대) 매출채권 ×××

*1. 손상확정분개의 역분개와 현금회수의 분개의 2개의 분개 대신 다음과 같이 하나의 분개를 할 수 있음.
(차) 현금 ××× (대) 손실충당금 ×××
(또는 매출채권손상차손)

*2. 손실충당금 잔액이 부족하여 매출채권손상차손계정을 이용하여 추가로 비용처리한 경우에는 매출채권손상차손을 사용한.

예제 9-8 손상처리한 매출채권의 회수

(주)보현은 20×1년 중 회수가 불가능하다고 판단되어 장부에서 제거한 매출채권 ₩100,000을 현금으로 회수하였다.

| 요구사항 |

위의 거래를 회계처리하시오.

| 풀이 |

구분		회계처리	
방법 1	손상확정분개의 역분개	(차) 매출채권 100,000	(대) 손실충당금 100,000
	현금회수의 분개	(차) 현금 100,000	(대) 매출채권 100,000
방법 2	손상확정분개의 역분개와 현금회수의 분개의 일괄 분개	(차) 현금 100,000	(대) 손실충당금 100,000

제5절 어음의 회계처리

1. 어음의 의의와 분류

1.1 어음의 의의

기업은 상품을 판매(또는 구매)하고 매매대금(또는 외상대금)을 결제할 때 현금이나 수표 이외에 어음을 많이 사용한다. 어음은 발행인 또는 지급인이 일정한 금액(액면금액)을 미래의 일정한 일자(만기일 또는 지급일)에 수취인 또는 소지인에게 지급할 것을 약속한 증서를 말한다.[18]

상거래에서 결제수단으로 어음을 많이 사용하는 이유는 어음 자체가 대금결제에 대한 보증력이 강하고, 결제일 이전에 할인 또는 배서양도 등으로 현금화할 수 있기 때문이다.

1.2 어음의 분류

(1) 상업어음과 금융어음

어음은 그 발행원인, 즉 거래내역에 따라 일반적 상거래(상품의 매입 등 기업 고유의 영업활동)에서 발행한 상업어음(commercial bills)과 자금을 융통하기 위해 발행(자금의 조달 또는 차입수단으로 사용)한 금융어음으로 구분한다.

---

18) 「상법」상 어음의 종류에는 **약속어음**과 **환어음**이 있으나, 기업에서는 대부분 약속어음을 사용하고 있으므로 **이 책에서는 약속어음에 대해서만 설명**한다.

분류기준	구분	내용	채무자	채권자
상법	약속어음	발행인이 수취인에게 일정한 일자에 일정한 금액을 지급할 것을 약속한 증서	어음의 발행인 = 지급인	어음의 수취인
	환어음*1	발행인이 지급인에게 일정한 일자에 일정한 금액을 수취인에게 지급해줄 것을 위탁한 증서	어음의 지급인 (환어음: 발행인≠지급인)	어음의 수취인

*1. 환어음의 경우 어음의 발행인과 지급인 사이에 채권·채무관계가 있음.

또한, 어음을 **종이어음(실물어음)**과 **전자어음**으로 구분할 수 있다. 전자어음제도는 「전자어음법」에 따라 직전 사업연도 말 자산총액 100억원 이상의 주식회사와 상장기업에 의무적으로 시행되고 있다. **전자어음**은 전산시스템 내에서만 유통되고 보관되기 때문에 위조 또는 변조가 불가능하고 분실위험이 없으며, 모든 거래가 실명으로 이루어져 거래의 투명성이 확보되는 이점이 있다.

표 9-19 | 상업어음과 금융어음의 분류

분류기준	구분	내용	회계처리
발행원인	상업어음 (진성어음)[*1]	일반적 상거래(영업활동)에서 발행하거나 수취한 어음	채권은 매출채권(미수금)의 차변에 기입하고 채무는 매입채무(미지급금)의 대변에 기입
	금융어음 (융통어음)	일반적 상거래 이외의 거래(투자와 재무활동), 즉 자금을 융통하기 위해 발행하거나 수취한 어음	채권은 단기대여금계정의 차변에 기입하고 채무는 단기차입금계정의 대변에 기입함

*1. 상업어음은 상품의 매매대금를 결제하기 위하여 발행하는 어음 본래의 취지에 맞게 발행되기 때문에 진실한 어음이라는 뜻으로 진성어음이라고도 함.

상업어음의 채권은 매출채권(받을어음)계정의 차변에 기입하고, 채무는 매입채무(지급어음)계정의 대변에 기입한다. 토지나 건물 등의 자산을 취득 또는 매각함에 따라 어음상 채권이나 채무가 발생하는 경우 어음상 채권은 미수금계정의 차변에 기입하고, 채무는 미지급금계정의 대변에 기입한다.[19)]

금융어음의 채권은 대여금계정의 차변에 기입하고, 채무는 차입금계정의 대변에 기입한다.

(2) 이자부어음과 무이자부어음

어음은 그 권면에 이자율이 별도로 표시되어 있는지 여부에 따라 이자부어음(interest-bearing notes)과 무이자부어음(noninterest-bearing notes)으로 구분한다. 이자부어음은 발행인이 만기일에 액면금액과 일정액의 이자를 별도로 지급할 것을 약정하는 어음이며, 무이자부어음은 발행인이 만기일에 액면금액만을 지급할 것을 약정하는 어음이다. 따라서 무이자부어음의 액면금액은 보통 어음기간 동안의 이자를 포함한 금액이 된다. 실무에서는 무이자부어음이 주로 사용된다.

이자부어음에서 이자율은 보통 연이자율로 표시한다. 따라서 이자는 액면금액에 표시이자율을 곱하여 구한 금액에 어음기간(terms of notes 또는 duration period, 발행일부터 만기일까지의 일수)을 곱하여 계산한다. 예를 들어, 액면금액 ₩100,000, 이자율 10%, 90일 만기 약속어음의 발행인이 만기일에 지급하여야 하는 이자액 ₩2,500은 다음과 같이 계산된다. 상관습으로 이자는 통상 1년을 360일 기준으로 계산한다.

이자 = 액면금액 × 이자율 × 어음기간/360
　　= ₩100,000 × 0.10 × 90일/360일 = ₩2,500

19) 어음상의 채권·채무라 하더라도 **일반적인 상거래에서 발생한 어음상의 채권·채무만 매출채권과 매입채무계정 과목을 사용**할 수 있다는 데 유의하여야 한다.

2. 받을어음과 지급어음의 회계처리

2.1 받을어음과 지급어음

앞에서 설명한 어음의 분류는 일반적인 분류이며, 회계는 그 목적상 다른 분류체계를 사용한다. 일반적인 상거래(정상적인 영업활동인 상품매매 또는 서비스제공)와 관련하여 발행한 어음은 수취인에게 어음상의 채권인 받을어음(notes receivables)이 되며, 발행인에게 어음상의 채무인 지급어음(notes payables)이 된다.

표 9-20 | 받을어음과 지급어음의 분류

분류 기준	거래유형		발행인	수취인 또는 소지인
일반적 상거래	정상적인 영업활동		지급어음	받을어음[*1]
	정상적인 영업활동 이외의 거래	금융거래	단기차입금	단기대여금
		기타 거래	미지급금	미수금[*1]

*1. 정상적인 영업활동과 관련하여 받을어음은 수취인의 거래유형에 따라 미수금이 될 수 있고, 기타 거래와 관련하여 미수금은 수취인의 거래유형에 따라 받을어음이 될 수 있음. 이것은 어음상의 채권·채무의 발생원인이 정상적인 영업활동인지의 여부는 상대적이기 때문임. 즉, 어음의 발행인에게는 정상적인 영업활동이 아닌 경우 미지급금이나 수취인에게는 정상적인 영업활동인 경우 받을어음이 될 수 있고 그 반대도 성립할 수 있음. 예를 들어, 운반용으로 사용할 자동차를 구입하고 어음을 발행한 경우는 어음의 발행인(구매자)에게는 정상적인 영업활동이 아니므로 미지급금이나 어음의 수취인(자동차 판매자)에게는 정상적인 영업활동이므로 받을어음이 됨.

재무상태표에는 유동자산인 받을어음은 매출채권의 일부로, 유동부채인 지급어음은 매입채무의 일부로 보고된다. 이들 어음이 결산일부터 1년 이후에 만기일이 도래할 경우 장기매출채권 또는 장기매입채무로 분류한다.

2.2 정상적인 영업활동에 따른 어음의 발행과 수취

정상적인 영업활동에서 만기일이 1년 이내인 단기의 약속어음을 수취한 때에는 어음상 채권이 발생하였으므로 받을어음계정의 차변과 매출계정의 대변에 기록하고, 어음대금을 회수한 때에는 어음상 채무가 소멸하였으므로 받을어음계정의 대변과 현금계정의 차변에 기록한다.

정상적인 영업활동에서 약속어음을 발행한 때에는 어음상 채무가 발생하였으므로 지급어음계정의 대변과 상품(또는 매입)계정의 차변에 기록하고, 어음대금을 지급한 때에는 어음상 채무가 소멸하였으므로 지급어음계정의 차변과 현금계정의 대변에 기록한다

표 9-21 | 받을어음과 지급어음의 회계처리(무이자부어음)

구분	수취인(판매자, 채권자)	발행인(구매자, 채무자)
채권(채무) 발생시	(차) 받을어음 ××× (대) 매출 ×××	(차) 상품(또는 매입) ××× (대) 지급어음 ×××
채권(채무) 소멸시	(차) 현금 ××× (대) 받을어음 ×××	(차) 지급어음 ××× (대) 현금 ×××

그림 9-2 | 어음 관련 매출채권과 매입채무의 변동

매출채권		매입채무	
(채권의 발생)	(채권의 소멸)	(채무의 소멸)	(채무의 발생)
어음의 수취	어음대금의 회수	어음대금의 지급	어음의 발행
	어음의 배서양도		
	어음의 할인		

무이자부어음을 받은 때에 받을어음계정에 기록할 금액은 원금과 이자를 분리하지 않고 액면금액을 수취인은 받을어음으로 발행인은 지급어음으로 기록한다. 이자부어음을 받은 때에는 받을어음계정에 기록할 금액은 액면금액을 수취인은 받을어음으로 발행인은 지급어음으로 기록하며, 만기일에 이자에 대한 기록을 추가하여야 한다.[20]

어음의 만기일이 되면 수취인(또는 소지인)은 자기의 거래은행에 어음의 추심을 의뢰하여 대금을 결제받는다. 무이자부어음의 경우 액면금액을, 이자부어음의 경우 액면금액과 관련 이자를 함께 받을 것이다.

예제 9-9 이자부어음

1. (주)용봉은 (주)빙태에 상품 ₩100,000을 매출하고 (주)빙태가 발행한 90일 만기 이자부약속어음을 받았다. 어음의 이자율은 연 12%이고, 만기에 이자를 별도로 받기로 하였다.
2. (주)용봉은 (주)빙태에서 받은 위의 어음을 만기일에 대구은행에 추심의뢰하였다. 어음이 정상적으로 결제되어 액면금액과 이자를 현금으로 받았다.

| 요구사항 |

위의 거래를 회계처리하시오.

20) **장기이자부어음**을 받은 경우 받을어음계정에 기록할 금액은 액면금액을 기록하며, 이자해당액을 별도로 계산하여 **현재가치할인차금**이라는 평가계정으로 표시하여 액면기준의 채권액 또는 채무액에서 차감하는 형식으로 보고한다.

| 풀이 |

거래	회계처리	
	(주)용봉: 어음의 수취인	(주)방태: 어음의 발행인
1. 어음 발행시	(차) 받을어음 100,000 (대) 매출 100,000	(차) 상품(또는 매입) 100,000 (대) 지급어음 100,000
2. 어음 결제시	(차) 현금 103,000 (대) 받을어음 100,000 이자수익 3,000[*1]	(차) 지급어음 100,000 이자비용 3,000[*1] (대) 현금 103,000

*1. ₩3,000 = 100,000 × 0.12 × 90/360

예제 9-10 무이자부어음

1. (주)용봉은 (주)방태에 상품 ₩100,000을 매출하고 (주)방태가 발행한 90일 만기인 이자 ₩3,000을 포함한 ₩103,000의 무이자부약속어음을 받았다. 어음의 이자율은 연 12%이다.
2. (주)용봉은 (주)방태에서 받은 위의 어음을 만기일에 대구은행에 추심의뢰하였다. 어음이 정상적으로 결제되어 액면금액과 이자를 현금으로 받았다.

| 요구사항 |

위의 거래를 회계처리하시오.

| 풀이 |

거래	회계처리	
	(주)용봉: 어음의 수취인	(주)방태: 어음의 발행인
1. 어음 발행시	(차) 받을어음 103,000 (대) 매출 103,000	(차) 상품(또는 매입) 103,000 (대) 지급어음 103,000
2. 어음 결제시	(차) 현금 103,000 (대) 받을어음 103,000	(차) 지급어음 103,000 (대) 현금 103,000

받을어음(지급어음)의 만기일 이전에 결산일이 되면 수정분개를 통해 발생이자를 당기의 이자수익(이자비용)으로 계상하여야 한다.

받을어음도 외상매출금의 경우와 같이 매 회계기간 말에 손상(대손)을 검사하여 매출채권 손상차손을 계상하고 손실충당금을 설정하여야 하며, 그 후 손실(대손)이 확정되면 손실충당금을 차감하는 회계처리만 하면 된다.

예제 9-11 **어음관련 매출채권과 매입채무**

7월 1일 (주)형제에 상품 ₩50,000을 매출하고 대금은 약속어음(발행일: 7월 1일, 만기일: 7월 25일, 지급장소: 우리은행, 어음번호: #1)을 받다.

7월 7일 (주)월악에서 상품 ₩60,000을 매입하고 대금은 약속어음(발행일: 7월 7일, 지급일: 7월 27일, 지급장소: 국민은행, 어음번호: #4)을 발행하여 교부하다.

7월 12일 (주)주흘에서 외상매출금 ₩30,000에 대해 (주)주흘 발행 약속어음(발행일: 7월 12일, 만기일: 8월 5일 지급장소: 대구은행, 어음번호: #7)을 받다.

7월 15일 (주)도술에 외상매입금 ₩50,000을 갚기 위해 약속어음(발행일: 7월 15일, 지급일: 8월 9일, 지급장소: 부산은행, 어음번호: #12)을 발행하여 교부하다.

7월 25일 (주)형제에서 받은 약속어음 ₩50,000을 만기가 되어 현금으로 받다.

7월 27일 (주)월악에 발행한 약속어음 ₩60,000이 만기가 되어 현금으로 지급하다.

| 요구사항 |

위 거래를 분개하시오.

| 풀이 |

월일	회계처리			
7/ 1	(차) 매출채권	50,000	(대) 매출	50,000
7/ 7	(차) 상품(또는 매입)	60,000	(대) 매입채무	60,000
7/12	회계처리 없음*1			
7/15	회계처리 없음*1			
7/25	(차) 현금	50,000	(대) 매출채권	50,000
7/27	(차) 매입채무	60,000	(대) 현금	60,000

*1. 7월 12일과 15일의 거래를 분개할 때 외상매출금과 받을어음은 모두 매출채권계정으로 회계처리하며, 외상매입금과 지급어음은 모두 매입채무계정으로 회계처리하므로 차변과 대변에 매출채권계정과 매입채무계정이 동시에 나타남. 따라서 외상매출금을 받을어음으로 회수하는 거래와 외상매입금을 지급어음으로 결제하는 거래는 분개할 필요가 없으며, 보조장부(매출처원장과 매입처원장)에서만 조정하면 됨.

7/12 (차) 받을어음 40,000 (대) 외상매출금 40,000

7/15 (차) 외상매입금 50,000 (대) 지급어음 50,000

2.3 어음의 할인

받을어음도 외상매출금과 같이 채권 자체를 금융회사에 매각할 수 있다. 상품을 외상으로 판매하고 어음을 받는 경우 어음의 발행일부터 만기일까지 상당한 기간이 걸릴 수 있다. 어음의 할인(discount)은 받을어음을 만기일 전에 금융회사에 배서양도하고 자금을 융통(현금화)하는 것을 말한다.[21] 이 경우 일정한 이자와 수수료(할인료)를 차감하고 현금을 받는다.

받을어음 할인의 경우 받을어음을 할인하여 금융회사에 양도하였다고 하여 무조건 장부에서 받을어음을 제거하는 회계처리를 하는 것은 아니다. K-IFRS에서는 받을어음을 양도함으로써 받을어음의 소유에 따른 위험과 보상의 대부분을 금융회사에 이전한 경우에 받을어음을 장부에서 제거하는 회계처리를 한다(매각거래). 그러나 받을어음을 할인하여 금융회사에 양도하였다 하더라도 받을어음의 소유에 따른 위험과 보상의 대부분을 계속 보유하고 있는 경우는 받을어음을 담보로 제공하고 자금을 차입한 것과 실질이 같으므로, 받을어음을 장부에서 제거하지 않고 부채(단기차입금)로 인식한다(차입거래).22)

표 9-22 | 어음할인의 회계처리

구분	받을어음의 소유에 따른 위험과 보상의 대부분을 상대방에게 이전한 경우(매각거래)	받을어음의 소유에 따른 위험과 보상의 대부분을 상대방에게 이전하지 않은 경우(차입거래)
받을어음을 할인할 때	(차) 현금[*1] ××× 매출채권처분손실[*2] ××× (대) 받을어음 ×××	(차) 현금[*1] ××× 이자비용 ××× (대) 단기차입금 ×××
어음만기일	회계처리 없음	(차) 단기차입금 ××× (대) 받을어음 ×××

*1. 현금수령액 = 어음만기금액 − 할인액
어음만기금액 = 어음액면금액(무이자부어음으로 가정23)함)
할인액 = 어음만기금액 × 할인율 × 어음잔여일수(또는 할인기간)/360 24)
할인율은 은행이 부과하는 이자율을 말하며, 어음잔여일수(또는 할인기간)는 어음의 할인시점부터 어음의 만기일까지의 기간을 말함.
*2. 매출채권처분손실은 금융자산처분손실, 받을어음제거손실 등을 사용하기도 함.

어음을 할인할 경우 어음의 할인으로 수취할 금액은 어음의 만기금액에서 할인액(= 어음만기금액 × 할인율 × 할인기간)을 차감한 금액이다. 그리고 할인받은 시점에서 어음의

21) **할인**이라는 용어를 사용하는 것은 어음의 액면금액보다 낮은 금액으로 할인하여 팔기 때문이다. 예를 들어 액면금액 ₩1,000,000의 받을어음을 은행에 양도하면 은행은 어음소지인에게 할인된 금액(즉, ₩1,000,000보다 작은 금액)을 지급한다.

22) **받을어음의 할인 또는 제거(금융자산 제거)**에 대한 회계처리는 이를 **매각거래**로 보느냐 또는 **차입거래**로 보느냐에 따라 회계처리가 달라지며 이외에도 **지속적 관여**(continuous involvement, 양도자산의 가치변동에 대해 양도자가 부담하는 노출정도) 등 복잡한 부분이 많다. 받을어음 할인에 대한 자세한 회계처리는 **중급회계**에서 설명한다.

23) 우리나라에서 사용하는 어음은 어음의 권면에 이자율이 기재되어 있지 않는 무이자부어음이다. 따라서 이 책에서는 **받을어음의 할인**에 대해서는 **무이자부어음에 대해서만 설명**한다.
어음의 권면에 이자율이 기재되어 있는 이자부어음은 어음소지인이 어음보유기간(어음을 받은 시점부터 할인시점까지) 동안 발생한 이자수익을 인식해야 한다. **이자부어음의 할인에 대한 회계처리**는 **중급회계**에서 설명한다.

24) 실무에서는 **일수**로 이자를 계산하며, 평년의 경우 365일, 윤년의 경우 366일 사용하며, 계산의 편의상 1년을 360일로 가정하기도 한다.

장부금액과 현금수령액의 차액을 매출채권처분손실로 처리한다.

매출채권처분손실 = 장부금액 − 현금수령액
= 장부금액 − [만기금액 − (만기금액 × 할인율 × 할인기간)]

어음을 할인한 경우, 어음을 배서양도한 경우와 마찬가지로, 양도한 어음을 만기일에 어음상 채무자(발행인)가 결제하면 양도인에게는 아무런 문제가 발생하지 않는다. 그러나 어음상의 채무자가 만기일에 어음금액을 결제하지 않으면 부도가 발생하는데, 이때 양도인(할인받은 기업)은 양수인(은행)에 어음금액을 상환하여야 하는 의무가 발생한다.[25] K-IFRS에서는 재무상태표일 현재 아직 만기가 도래하지 않은 배서어음이나 할인어음이 있을 경우에는 이를 주석으로 공시하도록 규정하고 있다.

예제 9-12 어음의 할인과 할인료(무이자부어음)

(주)성인은 (주)한라에 상품을 판매하고 액면금액 ₩100,000인 90일 만기 무이자부약속어음을 교부받았다. (주)성인은 발행일부터 60일이 지난 후에 국민은행에서 연 12% 이자율의 조건으로 할인받았다.

| 요구사항 |

1. 매출채권처분손실을 계산하시오.
2. 어음할인시 회계처리를 하시오.

| 풀이 |

1. 매출채권처분손실의 계산

구분	계산			비고
장부금액[*1]			₩100,000	
현금수령액				만기금액 − 할인액
	만기금액	100,000		
	할인액	(1,000)	(99,000)	만기금액 × 할인율 × 할인기간
매출채권처분손실			(1,000)	장부금액 − 현금수령액

*1 무이자부어음이므로 장부금액이 액면금액과 같으나, 이자부어음의 경우 장부금액은 액면금액에 보유기간 이자발생액을 더하여 계산함.

25) 어음의 양도인은 양도한 어음이 지급될 때까지 지급의무를 부담하게 될지도 모를 불확실한 채무가 있는데, 이와 같이 미래에 확정될 불확실한 상황을 **우발상황**(contingencies)이라 한다.

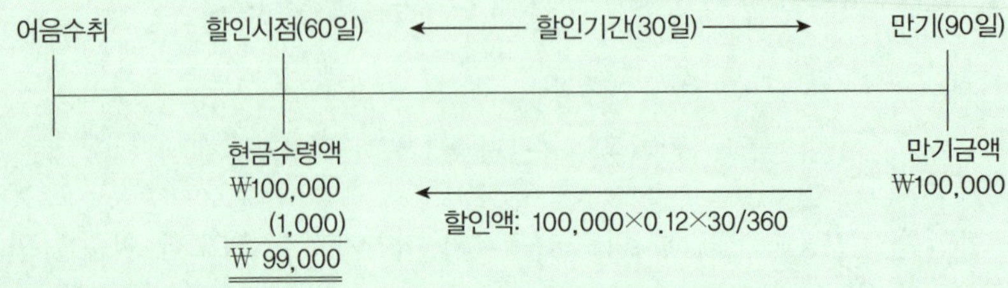

2. 분개

월일	회계처리
할인시	(차) 현 금 99,000 (대) 매출채권 100,000 매출채권처분손실 1,000

예제 9-13 어음의 할인(무이자부어음)

5월 1일 동해상사는 상품 ₩5,000,000을 판매하고 10월 30일 만기 무이자부약속어음을 받았다.

7월 1일 동해상사는 위의 어음을 만기까지 보유하지 않고 우리은행에서 할인하여 현금화하였다. 은행의 할인율은 연 12%이다.

10월 30일 위 어음의 만기에 대금이 정상적으로 결제되었다.

10월 30일 위 어음의 만기에 부도처리되었다.

| 요구사항 |

위 거래를 ① 위 어음할인이 매각거래(받을어음의 소유에 따른 위험과 보상의 대부분을 상대방에게 이전한 경우)로 간주되는 경우와 ② 차입거래(받을어음의 소유에 따른 위험과 보상의 대부분을 상대방에게 이전하지 않은 경우)로 간주되는 경우로 나누어 회계처리하시오.

| 풀이 |

거래	회계처리	
	매각거래(받을어음의 소유에 따른 위험과 보상의 대부분을 상대방에게 이전한 경우)	차입거래(받을어음의 소유에 따른 위험과 보상의 대부분을 상대방에게 이전하지 않은 경우)
5/ 1	(차) 매출채권 5,000,000	(대) 매출 5,000,000
7/ 1	(차) 현금 4,800,000 매출채권처분손실 200,000 (대) 매출채권 5,000,000	(차) 현금 4,800,000 이자비용 200,000 (대) 단기차입금 5,000,000
	만기금액 5,000,000 할인액 −200,000 (=5,000,000×0.12×4/12) 현금수령액 4,800,000	

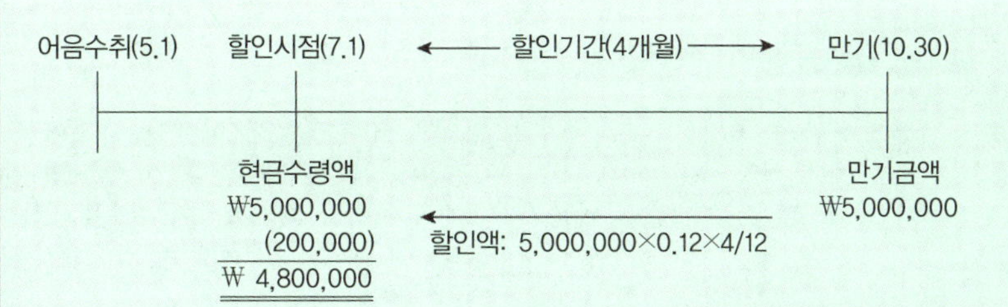

정상 결제시	회계처리 없음	(차) 단기차입금 5,000,000 (대) 매출채권 5,000,000
부도시	회계처리 없음	(차) 단기차입금 5,000,000 부도어음 5,000,000 (대) 현금 5,000,000 매출채권 5,000,000

2.4 어음의 부도

어음의 만기일이 되면 어음 소지인은 어음 발행인(지급인, 배서인, 채무자)에게 어음을 제시하거나 자기의 거래은행에 추심을 의뢰하여 어음대금의 지급을 청구하게 된다. 그러나 어음 발행인이 자금부족 등의 이유로 지급을 거절하면 이를 어음의 부도(不渡)라 하고, 이 어음은 부도어음이 된다.

어음이 부도나면 어음소지인은 배서인, 발행인 그 밖의 어음채무자에게 상환청구권을 행사할 수 있다. 상환청구권(소구권, recourse)은 어음소지인이 어음의 배서인 또는 발행인에게 어음을 제시하고, 어음대금과 함께 만기일부터 청구일까지의 법정이자, 부도로 소지인이 부담한 수수료 등 비용의 지급을 청구할 수 있는 권리를 말한다.

어음을 효율적으로 관리하기 위하여 받을어음계정과 별도로 부도어음계정을 설정할 수 있다. 어음이 부도나면 이를 받을어음계정 대변에서 차감하여 부도어음계정 차변으로 대체시킨다. 이때 부도와 관련된 비용도 부도어음에 포함한다.

(차) 부도어음 ××× (대) 받을어음 ×××

어음이 부도났다고 해서 받을어음의 전액이 회수가 불가능해지는 것은 아니나 미래의 회수가능성은 상당히 낮아질 것이다. 부도어음이 매출채권에 포함되어 있고 그 회수가능성이 불확실하면 회계기간 말에 매출채권의 회수가능성을 평가할 때 손실충당금을 추가로 설정하는 회계처리를 하여야 한다. 손실충당금이 증가하면 매출채권은 그만큼 감소한다.

예제 9-14 어음의 부도

7월 1일 상품을 구입하기 위하여 보유 중인 (주)운문이 발행한 약속어음을 (주)불모에 배서양도한 ₩400,000이 부도되어 상환청구를 받다. 이 부도와 관련하여 (주)불모가 지급한 관련 비용 ₩10,000과 어음금액을 합하여 수표발행하여 지급하다.

7월 10일 위 청구금액과 만기일 이후의 법정이자 ₩20,000을 현금으로 받다.

7월 10일 위의 청구금액을 받지 못하게 되어 손상(대손)으로 처리하다. 단, 손실충당금이 ₩350,000 설정되어 있다.

7월 18일 보유 중인 (주)신어가 발행한 약속어음 ₩200,000이 부도되다.

| 요구사항 |

위 거래를 회계처리하시오.

| 풀이 |

월일	회계처리			
7월 1일	(차) 부도어음	410,000	(대) 당좌예금	410,000
7월 10일	(차) 현금	430,000	(대) 부도어음 이자수익	410,000 20,000
7월 10일	(차) 손실충당금 매출채권손상차손	350,000 60,000	(대) 부도어음	410,000
7월 18일	(차) 부도어음	200,000	(대) 받을어음 (매출채권)	200,000

재무상태표에는 외상매출금, 받을어음과 부도어음도 모두 매출채권이라는 계정과목으로 보고한다.

2.5 금융어음(융통어음)

일반적으로 어음은 상품을 매매할 때 매매대금의 결제수단으로 발행되나 자금을 융통하기 위해 어음을 발행하는 경우도 있다. 상품매매대금을 결제하기 위하여 발행하는 어음을 상업어음(또는 진성어음)이라 하고, 자금을 융통하기 위하여 발행하는 어음을 금융어음(또는 융통어음)이라 한다.

금융어음의 경우 어음상 채권은 단기대여금(또는 어음단기대여금)계정의 차변에 기록하고, 어음상 채무는 단기차입금(또는 어음단기차입금)계정의 대변에 기록한다.

표 9-23 | 금융어음의 회계처리

구분	발행인(채무자)	수취인(채권자)
채권(채무) 발생시	(차) 현금 ××× (대) 단기차입금 ×××	(차) 단기대여금 ××× (대) 현금 ×××
채권(채무) 소멸시	(차) 단기차입금 ××× 이자비용 ××× (대) 현금 ×××	(차) 현금 ××× (대) 단기대여금 ××× 이자수익 ×××

제6절 기타 단기채권과 단기채무

1. 단기수취채권과 지급채무의 요약

단기수취채권과 지급채무와 관련된 계정을 요약하면 다음과 같다.

표 9-24 | 단기수취채권과 지급채무 관련 계정의 요약

발생원인		채권 또는 채무계정	
		채권(유동자산)	채무(유동부채)
일반적 상거래	미수채권 · 미지급채무	외상매출금 받을어음	외상매입금 지급어음
	선급채권 · 선수채무	선급금	선수금
일반적 상거래 이외의 거래	미수채권 · 미지급채무	미수수익*1	미지급비용*1
	선급채권 · 선수채무	선급비용*1	선수수익*1
	자금융통 관련 채권 · 채무	단기대여금	단기차입금
	자금융통 이외 채권 · 채무	미수금	미지급금
재고자산 이외의 자산 매매	미수채권 · 미지급채무	미수금	미지급금
	선급채권 · 선수채무	선급금	선수금
기타	제3자에게 지급될 금액을 일시적으로 수취하여 보관	–	예수금

*1. 미수수익과 미지급비용, 선급비용과 선수수익은 주로 기록되지 않은 수익과 비용을 인식하는 결산과정에서 발생함.

2. 미수금과 미지급금

일반적 상거래에서 발생한 채권(채무)은 매출채권(매입채무)계정을 사용한다. 그러나 일반적 상거래 이외의 거래 중 자금의 융통을 제외한 거래에서 발생한 단기채권은 미수금(other accounts receivable)계정을 사용하고 단기채무는 미지급금(other accounts payable)계정을 사용한다. 토지, 건물, 비품과 같은 비유동자산이나 유가증권을 영업품목으로 하지 않는 기업이 이들 자산을 사용 또는 보유 중에 외상으로 처분(취득)하는 경우에 발생하는 단기채권(채무)이 미수금(미지급금)이다.

미수금(미지급금) 중 재무상태표일부터 1년 이내에 회수(지급)하는 것은 유동자산(유동부채)으로 분류하고, 1년 이후에 회수(지급)하는 것은 비유동자산(비유동부채)으로 분류한다.

예제 9-15 미수금과 미지급금

9월 3일 자동차도매업을 하는 (주)대둔은 (주)현대자동차에서 1대당 ₩100,000의 승용차 10대를 구입하였다. (주)대둔은 자동차 중 1대는 영업사원의 업무용 차량으로, 나머지 9대는 판매용으로 구입하였다. 구입대금은 1개월 후에 지급하기로 하다.

10월 3일 (주)현대자동차에 승용차 대금을 지급하였다.

11월 5일 건물을 ₩1,000,000에 취득하고, 대금 중 ₩400,000은 당일 지급하였으나 나머지는 6개월 후에 지급하기로 하다.

12월 8일 장부가액이 ₩200,000인 업무용 토지를 ₩300,000에 처분하고, 대금은 4개월 후에 받기로 하다.

| 요구사항 |

위 거래를 회계처리하시오.

| 풀이 |

월일	회계처리			
9월 3일	(차) 상품(또는 매입)	900,000	(대) 매입채무	900,000
	차량운반구	100,000	미지급금	100,000
10월 3일	(차) 매입채무	900,000	(대) 현금	1,000,000
	미지급금	100,000		
11월 5일	(차) 건물	1,000,000	(대) 현금	400,000
			미지급금	600,000
12월 8일	(차) 미수금	300,000	(대) 토지	200,000
			유형자산제거이익	100,000

3. 미수수익과 미지급비용, 선급비용과 선수수익

기업에서 서비스의 제공과 현금의 수수가 동시에 이루어지지 않고 시차가 발생하는 경우가 많다. 이러한 시차로 인해 미수수익, 미지급비용, 선급비용과 선수수익과 같은 채권 또는 채무가 발생한다.[26]

표 9-25 | 미수수익, 미지급비용, 선급비용과 선수수익의 구분

구분	내용	비고
미수수익	서비스를 제공하였으나 현금은 받지 못함	채권(자산)
미지급비용	서비스를 제공받았으나 현금을 지급하지 않음	채무(부채)
선급비용	서비스를 제공받기 전에 현금을 지급함	채권(자산)
선수수익	서비스를 제공하기 전에 현금을 받음	채무(부채)

미수수익, 미지급비용, 선급비용과 선수수익은 발생주의에 따라 수익과 비용을 인식하기 때문에 기록하는 것으로, 주로 회계기간 말에 결산수정분개를 할 때 발생한다. 이들 채권과 채무를 기록할 때에는 반드시 그와 관련되는 수익과 비용을 인식하여야 한다.

4. 단기대여금과 단기차입금

일반적 상거래에서 어음을 수취(발행)하는 경우에 발생한 채권(채무)은 매출채권(매입채무) 또는 받을어음(지급어음)계정을 사용하나, 자금을 융통할 목적으로 어음을 수취(발행)할 경우 대여금(차입금)계정을 사용한다. 대여금(loans, 차입금, borrowings)은 차용증서나 어음 등을 받고 현금을 대여(차입)한 경우에 발생한 채권(채무)을 말한다.

일반적으로 일정기간 자금을 대여(차입)하면 이자를 받으며(주며), 자금을 대여(차입)한 측은 이자수익(이자비용)을 인식한다. 어음의 만기일 이전에 결산일이 도래하면 결산수정분개를 통하여 발생이자를 당기의 이자수익(이자비용)으로 계상하여야 한다.

대여금(차입금) 중 재무상태표일부터 1년 이내에 회수(지급)하는 것은 유동자산(유동부채) 중 단기대여금(단기차입금)으로 분류하고, 1년 이후에 회수(지급)하는 것은 비유동자산(비유동부채) 중 장기대여금(장기차입금)으로 분류한다.

26) **미수수익, 미지급비용, 선급비용과 선수수익**에 대한 자세한 내용은 **제6장 회계순환과정Ⅱ: 회계기간 말의 결산과정 제3절 결산수정분개**의 설명을 참조.

예제 9-16 대여금과 차입금

6월 1일 (주)가야는 어음을 발행하여 (주)취서에서 ₩5,000,000(연이자율 12%, 3개월 만기)을 차입하다. 이자는 만기일에 원금과 함께 상환하는 조건이다.

9월 1일 (주)가야는 원금과 이자를 상환하다.

| 요구사항 |

위 거래를 두 회사의 입장에서 회계처리하시오.

| 풀이 |

월일	회계처리	
	(주)취서(대여금)	(주)가야(차입금)
6월 1일	(차) 단기대여금 5,000,000 (대) 현금 5,000,000	(차) 현금 5,000,000 (대) 단기차입금 5,000,000
9월 1일	(차) 현금 5,150,000 (대) 단기대여금 5,000,000 이자수익[*1] 150,000	(차) 단기차입금 5,000,000 이자비용[*1] 150,000 (대) 현금 5,150,000

*1. 이자=어음만기금액×이자율×어음기간=₩5,000,000×0.12×3/12=₩150,000

5. 선급금과 선수금

상품을 구입(판매)하거나 용역을 제공받을(제공할) 목적으로 인도가 이루어지기 이전에 대금의 일부나 전부를 지급(수령)하는 경우 등 일반적 상거래에서 발생한 선급채권을 선급금(advanced payments)이라 하고 선수채무를 선수금(advanced receipts)이라 한다. 선급금(선수금)은 수주공사, 수주품 및 그 밖의 일반적 상거래에서 미리 주는(받는) 대금도 포함한다. 대금을 미리 지급(수령)할 때 인식한 선급금(선수금)은 이후 상품 등의 구입(판매)거래가 발생할 때 감소처리한다.

선급금(선수금)은 앞으로 상품 등을 공급받을 수 있는 권리(공급해야 할 의무)로 유동자산(유동부채)으로 분류한다.[27]

27) **선급금(선수금)**은 현금을 받을(줄) 권리(의무)가 아니라 상품이나 용역을 제공받을 권리(제공하여야 할 의무)이므로 금융자산(금융부채)에 해당하지 않는다.
금융자산은 미래에 현금이나 기타 금융자산을 유입시킨다. 이와 달리 미래에 재화나 용역을 유입시키는 자산은 금융자산이 아니다. 따라서 선급금과 선급비용은 현금이나 기타 금융자산을 유입시키지 않고, **선급금**은 재화(재고자산, 유형자산과 무형자산)를 유입시키고 **선급비용**은 용역을 유입시키기 때문에 금융자산이 아니다.

예제 9-17 선급금과 선수금

3월 8일 (주)와룡은 (주)적상에 상품 ₩1,000,000을 구매하기로 계약하고 계약금으로 ₩100,000을 지급하다.

3월 25일 (주)와룡은 (주)적상에서 위의 계약상품을 인도받고 ₩900,000을 현금으로 지급하다.

| 요구사항 |

위 거래를 두 회사의 입장에서 각각 회계처리하시오.

| 풀이 |

월일	회계처리	
	선급금: (주)와룡	선수금: (주)적상
3월 8일	(차) 선급금 100,000 (대) 현금 100,000	(차) 현금 100,000 (대) 선수금 100,000
3월 25일	(차) 상품(또는 매입) 1,000,000 (대) 선급금 100,000 현금 900,000	(차) 선수금 100,000 현금 900,000 (대) 매출 1,000,000

6. 가지급금, 가수금과 미결산계정

6.1 가지급금과 가수금

현금의 수입(지출)이 있었으나, 거래의 미완결, 거래내용의 불분명(계정과목) 또는 금액의 미확정의 경우 이들이 확정될 때까지 임시로 기록하는 계정(임시계정)이 가수금(suspense receipts)[가지급금(suspense payments)]계정이다. 예를 들어, 종업원의 출장여비를 선급하면 종업원이 출장에서 돌아와 보고할 때까지 그 지출내역과 금액을 확정할 수 없으므로 가지급금계정을 사용하며, 출장 간 종업원이 출장 중 내용을 밝히지 않고 송금해 오면 종업원이 보고할 때까지 그 수입내역과 금액을 확정할 수 없으므로 가수금계정을 사용한다. 가지급금(가수금)은 재무제표에 표시하지 않고 결산일에 이들의 원인을 밝혀 적절한 과목으로 대체하여야 한다.

예제 9-18 가지급금과 가수금

2월 5일 종업원의 출장에 필요한 여비를 대략 계산하여 현금 ₩200,000을 지급하다.

2월 7일 출장 중인 종업원이 ₩1,000,000을 당좌예입하였다고 연락하였으나 그 내용은 불명확하다.

2월 15일 출장 갔던 종업원이 돌아와 여비를 정산한 결과 ₩20,000이 부족하여 현금으로 지급하다. 출장 중 송금액은 거래처에서 외상매출금을 회수한 것으로 밝혀졌다.

| 요구사항 |

위 거래를 회계처리하시오.

| 풀이 |

월일	회계처리			
2월 5일	(차) 가지급금	200,000	(대) 현금	200,000
2월 7일	(차) 당좌예금	1,000,000	(대) 가수금	1,000,000
2월 15일	(차) 여비교통비	220,000	(대) 가지급금	200,000
			현금	20,000
	(차) 가수금	1,000,000	(대) 매출채권	1,000,000

6.2 미결산계정

미결산계정[28]은 기업의 재무상태에 영향을 미치는 경제적 사건이 발생하였으나 채권 또는 채무의 금액이 확정되지 않아 임시로 기록하는 계정(임시계정)이다. 예를 들어, 보험에 가입된 건물이 화재로 소실되어 보험처리한 경우 보험회사에서 받을 보험금이 결정되지 않으면 미결산계정을 사용할 수 있다. 미결산계정은 거래의 성격에 따라 채권 성격과 채무 성격을 함께 갖는 혼합계정이므로 잔액이 차변에 남을 경우 채권(자산계정)이고 잔액이 대변에 남을 경우 채무(부채계정)가 된다.

28) **미결산계정**은 현금수입과 지출이 없었다는 점에서 가지급금이나 가수금과 다르나, 임시계정으로 재무제표에 표시하지 않고 결산일에 이들의 원인을 밝혀 적절한 과목으로 확정하여 표시해야 한다는 점에서 유사하다.

예제 9-19 **미결산계정**

1월 5일 취득원가 ₩2,000,000, 감가상각누계액 ₩500,000인 건물이 화재로 소실되어 (주)삼성화재보험에 보험금 ₩1,500,000을 청구하다.

1월 15일 (주)삼성화재보험에서 보험금이 ₩1,200,000으로 결정되었다는 통지를 받다.

1월 30일 (주)삼성화재보험에서 보험금 ₩1,200,000을 지급받다.

| 요구사항 |

위 거래를 회계처리하시오.

| 풀이 |

월일	회계처리			
1월 5일	(차) 건물감가상각누계액 미결산	500,000 1,500,000	(대) 건물	2,000,000
1월 15일	(차) 미수금 재해손실	1,200,000 300,000	(대) 미결산	1,500,000
1월 30일	(차) 현금	1,200,000	(대) 미수금	1,200,000

7. 예수금

예수금은 회사가 제3자를 대신하여 거래처나 종업원으로부터 미리 받아 일시적으로 보관하였다 나중에 제3자에게 지급하는 유동부채를 말한다.

예수금의 예로는 종업원에게 급여를 지급할 때 종업원이 부담하는 근로소득세, 국민건강보험료, 고용보험료, 국민연금부담금 등을 종업원으로부터 일시적으로 받아두었다가 세무서와 해당 기관에 납부하는 근로소득세 원천징수, 국민건강보험료, 고용보험료, 국민연금부담금 등과 상품을 판매할 때 거래처가 부담할 부가가치세를 거래처로부터 일시적으로 받아두었다가 세무서에 납부하는 부가가치세 등을 들 수 있다. 예수금계정에 기록되는 근로소득세 등과 부가가치세는 모두 종업원 또는 거래처(소비자)가 부담해야 할 금액이지 회사가 부담할 금액이 아니며, 회사는 관련 법규의 준수나 징수기관의 편의를 위해 이들 금액을 실제로 부담하여야 할 사람으로부터 징수하고 이를 해당 기관에 대신 납부하여야 하는 책임을 부담한다.

표 9-26 | 근로소득세, 국민건강보험료, 국민연금예수금의 회계처리

구분	회계처리			
급여를 지급할 때	(차) 급여	×××	(대) 현금 예수금*1	××× ×××
납부할 때	(차) 예수금 복리후생비*2	××× ×××	(대) 현금	×××

*1. 금액이 클 경우에는 근로소득세예수금, 국민건강보험료예수금, 국민연금예수금, 고용보험료예수금 등 별도계정을 설정할 수 있음.
*2. 국민건강보험료예수금, 국민연금예수금, 고용보험료예수금 등에 대한 회사부담분은 복리후생비로 처리함.

예제 9-20 예수금

(주)대성의 예수금 관련 거래는 다음과 같다.

6월 1일 종업원 홍길동에게 급료 ₩200,000을 가불해주다.

7월 25일 7월분 급여 ₩1,000,000을 위의 가불금과 근로소득세 ₩40,000, 지방소득세 ₩4,000, 국민건강보험료 ₩20,000을 차감한 잔액을 당좌계좌에서 종업원 계좌로 이체하다.

8월 10일 위의 금액 중 근로소득세와 지방소득세를 세무서에 납부하고 국민건강보험료 회사부담분 ₩20,000을 당좌계좌에서 인출하여 국민건강보험공단에 납부하다.

| 요구사항 |

위 거래를 회계처리하시오.

| 풀이 |

월일	회계처리			
6/ 1	(차) 단기대여금	200,000	(대) 현금	200,000
7/25	(차) 급여	1,000,000	(대) 단기대여금 당좌예금 예수금*1	200,000 736,000 64,000
8/10	(차) 예수금 복리후생비	64,000 20,000	(대) 당좌예금	84,000

*1. 예수금 금액이 크다면 7월 25일 거래는 다음과 같이 회계처리함.

(차) 급여	1,000,000	(대) 단기대여금	200,000
		당좌예금	736,000
		근로소득세예수금	40,000
		지방소득세예수금	4,000
		국민건강보험료예수금	20,000

신문에서 배우는 회계 · 세상

✣ 막 던진 어음, 뿌린 대로 다친다

동양그룹 · LIG건설 · 웅진홀딩스 · STX팬오션… 위기의 원인, 어음

8%대 고금리를 기대하고 동양인터내셔널 기업어음(CP)에 투자한 이모(57) 씨는 불안한 마음으로 이번 추석 연휴를 보냈다. 동양그룹이 유동성 위기에 빠져 어음 상환에 어려움을 겪을 수 있다는 뉴스가 여기저기에서 터져 나왔기 때문이다. 동양레저 기업어음에 투자한 박모(49) 씨도 불안하긴 마찬가지다. 박 씨는 "대기업 계열사라 문제없을 것으로 믿었는데 매일 아침 신문 보기가 두렵다"고 하소연했다.

기업이 발행한 어음 리스크(위험)가 자본시장을 흔들고 있다. 어음은 보통 외상거래를 할 때 만드는 것이 보통이지만 상거래와 관계없이 자금을 조달하기 위해 발행된 융통어음에 투자했다가 피해를 보는 사례가 자주 발생하고 있는 것이다. 기업어음은 기업이 단기자금을 조달하기 위해 발행하는 대표적인 융통어음이다.

줄 잇는 어음 사고

기업어음과 관련된 문제는 대기업과 중소기업을 가리지 않고 발생하고 있다. 서울중앙지법은 지난 13일 기업회생 신청계획을 알리지 않은 채 기업어음을 발행해 투자자들에게 피해를 입힌 혐의로 LIG그룹 회장에게 징역 3년의 실형을 선고했다. 지난 2011년 LIG건설이 법정관리 신청 직전에 기업어음을 약 1,800억원 집중 발행한 것이 문제가 된 것이다. 이 사건으로 피해자 800여 명이 3,400여 억원 피해를 봤고, 이 중 일반 투자자들도 2,000억원 이상의 피해를 본 것으로 추정된다.

기업명	내용
LIG건설	사기성 기업어음 발행 현재 법정관리, 총수 구속
웅진홀딩스	사기성 기업어음 발행 현재 법정관리, 총수 불구속 기소
STX팬오션	법정관리 전 기업어음 판매 현재 법정관리
동양그룹	만기도래 기업어음 상환 위기 오리온 그룹이 지원 요청 거부
에스비엠	감사에서 문방구 어음 발견 현재 상장폐지

앞서 웅진그룹 회장 역시 1,200억원대 사기성 기업어음 발행으로 불구속 기소됐다. 재계 30위권인 동양그룹은 연내에 만기 도래하는 기업어음 7,300억원 때문에 위기설에 휩싸였다. 그동안 계열사를 통해 투기등급에 해당하는 기업어음을 계속 팔아왔지만 다음 달부터 계열사 회사채 및 기업어음 판매가 금지되면서 자금줄이 막힌 상황이다.

문방구에서 어음용지 사와 인감 찍어서 뿌리는 사례까지

코스닥 상장사였던 에스비엠은 올해 '문방구 어음' 때문에 상장이 폐지됐다. 문방구 어음은 문방구에서 쉽게 구할 수 있는 약속어음 증서로 발행한 융통어음을 말하는데, 회계법인의 외부감사 과정에서 문방구 어음이 발견돼 감사의견이 거절된 탓이다.

이처럼 융통어음 문제가 계속 발생하는 이유는 간편한 발행절차 때문이다. 문방구 어음은 어디서나 구할 수 있는 약속어음 증서만 있으면 최대주주나 경영진이 마음대로 어음을 발행할 수 있다. 코스닥 상장사 아이에이(옛 씨앤에스테크놀로지)의 전 대표이사 서모 씨는 횡령 의혹으로 대표이사직 해임이 확정되자 해임 하루 전날인 지난해 3월 12일 문방구에서 약속어음용지를 구입한 뒤 회사 법인 인감을 찍고 공증을 해 채권자들에게 나눠줬다. 아이에이는 최근 이 어음이 불법이라는 판결을 받아냈지만 회사나 주주들이 한순간에 손해를 떠안을 수 있는 구조인 것이다.

회사채와 달리 쉽게 찍어내 대표이사 마음대로 발행 가능

발행금액의 단위가 훨씬 큰 기업어음도 마찬가지다. 회사채 발행을 위해서는 기본적으로 이사회 승인이 필요하지만 기업어음은 대표이사 직권으로 발행할 수 있다. 일반 기업어음은 발행시 담보나 보증도 불필요하다.

이 때문에 실제 기업어음 발행액은 해마다 늘어나는 추세다. 한국예탁결제원에 따르면 올해 발행된 기업어음 잔량(16일 기준)은 총 140조원 규모로 작년 말(127조원) 수준을 이미 뛰어넘었다. 발행 잔량은 갚아야 할 기업어음 액수를 의미하는데 2011년과 2010년에는 발행 잔량이 각각 89조원, 73조 6,000억원 수준이었다.

발행량 계속 늘어나는 추세 '어음 리스크' 확산 우려도

기업어음으로 개별 기업의 위험이 자본시장 전체로 확산될 수 있다는 것도 문제다. 과거 SK글로벌(현 SK네트웍스)은 분식회계 사태가 터지자 SK글로벌의 기업어음이 편입된 머니마켓펀드(MMF)에 대한 환매요구가 빗발치는 등 금융시장 전체에 파장이 미쳤다. 동양그룹 계열사들의 기업어음에 문제가 생길 경우 비슷한 상황이 일어날 수 있다는 우려가 나온다. 이에 대해 동양증권 관계자는 "CMA 계좌의 주식이나 현금은 예탁결제원과 증권금융에 100% 보관되기 때문에 문제가 없다"며 "고객이 환매요구를 할 순 있지만 아직 특별한 움직임은 없다"고 말했다.

한편 금융감독원은 지난 5월부터 만기 1년 이상 기업어음에 대해서는 증권신고서를 제출하도록 하는 등 규제 강화에 나서고 있다. 투자자 보호에 더욱 주력한다는 방침이다. 김재룡 금융감독원 기업공시제도실장은 "기업들의 자금조달 선택권은 존중해 줘야 하기 때문에 실시간으로 관리할 수 있는 전자단기사채를 권장하고 있다"고 설명했다.

기업어음

상거래 대금을 치르기 위해 사용하는 것이 아니라 단기자금을 조달할 목적으로 발행하는 어음을 말한다. 담보가 없기 때문에 공기업 등 신용등급이 양호한 기업들이 주로 발행한다. 매출채권 등 자산을 담보로 발행할 경우 자산담보부 기업어음(ABCP)으로 분류된다.

http://biz.chosun.com/site/data/html_dir/2013/09/23/2013092304910.html

논술문제

1 수취채권의 의의와 분류에 대해 설명하시오.

2 지급채무의 의의와 분류에 대해 설명하시오.

3 매출채권의 회계처리에 대해 설명하시오.

4 매입채무의 회계처리에 대해 설명하시오.

5 매출에누리, 매출환입과 매출할인의 회계처리에 대해 설명하시오.

6 매입에누리, 매입환출과 매입할인의 회계처리에 대해 설명하시오.

7 대손의 회계처리에 대해 설명하시오.

8 대손상각비의 회계처리에 대해 설명하시오.

9 어음의 회계처리에 대해 설명하시오.

10 어음할인의 회계처리에 대해 설명하시오.

객관식문제

■ 기본문제

1 다음 중 매출채권에 대한 설명으로 틀린 것은? (전산회계 1급 68회)

① 매출채권이란 영업활동으로 제품이나 서비스를 제공하고 아직 대금을 받지 못한 경우의 금액을 말한다.
② 매출채권에는 외상매입금과 지급어음이 있다.
③ 매출채권에 대한 손실충당금 설정은 순실현가능가치로 평가하고, 매출채권에 대한 자산평가를 적정하게 한다.
④ 매출채권에 대한 손실충당금 설정은 손상이 예상되는 회계연도에 손상추정액만큼을 손실충당금으로 적립하였다가 실제로 대손이 확정되는 시점에 손실충당금과 상계처리한다.

| 풀이 |
매출채권에는 외상매출금과 받을어음이 있음.
| 정답 | ②

2 다음 중 매출채권의 손상처리에 대한 회계처리로 옳지 않은 것은? (기업회계 3급 42회)

① 손실충당금 잔액이 손상추정액보다 작은 경우에는 차액을 매출채권손상차손으로 하여 당기비용으로 인식한다.
② 외상매출금에 대한 매출채권손상차손은 판매비와관리비로 처리하고, 기타 채권에 대한 매출채권손상차손은 영업외비용으로 처리한다.
③ 전기에 손상이 확정되어 손상회계처리를 한 채권을 당기에 회수한 경우 대변에 매출채권으로 회계처리한다.
④ 손상이 확정된 경우 먼저 손실충당금과 상계하고 부족한 금액은 매출채권손상차손으로 처리한다.

| 풀이 |
전기에 손상처리한 채권을 당기에 회수시 회계처리는 다음과 같음.
(차) 현 금 ××× (대) 손실충당금 ×××
| 정답 | ③

3 **다음 자료에서 20×1년 12월 31일 결산시 손익계산서에 기입되는 손상차손을 계산한 금액으로 옳은 것은?** (기업회계 3급 40회)

- 4월 10일: 외상매출금 ₩100,000이 회수불능되다(단, 손실충당금 잔액 ₩30,000 있음).
- 4월 25일: 위의 손상처리한 외상매출금 중 ₩20,000을 현금으로 회수하다.
- 12월 31일: 결산시 외상매출금 잔액 ₩5,000,000에 대하여 2%의 손상을 예상하다.

① ₩120,000 ② ₩130,000 ③ ₩150,000 ④ ₩200,000

| 풀이 |

4/10 분개: (차)손실충당금 30,000 (대) 외상매출금 100,000
매출채권손상차손 70,000
4/25 분개: (차) 현금 20,000 (대) 매출채권손상차손 20,000
12/31 분개: (차) 매출채권손상차손 100,000 (대) 손실충당금 100,000
따라서 기존 매출채권손상차손 ₩50,000과 예상액 ₩100,000을 합하면 금년도 매출채권 손상차손은 ₩150,000임.

| 정답 | ③

4 **다음 거래의 분개로 옳은 것은? 단, 매각거래로 회계 처리한다.** (기업회계 3급 40회)

강남상점에서 받은 2개월 후 만기의 약속어음 ₩500,000을 거래 은행에서 할인받고, 할인료 ₩20,000을 차감한 실수금은 당좌예입하다.

① (차) 당좌예금 480,000 (대) 받을어음 480,000
② (차) 당좌예금 480,000 (대) 받을어음 500,000
매출채권처분손실 20,000
③ (차) 당좌예금 480,000 (대) 단기차입금 500,000
이자비용 20,000
④ (차) 당좌예금 500,000 (대) 지급어음 500,000

| 풀이 |

소지하고 있던 어음을 할인받고 매각거래로 회계처리하면, 받을어음 계정의 대변에 기입하고 할인료는 매출채권처분손실로 처리함.

| 정답 | ②

5 **다음은 (주)한국의 20×1년 말 비교재무상태표 중 매출채권 관련내용이다. 당기 말 매출채권의 손상차손 설정액이 ₩9,000이라면 매출채권 중 당기에 손상처리된 금액은 얼마인가?** (기업회계 1급 45회)

구분	2016년 말	2017년 말
매출채권	₩150,000	₩250,000
손실충당금	₩7,000	₩10,000

① ₩6,000　　② ₩7,000　　③ ₩8,000　　④ ₩9,000

| 풀이 |

당기손상처리금액(₩6,000)

기초손실충당금 ₩7,000 + 당기손상차손 ₩9,000 − 손상처리금액(x)

= 기말손실충당금 ₩10,000

∴ 손상확정액 = ₩6,000

| 정답 | ①

6 **(주)한국은 20×1년 4월 25일 거래처의 파산으로 인하여 매출채권 중 ₩3,000,000이 손상 확정되었다. 매출채권 관련 내용이 다음과 같을 때, 20×1년 4월 25일 분개로 맞는 것은?** (기업회계 2급 40회)

부분재무상태표(20×1년 1월 1일 현재)

매출채권	₩18,000,000
손실충당금	₩1,400,000
미수금	₩8,000,000
손실충당금	₩500,000

①	(차) 손상차손	3,000,000	(대) 손실충당금	3,000,000
②	(차) 손상차손	500,000	(대) 손실충당금	500,000
③	(차) 손실충당금	1,400,000	(대) 매출채권	3,000,000
	손상차손	1,600,000		
④	(차) 손실충당금	1,900,000	(대) 매출채권	3,000,000
	손상차손	1,100,000		

| 풀이 |

손상 확정시는 매출채권을 감소하고 동 금액만큼 대손충당금과 상계하며, 부족시에는 손상차손으로 계상한다. 대손충당금은 과목별로 손상을 상계함.

| 정답 | ③

7 **(주)한국은 상품을 신용에 의해서만 판매하는데, 경리담당자가 판매대금의 회수 과정에서 공금을 횡령하였다. 매출채권의 실제 기말잔액은 ₩50,000이고, 기중에 대손처리된 금액은 없다. (주)한국이 매출원가에 20%를 가산하여 판매가를 결정한다고 할 때, 다음 자료를 이용하여 경리담당자의 횡령액을 계산하면?** (지방직 9급 2011)

- 기초상품재고액: ₩20,000
- 당기상품매입액: ₩100,000
- 기말상품재고액: ₩10,000
- 매출채권 기초잔액: ₩30,000
- 매출채권 회수보고액: ₩40,000

① ₩60,000 ② ₩72,000 ③ ₩110,000 ④ ₩122,000

| 풀이 |

- 매출원가 = 기초상품재고액 + 당기상품매입액 − 기말상품재고액
  = 20,000 + 100,000 − 10,000 = ₩110,000
- 매출액 = 110,000 × (1 + 20%) = ₩132,000
- 매출채권 회수액 = 기초매출채권 + 매출액 − 기말매출채권
  = 30,000 + 132,000 − 50,000 = ₩112,000

따라서 매출채권 회수액과 회수보고액 간의 차이는 ₩72,000(= 112,000 − 40,000)

| 정답 | ②

■ 심화문제

1 **다음은 (주)국세의 20×1년도 회계자료 중 일부이다. 이를 이용하여 물음에 답하시오.**

당기현금매출액	₩50,000	매출총이익	₩90,000
기초매출채권	80,000	매출채권회수액	260,000
기초상품재고	120,000	당기상품매입액	200,000
기말상품재고	110,000		

(주)국세의 20×1년 말 재무상태표에 표시될 매출채권은 얼마인가? 단, 대손상각은 고려하지 않는다. (CTA 2010)

① ₩60,000 ② ₩70,000 ③ ₩80,000
④ ₩90,000 ⑤ ₩100,000

| 풀이 |

재고자산

기초	120,000	매출원가	210,000
매입	200,000	기말	110,000
	320,000		320,000

매출채권

기초	80,000	현금회수	260,000
매출	250,000*	기말	70,000
	330,000		330,000

*매출액 x − 매출원가 ₩210,000 = 매출총이익 ₩90,000 ∴ 매출액 ₩300,000
매출액 ₩300,000 − 현금매출액 ₩50,000 = 외상매출액 ₩250,000
∴ 기말매출채권 ₩70,000

| 정답 | ②

2 **20×1년 6월 1일 (주)한국은 판매대금으로 만기가 20×1년 9월 30일인 액면금액 ₩1,200,000의 어음을 거래처로부터 수취하였다. (주)한국은 20×1년 9월 1일 동 어음을 은행에서 할인하였으며, 은행의 할인율은 연 12%였다. 동 어음이 무이자부어음인 경우와 연 10% 이자부어음인 경우로 구분하여 어음할인시 (주)한국이 인식할 매출채권처분손실을 계산하면 각각 얼마인가? (단, 어음할인은 제거조건을 충족시킨다고 가정하여 이자는 월할계산한다)**

	무이자부어음	연 10% 이자부어음
①	처분손실 ₩24,000	처분손실 ₩12,400
②	처분손실 ₩24,000	처분손실 ₩2,400
③	처분손실 ₩12,000	처분손실 ₩27,600
④	처분손실 ₩12,000	처분손실 ₩2,400
⑤	처분손실 ₩10,000	처분손실 ₩12,400

| 풀이 |

1. 무이자부어음: 어음의 만기가치가 액면금액이므로 매출채권처분손실은 어음할인료와 동일함.

   1,200,000×12%=1/12=₩12,000

2. 이자부어음

   ① 현금수령액

어음의 만기가치	1,200,000+1,200,000×10%×4/12=	₩1,240,000
할인료	1,240,000×12%×1/12=	(12,400)
현금수령액		₩1,227,600

   ② 매출채권처분손실

할인일의 어음가치	1,200,000+1,200,000×10%×3/12=	₩1,230,000
할인일의 현금수령액		(1,227,600)
매출채권처분손실		₩2,400

3. 무이자부어음의 회계처리

   ① 20×1년 9월 1일

(차)	현금	1,188,000[*1]	(대)	매출채권	1,200,000
	매출채권처분손실	12,000[*2]			

   *1. 1,200,000−12,000=₩1,188,000
   *2. 1,200,000×1/12=₩12,000

   ② 20×1년 9월 30일: 분개 없음

4. 이자부어음의 회계처리

   ① 20×1년 9월 1일

(차)	현금	1,227,600[*1]	(대)	매출채권	1,200,000
	매출채권처분손실	2,400[*3]		이자수익	30,000[*2]

   *1. 풀이 2 참조
   *2. 1,200,000×12%×3/12=₩30,000
   *3. 1,227,600−1,230,000(할인일의 채권가치)=₩(−)2,400

   ② 20×1년 9월 30일: 분개 없음

| 정답 | ④

사례문제

1 매매할인(거래할인)[29]

다음은 두 회사의 매매 관련 거래이다.

1. (주)태백은 1월 10일 (주)소백에 정상판매가격 ₩100,000인 상품을 판매하였으며, 두 회사는 단골거래처이므로 대금을 할인하여 1개월 후에 ₩90,000을 받기로 하다.
2. 2월 10일 (주)소백은 (주)태백에 ₩90,000을 지급하다.

| 요구사항 |

위의 거래에 대해 두 회사의 입장에서 회계처리를 하시오.

| 풀이 |

월일	(주)태백	(주)소백
1/10	(차) 매출채권 90,000 (대) 매출 90,000	(차) 상품(또는 매입) 90,000 (대) 매입채무 90,000
2/10	(차) 현금 90,000 (대) 매출채권 90,000	(차) 매입채무 90,000 (대) 현금 90,000

2 수량할인[30]

다음은 두 회사의 매매 관련 거래이다.

1. (주)천왕은 상품을 100개 이상 구입하는 거래처에 상품 10개를 무상으로 제공하는 수량할인제도를 운영하고 있다. (주)천왕은 5월 20일 개당 판매가격 ₩1,000인 상품 110개를 (주)화왕에게 판매하고 대금은 1개월 후에 ₩100,000을 받기로 하다.
2. (주)화왕은 6월 20일 (주)천왕에 ₩100,000을 지급하다.

| 요구사항 |

위의 거래에 대해 두 회사의 입장에서 회계처리를 하시오.

| 풀이 |

월일	(주)천왕	(주)화왕
5/20	(차) 매출채권 100,000 (대) 매출 100,000	(차) 상품(또는 매입) 100,000 (대) 매입채무 100,000
6/20	(차) 현금 100,000 (대) 매출채권 100,000	(차) 매입채무 100,000 (대) 현금 100,000

29) **매매할인(거래할인)**은 단골거래처 등 일정고객에게 가격을 할인해 주는 것을 말한다. 매매할인이 있는 경우 매매시점에 **할인가격을 차감한 순액**으로 매출채권(매입채무)을 계상한다.
순매출채권(순매입채무)=총매출채권(총매입채무)−매매할인

30) **수량할인**은 일정수량 이상의 상품을 판매(구입)할 때 가격을 할인해 주는 것을 말한다. 수량할인이 있는 경우 **수량할인에 따른 할인된 금액**인 순매출액(순매입액)으로 매출채권(매입채무)을 계상하며, 수량할인에 대한 별도의 계정과목을 사용하지는 않는다.

3 매출채권에 대한 회계처리

(주)탐라는 가구를 판매하는 중소기업이다. 8월 중 매출채권과 관련된 거래는 다음과 같다.

(주)탐라는 매출채권의 손상처리에 대해서 충당금설정법을 사용하고 있으며, 8월 1일 현재 손실충당금 잔액은 ₩500이다.

8월 1일 액면이자율 15%, 90일 만기인 어음을 발행하고 기업은행으로부터 ₩48,000을 차입하다.

8일 (주)서귀포에 대한 외상매출금 ₩420을 회수불능이라고 판단하고 장부상에서 제거했다.

10일 세기인테리어 사무실에 ₩15,000인 가구를 외상으로 판매하다. 운반비 ₩200을 판매자 부담조건으로 현금으로 지급하다.

13일 세기인테리어 사무실로부터 가구판매대금으로 만기 60일, 이자율 8%, 8월 11일 발행 무이자부어음을 받다.

16일 업무용 토지를 ₩92,000에 구입하고, 현금 ₩20,000과 만기 60일, 이자율 9%의 지급조건으로 액면 ₩72,000의 어음을 발행하여 지급하다.

25일 8월 중에 회수불능으로 판단되어 장부에서 제거한 외상매출금 ₩325을 현금으로 받다.

29일 관계회사인 (주)중문에 신용카드로 판매한 8월 중의 매출액 ₩14,800을 기장하다.

30일 (주)중문에 대한 매출채권에 대하여 신용카드회사로부터 5% 할인료를 제외한 나머지 금액을 현금으로 받다(차입거래).[31]

31일 당일 현재 수정전 대손충당금잔액으로 대변에 ₩405이 기록되어 있다. 연령분석법을 통해 파악된 매출채권 자산손상액은 ₩1,285으로 검사되다.

| 요구사항 |

위의 거래를 회계처리하시오.

---

31) **매각거래일 경우** 분개는 다음과 같음.

(차)	현금	14,060	(대)	외상매출금	14,800
	매출채권처분손실	740			

| 풀이 |

일자		차변	금액		대변	금액
8월 1일	(차)	현금	48,000	(대)	단기차입금*	48,000

*자금의 차입목적으로 발행한 금융어음이므로 단기차입금계정을 사용함.

일자		차변	금액		대변	금액
8일	(차)	손실충당금	420	(대)	외상매출금	420
10일	(차)	외상매출금	15,000	(대)	매출	15,000
		운반비	200		현금	200
13일	(차)	받을어음	15,000	(대)	외상매출금	15,000
16일	(차)	토지	92,000	(대)	미지급금*	72,000
					현금	20,000

* 정상적인 상거래에서 발생한 어음이 아니라 비유동자산(토지)의 매입과정에서 발생했으므로 매입채무(외상미입금)계정 대신 미지급금계정을 사용함.

일자		차변	금액		대변	금액
25일	(차)	현금	325	(대)	손실충당금	325
29일	(차)	외상매출금*	14,800	(대)	매출	14,800

* '외상매출금－○○은행신용카드'라는 계정과목을 사용하기도 함.

일자		차변	금액		대변	금액
30일	(차)	현금	14,060	(대)	단기차입금*	14,800
		수수료비용	740**			

* 신용카드 할인료 계정을 사용할 수 있음.
** ₩14,800 × 0.05 = ₩740

일자		차변	금액		대변	금액
31일	(차)	매출채권손상차손	880	(대)	손실충당금	880*

* ₩1,285 − ₩405 = ₩880

4 매입환출과 에누리(매출환입과 에누리)

다음의 거래를 구매자와 판매자의 입장에서 회계처리하시오.

① (주)백두는 (주)한라로부터 상품을 ₩1,000에 외상매입하였다. 운송된 상품을 검수하여보니 매입가액 ₩100에 해당하는 상품이 불량품으로 (주)한라에 반품하였다.

② (주)백두는 (주)한라로부터 상품을 ₩2,000에 현금매입하였다. 운송된 상품에 미미한 하자가 발견되어 ₩200을 에누리받기로 하고 (주)한라로부터 ₩200을 현금으로 회수하였다.

| 풀이 |

1. 구매자[(주)백두]의 회계처리

		차변	금액		대변	금액
①	(차)	상품(또는 매입)	1,000	(대)	매입채무	1,000
	(차)	매입채무	100	(대)	매입환출 및 에누리	100
②	(차)	상품(또는 매입)	2,000	(대)	현금	2,000
	(차)	현금	200	(대)	매입환출 및 에누리	200

2. 판매자[(주)한라]의 회계처리

①	(차)	매출채권	1,000	(대)	매출	1,000
	(차)	매출환출 및 에누리	100	(대)	매출채권	100
②	(차)	현금	2,000	(대)	매출	2,000
	(차)	매출환출 및 에누리	200	(대)	현금	200

5 매입할인과 매출할인

다음은 (주)백두의 7월 동안의 상품판매거래이다.

7월 1일 (주)한라에 2/10, n/30의 조건으로 상품을 ₩5,000에 판매하다.
7월 2일 (주)금강에 1/10, n/30의 조건으로 상품을 ₩6,000에 판매하다.
7월 5일 (주)소백에 1/15, n/30의 조건으로 상품을 ₩7,000에 판매하다.
7월 11일 (주)한라로부터 7월 1일의 상품판매대금을 회수하다.
7월 12일 (주)금강으로부터 7월 2일의 상품판매대금을 회수하다.
7월 25일 (주)소백으로부터 7월 5일의 상품판매대금을 회수하다.

| 요구사항 |

거래일자별로 구매자와 판매자의 입장에서 분개하라.

| 풀이 |

일자	구매자				판매자[(주)백두]			
7월 1일	(차) 상품(또는 매입)	5,000	(대) 매입채무	5,000	(차) 매출채권	5,000	(대) 매출	5,000
7월 2일	(차) 상품(또는 매입)	6,000	(대) 매입채무	6,000	(차) 매출채권	6,000	(대) 매출	6,000
7월 5일	(차) 상품(또는 매입)	7,000	(대) 매입채무	7,000	(차) 매출채권	7,000	(대) 매출	7,000
7월11일	(차) 매입채무	5,000	(대) 현금	4,900[*1]	(차) 현금	4,900	(대) 매출채권	5,000
			매입할인	100	매출할인	100		
7월12일	(차) 매입채무	6,000	(대) 현금	5,940[*2]	(차) 현금	5,940	(대) 매출채권	6,000
			매입할인	60	매출할인	100		
7월25일	(차) 매입채무	7,000	(대) 현금	7,000	(차) 현금	7,000	(대) 매출채권	7,000

*1. ₩5,000×98%=₩4,900

*2. ₩6,000×99%=₩5,940

6 매출채권의 손상과 평가

(주)덕적에 관한 자료는 다음과 같다. 각 시점의 회계처리를 하시오.

20×1년 12월 31일	외상매출금 잔액	₩1,000,000
	손상차손추정액	외상매출금 잔액의 1%
	결산전 손실충당금 잔액	₩6,000
20×2년 5월 16일	외상매출금 중 ₩4,000이 회수불가능한 것으로 판명되었다.	
20×2년 8월 15일	외상매출금 중 ₩2,000이 회수불가능한 것으로 판명되었다.	
20×2년 12월 31일	외상매출금 잔액	₩200,000
	손상차손추정액	외상매출금 잔액의 1%
20×3년 2월 14일	20×2년에 회수불능으로 처리한 외상매출금 중 ₩2,000을 회수하였다	

| 풀이 |

(1) 20×1년 12월 31일

(차) 매출채권손상차손	4,000*	(대) 손실충당금	4,000

* ₩1,000,000 × 1% − ₩6,000 = ₩4,000

(2) 20×2년 5월 16일

(차) 손실충당금	4,000	(대) 외상매출금	4,000

(3) 20×2년 8월 15일

(차) 손실충당금	2,000	(대) 외상매출금	2,000

(4) 20×2년 12월 31일

(차) 손실충당금	2,000*	(대) 손실충당금환입	2,000

* 손실충당금 설정 전 손실충당금 잔액 = ₩10,000 − 4,000 − 2,000 = ₩4,000
손실충당금 추정액이 ₩2,000이므로 차이 ₩2,000만큼 환입함.

(5) 20×3년 2월 14일

(차) 현금	2,000	(대) 손실충당금	2,000

7 손실충당금의 설정

(주)문수의 20×1년 12월 31일 재무상태표의 매출채권 잔액은 ₩32,000이고, 이에 대한 손실충당금계정의 대변잔액은 ₩2,000이다. 20×2년 한 해 동안 (주)문수의 영업활동 내용은 다음과 같다.

• 외상판매액	₩130,000
• 매출환입 및 에누리	7,500
• 외상판매대금 회수	120,000
• 손상차손확정액	1,500
• 손상차손된 채권 중 회수액	300

(주)문수는 매출채권의 회수가능액을 ₩32,500으로 추정하였다.

| 요구사항 |

1. 위에 제시된 20×2년 한 해 동안의 영업내용에 대해 회계처리하시오.
2. 매출채권계정과 손실충당금계정을 설정하고 이 계정에 대한 기초잔액을 기입한 후 1의 분개 내용을 두 계정에 전기하시오.
3. 20×2년 12월 31일에 손상차손을 기록하기 위한 분개를 하고 이를 해당 계정에 전기하시오.
4. 매출채권 잔액과 손실충당금 잔액을 각각 계산하시오.

| 풀이 |

1. 회계처리

구분	회계처리			
①	(차) 매출채권	130,000	(대) 매출	130,000
②	(차) 매출환입 및 에누리	7,500	(대) 매출채권	7,500
③	(차) 현금	120,000	(대) 매출채권	120,000
④	(차) 손실충당금	1,500	(대) 매출채권	1,500
⑤	(차) 매출채권 현금	300 300	(대) 손실충당금 매출채권	300 300

2. 매출채권계정과 손실충당금계정의 전기

매출채권

	기초잔액	32,000	②	매출환입 및 에누리	7,500
①	매출	130,000	③	현금	120,000
⑤	손실충당금	300	④	손실충당금	1,500
			⑤	현금	300

손실충당금

④	매출채권	1,500		기초잔액	2,000
⑥	손실충당금환입	300	⑤	매출채권	300

3. 목표충당금 설정액 ₩33,000 − ₩32,500 = ₩500
   수정전 손실충당금 잔액 800
   손실충당금환입액 ₩300
   ⑥ (차) 손실충당금 300 (대) 손실충당금환입 300

4. 매출채권 잔액 ₩33,000
   손실충당금 잔액 ₩500

8 손실충당금의 설정

(주)설악은 매출채권의 연령분석법에 의해 손상을 추정하고 있다. 다음은 (주)설악의 매출채권의 연령분석표이다.

만기일 경과기간	매출채권 기말잔액	추정손실률
만기일 미경과	₩45,000	2%
1~30일	5,000	4
31~60일	3,600	10
61~90일	1,800	20
91~180일	1,200	35
181일~1년	600	50
1년 이상	200	80
합계	₩57,400	

| 요구사항 |

1. 수정분개 직전의 손실충당금 잔액이 ₩2,000일 경우, 기말에 손실충당금 설정시 필요한 분개를 제시하시오.
2. 수정분개 직전의 손실충당금 잔액이 ₩3,000일 경우, 기말에 손실충당금 설정시 필요한 분개를 제시하시오

| 풀이 |

1. 손실충당금 기초잔액이 ₩2,000인 경우

(차) 매출채권손상차손 700 (대) 손실충당금 700

만기일 경과기간	매출채권 기말잔액	추정손실률	회수불능채권
만기일 미경과	₩45,000	2%	₩900
1~30일	5,000	4	200
31~60일	3,600	10	360
61~90일	1,800	20	360
91~180일	1,200	35	420
181일~1년	600	50	300
1년 이상	200	80	160
합계	₩57,400	–	₩2,700

2. 손실충당금 기초잔액이 ₩3,000인 경우

(차) 손실충당금 300 (대) 손실충당금환입 300

9 연령분석법에 의한 매출채권 손상검사

(주)영산은 20×1년 12월 31일에 외상매출금계정을 각 연령별로 묶어 손상발생을 검사하고, 다음의 연령분석표를 작성하였다.

경과기간	외상매출금	손상발생률
결제일 미경과분	₩90,000	1%
30~60일	18,000	2
61~120일	9,000	8
121~180일	6,000	15
181일 이상	4,000	30

| 요구사항 |

1. 20×1년 12월 31일 수정전 손실충당금잔액이 ₩700인 경우 20×1년 12월 31일에 손상검사한 대손을 계상하기 위한 수정분개를 하라.
2. 20×1년 12월 31일 수정전 손실충당금잔액이 ₩5,000인 경우 20×1년 12월 31일에 손상검사한 대손을 계상하기 위한 수정분개를 하라.
3. 20×2년 한 거래처의 파산으로 인하여 ₩450을 받을 수 없어 대손이 확정되었을 때 이를 분개하라.

| 풀이 |

1. (차) 매출채권손상차손 3,380 (대) 손실충당금 3,380

구분	금액		발생률		손실충당금잔액
손상차손추정액	₩90,000	×	1%	=	₩900
	18,000	×	2%	=	360
	9,000	×	8%	=	720
	6,000	×	15%	=	900
	4,000	×	30%	=	1,200
					₩4,080
차감: 수정전 잔액					700
					₩3,380

2. (차) 손실충당금 920 (대) 손실충당금환입[*1] 920

*1. 손실충당금 설정액이 ₩4,080이므로 수정전 손실충당금 ₩5,000에서 ₩920을 환입시켜야 함.

3. (차) 손실충당금 450 (대) 외상매출금 450

10 어음거래

다음은 (주)광주의 어음 관련 거래내역이다.

5월 3일 (주)서울에 상품 ₩40,000을 판매하고 만기 5월 13일의 약속어음을 받다.

5월 10일 (주)인천에서 원재료 ₩30,000을 매입하고 만기 5월 25일의 약속어음을 발행하다.

5월 13일 (주)서울에서 위 어음금액을 현금으로 받다.

5월 19일 (주)경남은행에서 운영자금 ₩200,000을 1개월간 차입하고 만기 6월 19일의 약속어음을 발행하다.

5월 20일 (주)충무에 자금 ₩100,000을 1개월간 빌려주고 만기 6월 20일의 약속어음을 받다.

5월 25일 (주)인천에 위 어음금액을 현금으로 지급하다.

6월 19일 (주)경남은행이 위 어음에 대한 지급제시를 하여 어음금액을 지급하다.

6월 20일 (주)충무에 위 약속어음에 대한 지급제시를 하고 어음금액을 받다.

| 요구사항 |

위의 거래에 대해 회계처리를 하시오.

| 풀이 |

월일	회계처리			
5/ 3	(차) 매출채권	40,000	(대) 매출	40,000
5/10	(차) 상품(또는 매입)	30,000	(대) 매입채무	30,000
5/13	(차) 현금	40,000	(대) 매출채권	40,000
5/19	(차) 현금	200,000	(대) 단기차입금	200,000
5/20	(차) 단기대여금	100,000	(대) 현금	100,000
5/25	(차) 매입채무	30,000	(대) 현금	30,000
6/19	(차) 단기차입금	200,000	(대) 현금	200,000
6/20	(차) 현금	100,000	(대) 단기대여금	100,000

11 어음의 할인

(주)소백은 상품대금으로 (주)오대로부터 액면금액 ₩5,000,000(연리 12%, 4개월 만기)을 수취하였다. 그리고 3개월 이후에 은행으로부터 연리 14%로 할인하고 현금을 수취하였다(이자는 월할계산하고 소수점 첫째 자리에서 반올림한다).

| 요구사항 |

1. 위 할인거래를 차입거래로 간주하여 회계처리하시오.
2. 위 할인거래를 매각거래로 간주하여 회계처리하시오.

| 풀이 |

만기금액	₩5,000,000+(5,000,000×0.12×4/12)	=	₩5,200,000
은행할인료	5,200,000×0.14×1/12	=	(60,667)
실제수령액(실수금)			₩5,139,333
어음의 장부가액	5,000,000+(5,000,000×0.12×3/12)	=	5,150,000
할인액			(₩10,667)

1. 차입거래로 보는 경우

(차) 현금	5,139,333	(대) 단기차입금	5,000,000
(차) 이자비용	10,667	(대) 이자수익	150,000

2. 매각거래로 보는 경우

(차) 현금	5,139,333	(대) 매출채권(받을어음)	5,000,000
(차) 매출채권처분손실	10,667	(대) 이자수익	150,000

12 받을어음: 이자부어음

(주)덕유는 통상적으로 상품을 판매하고 약속어음을 받아 만기일 이전에 필요한 현금을 조달하기 위해 은행에서 할인한다. 20×1년 중 관련 거래는 다음과 같다.

4월 1일 상품 ₩8,000을 (주)노고에 판매하고 6개월, 연리 12% 이자부약속어음을 받다.

6월 1일 (주)우리은행에서 15%로 어음을 할인하다. 이 어음할인은 자금의 차입에 해당한다.

10월 1일 어음의 만기일이다.

| 요구사항 |

1. (주)노고가 어음의 만기일에 (주)우리은행에 지급했다고 가정하고 위의 각 날짜에 필요한 회계처리를 하시오.
2. (주)노고가 어음의 만기일에 (주)우리은행에 지급하지 않아 (주)덕유가 어음금액과 지급거절증서 작성수수료 ₩15을 은행에 지급했다고 가정하고 10월 1일의 회계처리를 하시오.
3. 2의 경우 10월 5일에 (주)노고가 (주)덕유에게 전액을 지급했다고 가정하고 회계처리를 하시오.

| 풀이 |

요구사항	일자	회계처리			
1	4/1	(차) 받을어음	8,000	(대) 매출	8,000
	6/1	(차) 미수이자	160	(대) 이자수익	160
		(차) 현금	8,056[*1]	(대) 단기차입금	8,000
		이자비용	104	미수이자	160
	10/1	(차) 단기차입금	8,000	(대) 받을어음	8,000
2	10/1	(차) 단기차입금	8,000	(대) 받을어음	8,000
		부도어음	8,495[*2]	현금	8,495
3	10/5	(차) 현금	8,495	(대) 부도어음	8,495

*1. 어음의 액면금액 ₩8,000
만기까지의 이자 480(=₩8,000×0.12×6/12)
어음의 만기금액 ₩8,480
시장유효이자율 ×0.05(=0.15×4/12)
할인액 ₩424
지급액 ₩8,480−₩424=₩8,056

*2. ₩8,495=만기금액 ₩8,480+지급거절수수료 ₩15

13 받을어음: 무이자부어음

다음은 (주)노고의 20×2년 중 받을어음과 관련하여 발생한 거래내용이다.

5월 10일 고객에게서 판매대금으로 약속어음을 받다. 이 약속어음은 당일에 발행된 것으로 액면가 ₩6,600, 만기 6개월, 무이자부어음이다.

7월 25일 자금이 부족하여 거래은행에서 위의 어음을 15%의 이자율을 적용하여 양도하다. 어음의 양도거래는 자금의 차입에 해당한다.

11월 10일 은행에게서 위의 어음이 만기일에 결제되었다는 통지를 받다.

| 요구사항 |

1. 위의 거래를 회계처리하시오.
2. 은행이 어음금액을 지불받지 못하였을 경우 (주)노고의 회계처리를 하시오.

| 풀이 |

요구사항	일자	회계처리			
1	5/10	(차) 받을어음	6,600	(대) 매출	6,600
	7/25	(차) 현금 이자비용	6,307[*1] 293	(대) 단기차입금	6,600
	11/10	(차) 단기차입금	6,600	(대) 받을어음	6,600
2	5/10	(차) 받을어음	6,600	(대) 매출	6,600
	7/25	(차) 현금 이자비용	6,307[*1] 293	(대) 단기차입금	6,600
	11/10	(차) 단기차입금 부도어음	6,600 6,600	(대) 받을어음 현금	6,600 6,600

*1. 어음의 액면금액 ₩6,600
할인액 ₩293(=₩6,600×0.15×108/365)
현금수령액 ₩6,307

CHAPTER 10 재고자산

재무상태표

자산		부채
유동자산		유동부채
재고자산	상품, 제품, 반제품, 재공품, 원재료, 소모품	비유동부채
비유동자산		부채총계
투자자산		자본
유형자산		자본금
무형자산		자본잉여금
기타비유동자산		기타포괄손익누계액
		이익잉여금
		자본총계
자산총계		부채 및 자본총계

제1절 재고자산의 의의와 분류

1. 재고자산의 의의

1.1 재고자산의 의의와 분류

재고자산(inventories)은 기업이 정상적인 영업활동과정에서 판매 또는 생산을 목적으로 보유하고 있는 자산을 말한다.

1. 정상적인 영업과정에서 판매를 위하여 보유 중인 자산: 상품과 제품[1)]
2. 정상적인 영업과정에서 판매를 위하여 생산 중인 자산: 재공품과 반제품
3. 생산이나 용역제공에 사용될 원재료와 소모품

재고자산은 1년(또는 정상적인 영업활동주기) 이내에 제품생산에 사용되거나 판매될 것으로 예상되기 때문에 유동자산으로 분류된다.

기업이 보유하는 재고자산의 종류는 기업의 특성에 따라 다르다. 상품매매기업의 재고자산은 상품(merchandise)이며, 제조업의 재고자산은 제품(finished goods), 재공품(work-in-process), 원재료(raw materials) 등이 있다.

이 장에서는 상품매매기업의 재고자산을 중심으로 설명한다.

표 10-1 | 기업 특성별 재고자산의 유형

구분		재고자산
서비스기업(용역기업)	회계 · 법률회사, 금융 · 보험회사, 병원, 호텔, 이동통신업 등의 서비스회사	서비스기업은 무형의 서비스를 제공하므로 재고자산이 없음
상품매매기업(유통기업)	백화점, 편의점, 슈퍼마켓 등의 도 · 소매회사	상품
제조기업[*1]	자동차, 전자제품 등을 생산하는 제조회사	제품, 재공품, 원재료 등

*1. 제조기업의 재고자산에 대한 회계는 원가 · 관리회계에서 설명함.

1.2 재고자산과 다른 자산의 구분

기업의 주된 영업활동의 목적이 무엇이냐(기업이 어떤 종류의 영업활동을 하느냐)에 따라

1) 회사가 다른 회사의 제품을 **매입**하여 보유하는 재고자산은 **상품**계정으로 회계처리하고, 회사가 **제조**한 재고자산은 **제품**계정으로 회계처리한다.

어느 항목이 재고자산으로 분류되어야 할 것인지가 달라진다. 예를 들어 땅을 매입하였을 때, 제조기업이 공장건물의 부지로 사용하기 위해 취득한 경우 유형자산(토지계정)으로 분류하고 임대 또는 투자목적으로 취득한 경우 투자자산(투자부동산)으로 분류한다. 그러나 부동산매매기업이 판매목적으로 땅을 취득한 경우 재고자산(용지계정)으로 분류하고 부동산매매기업이라 하더라도 토지의 용도가 판매목적이 아니라면 비유동자산 중에서 유형자산이나 투자자산으로 분류하여야 한다.

이와 같이 동일한 자산을 기업의 주된 영업활동의 목적에 따라 다르게 분류하는 것은 기업이 그 자산을 어떤 목적으로 보유하는지에 따라 미래현금흐름이 다르기 때문에 정보이용자에게 미래현금흐름 예측에 필요한 정보를 제공해주기 위함이다.

2. 재고자산의 분류

K-IFRS에서 분류하고 있는 재고자산의 유형은 다음과 같다. 재무상태표를 작성할 때에는 상품 등의 재고자산의 세부계정으로 분류하지 않고 이들을 통합하여 재고자산으로 표시한다.

표 10-2 | 재고자산의 유형별 정의

	구분	내용	비고
판매 목적으로 보유하고 있는 자산	상품[*1]	상품매매기업이 판매할 목적으로 구입한 완성품	부동산매매기업이 매매를 목적으로 소유하는 부동산을 포함함
	(완)제품[*2]	제조기업이 제조하여 판매할 목적으로 보유하고 있는 완성품	
생산 중인 자산	반제품	제조기업이 제조한 판매가능한 중간제품 및 부분품	반제품(semi-finished goods)은 자가제조한 중간제품과 부분품을 말함[*3]
	재공품	제품 또는 반제품을 제조하기 위해 제조(공정) 중에 있는 것으로 판매가능하지 않은 것	
생산에 사용될 자산	원재료	제품 제조에 사용하기 위하여 구입한 원료와 재료	
	소모품[*4]	제품을 구성하는 부분품 중 중요하지 않은 소모성 재화	내용연수가 1년 미만인 예비부품이나 수선용구

*1. 회사가 다른 회사의 제품을 매입하여 보유하는 재고자산은 상품계정으로 회계처리함.
*2. 회사가 제조한 재고자산은 제품계정으로 회계처리함.
*3. 외부에서 구입한 중간제품과 부분품은 원재료에 포함됨.
*4. 소모품과 저장품: 저장품(manufacturing supplies)은 제품을 구성하는 소모성 재화로 소모품, 소모성 공구기구비품, 수선용 부분품, 기타 저장품(난방용 유류 등) 등이 있음. 저장품은 소모품을 포괄하는 계정임.

제2절 재고자산과 이익결정

재고자산은 기업의 총자산에서 차지하는 비중이 크고, 재고자산의 평가가 당기순이익 결정에 직접 영향(기말재고액의 평가에 따라 매출원가가 결정되고 이에 따라 기간손익에 영향)을 미치기 때문에 중요하다.

1. 기말재고자산과 매출원가의 관계

상품매매기업의 손익계산에 있어 매출(액)과 매출원가가 가장 큰 비중을 차지한다. 매출은 구입된 상품이 판매과정을 통해 고객에게 인도될 때 실현되는 수익으로 판매된 수량에 판매가격을 곱하여 계산한다. 매출원가는 판매된 상품의 취득원가로, 판매된 수량에 단위당 취득원가를 곱하여 계산한다. 매출과 매출원가의 차액이 매출총이익이 된다.

▌그림 10-1 ▌기말재고자산과 매출원가의 관계

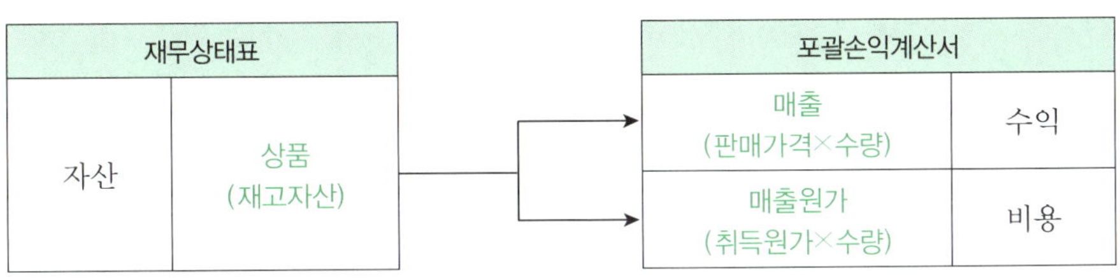

매출은 판매할 때 기록하는 매출계정의 금액이므로 큰 어려움 없이 계산할 수 있으나, 매출원가는 계산하기가 쉽지 않다. 왜냐하면 상품을 매입할 때마다 매입원가가 다를 수 있으므로 판매할 때 어느 매입원가로 판매되었는지를 개별적으로 계산하기가 쉽지 않기 때문이다.

매출원가는 다음과 같이 계산된다. 기초재고에 당기매입을 더하면 당기에 판매할 수 있는 판매가능액이 된다. 기초재고는 전기에서 이월된 것이고 당기매입은 매입계정에 기록된 것이므로 판매가능액은 어렵지 않게 계산할 수 있다. 판매가능액 중 판매한 상품의 원가가 매출원가이고 판매되지 않고 남아 있는 상품의 원가가 기말재고이다. 기말재고를 파악하면 매출원가가 결정된다.

기초재고+당기매입=판매가능액
판매가능액-기말재고=매출원가

| 그림 10-2 | 매출원가와 기말재고의 결정

기초재고				매출원가
+	=	판매가능액	=	+
당기매입				기말재고

그림에서 볼 수 있듯이 기초재고와 당기매입의 합은 매출원가와 기말재고의 합과 일치한다.

기초재고+당기매입=매출원가+기말재고

따라서 기말재고자산의 금액이 어떻게 결정되느냐에 따라 매출원가가 달라지며, 그 결과 매출총이익이 달라진다.

판매가능액을 기말재고와 매출원가로 배분하는 방법에 계속기록법과 실지재고조사법이 있다.

2. 기말재고평가의 중요성: 재고자산평가오류의 영향

재고자산의 회계처리에 오류가 발생하면 오류가 해당 회계연도뿐만 아니라 다음 회계연도에도 영향을 미친다. 기말재고자산의 평가오류는 매출원가, 매출총이익과 당기순이익의 오류를 발생시킨다. 만일, 기말재고가 과대(과소)평가되면 매출원가가 과소(과대)계상되고 매출총이익과 당기순이익이 과대(과소)계상된다.

표 10-3 | 기말재고의 평가가 매출원가와 당기순이익에 미치는 영향

구분		당기(해당 회계연도)		차기(다음 회계연도)		
		매출원가	순이익	기초재고	매출원가	순이익
재고자산 평가	과대평가	과소평가	과대평가	과대평가	과대평가	과소평가
	과소평가	과대평가	과소평가	과소평가	과소평가	과대평가

당기 말의 재고자산이 과대평가되면 당기순이익이 과대평가되나, 당기의 기말재고는 차기의 기초재고로 이용되기 때문에 차기의 기초재고가 동일한 금액만큼 과대평가되어

당기순이익은 그만큼 감소된다. 이와 같이 2기간에 걸쳐 오류가 상쇄[2]되기는 하나 각 회계기간의 당기순이익은 영향을 받게 된다.

제3절 재고자산의 취득원가 결정

1. 재고자산의 취득원가

재고자산의 취득원가는 재고자산을 판매할 수 있는 상태까지 이르게 하는 데 발생한 원가로 한다. 재고자산의 취득원가는 매입원가(purchase costs), 전환원가(conversion costs) 및 재고자산을 현재의 장소에 현재의 상태로 이르게 하는 데 발생한 기타원가(other costs)를 포함한다.[3]

재고자산 취득원가 = 매입원가 + 전환원가 + 기타원가

표 10-4 | 재고자산의 취득원가

구분	재고자산의 취득원가
매입원가	매입가격에 수입관세와 제세금(과세당국으로부터 추후 환급받을 수 있는 금액은 제외[4]), 매입운임, 하역료 그리고 완제품, 원재료 및 용역의 취득과정에 직접 관련된 기타 원가를 가산한 금액. 매입할인, 리베이트 및 기타 유사한 항목은 매입원가를 결정할 때 차감함
전환원가	직접노무원가 등 생산량과 직접 관련된 원가를 포함함. 원재료를 완제품으로 전환하는 데 발생하는 고정 및 변동 제조간접원가의 체계적인 배부액을 포함함
기타원가	재고자산을 현재의 장소에 현재의 상태로 이르게 하는 데 발생한 범위 내에서만 취득원가에 포함함

2) 한 회계기간의 순이익에 반영된 오류가 다음 회계기간의 순이익에 반대 방향으로 영향을 미치게 되어 서로 상쇄되는 결과를 가져오는 오류를 **자동조정오류**(**자동상쇄오류**, counter-balancing error)라 한다.

3) **전환원가:** 제품, 재공품, 반제품 등 **기업이 제조한 재고자산의 경우** 취득원가는 원가계산에 따라 결정되는 **제품원가**(product cost)이며, 원재료의 매입원가 외에 전환원가와 기타원가가 포함된다. **전환원가**는 외부에서 구입한 원재료를 기업 내부에서 가공하여 제품으로 전환하는 과정에서 발생한 원가를 말하며, **직접노무원가와 제조간접원가로 구성**된다.

4) 기업이 **관세환급제도**(원재료를 수입하여 제품을 생산한 후 수출하면 원재료의 수입과정에서 납부하였던 관세를 돌려주는 제도)가 적용되는 원재료를 수입할 때 납부한 **관세**는 원재료의 매입원가에 가산하지 않는다.

2. 재고자산 취득원가의 결정

2.1 상품의 취득원가 결정

상품의 취득원가는 매입가격에 매입운임 등을 가산하고 매입환출 및 에누리, 매입할인을 차감하여 계산한다.5)

상품은 취득원가로 기록한다. 취득원가에는 매입가격뿐만 아니라 취득에 직접 관련된 거래원가도 포함된다.

취득원가(순매입액) = 매입가격 + 부대비용 − 매입환출 및 에누리 − 매입할인

상품의 매입가격은 통상 취득시점의 정가(list price)로 계산되나, 정가에서 일정한 금액을 할인하여 구매하는 경우 할인액을 차감한 순액으로 매입가격을 기록한다. 그리고 매입환출 및 에누리나 매입할인이 발생하는 경우 취득원가에서 차감한다.

표 10-5 | 상품의 취득원가 결정

<table>
<tr><th colspan="2">구분</th><th>내용</th><th>비고</th></tr>
<tr><td rowspan="3">매매할인 등 차감 후의 매입가격</td><td>정가</td><td>매입가격은 통상 취득시점의 정가(list price)로 계산되나, 정가에서 일정한 금액을 할인하여 구매하는 경우 할인액을 차감한 순액으로 매입가격을 기록함</td><td></td></tr>
<tr><td>매매할인*1</td><td>매매할인(또는 거래할인 trade discounts)은 단골거래처 등 일정고객에게 가격을 할인해주는 것을 말함</td><td>매매할인이 있는 경우 할인액을 차감한 순액으로 매입가격을 기록함</td></tr>
<tr><td>수량할인*1</td><td>수량할인(quantity discounts)은 일정 수량 이상의 구입에 대해 가격을 할인해주는 것을 말함</td><td>수량할인이 있는 경우 수량할인에 따른 할인된 금액(순매입액)으로 매입가격을 기록함</td></tr>
<tr><td>+부대비용*2</td><td>외부 부대비용</td><td>재고자산이 입고될 때까지 외부에 지출되는 부대비용(예: 인수운임, 매입수수료, 세금과 공과 등)</td><td>구매자가 부담하는 모든 외부부대비용은 상품의 취득원가에 산입함</td></tr>
<tr><td colspan="2">=취득원가</td><td></td><td></td></tr>
</table>

5) 매입운임, 매입환출과 매입에누리 및 매입할인에 대해서는 제7장 상품매매기업의 회계순환과정의 설명을 참조. 또한, 매입환출과 매입에누리 및 매입할인에 대해서는 제9장 금융자산: 수취채권과 지급채무 제2절 매출채권과 매입채무의 회계처리의 설명을 참조.

−매입환출 및 에누리	매입환출(purchase returns)은 매입한 상품의 결함 등으로 판매불가능하여 반품한 것을 말하고, 매입에누리(purchase allowance)는 상품 값을 에누리받은 것을 말함	
−매입할인	매입할인(purchase discounts)은 신용판매기간보다 조기에 외상매입대금을 지급할 때 일정금액을 할인해주는 것을 말함	
=순매입액		

*1. 매매할인(또는 거래할인)에 대한 사례는 제9장 금융자산: 수취채권과 지급채무의 '사례문제 1. 매매할인'을, 수량할인에 대한 사례는 제4장 금융자산: 수취채권과 지급채무의 '사례문제 2. 수량할인'을 참조.

*2. 내부부대비용은 재고자산이 입고된 후 기업내부에서 발생하는 부대비용(예: 상품의 검수, 선별, 정리, 운반, 보관 등과 관련하여 발생한 비용과 구매부서의 비용 등)을 말하며, 금액이 중요하지 않고 개별 상품에 배분하기 어렵기 때문에 상품의 취득원가에 산입하지 않고 단순히 관리비로 처리함(회계관습).

3. 제품의 취득원가 결정

제조업의 재고자산은 제품, 재공품과 원재료 등이 있다. 원재료의 취득원가는 앞에서 살펴본 내용과 같으며, 재공품과 제품의 원가는 원가계산방법에 따라 달라진다. 제조기업에서 제품을 제조할 때의 제조원가(즉, 취득원가)는 제품을 판매가능한 상태로 만들기까지 투입한 원재료, 인건비, 기타경비[6]를 모두 합한 금액이 된다.

제품원가계산은 원가·관리회계에서 설명한다.

제4절 기말재고자산에 포함될 항목의 결정

1. 재고자산의 범위: 재고자산의 소유권 확인

재고자산과 관련하여 결산일(재무상태표일) 현재 재무상태표에 표시될 자산(재고자산, 매출채권)과 부채(매입채무)는 물론 포괄손익계산서에 표시될 수익(매출액)과 비용(매출원가)을 정확하게 계상하기 위해서는 상품의 매입 또는 매출거래가 어느 보고기간의 매입

6) 기타경비는 제품을 제조하기 위해 사용한 생산시설의 사용액(예: 감가상각비), 전기료 등과 같은 공정운영비를 모두 합한 것이다.

또는 매출거래인지를 결정하여야 한다. 재무상태표일 현재 ① 기업이 자체 또는 외부창고나 생산공정 중에 실제 보유하고 있으며, 동시에 ② 법적 소유권을 갖고 있는 재고자산은 당연히 그 기업의 기말재고자산에 포함된다. 아래에서는 두 가지 중 하나를 충족하지 못한 특수한 경우의 재고자산에 대해 살펴본다.

2. 미착상품

미착상품(goods in transit)은 상품을 주문하였으나 회계기간말 현재 운송 중에 있어 아직 도착하지 않은 상품을 말한다. 미착상품의 경우 소유권의 이전(상품 인도에 따른 위험과 책임의 종료) 여부가 상품의 매매계약조건에 따라 결정된다. 즉 결산일에 미착상품이 있는 경우 선적지인도기준(FOB shipping point)이라면 선적시점에 소유권이 이전되기 때문에 구매자는 당기의 매입으로 인식하여 기말재고자산에 포함시켜야 하고, 도착지인도기준(FOB destination 또는 C.I.F.)이라면 도착시점에 소유권이 이전되므로 구매자는 차기의 매입으로 처리하여야 한다.[7)]

표 10-6 | 미착상품의 회계처리

구분	내용	미착상품의 회계처리
선적지인도기준	상품의 선적시점에 상품의 소유권이 판매자에게서 구매자에게로 이전됨	구매자의 재고자산에 포함하여 보고함
도착지인도기준	상품의 도착시점에 상품의 소유권이 판매자에게서 구매자에게로 이전됨	판매자의 재고자산에 포함하여 보고함

3. 위탁상품

위탁판매(consignment sales)는 기업(위탁자)의 상품을 제3자(수탁자)에게 위탁하여 판매하는 것을 말한다. 위탁상품(consigned goods)은 위탁자가 수탁자에게 판매를 위탁하기 위하여 발송한 상품으로 위탁품 또는 적송품이라고도 한다.

그림 10-3 | 위탁판매

7) **판매자의 미착상품에 대한 회계처리:** 결산일에 미착상품이 있는 경우 **선적지인도기준**이라면 판매자는 당기의 매출로 인식하고 **기말재고자산에서 제외**하여야 하고, **도착지인도기준**이라면 판매자는 차기의 매출로 인식하여야 하므로 **당기의 기말재고자산에 포함**시켜야 한다.

위탁상품은 수탁자가 위탁상품을 판매하기 전까지 위탁자의 재고자산에 포함시켜야 한다. 위탁상품은 수탁자가 기말에 위탁상품을 보관하고 있다 하더라도 위탁상품에 대한 소유권은 위탁자에게 있으며, 수탁자는 위탁자의 의뢰에 따라 판매를 대행할 뿐이다. 또한 위탁자가 적송비용과 판매비용을 부담한다.

위탁판매의 경우 수탁자가 위탁상품을 판매하고 이를 위탁자에게 보고하면, 위탁자는 수탁자가 위탁상품을 판매한 시점에 수익을 인식하고 해당 적송품을 재고자산에서 제외시켜야 한다.

4. 시송품

시용판매(sales on approval)는 주문을 받지 않고 상품을 소비자에게 인도하고 소비자가 그 상품을 사용해 본 후 구입하겠다는 의사표시를 하면 판매가 성립되는 판매방식을 말한다.

판매자가 기말에 시송품을 보관하고 있지 않다 하더라도 시송품(또는 시용품)은 소비자가 매입의사를 표시하지 않는 한 판매자의 재고자산에 포함시켜야 한다. 시용판매의 경우 판매자는 소비자가 매입의사를 표시한 시점에 수익을 인식하고 해당 시송품을 재고자산에서 제외시켜야 한다.

5. 할부판매상품

할부판매(installment sales)는 할부계약에 따라 판매대금을 일정기간 동안 분할해서 지급하는 조건으로 판매하는 방식을 말한다. 일반적으로 할부판매의 경우 마지막 할부금이 지급되기 이전까지 그 상품의 법적 소유권은 판매자가 갖는다. 그러나 경제적 실질이라는 측면에서 보면 소비자가 할부구입한 상품을 실제로 사용하고 있으며, 그 상품과 관련된 경제적 효익이나 위험은 사실상 소비자에게 모두 이전되었다고 볼 수 있다. 따라서 할부판매의 경우 법적 소유권이 누구에게 있는지에 관계없이 판매시점에 수익이 실현된 것으로 보아 판매자의 재고자산에서 제외시켜야 한다.

6. 저당상품

저당상품(goods on mortgage)은 금융기관 등으로부터 자금을 차입하고 그 담보로 제공된 상품을 말한다. 저당상품은 저당권이 실행되기 전까지는 담보제공자가 소유권을 갖는다. 따라서 저당상품은 저당권이 실행되어 소유권이 이전되기 전까지는 담보제공자의 재고자산에 포함한다.

예제 10-1 기말재고자산에 포함될 금액의 계산

다음 (주)서울의 당기 상품매입과 관련된 자료이다.

(단위: 원)

항목	금액 (취득원가기준)	비고
기초재고액	₩100,000	
당기매입액	500,000	
기말재고 자산실사액	50,000	창고 보유분
미착상품	30,000	도착지인도조건으로 현재 운송 중
적송품	100,000	60% 판매완료
시송품	30,000	고객이 매입의사표시를 한 금액: ₩10,000
저당상품	20,000	차입금에 대하여 담보로 제공되어 있고, 기말재고자산실사액에는 포함되어 있지 않음

| 요구사항 |

1. 기말재고자산의 금액을 계산하시오.
2. 매출원가의 금액을 계산하시오.

| 풀이 |

1. 기말재고자산 금액＝기말재고 실사액＋적송품 미판매분＋시송품 매입의사표시 하지 않은 상품＋저당상품
＝₩50,000＋₩100,000×40%＋₩20,000＋₩20,000＝₩130,000

각 항목의 기말재고자산에의 포함 여부를 요약하면 다음과 같음.

항목	금액	기말재고 포함 여부	기말재고자산 포함 항목
기말재고 자산실사액	₩50,000	50,000	창고 보유분
미착상품	30,000	–	선적지인도조건은 매입상품에 포함하고, 도착지인도조건은 판매자의 판매상품에 포함함
적송품	100,000	100,000×40%	수탁자 미판매상품
시송품	30,000	20,000	고객이 매입의사를 표시하지 않은 상품
저당상품	20,000	20,000	저당권이 실행되지 않은 상품

2. 매출원가＝기초재고액＋당기매입액－기말재고액
＝₩100,000＋₩500,000－₩130,000＝₩470,000

제5절 재고자산의 원가배분과 기록방법

1. 기말재고자산과 매출원가

재고자산의 회계처리는 포괄손익계산서의 매출원가와 재무상태표의 기말재고자산의 장부금액을 결정하는 문제이다. 재고자산과 매출원가는 다음 그림과 같이 밀접한 관계가 있다.

그림 10-4 재고자산과 매출원가의 관계

재고자산			
기초재고	×××	매출원가	×××
매입액	×××	기말재고	×××

재고자산계정은 기초재고에서 시작하여 당기매입액만큼 증가하며, 매출한 만큼 감소하고 나머지가 기말재고가 된다. 재고자산계정의 차변은 판매가능한 금액을 나타내며, 대변은 매출원가(판매된 재고자산)와 기말재고(판매되지 않은 재고자산)로 이루어진다.

재고자산계정의 구성항목은 다음의 관계가 성립한다.

기초재고액+당기매입액=매출원가+기말재고액

따라서 매출원가가 결정되면 기말재고가 계산되며, 반대로 기말재고가 결정되면 매출원가가 계산된다.

기초재고+당기매입−매출원가=기말재고

기초재고+당기매입−기말재고=매출원가

2. 재고자산의 원가배분

재고자산의 취득원가(판매가능상품원가=기초상품재고액+당기상품매입액)는 기간손익을 결정하기 위하여 당기 중에 판매된 재고자산의 원가(손익계산서의 매출원가)와 기말 현재 판매되지 않고 보유하는 재고자산의 원가(재무상태표의 기말재고자산)로 배분하여야 한다.

▌그림 10-5▐ 재고자산의 원가배분

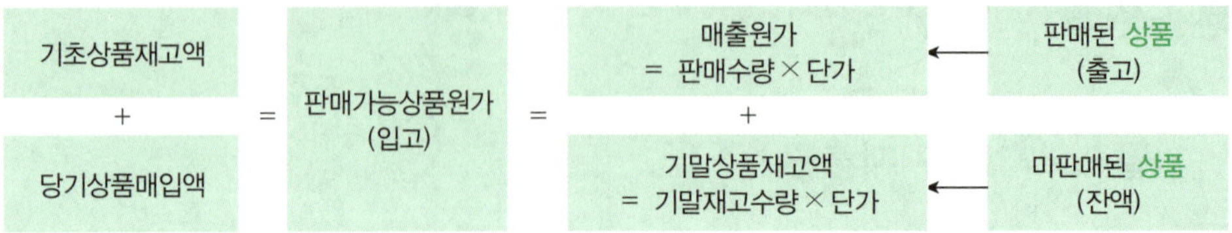

기초상품재고액과 당기상품매입액의 합계액을 판매가능상품원가라 하며, 당기비용(매출원가)과 기말재고자산으로 배분된다. 매출원가와 기말상품재고액은 수량에 단가(단위당 가격)를 곱하여 결정한다.

재무제표에 보고될 기말재고자산의 금액을 결정하기 위해서는 ① 기말재고자산의 수량을 우선 결정하고, ② 기말재고자산의 단가를 결정하여야 한다.

기말재고자산 = 기말재고자산 수량 × 기말재고자산 단가

	수량	단가
	• 계속기록법	• 개별법
	• 실지재고조사법	• 선입선출법
		• 평균법 등

위와 같이 기말재고자산의 수량과 단가가 결정되면 기말재고자산의 금액이 결정된다.

3. 재고자산의 기록방법

상품매매기업이 상품의 매입과 매출 등 재고자산 관련 거래를 기록하는 방법으로 계속기록법과 실지재고조사법이 있다. 전통적으로 계속기록법과 실지재고조사법은 재고자산의 수량결정방법으로 설명해 왔으나, 최근에는 재고자산의 회계처리방법으로 설명하고 있다.

계속기록법은 회계기간 중에 상품의 매입과 매출이 발생할 때마다 계속하여 재고자산의 증가와 감소를 기록하고, 동시에 매출과 매출원가를 계산하여 기록하는 방법이다.

기초재고 + 당기매입 − 매출원가 = 기말재고

실지재고조사법은 회계기간 말에 실제로 남아있는 재고자산을 조사하여 기말재고액을 파악하여 매출원가를 계산하는 방법이다.

기초재고+당기매입−기말재고=매출원가

표 10-7 | 계속기록법과 실지재고조사법의 비교

구분	계속기록법	실지재고조사법
기초재고	전기말에서 이월됨	
당기매입	상품계정에 기록함	매입계정에 기록함
기말재고	매출이 발생할 때마다 계산함 기초재고+당기매입−매출원가=기말재고	기말에 실사를 통해 결정함
매출원가	매출이 발생할 때마다 계산하여 기록함	기말수정분개를 통해 기록함 기초재고+당기매입−매출원가=기말재고

다음 두 절에서는 상품매매기업을 중심으로 재고자산의 수량결정문제와 단가(단위원가) 결정방법을 살펴본다.

제6절 재고자산의 수량결정방법

재고자산의 수량결정방법에는 계속기록법과 실지재고조사법(실사법)이 있다. 어느 방법을 적용하여 판매가능재고자산의 원가를 배분하든지에 관계없이 매출원가와 기말재고자산으로 배분된 금액의 합계는 같다.

1. 계속기록법

계속기록법(perpetual inventory system)은 장부상 상품계정[8]을 계속적으로 갱신한다는 데서 이름이 유래되었다. 상품계정을 계속적으로 갱신시키기 위하여 상품을 구입할 때 상품계정의 차변에 기입하고, 상품을 판매할 때마다 매출원가계정의 차변에 기록함과 동시에 상품계정의 대변에 기록한다. 즉, 계속기록법을 사용할 경우 상품을 구매하거나 판매할 때마다 그 증감을 상품계정에 기록하는데, 판매에 따라 감소된 상품이 매출원가라는 비용이 된다.[9]

8) **계속기록법**에서는 **상품**계정을 사용하여 회계처리하지만 **재고자산**계정을 사용하여 회계처리할 수도 있다. 또한, 제조업의 경우 제품계정도 동일한 논리로 회계처리된다.

9) **계속기록법**을 채택한 기업은 장부의 재고자산금액을 언제나 확인할 수 있으나 장부에 기록된 수량과 실제 수량 간에 차이(재고자산감모손실)가 있는지를 조사하기 위하여 회계기간 말에 재고조사를 실시한다.

기초재고액+당기매입액-매출원가=기말재고

2. 실지재고조사법

실지재고조사법(periodic inventory system)은 실사법 또는 실제재고조사법이라고도 한다. 실지재고조사법은 회계기간 중에는 매출원가와 재고자산을 파악하기 위한 기록을 하지 않고, 회계기간 말에 실사(실지재고조사)[10]를 통하여 기말재고자산을 파악하여 매출원가를 산정한다.

실지재고조사법의 경우 판매할 때 재고자산의 감소와 매출원가를 기록하는 분개가 없다. 그 대신 기말에 매입계정 차변 잔액에 전년도 기말에서 당기로 이월된 기초재고를 합하여 판매가능액을 구하고 기말재고를 차감하여 매출원가를 구한다.

기초재고액+당기매입액-기말재고액=매출원가

실지재고조사법에서 매출원가를 구하는 핵심은 기말재고의 결정이다.

3. 계속기록법과 실지재고조사법의 비교

계속기록법과 실지재고조사법의 각 단계별 분개를 요약하면 다음과 같다.[11]

표 10-8 | 계속기록법과 실지재고조사법의 각 단계별 분개 요약

구분	계속기록법	실지재고조사법
매입시	(차) 상품 ××× (대) 매입채무 ×××	(차) 매입 ××× (대) 매입채무 ×××
매출시	1. 매출의 기록 (차) 매출채권 ××× (대) 매출 ××× 2. 매출원가의 기록 (차) 매출원가 ××× (대) 상품 ×××	1. 매출의 기록 (차) 매출채권 ××× (대) 매출 ×××

10) **실사**(實査, 실지재고조사)는 창고에 있는 재고자산의 수량을 세거나 무게를 측정하는 것을 말한다.

11) **계속기록법**과 **실지재고조사법**에 대한 자세한 설명과 단계별 분개에 대한 설명은 **제7장 상품매매기업의 회계순환과정**에서 설명하였으므로 이를 참조.

결산시	없음	1. 기초재고자산의 매출원가계정 대체 (차) 매출원가 ××× (대) 상품(기초) ××× 2. 기말재고자산의 매출원가계정 대체 (차) 상품(기말) ××× (대) 매출원가 ××× 3. 매입계정의 매출원가계정 대체 (차) 매출원가 ××× (대) 매입 ×××

계속기록법은 매출원가와 재고자산에 대한 정보를 기중에도(언제든지) 얻을 수 있다는 장점이 있다. 그러나 취급하는 상품이 비교적 고가이고 종류가 단순한 경우를 제외하고는 실행에 비용이 든다는 단점이 있다. 계속기록법을 적용하려면 판매할 때마다 판매되는 재고자산의 원가를 일일이 추적해야 하는 번거로움이 있다.

실지재고조사법은 단위당 원가가 상대적으로 작고 매입과 매출이 빈번한 상품을 취급하는 작은 회사(예: 소규모 도·소매상)의 경우에 적절한 방법이다. 또한 실지재고조사법은 판매할 때 일일이 매출원가를 계산하지 않아 매매거래가 빈번한 기업에서도 기록이 간단하다는 장점이 있다. 그러나 실지재고조사법은 회계기말에 재고자산의 실지재고액을 조사하므로 재고자산의 계정잔액과 매출원가를 수시로 파악할 수 없다는 단점이 있다.

4. 컴퓨터시스템을 이용한 재고관리

컴퓨터시스템을 이용하여 판매되는 재고자산을 파악하는 경우 다량의 품목이 빈번하게 판매된다 하더라도 판매수량을 일일이 파악할 수 있다. 이때 판매되는 시점에 재고수량의 파악은 물론 주문시기, 주문수량, 안전재고수량 등의 재고관리가 동시에 이루어진다. 이와 같이 컴퓨터시스템을 이용하여 판매시점에서 재고관리를 종합적으로 수행하는 시스템을 판매시점관리시스템(POS system, point-of-sale system)이라 한다.

판매시점관리시스템을 갖추기 위해서는 제품마다 이를 식별할 수 있는 바코드(bar code) 레이블이 부착되어 있어야 하며, 이를 읽을 수 있는 입력장치가 필요하다. 최근에는 백화점이나 슈퍼마켓은 물론이고 24시간 편의점에서도 판매시점관리시스템을 도입하였다. 따라서 재무회계목적으로 실지재고조사법을 사용하는 기업도 재고관리나 그 밖의 경영관리목적으로 계속기록법을 사용할 수 있게 되었다.

제7절 재고자산의 단가결정방법

1. 재고자산의 단가결정방법과 원가흐름가정

재고자산은 취득원가(=매입가격+부대비용)로 기록한다. 그러나 동일한 상품을 매입할 때마다 서로 다른 가격(매입가격)으로 매입하였을 경우 판매된 상품의 단가를 결정하여야 한다.

재고자산의 단가결정(단위당 가격결정, 단위원가결정)은 회계기간 중 재고자산의 취득원가가 서로 다를 경우 판매된 재고자산의 단가를 어느 가격으로 할 것인가, 그리고 회계기간 말에 판매되지 않고 남아 있는 재고자산의 단가를 어느 가격으로 할 것인가를 결정하는 문제를 말한다.

이론적으로 상품에 가격표를 붙여 매입가격별로 판매된 것과 판매되지 않고 남아 있는 것을 구별하여 매출원가와 기말재고로 구분(개별법)하면 될 것으로 생각할 수 있으나, 실무적으로 상품 종류가 다양하고 상품매매가 빈번한 경우 상품별로 가격표를 확인하는 것은 현실적으로 불가능하다(비용과 효익 측면). 따라서 원가흐름의 가정을 통하여 판매가능상품원가를 매출원가와 기말재고로 배분하게 된다. 이와 같이 원가흐름의 가정(cost flow assumption)은 실제 물량흐름과 관계없이 판매한 재고자산의 원가흐름에 대한 일정한 가정을 말한다.[12] 재고자산의 원가흐름의 가정을 원가배분방법(cost allocation)이라고도 한다.

원가흐름의 가정이 중요한 이유는 가정한 원가흐름에 따라 포괄손익계산서에 보고할 매출원가가 달라지고 당기순이익도 달라지며, 재무상태표에 보고할 재고자산도 달라지기 때문이다.

2. 재고자산의 단가결정방법의 종류

단가결정방법에는 다음과 같은 방법이 있다.[13]

12) **단가결정방법과 원가흐름가정**: 단가결정방법을 원가흐름가정이라고도 한다. 이것은 재고자산의 실물흐름과 관계없이 특정한 단가의 재고자산이 먼저 또는 나중에 판매된 것으로 가정하거나 아니면 평균적으로 판매된 것으로 가정하기 때문이다.

13) K-IFRS에 따르면 **통상적으로 상호 교환될 수 없는 재고자산 항목의 원가와 특정 프로젝트별로 생산되고 분리되는 재화 또는 용역의 원가는 개별법**을 사용하여 결정하며, **개별법을 사용할 수 없는 재고자산의 단위원가**는 **선입선출법**이나 **가중평균법**을 사용하여 결정한다.

표 10-9 | 재고자산의 단가결정방법

<table>
<tr><th colspan="2">구분</th><th colspan="2">재고자산 단가결정방법</th><th>K-IFRS 인정 여부</th></tr>
<tr><td rowspan="5">일반적인 단가결정방법</td><td>실물흐름에 따른 단가결정방법</td><td colspan="2">개별법</td><td>○</td></tr>
<tr><td rowspan="4">원가흐름가정에 따른 단가결정방법</td><td colspan="2">선입선출법</td><td>○</td></tr>
<tr><td colspan="2">후입선출법*1</td><td>×</td></tr>
<tr><td rowspan="2">가중평균법</td><td>총평균법(실지재고조사법을 적용할 경우)</td><td>○</td></tr>
<tr><td>이동평균법(계속기록법을 적용할 경우)</td><td>○</td></tr>
<tr><td colspan="2" rowspan="2">특수한 단가결정방법*2
(추정원가에 의한 단가결정방법)</td><td colspan="2">소매재고법</td><td>○</td></tr>
<tr><td colspan="2">매출총이익률법</td><td>×</td></tr>
</table>

*1. K-IFRS에서는 후입선출법을 허용하고 있지 않으나, 비상장기업이 적용하는 일반기업회계기준에서는 후입선출법을 허용하고 있음. 또한 세무목적으로 후입선출법을 사용할 수 있음.
*2. 특수한 단가결정방법에 대해서는 이 장 제9절 특수한 원가배분방법의 설명을 참조.

회사는 성격이 다른 재고자산에 대해서 서로 다른 단가결정방법을 적용할 수 있으나, 일단 한 가지 방법을 선택하면 특별한 사유 없이는 그 방법을 계속 사용하여야 한다(계속성). 회계원칙을 일관성 있게 적용하면 회계정보의 비교가능성이 높아진다(비교가능성).

3. 실물흐름에 따른 단가결정방법: 개별법

개별법은 판매되는 재고자산의 원가를 일일이 확인할 수 있을 때 사용할 수 있다. 개별법(specific identification method)은 매입할 때마다 모든 상품에 그 원가에 해당하는 가격표(price tag)를 붙여두고, 상품 각각에 대해 단가를 파악하여 판매된 상품과 판매되지 않은 기말재고상품을 구별하여 매입원가를 매출원가와 기말재고로 결정하는 방법이다. 고가의 모피제품, 자동차, 귀금속, 또는 주문생산하는 선박이나 항공기에 개별법을 적용할 수 있다.

개별법은 실제 재고자산의 실물흐름(physical flow, 물리적 흐름)에 따라 매출원가와 기말재고자산의 금액을 평가하므로, 원가흐름이 실물흐름과 일치하고 수익과 비용이 정확하게 대응되어 손익에 반영된다는 장점이 있다. 그러나 재고자산의 종류와 수량이 많고 거래가 빈번한 대부분의 기업에서는 현실적으로 적용하기가 불가능하다는 단점이 있다.

4. 원가흐름가정에 따른 단가결정방법

원가흐름가정에 따른 단가결정방법은 실물흐름(실제물량흐름)에 따른 단가결정방법의 한계를 극복하기 위하여, 실제 재고자산의 실물흐름에 관계없이 재고자산의 원가흐름에 대한 가정을 통해 판매된 상품과 판매되지 않은 기말재고상품을 구별하여 매입원가를 매출원가와 기말재고로 구분하는 방법이다.

4.1 선입선출법

선입선출법(first-in first-out method, FIFO)은 재고자산의 실물흐름에 관계없이 먼저 매입한 재고자산이 먼저 판매된 것으로 가정하여 매입원가를 매출원가와 기말재고로 구분하는 방법이다. 따라서 매출원가는 가장 오래전에 구입한 상품의 원가로 구성되고 기말재고자산은 가장 최근에 구입한 상품의 원가로 구성된다.

선입선출법은 실물흐름과 대체로 일치되는 경향이 있고 적용하기 쉽다는 장점이 있기 때문에 실무에서 많이 사용한다. 그러나 물가가 계속 상승할 경우 기말재고자산이 최근의 가격으로 평가되어 시가나 공정가치에 근접한다는 점에서 타당성이 인정되지만, 매출원가는 과거의 낮은 원가로 평가되고 매출액은 현행 판매원가로 보고되므로 결국 매출총이익과 당기순이익이 과대평가된다는 단점이 있다.

4.2 후입선출법

후입선출법(last-in first-out method, LIFO)은 재고자산의 실물흐름에 관계없이 가장 최근에 매입한 재고자산이 먼저 판매된 것으로 가정하여 매입원가를 매출원가와 기말재고로 구분하는 방법이다. 따라서 매출원가는 가장 최근에 구입한 상품의 원가로 구성되고 기말재고자산은 가장 오래전에 구입한 상품의 원가로 구성된다.

후입선출법은 물가가 계속 상승할 경우 기말재고자산이 낮은 가격으로 평가되어 보수주의적 회계처리 관점에서 바람직하다는 장점이 있다. 후입선출법은 실물흐름과 맞지 않는 가정이라는 것과 시간이 지날수록 재무상태표에 표시되는 재고자산금액과 시가 간에 차이가 생긴다는 단점이 있다.

4.3 가중평균법

평균법(weighted average cost method, 평균원가법)[14]은 일정기간 동안의 재고자산의 매입원가를 평균한 평균원가(평균단가)로 판매가능상품원가를 매출원가와 기말재고로 배분하는 방법이다.

가중평균법은 평균원가를 산정하는 시점에 따라 총평균법과 이동평균법으로 구분하며, 회사가 실지재고조사법으로 재고자산을 기록할 때에는 총평균법을 적용하고, 계속기록법으로 재고자산을 기록할 때에는 이동평균법을 적용한다.

(1) 총평균법

총평균법(total average cost method)은 일정기간 동안의 판매가능한 상품원가를 판매가능수량으로 나누어 계산된 평균단가를 기말재고단가로 가정하는 방법이다.

가중평균법을 적용하기 위하여 먼저 다음과 같이 평균단가를 구한다.

평균단가 = (기초재고원가 + 당기매입원가) ÷ (기초재고수량 + 당기매입수량)
= 총판매가능재고원가 ÷ 총판매가능재고수량

다음으로, 평균단가를 기말재고수량과 당기판매수량에 각각 곱하여 매출원가와 기말재고를 다음과 같이 계산한다.

기말재고 = 기말재고수량 × 평균단가
매출원가 = 당기판매수량 × 평균단가

총평균법은 계산이 매우 단순하여 실무적으로 적용하기 편리하다는 장점이 있다. 그러나 회계기간 말에 한 번만 해당 회계연도 전체 기간의 평균단가를 계산하기 때문에 기말 이외의 시점에는 재고자산원가를 알 수 없다는 단점이 있다.

(2) 이동평균법

이동평균법(moving average cost method)은 재고자산을 구입할 때마다 해당 수량과 금액을 각각 직전까지 기록된 재고수량과 잔액(누계기준 금액)에 더하여 새로운 평균단가를 구하여 기말재고단가로 가정하는 방법이다.

14) **평균법**을 회계원리 교과서에 따라서는 **가중평균법**(weighted average cost method)이라고도 한다.

이동평균법을 적용하기 위하여 먼저 다음과 같이 평균단가를 구한다.

평균단가=(신규매입액+직전의 재고액)÷(신규매입수량+직전의 재고수량)

이 평균단가를 다음 매입 전까지 매출원가와 기말재고를 계산하기 위한 매입단가로 사용한다.

매출원가=매출수량×평균단가
매출 후의 재고자산=직전 거래 후의 재고자산－매출원가

제8절 계속기록법에서의 단위원가결정

다음에서는 개별법, 선입선출법, 후입선출법과 평균법이라는 네 가지 단가(단위원가) 결정방법을 설명하는데, 계속기록법에서 이러한 원가흐름의 가정을 적용하는 방법을 설명한다.[15]

예시자료: 재고자산의 단가결정방법

(주)일산의 20×1년 6월 중 재고자산의 매입과 판매와 관련된 자료는 다음과 같다.

월일	적요	수량	단가	금액
6/ 1	기초재고	300	₩10	₩3,000
6/ 5	매출	200		
6/10	매입	500	12	6,000
6/15	매출	400		
6/20	매입	400	15	6,000
6/25	매출	200		
6/30	기말재고	400		

15) 비교설명목적으로 동일한 예시자료에 대해 **실지재고조사법을 적용할 경우**의 개별법, 선입선출법, 후입선출법과 평균법이 네 가지 **단위원가결정방법**에 대한 설명은 **이 장의 보론 실지재고조사법에서의 단위원가결정**에 제시하였으므로 이에 대한 설명을 생략.

1. 개별법

예제 10-2 **계속기록법에서의 개별법**

계속기록법에서 예시자료에 개별법을 적용하여 매출원가와 기말재고를 각각 계산하시오. 개별 상품별로 가격표를 확인한 결과는 다음과 같다.

월일	적요	수량	단가
6/ 5	매출	200	10
6/15	매출	400	12
6/25	매출	100 100	10 15
6/30	기말재고	100 300	12 15

| 풀이 |

상품재고장

월일	적요	입고			출고			잔액		
		수량	단가	금액	수량	단가	금액	수량	단가	금액
6/ 1	전기이월	300	10	3,000				300	10	3,000
6/ 5	매출				200	10	2,000	100	10	1,000
6/10	매입	500	12	6,000				100	10	1,000
								500	12	6,000
6/15	매출				400	12	4,800	100	10	1,000
								100	12	1,200
6/20	매입	400	15	6,000				100	10	1,000
								100	12	1,200
								400	15	6,000
6/25	매출				100	10	1,000	100	12	1,200
					100	15	1,500	300	15	4,500
6/30	판매가능액	1,200		₩15,000						
	매출원가				800		₩9,300			
	기말재고							400		₩5,700

계속기록법에서 개별법을 적용하여 단가를 기록할 경우 매출원가와 기말재고에 배분되는 금액은 다음과 같다.

기초재고	₩3,000	매출원가	₩9,300
당기매입액	12,000	기말재고	5,700
판매가능액	₩15,000	계	₩15,000

개별법을 적용할 경우 계속기록법과 실지재고조사법 모두 실물흐름을 기준으로 매출원가와 기말재고자산을 계산하기 때문에, 계속기록법에 따라 산출되는 매출원가와 기말재고액은 실지재고조사법에 따라 산출되는 매출원가와 기말재고액과 동일하다.

2. 선입선출법

예제 10-3 계속기록법에서의 선입선출법

계속기록법에서 예시자료에 선입선출법을 적용하여 매출원가와 기말재고를 각각 계산하시오.

| 풀이 |

상품재고장

월일	적요	입고			출고			잔액		
		수량	단가	금액	수량	단가	금액	수량	단가	금액
6/ 1	전기이월	300	10	3,000				300	10	3,000
6/ 5	매출				200	10	2,000	100	10	1,000
6/10	매입	500	12	6,000				100	10	1,000
								500	12	6,000
6/15	매출				100	10	1,000	200	12	2,400
					300	12	3,600			
6/20	매입	400	15	6,000				200	12	2,400
								400	15	6,000
6/25	매출				200	12	2,400	400	15	6,000
	판매가능액	1,200		₩15,000						
6/30	매출원가				800		₩9,000			
	기말재고							400		₩6,000

계속기록법에서 선입선출법을 적용하여 단가를 기록할 경우 매출원가와 기말재고에 배분되는 금액은 다음과 같다.

기초재고	₩3,000	매출원가	₩9,000
당기매입액	12,000	기말재고	6,000
판매가능액	₩15,000	계	₩15,000

매출원가는 출고란에서 직접 계산하며, ₩9,000(₩2,000+₩1,000+₩3,600+₩2,400)이다. 기말재고는 잔액란에서 직접 계산하거나 입고란의 합계액인 판매가능액(₩15,000)에서 매출원가(₩6,000)를 차감한 ₩6,000이다.

선입선출법을 적용할 경우 계속기록법과 실지재고조사법의 결과가 동일하다.

3. 후입선출법

예제 10-4 **계속기록법에서의 후입선출법**

계속기록법에서 예시자료에 후입선출법을 적용하여 매출원가와 기말재고를 각각 계산하시오.

| 풀이 |

상품재고장

월일	적요	입고			출고			잔액		
		수량	단가	금액	수량	단가	금액	수량	단가	금액
6/ 1	전기이월	300	10	3,000				300	10	3,000
6/ 5	매출				200	10	2,000	100	10	1,000
6/10	매입	500	12	6,000				100	10	1,000
								500	12	6,000
6/15	매출				400	12	4,800	100	10	1,000
								100	12	1,200
6/20	매입	400	15	6,000				100	10	1,000
								100	12	1,200
								400	15	6,000
6/25	매출				200	15	3,000	100	10	1,000
								100	12	1,200
								200	15	3,000
6/30	판매가능액	1,200		₩15,000						
	매출원가				800		₩9,800			
	기말재고							400		₩5,200

계속기록법에서 후입선출법을 적용하여 단가를 기록할 경우 매출원가와 기말재고에 배분되는 금액은 다음과 같다. 매출원가와 기말재고의 계산은 선입선출법에서와 같다.

기초재고	₩3,000	매출원가	₩9,800
당기매입액	12,000	기말재고	5,200
판매가능액	₩15,000	계	₩15,000

4. 이동평균법

예제 10-5 계속기록법에서의 이동평균법

계속기록법에서 예시자료에 이동평균법을 적용하여 매출원가와 기말재고를 각각 계산하시오.

| 풀이 |

상품재고장

월일	적요	입고			출고			잔액		
		수량	단가	금액	수량	단가	금액	수량	단가[*1]	금액
6/ 1	전기이월	300	10	3,000				300	10	3,000
6/ 5	매출				200	10	2,000	100	10	1,000
6/10	매입	500	12	6,000				600	11.67	7,000
6/15	매출				400	11.67	4,667	200	11.67	2,333
6/20	매입	400	15	6,000				600	13.89	8,333
6/25	매출				200	13.89	2,777	400	13.89	5,556
6/30	판매가능액	1,200		₩15,000						
	매출원가				800		₩9,444			
	기말재고							400		₩5,556

*1. 이동평균단가의 계산은 다음과 같음.
6월 10일 평균단가=(기초재고 잔액 ₩1,000+10일 매입 ₩6,000)
÷(기초재고 잔액 100개+10일 매입 500개)≒₩11.67
6월 20일 평균단가=(₩2,333+₩6,000)÷(200+400)≒₩13.89

계속기록법에서 이동평균법을 적용하여 단가를 기록할 경우 매출원가와 기말재고에 배분되는 금액은 다음과 같다.

기초재고	₩3,000	매출원가	₩9,444
당기매입액	12,000	기말재고	5,556
판매가능액	₩15,000	계	₩15,000

매출원가는 출고란에서 직접 계산하며, ₩9,444(₩2,000+₩4,667+₩2,777)이다. 기말재고는 잔액란에서 직접 계산하거나 판매가능액(₩15,000)에서 매출원가(₩9,444)를 차감한 ₩5,556이다.

이동평균법은 재고자산을 구입할 때마다 가중평균단가를 구하고, 판매할 때마다 출고단가를 계속기록한다.

5. 계속기록법에서 각 단가결정방법의 비교

지금까지 설명한 계속기록법에서 각 단가결정방법을 사용하여 계산된 매출원가와 기말재고액을 요약하면 다음과 같다.[16]

표 10-10 | 단가결정방법의 매출원가와 기말재고액의 요약: 계속기록법

원가배분	개별법	선입선출법	후입선출법	이동평균법
매출원가	9,300	9,000	9,800	9,444
기말재고	5,700	6,000	5,200	5,566

재고자산의 취득원가가 상승할 때 기말재고액의 크기는 선입선출법 > 이동평균법 > 후입선출법 순이며, 매출원가의 크기는 반대로 후입선출법 > 이동평균법 > 선입선출법 순이다.

어떠한 단가결정방법을 적용하느냐에 따라 이익의 크기가 달라진다. 재고자산의 취득원가가 상승할 때 선입선출법이 가장 큰 이익을 보고하며 후입선출법이 가장 작은 이익을 보고한다. 개별법이나 이동평균법은 선입선출법과 후입선출법 사이에서 이익이 결정된다.

제9절 특수한 원가배분방법

기업은 경우에 따라 재고자산을 취득원가를 기준으로 평가하는 대신 추정원가를 사용해야 할 경우가 있다. 재고자산의 종류가 많고 거래가 아주 빈번하여 모든 기말재고자산의 원가를 실사를 통해 일일이 확인하기가 어려운 경우, 화재 등 재해가 발생하였을 때 재고자산 소실로 실사가 불가능하여 보험금을 청구하기 위해 재고손실액을 산정하려는 경우 또는 화재보험에 가입하기 위해 기말재고액을 개략적으로 파악하기 위한 경우 등을 예로 들 수 있다. 또한 기업이 중간재무제표나 임시적으로 재무제표를 작성하여야 할 경우 재고실사를 하는 것보다 추정을 하는 것이 바람직할 수 있다. 이러한 경우에 사용되는 재고자산의 원가추정방법에는 소매재고법과 매출총이익법이 있다.

K-IFRS에서는 소매재고법만 인정하고 있다.[17]

16) **실지재고조사법**을 적용한 경우를 포함한 각 단가결정방법에 대한 비교 설명은 **이 장**의 **보론: 실지재고조사법에서의 원가결정**에 대한 설명을 참조하라.

1. 소매재고법

소매재고법(retail inventory method)은 매출가격환원법이라고도 한다. 소매재고법은 기말재고를 판매가격(소매가, 매출가격)으로 평가한 후, 여기에 원가율(cost-to-retail ratio)을 곱하여 기말재고자산의 원가를 계산하는 방법이다.

표 10-11 | 소매재고법의 기말재고자산 산출

단계	계산식	비고
① 판매가격기준 기말재고자산	판매가격기준 기초재고+판매가격기준 당기매입−당기매출액	판매가격기준 판매가능액−당기매출액
② 원가율	(원가기준 기초재고+원가기준 당기매입)÷(판매가격기준 기초재고+판매가격기준 당기매입)	원가기준 판매가능액÷판매가격기준 판매가능액
③ 원가기준 기말재고자산	① 판매가격기준 기말재고자산×② 원가율	
④ 매출원가	원가기준 기초재고자산+원가기준 당기매입−원가기준 기말재고자산	

소매재고법은 재고자산의 종류가 많고 거래가 아주 빈번하여 보유하고 있는 모든 기말재고의 원가(매입단가)를 실사를 통해 일일이 확인하기가 어려운 백화점이나 슈퍼마켓 같은 소매업에서 사용되므로 소매재고법이라는 이름이 붙여졌다.

예제 10-6 소매재고법

(주)대본백화점의 20×1년 재고자산 관련 자료를 사용하여 소매재고법을 적용하여 기말재고와 매출원가를 계산하시오.

	원가기준	판매가격기준
기초재고	₩120,000	₩180,000
당기매입액	1,350,000	1,920,000
판매가능액	₩1,470,000	₩2,100,000
당기매출액		₩1,950,000

17) K-IFRS에서는 원가율이 유사하고 품종이 다양한 상품을 주로 매출가격기준으로 보관·관리하는 유통업체에서 다른 원가추정방법을 사용하기 어려운 경우에 정규재무보고목적으로 소매재고법을 사용할 수 있도록 허용하고 있다.

| 풀이 |

1. 판매가격기준 기말재고자산=판매가격기준 판매가능액-당기매출액
   =₩2,100,000-₩1,950,000=₩150,000
2. 원가율=원가기준 판매가능액÷판매가격기준 판매가능액
   =₩1,470,000÷₩2,100,000=70%
3. 원가기준 기말재고자산=판매가격기준 기말재고자산×원가율
   =₩150,000×70%=₩105,000
4. 매출원가=원가기준 기초재고자산+원가기준 당기매입액-원가기준 기말재고자산원가
   =₩120,000+₩1,350,000-₩105,000=₩1,365,000

2. 매출총이익률법

매출총이익률법(gross profit method)은 과거의 매출총이익률을 이용하여 당기의 매출액에 대한 매출원가를 추정한 후, 추정매출원가를 기초로 기말재고를 역산하는 방법이다. 매출총이익률법은 매출총이익이 일정기간 동안 계속된다는 가정에 근거하고 있다.

매출총익률법은 당기매출수량이나 기말재고수량을 고려할 필요 없이 매출액과 매출총익률을 이용하여 매출원가와 기말재고를 다음과 같이 추정한다.

표 10-12 | 매출총이익률법의 기말재고자산 산출

단계	계산식	비고
과거의 평균 매출총이익률	매출총이익÷매출액	매출액=매출원가+이익
(추정)매출원가	당기매출액×(1-매출총이익률)	당기매출액-추정매출총이익
기말재고	(기초재고+당기매입액)-매출원가	판매가능액-매출원가

예제 10-7 매출총이익률법

(주)명사십리의 20×1년 재고자산 관련 자료를 사용하여 매출총이익률을 적용하여 기말재고와 매출원가를 계산하시오.

기초재고	₩500,000
당기매입액	3,500,000
당기매출액	4,000,000
평균 매출총이익률	30%

| 풀이 |

1. (추정)매출원가 = 당기매출액 × (1 − 매출총이익률)
   = ₩4,000,000 × (1 − 0.3) = ₩2,800,000
2. 기말재고 = (기초재고 + 당기매입액) − 매출원가
   = ₩500,000 + ₩3,500,000 − ₩2,800,000 = ₩1,200,000

제10절 재고자산의 평가손실과 감모손실

1. 재고자산평가손실과 재고자산감모손실

재고자산의 공정가치 하락에 따른 평가액의 감소가 재고자산평가손실이고, 수량감소에 따른 평가액의 감소가 재고자산감모손실이다. 재고자산의 평가손실을 측정할 때 실제로 존재하지 않는 재고자산에 대해 공정가치를 적용할 수 없기 때문에 재고자산의 평가손실보다 재고자산감모손실을 먼저 계산한다.

재고자산의 평가손실과 감모손실을 그림으로 표시하면 다음과 같다.

그림 10-6 | 재고자산의 평가손실과 감모손실

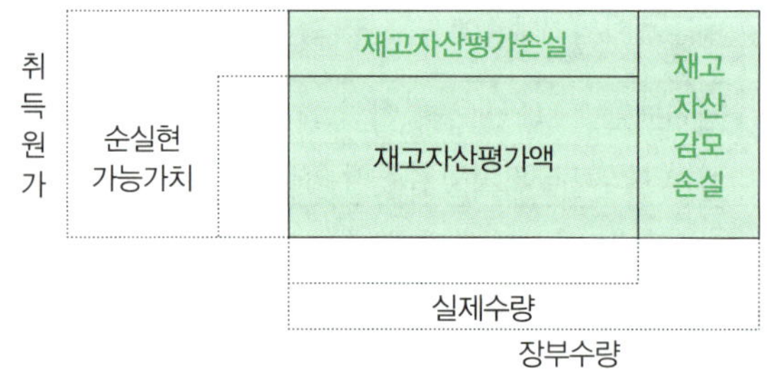

2. 재고자산의 평가손실: 저가법

기말재고자산은 공정가치로 평가하여 공시하는 것이 정보이용자에게 더 목적적합한 정보를 제공하는 것이나 보수주의 관점에서 저가법을 적용하는 것이 일반적이다.[18] 저가

18) **저가법과 공정가치법의 차이**: **저가법**은 **평가손실**만 인식한다는 점에서 **평가손실과 평가이익**을 모두 인식하는 **공정가치법**과 차이가 난다. 또한 저가법은 재고자산평가손실을 환입(재고자산평가충당금환입)하더라도 최초의

법에서 사용하는 공정가치가 순실현가능가치이다.

2.1 저가법에 따른 재고자산의 평가

재고자산의 수량과 단가의 결정방법에 따라 평가된 기말재고자산은 어느 방법을 선택하는지에 관계없이 취득원가를 근거로 재무상태표에 표시한다.

그러나 회계기간 말(재무제표를 작성하는 시점)에 재고자산을 다시 평가할 때 다음의 상황이 발생하여 재고자산의 순실현가능가치가 취득원가보다 낮을 경우에는 재고자산을 순실현가능가치로 평가하여야 한다.

① (취급부주의에 따라) 물리적으로 손상된 경우

② (기술개발에 따라) 완전히 또는 부분적으로 진부화된 경우

③ (소비자 기호변화에 의한 제품수요감소에 따라) 판매가격이 하락한 경우

④ 완성하거나 판매하는 데 필요한 원가가 상승한 경우

순실현가능가치가 취득원가보다 높은 경우에는 재고자산을 취득원가로 평가한다. 따라서 재고자산의 취득원가가 순실현가능가치보다 높은 경우에만 평가손실이 발생한다.

저가법에 따른 기말재고자산＝Min(취득원가, 순실현가능가치)

저가법(LCM method, lower of cost or market method)은 재고자산을 취득원가와 순실현가능가치 중 낮은 금액으로 평가하는 방법을 말한다. 저가법은 보수적 회계처리가 적용되는 대표적인 예라 할 수 있다.

순실현가능가치(net realizable value)는 정상적인 영업과정에서 재고자산을 판매할 경우의 예상판매가격(추정판매가격)에서 판매할 때까지 정상적으로 발생할 것으로 예상되는 판매비용(추정판매비용)을 차감한 금액을 말한다.

순실현가능가치＝예상판매가격－예상판매비용

2.2 저가법의 적용방법

재고자산을 저가법으로 평가하는 방법은 항목기준, 종목기준과 총액기준이 있다. 저가법은 항목별로 적용하는 것을 원칙으로 하되 재고자산이 유사하거나 관련 있는 경우 종목별로 적용할 수 있으나, 총액기준은 허용되지 않는다.

장부금액을 초과하지 않기 때문에 최초의 장부금액과 관계없이 공정가치의 이익을 모두 평가이익으로 인식하는 공정가치법과 다르다.

표 5-13 | 저가법의 적용방법

구분	내용	비고
항목기준 (항목별 기준)	재고자산의 항목별로 저가법을 적용	저가법은 항목별로 적용하는 것을 원칙으로 함
종목기준 (조별 기준)	유사하거나 관련 있는 재고자산의 집단(종목)별로 저가법을 적용	
총액기준 (총계기준)	전체 재고자산에 대해 저가법을 적용	저가법을 총액기준으로 적용하는 것은 허용하지 않음[19]

예제 10-8 저가법

다음 자료는 20×1년 12월 31일 (주)진하의 재고자산 기록이다.

상품	재고수량	단위원가	판매단가	예상판매비용
A	500개	₩120	₩150	₩14
B	1,200	300	310	20
C	1,000	210	225	20

| 요구사항 |

저가법을 항목기준과 총액기준으로 각각 적용할 경우 평가손실을 계산하시오.

| 풀이 |

상품	원가	순실현가능가치	평가손실	
			항목별 기준	총액기준
A	₩60,000	₩68,000	–	–
B	360,000	348,000	12,000	–
C	210,000	205,000	5,000	–
계	₩630,000	₩621,000	₩17,000	₩9,000

2.3 저가법의 회계처리

재고자산을 저가법으로 평가할 때 순실현가능가치가 취득원가보다 낮을 경우 그 차액은 재고자산평가손실(loss from decline in value of inventory)로 인식한다. 재고자산평가손실은 포괄손익계산서의 당기비용으로 처리(당기의 매출원가에 가산)한다.

19) **총액기준을 허용하지 않는 이유:** 항목별 평가손실이 평가이익과 상쇄되어 전체적으로 재고자산평가손실이 과소표시되므로 보수적 회계처리라는 저가법의 취지에 어긋나기 때문이다.

(차) 재고자산평가손실 ×××　　　　　(대) 재고자산평가충당금 ×××

재고자산은 매 회계기간 말에 순실현가능가치를 재평가한다. 재고자산에 대해 평가손실을 인식한 후 순실현가능가치가 상승하였다면 재고자산의 원가를 초과하지 않는 범위 내에서 재고자산평가충당금환입을 인식한다. 재고자산평가충당금환입은 매출원가에서 차감한다.

(차) 재고자산평가충당금 ×××　　　　　(대) 재고자산평가충당금환입 ×××

예제 10-9 재고자산평가손실

다음은 (주)대본의 기말재고자산과 관련된 자료이다.

- 취득원가 ₩1,000,000
- 판매가격 ₩1,200,000
- 예상판매비용 ₩400,000

(주)대본의 기초상품재고액은 ₩400,000이고 당기상품매입액은 ₩5,00,000이다.

| 요구사항 |

1. 재무상태표에 계상될 기말상품재고액과 포괄손익계산서에 반영할 재고자산평가손실금액을 계산하시오.
2. (주)대본의 기말상품의 결산수정분개와 저가법 평가의 분개를 하시오.

| 풀이 |

1. 재고자산의 순실현가능가치 = 예상판매가격 − 예상판매비용

   = ₩1,200,000 − ₩400,000 = ₩800,000*

   * 재고자산의 순실현가치가 취득원가보다 낮기 때문에 순실현가치 ₩800,000이 재무상태표에 계상될 기말상품재고액임.

   재고자산평가손실 = 취득원가 − 순실현가능가치

   = ₩1,000,000 − ₩800,000 = ₩200,000

2. (1) 기말상품의 결산수정분개

   (차) 매출원가 400,000　(대) 상품(기초) 400,000
   (차) 매출원가 5,000,000　(대) 매입 5,000,000
   (차) 상품(기말) 1,000,000　(대) 매출원가 1,000,000

   (2) 저가법 평기 분개

   (차) 재고자산평가손실 200,000** 재고자산평가충당금 200,000***

   ** 매출원가에 포함됨.
   *** 기말 재무상태표의 재고자산은 다음과 같이 표시됨.

재고자산	1,000,000	
재고자산평가충당금	(200,000)	800,000

3. 재고자산의 감모손실(장부와 실제재고액의 차이 조정)

재고자산감모손실(loss from inventory shortage or shrinkage)은 재고자산을 보관하는 과정에서 도난, 분실, 파손, 증발 등으로 장부상의 기말재고수량보다 실제 기말재고수량이 적은 경우 발생하는 손실(재고자산의 수량감소로 인한 재고자산의 감소액)을 말한다.

재고자산감모손실액 = 장부상 기말재고액 − 실제 기말재고액
= (장부 기말재고수량 − 실제 기말재고수량) × 단위당 취득원가

재고자산의 감모는 영업활동 과정에서 정상적으로 발생하기도 하고 비정상적으로 발생하기도 한다. 재고자산감모손실은 발생한 기간의 비용으로 인식한다. 정상적인 감모손실은 매출원가에 가산하고[20] 비정상적인 감모손실(예: 화재, 태풍, 홍수, 지진과 같은 자연재해, 도난, 횡령 등)은 기타비용으로 처리한다.

표 10-14 | 재고자산감모손실의 회계처리[21]

구분		회계처리	
재고자산 감모손실	정상적으로 발생한 경우 (원가성이 있는 경우)	당기 매출원가에 가산함	(차) 매출원가 ××× (대) 재고자산 ×××
	비정상적으로 발생한 경우 (원가성이 없는 경우)	당기 기타비용으로 처리함	(차) 재고자산감모손실 ××× (대) 재고자산 ×××

20) **재고자산감모손실**은 **재고자산에서 직접 차감**하며, 재고자산평가손실과 같이 **평가계정법을 사용할 수 없다.** 왜냐하면 가격과 달리 수량은 파손이나 도난 이후에 취득하지 않는 이상 회복할 수 없기 때문이다.

21) 장부상 재고자산 수량과 실제 보유하고 있는 재고자산 수량이 다르다면 **재고자산감모손실에 대한 결산수정분개**가 필요하다.

구분	계속기록법	실지재고조사법
재고자산 감모손실에 대한 결산수정 분개	**재고자산감모손실**이 발생하면 그대로 재고자산으로 계속 남는 것으로 취급되어 실제로 보유 중인 재고자산과 장부상 재고자산 사이에 그만큼 차이가 난다. 따라서 계속기록법을 사용하는 기업도 기말에 재고조사를 하여 이 차이를 조정하는 분개를 하여야 한다.	실지재고조사법을 사용할 경우 실사에 의해 파악된 기말재고수량이 재무상태표에 보고되고 판매가능액과의 차이가 역산되어 모두 매출원가에 계상되므로 **재고자산감모손실**은 자동적으로 매출원가의 일부로 포함된다.
	예를 들어, 장부상 기말재고자산은 ₩4,000이나 실사 결과 확인된 재고자산이 ₩3,950이라면 다음과 같이 분개한다. **(차) 매출원가(재고자산감모손실) 50** **(대) 재고자산(상품) 50**	분개 없음

예제 10-10 재고자산감모손실

다음은 (주)망양의 재고자산과 관련된 자료이다.

- 기초재고액 ₩1,400,000
- 당기매입액 ₩3,500,000
- 매출액 ₩4,200,000
- 기말상품재고액

장부재고액 1,750개 @₩1,000 ₩1,750,000
실제재고액 1,540개 @₩1,000 ₩1,540,000

| 요구사항 |

1. (주)망양의 재고자산감모손실이 모두 정상적으로 발생하여 원가성이 있는 경우 위 자료를 사용하여 다음 물음에 답하시오.
   (1) 재고자산감모손실은 얼마인가?
   (2) 재무상태표에 기록할 재고자산은 얼마인가?
   (3) 매출원가를 계산하시오.
   (4) 매출원가와 감모손실에 대해 결산정리분개를 하시오.
2. 재고감모손실이 원가성이 없는 경우 위 자료를 사용하여 매출원가를 산정하는 데 필요한 회계처리를 하시오.

| 풀이 |

1. (1) 재고자산감모손실 = 장부상 기말재고액 − 실제 기말재고액
   = ₩1,750,000 − ₩1,540,000 = ₩210,000

   (2) 기말재고자산 ₩1,540,000

   (3) 정상적으로 발생하여 원가성이 있는 재고자산감모손실은 매출원가에 포함한다.
   매출원가 = 기초상품재고액 + 당기매입액 − 실지재고에 의한 기말상품재고액
   = ₩1,400,000 + ₩3,500,000 − ₩1,540,000 = ₩3,360,000
   또는
   매출원가 = 기초상품재고액 + 당기매입액 − 장부재고 + 정상감모손실
   = ₩1,400,000 + ₩3,500,000 − ₩1,750,000 + ₩210,000 = ₩3,360,000

   (4) 정상적인 감모손실의 경우 결산수정분개

기초상품재고액:	(차) 매출원가	1,400,000	(대) 상품(기초)	1,400,000
당기상품매입액:	(차) 매출원가	3,500,000	(대) 매입	3,500,000
기말상품재고액:	(차) 상품(기말)	1,750,000	(대) 매출원가	1,750,000
재고자산감모손실:	(차) 매출원가	210,000	(대) 상품(기말)	210,000

2. 비정상적인 감모손실의 경우 회계처리

(차) 매출원가	1,400,000	(대) 상품(기초)	1,400,000
(차) 매출원가	3,500,000	(대) 매입	3,500,000
(차) 상품(기말)	1,750,000	(대) 매출원가	1,750,000
(차) 재고자산감모손실	210,000	(대) 상품(기말)	210,000

보론 실지재고조사법에서의 단위원가결정

다음에서는 개별법, 선입선출법, 후입선출법과 평균법이라는 네 가지 단가(단위원가) 결정방법을 설명하는데, 실지재고조사법에서 이러한 원가흐름의 가정을 적용하는 방법을 설명한다.

예시자료: 재고자산의 단가결정방법[22]

(주)일산의 20×1년 6월 중 재고자산 매입과 판매에 관련된 자료는 다음과 같다.

월일	적요	수량	단가	금액
6/ 1	기초재고	300	₩10	₩3,000
6/ 5	매출	200		
6/10	매입	500	12	6,000
6/15	매출	400		
6/20	매입	400	15	6,000
6/25	매출	200		
6/30	기말재고	400		

1. 개별법

예제 10-11 실지재고조사법에서의 개별법

실지재고조사법에서 예시자료에 개별법을 적용하여 매출원가와 기말재고를 각각 계산하시오. 개별 상품별로 가격표를 확인한 결과는 다음과 같다.

월일	적요	수량	단가
6/ 5	매출	200	10
6/15	매출	400	12
6/25	매출	100	10
		100	15
6/30	기말재고	100	12
		300	15

22) 이 보론에서 사용하는 예시자료는 앞 절인 제8절 계속기록법에서의 단위원가결정과 비교목적으로 동일한 예시자료를 사용한다.

| 풀이 |

상품재고장

월일	적요	입고			출고			잔액		
		수량	단가	금액	수량	단가	금액	수량	단가	금액
6/ 1	전기이월	300	10	3,000				300		
6/ 5	매출				200			100		
6/10	매입	500	12	6,000				100		
								500		
6/15	매출				400			100		
								100		
6/20	매입	400	15	6,000				100		
								100		
								400		
6/25	매출				100			100		
					100			300		
6/30	판매가능액	1,200		₩15,000						
	매출원가				② 800		₩9,300 (₩15,000−₩5,700)			
	기말재고							① 400		₩5,700 (100개×₩12 +300개×₩15)

상품재고장에서 출고란은 판매할 때마다 단가는 기록하지 않고 수량만 기록하고, 단가는 기말에 일괄하여 산정한다. 즉 이 방법을 사용할 경우 입고의 수량 및 단가와 출고의 수량은 반드시 기록해야 한다.

기말재고액은 재고로 남아 있는 품목의 가격표에 기록된 취득원가를 모두 합계한 금액이며, 매출원가는 판매가능액에서 기말재고액을 차감하여 계산한다(매출원가－판매가능액－기말재고액). 따라서 기말재고액은 ₩5,700((100개×₩12＋300개×₩15)이며, 매출원가는 ₩9,300(₩15,000－₩5,700)이다.

2. 선입선출법

예제 10-12 실지재고조사법에서의 선입선출법

실지재고조사법에서 예시자료에 선입선출법을 적용하여 매출원가와 기말재고를 각각 계산하시오.

| 풀이 |

기초재고	₩3,000	판매가능액	15,000	
당기매입액	12,000	기말재고	6,000	(400개×₩15)
판매가능액	₩15,000	매출원가	9,000	

실지재고조사법의 상품재고장에서 출고란은 수량만을 기록하고 단가는 기말에 일괄하여 기록하는 방법이다.

기말재고는 가장 최근에 구입한 재고자산으로 구성되며, 기말에 매장과 창고에서 재고자산의 수량을 파악하고 그 수량에 해당하는 최근의 단가를 구하여 기말재고를 계산한다. 즉 기말재고액은 기말재고수량 400개에 가장 최근에 매입한 단가 ₩15를 적용하여 계산한 ₩6,000이다(₩6,000=400개×₩15). 매출원가는 판매가능액에서 기말재고액을 차감하여 계산한다(매출원가=판매가능액-기말재고액).

3. 후입선출법

예제 10-13 실지재고조사법에서의 후입선출법

실지재고조사법에서 예시자료에 후입선출법을 적용하여 매출원가와 기말재고를 각각 계산하시오.

| 풀이 |

후입선출법은 기말재고가 가장 과거에 구입한 재고자산(기말재고 수량 400=기초재고 300개+5일 구입분 100개)으로 구성된다는 것만 제외하면, 위에서 설명한 선입선출법의 설명과 유사하다.

기초재고	₩3,000	판매가능액	₩15,000	
당기매입액	12,000	기말재고액	4,200	(300개×₩10+100개×₩12)
판매가능액	₩15,000	매출원가	₩10,800	

4. 총평균법

예제 10-14 **실지재고조사법에서의 총평균법**

실지재고조사법에서 예시자료에 총평균법을 적용하여 매출원가와 기말재고를 각각 계산하시오.

| 풀이 |

상품재고장

월일	적요	입고			출고			잔액		
		수량	단가	금액	수량	단가	금액	수량	단가	금액
6/ 1	전기이월	300	10	3,000				300		
6/ 5	매출				200			100		
6/10	매입	500	12	6,000				600		
6/15	매출				400			200		
6/20	매입	400	15	6,000				600		
6/25	매출				200			400		
6/30	판매가능액	① 1,200 (12.5[*1]) 15,000								
	매출원가				② 800 (12.5) 10,000					
	기말재고							③ 400 (12.5) 5,000		

*1. 평균단가=(기초재고+당기매입)÷(기초재고수량+당기매입수량)
=판매가능액÷판매가능수량=(₩3,000+₩12,000)÷(300개+900개)=₩12.5

5. 단가결정방법의 비교: 계속기록법과 실지재고조사법

지금까지 설명한 각 단가결정방법을 사용하여 계산된 매출원가와 기말재고액을 요약하면 다음과 같다.[23]

표 10-15 | 단가결정방법의 매출원가와 기말재고액의 요약: 계속기록법과 실지재고조사법

구분	원가배분	개별법	선입선출법	후입선출법	평균법
실지재고조사법	매출원가	9,300	9,000	10,800	10,000
	기말재고	5,700	6,000	4,200	5,000
계속기록법	매출원가	9,300	9,000	9,800	9,444
	기말재고	5,700	6,000	5,200	5,566

23) **계속기록법**을 적용한 경우의 단가결정방법은 **제8절**에서 설명하였으니 **비교**목적으로 제시하였다.

개별법과 선입선출법은 계속기록법과 실지재고조사법에 따른 결과가 동일하나 후입선출법과 평균법(실지재고조사법의 경우 총평균법, 계속기록법의 경우 이동평균법)은 두 방법에 따른 결과가 다르다.

물가가 상승할 때 선입선출법이 기말재고액을 가장 크게 보고하므로 가장 큰 이익을 보고하며, 후입선출법이 기말재고액을 가장 작게 보고하므로 가장 작은 이익을 보고한다. 개별법이나 평균법은 선입선출법과 후입선출법 사이에서 이익이 결정된다.

신문에서 배우는 회계 · 세상

✣ 대형마트가 납품社서 받던 年 1조 판매장려금 금지

공정위, "불투명한 거래 관행… 오늘 이후부터 적용"
납품업체, "판매 촉진과 관계없어" '甲의 횡포'라 지적
대형마트, "장려금 없으면 가격 인상… 결국 소비자들이 피해 볼 것"

대형마트에 물건을 대는 납품업체들이 대형마트에 내는 연 1조원대의 판매장려금 부담이 대폭 줄어들 전망이다. 판매장려금이란 판매를 늘려준 대가로 납품업체가 유통업체에 지급하는 돈을 말한다.

공정거래위원회는 대형마트가 판촉과 직접 관련이 없는 판매장려금을 받지 못하도록 하는 내용의 지침을 마련해 8일 이후 체결하는 대형마트와 납품업체 간 거래계약부터 적용하도록 했다. 하지만 대형마트들은 '(공정위 조치가 시행되면) 경영상 부담이 늘어나 결국 소비자 가격을 올릴 수밖에 없다'며 반발하고 있다.

연간 판매장려금 1조원대

지난해 대형마트, SSM(기업형 슈퍼마켓), 편의점, 백화점 등 대형 유통업체들이 받은 판매장려금은 1조 4,690억원에 달했다. 그 중 이마트·롯데마트·홈플러스 등 3대 대형마트가 받은 액수가 전체의 3분의 2가 넘는 1조 250억원에 달했다.

백화점의 경우 입점업체가 직접 물건을 팔고 매출의 일정비율을 받는 영업을 하는 반면 대형마트는 물건을 납품업체로부터 대량으로 사들여 직접 팔기 때문에 판매장려금 액수가 큰 편이다. 대형마트 납품업체는 5만 개 안팎으로 추산된다.

문제는 대형마트가 받는 판매장려금 중 기본장려금의 비율이 82%(작년 8,452억원)에 달한다는 점이다. 기본장려금은 판매 촉진과 무관하게 납품하는 물건값의 일정비율을 받는 돈을 말한다. 즉 대형마트는 물건을 사들여 마진을 붙여 팔고, 동시에 납품업체로부터 매출액의 일부를 받아 '이중 마진'을 챙기는 것으로 해석될 여지가 있다.

대형 유통업체들의 납품가격 대비 판매장려금 비율은 2010년 6.3%였다가 2년 만인 지난해 6.9%로 올랐다. 공정위 분석에 따르면, 대형마트 3사의 영업이익 중 판매장려금 비중이 60%에 달한다. 이런 구조에 대해 납품업체들은 "갑의 횡포"라며 불만을 제기해 왔다.

공정위는 이런 문제점을 해결하고 판매장려금의 원래 취지를 되살릴 수 있도록 구체적인 지침을 마련했다. 기본장려금을 인정하지 않기로 했고, 반품과 재고 소진에 들어가는 비용을 판매장려금 형태로 전가하면 안 된다고 규정했다.

또 가격경쟁을 위해 물건값을 인하하는 부분을 납품업체에 떠넘기지 못하도록 했다. 대신 일정한 판매량을 달성해주거나 신상품·특정상품을 소비자의 눈에 잘 띄도록 진열해주는 경우에는 판매장려금을 받을 수 있도록 했다.

대형마트가 이런 기준을 지키지 않으면 공정위는 현장조사를 벌여 제재를 가한다. 송정원 공정위 유통거래과장은 "판매장려금은 해외의 대형 유통업체에서는 유례를 찾

유통업체들이 납품업체들로부터 받은 판매장려금 규모

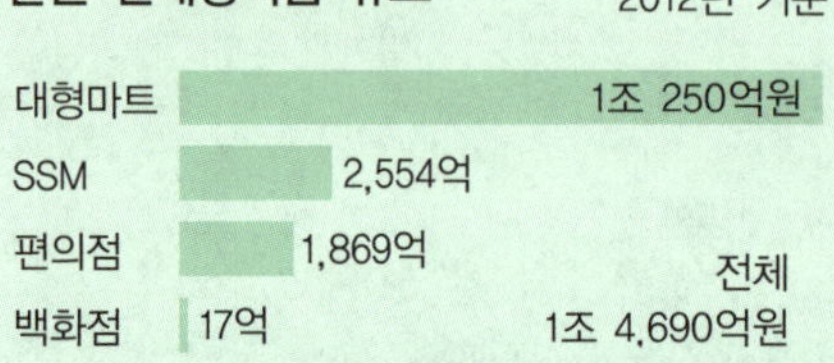

증가하는 판매장려금 비율

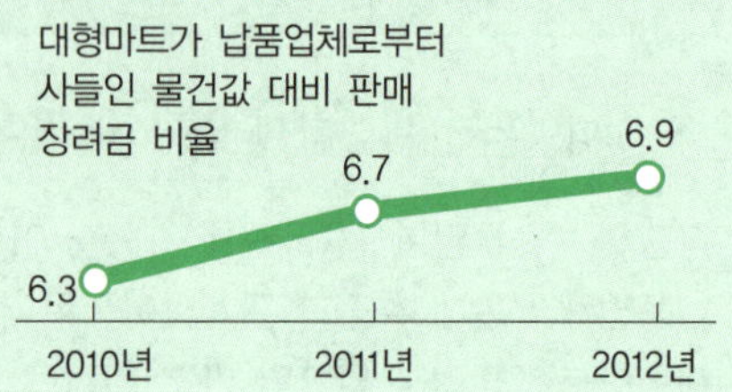

공정위가 인정하는 장려금과 인정하지 않는 장려금

구분	내용	인정 여부
기본 장려금	상품매입 금액의 일정 비율을 획일적으로 받은 돈	불인정
무반품 장려금	부당한 반품을 안 받아준다는 이유로 받는 돈	불인정
판매가격 대응 장려금	대형마트가 경쟁업체와 경쟁을 위해 가격을 낮추면서 들어가는 비용을 전가하는 돈	불인정
재고 소진 장려금	재고 떨이 판매를 위해 들어가는 비용을 전가하는 돈	불인정
성과 장려금	일정한 판매 목표를 달성해주고 받는 돈	인정
신상품 입점 장려금	신상품을 진열해주고 받는 돈	인정
매대 진열 장려금	특정 상품을 잘 보이는 판매대에 진열해주고 받는 돈	인정

자료: 공정거래위원회

기 어려운 불투명한 거래관행이므로 하루빨리 시정해야 한다"고 말했다.

대형마트 "가격인상으로 소비자들이 피해 볼 것"

대형마트들은 판매장려금으로 '이중 이익'을 올리는 것이 아니라고 반박하고 있다. 납품업체들이 제품원가나 마진이 공개되는 것을 피하기 위해 자신들이 대리점에 넘기는 물건값과 대형마트에 넘기는 물건값을 똑같이 매긴 다음에, 대형마트가 대량으로 물건을 구입해준 데 따른 할인혜택을 판매장려금 형식으로 돌려주는 관행이 굳어진 것이라고 말한다.

따라서 대형마트들은 기본판매장려금이 차단돼 영업이익이 줄어들면 소매가격을 올릴 수밖에 없다고 주장한다. 한 대형마트 관계자는 "판매장려금을 못 받아 특정 업체와 거래에서 손해가 생길 것 같으면 해당 업체와는 거래를 끊는 수밖에 없다"고 말했다.

판매장려금

판매장려금이란 판매를 늘려준 대가로 납품업체가 유통업체에 지급하는 돈. 최근에는 납품한 물건값의 일정비율을 일률적으로 징수하는 비용으로 변질되면서 납품업체의 부담을 가중시키는 원인이 되고 있다.

http://biz.chosun.com/site/data/html_dir/2013/10/07/2013100703921.html

논술문제

1 재고자산의 의의와 분류에 대해 설명하시오.
2 재고자산과 이익결정에 대해 설명하시오.
3 기말재고자산과 매출원가의 관계에 대해 설명하시오.
4 매출원가와 기말재고의 결정에 대해 설명하시오.
5 기말재고평가의 중요성에 대해 설명하시오.
6 재고자산평가오류의 영향에 대해 설명하시오.
7 재고자산의 취득원가결정에 대해 설명하시오.
8 재고자산에 포함될 항목의 결정에 대해 설명하시오.
9 재고자산의 원가배분에 대해 설명하시오.
10 재고자산의 수량결정방법에 대해 설명하시오.
11 계속기록법에서의 원가결정에 대해 설명하시오.
12 실지재고조사법에서의 원가결정에 대해 설명하시오.
13 재고자산의 단가결정방법에 대해 설명하시오.
14 원가흐름가정에 따른 단가결정방법에 대해 설명하시오.
15 특수한 단가결정방법에 대해 설명하시오.
16 재고자산의 평가손실과 감모손실에 대해 설명하시오.

객관식문제

■ 기본문제

1 한국채택국제회계기준에 따른 재고자산에 대한 설명으로 옳지 않은 것은? (기업회계 2급 45회)

① 개별법이 적용되지 않는 재고자산의 단위원가는 선입선출법이나 가중평균법 또는 후입선출법을 사용하여 결정한다.

② 성격과 용도 면에서 유사한 재고자산에는 동일한 단위원가 결정방법을 적용하여야 하며, 성격이나 용도 면에서 차이가 있는 재고자산에는 서로 다른 단위원가결정방법을 적용할 수 있다.

③ 물가가 지속적으로 하락하고, 기말재고수량이 기초재고수량보다 증가하며, 빈번하게 매입매출이 이루어지는 경우 기말재고자산의 크기는 선입선출법<가중평균법의 순서가 된다.

④ 재고자산을 순실현가능가치로 감액하는 저가법은 항목별로 적용하며, 경우에 따라서는 서로 유사하거나 관련 있는 항목들을 통합하여 적용할 수 있다.

| 풀이 |

한국채택국제회계기준은 후입선출법을 인정하지 아니함.

| 정답 | ①

2 다음 중 재고자산의 취득원가에 포함될 수 없는 것은? (기업회계 2급 43회)

① 선적지인도기준의 미착상품에 대한 운송비, 보험료

② 매입환출, 에누리, 매입할인

③ 제조기간이 장기인 재고자산의 차입금에 대한 이자비용

④ 매입과 관련된 매입수수료, 운임, 하역비, 관세

| 풀이 |

매입환출 및 에누리, 매입할인은 재고자산의 취득원가에서 차감함.

| 정답 | ②

3 **(주)한국의 20×1년 5월의 재고자산 입출고에 관한 내용이다. 선입선출법과 총평균법을 적용하는 경우 5월 31일 현재 재고자산금액은 각각 얼마인가?** (기업회계 2급 43회)

일자	적요	수량	단가
5월 1일	기초재고	20개	₩100
5월 5일	매 입	20개	100
5월 10일	매 출	20개	150
5월 20일	매 입	20개	130
5월 25일	매 출	20개	200
5월 31일	월말재고	20개	

	선입선출법	총평균법		선입선출법	총평균법
①	₩2,200	₩2,200	②	₩2,200	₩2,600
③	₩2,600	₩2,200	④	₩2,600	₩2,600

| 풀이 |

선입선출법: 20개×₩130=₩2,600

총평균법: 20개×₩110=₩2,200

(20개×₩100+20개×₩100+20개×₩130)÷60개=₩110

| 정답 | ③

4 **(주)한국은 소매재고법(가중평균법)에 의하여 기말재고자산을 평가하고 있다. (주)한국이 취급하는 상품의 원가 및 판매가는 다음과 같다. 기중판매가격의 변동이 없다고 가정할 때 기말재고상품의 원가는 얼마인가?** (기업회계 2급 42회)

구분	원 가	판매가
기초재고상품	₩400,000	₩720,000
당기매입상품	3,800,000	5,280,000
계	₩4,200,000	₩6,000,000
기말재고상품	?	1,050,000

① ₩555,556 ② ₩563,636 ③ ₩600,000 ④ ₩735,000

| 풀이 |

가중평균법에 의한 원가율=₩4,200,000/₩6,000,000=70%

따라서 기말재고상품의 원가=₩1,050,000×70%=₩735,000

| 정답 | ④

5 **(주)한국은 20×1년 12월 31일 화재로 인해서 보유한 상품을 전부 소실했다. 관련자료가 다음과 같을 때 소실된 재고액은 얼마인가?** (기업회계 2급 41회)

- 당기매출액: ₩8,000,000
- 매출총이익률: 30%
- 기초재고액: ₩1,500,000
- 당기매입액: ₩6,500,000

① ₩2,200,000 ② ₩2,400,000 ③ ₩2,600,000 ④ ₩2,800,000

| 풀이 |

매출원가 ₩8,000,000×(1－30%)＝₩5,600,000

기말재고액＝₩1,500,000＋₩6,500,000－₩5,600,000＝₩2,400,000

| 정답 | ②

6 **(주)한국은 보고기간 말이 매년 12월 31일이며, 12월 31일 현재 재고자산에 대한 자료는 다음과 같다. (주)수원이 20×1년에 인식할 재고자산감모손실과 재고자산평가손실 금액의 합은 얼마인가?** (기업회계 1급 44회)

구분	수량	단가
장부	1,000개	₩200
실제	800개	₩100

① ₩110,000 ② ₩120,000 ③ ₩130,000 ④ ₩140,000

| 풀이 |

장부수량×취득단가 1,000개×200＝₩200,000

실제수량×취득단가 800개×200＝₩160,000

실제수량×순실현가능가치 800개×100＝₩80,000

재고자산감모손실: 200,000－160,000＝₩40,000

재고자산평가손실: 160,000－80,000＝₩80,000

| 정답 | ②

7 **다음 중 재고자산의 기말평가시 저가법을 적용하는 경우 그 내용으로 맞는 것은?** (기업회계 1급 70회)

① 재고자산평가손실은 판매비와 관리비로 분류한다.

② 재고자산평가충당금은 비유동부채로 분류한다.

③ 재고자산평가충당금환입은 영업외수익으로 분류한다.

④ 재고자산평가충당금은 해당 재고자산에서 차감하는 형식으로 기재한다.

| 정답 | ④

■ 심화문제

1 (주)세무의 20×1년 재고자산 관련 현황이 다음과 같을 때, 20×1년 말 재무상태표의 재고 자산은? (CTA 2017)

- 20×1년 말 재고실사를 한 결과 (주)세무의 창고에 보관 중인 재고자산의 원가는 ₩100,000이다.
- 20×1년도 중 고객에게 원가 ₩80,000 상당의 시송품을 인도하였으나, 기말 현재까지 매입의사를 표시하지 않았다.
- 20×1년도 중 운영자금 차입목적으로 은행에 원가 ₩80,000의 재고자산을 담보로 인도하였으며, 해당 재고자산은 재고실사 목록에 포함되지 않았다.
- (주)한국과 위탁판매계약을 체결하고 20×1년도 중 원가 ₩100,000 상당의 재고자산을 (주)한국으로 운송하였으며, 이 중 기말 현재 미판매되어 (주)한국이 보유하고 있는 재고자산의 원가는 ₩40,000이다.
- (주)대한으로부터 원가 ₩65,000의 재고자산을 도착지인도조건으로 매입하였으나 20×1년 말 현재 운송 중이다.

① ₩220,000 ② ₩260,000 ③ ₩300,000
④ ₩320,000 ⑤ ₩365,000

| 풀이 |

기말재고 실사금액	₩100,000
① 시송품	80,000
② 저당상품	80,000
③ 위탁품	40,000
④ 미착품	0
수정후 기말재고	₩300,000

| 정답 | ③

2 **(주)서울은 재고자산에 대해 평균원가법을 적용하고 있다. 실지재고조사법 또는 계속기록법을 적용하였다고 가정할 경우 다음 자료를 이용한 2월의 매출원가는 각각 얼마인가?** (CPA 2001)

일자	적요	수량	단가	금액
2월 1일	기초재고	1,000개	₩10	₩10,000
2월 10일	매입	2,000개	11	22,000
2월 20일	매출	(2,000개)		
2월 25일	매입	1,000개	12	12,000
2월 28일	기말재고	2,000개		

	실지재고조사법	계속기록법
①	₩22,000	₩21,333
②	21,000	21,000
③	21,000	22,000
④	23,000	21,333
⑤	22,000	22,000

| 풀이 |

- 실지재고조사법에서의 평균원가법은 총평균법임.
  총평균단가=(₩10,000+22,000+12,000)÷(1,000개+2,000+1,000)=₩11
  매출원가=2,000개×₩11=₩22,000
- 계속기록법에서의 평균원가법은 이동평균법임.
  2월 20일 현재 이동평균단가=(₩10,000+22,000)÷(1,000개+2,000)=₩10.67
  매출원가=2,000개×₩10.67=₩21,340≒₩21,333

| 정답 | ①

3 **12월 결산법인인 (주)대한상사는 20×3년 3월 30일 화재가 발생하여 보유하고 있던 상품 중 ₩47,000만 남고 모두 소실되었으나, 화재보험에 가입되어 ₩260,000을 보험금으로 보상받게 되었다. 다음 자료를 이용하여 화재발생에 따른 보험차익 또는 재해손실금액을 구하시오.** (CTA 2003)

20×3년 1월 1일 상품 기초재고액: ₩400,000
20×3년 1월 1일~20×3년 3월 30일까지의 상품매입액: ₩800,000
20×3년 1월 1일~20×3년 3월 30일까지의 매출액: ₩1,200,000
단, 대한상사의 매출총이익률은 25%, 재고감모손실이나 재고평가손실은 없다고 가정한다.

---

① 보험차익 ₩7,000
② 재해손실 ₩243,000
③ 재해손실 ₩253,000
④ 재해손실 ₩40,000
⑤ 보험차익 ₩260,000

| 풀이 |

1. 20×3년 3월 30일 추정재고액
   ₩400,000 + 800,000 − 1,200,000 × (1 − 25%) = ₩300,000
2. 보험차익
   ₩260,000 − (300,000 − 47,000) = ₩7,000
3. 회계처리
   ① 20×3년 3월 30일

(차) 미결산	253,000	(대) 상품	253,000

* ₩300,000 − 47,000 = ₩253,000

   ② 보험금 수령시

(차) 현금	260,000	(대) 미결산	253,000
		보험차익	7,000

| 정답 | ①

사례문제

1 기말재고 수량에의 포함 여부

(주)형제는 전자제품을 매매하는 회사이다. 다음은 20×1년 12월 31일 현재 상품과 관련된 거래내용이다.

① 창고를 실사한 결과 보유하고 있는 상품의 가액이 ₩50,000으로 확인되다.

② 시용판매를 위해 고객에게 발송한 상품 중 매입의사가 표시되지 않은 상품이 ₩2,000이다.

③ 선적지인도조건으로 외국에서 매입하고 있는 상품 ₩5,000이 결산일 현재 운송 중에 있다.

④ 선적지인도조건으로 외국에 판매하고 있는 상품 ₩3,000이 결산일 현재 운송 중에 있다.

⑤ 위탁판매를 위하여 수탁자에게 발송한 상품 중 결산일 현재 수탁자가 보관하고 있는 상품이 ₩12,000이다.

⑥ 거래처에서 현금을 차입하고 담보로 제공한 저당상품이 결산일 현재 ₩6,000이며, 이 저당상품은 회사창고에 보관되어 있고, 기말 상품을 실사할 때 포함되었다.

| 요구사항 |

(주)형제가 20×1년 12월 31일 현재 기말재고자산으로 보고할 금액을 계산하시오.

| 풀이 |

창고에 보관 중인 재고자산	₩50,000
시송품 중 매입의사를 표시하지 않은 상품	2,000
선적지인도조건으로 매입하고 있는 상품	5,000
적송품 중 수탁자가 보관하고 있는 상품	12,000
20×1년 12월 31일 현재 기말재고자산으로 보고할 금액	₩69,000

2 실지재고조사법과 계속기록법

다음은 (주)목성의 3월 중 거래내용이다.

3월 1일	기초재고자산은 ₩6,500이다.
3월 3일	(주)토성에서 상품 ₩5,800을 2/10, n/30 조건으로 구입하고, 운송비 ₩50을 지불하다.
3월 7일	매입상품 중 파손된 ₩700의 상품을 (주)토성에게 반품하다.
3월 9일	(주)수성에서 상품 ₩1,350을 2/10, n/20 조건으로 구입하고, 운송비 ₩20을 (주)수성이 지불하다.
3월 12일	3월 3일에 구입한 상품대금을 지급하다.
3월 17일	거래처에 상품을 ₩8,500에 외상으로 판매하다. 판매가격에 포함된 이윤은 상품원가의 20%에 해당한다.

3월 31일 3월 9일에 구입한 매입대금 전액을 지급하다.
3월 31일 기말재고자산은 ₩6,097이다.

| 요구사항 |

실지재고조사법과 계속기록법을 사용하여 위의 거래에 대한 회계처리와 결산수정분개 및 마감분개를 하시오.

| 풀이 |

1. 기중거래의 회계처리

월일	실지재고조사법	계속기록법
3/ 3	(차) 매입 5,850 (대) 매입채무 5,800 현금 50	(차) 상품 5,850 (대) 매입채무 5,800 현금 50
3/ 7	(차) 매입채무 700 (대) 매입환출 및 에누리 700	(차) 매입채무 700 (대) 매입환출 및 에누리 700
3/ 9	(차) 매입 1,350 (대) 매입채무 1,350	(차) 상품 1,350 (대) 매입채무 1,350
3/12	(차) 매입채무 5,150[*2] (대) 현금 5,047 매입할인 103[*3]	(차) 매입채무 5,150[*2] (대) 현금 5,047 매입할인 103[*3]
3/17	(차) 매출채권 8,500 (대) 매출 8,500	(차) 매출채권 8,500 (대) 매출 8,500 (차) 매출원가 6,800[*4] (대) 상품 6,800
3/31	(차) 매입채무 1,300 (대) 현금 1,300	

*1. 매입운임은 취득원가(매입액)에 포함함.
*2. 매입 ₩5,850 − 매입환출 ₩700 = ₩5,150
*3. ₩5,150 × 0.02 = ₩103
*4. 매출원가는 이윤이 20%이므로 80%(=1−0.2=0.8)로 ₩8,500 × 0.8 = ₩6,800

2. 결산수정분개

월일	실지재고조사법	계속기록법
3/31	(차) 매입환출 및 에누리 700 매입할인 103 (대) 매입 803	(차) 매입환출 및 에누리 700 매입할인 103 (대) 상품 803
	(차) 매출원가 6,500 (대) 상품(기초) 6,500 (차) 상품(기말) 6,097 (대) 매출원가 6,097 (차) 매출원가 6,800 (대) 매입 6,800	분개 없음

3. 마감분개

월일	실지재고조사법		계속기록법	
3/31	(차) 매출	8,500	(대) 집합손익	8,500
	(차) 집합손익	6,800	(대) 매출원가	6,800
	(차) 집합손익	1,700	(대) 이익잉여금	1,700

3 기말상품재고액과 매출원가의 계산: 실지재고조사법

다음은 (주)해운의 7월 중 상품매매 관련 거래내용이다.

월일	적요	수량	단가	금액	매출량
7/ 1	기초재고	100개	₩100	₩10,000	
7/ 2	매입	900	140	126,000	
7/ 6	매출				600개
7/10	매입	1,000	150	150,000	
7/25	매출				1,200
7/30	매입	500	160	80,000	
	합계	2,500개		₩366,000	1,800개
7/31	기말재고				700

| 요구사항 |

기말재고수량 700개는 창고실사를 통해 파악하였다. 다음 각 방법으로 7월 31일의 기말재고액과 7월 중의 매출원가를 계산하시오.

1. 실지재고조사법에서 선입선출법을 사용할 경우
2. 실지재고조사법에서 후입선출법을 사용할 경우
3. 총평균을 사용할 경우

| 풀이 |

1. 실지재고조사법에서 선입선출법을 사용할 경우

선입선출법에서는 기초시점 부근에 매입된 상품은 당기 중에 매출되고, 기말상품은 모두 최근에 매입된 상품들로 구성된다고 가정한다. 따라서 기말재고량 700개는 7월 30일 매입분 500개와 7월 10일 매입분 중 200개로 구성된다.

기말재고액: ₩80,000 + 200개 × ₩150 = ₩110,000

매출원가는 판매가능액에서 기말재고액을 차감한 것이다.

매출원가: ₩366,000 − ₩110,000 = ₩256,000

2. 실지재고조사법에서 후입선출법을 사용할 경우

후입선출법에서는 기말시점 부근에 매입된 상품은 당기 중에 매출되고, 기말상품은 기초시점 부근에 매입된 것들로 구성된다고 가정한다.[24] 따라서 기말재고량 700개는 기

24) **후입선출법**에서는 7월 30일 매입분 500개도 7월 중에 매출되었다는 비현실적인 가정을 하고 있다는 데 유의해야 한다. 왜냐하면 판매한 날이 아닌 결산일 또는 실지재고조사일을 기준으로 가장 최근에 매입한 상품이

초재고 100개와 7월 2일 매입분 중 600개로 구성된다.
기말재고액: ₩10,000+600개×₩140=₩94,000
매출원가는 판매가능액에서 기말재고액을 차감한 것이다.
매출원가: ₩366,000−₩94,000=₩272,000

3. 총평균법을 사용할 경우
총평균단가=판매가능금액÷판매가능수량=₩366,000÷2,500개=₩146.4
기말재고액: ₩146.4×700개=₩102,480
매출원가: ₩146.4×1,800개=₩263,520

4 기말상품재고액과 매출원가의 계산: 계속기록법

다음은 (주)해운의 7월 중 상품매매 관련 거래내용이다.[25]

월일	적요	수량	단가	금액	매출량
7/ 1	기초재고	100개	₩100	₩10,000	
7/ 2	매입	900	140	126,000	
7/ 6	매출				600개
7/10	매입	1,000	150	150,000	
7/25	매출				1,200
7/30	매입	500	160	80,000	
	합계	2,500개		₩366,000	1,800개
7/31	기말재고				700

| 요구사항 |

다음 각 방법으로 상품재고장을 작성하고 7월 31일의 기말재고액과 7월 중의 매출원가를 계산하시오.

1. 계속기록법에서 선입선출법을 사용할 경우
2. 계속기록법에서 후입선출법을 사용할 경우
3. 이동평균법을 사용할 경우

| 풀이 |

1. 계속기록법에서 선입선출법을 사용할 경우[26]

인도되는 것으로 가정하기 때문이다.

25) **실지재고조사법과 계속기록법을 적용하는 경우를 비교하여 설명**하기 위하여 **사례문제 4는 사례문제 5**와 **동일**한 상품매매 관련 거래내용을 사용하고 있다.

26) **계속기록법에서 선입선출법을 사용할 경우**의 결과는 **사례문제 4**의 **실지재고조사법에서 선입선출법을 사용할 경우**와 **동일**하다는 데 유의하여야 한다. 즉, 선입선출법의 경우에는 실지재고조사법과 계속기록법의 결과가 동일하게 계산된다.

상품재고장

월일	적요	입고			출고			잔액		
		수량	단가	금액	수량	단가	금액	수량	단가	금액
7/ 1	기초재고	100	100	10,000				100	100	10,000
7/ 2	매입	900	140	126,000				100	100	10,000
								900	140	126,000
7/ 6	매출				100	100	10,000			
					500	140	70,000	400	140	56,000
7/10	매입	1,000	150	150,000				400	140	56,000
								1,000	150	150,000
7/25	매출				400	140	56,000			
					800	150	120,000	200	150	30,000
7/30	매입	500	160	80,000				200	150	30,000
								500	160	80,000
	합계	2,500		366,000	1,800		256,000			

매출원가(출고란 합계): ₩256,000
기말재고액(7월 30일 잔고란 합계): ₩30,000+₩80,000=₩110,000

2. 계속기록법에서 후입선출법을 사용할 경우

상품재고장

월일	적요	입고			출고			잔액		
		수량	단가	금액	수량	단가	금액	수량	단가	금액
7/ 1	기초재고	100	100	10,000				100	100	10,000
7/ 2	매입	900	140	126,000				100	100	10,000
								900	140	126,000
7/ 6	매출				600	140	84,000	100	100	10,000
								300	140	42,000
7/10	매입	1,000	150	150,000				100	100	10,000
								300	140	42,000
								1,000	150	150,000
7/25	매출				1,000	150	150,000			
					200	140	28,000	100	100	10,000
								100	140	14,000
7/30	매입	500	160	80,000				100	100	10,000
								100	140	14,000
								500	160	80,000
	합계	2,500		366,000	1,800		262,000			

매출원가(출고란 합계): ₩262,000
기말재고액(7월 30일 잔고란 합계): ₩104,000

3. 이동평균법을 사용할 경우

상품재고장

월일	적요	입고			출고			잔액		
		수량	단가	금액	수량	단가	금액	수량	단가	금액
7/ 1	기초재고	100	100	10,000				100	100	10,000
7/ 2	매입	900	140	126,000				1,000	136[*1]	136,000
7/ 6	매출				600	136	81,600	400	136	54,400
7/10	매입	1,000	150	150,000				1,400	146[*2]	204,400
7/25	매출				1,200	146	175,200	200	146	29,200
7/30	매입	500	160	80,000				700	156[*3]	109,200
	합계	2,500		366,000	1,800		256,800			

매출원가(출고란 합계): ₩256,800

기말재고액(7월 30일 잔고란 합계): ₩109,200

*1. 7월 2일 단가=(₩10,000+₩126,000)÷(100+900)=₩136,000÷1,000개=₩136

*2. 7월 10일 단가=(₩54,400+₩150,000)÷(400+1,000)=₩204,400÷1,400개=₩146

*3. 7월 30일 단가=(₩29,200+₩80,000)÷(200+500)=₩109,200÷700개=₩156

5 소매재고법

(주)덕유는 다양한 가격을 가진 상품들을 취급하는 대형할인점이다. (주)덕유는 기말재고자산의 분류편의상 보유한 상품들을 정상상품과 할인제품으로 나눈다. (주)덕유는 재고자산의 회계처리방법으로 소매재고법을 사용하고 있다. 당기의 (주)덕유의 정상제품과 할인제품의 기말재고자산과 매출원가를 계산하시오.

구분	정상제품		할인제품	
	원가	판매가	원가	판매가
기초재고상품	₩600,000	₩1,040,000	₩400,000	₩700,000
당기매입상품	4,800,000	7,600,000	3,600,000	5,300,000
계	₩5,400,000	₩8,640,000	₩4,000,000	₩6,000,000
기말재고상품	?	₩1,500,000	?	₩900,000

| 풀이 |

1. 정상제품

① 판매가격기준 기말재고자신=₩1,050,000

② 원가율=원가기준 판매가능액÷판매가격기준 판매가능액

=₩5,400,000÷₩8,640,000=62.5%

③ 원가기준 기말재고자산=판매가격기준 기말재고자산×원가율

=₩1,500,000×0.625=₩937,500

④ 매출원가＝원가기준 기초재고자산＋원가기준 당기매입액－원가기준 기말재고자산원가
＝₩600,000＋₩4,800,000－₩937,500＝₩4,462,500

2. 할인제품

① 판매가격기준 기말재고자산＝₩900,000

② 원가율＝원가기준 판매가능액÷판매가격기준 판매가능액
＝₩4,000,000÷₩6,000,000＝66.67%

③ 원가기준 기말재고자산＝판매가격기준 기말재고자산×원가율
＝₩900,000×0.6667＝₩600,030

④ 매출원가＝원가기준 기초재고자산＋원가기준 당기매입액－원가기준 기말재고자산원가
＝₩400,000＋₩3,600,000－₩600,030＝₩3,399,970

6 매출총이익률법

20×1년 7월 21일에 (주)천리에 화재가 발생하여 재고자산의 대부분이 소실되었다. (주)천리의 당기 회계자료 중 일부는 다음과 같다.

① 기초상품재고(20×1년 1월 1일)	₩3,000,000
② 당기 중 매입자료(20×1년 1월 1일~7월 21일)	
매입액	₩7,000,000
매입환출 및 에누리	500,000
③ 당기 중 매출자료(20×1년 1월 1일~7월 21일)	
매출액	₩9,000,000
매출환입 및 에누리	200,000
④ (주)천리의 매출총이익률	25%

| 요구사항 |

화재 후 재고자산의 평가액이 ₩500,000이라면 (주)천리의 20×1년 화재손실추정액을 계산하시오.

| 풀이 |

판매가능상품＝기초상품＋순매입액
＝₩3,000,000＋(₩7,000,000－₩500,000)＝₩9,500,000

매출원가＝순매출액×(1－매출총이익률)
＝(₩9,000,000－₩200,000)×(1－0.25)＝₩6,600,000

기말상품＝₩9,500,000－₩6,600,000＝₩2,900,000

화재손실추정액＝장부상 기말상품－화재 후 재고자산의 평가액
＝₩2,900,000－₩500,000＝₩2,400,000

7 재고자산의 저가평가

(주)만리는 재고자산평가에 저가법을 적용하고 있다. 다음 자료는 20×1년 12월 31일의 재고자산에 관한 기록이다.

상품	재고수량	단위당 취득원가	단위당 예상판매가격	단위당 예상판매비용
A	1,500개	₩200	₩220	₩25
B	800	114	140	20
C	1,000	195	213	20

| 요구사항 |

저가법을 항목기준과 총액기준으로 각각 적용할 경우 20×1년 12월 31일의 재고자산평가손실을 계산하시오.

| 풀이 |

상품	취득원가	순실현가능가치	평가손실	
			항목별기준	총계기준
A	₩300,000	₩292,500	₩7,500	-
B	91,200	96,000	-	-
C	195,000	193,000	2,000	-
계	₩586,200	₩581,500	₩9,500	₩4,700

8 재고자산의 저가평가

(주)천성은 재고자산평가에 있어서 저가법을 적용하고 있다. 다음의 자료는 20×1년 12월 31일의 재고자산에 관한 기록이다.

상품종목	재고수량	단위당 취득원가	단위당 추정판매가격	단위당 추정판매비
A	1,500	₩200	₩220	₩25
B	800	114	140	20
C	1,000	195	213	20

| 요구사항 |

1. 만약 종목을 구분하지 않고 전체 상품에 대해서 저가법을 적용하게 되는 경우 (주)천성의 20×1년 말 재고자산평가손실을 구하시오.
2. 만약 항목별로 따로 저가법을 적용하게 되는 경우, (주)천성의 20×1년 말 재고자산평가손실을 계산하시오.

| 풀이 |

1. 순실현가치는 단위당 추정판매가격에서 추정판매비를 차감하여 계산한다.
   취득원가＝1,500개×₩200＋800개×₩114＋1,000개×₩195＝₩586,200

순실현가치 = 1,500개 × (₩220 − 25) + 800개 × (₩140 − 20) + 1,000개 × (₩213 − 20)
= ₩581,500

재고자산평가손실 = ₩586,200 − 581,500 = ₩4,700

2. 항목별 재고자산평가손실은 아래 표와 같다.

구분	취득원가	순실현가치	재고자산평가손실
A	1,500 × ₩200 = ₩300,000	1,500 × ₩195 = ₩292,500	₩7,500
B	800 × ₩114 = ₩91,200	800 × ₩120 = ₩96,000	−
C	1,000 × ₩195 = ₩195,000	1,000 × ₩193 = ₩193,000	₩2,000
계			₩9,500

CHAPTER

11

유형자산과 무형자산

재무상태표

자산		부채
유동자산		유동부채
비유동자산		비유동부채
투자자산		부채총계
		자본
유형자산	토지, 건물, 구축물, 기계장치, 차량운반구, 건설중인자산, 비품, 기타유형자산, 감가상각누계액	자본금 자본잉여금
무형자산	산업재산권(특허권, 실용신안권, 디자인권, 상표권), 영업권, 개발비, 기타무형자산	기타포괄손익누계액 이익잉여금
기타비유동자산		자본총계
자산총계		부채 및 자본총계

제1절 유형자산의 의의와 분류

1. 유형자산의 의의와 특징

유형자산(property, plant and equipment)은 기업의 영업활동(재화의 생산이나 용역의 제공, 타인에 대한 임대 또는 관리활동)에 사용할 목적으로 보유하는 물리적 형태가 있는 자산으로서 한 회계기간(1년)을 초과하여 사용할 것으로 예상되는 자산을 말한다.

이러한 정의에 따라 유형자산은 다음과 같은 특징을 가지고 있다.

1. 유형자산은 정상적 영업활동(재화와 용역의 생산과 판매)에 사용할 목적으로 보유하는 자산이다. 예를 들어, 땅을 매입하였을 경우 제조기업이 공장건물의 부지로 사용하기 위해 취득하면 유형자산(토지계정)으로 분류되고 임대 또는 투자목적으로 취득하면 투자자산(투자부동산)으로 분류된다. 또한 부동산매매기업이 판매목적으로 취득한 토지는 재고자산으로 분류한다.
2. 유형자산은 장기간 사용할 목적으로 보유하는 자산이다. 유형자산은 한 회계기간(1년)을 초과하여 장기간에 걸쳐 수익창출활동에 사용되므로[1] 예상되는 기간(내용연수)에 걸쳐 해당 회계기간에 소모된 경제적 효익을 비용인 감가상각비로 배분(인식)한다.
3. 유형자산은 물리적 실체(physical substance)가 있는 자산(실물자산)이다. 유형자산은 물리적 형태가 없는 무형자산과 구별된다.

유형자산은 기업이 보유하는 다른 자산에 비해 금액이 크고 중요하며, 취득의 유형이 다양하므로 취득원가의 결정이 중요하다. 또한 유형자산의 취득원가 결정은 이후 인식하는 감가상각비나 유형자산처분손익에 영향을 미칠 수 있다.

---

1) 유형자산은 한 회계기간을 초과하여 사용할 것으로 예상되는 자산이므로 **사용기간이 한 회계기간을 초과하지 못한다면** 자산으로 인식하지 아니하고 **발생한 기간의 비용**으로 처리한다(**중요성**).

2. 유형자산의 분류

유형자산은 영업의 유사한 성격과 용도에 따라 분류한다.

표 11-1 | 유형자산의 분류

구분	내용	비고
토지	• 현재 영업활동에 사용되는 토지 • 영업용 건물이 들어서 있는 대지, 임야 등으로 구분함	감가상각하지 않음
건물[*1]	건물, 냉난방, 전기, 통신, 조명, 통풍 및 기타의 건물 부속설비	
구축물[*1]	선거(船渠), 교량, 안벽(岸壁), 부교(浮橋), 궤도(軌道), 저수지, 갱도(坑道), 굴뚝, 정원설비, 도로포장, 기타의 토목설비 및 공작물 등	토지나 건물로 분류되지 않는 토목설비
기계장치	기계장치, 운송설비(컨베이어, 호이스트, 기중기 등)와 기타의 부속설비	
차량운반구	철도차량 및 기타의 육상운반구	
건설중인자산	유형자산의 건설을 위하여 직접 또는 간접으로 소요된 재료원가, 노무원가 및 제조간접원가로 하며, 건설을 위하여 지급한 도급금액 또는 취득 중인 기계 등을 포함	• 감가상각하지 않음[*2] • 건설이 완성되면 건물, 기계장치로 대체함
비품	집기 및 사무용비품	
기타유형자산	위에 속하지 않는 유형자산 [예: 공구·기구, 음료회사의 공병, 선박(선박과 기타의 수상운반구 등), 항공기 등]	

*1. 건물과 구축물의 구분: 지붕, 벽, 기둥이 있으면 건물, 그렇지 않으면 구축물(land improvement)로 구분함.
*2. 건설중인자산(construction in progress)은 아직 영업활동에 사용되지 않기 때문에 감가상각의 대상이 되지 않으며, 건설이 완성되어 해당 유형자산으로 대체되면 감가상각함.

3. 유형자산의 회계처리 요약

유형자산과 관련된 회계처리는 다음과 같이 요약하여 설명할 수 있다.

표 11-2 | 유형자산의 회계처리

구분	회계처리	내용
취득	취득원가의 결정	자산의 분류와 취득원가의 결정 문제
보유	유형자산의 취득 이후 지출: 자본적 지출과 수익적 지출	자산의 보유(사용)기간 동안 유지 및 개량과 관련된 지출을 자산원가에 포함시키는지 또는 당기비용으로 처리하는지의 결정문제
	유형자산의 감가상각	자산의 사용기간(내용연수) 동안 사용원가를 합리적으로 배분하여 비용으로 인식하는 문제
	유형자산의 기말평가	최초로 취득원가로 인식한 이후 원가모형과 재평가모형 중 한 가지 방법으로 평가하는 문제*1
처분	유형자산의 처분	자산의 내용연수 종료 후 폐기 또는 사용 중 처분하였을 때 처분손익의 인식 문제

*1. 원가모형은 자산을 (취득)원가로 평가하고 재평가모형은 자산을 공정가치로 평가함.

제2절 유형자산의 취득

1. 유형자산의 최초인식과 측정

1.1 유형자산의 인식기준

유형자산으로 인식되기 위해서는 (앞에서 설명한 유형자산의 정의를 충족하면서) 다음의 인식기준을 모두 충족하여야 한다.2)

1. 자산으로부터 발생하는 미래 경제적 효익이 기업에 유입될 가능성이 높다.
2. 자산의 원가를 신뢰성 있게 측정할 수 있다.

1.2 유형자산의 취득원가: 최초인식과 측정

유형자산은 최초에 원가(취득원가)로 인식한다.

유형자산 원가의 구성요소는 다음과 같다.

1. 구입가격: 관세 및 환급불가능한 취득 관련 세금을 가산하고 매입할인과 리베이트 등을 차감한 구입가격

2) 이러한 인식기준은 유형자산뿐만 아니라 **모든 자산에 대해 동일하게 적용**된다.

2. 직접관련원가: 경영진이 의도하는 방식으로 자산을 가동하는 데 필요한 장소와 상태에 이르게 하는 데 직접 관련되는 원가[3]
3. 추정복구원가: 자산을 해체, 제거하거나 부지를 복구하는 데 소요될 것으로 최초에 추정되는 원가[4]

이 경우 취득원가의 구성요소는 다음과 같다.

취득원가 = 구입가격 + 직접관련원가 + 추정복구원가

2. 취득유형별 취득원가의 결정

유형자산의 취득원가는 자산을 매입 또는 제작하기 위해 소요된 직접원가뿐만 아니라 해당 자산을 의도한 목적에 사용할 수 있는 상태에 이르기까지 지출된 부대원가를 포함하며, 매입할인 등을 차감한 금액으로 한다.

아래에서는 유형자산의 취득유형별로 취득원가를 결정하는 방법을 살펴본다.

2.1 외부구입

유형자산의 원가는 인식시점의 현금가격상당액이다.

다음 표는 유형자산의 유형별로 취득원가를 결정하는 데 있어 유의해야 할 사항을 예시하였다.

3) **경영진이 의도하는 방식으로 자산을 가동하는 데 필요한 장소와 상태에 이르게 하는 데 직접 관련되는 원가**의 **예**는 다음과 같다.
- 유형자산의 매입 또는 건설과 **직접적으로 관련**되어 발생한 **종업원급여**
- **설치장소 준비원가**
- 최초의 운송 및 취급 관련 원가
- 설치원가 및 조립원가
- 유형자산이 **정상적으로 작동**되는지 여부를 **시험하는 과정에서 발생하는 원가**. 단, **시험과정에서 생산된 재화**(예: 장비의 시험과정에서 생산된 시제품)**의 순매각금액**은 해당 원가에서 **차감**한다.
- **전문가에게** 지급하는 **수수료**

4) K-IFRS에서는 **유형자산의 취득원가에 추정복구원가를 포함**한다. 왜냐하면 원상회복의무를 부담하지 않는다면 해당 유형자산을 취득할 수 없기 때문이다.
원상회복의무를 유형자산의 취득원가에 포함시킬 때 **미래에 지급할 원상회복원가의 현재가치를 계산**하여야 하는데, 이와 관련된 내용은 **중급회계**에서 설명한다.

표 11-3 | 유형자산 취득원가의 결정 사례

구분	취득원가에 포함	취득원가에서 제외
토지	토지구입비, 중개수수료, 취득세, 등록면허세, 등기비용 등[*1]	
건물	• 건물구입비, 중개수수료, 취득세, 등록면허세, 등기비용 등 • 취득할 때 취득목적에 맞게 리모델링, 수리에 지출된 비용 • 건축비용을 차입한 경우 차입금에 대한 완공시점까지의 이자비용[5]	건축비용을 차입한 경우 차입금에 대한 완공 이후 발생하는 이자비용은 해당 기간의 금융비용으로 처리함
	자가건설시 건축설계비용, 건축비용과 기타 부대비용	
기계장치	설치비, 시운전비, 시운전과정에서 소비한 원재료원가	시운전과정에서 생산한 시제품의 순매각금액은 기계장치의 취득원가에서 차감함

*1. 새건물을 신축하기 위하여 기존 건물이 있는 토지를 구입하고 그 건물을 철거하는 경우에 발생하는 철거비용은 토지의 취득원가에 포함하며, 건물 부지로 토지를 취득한 경우 건물을 짓기 위해 필요한 토지의 정지작업이나 배수시설에 필요한 비용도 토지의 취득원가에 포함함.

2.2 일괄취득

일괄취득(lump-sum purchase, 일괄구입)은 두 종류 이상의 자산을 하나의 가격에 구입하는 것을 말한다. 여러 종류의 유형자산을 일괄하여 취득하면서 개별 유형자산의 취득원가를 구분할 수 없는 경우에는 일괄지급한 구입가격을 각 유형자산의 공정가치(상대적 공정가치비율)에 따라 배분하여 개별자산의 취득원가를 결정한다.[6]

예를 들어, 공장건물을 신축하기 위하여 토지와 토지에 정착된 건물을 일괄취득한 후 건물을 철거하는 경우 토지와 건물을 일괄취득한 것이 아니라 토지를 구입한 것이므로 취득대금 전체를 토지의 취득원가로 인식한다. 또한, 건물의 철거비용은 토지의 취득원가에 가산한다.[7] 자산의 취득원가는 자산을 의도한 목적에 사용할 수 있도록 준비하는 데 직접 관련된 원가를 포함해야 하므로, 토지의 취득원가는 토지가 건물을 신축할 수 있는 상태에 이르기까지 직접 관련된 원가를 포함하여야 한다.[8] 따라서 예에서 토지의 취득원가는 토지와 건물의 취득가격에 건물철거비용(철거과정에서 발생하는 잔존폐물의 매각수익은 차감한다)과 토지정지비용 등을 가산하여 결정하여야 한다.

5) 원칙적으로 모든 금융비용은 당기비용으로 인식한다. 그러나 K-IFRS 제1023호(차입원가)는 **적격자산**(a qualifying asset, 의도된 용도로 사용하거나 판매가능한 상태에 이르게 하는 데 상당한 기간을 필요로 하는 자산)**의 취득, 건설 또는 제조와 관련된 차입원가**(borrowing cost)는 해당 자산의 원가의 일부로 **자본화**(capitalization, 관련 금액을 자산의 **취득원가로 인식**)하도록 규정하고 있다.

6) **공정가치를 알 수 없는 경우**에는 감정가액 등을 이용할 수 있다.

7) **사용하던 건물을 철거하고 다른 건물을 신축하는 경우** 기존 건물의 **철거비용**은 **당기비용**으로 인식한다.

8) 왜냐하면 토지를 사용할 수 있도록 하기 위하여 기존 건물을 철거하여야 하기 때문이다.

표 11-4 | 토지와 건물의 일괄구입에 대한 회계처리

구분	회계처리	비고
토지와 건물을 모두 사용하는 경우	일괄구입가격을 각 자산의 상대적 공정가치에 따라 개별자산에 배분함	
토지만 사용하는 경우	모두 토지원가로 배분함	순철거비용과 토지정지비를 가산함
건물을 신축하기 위해 보유 중인 건물을 철거하는 경우	건물의 장부금액과 철거비용은 당기비용으로 처리함	

2.3 자가건설

기업이 필요한 자산을 외부에서 구입하지 않고 자가건설하는 경우가 있다. 자가건설한 유형자산의 원가는 외부에서 구입한 유형자산에 적용하는 것과 같은 기준을 적용하여 결정한다. 즉 자가건설 과정에서 발생한 제조원가와 해당 자산을 가동하는 데 필요한 장소와 상태에 이르게 하는 데 직접 관련되는 원가를 모두 해당 자산의 취득원가에 포함한다.

자가건설 과정에서 발생한 원가(재료원가, 노무원가, 제조간접원가, 외주원가, 건축허가원가, 설계원가 등)는 건설 중인 자산계정에 임시로 처리하였다가 자가건설이 완료되면 그 금액을 해당 유형자산(예: 건물)계정으로 대체한다.

표 11-5 | 자가건설에 대한 회계처리

구분	회계처리
자가건설 관련 원가가 발생할 때	(차) 건설중인자산 ××× (대) 현금 ×××
자가건설이 완료되었을 때(예: 건물)	(차) 건물 ××× (대) 건설중인자산 ×××

2.4 교환취득

상업적 실질이 있는 거래에서 교환으로 유형자산을 취득하는 경우 유형자산의 원가는 교환을 위하여 제공한 자산의 공정가치로 측정한다. 다만 교환을 위하여 제공한 자산의 공정가치가 불확실한 경우에는 교환으로 취득한 자산의 공정가치를 원가로 할 수 있다.[9]

9) 교환거래에 상업적 실질이 없거나 취득한 자산과 제공한 자산 모두의 공정가치를 신뢰성 있게 측정할 수 없는 경우에는 **제공한 자산의 장부금액**을 유형자산의 원가로 하고, 유형자산제거손익은 인식하지 아니한다.

2.5 그 밖의 취득[10)]

현물출자, 증여, 그 밖에 무상으로 취득한 경우 유형자산의 공정가치를 취득원가로 한다.

장기할부조건으로 취득한 경우 유형자산의 공정가치로 하거나 해당 채무로 인하여 미래에 지급할 금액을 적정한 이자율로 할인한 현재가치를 취득원가로 한다.

예제 11-1 유형자산의 유형별 취득원가 결정

1. (주)고수는 기계장치를 ₩1,000,000에 외상으로 구입하고 대금은 3개월 후에 지급하기로 하였다. 기계장치 취득과 관련하여 운반원가 ₩100,000, 설치원가 ₩50,000, 시운전원가 ₩20,000을 현금으로 지급하다.
2. (주)고수는 건물이 세워져 있는 토지를 ₩6,000,000에 구입하고 부대원가 ₩200,000을 수표를 발행하여 지급하다. 구입 당시 토지와 건물의 감정가치는 각각 ₩3,000,000과 ₩2,000,000이다.
3. 사무용 건물을 건설하기 위하여 건물이 세워져 있는 토지를 ₩7,000,000에 현금으로 구입하였다. 건물을 철거하기 위하여 철거비용 ₩200,000과 토지정지비용 ₩100,000을 현금으로 지출하였고, 건물철거과정에서 잔존폐물을 ₩100,000에 처분하였다.
4. (주)고수는 공장을 사가건설하기로 하고 공사비 ₩2,000,000을 현금으로 지급하다.
5. 위 4의 공사가 완료되어 등기비용 ₩50,000과 취득 관련 세금 ₩30,000을 현금으로 지급하다.
6. 원가 ₩5,000,000, 감가상각누계액 ₩3,000,000의 기계장치를 공정가치 ₩4,000,000의 트럭과 교환하다.

| 요구사항 |

위 거래를 회계처리하시오.

| 풀이 |

구분	회계처리			
1	(차) 기계장치	1,170,000	(대) 미지급금 현금	1,000,000 170,000
2	(차) 토지 건물	3,720,000[*1] 2,480,000[*2]	(대) 당좌예금	6,200,000
3	(차) 토지	7,200,000[*3]	(대) 현금	7,200,000
4	(차) 건설중인자산	2,000,000	(대) 현금	2,000,000
5	(차) 건물	2,080,000	(대) 건설중인자산 현금	2,000,000 80,000

10) 그 밖의 취득과 관련된 내용은 중급회계에서 설명한다.

6	(차) 차량운반구 4,000,000 기계장치감가상각누계액 3,000,000	(대) 기계장치 5,000,000 유형자산처분이익 2,000,000

*1. 토지의 취득원가=₩6,200,000×[₩3,000,000÷(₩3,000,000+₩2,000,000)]=₩3,720,000
*2. 건물의 취득원가=₩6,200,000×[₩2,000,000÷(₩3,000,000+₩2,000,000)]=₩2,480,000
*3. 토지의 취득원가=토지와 건물의 구입대가 ₩7,000,000+건물철거비용 ₩200,000+토지정지비용 ₩100,000-잔존폐물처분금액 ₩100,000=₩7,200,000

제3절 유형자산의 취득 이후 지출

1. 후속원가의 인식과 측정: 자본적 지출과 수익적 지출

유형자산을 취득하여 사용하는 중에도 그 자산과 관련된 여러 가지 원가가 발생한다. 이때 유형자산의 단순한 수선·유지에서부터 확장·증설, 대체 및 개선 등과 관련하여 발생하는 원가를 해당 유형자산의 취득원가(장부금액)에 가산할 것인가 아니면 발생기간의 비용(수선유지비)으로 처리할 것인가 하는 문제가 발생한다.

자산을 취득한 후에 발생하는 지출(후속원가)에 대해서도 최초인식과 동일한 조건을 적용하며, 다음과 같이 자본적 지출(capital expenditure)과 수익적 지출(revenue expenditure)로 구분하여 처리한다.[11)]

표 11-6 | 유형자산의 후속적 인식과 측정

구분	내용	회계처리
자본적 지출	후속원가가 자산으로부터 발생하는 미래 경제적 효익이 기업에 유입될 가능성이 있는 경우	원가를 관련 유형자산의 장부금액에 가산하여 그 지출의 효익이 지속되는 기간 동안 감가상각하여 비용으로 처리함
수익적 지출	후속원가가 자산으로부터 발생하는 미래 경제적 효익이 기업에 유입될 가능성이 없는 경우	원가를 발생시점의 비용으로 처리함

11) K-IFRS에서는 명시적으로 자본적 지출과 수익적 지출이라는 용어를 사용하고 있지 않으며 자본적 지출과 수익적 지출이라는 용어는 관습적으로 사용해 온 용어이다. 자본적 지출과 수익적 지출은 **자산적 지출**과 **비용적 지출**이라고 하면 그 의미가 더 명확하게 이해될 수 있을 것이다.

2. 자본적 지출과 수익적 지출의 구분

실무에서 자본적 지출과 수익적 지출을 명확하게 구분하기는 어렵다. 왜냐하면 특정한 후속원가가 미래 경제적 효익이 증가될 가능성이 있는지 여부는 판단의 문제이고 명확한 기준을 제시하기 어렵기 때문이다.[12)]

자본적 지출은 유형자산의 성능수준을 향상시켜 미래 경제적 효익이 증가되는 지출로, 내용연수나 잔존가치를 증가시키거나 새로운 공정의 채택 또는 생산능력의 증대, 원가절감 또는 품질향상 등을 가져오는 경우에는 자본적 지출로 처리한다.

수익적 지출은 유형자산의 원상회복이나 현상유지를 위한 지출로, 수선·유지를 위한 경상적인 지출과 중요성(materiality) 기준에 따른 일정금액 이하의 소액지출의 경우에는 수익적 지출로 처리한다.

유형자산과 관련된 지출을 자본적 지출로 처리할 것인지 또는 수익적 지출로 처리(비용화)할 것인지는 기간손익결정에 상반된 영향을 미친다.[13)]

예제 11-2 자본적 지출과 수익적 지출

1. (주)초당은 사용 중인 건물에 엘리베이터와 냉난방시설을 설치하기 위해 ₩1,000,000을 수표를 발행하여 지급하다.
2. 수해를 입은 공장건물의 외벽도장과 파손된 유리교체비용 ₩500,000을 현금으로 지급하다.

| 요구사항 |

위 거래를 회계처리하시오.

12) 실무에서 자본적 지출인지 또는 수익적 지출인지 **명확하게 구분되지 않을 경우**에는 **수익적 지출**로 처리한다(**보수주의**).
「**법인세법**」에서는 자본적 지출과 수익적 지출을 다음과 같이 **예시**하고 있다.

자본적 지출	수익적 지출
1. 본래의 용도를 변경하기 위한 개조 2. 엘리베이터 또는 냉난방장치의 설치 3. 빌딩 등에 있어서 피난시설 등의 설치 4. 재해 등으로 인하여 멸실 또는 훼손되어 본래의 용도에 이용할 가치가 없는 건축물, 기계, 설비 등의 복구 5. 기타 **개량, 확장, 증설 등** 1부터 4까지와 유사한 성질의 것	1. 건물 또는 벽의 도장(塗裝) 2. 파손된 유리나 기와의 대체 3. 기계의 소모된 부속품 또는 벨트의 대체 4. 자동차 타이어의 대체 5. 재해를 입은 자산에 대한 외장의 복구·도장 및 유리의 삽입 6. 기타 **조업가능한 상태의 유지 등** 1부터 5까지와 유사한 것

13) **수익적 지출로 처리해야 할 원가를 자본적 지출로 처리**하면 그 회계연도의 **이익이 과대계상되고 유형자산이 과대계상**된다. 이와 반대로 **자본적 지출로 처리해야 할 원가를 수익적 지출로 처리**하면 그 회계연도의 **비용이 과대계상(이익이 과소계상)되고 유형자산이 과소계상**된다.

| 풀이 |

구분	회계처리
1	(차) 건물 1,000,000 (대) 당좌예금 1,000,000
2	(차) 수선유지비 500,000 (대) 현금 500,000

제4절 유형자산의 감가상각

1. 감가상각의 의의

1.1 감가상각의 원인

토지를 제외한 유형자산은 취득 이후 사용, 시간의 경과, 수요변동이나 기술진보 등 여러 가지 원인으로 가치가 감소하는데 이러한 현상을 감가라고 한다. 유형자산의 가치를 감소시키는 원인은 물리적 감가와 기능적 감가(경제적 감가)로 구분할 수 있으며, 기능적 감가에는 진부화(obsolescence, 구식화)와 부적응(inadequacy, 부적합)이 있다.

표 11-7 | 유형자산 가치의 감소원인

감가의 원인	내용		비고
물리적 감가	사용 또는 시간경과에 따라 물리적으로 손상, 마모, 훼손 또는 부패에 따른 감가		관리소홀, 우발적 사고, 재해 등에 의해서도 물리적 감가가 발생함
기능적 감가 (경제적 감가)	진부화 (구식화)	기술혁신(생산기술의 발전), 새로운 발명, 유행의 변화 등에 따른 기능적 감가	
	부적응 (부적합)	생산방법의 변경, 공장이전, 경영규모의 확장, 시장상황의 변화 등에 따른 기능적 감가	

유형자산의 감소된 가치를 정확하게 측정하는 것은 불가능하다. 따라서 회계에서는 유형자산의 보유와 사용으로 인해 감소된 가치를 직접 측정하는 대신 유형자산의 취득원가

를 그 자산의 사용기간(경제적 효익이 지속되는 기간, 내용연수)에 걸쳐 체계적이고 합리적으로 배분하는 방법을 사용한다. 이러한 배분방법을 사용하여 특정 회계기간에 배분된 유형자산의 가치감소를 감가상각액(depreciation charges)이라 한다.

감가상각(depreciation)은 유형자산의 취득원가에서 잔존가치를 차감한 감가상각대상금액(depreciable costs, 감가상각가능원가)을 그 자산의 경제적 효익이 발생하는 기간(내용연수) 동안 체계적이고 합리적인 방법에 따라 각 회계기간에 배분하는 과정(절차)을 말한다.[14] 따라서 감가상각은 수익과 비용의 적정한 대응을 위한 원가의 배분과정이지 자산의 평가과정이 아니다.[15]

1.2 감가상각의 회계처리방법과 보고

유형자산의 감가는 회계기간 중에 계속적으로 발생하나 기업은 편의상 회계기간 말에 회계연도 초부터 1년간 발생한 감가상각액을 한꺼번에 계산하고 이를 회계처리한다.

감가상각에 대한 회계처리는 감가상각비를 해당 유형자산의 장부금액에서 직접 차감하는 방법(직접상각법)과 해당 유형자산의 장부금액을 감액하지 아니하고 감가상각누계액을 사용하는 방법(간접상각법)[16]이 있다. 일반적으로 간접법을 사용하는데 기업의 자산에서 유형자산이 차지하는 비중이 크므로 취득원가와 감가상각누계액을 각각 표시하는 것이 재무상태표가 제공하는 정보의 가치를 제고할 수 있기 때문이다.

간접상각법의 회계처리방법은 다음과 같다. 당기의 감가상각액이 결정되면 감가상각비(depreciation expense)계정에 차변기입하고 관련 유형자산의 차감계정인 감가상각누계액(accumulated depreciation expense)계정에 대변기입한다.

(차) 감가상각비 ×××　　　(대) 감가상각누계액 ×××

감가상각비계정은 포괄손익계산서에 기업의 특성에 따라 다음과 같이 보고한다. 상품매매기업의 경우 감가상각비는 판매 및 관리활동과 관련하여 발생하므로 판매비나 관리비로 보고되며, 제조기업의 경우 감가상각비는 공장과 생산설비와 관련하여 발생하므로 매출

14) **감가상각**은 유형자산의 원가배분액을, **상각**(amortization)은 무형자산의 원가배분액을 나타내는 용어이며, 광산과 같은 광물자원, 유전, 산림과 같은 천연자원의 고갈분은 **감모상각**(depletion)이라는 용어를 사용한다.

15) 유형자산의 급격한 시가하락, 진부화 또는 물리적 손상으로 해당 자산의 **회수가능액**(순공정가치와 사용가치 중 큰 금액)**이 장부금액보다 적을 경우** 해당 자산에 대해 손상이 발생하였다고 판단되면 장부금액을 회수가능액으로 감액하면서 **손상차손**을 인식한다. 손상차손은 자산의 평가과정에서 인식하는 비용이다. **자산의 손상**에 대해서는 **제6절 유형자산의 평가**에 대한 설명을 참조.

16) **직접상각법**의 회계처리방법은 다음과 같다.
(차) 감가상각비 ×××　　　(대) 유형자산 ×××

원가의 일부(제조원가)로 보고된다.

감가상각누계액계정은 재무상태표에 관련 유형자산의 차감계정으로 표시한다. 감가상각누계액계정은 앞에 해당 유형자산의 명칭(아래의 예시에서는 기계장치)을 붙여야 하는데 이것은 어느 유형자산계정에서 이를 차감하는지 식별할 수 있도록 하기 위함이다.

▌그림 11-1▐ 감가상각누계액의 재무상태표 보고

재무상태표(부분)

(주)울산 | 20×1년 12월 31일 현재 | (단위: 원)

자산			부채
유형자산			
기계장치	×××		
기계장치감가상각누계액	(×××)	×××	

취득원가에서 감가상각누계액을 차감한 금액을 장부금액(carrying amounts)이라 한다.

2. 감가상각비의 결정요소

회계기간별로 감가상각비를 결정(계산)하는 요소[17]에는 감가상각대상금액(=취득원가−잔존가치), 내용연수와 감가상각방법이 있다.

▌그림 11-2▐ 감가상각비의 결정요소

감가상각비=감가상각대상금액×상각률

감가상각대상금액: ┌ 취득원가 └ 잔존가치

상각률: ┌ 내용연수 └ 감가상각방법

잔존가치와 내용연수는 자산을 처분(폐기)하는 시점이 되어야 정확하게 알 수 있다. 그러나 회계담당자는 감가상각비를 결정하기 위하여 유형자산의 취득시점에서 내용연수와 잔존가치를 추정해야 한다.[18] 이와 같이 내용연수와 잔존가치는 추정에 따라 결정되기

17) **감가상각비의 결정요소**는 **감가상각의 계산요소**, **감가상각비의 요소**, **감가상각의 기본요소**라고도 한다.

18) 이와 같이 미래에 발생할 불확실한 상황을 회계처리하기 위해 사전에 추정하는 절차를 **회계추정**(accounting estimates)이라 한다.

기업은 **매 보고기간 말에 내용연수와 잔존가치를 재추정**하여야 한다. 이 과정에서 당초 추정한 내용연수 또는 잔존가치가 변경될 수 있는데 이를 **회계추정의 변경**이라 한다. 내용연수나 잔존가치에 대한 회계추정의 변경이 발생하면 변경된 회계기간부터 변경된 내용연수나 잔존가치를 사용하여 감가상각비를 인식한다(**전진법**). **회계추정의 변경**은 **중급회계**에서 설명한다.

때문에 이들 요소에 근거한 감가상각비는 추정치일 수밖에 없다.

2.1 감가상각대상금액

감가상각대상금액(depreciation base)은 자산의 취득원가에서 잔존가치를 차감한 금액으로, 그 유형자산을 사용하는 기간 동안 인식하여야 할 총감가상각비를 의미한다.

감가상각대상금액 = 취득원가 − 잔존가치

(1) 취득원가

취득원가는 이미 앞에서 설명하였다. 원가는 유형자산의 구입가격, 부대원가와 취득 이후의 자본적 지출액을 포함한다.

(2) 잔존가치

잔존가치(residual value)는 자산의 내용연수 종료시점에 그 자산의 처분으로 획득할 것으로 예상(추정)되는 처분가액에서 예상(추정)되는 처분부대원가를 차감한 금액의 추정치를 말한다.

잔존가치 = 예상(추정)처분가액 − 예상(추정)처분부대원가

취득원가는 원가로 결정하기 때문에 잔존가치를 얼마로 추정하느냐에 따라 감가상각대상금액이 달라질 수 있으므로 신뢰성 있는 잔존가치의 추정이 필요하다.

2.2 내용연수: 감가상각기간

내용연수(useful life)는 일반적으로 유형자산의 예상사용기간을 말한다. 내용연수는 기업에서 자산이 사용가능할 것으로 기대되는 기간 또는 자산에서 얻을 것으로 기대되는 생산량이나 이와 유사한 단위 수량(예: 가동시간)을 말한다.

2.3 감가상각방법

K-IFRS에서는 유형자산의 감가상각방법으로 정액법, 체감잔액법(예: 정률법 등), 생산량비례법 등을 예시하고 있다.

유형자산의 감가상각방법은 그 자산으로부터 예상되는 미래 경제적 효익이 소비되는 형태를 반영하여야 한다. 기업은 여러 가지 감가상각방법 중 한 가지를 선택하여 매 회계기간마다 계속 적용하여야 하고 정당한 사유 없이 변경해서는 안 된다.[19]

새로운 유형자산에 대한 감가상각방법도 동일한 종류의 기존 유형자산에 대한 감가상각방법과 일치시켜야 한다. 자유롭게 감가상각방법을 변경할 수 있도록 허용하면 이익조작의 수단으로 악용될 우려가 있기 때문이다.

3. 감가상각비의 계산

3.1 연도별 감가상각비의 계산

감가상각은 유형자산이 사용가능한 때(경영진이 의도하는 방식으로 자산을 가동하는데 필요한 장소와 상태에 이른 때)부터 시작한다.

감가상각은 토지와 건설중인자산을 제외한 유형자산에 적용한다. 토지는 내용연수가 무한이므로 감가상각하지 않는다.[20] 건설중인자산은 아직 사용가능한 상태에 이르지 않았기 때문에 감가상각하지 않으며, 건설중인자산이 건물 등으로 대체되어 건물 등이 사용가능한 상태에 이르게 된 시점부터 감가상각을 시작한다.

감가상각은 유형자산이 제거(처분)된 때에 중지한다. 따라서 유형자산이 가동되지 않거나 유휴상태가 되더라도 감가상각한다. 그러나 생산량비례법과 같이 유형자산의 사용정도에 따라 감가상각을 하는 경우에는 생산활동이 이루어지지 않을 때 감가상각을 하지 않는다.

3.2 회계기간 중에 구입한 자산의 감가상각

기업이 유형자산을 회계기간 초나 회계기간 말에만 구입하는 것은 아니다. 회계기간 중에 유형자산을 구입하는 경우 그 시점부터 감가상각을 시작하므로, 첫 연도의 감가상각비(취득연도)는 일할기준(사용한 일수를 기준)으로 계산하여야 하나 실무에서는 월할기준(사용한 월수를 기준)으로 감가상각비를 계산한다. 월할기준(monthly basis)은 취득한 달부터 회계연도의 남은 기간을 월기준으로 취득연도의 감가상각비를 인식한다.[21] 예를 들

19) 기업은 선택한 **감가상각방법을 매 회계연도 말에 재검토**하며, 재검토 결과 **자산의 미래 경제적 효익이 소비되는 형태에 중요한 변동**이 있으면 이를 반영하기 위하여 감가상각방법을 변경하는데 이를 **회계추정의 변경**이라 한다. 감가상각방법에 대한 회계추정의 변경이 발생하면 변경된 회계기간부터 변경된 감가상각방법을 사용하여 감가상각비를 인식한다(**전진법**). **회계추정의 변경**은 **중급회계**에서 설명한다.

20) 채석장이나 매립지 등을 취득하여 **토지의 내용연수가 유한한 경우 감가상각한다.**

어, 회계연도가 12월 말에 종료하는 경우 9월 중에 자산을 구입하였다면 첫 연도에는 4개월분만 감가상각한다.

예제 11-3 **감가상각 대상자산의 기중취득**

(주)소한은 20×1년 9월 5일에 기계를 ₩200,000에 취득하였다. 이 기계의 내용연수는 3년, 잔존가치는 ₩20,000으로 추정된다. (주)소한은 정액법을 사용하여 감가상각한다.

| 요구사항 |
위 거래를 회계처리하시오.

| 풀이 |

(차) 감가상각비	20,000*1	(대) 기계장치감가상각누계액	20,000

*1. 감가상각비 = (₩200,000 − ₩20,000) ÷ 3 × (4/12) = ₩20,000

4. 감가상각방법

일반적으로 사용되는 감가상각방법을 요약하면 다음과 같다.

표 11-8 | 감가상각방법

구분	감가상각방법
정액법 (균등상각법)	정액법
체감잔액법 (가속상각법)	정률법
	이중체감법(정액법의 배법)
	연수합계법
비례법 (활동기준법)	생산량비례법
	작업시간비례법

감각상각방법을 서로 비교하기 위하여 다음 예시자료를 이용하여 위의 각 감가상각방법에 대해 설명한다.

21) **월할기준**을 적용할 경우 월 중에 자산의 사용이 시작되면 취득 월을 포함하여 감가상각비를 계산하고, 월 중에 자산이 처분되면 처분 월을 제외하고 감가상각비를 계산한다. 예를 들어, 6월 10일에 유형자산을 취득하였다면 6월 1일부터 취득한 것(즉, 6월부터 사용한 것)으로 간주하여 감가상각한다.

예시자료: 감가상각방법

(주)화암은 20×0년 1월 1일 기계장치를 ₩1,000,000에 취득하였다. 이 기계장치의 내용년수는 3년, 잔존가치는 ₩100,000으로 추정되며 총생산단위는 25,000개, 총작업시간은 10,000시간으로 추정된다.

(주)화암은 20×0년에 이 기계장치를 2,000시간 가동하여 제품 8,000개를 생산하고, 20×1년에 4,500시간 가동하여 제품 10,000개를 생산하였으며, 20×2년에 3,500시간 가동하여 제품 7,000개를 생산하였다.

4.1 정액법

정액법(straight-line method, 직선법, 균등액상각법)은 유형자산의 감가가 시간의 경과에 비례하여 발생하는 것으로 가정하여 매 회계기간에 동일한 금액을 상각하는 방법이다.

정액법에서 매 회계기간의 감가상각액은 다음과 같이 계산된다.

$$\text{감가상각비} = \frac{(\text{취득원가} - \text{잔존가치})}{\text{내용연수}} = (\text{취득원가} - \text{잔존가치}) \times \frac{1}{\text{내용연수}}$$

예제 11-4 정액법

위의 예시자료를 사용하여 (주)화암의 정액법에 따른 각 회계기간의 감가상각액을 계산하시오.

| 풀이 |

연도	계산	감가상각비	감가상각 누계액	기말장부금액
20×0년 1월 1일				₩1,000,000
20×0년 12월 31일	(₩1,000,000−₩100,000)×1/3	₩300,000	₩300,000	700,000
20×1년 12월 31일	(₩1,000,000−₩100,000)×1/3	300,000	600,000	400,000
20×2년 12월 31일	(₩1,000,000−₩100,000)×1/3	300,000	900,000	100,000
계		₩900,000		

4.2 체감잔액법

체감잔액법(declining-balance method, 가속상각법, accelerated depreciation method)은 감가상각 초기에 감가상각액을 많이(가속하여) 인식하고 시간이 경과함에 점차 적게 인식하는 감가상각방법이다. 체감잔액법에는 정률법, 이중체감법과 연수합계법이 있다.

(1) 정률법

정률법(constant percentage method, fixed percentage of declining-balance method)은 매 회계기간에 유형자산의 기초장부금액(기초의 미상각잔액)을 구하고, 이에 일정한 상각률을 곱하여 상각액을 계산하는 방법이다. 장부금액은 취득원가에서 기초감가상각누계액을 차감한 금액이다.

정률법에서 매 회계기간의 감가상각액은 다음과 같이 계산된다.

감가상각비 = (취득원가 − 기초감가상각누계액) × 상각률 = 기초장부금액 × 상각률

$$상각률 = 1 - \sqrt[n]{\frac{잔존가치}{취득원가}}$$ [22]

여기서, n은 내용연수

예제 11-5 **정률법**

위의 예시자료를 사용하여 (주)화암의 정률법에 따른 각 회계기간의 감가상각액을 계산하시오.

| 풀이 |

연도	계산	감가상각비	감가상각 누계액	기말장부금액
20×0년 1월 1일				₩1,000,000
20×0년 12월 31일	₩1,000,000×53.58%[*1]	₩535,800	₩535,800	464,200
20×1년 12월 31일	₩464,200×53.58%	248,718	784,518	215,482
20×2년 12월 31일	₩215,482−₩100,000[*2]	115,482	900,000	100,000
계		₩900,000		

*1. $상각률 = 1 - \sqrt[3]{\frac{₩100,000}{₩1,000,000}} = 53.58\%$

*2. 내용연수 마지막 연도의 감가상각비는 장부금액과 잔존가치가 일치하지 않으므로 이들이 일치하도록 감가상각비를 조정함.

(2) 이중체감법: 정액법의 배법

이중체감법(double-declining balance method, 정액법의 배법)은 상각률을 간편하게 계산하기 위해 정액법에 따른 상각률의 2배(이중체감률)로 적용하고, 정률법과 동일한 방법으로(장부금액에 이중체감률을 곱하여) 감가상각액을 계산하는 방법이다. 이중체감법은 정률

22) **정률법**은 상각률에 잔존가치를 고려하고 있으므로 감가상각비를 계산할 때 잔존가치는 고려하지 않는다(즉, 기초장부금액은 잔존가치를 차감하지 않은 금액이다). 그리고 잔존가치가 0인 경우 상각률이 100%가 되므로 이 경우에는 잔존가치를 1로 보아 상각률을 계산한다.

법과 같이 기초장부금액에 상각률을 곱하여 계산하므로 감가상각비 계산과정에서 잔존가치를 고려할 필요가 없다.

이중체감법에서 매 회계기간의 감가상각액은 다음과 같이 계산된다.

감가상각비 = (취득원가 − 기초감가상각누계액) × 상각률

$$상각률 = \frac{1}{내용연수} \times 2$$

이중체감법은 정률법과 달리 상각률에 잔존가치를 고려하지 않았기 때문에 내용연수 마지막 연도의 감가상각비는 다음과 같이 계산한다.

마지막 연도의 감가상각비 = 미상각잔액 − 잔존가치

예제 11-6 이중체감법

위의 예시자료를 사용하여 (주)화암의 이중체감법에 따른 각 회계기간의 감가상각액을 계산하시오.

| 풀이 |

연도	계산	감가상각비	감가상각 누계액	기말장부금액
20×0년 1월 1일				₩1,000,000
20×0년 12월 31일	₩1,000,000×2/3[*1]	₩666,667	₩666,667	333,333
20×1년 12월 31일	₩333,333×2/3	222,222	888,889	111,111
20×2년 12월 31일	₩111,111−₩100,000[*2]	11,111	900,000	100,000
계		₩900,000		

*1. $상각률 = \frac{1}{내용연수} \times 2 = \frac{1}{3} \times 2 = \frac{2}{3}$

*2. 내용연수 마지막 연도의 감가상각비는 장부금액과 잔존가치가 일치하지 않으므로 이들이 일치하도록 감가상각비를 조정함.

(3) 연수합계법

연수합계법(sum of the years digit method)은 감가상각대상금액에 상각률을 곱하여 감가상각액을 계산하나, 상각률의 분모는 내용연수의 합계를, 분자는 내용연수를 역순으로 표시한 해당 연도의 숫자를 사용하여 계산한다. 상각률은 n년의 내용연수를 표시하는 숫

자 1, 2, 3, ⋯, n의 합계(연수합계)를 분모로, 각 회계기간에 그 회계기간을 포함하는 잔여내용연수를 분자로 하여 계산한다. 예를 들어, 내용연수가 5년인 유형자산은 1, 2, 3, 4, 5년도의 합인 15를 분모로, 첫 번째 연도에는 1년을 포함하여 잔여내용연수가 5년이므로 5를 분자로 하여 상각률을 계산한다. 두 번째 연도에는 잔여내용연수가 4년이므로 4를 분자로 하여 상각률을 계산한다.

연수합계법에서 매 회계기간의 감가상각액은 다음과 같이 계산된다.

감가상각비 = (취득원가 − 잔존가치) × 상각률

$$상각률 = \frac{내용연수를\ 역순으로\ 표시한\ 해당\ 연도의\ 숫자}{내용연수\ 합계}$$

예제 11-7 **연수합계법**

위의 예시자료를 사용하여 (주)화암의 연수합계법에 따른 각 회계기간의 감가상각액을 계산하시오.

| 풀이 |

연도	계산	감가상각비	감가상각 누계액	기말장부금액
20×0년 1월 1일				₩1,000,000
20×0년 12월 31일	(₩1,000,000−₩100,000)×3/6[*1]	₩450,000	₩450,000	550,000
20×1년 12월 31일	(₩1,000,000−₩100,000)×2/6	300,000	750,000	250,000
20×2년 12월 31일	(₩1,000,000−₩100,000)×1/6	150,000	900,000	100,000
계		₩900,000		

*1. 연수합계=1+2+3=6

4.3 생산량비례법과 작업시간비례법

생산량비례법(units-of-production method)은 내용연수를 기준으로 감가상각비를 계산하지 않고 생산량 또는 사용량에 비례하여 감가상각비를 계산하는 방법이다. 산림 또는 유전과 같은 천연자원(natural resources) 또는 광산과 같은 광물자원(mineral resources)의 경우 벌목량 또는 채굴량에 비례하여 자산의 가치가 감소되므로 총추정생산량에 대한 당기실제생산량의 비율에 따라 감가상각비를 계산하면 수익과 비용을 합리적으로 대응시킬 수 있다.[23]

생산량비례법에서 매 회계기간의 감가상각액은 다음과 같이 계산된다.

$$\text{감가상각비} = (\text{취득원가} - \text{잔존가치}) \times \frac{\text{당기실제생산량}}{\text{총추정생산량}}$$

예제 11-8 생산량비례법

위의 예시자료를 사용하여 (주)화암의 생산량비례법에 따른 각 회계기간의 감가상각액을 계산하시오.

| 풀이 |

연도	계산	감가상각비	감가상각 누계액	기말장부금액
20×0년 1월 1일				₩1,000,000
20×0년 12월 31일	(₩1,000,000−₩100,000)×8,000개/25,000개	₩288,000	₩288,000	712,000
20×1년 12월 31일	(₩1,000,000−₩100,000)×10,000개/25,000개	360,000	648,000	352,000
20×2년 12월 31일	(₩1,000,000−₩100,000)×7,000개/25,000개	252,000	900,000	100,000
계		₩900,000		

생산량비례법과 비슷한 방법으로 작업시간비례법(service hours method)이 있다. 작업시간비례법은 생산량비례법의 계산식에서 생산량 대신 작업시간을 대입하면 된다.

작업시간비례법에서 매 회계기간의 감가상각액은 다음과 같이 계산된다.

$$\text{감가상각비} = (\text{취득원가} - \text{잔존가치}) \times \frac{\text{당기실제작업시간}}{\text{총추정작업시간}}$$

23) **천연자원 또는 광물자원을 생산량비례법에 따라 상각할 경우** 일반적인 **감가상각**이라는 용어와 구분하기 위하여 **감모상각**(depletion)이라는 용어를 사용한다.

예제 11-9 작업시간비례법

위의 예시자료를 사용하여 (주)화암의 작업시간비례법에 따른 각 회계기간의 감가상각액을 계산하시오.

| 풀이 |

연도	계산	감가상각비	감가상각 누계액	기말장부금액
20×0년 1월 1일				₩1,000,000
20×0년 12월 31일	(₩1,000,000−₩100,000)× 2,000시간/10,000시간	₩180,000	₩180,000	820,000
20×1년 12월 31일	(₩1,000,000−₩100,000)× 4,500시간/10,000시간	405,000	585,000	415,000
20×2년 12월 31일	(₩1,000,000−₩100,000)× 3,500시간/10,000시간	315,000	900,000	100,000
계		₩900,000		

4.4 감가상각방법별 감가상각액 비교

지금까지 설명한 각 감가상각방법에 따른 연간 감가상각액을 비교하면 다음과 같다. 어느 감가상각방법을 사용하건 감가상각비의 총계는 동일하다.

표 11-9 | 각 감가상각방법에 따른 연도별 감가상각액의 비교

연도	정액법	체감잔액법(가속상각법)			비례법	
		정률법	이중체감법	연수합계법	생신량비례법	작업시간비례법
20×0년	₩300,000	₩535,800	₩666,667	₩450,000	₩288,000	₩180,000
20×1년	300,000	248,718	222,222	300,000	360,000	405,000
20×2년	300,000	115,482	11,111	150,000	252,000	315,000
계	₩900,000	₩900,000	₩900,000	₩900,000	₩900,000	₩900,000

어떤 감가상가방법을 선택하는가에 따라 연도별 감가상각비가 달라지며, 감가상각비가 달라지면 당기순이익도 달라진다. 따라서 유형자산이 거액인 기업의 경우 감가상각방법의 선택은 당기순이익에 중대한 영향을 미친다.

제5절 유형자산의 처분

유형자산은 내용연수가 지나면 폐기되기도 하고 사용 중에도 처분(매각)하거나 다른 자산과 교환하기도 한다. 이와 같이 유형자산을 장부에서 삭제하는 것을 제거(derecognition)라 한다. 유형자산은 처분하는 때 또는 사용이나 처분을 통하여 미래 경제적 효익이 기대되지 않을 때 제거한다.

유형자산을 제거(폐기 또는 처분)하는 경우 그 자산과 관련된 모든 계정(해당 유형자산계정과 감가상각누계액계정)을 재무상태표에서 제거하고 처분금액과 장부금액의 차액을 유형자산처분손익(gains or losses on disposal of fixed assets, 유형자산제거손익)으로 인식한다.[24]

유형자산처분손익[*1] = 처분금액 − 장부금액[*2]

*1 양의 값이면 유형자산처분이익, 음의 값이면 유형자산처분손실이 됨.
*2. 장부금액은 취득원가에서 감가상각누계액을 차감하여 계산함.
장부금액 = 취득원가 − 감가상각누계액

회계기간 중간에 유형자산을 제거(처분)하는 경우 처분연도의 감가상각액이 기록되어 있지 않으므로 회계기간 기초부터 처분일까지 감가상각비를 계산하여 비용으로 먼저 인식하고, 그 금액을 전기 말의 감가상각누계액에 가산하여 처분시점의 장부금액을 다시 계산한 다음에 유형자산처분손익을 계산하여야 한다.

1단계: 처분시점까지의 감가상각비를 계상한다.
2단계: 취득원가와 감가상각누계액을 파악한다.
3단계: 처분금액과 장부금액(=취득원가−감가상각누계액)을 비교하여 그 차액을 유형자산처분손익으로 계상한다.

예제 11-10 유형자산의 처분

1. (주)용연은 원가 ₩800,000, 감가상각누계액 ₩600,000인 기계를 폐기하다.
2. (주)용연은 취득원가 ₩2,000,000, 내용연수 3년, 잔존가액 ₩200,000, 감가상각누계액 ₩600,000의 기계장치를 20×1년 초에 취득하여 정액법으로 감가상각해 오고 있으며, 20×2년 7월 1일에 기계장치를 ₩1,000,000에 처분하고 대금은 현금으로 받다.

24) 유형자산처분손익은 당기손익 중 기타수익으로 분류한다.

| 요구사항 |

위 거래를 회계처리하시오.

| 풀이 |

구분	회계처리
1	(차) 기계장치감가상각누계액 600,000 (대) 기계장치 800,000 유형자산처분손실 200,000
2	① 처분시점까지의 감가상각비 인식[*1] (차) 감가상각비 300,000 (대) 기계장치감가상각누계액 300,000 ② 처분에 관한 회계처리 (차) 현금 1,000,000 (대) 기계장치 2,000,000 기계장치감가상각누계액 900,000 유형자산처분손실 100,000

*1. 처분시점까지의 감가상각비 인식 $= \dfrac{(₩2,000,000 - ₩200,000)}{3} \times \dfrac{6}{12} = ₩300,000$

제6절 유형자산의 평가

1. 원가모형과 재평가모형

유형자산은 최초에 원가로 인식한다. 최초인식 이후에는 기말 평가손익을 인식하기 위하여 원가모형과 재평가모형 중 한 가지를 선택하여 적용할 수 있다. 이때 선택한 방법은 유형자산 분류별로 동일하게 적용해야 한다.

1.1 원가모형[25]

원가모형(cost method)은 유형자산을 최초로 인식한 후에 매기 감가상각비와 손상차손을 인식한다. 원가모형은 감가상각을 반영하나 유형자산의 공정가치의 변동을 장부에 반영하지 않는다. 그러나 유형자산의 가치가 장부금액보다 하락한 경우에는 회수가능액과 장부금액의 차이를 손상차손계정으로 인식하여 당기비용으로 인식하고, 그만큼 손상차손누계액(자산의 차감계정)으로 표시하여 유형자산의 장부금액에서 차감한다.

25) 이 장에서 지금까지 설명한 유형자산의 회계처리는 원가모형에 따른 것이다.

1.2 재평가모형

재평가모형(revaluation method)은 유형자산을 최초인식한 후에 공정가치로 평가하는 방법이다. 기업은 매 보고기간 말에 감가상각비를 인식한 후 해당 유형자산을 공정가치로 평가하고, 장부금액(감가상각비 인식 후의 장부금액)과 공정가치의 차이를 재평가이익[26](공정가치가 장부금액보다 큰 경우) 또는 재평가손실(공정가치가 장부금액보다 적은 경우)로 인식한다. 또한 유형자산의 장부금액을 공정가치로 증액 또는 감액시킨다.[27]

표 11-10 | 유형자산의 평가모형

취득시점의 평가	취득 이후의 평가	내용
취득원가	원가모형	원가로 평가함
	재평가모형	공정가치로 평가함

재평가모형은 유형자산을 공정가치로 평가하여 유형자산의 경제적 실질을 잘 나타내기 때문에 투자자의 경제적 의사결정에 더 목적적합한 정보를 제공할 수 있다는 장점이 있다.

2. 원가모형과 손상차손

원가모형을 적용하여 자산을 평가할 경우 원칙적으로 자산의 평가손익이 발생하지 않는다. 그러나 유형자산을 취득한 이후 가치가 크게 감소하고 단기간 내에 회복될 수 없는 경우가 발생할 수 있다. 이렇게 자산의 가치가 하락하는 것을 손상(impairment)이라 하고, 자산의 손상을 시사하는 징후(예: 유형자산의 진부화 또는 물리적 손상이 발생한 경우, 자산에서 발생할 것으로 예상되는 현금흐름이 심각하게 악화된 경우 등)가 있다면 유형자산의 회수가능액을 추정하고 장부금액과 비교하는데 이를 손상검사(impairment test)라 한다.

유형자산의 손상이 발생(유형자산의 회수가능성이 장부금액보다 낮아진 경우)하면, 그 차이(=장부금액-회수가능액)를 재무상태표에 반영하기 위하여 유형자산의 장부금액을 회수가능액으로 감소시키고, 포괄손익계산서에 그 차이를 유형자산손상차손(impairment loss)으로 인식한다.[28]

---

26) 자세한 내용은 **이 절 3.2 재평가의 회계처리**의 설명을 참조.

27) **유형자산 손상차손은 회수가능액**을 기준으로 그 차이를 인식하는 것이고, **재평가손익**은 **공정가치**를 기준으로 그 차이를 인식하는 것이다.

28) K-IFRS에서는 원가모형이라도 공정가치가 하락하면 **손실(손상차손)은 당기손익에 반영**하나, 공정가치가 원가보다 상승하면 **이익(손상차익)은 인식하지 않는다(보수주의)**.

손상차손 = 장부금액 − 회수가능액

유형자산의 회수가능액(recoverable amount)은 그 자산을 계속 사용하거나 처분한다고 가정할 때 유입이 예상되는 미래현금흐름의 추정액이다. 회수가능액은 자산의 순공정가치와 사용가치 중 큰 금액을 말한다.29)

회수가능액 = max(순공정가치, 사용가치)

| 그림 11-3 | 유형자산의 손상

장부금액*1	회수가능액*2
	손상차손

*1. 손상 여부를 판단할 때 장부금액은 당기의 감가상각비를 반영한 후의 금액임.
*2. 회수가능액 = max(순공정가치, 사용가치)

순공정가치(net fair value)는 합리적인 판단력과 거래의사가 있는 거래당사자 간에 결정된 공정가치에서 해당 자산의 처분부대원가를 차감한 금액을 말하고, 사용가치(value in use)는 자산을 계속 사용하는 경우 자산이 벌어들일 미래현금흐름을 현재가치로 환산한 금액을 말한다.

순공정가치 = 공정가치 − 처분부대원가

표 11-11 | 자산손상차손의 회계처리

재평가차액		회계처리	비고
회수가능액이 장부금액에 미달하는 경우	회수가능액 < 장부금액	(차) 유형자산손상차손 ××× (대) 유형자산손상차손누계액*1 ×××	유형자산손상차손은 포괄손익계산서의 당기비용에 포함함
차기 이후에 새로운 회수가능액이 장부금액을 초과하는 경우	새로운 회수가능액 > 장부금액	(차) 유형자산손상차손누계액 ××× (대) 유형자산손상차손환입 ×××*2	유형자산손상차손환입은 포괄손익계산서의 당기이익에 포함함

29) **회수가능액**을 추정할 때 항상 순공정가치와 사용가치를 모두 추정할 필요가 없다. 순공정가치나 사용가치 중 하나의 금액이 장부금액을 초과한다면 자산이 손상되지 않았으므로 다른 금액을 추정할 필요는 없다.

*1. 유형자산손상차손의 금액만큼 손상차손누계액이라는 자산의 차감계정을 사용하여 자산의 장부금액을 회수가능액으로 감소시킴. 손상차손누계액계정을 사용할 경우 재무상태표의 자산의 장부금액은 다음과 같이 계산됨.
유형자산의 장부금액 = 취득원가 – 감가상각누계액 – 손상차손누계액

*2. 유형자산손상차손환입은 손상차손누계액의 범위 내에서만 환입됨. 즉, 유형자산손상차손환입으로 증가시킬 자산의 장부금액은 과거 회계기간에 손상차손을 인식하지 않았다면 현재 회계기간에 기록되어 있을 금액(감가상각 후의 금액)을 초과하여 증가시킬 수 없음.

유형자산손상차손은 먼저 감가상각비를 인식한 후에 인식한다.

표 11–12 | 감가상각비 인식 후 손상차손 회계처리

구분	회계처리			
• 감가상각 후 장부금액 > 회수가능액				
1	(차) 감가상각비	×××	(대) 유형자산감가상각누계액	×××
2	(차) 유형자산손상차손	×××	(대) 유형자산손상차손누계액	×××

1. 재무상태표에 유형자산은 다음과 같이 표시됨.

유형자산	×××	
유형자산감가상각누계액	(×××)	
유형자산손상차손누계액	(×××)	×××

구분	회계처리			
• 감가상각 후 장부금액 < 회수가능액				
1	(차) 감가상각비	×××	(대) 유형자산감가상각누계액	×××

1. 재무상태표에 유형자산은 다음과 같이 표시됨.

유형자산	×××	
유형자산감가상각누계액	(×××)	×××

손상차손인식 후 감가상각비(다음 회계기간부터 감가상각비)는 취득원가나 수정 전 장부금액이 아니라 당기 말에 수정된 장부금액을 기준으로 계산하여야 한다.

유형자산의 장부금액 = 취득원가 – 감가상각누계액 – 손상차손누계액

예제 11-11 유형자산의 손상차손

(주)협재는 장부금액 ₩3,000,000의 토지를 소유하고 있다.

| 요구사항 |

다음 거래를 회계처리하시오.

1. 20×1년 말 시세하락으로 토지의 회수가능액을 ₩2,000,000으로 평가하다.
2. 20×2년 말에 토지의 회수가능액이 ₩3,300,000으로 증가하였다.

| 풀이 |

구분	회계처리
1[*1]	(차) 토지손상차손 1,000,000 (대) 토지손상차손누계액 1,000,000
2	(차) 토지손상차손누계액 1,000,000 (대) 토지손상차손환입 1,000,000[*2]

*1. 20×1년 말 재무상태표에 토지는 다음과 같이 표시됨.

토지	₩3,000,000	
토지손상차손누계액	(1,000,000)	₩2,000,000

*2. 유형자산손상차손환입은 손상차손누계액의 범위 내에서만 환입됨. 즉, 20×2년 말에 토지의 공정가치는 ₩3,300,000이나 토지의 장부금액을 증가시킬 수 있는 최대금액은 최초의 장부금액 ₩3,000,000이므로 토지손상차손환입금액은 ₩1,000,000임.
20×2년 말 재무상태표에 토지는 다음과 같이 표시됨.

토지	₩3,000,000

3. 재평가모형에 따른 공정가치의 평가

3.1 재평가모형의 의의와 적용

(1) 재평가모형의 의의

재평가모형은 유형자산을 공정가치로 평가하는 방법이다. 공정가치(fair value)는 합리적인 판단력과 거래의사가 있는 사람들 간에 자산이 거래될 때 결정된 가격으로, 일반적으로 거래가 활성화된 시장에서 형성된 시장가격과 유사한 가격이다.

(2) 재평가모형의 적용

재평가모형을 적용할 때 감가상각을 하는 자산은 먼저 감가상각을 한 후 공정가치로 평가한다. 또한 재평가모형을 적용하는 유형자산도 손상된 경우에는 손상차손을 인식한다.[30)]

표 11-13 | 유형자산의 회계정책

구분	회계처리	손상차손
원가모형	감가상각 후 장부금액(원가)으로 평가함	손상차손을 인식함
재평가모형	감가상각 후 공정가치로 평가함	

30) 재평가되는 자산의 손상차손은 재평가를 우선 적용한 후 손상차손 인식 여부를 판단한다.

재평가모형을 사용할 때에는 다음 사항을 고려하여야 한다. 일단 재평가모형을 적용하면 원가모형으로 평가방법을 바꿀 수 없고, 선택한 평가방법을 일관성 있게 적용하여야 한다.

첫째, 동일 분류별 재평가로, 재평가모형을 채택하는 경우 개별자산이 아니라 토지, 기계장치, 차량운반구, 비품 등과 같은 동일한 분류 내의 전체 자산에 대해 재평가모형을 적용하여야 한다. 예를 들어 차량운반구가 A, B와 C의 세 가지 차량으로 구성되어 있는 경우 차량운반구 A와 B에 대해서는 재평가모형을 적용하고 차량운반구 C에 대해서는 원가모형을 적용할 수 없고, 차량운반구라는 자산분류 전체에 대해 재평가모형을 적용하여야 한다.

둘째, 재평가 빈도로, 공정가치의 변동이 크면 매년 재평가하고, 공정가치의 변동이 매년 크지 않으면 3년이나 5년 등 주기적으로 재평가한다. 재평가는 회계기간 말에 유형자산의 장부금액이 공정가치와 중요한 차이가 나지 않도록 주기적으로 수행한다.

셋째, 감가상각으로, 재평가모형을 사용하더라도 앞에서 설명한 감가상각방법 중 한 가지 방법을 선택하여 매년 동일하게 감가상각을 한다. 재평가 후의 감가상각액은 재평가한 금액을 근거로 산출하므로 재평가 후의 감가상각비가 변동한다.[31]

3.2 재평가의 회계처리

재평가모형에서는 회계기간마다 재평가를 실시하여 공정가치를 반영한다.

재평가모형을 적용하여 자산을 평가할 경우 유형자산의 장부금액을 재평가금액(회계기간 말의 공정가치)으로 조정하고,[32] 재평가금액(공정가치)과 장부금액 간의 차이를 재평가이익 또는 재평가손실로 인식한다. 또한 유형자산의 장부금액을 공정가치로 증액 또는 감액시킨다.[33]

재평가이익이 발생한 경우(재평가금액이 장부금액보다 큰 경우) 먼저 재평가이익이라는 계정과목으로 기타포괄손익으로 인식하고, 마감분개를 거쳐 재평가잉여금이라는 계정과목으로 자본(기타포괄손익누계액)에 가산한다. 이 경우는 재평가 회계처리가 당기순이익(또는 이익잉여금)에 영향을 미치지 않는다.

---

31) 감가상각비를 포함한 재평가모형의 적용에 관한 구체적인 회계처리는 **중급회계**에서 설명한다.

32) K-IFRS에서는 유형자산을 재평가할 때 2가지 방법을 허용하고 있다.
첫 번째 방법(**누계액제거법**)은 총장부금액에서 기존의 감가상각누계액을 전부 제거하여 자산의 순장부금액이 재평가금액이 되도록 수정하는 방법이며, 자세한 회계처리는 **[예제 11-12]의 회계처리를 참조.**
두 번째 방법(**비례수정법**)은 재평가 후 자산의 장부금액이 재평가금액과 일치하도록 총장부금액과 감가상각누계액을 비례적으로 수정하는 방법이며, 비례수정법에 대한 회계처리는 **중급회계**에서 설명한다.

33) **유형자산 손상차손**은 **회수가능액**을 기준으로 그 차이를 인식하는 것이고, **재평가손익**은 **공정가치**를 기준으로 그 차이를 인식하는 것이다.

이에 비하여, 재평가손실이 발생한 경우(재평가금액이 장부금액보다 작은 경우) 유형자산의 장부금액을 재평가금액으로 감소시키며, 그 감소액은 재평가손실로 당기손익 계산에 포함된다. 따라서 이익잉여금이 감소하게 된다.

표 11-14 | 재평가의 회계처리

구분	회계처리	비고[34]
공정가치> 장부금액	(차) 유형자산[*1] ××× (대) 재평가이익[*2*3] ×××	자산재평가이익은 포괄손익계산서의 기타포괄이익에 보고하여 당기순이익에 영향을 주지 않음
공정가치< 장부금액	(차) 재평가손실[*4] ××× (대) 유형자산 ×××	자산재평가손실은 포괄손익계산서의 당기비용에 보고하여 당기순이익을 감소시킴

*1. 유형자산은 해당 자산의 계정을 기록함.
*2. 재평가이익은 자산재평가이익, 유형자산재평가이익, 자산손상차익이라는 계정을 사용할 수도 있음.
*3. 재평가이익은 회계기간 말에 마감분개를 통해 재무상태표 자본항목의 기타포괄손익누계액 중 재평가잉여금(asset revaluation reserve)으로 대체함.

(차) 자산재평가이익 ××× (대) 자산재평가잉여금 ×××
(기타포괄이익) (기타포괄손익누계액)

*4. 재평가손실은 자산재평가손실, 유형자산재평가손실, 자산손상차손이라는 계정을 사용할 수도 있음.
5 당기의 공정가치 변동으로 유형자산의 장부금액을 감소(증가)시켜야 하는 경우 과거 회계기간의 재평가시 발생한 자산재평가이익(자산재평가손실)의 잔액이 있는 경우의 회계처리는 다음과 같이 요약할 수 있음.

구분	과거 회계기간의 자산재평가손실 잔액이 있는 경우의 회계처리
공정가치> 장부금액	**과거 회계기간의 자산재평가손실의 잔액이 있는 경우**에 **그 금액을 한도로 재평가이익(당기이익)으로 인식**하고, **그 한도를 넘어서는 금액은 재평가이익(기타포괄이익)으로 인식**함
공정가치< 장부금액	**과거 회계기간의 자산재평가이익(재평가잉여금)의 잔액이 있는 경우**에 **그 금액을 한도로 재평가손실(기타포괄손실)로 인식**하고, **그 한도를 넘어서는 금액은 재평가손실(당기비용)로 인식**함

예제 11-12 유형자산의 재평가

(주)성류는 내용연수 3년, 잔존가액 ₩200,000의 기계장치를 20×1년 초 ₩2,000,000에 구입하다. 매년 재평가하며 정액법으로 감가상각한다.

| 요구사항 |

다음 거래를 회계처리하시오.

1. 20×1년 말에 감가상각을 하다.
2. 20×1년 말 재평가결과 기계의 공정가치가 ₩2,300,000으로 증가하였다.

34) **재평가증가액**은 **당기손익에 반영하지 않고 기타포괄이익으로 보고**하나, **재평가감소액**은 **당기비용로 보고**하는 것은 **보수주의**에 따른 회계처리의 예이다.

| 풀이 |

구분	회계처리
1	(차) 감가상각비 600,000[*1] (대) 기계장치감가상각누계액 600,000
2[*2]	① 평가시점까지의 감가상각누계액 제거[*2] (차) 기계장치감가상각누계액 600,000 (대) 기계장치 600,000 ② 재평가차액의 인식 (차) 기계장치 300,000 (대) 재평가이익 300,000

*1. 감가상각비 $= \frac{(₩2,000,000 - ₩200,000)}{3} = ₩600,000$

*2. ①과 ② 분개를 합하여 다음과 같이 분개할 수 있음.

(차) 기계장치감가상각누계액 600,000 (대) 재평가이익 900,000
기계장치 300,000

장부금액은 다음과 같이 계산할 수 있음.

구분	재평가 전	재평가 후	재평가 차액
기계장치	₩2,000,000	₩2,300,000	₩300,000
기계장치감가상각누계액	(600,000)	(0)	600,000
장부금액	₩1,400,000	₩2,300,000	₩900,000

제7절 무형자산의 의의, 분류와 취득

1. 무형자산의 의의와 분류

1.1 무형자산의 의의

무형자산(intangible assets)은 재화를 생산하거나 용역을 제공하기 위하여, 또는 타인에게 임대하거나 직접 사용하기 위하여 보유하고 있는 물리적 형체가 없는 자산이다. 또한 무형자산은 식별가능하고[35] 미래 경제적 효익을 가져오는 법적 또는 경제적 권리를 나타내는 자산이다.

무형자산도 유형자산과 마찬가지로 장기간에 걸쳐 기업이 영업활동(생산활동 및 판매활동)에 사용하기 위해 보유하는 자산이다. 무형자산은 유형자산과 비교할 때 다음과 같은 특징이 있다.

35) 무형자산 중 **영업권**은 다른 자산과 분리하여 개별적으로 식별할 수 없으나, **영업권 이외**의 다른 무형자산은 다른 자산과 분리하여 개별적으로 식별할 수 있다.

1. 무형자산은 물리적 실체를 가지고 있지 않다.
2. 무형자산은 미래 경제적 효익의 실현과 관련하여 불확실성이 높다. 대부분의 무형자산은 특정 기업이 소유함으로써 다른 기업이 이용할 수 없는 독점적 이용권리를 갖거나 다른 기업보다 초과수익을 얻을 수 있는 법률적 또는 경제적 권리를 화폐액으로 표시한 것이므로, 유형자산과 달리 미래 경제적 효익을 실현하는 데 불확실성이 높다.
3. 개발원가(개발비)와 같은 일부 무형자산은 특정 기업과 분리하여 존재할 수 없다.

1.2 무형자산으로 정의되기 위한 조건

무형자산은 유형자산과 달리 미래의 경제적 효익에 대한 불확실성이 높기 때문에 자산으로 인식하는 것에 보다 엄격한 기준이 필요하다. K-IFRS에 따르면 무형자산(물리적 실체는 없지만 식별할 수 있는 비화폐성자산)으로 정의되기 위해서는 다음의 세 가지 조건을 모두 충족하여야 한다.

표 11-15 | 무형자산으로 정의되기 위한 조건

구분	내용	비고
식별가능성	특정 무형자산을 다른 자산과 구별하여 별도로 인식할 수 있음	식별가능하다는 것은 ① 자산이 다른 자산과 분리가능하거나 ② 자산이 계약상 권리 또는 기타 법적 권리로부터 발생함
통제가능성	기업이 현재 통제하고 있어야 함	통제는 특정 자원에서 유입되는 미래 경제적 효익을 확보할 수 있고 그 효익에 대한 제3자의 접근을 제한할 수 있음
미래 경제적 효익의 존재	미래 경제적 효익(미래에 현금유입을 증가시키거나 현금유출을 감소시키는 능력)의 유입가능성이 높아야 함	무형자산의 미래 경제적 효익은 제품의 매출, 용역수익, 원가절감 또는 자산의 사용에 따른 기타 효익의 형태로 발생할 수 있음

1.3 무형자산의 분류

무형자산에는 특허권(patent), 실용신안권(utility model rights), 디자인권(design rights)과 상표권(trade rights) 등을 포함하는 산업재산권, 저작권(copyrights), 개발비(개발원가), 컴퓨터소프트웨어, 광업권(mining rights), 어업권(fishing rights), 영업권(goodwill), 프랜차이즈(franchise)와 라이선스(license) 등이 포함된다.[36]

36) **무형자산의 분류**는 2가지 방법이 있다. 첫 번째 방법은 무형자산을 ① **개별적으로 식별이 불가능한 무형자산**(예:

표 11-16 | 무형자산의 분류

구분		내용
산업 재산권	특허권	특정 발명(신기술 또는 신제품 등)을 특허법에 따라 등록하여 일정기간 독점적·배타적으로 이용할 수 있는 법적 권리
	실용신안권	실용적 고안(물건의 모양·구조 또는 결합 등)을 관련 법률에 따라 등록하여 일정기간 독점적·배타적으로 이용할 수 있는 법적 권리
	디자인권 (의장권)	디자인(물건의 외관상 미감을 얻기 위한 고안)을 관련 법률에 따라 등록하여 일정기간 독점적·배타적으로 이용할 수 있는 법적 권리
	상표권	특정 상표를 관련 법률에 따라 등록하여 일정기간 독점적·배타적으로 이용할 수 있는 법적 권리
저작권		문학, 학술, 예술 등의 생산(저술, 제작, 공연 등)과 관련된 자가 출판, 재생 또는 판매할 수 있는 독점적·배타적인 권리
개발비(개발원가)[*1]		신제품 또는 신기술 등의 개발활동과 관련하여 발생한 지출 중 개별적으로 식별가능하고 미래의 경제적 효익이 유입될 가능성이 높으며, 취득원가를 신뢰성 있게 측정할 수 있는 것
컴퓨터소프트웨어[*2]		소프트웨어를 구입하기 위하여 지출한 금액
광업권[*3]		광업법에 따라 등록된 일정한 광구에서 등록한 광물과 동일한 광상 중에 부존하는 다른 광물을 채굴하여 획득할 수 있는 권리
어업권		수산업법에 따라 등록된 일정한 수면에서 어업을 경영할 수 있는 권리
임차권리금		건물이나 기타 자산의 임차권리금으로, 임차할 때 지급한 보증금 이외에 권리금[*4]도 포함
영업권		한 기업이 동종 산업의 다른 기업에 비해 가지는 정상수익률 이상의 이익창출능력(초과수익력)을 화폐액으로 표시한 것
프랜차이즈		특정 상표나 상호에 따라 특정 상품이나 용역을 일정한 지역 내에서 제조·판매할 수 있는 권리(예: 롯데리아, 맥도날드 등)
라이선스		특정 기술이나 지식을 일정기간 동안 독점적으로 사용할 수 있는 권리

*1. 기초연구단계에서 발생한 연구비와 미래 경제적 효익이 기대되지 않는 경상개발비는 발생한 연도의 당기비용으로 보고함.

*2. 소프트웨어를 내부개발할 때의 발생비용이 자산의 인식조건을 충족하면 개발비(개발원가)로서 무형자산으로 기록하고, 그렇지 않은 경우 경상개발비라는 당기비용으로 처리함. 급여프로그램 등 내부사용목적으로 자체 개발한 소프트웨어는 그 경제적 효익을 입증하기가 아주 어려우므로 극히 제한적인 경우에만 자산화함.

*3. 특정 지역에서 광물자원을 추출할 수 있는 권리를 시추권이라 함.

*4. 권리금은 임대한 물건, 그 밖의 자산이 다른 자산에 비하여 입지조건, 고객관계 등이 상대적으로 좋아 그 대가로 지급하는 금액을 말함.

영업권)과 ② **개별적으로 식별가능한 무형자산**(예: 영업권 이외의 무형자산)으로 분류하는 방법이다. 두 번째 방법은 무형자산을 ① **외부에서 취득한 무형자산**(예: 외부구입 특허권, 다른 기업의 합병에 따라 발생한 영업권)과 ② **내부에서 창출한 무형자산**(예: 개발비)으로 분류하는 방법이다.

K-IFRS는 위에서 제시하고 있는 무형자산 이외에도 영화필름, 고객목록, 모기지관리용역권, 수입할당량, 고객이나 공급자와의 관계, 고객충성도, 시장점유율과 판매권 등을 무형자산에 포함할 수 있는 예로 들고 있다.

1.4 무형자산의 회계처리 요약

무형자산과 관련된 회계처리는 다음과 같이 요약하여 설명할 수 있다.

표 11-17 | 무형자산의 회계처리

구분	회계처리	내용
취득	취득원가의 결정	무형자산의 인식, 자산의 분류와 취득원가의 결정 문제
보유	무형자산의 상각	취득원가를 내용연수가 유한한 무형자산에 한해 경제적 효익에 소비되는 형태를 반영하여 상각하는 문제
	무형자산의 기말평가	최초로 취득원가로 기록한 이후 원가모형과 재평가모형 중 한 가지 방법으로 평가하는 문제[*1]
처분	무형자산의 처분	무형자산을 처분하였을 때 처분손익의 인식 문제

*1. 원가모형은 자산을 (취득)원가로 평가하고 재평가모형은 자산을 공정가치로 평가함.

무형자산의 회계처리는 앞에서 설명한 유형자산의 회계처리와 거의 유사하다. 따라서 무형자산의 회계처리에 대한 설명은 유형자산의 회계처리와 비교하여 설명하였으며, 다음 내용이 주요한 차이에 해당한다.

1. 무형자산은 최초인식시 주관적이고 임의적으로 인식될 수 있으므로 무형자산으로 정의되기 위한 조건을 모두 충족하여야 한다.
2. 무형자산은 내용연수가 유한한 무형자산만 상각한다. 무형자산 상각시 일반적으로 잔존가치는 0으로 보고, 직접상각법을 사용하여 상각한다.
3. 무형자산의 처분, 손상과 환입, 재평가 등은 유형자산의 경우와 거의 유사하다.

2. 무형자산의 취득

2.1 무형자산의 최초인식과 측정

(1) 무형자산의 인식기준

무형자산으로 인식되기 위해서는 앞에서 설명한 무형자산의 정의(식별가능성, 통제가능성 및 미래 경제적 효익의 세 가지 조건)를 충족하면서 다음의 두 가지 인식기준을 모두 충족하여야 한다.[37]

1. 자산으로부터 발생하는 미래 경제적 효익이 기업에 유입될 가능성이 높다.
2. 자산의 원가를 신뢰성 있게 측정할 수 있다.

(2) 무형자산의 취득원가: 최초인식과 측정

무형자산은 최초에 취득원가로 인식한다.[38]

2.2 무형자산의 취득유형별 원가의 결정

무형자산의 취득원가는 개별취득하였는지 또는 내부적으로 창출하였는지에 따라 다음과 같이 결정한다.

(1) 개별취득한 무형자산

외부에서 유상으로 취득한 무형자산은 구입가격에 직접관련원가를 가산하여 원가로 계상한다.[39]

취득원가 = 구입가격 + 직접관련원가

직접관련원가는 등록수수료, 제세공과금과 법률비용 등을 예로 들 수 있다.

1. 구입가격: 관세 및 환급 불가능한 취득 관련 세금을 가산하고 매입할인과 리베이트 등을 차감한 구입가격
2. 직접관련원가: 경영진이 의도하는 방식으로 자산을 가동하는 데 필요한 장소와 상태에 이르게 하는 데 직접 관련되는 원가[40]

---

37) 이러한 인식기준은 무형자산뿐만 아니라 **모든 자산에 대해 동일하게 적용**된다.
38) 이러한 최초인식과 측정은 **유형자산에서 설명한 내용과 동일**하다.
39) **무형자산의 취득원가 결정**은 **유형자산의 취득원가 결정에서 설명한 내용과 동일**하다.
40) 경영진이 의도하는 방식으로 자산을 가동하는 데 필요한 **장소와 상태에 이르게 하는 데 직접 관련되는 원가**의 **예**는 다음과 같다.
- 무형자산의 매입과 직접적으로 관련되어 발생한 종업원급여
- 무형자산이 정상적으로 작동되는지 여부를 시험하는 과정에서 발생하는 원가
- 전문가에게 지급하는 수수료

(2) 내부적으로 창출한 무형자산

내부적으로 창출한 무형자산의 경우 해당 자산이 무형자산의 (3가지) 정의와 (2가지) 인식기준을 모두 충족하는지를 평가하기가 쉽지 않다. 이 경우 내부적으로 창출한 무형자산의 정의와 인식기준을 모두 충족하는 경우에 해당 개발을 위해 지출한 원가는 자본화(무형자산으로 처리)하고, 충족하지 못하는 경우는 발생한 기간에 비용으로 처리한다. 따라서 내부적으로 창출한 무형자산이 무형자산의 정의와 인식기준을 충족하는지를 평가하기 위하여 무형자산을 창출하기 위한 내부 프로젝트과정을 연구단계와 개발단계로 구분한다.[41] 연구단계는 기술을 찾는 단계이며, 개발단계는 발견된 기술을 상용화시키는 단계이다.

1) 연구단계에서 지출한 비용

연구(research)는 새로운 과학적·기술적 지식이나 이해를 얻기 위해 수행하는 독창적이고 계획적인 탐구활동을 말한다.

연구활동의 예는 다음과 같다.

1. 새로운 지식을 얻고자 하는 활동
2. 연구결과나 기타 지식을 탐색, 평가, 최종선택, 응용하는 활동
3. 재료, 장치, 제품, 공정, 시스템이나 용역에 대한 여러 가지 대체안을 탐색하는 활동
4. 새롭거나 개선된 재료, 장치, 제품, 공정, 시스템이나 용역에 대한 여러 가지 대체안을 제안, 설계, 평가, 최종선택하는 활동

연구(또는 내부 프로젝트의 연구단계)에서 발생하는 지출은 미래 경제적 효익을 창출할 무형자산이 존재한다는 것을 입증할 수 없기 때문에 무형자산으로 인식하지 않고, 발생시점에 비용(연구비)으로 인식한다.

2) 개발단계에서 지출한 비용

개발(development)은 상업적인 생산이나 사용 전에 연구결과나 관련 지식을 새롭거나 현저히 개량된 재료, 장치, 제품, 공정, 시스템이나 용역의 생산을 위한 계획이나 설계에 적용하는 활동을 말한다. 개발단계는 연구단계보다 훨씬 더 진전되어 있는 상태이기 때문에 무형자산을 식별할 수 있으며, 그 무형자산이 미래 경제적 효익을 창출할 것임을 제시할 수 있다.

---

41) 무형자산을 창출하기 위한 내부 프로젝트를 **연구단계와 개발단계로 구분할 수 없는 경우**에는 그 프로젝트에서 발생한 지출은 **모두 연구단계에서 발생한 것으로 본다.**

개발활동의 예는 다음과 같다.

1. 생산이나 사용 전의 시제품과 모형을 설계, 제작, 시험하는 활동
2. 새로운 기술과 관련된 공구, 지그, 주형, 금형 등을 설계하는 활동
3. 상업적 생산목적으로 실현가능한 경제적 규모가 아닌 시험공장을 설계, 건설, 가동하는 활동
4. 신규 또는 개선된 재료, 장치, 제품, 공정, 시스템이나 용역에 대하여 최종적으로 선정된 안을 설계, 제작, 시험하는 활동

개발활동(또는 내부 프로젝트의 개발단계)에서 발생한 지출이 아래의 6가지 조건을 충족하는 경우에만 무형자산(개발비)으로 인식할 수 있으며,[42] 그 외의 지출은 발생한 기간에 비용(경상개발비)으로 인식한다.

1. 무형자산을 사용하거나 판매하기 위해 그 자산을 완성할 수 있는 기술적 실현가능성
2. 무형자산을 완성하여 사용하거나 판매하려는 기업의 의도
3. 무형자산을 사용하거나 판매할 수 있는 기업의 능력
4. 무형자산이 미래 경제적 효익을 창출하는 방법. 그중에서도 특히 무형자산의 산출물이나 무형자산 자체를 거래하는 시장이 존재함을 제시할 수 있거나 또는 무형자산을 내부적으로 사용할 것이라면 그 유용성을 제시할 수 있어야 한다.
5. 무형자산의 개발을 완료하고 그것을 판매하거나 사용하는 데 필요한 기술적·재정적 자원 등의 입수가능성
6. 개발과정에서 발생한 무형자산 관련 지출을 신뢰성 있게 측정할 수 있는 기업의 능력

표 11-18 | 연구 및 개발활동 관련 지출에 대한 회계처리

구분		회계처리[*1]	비고
연구단계의 지출		발생한 기간에 비용(연구비)으로 처리함	비용처리
개발단계의 지출	자산인식요건 미충족	발생한 기간에 비용(경상개발비)으로 처리함	
	자산인식요건 충족	무형자산(개발비)으로 인식함	무형자산 인식
상업적 생산단계		무형자산(개발비) 상각비를 인식함	무형자산 상각[*2]

*1. K-IFRS에서는 연구 및 개발활동 관련 지출을 회계처리하기 위한 구체적인 계정을 규정하고 있지 않으므로, 종전의 기업회계기준에서 규정하고 있는 연구비, 경상개발비, 개발비계정과목을 사용하여도 무방함.
*2. 무형자산으로 인식된 개발비는 내용연수가 유한하면 그 기간 동안 상각하고, 내용연수가 비한정이면 상각하지 않고 매 회계기간 말에 손상 여부를 검토하여 손상차손을 인식함.

42) 내부적으로 창출한 영업권은 자산으로 인식하지 아니한다.

개발 관련 지출을 무형자산(개발비)으로 인식한 후 관련 신기술에 대해 특허권을 취득한 경우 특허출원과 등록을 위해 지출한 금액은 개발비와 구분되는 별개의 무형자산(특허권 또는 산업재산권)으로 인식한다.

예제 11-13 무형자산의 취득

(주)옥계는 20×0년 초 첨단부품을 개발하기 위한 특수한 개발활동과 관련하여 ₩200,000을 지출하고, 과거 연도와 비슷한 경상적인 개발비용으로 ₩400,000을 지출하다.
(주)옥계는 20×1년 1월 5일에 ₩50,000을 지급하고 첨단부품과 관련된 특허권을 취득하였다.

| 요구사항 |
위의 거래를 회계처리하시오.

| 풀이 |

구분	회계처리			
1	(차) 개발비 경상개발비	200,000 400,000	(대) 현금	600,000
2	(차) 특허권	50,000	(대) 현금	50,000

제8절 무형자산의 상각, 처분과 평가

1. 무형자산의 상각

1.1 무형자산의 상각과 내용연수

유형자산의 감가상각(depreciation)과 마찬가지로 무형자산에 대해서도 상각(amortization)을 한다.

무형자산은 기대되는 미래 경제적 효익의 크기와 그 지속기간에 대한 불확실성이 크기 때문에 특정 기간의 가치감소와 내용연수를 추정하는 것이 어렵다. 따라서 대부분의 무형자산은 관련 법률이 규정하는 내용연수가 있다. 무형자산의 독점적·배타적 권리를 부여하고 있는 특정 법률이 있는 경우에는 그 법령이 정한 기간을, 또는 독점적·배타적 권리를 부여하고 있는 관련 계약이 있는 경우에는 그 계약이 정한 기간에 걸쳐 상각한다. 관련 법령이나 계약에 유효기간이 없는 경우 그 경제적 내용연수에 걸쳐 상각한다.

1.2 내용연수에 따른 무형자산의 상각

무형자산의 상각(amortization)은 내용연수에 따라 다르다. 내용연수가 유한한(finite useful life) 무형자산은 상각하고, 내용연수가 비한정(indefinite useful life)인[43] 무형자산은 상각하지 아니한다.

표 11-19 | 무형자산의 상각

구분	상각
내용연수가 유한한 무형자산	내용연수 동안 매년 상각함
내용연수가 비한정인 무형자산	상각하지 않음

(1) 내용연수가 유한한 무형자산

내용연수가 유한한 무형자산은 상각대상금액을 내용연수 동안 체계적인 방법으로 배분하여야 한다. 무형자산상각비는 유형자산의 감가상각비와 유사하게 포괄손익계산서에서 당기비용으로 인식한다.

유형자산의 감가상각과 비교할 때 무형자산의 상각은 다음과 같은 차이가 있다.

표 11-20 | 유형자산의 감가상각과 비교한 무형자산의 상각의 차이

구분	내용	비고
상각 여부	내용연수가 유한한 무형자산만 상각함	
잔존가치	특별한 경우를 제외하고는 0으로 봄	
감가상각방법	정액법, 체감잔액법과 생산량비례법 중에서 선택함	
회계처리	직접상각법 또는 간접상각법(상각누계액계정을 사용) 중 선택함	일반적으로 직접상각함[*1]

*1. 무형자산을 직접상각하는 경우의 회계처리는 다음과 같음. 무형자산은 상각누계액을 취득원가에서 직접 차감한 잔액으로 재무상태표에 표시함.
(차) 무형자산상각비 ××× (대) 무형자산 ×××

43) 비한정이라는 용어는 무한(infinite)을 의미하지 않는다. 왜냐하면 무형자산의 내용연수를 추정하는 시점에서 미래 경제적 효익의 지속연수를 결정하지 못할 뿐이지 미래 경제적 효익이 무한히 지속될 것은 아니기 때문이다. 따라서 처음에는 내용연수가 비한정인 무형자산으로 분류하여 상각을 하지 않다가 이후에 유한한 내용연수를 추정할 수 있게 되면 그 시점부터 상각을 한다.

무형자산의 상각은 그 자산이 사용가능한 때(자산이 경영진이 의도하는 방식으로 가동할 수 있는 장소와 상태에 이르렀을 때)부터 시작한다. 예를 들어, 개발비는 발생연도부터 상각하는 것이 아니라 개발활동이 종료되어 해당 신기술을 사용할 수 있을 때부터 상각한다. 무형자산은 그 자산을 사용하지 않을 때도 상각을 중지하지 아니한다.

1) 상각대상금액

상각대상금액은 무형자산의 취득원가에서 잔존가치를 차감한 금액이다. 그러나 일반적으로 무형자산의 경우 잔존가치는 없는 것으로 본다. 따라서 무형자산의 취득원가가 상각대상금액이 된다.

2) 상각기간(내용연수)

무형자산의 추정내용연수는 계약상 권리 또는 법적 권리의 기간과 자산의 예정사용기간 중 짧은 기간으로 한다.

3) 상각방법

무형자산의 상각방법은 자산의 경제적 효익이 소비되는 형태를 반영한 방법이어야 한다. 이러한 상각방법에는 정액법, 체감잔액법과 생산량비례법이 있다. 다만 소비되는 형태를 신뢰성 있게 결정할 수 없는 경우에는 정액법을 사용한다. 무형자산의 상각방법은 미래 경제적 효익의 예상되는 소비형태가 변동하지 않는다면 매 회계기간에 일관성 있게 적용한다(계속성).

무형자산상각비의 회계처리 예를 설명하면 다음과 같다. 특허권의 취득원가가 ₩50,000이고, 특허권의 법적 보호연수가 10년이며, 정액법을 적용하여 상각한다고 가정한다. 무형자산은 일반적으로 잔존가치가 없으므로, 연간 상각비는 ₩5,000(=₩50,000÷10)이 된다. 따라서 회계연도 말에 다음과 같이 회계처리한다.

(차) 특허권상각비	5,000	(대) 특허권	5,000

특허권상각비는 특허권에서 직접 차감한다. 따라서 위의 회계처리를 회계연도 말의 재무상태표에 반영하면 특허권계정은 ₩5,000 감소된 ₩45,000이 되며, 포괄손익계산서에는 특허권상각비 ₩5,000이 인식된다. 위와 같은 방식으로 매년 특허권상각비를 ₩5,000씩 인식하면 내용연수인 10년 후 특허권은 ₩0이 될 것이다.

내용연수가 유한한 무형자산의 잔존가치나 상각기간과 상각방법은 적어도 매 회계연도 말에 검토한다. 자산의 예상 잔존가치와 예상 내용연수가 과거의 추정치와 다르다면 잔존가치와 상각기간을 이에 따라 변경한다. 자산이 갖는 미래 경제적 효익의 예상소비형태가 변동된다면 변동된 소비형태를 반영하기 위하여 상각방법을 변경한다. 그러한 변경은 회계추정의 변경으로 회계처리한다.[44]

(2) 내용연수가 비한정인 무형자산

무형자산과 관련된 모든 요소의 분석에 근거하여, 그 자산이 순현금유입을 창출할 것으로 기대되는 기간에 대하여 예측가능한 제한이 없을 경우, 무형자산의 내용연수가 비한정인 것으로 본다. 내용연수가 비한정인 무형자산은 상각하지 않고 매 회계기간 말마다 자산손상검사를 실시하여 손상여부를 검토한 후 손상차손(또는 손상차손환입)을 인식하여야 한다.

2. 무형자산의 처분, 손상과 평가

2.1 무형자산의 처분: 폐기와 처분

무형자산은 다음의 경우에 재무상태표에서 제거한다.

1. 처분하는 때
2. 사용이나 처분을 통하여 미래 경제적 효익이 기대되지 않을 때

무형자산을 처분하는 경우 그 자산을 재무상태표에서 제거하고 순매각가액과 장부금액의 차이를 무형자산처분손익으로 결정하며, 당기손익으로 인식한다.

회계기간 중에 무형자산을 처분할 경우 처분시점까지 무형자산상각비를 먼저 인식한 후 처분에 대한 회계처리를 한다.

표 11-21 | 무형자산의 처분

구분	상각
처분 직전까지 무형자산상각비를 인식함	(차) 무형자산상각비 ××× (대) 무형자산 ×××
무형자산의 처분[*1]	(차) 현금 ××× (대) 무형자산 ××× 무형자산처분이익 ×××

*1. 처분이익이 발생한 경우를 가정함.

44) **회계변경의 회계처리**는 **중급회계**에서 설명한다. 회계추정의 변경은 **전진적으로 회계처리**(변경연도부터 변경된 추정치를 이용하여 무형자산상각비를 계산)한다

무형자산의 경우 내용연수가 종료하면 가치가 존재하지 않거나, 일부 가치가 존재하더라도 해당 자산을 매각할 수 있는 활성시장이 존재하지 않는 경우가 대부분이므로 잔존가치를 ₩0으로 보며, 내용연수 종료 이후 무형자산의 처분은 문제가 될 것이 없다.

2.2 무형자산의 손상

(1) 무형자산 장부액의 회수가능성 평가: 손상차손의 인식

유형자산과 마찬가지로, 내용연수가 유한한 무형자산과 내용연수가 비한정인 무형자산에 대해서 매 회계기간 말마다 자산손상검사를 실시하여 손상 여부를 검토하여 손상차손(또는 손상차손환입)을 인식하여야 한다.[45]

표 11-22 | 무형자산의 손상과 평가

구분	손상	평가
내용연수가 유한한 무형자산	손상징후가 있는 경우 손상검사를 수행함	원가모형이나 재평가모형 중 한 가지를 선택할 수 있음(단, 해당 무형자산에 대한 활성시장이 존재하는 경우에만 재평가모형을 적용할 수 있음)
내용연수가 비한정인 무형자산		

(2) 무형자산의 손상

유형자산과 같이 무형자산도 손상검사를 실시한다. 만일 무형자산의 회수가능액이 장부금액보다 낮은 경우 그 차이를 손상차손으로 인식하며 손상차손은 당기손익으로 인식한다. 무형자산의 손상차손누계액은 해당 무형자산의 취득원가에서 차감하는 형식으로 재무상태표에 표시한다.

표 11-23 | 감가상각누계액의 재무상태표 보고

재무상태표(부분)

(주)울산 　　20×1년 12월 31일 현재 　　(단위: 원)

자산			부채
무형자산			
특허권[*1]	×××		
특허권손상차손누계액	(×××)	×××	

*1. 특허권은 상각 후 금액임.

45) 무형자산의 손상에 대한 회계처리는 중급회계에서 설명한다.

2.3 무형자산의 재평가

무형자산도 유형자산과 마찬가지로 원가모형과 재평가모형 중 한 가지 방법을 선택하여 적용할 수 있다. 그러나 무형자산에 대한 활성시장이 존재하는 경우에만 재평가모형을 적용할 수 있으므로 우리나라의 경우 무형자산에 대한 활성시장이 존재하지 않으므로 실무에서 무형자산에 대해 재평가모형을 적용하는 경우는 거의 없을 것이다.

원가모형은 최초인식 후에 취득원가에서 상각누계액을 차감한 금액을 장부금액으로 한다.

재평가모형은 재평가일의 공정가치에서 이후의 상각누계액을 차감한 재평가금액을 장부금액으로 한다. 재평가모형을 적용하여 무형자산을 회계처리하는 경우에는, 동일 분류별로 재평가를 수행하여야 하고, 재평가는 재무상태표일에 자산의 장부금액이 공정가치와 중요하게 차이가 나지 않도록 주기적으로 수행하여야 하며, 무형자산을 공정가치로 기록하고 공정가치와 장부금액의 차이를 조정하여야 한다.

무형자산의 재평가모형에 대한 기본적인 회계처리는 유형자산의 재평가모형이 회계처리와 동일하다.[46]

제9절 영업권

1. 영업권의 의의와 특징

영업권(goodwill)은 특정 기업이 동종 산업의 유사한 다른 기업에 비해 정상수익률 이상의 이익을 획득할 수 있는 초과이익창출능력(초과수익력)을 화폐가치로 인식한 것이다.

초과이익창출능력은 유리한 입지조건, 잘 알려진 상호와 상표, 효과적인 광고, 경영 및 제조상 노하우, 우수한 경영진, 뛰어난 판매조직, 양호한 신용상태, 원만한 노사관계, 기업의 좋은 이미지, 고정 단골고객의 확보 등 여러 가지 요인에서 발생할 수 있다.

영업권은 다른 무형자산과 달리 식별가능하지 않고, 개별적으로 판매되거나 교환될 수 없고, 기업 전체와 관련되어서만 확인가능하다는 특징이 있다.

46) 무형자산의 재평가모형에 대한 회계처리는 중급회계에서 설명한다.

2. 영업권의 유형과 회계처리

영업권은 발생원인에 따라 사업결합으로 취득한 영업권[47]과 내부창출영업권으로 구분한다.[48]

표 11-24 | 영업권의 유형과 회계처리

구분	내용	회계처리	비고
사업결합으로 취득한 영업권	기업이 다른 기업이나 사업을 매수·합병하는 경우에 발생한 영업권	• 기업(또는 사업) 전체의 평가액에서 기업(또는 사업)을 구성하고 있는 식별가능한 순자산(=자산-부채)의 공정가치를 차감한 금액을 영업권으로 처리함 • 상각을 하지 않고 매 회계기간 말마다 자산손상검사를 실시하여 손상차손을 인식함	자산(영업권)으로 인식함
내부창출 영업권	기업이 스스로 영업권을 계상하는 경우에 발생한 영업권	내부적으로 창출한 영업권은 자산으로 인식하지 아니함*1	당기비용으로 인식함

*1. 내부창출영업권은 취득원가를 신뢰성 있게 측정할 수 없고 기업이 통제하고 있는 식별가능한 자원이 아니기 때문임.

영업권은 추상적이고 주관적인 개념이기 때문에 실무적으로 이를 측정하기가 쉽지 않다. 영업권은 기업과 분리하여 매매될 수 없고 기업과 함께 매매되며, 이때 지급한 인수대가가 인수한 순자산의 공정가치보다 큰 부분을 영업권으로 인식한다.

합병이나 영업양수와 같은 사업결합(business combination)의 경우 기업이 실제 대가를 지급하고 유상으로 취득한 부분 중에서 개별적으로 식별가능한 모든 무형요소를 분리하여 인식한 후 최종적으로 남는 식별불가능한 부분만을 영업권으로 인정한다. 따라서 영업권의 계산은 취득대가로 지급한 금액에서 피취득기업의 모든 식별가능한 순자산(=자산-부채)의 공정가치를 차감하여 결정한다.

예를 들어 인수할 기업의 자산의 공정가치가 ₩5,000,000이고 부채의 공정가치가 ₩1,500,000이라면 순자산은 ₩3,500,000이 된다. 이 기업을 ₩4,000,000만원에 인수한다면 순자산액을 초과한 ₩500,000이 영업권이 된다. 이러한 내용을 회계처리하면 다음과 같다.

47) **영업권의 반대 개념**이 **염가매수차익**(gain on a bargian purchase)이라 하며, 당기손익에 포함한다. 염가매수차익은 영업권 인식액이 음수(−)일 경우, 즉 매수대가보다 피매수기업의 순자산에 대한 공정가치가 클 경우에 발생하므로, 종전에는 부(負)의 영업권(negative goodwill)이라 하였다.

48) **사업결합으로 취득한 영업권**은 **매입영업권**(purchased goodwill)이라고도 하며, **내부창출영업권**은 **자기개발영업권**(self-development goodwill)이라고도 한다.

(차) 자산	5,000,000	(대) 부채	1,500,000
영업권	500,000	현금	4,000,000

3. 영업권의 상각(손상)

영업권은 내용연수를 결정하기 어려운 내용연수가 비한정인 무형자산이다. 내용연수가 비한정인 무형자산은 상각을 하지 않고 매 회계기간 말마다 자산손상검사를 실시하여 손상차손(또는 손상차손환입)을 인식한다.[49]

49) 무형자산의 손상에 대한 회계처리는 중급회계에서 설명한다.

신문에서 배우는 회계 · 세상

✣ 지적재산권, 기업사활가른다

특허소송 피소 올해만 240건 … 5년새 3배↑

국내 바이오인식기술업체 A사. 바이오 보안 솔루션기술을 개발해 정부에서 주는 상도 받은 유망한 업체다. 매년 30~40% 성장하며 수천억원대 매출을 노리던 이 회사 대표는 최근 영업 현장보다 법원에 더 들락날락했다. 미국 경쟁업체가 A사를 바이오기술 3~4건의 특허를 침해했다며 미 연방법원에 제소했기 때문이다.

2011년 부리나케 미국 현지 법률회사를 대리인으로 선정해 소송에 대비했지만 올해까지 3년간 소송비용만 벌써 500만달러(53억원)가 들었다. 결국 2013년 6월 미 국제무역위원회(ITC) 예비결정에서 '신규 제품 라인업은 어떤 특허도 침해하지 않는다'는 결정을 얻어냈음에도 소송으로 회사가 입은 피해는 막대했다.

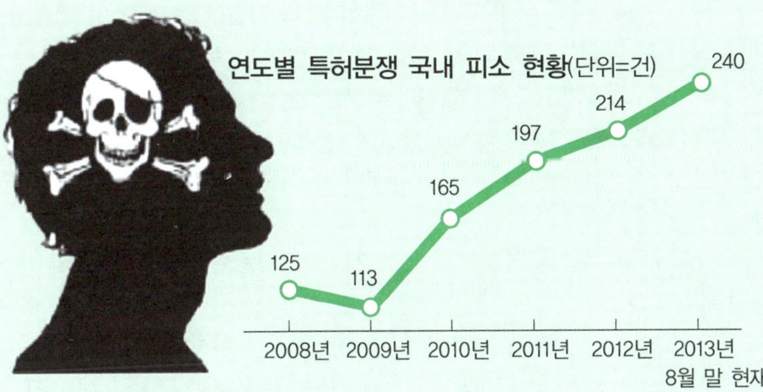

회사측은 "소송에 대비하느라 영업이익률이 37%에서 25%로 떨어졌다"며 "특허 시비를 넘어야 하기 때문에 끝까지 대응할 생각이지만 처음부터 대비했어야 했다는 생각도 들었다. 대기업, 중소기업, 벤처기업 가릴 것 없이 대비해야 하는데 너무 무지했다"고 자책했다.

국내 산업계가 특허를 중심으로 지식재산권 소송 공포에 휩싸여 있다. 독자 기술로 제품을 개발했지만 외국 유사 제품이나 기술과 충돌하면서 지식재산권 소송전으로 이어지고 있기 때문이다. 대상도 삼성, LG, 현대차, 코오롱 등 대기업뿐만 아니라 서울반도체 등 중견기업까지 광범위하다. 소송비용은 큰 부담이 되고 있다. 통상 한 해 소송비용이 300만달러에 달하고 재판 종결까지 7~8년이 걸리는 점을 감안하면 전체 소송비용은 2,400만달러(254억원)에 달한다.

20일 특허청 등에 따르면 국내 기업이 외국 기업으로부터 특허권 침해 소송을 당한 비율이 5년 새 3배 늘었다. 2008년엔 125건이었으나 2013년에는 8월까지 벌써 240건이 됐다. 이런 추세라면 2013년에 소송 제기 건수가 360건에 달할 전망이다.

특히 미국 기업의 특허 공격이 심했다. 2008년부터 올 8월까지 한국 기업이 피소된 1,053건 중 미국이 제기한 것은 무려 794건에 달했다. 특히 국내 대기업에 제기된 소송은 2008년 70건이던 것이 2013년 8월까지 195건으로 크게 늘었다.

〈용어설명〉 **지식재산권:** 지식재산권은 문학, 예술, 연출, 공연, 음반, 방송, 발명, 공업 특허 등 지식활동에서 발생하는 모든 권리. 전에는 지적재산권으로 불렀으나 최근 지식재산권으로 명칭이 바뀌었다. 기술 특허와 디자인 특허 등 산업 발전을 목적으로 하는 산업재산권과 문화 창달을 목적으로 하는 저작권으로 분류할 수 있다.

바이오벤처 美 경쟁사와 특허소송에 비용만 53억 날려
IT · 기계소재 등 수출업종이 주요 타깃
한국은 겨우 8건 … 美 소송 제기가 70%
'240 vs 8'

2013년 8월까지 특허권과 관련해 외국 기업이 한국 기업에 소송을 낸 건수와 반대로 국내 기업이 외국 기업에 소송을 제기한 경우를 비교한 결과다. 소송제기건수가 지나치게 차이가 난다는 지적이다. 부품 하나에까지 제기되는 지식재산권은 새로운 시장 개척과 기업경쟁력의 핵심으로 자리매김했지만 국내에서는 그 대처가 미흡하다는 방증이다. 심각한 것은 우리 기업의 수출 주력 업종에 대한 지식재산권 소송이 급증하고 있다는 데 있다.

2013년만 해도 미국 기업은 삼성전자, LG전자, 현대자동차 등을 상대로 무차별적인 소송을 제기하고 있다.

20일 특허청 통계에 따르면 2008년 이후 올해 8월까지 특허분쟁이 가장 많이 발생한 분야는 정보통신(477건), 전기전자(434건), 기계소재(140건), 화학 · 바이오(136건), 기타(53건), 장치산업(32건) 순이다.

통신강국으로 불리는 우리나라의 정보통신 분야 국제특허분쟁은 2008년 44건에서 2013년 8월 115건으로 3배 가까이 늘었다. 그 중 우리 기업이 외국 기업에 낸 소송은 16건에서 4건으로 오히려 줄었다. 지식재산권을 두고 선제공격은커녕 방어에만 급급한 것이다.

미국 기업인 911노티파이는 지난 2월 현대차를 상대로 소송을 냈다. 유무선 통신장치로부터 발생하는 긴급전화의 자동 알림을 위한 시스템에 실시간 사건 및 대응정보를 전달하는 자사 특허를 침해했다는 것이다. 이 건은 현재 미국 델라웨어 지방법원에서 분쟁 중이다.

삼성과 애플로 대변되는 전기전자 분야도 전쟁 중이다. 전기전자업계에서 빼놓을 수 없는 특허분쟁은 지난 13년간 SK하이닉스와 미국 반도체회사인 램버스가 벌인 소송이다.

양사는 2013년 6월 특허소송 파기환송심과 반독점소송 항소심 선고를 앞두고 SK하이닉스에 유리한 판결이 예상되자 극적으로 화해했다. SK하이닉스는 향후 5년간 특허사용료로 총 2억 4,000만달러를 지불하고 램버스의 모든 반도체 관련 특허에 대한 사용권한을 갖는 유리한 조건으로 모든 소송을 취하했다.

기술분야별 특허분쟁현황 (단위: 건)

분야	2008년	2009년	2010년	2011년	2012년	2013년 8월	합계
전기전자	66	36	30	172	49	81	434
정보통신	44	60	57	65	136	115	477
화학바이오	29	28	56	13	5	5	136
기계소재	34	28	34	16	13	15	140
장치산업	0	0	0	3	11	18	32
기타산업	8	2	9	11	10	14	54
합계	181	154	186	280	224	248	1,273

자료: 한국지식재산보호협회

미국 화이자제약의 한국법인은 최근 "제네릭 의약품인 '에이가발린'이 자사 신경병증 통증치료제인 '리리카'의 특허를 침해했다"며 CJ제일제당을 상대로 낸 소송의 항소심에서 원심에 이어 승소했다. 대법원에서 판결이 확정되면 한국화이자는 섬유근육통 및 신경병증성 통증을 포함한 통증치료 용도특허를 2017년 8월 14일까지 보호받는다.

CJ제일제당은 2013년 1분기에만 10억원대 처방액을 올리는 등 연 40억원대 효자상품인 에이가발린의 판매를 포기해야 할 상황이다.

제약사로 대표되는 화학·바이오 분야 소송은 한·미 FTA 체결로 '의약품 허가-특허연계제도'가 발효되면서 더욱 치열해질 전망이다.

향후 제약사가 복제약 시판 허가를 신청하면 자동으로 특허권자에게 통보되기 때문에 분쟁이 더욱 빈번하게 일어날 것으로 보인다. 그런 점에서 비만치료제 시장점유율 1위의 독일 애보트사가 후발주자인 한미약품을 상대로 2006년 특허침해소송을 냈다가 패소한 사례는 우리 기업에 많은 시사점을 안겨준다.

당시 한미약품은 애보트의 특허를 침해하지 않는 범위에서 유사한 제품을 만들기 위해 연구개발에 막대한 예산을 투자했다. 그 결과 특허분쟁에서 이긴 뒤 국내뿐 아니라 호주 비만치료제 시장에서 수백억원의 매출을 올릴 수 있었다.

지난 3년간 장치산업 분야의 분쟁이 급증한 것도 주목할 만하다. 광학기술, 의료기기장치기술, 진단측정기술 등을 아우르는 해당 분야는 2011년 처음으로 3건의 소송이 제기된 뒤 지난해 11건, 2013년은 8월까지 15건의 다툼이 있었다.

특허청 관계자는 "전체 32건 중 8건은 자동차진단 측정기술 관련 기업, 4건은 의료기기 장치기술 관련 기업에 대한 소송"이라며 "우리 기업이 제소한 1건을 제외하곤 대부분 미국 기업으로부터 소송당했으며, 약 70%가 미국 특허괴물로부터 피소된 건"이라고 설명했다.

지재권 소송 최종결론까지 7~8년

지식재산권 소송의 가장 큰 특징은 소송기간이 길다는 데 있다. 최종결론이 나오는 데 보통 7~8년이 걸린다.

미국 기업이 자사가 보유한 특허기술을 외국 기업이 침해했다고 판단하면 먼저 주정부 연방법원에 제소한다. 대부분 특허소송이 주정부 연방법원에서 시작된다. 다만 삼성과 애플 사례와 같이 통상 문제로 인한 분쟁은 미 정부기관인 국제무역위원회(ITC)가 개입한다.

미 민사소송의 가장 특수한 규칙은 재판 시작 전에 시행되는 '디스커버리' 제도다. 디스커버리는 일종의 증거제시제도로 소송 상대방에 증거 자료가 될 만한 문서를 요구하고 이를 살펴볼 수 있도록 한 제도다. 따라서 상대가 요청한 자료 중 본인에게 불리한 것이 무엇인지 적절히 가려낼 필요가 있다. 또한 상대방 측에서 신청한 증인에 대한 심사도 병행하게 된다. 디스커버리가 끝나면 그때부터 본격적으로 재판이 진행된다. 소송의 핵심은 특허권자가 보유하고 있는 특허의 정당성과 피소 기업이 특허를 침해했는지 여부다. 디스커버리에 이어 1심 소송이 끝날 때까지 통상 2~3년이 걸리는 지루한 법적 공방을 벌이게 된다. 이 때문에 상당수가 소송 종결 전 서로 합의에 이르거나 소를 취하한다.

1심 종결 후 패소한 기업이 항소하면 이후에는 우리나라 특허법원에 상응하는 연방순회항소법원(CAFC)으로 가게 된다. CAFC는 특허사건으로 인한 연방대법원의 과도한 부담을 줄이고, 특허사건의 통일적인 처리를 위해 1982년 설치됐다.

항소심 종결시점 역시 2~3년이 걸린다. 이후 대법원에 상고를 제기할 수 있지만 대법원에서 수용하는 사건이 제한돼 있는 만큼 대부분의 특허소송은 항소심에서 끝나게 된다.

http://news.mk.co.kr/newsRead.php?year=2013&no=1010032

논술문제

1 유형자산의 의의, 특징과 분류에 대해 설명하시오.

2 유형자산의 회계처리에 대해 요약하여 설명하시오.

3 유형자산의 취득원가결정에 대해 설명하시오.

4 유형자산의 취득유형별 원가결정에 대해 설명하시오.

5 자본적 지출과 수익적 지출을 구분하는 기준에 대해 설명하고 그 회계처리에 대해 설명하시오.

6 자본적 지출을 수익적 지출로 처리한 경우와 수익적 지출을 자본적 지출로 처리한 경우 순이익에 미치는 영향에 대해 설명하시오.

7 감가상각의 의의와 원인에 대해 설명하시오.

8 감가상각비의 결정요소에 대해 설명하시오.

9 감가상각비의 회계처리에 대해 설명하시오.

10 감가상각방법에 대해 설명하시오.

11 유형자산의 제거, 폐기와 처분에 대해 설명하시오.

12 유형자산의 평가에 대해 설명하시오.

13 원가모형에 대해 설명하시오.

14 재평가모형과 관련하여 평가손익의 인식과 보고방법에 대해 설명하시오.

15 유형자산의 재평가 후 감가상각에 대해 설명하시오.

16 무형자산의 인식과 측정에 대해 설명하시오.

17 무형자산의 취득원가결정에 대해 설명하시오.

18 무형자산의 상각에 대해 설명하시오.

19 무형자산의 재평가, 제거와 손상에 대해 설명하시오.

20 영입권의 회계처리에 대해 설명하시오.

객관식문제

■ 기본문제

1 다음은 유형자산 취득과 관련된 수익과 비용내역이다. 유형자산의 취득원가는? (기업회계 1급 42회)

- 구입원가: ₩5,000,000
- 리베이트: ₩100,000
- 취득세: ₩200,000
- 설치비용: ₩50,000
- 시험가동비용: ₩80,000
- 시험생산제품 판매수익: ₩150,000
- 초기수요부족가동손실 예측비용: ₩300,000
(발생가능성이 높으며 신뢰성있게 측정할 수 있다)

① ₩5,080,000　② ₩5,180,000
③ ₩5,230,000　④ ₩5,380,000

| 풀이 |

₩5,000,000 − ₩100,000 + ₩200,000 + ₩50,000 + ₩80,000 − ₩150,000 = ₩5,080,000

| 정답 | ①

2 (주)한국은 20×1년 2월 1일 공장부지를 구입하여, 그 토지에 있던 사용불가능한 구건물을 철거하고 동년 10월 31일 건물을 완공하여 생산을 개시하였다. 취득 이후 관련 자료를 기초로 계산한 토지와 건물의 취득원가는 각각 얼마인가? (기업회계 2급 45회)

- 토지와 구건물 구입가격: ₩10,000,000
- 토지와 구건물 구입을 위한 중개인 수수료: ₩200,000
- 구건물 철거비용: ₩1,000,000
- 구건물 철거시 발생한 폐기물 처분가액: ₩500,000
- 토지정지비용: ₩120,000
- 신건물 취득과 관련된 법률비용: ₩200,000
- 관리 및 기타 일반간접원가: ₩100,000
- 건물 공사비 중도금 및 잔금: ₩11,000,000
- 건물 완공시까지 발생한 주차장 운영수익: ₩200,000

	토 지	건 물
①	₩10,820,000	₩11,200,000
②	₩10,820,000	₩11,300,000
③	₩11,320,000	₩11,200,000
④	₩11,320,000	₩11,300,000

| 풀이 |

- 토지 취득원가 = ₩10,000,000 + ₩200,000 + ₩1,000,000 − ₩500,000 + ₩120,000
= ₩10,820,000

• 건물 취득원가 = ₩200,000 + ₩11,000,000 = ₩11,200,000
• 관리 및 기타 일반간접원가는 발생즉시 비용으로 처리함.

| 정답 | ①

3 다음과 같은 결과가 재무상태 또는 경영성과에 미치는 영향을 바르게 설명한 것은? (기업회계 3급 40회)

사무실로 사용하고 있는 건물의 외벽 도색비용 ₩2,000,000을 현금으로 지출한 거래는 단순한 원상회복을 위한 지출임에도 불구하고 건물 가치가 증대된 것으로 잘못 판단하여 다음과 같이 분개하였다.

(차) 건물 2,000,000 (대) 현금 2,000,000

① 비용이 과소계상되었다.
② 자본이 과소계상되었다.
③ 자산이 과소계상되었다.
④ 수익이 과소계상되었다.

| 풀이 |
비용(수선유지비)으로 처리할 것을 자산(건물)으로 처리함으로써 자산이 과대계상되고, 비용이 과소계상되어 순이익이 과대계상됨.

| 정답 | ①

4 (주)한국은 20×1년 1월 1일에 내용연수 5년, 잔존가치는 취득원가의 10%인 기계장치를 ₩10,000,000에 취득하였다. 동 기계장치에 대해서 정액법, 연수합계법, 이중체감법을 각각 적용하여 감가상각을 할 경우 20×1년도 감가상각비가 가장 많이 계상되는 감가상각방법의 순으로 나열된 것은? 단, (주)한국의 결산일은 12월 31일이다. (기업회계 1급 43회)

① 연수합계법 > 이중체감법 > 정액법
② 이중체감법 > 정액법 > 연수합계법
③ 연수합계법 > 정액법 > 이중체감법
④ 이중체감법 > 연수합계법 > 정액법

| 풀이 |
정액법: (₩10,000,000 − ₩1,000,000)/5 = ₩1,800,000
연수합계법: (₩10,000,000 − ₩1,000,000) × 5/15 = ₩3,000,000
이중체감법: ₩10,000,000 × 2/5(상각률) = ₩4,000,000

| 정답 | ④

5 **(주)한국은 20×1년 4월 1일 기계장치를 취득하였다. 기계장치는 월할상각하며 추가적인 내용은 다음과 같다. 정액법과 연수합계법에 따라 기계장치를 감가상각할 때 20×1년도 감가상각비를 각각 계산하면 얼마인가?** (기업회계 1급 45회)

• 취득원가: ₩1,000,000 • 내용연수: 5년 • 잔존가치: ₩100,000

	정액법	연수합계법		정액법	연수합계법
①	₩150,000	₩225,000	②	₩150,000	₩250,000
③	₩135,000	₩225,000	④	₩135,000	₩250,000

| 풀이 |

정액법: (₩1,000,000 − ₩100,000) × 1/5 × 9/12 = ₩135,000

연수합계법: (₩1,000,000 − ₩100,000) × 5/15 × 9/12 = ₩225,000

| 정답 | ③

■ 심화문제

1 **유형자산의 취득원가에 대한 다음 설명 중 한국채택국제회계기준의 내용과 일치하지 않는 것은?** (CPA 2002 수정)

① 유형자산의 취득과 관련하여 국·공채를 불가피하게 매입하는 경우 국·공채의 매입가액과 현재가치평가액의 차액을 당해 유형자산의 취득원가에 산입한다.

② 지상 건물이 있는 토지를 구입하여 구건물을 계속 사용할 경우에는 일괄구입가격을 토지와 건물의 공정가치에 따라 각각 안분한다.

③ 자가건설한 유형자산의 원가는 외부에서 구입한 유형자산에 적용하는 것과 같은 기준을 적용하여 결정한다.

④ 신건물 신축을 위하여 건물이 있는 토지를 취득한 경우 기존건물의 철거비용은 당기비용으로 처리한다.

⑤ 측량비, 정지비 등은 토지원가이고, 기초공사를 위한 굴착비용은 신축건물의 원가이다.

| 풀이 |

④ 건물이 있는 토지를 취득한 후 기존건물의 철거비용은 토지의 취득원가에 포함함.

⑤ 측량비, 정지비 등은 건물을 신축할 수 있는 상태로 만드는 데 소요되는 비용이므로 토지 취득부대비용이나 기초공사를 위한 굴착비용은 건물신축과 관련된 것이므로 신축건물 원가에 가산함.

| 정답 | ④

2 내용연수가 유한한 무형자산과 유형자산의 감가상각에 대한 설명으로 옳지 않은 것은? (CTA 2013)

① 내용연수가 유한한 무형자산과 유형자산의 잔존가치는 해당자산의 장부금액보다 큰 금액으로 증가할 수 없다.

② 내용연수가 유한한 무형자산과 유형자산의 감가상각방법은 변경될 수 있으며, 이러한 변경은 회계추정의 변경으로 회계처리한다.

③ 내용연수가 유한한 무형자산과 유형자산의 감가상각방법에는 정액법, 체감잔액법 및 생산량비례법이 있다.

④ 내용연수가 유한한 무형자산과 유형자산의 감가상각방법은 자산의 미래경제적효익이 소비되는 형태를 반영한다.

⑤ 내용연수가 유한한 무형자산과 유형자산의 감가상각방법은 적어도 매 회계연도 말에 재검토한다.

| 풀이 |

유형자산의 잔존가치는 해당 자산의 장부금액과 같거나 큰 금액으로 증가할 수도 있음. 이 경우에는 자산의 잔존가치가 장부금액보다 작은 금액으로 감소될 때까지는 유형자산의 감가상각액은 영(0)이 됨.

| 정답 | ①

3 (주)세무는 20×1년 초 건물(내용연수 5년, 잔존가치 ₩100,000)을 ₩1,000,000에 취득하여 재평가모형을 적용하고, 이중체감법(상각률 40%)으로 감가상각하였다. 재평가일인 20×1년 말 건물의 공정가치가 ₩900,000이고 자산의 총장부금액에서 감가상각누계액을 제거하는 방법으로 재평가 회계처리할 때, 재평가 회계처리로 옳은 것은? (CTA 2017)

	차변		대변	
①	감가상각누계액	400,000	건물	100,000
			재평가잉여금	300,000
②	감가상각누계액	260,000	재평가잉여금	260,000
③	감가상각누계액	360,000	건물	100,000
			재평가잉여금	260,000
④	감가상각누계액	400,000	재평가잉여금	400,000
⑤	감가상각누계액	100,000	건물	100,000

| 풀이 |

〈20×1. 1. 1〉

(차) 건물	1,000,000	(대) 현금	1,000,000

〈20×1. 12. 31〉

(차)감가상각비	400,000	(대) 감가상각누계액	400,000
*₩1,000,000×0.4=₩400,000			
(차) 감가상각누계액	400,000	(대) 건물	100,000
		재평가잉여금	300,000

| 정답 | ①

4 다음 중 무형자산의 회계처리에 대한 설명으로 타당하지 않은 것은? (CPA 2010)

① 최초에 비용으로 인식한 무형항목에 대한 지출은 그 이후에 무형자산의 원가로 인식할 수 없다.
② 내용연수가 유한한 무형자산의 잔존가치는 해당 자산의 장부금액과 같을 수는 있으나 장부금액보다 더 클 수는 없다.
③ 내부적으로 창출한 영업권은 무형자산으로 인식하지 않는다.
④ 내용연수가 비한정인 무형자산은 상각하지 아니하지만, 내용연수가 유한한 무형자산은 상각하고 상각기간과 상각방법은 적어도 매 보고기간 말에 검토한다.
⑤ 무형자산의 회계정책으로 원가모형이나 재평가모형을 선택할 수 있다.

| 풀이 |

무형자산의 잔존가치는 해당 자산의 장부금액과 같거나 큰 금액으로 증가할 수도 있으며, 이 경우에는 자산의 잔존가치가 이후에 장부금액보다 작은 금액으로 감소될 때까지는 무형자산의 상각액은 영(0)임.

| 정답 | ②

5 다음은 (주)국세의 20×1년도 연구 및 개발활동 지출내역이다. 이를 이용하여 물음에 답하시오.

- 새로운 지식을 얻고자 하는 활동: ₩100,000
- 생산이나 사용 전의 시제품과 모형을 제작하는 활동: ₩150,000
- 상업적 생산 목적으로 실현가능한 경제적 규모가 아닌 시험공장을 건설하는 활동: ₩200,000
- 연구결과나 기타 지식을 응용하는 활동: ₩300,000

(주)국세가 20×1년도 연구활동으로 분류해야 하는 금액은 얼마인가? (CTA 2010)

① ₩100,000 ② ₩250,000 ③ ₩400,000
④ ₩450,000 ⑤ ₩750,000

| 풀이 |

₩100,000 + 300,000 = ₩400,000

연구활동의 예는 다음과 같음.

① 새로운 지식을 얻고자 하는 활동
② 연구결과나 기타 지식을 탐색, 평가, 최종 선택, 응용하는 활동
③ 재료, 장치, 제품, 공정, 시스템이나 용역에 대한 여러 가지 대체안을 탐색하는 활동
④ 새롭거나 개선된 재료, 장치, 제품, 공정, 시스템이나 용역에 대한 여러 가지 대체안을 제안, 설계 평가, 최종 선택하는 활동

| 정답 | ③

사례문제

1 유형자산의 취득원가 결정

① 기계장치를 ₩1,500,000에 6개월의 외상으로 구입하고 운반원가 ₩120,000, 설치원가 ₩45,000, 시운전원가 ₩20,000을 현금으로 지급하다.

② 건물을 신축하기 위하여 건설회사와 ₩12,700,000에 도급계약을 체결하고 계약금 ₩300,000과 설계원가 ₩400,000을 수표로 지급하다.

③ 위 ②의 공사가 완료되어 공사대금 잔액 ₩12,000,000을 수표로 지급하고 등기료 ₩150,000과 취득세 ₩120,000을 현금으로 지급하다.

④ 건물의 대대적 증축에 필요한 지출을 위하여 ₩3,000,000의 수표를 발행하다.

⑤ 사용 중인 기계장치의 일상적인 수리를 위하여 ₩30,000을 현금으로 지급하다.

⑥ 토지 ₩4,000,000과 건물 ₩1,000,000을 구입하고 부대원가 ₩200,000을 수표로 지급하다.

⑦ 취득원가 ₩5,000,000, 감가상각누계액 ₩2,000,000의 기계장치와 교환으로 공정가치 ₩3,500,000의 트럭을 획득하다.

| 요구사항 |

위의 거래를 회계처리하시오.

| 풀이 |

	차변	금액	대변	금액
①	(차) 기계장치	1,685,000	(대) 미지급금	1,500,000
			현금	185,000
②	(차) 건설중인자산	700,000	(대) 당좌예금	700,000
③	(차) 건물	12,970,000	(대) 건설중인자산	700,000
			당좌예금	12,000,000
			현금	270,000
④	(차) 건물	3,000,000	(대) 당좌예금	3,000,000
⑤	(차) 수선유지비	30,000	(대) 현금	30,000
⑥ 일괄구입				
	(차) 토지	4,160,000*	(대) 당좌예금	5,200,000
	건물	1,0040,000**		

* $₩4,000,000 + ₩200,000 \times \frac{₩4,000,000}{₩5,000,000}$

** $₩1,000,000 + ₩200,000 \times \frac{₩1,000,000}{₩5,000,000}$

⑦ 교환에 의한 취득

(대) 차량운반구	3,500,000	(차) 기계장치	5,000,000
기계장치감가상각누계액	2,000,000	유형자산처분이익	500,000

2 자본적 지출과 수익적 지출

다음 각 거래가 자본적 지출인지 수익적 지출인지를 구분하시오.

① ₩10,000에 청소용 비품을 구입하다.
② 사용하던 건물에 ₩900,000을 들여서 새로운 페인트칠을 하다.
③ 사용하던 건물에 ₩200,000,000을 들여서 엘리베이터를 설치하다.
④ 사용하던 기계장치에 ₩30,000,000을 투입하여 대수선을 한 결과 기계장치의 내용연수가 4년 더 연장되었다.
⑤ 상품운반용 트럭을 ₩20,000,000에 구입한 직후 ₩800,000을 들여서 회사의 광고문안을 인쇄하기 위한 페인트칠을 하다.
⑥ 사용하던 트럭에 ₩500,000을 투입하여 새로운 페인트칠을 하다.
⑦ 사용하던 3층짜리 건물에 ₩100,000,000을 투입하여 5층으로 증축하다.

| 풀이 |

① 중요성 측면에서 ₩10,000의 비품구입은 당기의 비용으로 처리하여야 한다.
② 기존 건물 유지·보수와 관련된 비용은 수익적 지출로 처리한다.
③ ₩200,000,000의 원가투입으로 인하여 건물의 가치가 현저하게 증가하였으므로 자본적 지출로 처리한다.
④ 특정 지출로 인하여 유형자산의 내용연수가 현저하게 증가하면 자본적 지출로 구분하여야 한다.
⑤ 트럭을 구입한 후 정상적으로 트럭을 사용하기 전까지 투입된 비용은 취득부대비용으로서 트럭의 취득원가에 가산하여야 한다.
⑥ 기존에 사용하던 트럭에 투입된 소액의 수선·유지비용은 수익적 지출로 처리한다.
⑦ 건물증축을 위하여 투입된 ₩100,000,000으로 건물의 가치가 현저하게 증가하였으므로 자본적 지출로 처리하여야 한다.

3 감가상각비의 계산

(주)대구는 20×1년 1월 1일에 추정내용연수 5년, 추정잔존가치 ₩500,000인 트럭을 ₩5,000,000에 구입하였다. 이 트럭의 총주행가능거리는 200,000km로 추정된다. 20×1년과 20×2년의 총주행거리는 60,000km와 50,000km이었다.

| 요구사항 |

(주)대구가 다음의 감가상각방법을 이용하여 20×1년과 20×2년에 인식할 감가상각비를 계산하시오.

1. 정액법

2. 정률법(감가삼각률은 0.369라 가정함)
3. 작업시간비례법
4. 연수합계법
5. 이중체감법

| 풀이 |

1. 정액법

20×1년 감가상각비: (₩5,000,000－₩500,000)÷5＝₩900,000

20×2년 감가상각비: (₩5,000,000－₩500,000)÷5＝₩900,000

2. 정률법

20×1년 감가상각비: ₩5,000,000×0.369＝₩1,845,000

20×2년 감가상각비: (₩5,000,000－₩1,845,000)×0.369＝₩1,164,195

3. 작업시간비례법

20×1년 감가상각비: (₩5,000,000－₩500,000)×60,000/200,000＝₩1,350,000

20×2년 감가상각비: (₩5,000,000－₩500,000)×50,000/200,000＝₩1,125,000

4. 연수합계법

20×1년 감가상각비: (₩5,000,000－₩500,000)×5/15＝₩1,500,000

20×2년 감가상각비: (₩5,000,000－₩500,000)×4/15＝₩1,200,000

5. 이중체감법

감가상각률: 1/5×2＝0.4

20×1년 감가상각비: ₩5,000,000×0.4＝₩2,000,000

20×2년 감가상각비: (₩5,000,000－₩2,000,000)×0.4＝₩1,200,000

4 감가상각비의 계산

결산일이 12월 31일인 (주)옥계는 20×2년 1월 1일 기계장치를 ₩3,000,000에 취득하였다. 기계장치의 내용연수는 5년, 잔존가치는 ₩150,000으로 추정되었다. 이 기계를 사용하여 총 1,000,000시간의 작업시간으로 총 150,000개의 제품을 생산할 수 있을 것으로 추정된다. (주)옥계는 20×2년에 총 200,000시간으로 30,000개의 제품을 생산하였으며, 20×3년에 총 250,000시간으로 35,000개의 제품을 생산하였다.

| 요구사항 |

(주)옥계가 감가상각방법으로 ① 정액법, ② 정률법(상각률 0.369), ③ 이중체감법, ④ 연수합계법, ⑤ 작업시간비례법과 ⑥ 생산량비례법을 사용할 경우 20×2년과 20×3년에 인식할 감가상각비를 각각 계산하시오.

| 풀이 |

감가상각방법	연도	계산	감가상각비
정액법	20×2년	(₩3,000,000−₩150,000)÷5	₩570,000
	20×3년	(₩3,000,000−₩150,000)÷5	₩570,000
정률법 (상각률 0.369)	20×2년	₩3,000,000×0.369	₩1,107,000
	20×3년	(₩3,000,000−₩1,107,000)×0.369	₩698,517
이중체감법 (상각률 1/5×2=0.4)	20×2년	₩3,000,000×0.4	₩1,200,000
	20×3년	(₩3,000,000−₩1,200,000)×0.4	₩720,000
연수합계법	20×2년	(₩3,000,000−₩150,000)×5/15	₩950,000
	20×3년	(₩3,000,000−₩150,000)×4/15	₩760,000
작업시간비례법	20×2년	(₩3,000,000−₩150,000)×200,000/1,000,000	₩570,000
	20×3년	(₩3,000,000−₩150,000)×250,000/1,000,000	₩712,500
생산량비례법	20×2년	(₩3,000,000−₩150,000)×30,000/150,000	₩570,000
	20×3년	(₩3,000,000−₩150,000)×35,000/150,000	₩665,000

5 유형자산의 처분

갑회사(보고기간 말 12월 31일)는 사용하던 기계장치(취득원가 ₩100,000, 20×2년 1월 초 취득, 정액법 상각, 잔존가치 없음, 내용연수 10년)를 20×5년 10월 1일에 현금 ₩50,000을 수령하고 매각하였다.

| 요구사항 |

갑회사가 20×5년 10월 1일에 기계장치를 처분할 때 분개를 하라. 단, 갑회사는 20×4년 말까지 정상적으로 감가상각비를 인식하였다.

| 풀이 |

(차)	감가상각비	7,500*	(대)	기계장치감가상각누계액	7,500

* 기중 처분일까지 감가상각비 인식함.
₩100,000×(1/10)×(9/12)=₩7,500

(차)	현금	50,000	(대)	기계장치	100,000
	기계장치감가상각누계액	37,500*			
	유형자산처분손실	12,500			

* 20×2년부터 20×5년 10월 1일까지의 감가상각누계액
=₩100,000÷10×3+7,500=₩37,500

6 유형자산의 처분

(주)백두는 20×1년 1월 1일 ₩10,000,000에 건물을 취득하였다. 잔존가치와 내용연수는 각각 ₩1,000,000과 10년으로 추정되었다. 정액법을 사용하여 감가상각을 하여 오던 (주)백두는 20×2년 4월 1일에 동 건물을 ₩9,000,000에 처분하였을 경우 처분손익을 계산하고, 처분시의 분개를 하시오.

| 풀이 |

1. 처분손익의 계산
   - 1단계: 처분시점까지의 감가상각비 계상

     20×1년 감가상각비=(₩10,000,000−₩1,000,000)÷10년=₩900,000

     20×2년 감가상각비=(₩10,000,000−₩1,000,000)÷10년×(3개월÷12개월)
     =₩225,000

     20×2년 감가상각비를 계상하기 위하여 20×2년 4월 1일에 다음의 분개를 하여야 한다.

(차)	감가상각비	225,000	(대)	건물감가상각누계액	225,000

   - 2단계: 취득원가 및 감가상각누계액의 파악

     취득원가=₩10,000,000

     감가상각누계액=₩900,000+₩225,000=₩1,125,000
   - 3단계: 처분금액과 장부금액(취득원가−감가상각누계액)을 비교하여 유형자산처분손익으로 계상

     처분금액=₩9,000,000

     장부금액=₩10,000,000−₩1,125,000=₩8,875,000

     처분이익=₩9,000,000−₩8,875,000=₩125,000
2. 처분시의 분개

(차)	현금	9,000,000	(대)	건물	10,000,000
	건물감가상각누계액	1,125,000		유형자산처분이익	125,000

7 감가상각과 유형자산의 처분

(주)고수는 20×6년 1월 1일에 기계를 ₩160,000에 취득하여 사용하여 왔다. 취득 당시 기계의 추정 내용연수는 5년이었으며, 추정 잔존가치는 ₩10,000이다. 회사는 이 기계를 연수합계법을 적용하여 감가상각하여 왔다. 20×9년 4월 1일 회사는 이 기계를 현금 ₩50,000을 받고 매각하였다. (주)고수의 회계연도는 매년 1월 1일부터 12월 31일까지이다.

| 요구사항 |

1. 이 기계의 20×8년도 감가상각비를 계산하시오.
2. 20×9년 4월 1일 기계매각에 대한 회계처리를 하시오.
3. 정액법을 사용해 왔다고 가정할 경우, 20×9년 4월 1일의 기계매각에 대한 회계처리를 하시오.

| 풀이 |

1. (₩160,000－₩10,000)×3/15＝₩30,000

2.

(차)	감가상각비	5,000	(대) 기계감가상각누계액	5,000
(차)	현금	50,000	(대) 기계	160,000
	기계감가상각누계액	125,000	유형자산처분이익	15,000

매각금액	₩50,000
장부금액＝취득원가－감가상각누계액＝₩160,000－₩125,000[*1]＝	₩35,000
처분이익	₩15,000

*1. 20×9년 4월 1일 현재 감가상각누계액
(₩160,000－₩10,000)×[(5＋4＋3)÷15]＋(₩160,000－₩10,000)×2/15×3/12＝₩125,000

3.

(차)	감가상각비	7,500	(대) 기계감가상각누계액	7,500
(차)	현금	50,000	(대) 기계	160,000
	기계감가상각누계액	97,500		
	유형자산처분손실	12,500		

매각금액	₩50,000
장부금액＝취득원가－감가상각누계액＝₩160,000－₩97,500[*1]＝	₩62,500
처분손실	(₩12,500)

*1. 20×9년 4월 1일 현재 감가상각누계액
＝(₩160,000－₩10,000)×3/5＋(₩160,000－₩10,000)×1/5×3/12＝₩97,500

8 유형자산의 손상

(주)초당은 20×2년 1월 1일 내용연수 20년의 건물을 ₩2,000,000에 취득하였으며 원가모형을 적용한다. 건물의 내용연수 종료시점의 잔존가치는 ₩50,000이며, 정액법으로 감가상각한다.

(주)초당은 20×3년 12월 31일 현재 보유 중인 건물의 회수가능액이 하락하여 손상대상이 되었다는 것을 확인하였다. 20×3년 말 현재 건물의 회수가능액은 ₩800,000이다.

| 요구사항 |

1. (주)초당이 건물의 취득일부터 20×3년 말까지의 각 일자에 해야 할 회계처리를 하시오.
2. (주)초당의 20×3년 말 현재 건물만을 나타내는 부분재무상태표를 작성하시오.

| 풀이 |

1. 회계처리

일자	회계처리			
20×2. 1. 1	(차) 건물	2,000,000	(대) 현금	2,000,000
20×2. 12. 31	(차) 감가상각비	97,500[*1]	(대) 건물감가상각누계액	97,500
20×3. 12. 31	(차) 감가상각비	97,500[*1]	(대) 건물감가상각누계액	97,500
	(차) 건물손상차손	1,005,000[*2]	(대) 건물손상차손누계액	1,005,000

*1. (₩2,000,000－₩50,000)÷20＝₩97,500
*2. (₩2,000,000－₩97,500－₩97,500)－₩800,000＝₩1,005,000

2. 부분재무상태표

재무상태표

(주)초당		20×3년 12월 31일 현재	
건물	₩2,000,000		
건물감가상각누계액	(195,000)		
건물손상차손누계액	(1,005,000)	₩800,000	

9 유형자산의 재평가모형과 투자부동산의 공정가치모형의 비교

(주)갑을은 20×1년 초에 10,000㎡의 땅을 ₩100,000에 취득하였다. 땅의 20×1년 말과 20×2년 말 현재 공정가치는 각각 ₩120,000과 ₩114,000이다.

| 요구사항 |

1. (주)갑을이 취득한 땅을 공장건물을 짓기 위한 용도로 사용할 경우 재평가모형을 적용하여 20×1년과 20×2년의 회계처리를 제시하시오.
2. (주)갑을이 취득한 땅을 임대목적으로 사용할 경우 공정가치모형을 적용하여 20×1년과 20×2년의 회계처리를 제시하시오.

| 풀이 |

1. 유형자산의 재평가모형

〈20×1. 1. 1〉

(차)	토지	100,000	(대)	현금	100,000

〈20×1. 12. 31〉

(차)	토지	20,000	(대)	재평가잉여금	20,000*

* ₩120,000 − 100,000 = ₩20,000
재평가잉여금은 기타포괄손익으로 분류함.

〈20×2. 12. 31〉

(차)	재평가잉여금	6,000	(대)	토지	6,000*

* ₩114,000 − 120,000 = (−)₩6,000
토지의 공정가치 하락시 전년도에 인식한 재평가잉여금을 우선 감소시킴. 만약 토지의 공정가치 하락이 ₩20,000을 초과하면 초과액을 당기손익(재평가손실)으로 인식함.

2. 투자부동산의 공정가치모형

〈20×1. 1. 1〉

(차)	투자부동산	100,000	(대)	현금	100,000

〈20×1. 12. 31〉

(차)	투자부동산	20,000	(대)	투자부동산평가이익	20,000*

* ₩120,000 − 100,000 = ₩20,000
투자부동산평가이익은 당기손익으로 분류함.

〈20×2. 12. 31〉

(차)	투자부동산평가손실	6,000	(대)	토지	6,000*

* ₩114,000 − 120,000 = (−)₩6,000
투자부동산평가손실은 당기손익으로 분류함.

10 영업권

20×1년 7월 1일 (주)황금은 원료공급업체인 (주)소천을 합병하기로 하고 합병대가 ₩1,500,000을 수표를 발행하여 지급하다. 합병시점에서 (주)소천의 재무상태표가 다음과 같을 경우 합병분개를 하시오.

재무상태표

(주)소천 20×1년 7월 1일 현재 (단위: 원)

현금 및 현금성자산	200,000	매입채무	300,000
매출채권	300,000	차입금	500,000
재고자산	500,000	자본금	1,000,000
토지	1,000,000	이익잉여금	200,000
	2,000,000		2,000,000

| 풀이 |

(차) 현금 및 현금성자산	200,000	(대) 매입채무	300,000
매출채권	300,000	차입금	500,000
재고자산	500,000	당좌예금	1,500,000
토지	1,000,000		
영업권	300,000		

11 영업권(합병차손)과 염가매수차익(합병차익)

합병이란 두 개 이상의 회사가 하나의 회사로 통합되면서 합병회사(존속회사)가 피합병회사(소멸회사)의 자산과 부채를 인수하고 그 대가로 주식을 발행하여 주거나 현금을 지급하는 것을 말한다. 합병회사가 인수한 피합병기업 순자산의 공정가치가 합병대가를 초과하면 '합병차익'이, 반대의 경우 '합병차손'이 발생한다. '합병차손' 및 '합병차익'은 영업권(무형자산) 및 염가매수차익(기타수익)으로 각각 기록한다.

(주)경기가 제7회계연도 5월 1일 (주)화성을 합병할 때, 피합병회사인 (주)화성의 재무상태표 및 자산과 부채의 장부금액 및 공정가치는 다음과 같다.

(주)화성의 재무상태표 (단위: 백만원)

자산	장부금액	공정가치	부채 및 자본	장부금액	공정가치
현금	₩200	₩200	매입채무	₩300	₩300
단기금융자산	300	300	사채	1,000	1,200
토지	100	500	자본금	200	
건물	1,400	2,000	이익잉여금	500	
	₩2,000	₩3,000		₩2,000	

| 요구사항 |

1. (주)경기가 (주)화성을 합병한 대가로 현금 ₩1,700을 지급한 경우 영업권 또는 염가매수차익은 얼마인가?

2. (주)경기가 (주)화성을 합병한 대가로 현금 ₩1,200을 지급한 경우 영업권 또는 염가매수차익은 얼마인가?

| 풀이 |

1. 순자산의 공정가치 = ₩3,000 − ₩1,500 = ₩1,500
   합병대가 = ₩1,700
   영업권 = ₩1,700 − ₩1,500 = ₩200

   합병시 (주)경기의 회계처리:

(차)	현금	200	(대)	매입채무	300
	단기금융상품	300		사채	1,200
	토지	500		현금	1,700
	건물	2,000			
	영업권	200			

2. 염가매수차익 = ₩1,200 − ₩1,500 = ₩3,000,000
   합병시 (주)경기의 회계처리:

(차)	현금	200	(대)	매입채무	300
	단기금융상품	300		사채	1,200
	토지	500		현금	1,200
	건물	2,000		염가매수차익	300

12 무형자산의 인식과 상각

(주)협재는 수소전지기술을 개발하기 위해 20×1년 중 다음과 같은 비용을 지출하였다. 다음의 비용 중 개발단계에서 발생한 비용은 무형자산의 인식조건을 모두 충족하며, 이 기술은 20×1년 중 개발이 완료되었고 20×2년 1월 1일부터 사용할 수 있었다. 무형자산의 내용연수는 5년, 잔존가치는 0이라고 가정한다.

비용	연구단계에서 발생	개발단계에서 발생
연구원 급여	₩80,000	₩30,000
원재료 사용액	60,000	200,000
시험기기 감가상각비	50,000	70,000
계	₩190,000	₩300,000

| 요구사항 |

1. 20×1년에 (주)협재가 하여야 할 회계처리를 하시오.
2. 20×2년에 (주)협재가 하여야 할 회계처리를 하시오.

| 풀이 |

연도	구분	회계처리
20×1년	연구비 인식	(차) 연구비 190,000 (대) 현금 80,000 원재료 60,000 시험기기감가상각누계액 50,000
	개발비 인식	(차) 개발비 300,000 (대) 현금 30,000 원재료 200,000 시험기기감가상각누계액 70,000
20×2년	개발비 상각	(차) 무형자산상각비 60,000 (대) 개발비 60,000[*1]

*1. ₩300,000÷5=₩60,000

13 개발비의 상각

(주)갑을(보고기간 말 12월 31일)은 신기술 개발을 위하여 20×1년에 ₩100,000, 20×2년에 ₩300,000을 각각 지출하였으며, 모두 무형자산의 인식조건을 충족하였다. (주)갑을의 개발활동은 20×2년 7월 1일에 종료되었으며 즉시 신기술을 사용하기 시작하였다. 한편, (주)갑을은 20×2년 10월 1일에 신기술의 법적 보호를 위하여 특허권을 취득하였으며, 특허권 취득을 위하여 ₩20,000을 지출하였다. (주)갑을은 개발비의 내용연수를 10년으로 추정하였으며, 특허권의 법적권리 기간은 5년이다.

| 요구시항 |

1. (주)갑을이 개발활동 및 특허권 취득과 관련하여 20×1년과 20×2년에 해야 할 회계처리를 하시오.
2. (주)갑을의 20×2년도 결산일(12월 31일)에 무형자산 상각과 관련하여 해야 할 회계처리를 하시오.

| 풀이 |

1. 〈20×1년〉

(차)	개발비	100,000	(대)	현금	100,000

〈20×2년〉

(차)	개발비	300,000	(대)	현금	300,000
(차)	산업재산권	20,000	(대)	현금	20,000

신기술에 대한 특허권은 산업재산권계정으로 인식하고, 개발비계정에 포함시키지 않음.

2.

(차)	무형자산상각비	21,000	(대)	개발비	20,000[*1]
				산업재산권	1,000[*2]

*1. 개발비 누적액 ₩400,000을 20×2년 7월 1일부터 상각함.
₩400,000÷10년×6/12(6개월분)=₩20,000

*2. ₩20,000÷5년×3/12(3개월분)=₩1,000

CHAPTER 12

금융자산:
지분상품과 채무상품

재무상태표[1)]

자산		부채
유동자산	당기손익인식-공정가치측정 금융자산(FVPL 금융자산), 상각후원가측정 금융자산(AC 금융자산)	유동부채
비유동자산		비유동부채
투자자산	기타포괄손익-공정가치측정 금융자산(FVOCI 금융자산), 상각후원가측정 금융자산(AC 금융자산)	**부채총계**
		자본
	관계기업투자주식	자본금
	투자부동산	자본잉여금
유형자산		기타포괄손익누계액
무형자산		이익잉여금
기타비유동자산		**자본총계**
자산총계		**부채 및 자본총계**

1) **금융자산**과 관련하여 발생할 수 있는 손익항목을 요약하면 다음과 같다.

수익(이익)	비용(손실)	포괄손익계산서 표시
이자수익 배당금수익 금융자산처분(제거)이익 당기손익-공정가치측정 금융자산(FVPL 금융자산)평가이익	– – 금융자산처분(제거)손실 FVPL 금융자산평가손실	당기손익 부분에 표시
기타포괄손익-공정가치측정 금융자산(FVOCI 금융자산) 평가이익	FVOCI 금융자산평가손실	기타포괄손익 부분에 표시[*1]

*1 기타포괄손익-공정가치측정 금융자산(FVOCI 금융자산)평가손익은 자본 중 기타포괄손익누계액으로 반영됨. FVOCI 금융자산평가이익은 자본의 가산항목이 되며, FVOCI 금융자산평가손실은 자본의 감소항목이 됨.

제1절 금융상품의 의의와 분류

1. 금융상품의 의의

1.1 유가증권의 의의

기업은 여유자금을 주식이나 채권 등의 유가증권에 투자하여 투자수익(예: 시세차익, 배당수익, 이자수익 등)을 얻는다. 또한 특정기업의 경영권을 지배하기 위하여 그 기업이 발행한 주식을 취득하기도 한다.

유가증권(securities)은 재산권을 표시하는 증권을 말하며, 주식과 채권(국가가 발행하는 국채, 지방자치단체가 발행하는 공채, 회사가 발행하는 회사채 등)으로 구분할 수 있다. 주식은 주주가 기업의 경영에 참여(의결권)할 수 있고 배당을 받으나, 사채는 채권자가 만기일에 원금을 받고 일정기간마다 이자를 받는다.[2)]

주식이나 채권과 같은 유가증권 형태를 갖고 있는 금융자산을 증권형 금융자산이라고도 한다. 회계에서는 주식을 지분증권(equity securities)이라 하고, 채권을 채무증권(debt securities)이라 한다. K-IFRS에서는 지분증권을 지분상품(equity instruments, 지분형 금융상품)으로, 채무증권을 채무상품(debt instruments, 채무형 금융상품)으로 구분하여 금융자산의 범위에 포함시키고 있다.

지분상품과 채무상품의 차이를 비교하면 다음과 같다.

표 12-1 | 지분상품과 채무상품의 비교

구분	의의	종류	투자수익(손실)	만기	원금상환
지분상품	주식투자	주식	배당금수익, 처분손익	없음	-
채무상품	채권투자	(회)사채, 국채, 공채	이자수익, 처분손익	있음	만기에 원금을 받음

1.2 금융상품의 의의

금융상품(financial instruments)은 한 거래당사자에게 금융자산을 발생시키고 동시에 다른 거래상대방에게 금융부채나 지분상품을 발생시키는 모든 계약을 말한다. 금융상품의 취득회사는 금융자산을 보유하게 되고, 금융상품의 발행회사는 금융부채나 지분상품을 부담

2) **주식과 사채에 대한 비교**는 **제13장 부채 제3절 사채**와 **제14장 자본 제2절 주식의 발행**에서 설명하였으므로 그 설명을 참고.

하게 된다.

그림 12-1 | 금융상품의 분류

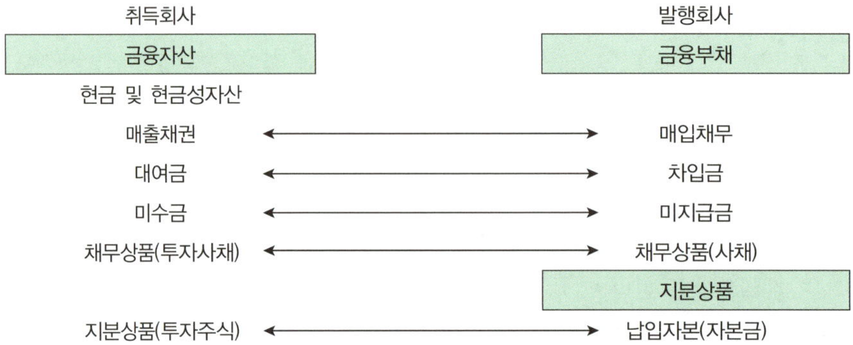

이러한 금융상품의 정의에 따르면 금융상품의 특징은 다음과 같다.

1. 계약
2. 한 거래당사자에게 금융자산이 발생하고 다른 거래당사자에게 금융부채나 지분상품이 발생한다.

금융자산(financial asset)은 현금, 다른 기업의 지분상품, 거래상대방에게서 현금 등 금융자산을 수취할 계약상 권리를 말한다. 다른 기업의 지분상품(equity instruments)은 다른 기업이 발행한 지분상품(주식)을 취득할 경우 취득회사의 입장에서 그 지분상품을 금융자산으로 분류한다. 거래상대방에게서 현금 등을 수취할 계약상 권리는 수취채권(매출채권과 미수금), 대여금 및 채무상품(다른 회사가 발행한 사채, 국가가 발행한 국채, 지방자치단체가 발행한 공채 등)을 포함한다.

금융부채(financial liability)는 거래상대방에게 현금 등의 금융자산을 인도하기로 한 계약상 의무 등을 말한다. 금융부채의 예에는 매입채무, 미지급금, 차입금과 사채 등이 있다.

이 장에서는 금융자산의 취득회사 입장에서 금융자산 중 투자목적의 지분상품(주식)과 투자목적의 채무상품(사채)의 회계처리를 설명한다.

2. 금융자산의 분류

2.1 금융자산의 분류

금융상품의 보유회사는 금융자산을 다음과 같이 분류한다.[3)]

표 11-2 | 금융자산의 분류

금융자산의 분류		내용
현금 및 현금성자산	현금	
	현금성자산	
수취채권	매출채권	외상매출금, 받을어음
	비매출채권	대여금, 미수금, 미수수익 등
기타 금융상품	유가증권	지분상품(지분형 금융상품) 채무상품(채무형 금융상품)
	금융기관 취급상품	정기예금, 정기적금, 연금 및 보험상품 등
	파생금융상품[4)]	선물, 옵션 등

금융자산은 처분 또는 만기일이 재무상태표일(결산일)부터 1년 이내이면 유동자산(단기금융자산)으로 분류하고, 1년 이상이면 비유동자산(장기금융자산)으로 분류한다.

2.2 금융자산의 분류기준

금융자산은 ① 금융자산 관리를 위한 사업모형(business model)과 ② 금융자산의 계약상 현금흐름 특성에 근거하여 분류한다.

먼저, 다음의 두 가지 조건을 모두 충족한다면 금융자산을 상각후원가측정 금융자산(AC 금융자산, financial assets carried at amortized cost)으로 분류한다.

1. 현금흐름조건: 금융자산의 계약조건에 따라 특정일에 원금과 원금잔액에 대한 이자 지급(아래에서는 원리금 지급)만으로 구성되어 있는 현금흐름이 발생한다.
2. 사업모형: 계약상 현금흐름을 수취하기 위해 보유하는 것이 목적인 사업모형하에서

3) **현금 및 현금성자산**에 대해서는 **제8장 금융자산: 현금 및 현금성자산**에서 설명하였고, **수취채권과 대여금**은 **제9장 금융자산: 수취채권과 지급채무**에서 설명하였다.

4) **금융상품**에는 파생금융상품과 비파생금융상품이 있다. **파생금융상품의 회계처리**는 **고급회계**에서 설명하며, **이 장**에서는 **비파생금융상품의 회계처리**만 설명한다.
파생상품(derivatives)은 다른 상품이나 자산의 가격 또는 지수에 의해 그 가치가 결정되는 상품을 통칭한다. 파생상품의 기초자산이 주식, 채권, 외국통화 등과 같은 금융 항목일 경우 해당 파생상품을 **파생금융상품**(financial derivatives)이라고 한다.

금융자산을 보유한다.

위의 조건 중 현금흐름조건은 충족하나 사업모형을 충족하지 못하는 금융상품의 경우(예를 들어 계약상 현금흐름의 수취와 금융자산의 매도 둘 다를 통해 목적을 이루는 사업모형하에서 금융자산을 보유하는 경우)에는 기타포괄손익-공정가치측정 금융자산(FVOCI 금융자산, financial assets at fair value through other comprehensive income)으로 분류하며 그 외 금융자산은 당기손익-공정가치측정 금융자산(FVPL 금융자산, financial assets at fair value through profit or loss)으로 분류한다.

금융자산의 분류기준을 그림으로 요약하면 다음과 같다.

▌그림 12-2 ▌금융자산의 분류기준

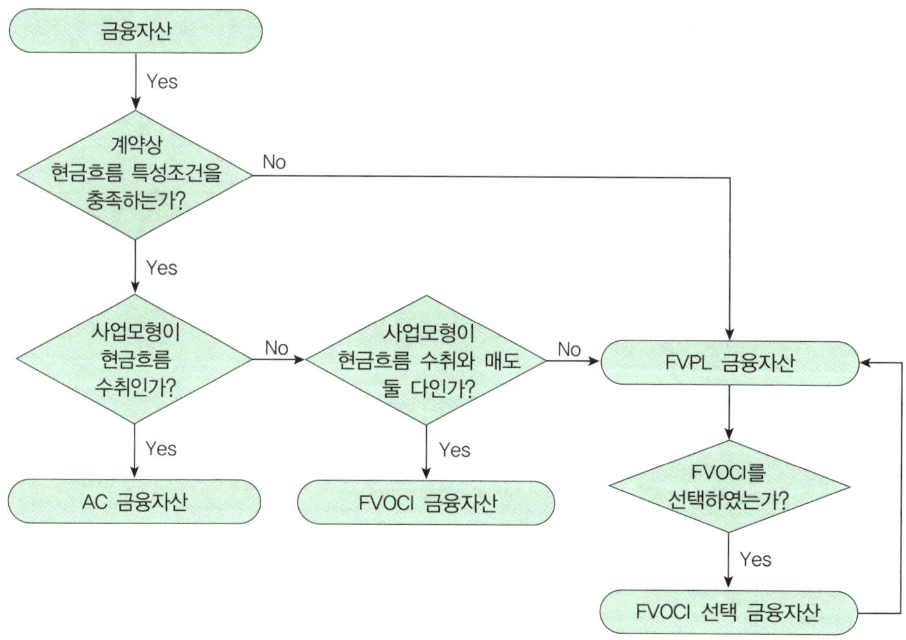

위에서 설명한 분류체계에 따를 경우 채무상품은 모든 유형의 금융자산으로 분류가능한 반면, 지분상품의 경우에는 원칙적으로 당기손익-공정가치측정 금융자산으로만 분류할 수 있다.

구체적으로, 원금과 원금잔액에 대한 이자로만 현금흐름이 구성된 채무상품은 그 보유목적이 사업모형을 충족시킬 경우에는 상각후원가측정 금융자산으로, 그렇지 않은 경우에는 기타포괄손익-공정가치측정 금융자산으로 분류할 수 있다. 또, 채무상품의 현금흐름이 위에 제시된 현금흐름조건을 충족하지 못할 경우나 기업이 해당 채무증권을 당기손익-공정가치 항목으로 지정할 경우에는 당기손익-공정가치측정 금융자산으로 분류할 수 있다.

표 12-3 | 채무상품의 분류

구분	현금흐름조건 금융자산의 계약조건에 따라 특정일에 원리금 지급만으로 구성되어 있는 현금흐름이 발생함	사업모형 계약상 현금흐름을 수취하기 위해 보유하는 것이 목적인 사업모형하에서 금융자산을 보유함	분류
채무상품(사채)	원리금 지급만으로 구성된 현금흐름	현금흐름 수취목적	AC 금융자산*1
		현금흐름 수취와 금융자산의 매도목적	FVOCI 금융자산*1
	원리금 지급만으로 구성되지 않은 현금흐름	단기매매목적	FVPL 금융자산

*1. 분류기준에 따라 AC 금융자산이나 FVOCI 금융자산으로 분류하는 것이 타당한 채무상품의 경우에도 회계불일치(서로 다른 기준에 따라 자산이나 부채를 측정하거나 그에 따른 손익을 인식하는 경우에 발생하는 측정이나 인식의 불일치)를 제거하거나 이를 유의적으로 줄일 목적에서 최초인식 시점에 해당 금융자산을 FVPL 금융자산으로 지정할 수 있음. 이를 공정가치선택권(fair value option)이라 함. 다만 한 번 선택하면 이를 취소할 수 없음(즉, 일정한 요건 충족시 예외적으로 지정할 수 있음).[5]

지분상품은 그 특성상 현금흐름조건을 충족할 수 없기 때문에 원칙적으로 당기손익-공정가치측정 금융자산으로 분류해야 한다. 그러나 당기손익-공정가치로 측정되는 지분상품에 대한 특정 투자에 대하여는 후속적인 공정가치 변동을 기타포괄손익으로 표시하도록 최초인식 시점에 선택할 수도 있다(FVOCI 선택 금융자산). 다만 한번 선택하면 이를 취소할 수 없다.

이러한 분류체계를 요약하면 아래 표와 같다.

5) 채무상품을 FVPL 금융상품으로 지정할 수 있는 요건은 회계원리 수준을 넘어서므로 중급회계에서 설명한다.

표 12-4 | 지분상품의 분류

구분	현금흐름조건 금융자산의 계약조건에 따라 특정일에 원리금 지급만으로 구성되어 있는 현금흐름이 발생함	사업모형 계약상 현금흐름을 수취하기 위해 보유하는 것이 목적인 사업모형하에서 금융자산을 보유함	분류
지분상품(주식)	원리금 지급만으로 구성되지 않은 현금흐름	원칙: 단기매매목적	FVPL 금융자산*1
		예외: 최초인식시 후속적인 공정가치 변동을 기타포괄손익으로 표시하기로 선택한 경우	FVOCI 금융자산 (FVOCI 선택금융자산)*2

*1. 주식은 현금흐름모형을 충족하지 못하기 때문에 AC 금융자산과 FVOCI 금융자산으로 분류할 수 없고, 원칙적으로는 FVPL 금융자산으로만 분류할 수 있음.

*2. FVOCI 선택금융자산: 당기손익-공정가치로 측정되는 지분상품(주식)에 대하여는 후속적인 공정가치 변동을 기타포괄손익으로 표시하도록 최초인식시점에 선택할 수도 있도록 규정하고 있음. 따라서 최초인식 시점에 한하여 기업은 해당 지분상품을 FVOCI 금융자산으로 분류할 수 있으나 한 번 선택하면 이를 취소할 수는 없음(즉, 취득시 1회에 한하여 예외적으로 선택할 수 있음).

2.3 관계기업투자주식과 지분법[6]

다른 기업의 주식을 투자목적이 아니라 피투자기업의 경영에 영향력을 행사할 목적으로 취득한 경우에는 위의 분류기준을 적용하지 않으며, 관계기업투자주식으로 분류한다. 다른 기업의 의결권 있는 주식의 20% 이상을 소유하여 유의적인 영향력을 보유하는 경우에는 지분법으로 회계처리한다.

2.4 금융자산 평가손익의 회계처리

금융자산은 위의 분류와 상관없이 최초로 취득할 때는 공정가치로 측정한다. 금융자산의 최초인식 후 측정방법은 금융자산의 분류별로 다르며, 평가손익의 회계처리를 요약하면 다음과 같다.

6) 관계기업투자주식과 지분법에 대해서는 이 장 제5절 관계기업투자주식과 지분법의 설명을 참조.

표 12-5 | 금융자산의 분류와 평가손익의 회계처리

구분		평가손익의 인식방법	공정가치 변동의 회계처리
공정가치 측정 금융자산	FVPL 금융자산	공정가치의 변동(공정가치와 장부금액의 차이)을 당기손익으로 인식하는 금융자산	공정가치의 변동을 공정가치[*1]로 평가하며, 공정가치변동을 당기손익으로 인식
	FVOCI 금융자산	공정가치의 변동을 기타포괄손익으로 인식하는 금융자산	공정가치로 평가하며, 공정가치변동을 기타포괄손익으로 인식[*2]
AC 금융자산		공정가치의 변동을 인식하지 않고, 유효이자율법에 따라 상각후원가로 측정하는 금융자산	상각후원가[*3]로 평가하며 평가손익을 인식하지 않음
지분법[*4]	관계기업 투자주식	취득 이후 발생한 피투자회사의 순자산 변동액 중 투자회사의 지분만큼 투자자산에 가감하는금융자산	피투자회사의 순자산 변동액 중 투자회사의 지분을 당기손익 또는 기타포괄손익으로 인식함

*1. 공정가치는 활성시장에서 공시되는 가격을 말함.
*2. 공정가치로 평가할 때 발생하는 평가손익은 포괄손익계산서에서는 기타포괄손익으로, 재무상태표에서는 자본항목 중의 하나인 기타포괄손익누계액에 포함함.
*3. 상각후원가(amortized cost)는 최초인식시점에 기록한 금융자산의 장부금액(취득원가)에 만기금액과 최초인식금액 간의 차이에 유효이자율법을 적용하여 계산한 상각누계액(예: 현재가치할인차금)을 가감한 금액을 말함.
*4. 지분법(equity method)은 최초인식할 때에 원가로 측정하고, 취득시점 이후 발생한 피투자회사의 순자산(자본) 변동액 중 투자회사의 지분만큼 투자자산에 가감하는 방법을 말함.

3. 금융자산의 회계처리 요약

금융자산과 관련된 회계처리는 다음과 같이 요약하여 설명할 수 있다.

표 12-6 | 금융자산의 회계처리

구분		회계처리	비고
취득		• 유가증권의 분류	어떤 금융자산으로 분류하느냐에 따라 매 회계연도말에 금융자산을 측정하는 방법이 달라짐
		• 취득원가 결정	금융자산은 위의 분류와 상관없이 최초로 취득할 때는 공정가치로 측정함
보유	기말 평가[*1]	매 회계연도말 평가	• 공정가치법 적용대상 • 유효이자율법 적용대상
	배당 · 이자	배당수익 또는 이자수익	지분상품(주식)의 경우 배당수익을 인식함 채무상품(사채)의 경우 이자수익을 인식함
처분		처분손익 인식	금융자산을 처분하였을 때 처분손익의 인식문제

*1. 금융자산 중 다른 기업에 유의적인 영향력을 행사할 수 있는 주식(관계기업투자주식)에 대해서는 지분법을 적용하여 평가하여야 함[7]

제2절 지분상품(주식)의 회계처리

1. 지분상품의 의의와 분류

회사는 투자수익(예: 시세차익, 배당금수익)을 얻기 위하여 다른 회사가 발행한 주식에 여유자금을 투자하며, 이를 지분상품(주식)에 대한 투자라 한다.

지분상품은 당기손익-공정가치측정 금융자산(FVPL 금융자산)으로 분류하는 것이 원칙이다. 그러나 취득 시점에 후속적인 공정가치 변동을 기타포괄손익으로 표시하도록 선택할 수 있다(기타포괄손익-공정가치측정 선택금융자산, FVOCI 선택금융자산).

표 12-7 | 지분상품의 의의와 분류

구분	FVPL 금융자산	FVOCI 선택금융자산[*1]
의의와 분류	FVPL 금융자산은 원리금의 지급만으로 구성된다는 현금흐름조건을 충족하지 못하는 금융자산으로, AC 금융자산과 FVOCI 금융자산으로 분류되지 않은 금융자산을 말함	FVOCI 선택금융자산은 현금흐름조건은 충족하나 사업모형은 충족하지 못하는 금융자산(예, 계약상 현금흐름의 수취와 금융자산의 매도 둘 다를 통해 목적을 이루는 금융자산)을 말함
평가	FVPL 금융자산은 공정가치로 평가하며, 공정가치의 변동(공정가치와 장부금액의 차이)을 당기손익으로 인식함	FVOCI 선택금융자산은 공정가치로 평가하며, 공정가치의 변동(공정가치와 장부금액의 차이)을 당기손익이 아닌 기타포괄손익으로 인식함

*1. FVOCI 선택금융자산: 당기손익-공정가치로 측정되는 지분상품에 대한 특정 투자에 대하여는 후속적인 공정가치 변동을 기타포괄손익으로 표시하도록 취득(최초인식) 시점에 선택할 수 있음. 다만 한 번 선택하면 이를 취소할 수 없음.

2. 당기손익-공정가치측정 금융자산으로 분류한 주식의 회계처리

지분상품에 대한 투자는 원칙적으로 FVPL 금융자산으로 분류한다. 주식의 경우 사전

7) 관계기업투자주식과 지분법에 대해서는 이 장 제5절 관계기업투자주식과 지분법의 설명을 참조.

적으로 정해진 현금흐름(이자지급과 원금상환)이 없고 만기도 없기 때문에 원리금의 지급만으로 구성된다는 현금흐름 특성을 충족하지 못하기 때문이다. FVPL 금융자산은 기업이 단기간 내에 매도하여 시세차익을 얻을 목적으로 주식을 취득하는 경우가 대표적인 예이므로 유동자산으로 분류한다.

2.1 취득

FVPL 금융자산은 취득(최초인식) 시점의 공정가치(거래가격)로 측정한다. FVPL 금융자산의 취득과 직접 관련된 거래비용(transaction costs, 거래원가)인 중개수수료, 거래 관련 세금 등은 구입원가로 보지 않으므로[8] 장부금액에 포함시키지 않고 당기비용으로 인식한다.[9]

취득원가 = 구입가격(= 취득 시점의 공정가치)

표 12-8 | 당기손익-공정가치측정 금융자산의 취득

구분		FVPL 금융자산
취득 (최초 인식과 측정)	취득 원가	취득 시점에 인식할 장부금액은 구입가격(=거래비용을 제외한 취득원가)인 공정가치임
	거래 비용	지분상품의 취득에 직접 관련된 중개수수료, 거래 관련 세금 등 거래비용은 당기비용으로 인식함

예를 들어, FVPL 금융자산으로 분류한 주식을 ₩10,000에 구입하고 수수료 ₩1,000을 지급하였다면, 다음과 같이 회계처리한다.

(차) FVPL 금융자산*1	10,000	(대) 현금	11,000
수수료비용*2	1,000		

*1. 당기손익-공정가치측정 금융자산은 FVPL 금융자산으로 줄여서 표기하기로 함.
*2. 수수료비용은 당기비용임.

8) **거래비용을 당기비용으로 인식하는 이유: FVPL 금융자산**은 기말에 공정가치로 평가하고 공정가치의 변동에 따른 평가손익을 당기손익에 반영하므로 거래원가를 취득원가에 포함시키는 방법이나 포함시키지 않는 방법이 당기손익에 미치는 영향이 사실상 같기 때문이다.

9) 지분상품은 채무상품과 마찬가지로 **취득 시점에 공정가치로 측정**하며, 지분상품의 **취득과 직접 관련된 거래비용**은 **FVPL 금융자산**의 경우 **당기비용으로 인식**하고, **FVOCI 선택금융자산**의 경우 해당 **지분상품의 취득금액에 가산**한다.

2.2 기말평가

FVPL 금융자산은 취득 후 보유하는 동안 배당금수익과 기말평가에 대해 회계처리한다.

(1) 배당금수익

FVPL 금융자산의 경우 취득 후 보유하는 동안 받는 배당은 배당을 지급하는 회사의 주주총회나 이사회에서 배당을 지급하기로 결의한 날에 배당금수익으로 인식하고 그만큼 미수배당금으로 인식한다. 이후 실제 배당금을 수령하면 미수배당금을 제거한다.

표 12-9 | 당기손익-공정가치측정 금융자산의 배당금수익

구분	FVPL 금융자산			
현금배당 지급결의일	(차) 미수배당금	×××	(대) 배당금수익[*1]	×××
현금배당 수령일	(차) 현금	×××	(대) 미수배당금	×××

*1. 배당금수익은 포괄손익계산서의 당기손익(기타수익)에 보고함.

(2) 기말평가(후속측정)

FVPL 금융자산은 취득 후 매 보고기간(회계기간) 말에 공정가치(시장가격)로 평가하고, 공정가치의 변동으로 인한 평가손익은 당기손익으로 인식한다.

공정가치에 대한 최선의 추정치는 활성시장에서 공시되는 가격이나, 활성시장이 없는 경우 합리적인 평가기법을 사용하여 결정한다.[10)]

FVPL 금융자산은 회계기말 공정가치 평가액(기말시가)과 평가직전 장부금액을 비교하여 평가이익(손실)을 계상하고, 재무상태표의 금융자산의 장부금액을 기말 공정가치 평가액으로 증가(감소)시킨다. 평가손익은 당기손익(FVPL 금융자산평가손익)으로 인식한다.

---

10) **공정가치에 대한 최선의 추정치**는 **활성시장에서 공시되는 가격**(예: 한국거래소에서 거래되는 상장주식의 공정가치는 시가)이나, **활성시장이 없는 경우**(예: 비상장주식) 최근 거래에서 확인할 수 있는 공정가치를 사용하는 방법, 실질적으로 동일한 다른 금융자산의 공정가치를 이용하는 방법, 현금흐름할인방법 등 **합리적인 평가기법을 사용하여 결정**한다.
활성시장에서 공시되는 시장가격이 없고 공정가치를 신뢰성 있게 측정할 수 없는 지분상품의 경우에는 **원가로 측정**하며, 후속측정의 회계처리를 할 필요가 없다.

구분		공정가치
활성시장이 있는 경우		활성시장의 공시가격
활성시장이 없는 경우	공정가치를 추정할 수 있는 경우	평가기법을 이용한 측정치
	공정가치를 추정할 수 없는 경우	취득원가

공정가치와 활성시장이 없는 경우의 평가기법에 대해서는 **중급회계**에서 설명한다

표 12-10 | 당기손익-공정가치측정 금융자산의 기말평가

구분		FVPL 금융자산
기말 평가 (후속 측정)	평가	FVPL 금융자산은 취득 후 매 보고기간 말에 공정가치로 측정함
	공정 가치의 변동 (평가 손익)	공정가치의 변동은 다음과 같이 계산하며, 양(음)의 값을 평가이익(손실)이라 함. 공정가치의 변동(평가손익)=기말 공정가치-평가직전 장부금액
		공정가치의 변동(평가손익)만큼 장부금액을 증감시키고, 평가손익을 당기손익(FVPL 금융자산평가손익)으로 인식함[11]
	회계 처리	• 평가이익이 발생한 경우: 장부금액<공정가치 (차) FVPL 금융자산 ××× (대) FVPL 금융자산평가이익 ××× • 평가손실이 발생한 경우: 장부금액>공정가치 (차) FVPL 금융자산평가손실 ××× (대) FVPL 금융자산 ×××

2.3 처분

기업은 지분상품을 보유하여 배당금수익을 얻을 수 있으며, 지분상품을 처분(제거[12])하여 현금을 확보한다.

FVPL 금융자산을 처분하는 경우, 먼저 처분시점에 FVPL 금융자산을 공정가치로 평가하고 평가손익을 당기손익으로 인식한다.[13] 그리고 공정가치로 측정된 장부금액을 제거하면서 처분으로 수취한 대가(현금)를 인식한다 FVPL 금융자산을 처분하면 처분에 따른 처분손익은 나타나지 않고,[14] 거래비용만큼 FVPL 금융자산처분손실(당기비용)을 인식한다.

표 12-11 | 당기손익-공정가치측정 금융자산의 처분

구분		FVPL 금융자산
처분 (세서)	처분	FVPL 금융자산을 처분하면 장부에서 제거함
	처분 손익 (제거 손익)	FVPL 금융자산은 처분시 처분시점의 공정가치로 평가한 후 제거함. • FVPL 금융자산평가손익(당기손익)=처분일 공정가치-평가직전 장부금액 FVPL 금융자산을 처분하면 처분에 따른 처분손익은 나타나지 않고, 거래비용만큼 FVPL 금융자산처분손실(당기비용)을 인식함.

11) **FVPL 금융자산에서 발생하는 평가손익**은 **당기손익으로 분류**되기 때문에 재무상태표의 자본 중 **이익잉여금**(또는 이월결손금)**으로 표시**한다.

구분	평가방법	평가손익의 처리	재무상태표의 표시
FVPL 금융자산	공정가치법	당기손익(실현손익으로 인식)	이익잉여금으로 적립함

12) K-IFRS에서는 **제거**라는 용어를 사용하고 있으나, 이 책에서는 **처분과 제거라는 용어를 함께 사용**한다.

13) FVPL 금융자산을 처분할 때 **처분연도 이전에 인식했던 평가손익**은 이미 해당 연도에 당기순이익으로 반영하여 재무상태표에 이익잉여금으로 적립되었기 때문에 고려할 필요가 없다.

14) FVPL 금융자산은 공정가치 변동에 따른 평가손익을 당기손익으로 인식하기 때문에 **처분 시점에 공정가치로 평가하고 처분 회계처리를 하는 경우**와 **처분 시점에 공정가치로 평가하지 않고 처분 회계처리**(**처분손익에 반영**)**를 하는 경우**에 당기손익에 미치는 효과는 동일하다.

회계 처리	• 평가(처분 시점의 공정가치로 평가) – 평가이익이 발생한 경우: 장부금액<공정가치 (차) FVPL 금융자산 ××× (대) FVPL 금융자산평가이익 ××× – 평가손실이 발생한 경우: 장부금액>공정가치 (차) FVPL 금융자산평가손실 ××× (대) FVPL 금융자산 ××× • 처분 (차) 현금 ××× (대) FVPL 금융자산 ××× FVPL 금융자산처분손실 ×××

처분에 대한 자세한 회계처리는 다음과 같다.

첫째, 처분일에 FVPL 금융자산의 장부금액을 공정가치로 평가한다. 앞에서 설명한 기말 공정가치 평가와 같은 방식으로 평가손익을 인식하며, 처분일이 속하는 회계연도 개시일부터 처분시점까지의 변동분을 추가로 반영한 공정가치로 수정하는 다음 회계처리를 먼저 하여야 한다.

• 처분시점에 평가이익이 발생한 경우: 장부금액<공정가치

(차) FVPL 금융자산	×××	(대) FVPL 금융자산평가이익	×××

• 처분시점에 평가손실이 발생한 경우: 장부금액>공정가치

(차) FVPL 금융자산평가손실	×××	(대) FVPL 금융자산	×××

공정가치로 평가한 직후 지분투자의 장부금액은 처분일의 공정가치와 같다. FVPL 금융자산평가손익은 당기손익으로 인식한다.

둘째, 처분거래를 기록한다. 공정가치에 따라 금융자산을 처분하면 처분에 따른 처분손익은 나타나지 않고, 다음과 같은 회계처리가 발생한다.

(차) 현금	×××	(대) FVPL 금융자산	×××

그러나 FVPL 금융자산의 장부금액은 처분일의 공정가치이고, 처분대가는 증권회사 수수료와 증권거래세 등의 거래비용(거래부대원가)를 차감하고 받게 되므로, 일반적으로 거래비용만큼 FVPL 금융자산처분손실(당기비용)을 인식하게 된다.

(차) 현금	×××	(대) FVPL 금융자산	×××
FVPL 금융자산처분손실	×××		

예제 12-1 당기손익-공정가치측정 금융자산의 취득, 기말평가와 처분

다음은 (주)미천이 FVPL 금융자산으로 분류한 지분상품(주식)에 대한 자료이다.

구분	구입가격	공정가치	처분가격
일자	20×0년 3월 1일	20×0년 12월 31일	20×1년 6월 1일
A주식	₩400,000	₩300,000	₩300,000
B주식	500,000	550,000	500,000
계	₩900,000	₩850,000	₩800,000

| 요구사항 |

1. 위의 자료를 이용하여 취득일(20×0년 3월 1일), 평가일(20×0년 12월 31일), 매각일(20×1년 6월 1일)의 회계처리를 하시오.
2. 위의 '요구사항 1'과 동일한 조건이고, 거래수수료 ₩30,000을 별도로 지급했다고 가정할 경우 20×1년 6월 1일의 회계처리를 하시오.

| 풀이 |

1. 회계처리

월일	회계처리
20×0년 3월 1일	(차) FVPL 금융자산 900,000*1 (대) 현금 900,000
20×0년 12월 31일	(차) FVPL 금융자산평가손실 50,000*2 (대) FVPL 금융자산 50,000
20×1년 6월 1일[15]	• 평가(처분일의 공정가치로 평가) (차) FVPL 금융자산평가손실 50,000*3 (대) FVPL 금융자산 50,000 • 처분 (차) 현금 800,000 (대) FVPL 금융자산 800,000

*1 여러 종류의 주식으로 구성된 포트폴리오를 보유하고 있는 경우 각 주식의 평가손익을 통합하여 단일금액으로 기록할 수 있음.
*2. ₩900,000 − ₩850,000 = ₩50,000
*3. ₩900,000 − ₩850,000 = ₩50,000

2. 거래수수료 ₩30,000을 지급한 경우 20×1년 6월 1일의 회계처리

월일	회계처리
20×1년 6월 1일	• 평가(처분일의 공정가치로 평가) (차) FVPL 금융자산평가손실 50,000 (대) FVPL 금융자산 50,000 • 처분 (차) 현금 770,000 FVPL 금융자산처분손실 30,000 (대) FVPL 금융자산 800,000

15) FVPL 금융자산은 처분일에 재측정하지 않고 처분하는 회계처리를 하는 경우 다음과 같이 회계처리한다.

3. 기타포괄손익 – 공정가치측정 선택금융자산으로 분류한 주식의 회계처리

지분상품(주식)은 FVPL 금융자산으로 분류하는 것이 원칙이다. 주식의 경우 사전적으로 정해진 현금흐름(이자지급과 원금상환)이 없고 만기도 없기 때문에 원리금의 지급만으로 구성된다는 현금흐름 특성을 충족하지 못하기 때문이다.

그러나 단기매매목적이 아닌 주식에 대한 투자의 경우, 기업은 해당 지분상품을 최초로 취득하는 시점에 FVOCI 금융자산으로 분류하는 것을 선택할 수 있으며, 이 경우 예외적으로 기타포괄손익–공정가치측정 선택금융자산(FVOCI 선택금융자산)으로 분류할 수 있다.[16] 이러한 선택은 최초취득 시점에만 할 수 있으며 FVOCI 선택금융자산으로 분류하면 해당 자산을 처분하는 시점까지 이를 변경(취소)할 수 없다. FVOCI 선택금융자산은 비유동자산으로 분류한다.

3.1 취득

FVOCI 선택금융자산은 취득(최초인식) 시점의 공정가치(거래가격)로 인식한다. FVOCI 선택금융자산의 취득과 직접 관련된 거래비용(중개수수료, 거래 관련 세금 등)은 취득시 공정가치에 가산(취득원가에 포함)한다. 즉, 취득 시점에 인식할 장부금액은 구입가격에 거래비용을 가산한 금액을 인식한다.

취득원가 = 구입가격(= 취득 시점의 공정가치) + 거래비용

표 12–12 | 기타포괄손익–공정가치측정 선택금융자산의 취득

구분		FVOCI 선택금융자산
취득 (최초 인식과 측정)	취득비용	취득 시점에 인식할 장부금액은 구입가격에 거래비용을 가산한 금액(구입가격 + 거래비용)을 인식함
	거래비용	지분상품의 취득에 직접 관련된 중개수수료, 거래 관련 세금 등 거래비용은 FVOCI 금융자산의 공정가치에 가산(취득원가에 가산)함

20×1년 6월 1일	(차) 현금 FVPL 금융자산처분손실 (대) FVPL 금융자산	800,000 50,000 850,000

16) 공정가치 변동을 기타포괄손익으로 분류할 목적이기 때문에 대체로 **장기투자목적의 지분상품을 취득할 때 선택**한다.

예를 들어, FVOCI 선택금융자산으로 분류한 주식을 ₩10,000에 구입하고 수수료 ₩1,000을 지급하였다면, 다음과 같이 회계처리한다.

(차) FVOCI 선택금융자산*1*2	11,000	(대) 현금	11,000

*1. 기타포괄손익-공정가치측정 선택금융자산은 FVOCI 선택금융자산으로 줄여서 표기하기로 함.
*2. 기타포괄손익-공정가치측정 선택금융자산으로 분류한 경우 FVOCI 선택금융자산, FVOCI 금융자산 등의 계정과목을 사용할 수 있음.

3.2 기말평가

FVOCI 선택금융자산은 취득 후 보유하는 동안 배당금수익과 기말평가에 대해 회계처리한다.

(1) 배당금수익

FVOCI 선택금융자산의 취득 후 보유하는 중 받는 배당에 대한 회계처리는 FVPL 금융자산의 경우와 동일하다.[17]

표 12-13 | 기타포괄손익-공정가치측정 선택금융자산의 배당금수익

구분	FVOCI 선택금융자산			
현금배당 지급결의일	(차) 미수배당금	×××	(대) 배당금수익*1	×××
현금배당 수령일	(차) 현금	×××	(대) 미수배당금	×××

*1. 배당금수익은 포괄손익계산서의 당기손익(기타수익)에 보고함.

(2) 기말평가(후속측정)

FVOCI 선택금융자산은 취득 후 매 보고기간 말에 공정가치(시장가격)로 평가한다.[18]

FVOCI 선택금융자산은 보고기간 말 공정가치 평가액(기말시가)과 평가직전 장부금액을 비교하여 평가이익(손실)을 계상하고 재무상태표의 FVOCI 선택금융자산의 장부금액을 증가(감소)시킨다. 평가손익은 기타포괄손익(FVOCI 선택금융자산평가손익)으로 인식한다.[19] FVOCI 선택금융자산평가손익(기타포괄손익)은 재무상태표의 기타포괄손익누계액에 별도로 매년 누적시켜야 한다.[20]

17) **FVOCI 선택금융자산의 배당에 대한 회계처리**는 **FVPL 금융자산의 배당에 대한 회계처리**를 참조.
18) **공정가치**에 대해서는 **FVPL 금융자산의 기말평가**에 대한 설명을 참조.
19) **FVOCI 선택금융자산**은 단기간 내에 매매가 이루어지지 않으므로 이들 금융자산의 시가변동에 따른 손익을 당기손익에 반영하면 현금흐름을 왜곡할 수 있고, 이들 손익은 단기간 내에 실현되기 어려운 손익이므로 배당가능한 자금인 이익잉여금에 적립하는 것이 적절하지 못하기 때문에 기타포괄손익으로 회계처리한다.

표 12-14 | 기타포괄손익-공정가치측정 선택금융자산의 기말평가

<table>
<tr><th colspan="2">구분</th><th>FVOCI 선택금융자산</th></tr>
<tr><td rowspan="4">기말
평가
(후속
측정)</td><td>평가</td><td>FVOCI 선택 금융자산은 취득 후 매 보고기간 말에 공정가치로 측정함</td></tr>
<tr><td rowspan="2">공정
가치의
변동
(평가
손익)</td><td>공정가치의 변동은 다음과 같이 계산하며, 양(음)의 값을 평가이익(손실)이라 함.
공정가치의 변동(평가손익)=기말 공정가치-평가직전 장부금액</td></tr>
<tr><td>공정가치의 변동(평가손익)만큼 장부금액을 증감시키고, 평가손익을 기타포괄손익(FVOCI 선택금융자산평가손익)으로 인식함</td></tr>
<tr><td>회계
처리</td><td>• 평가이익이 발생한 경우: 장부금액<공정가치
(차) FVOCI 선택금융자산 ××× (대) FVOCI 선택금융자산평가이익 ×××
• 평가손실이 발생한 경우: 장부금액>공정가치
(차) FVOCI 선택금융자산평가손실 ××× (대) FVOCI 선택금융자산 ×××</td></tr>
</table>

3.3 처분

(1) 처분

기업은 지분상품을 보유하여 배당금수익을 얻을 수 있으며, 지분상품을 처분(제거)하여 현금을 확보한다.

FVOCI 선택금융자산을 처분하는 경우, 먼저 처분시점에 FVOCI 선택금융자산을 공정가치로 평가하고 FVOCI 선택금융자산평가손익을 기타포괄손익으로 인식(기타포괄손익누계액에 누적)[21]한다. 그 결과 FVOCI 선택금융자산의 장부금액과 공정가치가 일치한다.

다음으로, 공정가치로 측정된 FVOCI 선택금융자산의 장부금액을 제거하면서 처분으로 수취한 대가(현금)를 기록한다. 일반적으로 거래가 공정가치로 이루어지므로 공정가치로 평가된 장부금액과 수취한 현금이 동일하여 처분시점에 FVOCI 선택금융자산처분손익은 발생하지 않는다. 만약 거래비용 등이 발생하여 공정가치로 평가된 장부금액과 수취한 현

---

20) **FVOCI 선택금융자산평가손익**은 기타포괄손익항목이므로 손익계산서의 당기순이익을 결정할 때에는 포함되지 않고 **포괄손익계산서의 총포괄손익을 계산할 때에는 반영**되며, 이에 따라 **재무상태표에는 이익잉여금에 반영되지 않고 기타포괄손익누계액에 반영**된다.

구분	평가방법	평가손익의 처리	재무상태표의 표시
FVPL 금융자산	공정가치법	당기손익	이익잉여금으로 적립함
FVOCI 선택금융자산		기타포괄손익	기타포괄손익누계액(자본)으로 적립함

21) **FVOCI 선택금융자산은 금융자산처분손익을 계산할 때 전기 이전 재무상태표에 계상되어 있는 FVOCI 선택금융자산평가손익(기타포괄손익누계액)을 고려하지 않는다.** 이것은 FVOCI 선택금융자산의 가치변동을 기타포괄손익으로 인식한 후 해당 금융자산을 처분하는 시점에 전기 이전에 인식한 기타포괄손익을 당기손익을 계산하는 데 반영할 경우 기업이 FVOCI 선택금융자산의 선택을 통하여 당기손익을 조정할 수 있기 때문이다.

금간에 차이가 발생한다면 그 차이금액을 FVOCI 선택금융자산처분손익(기타포괄손익)으로 인식한다.

- FVOCI 선택금융자산평가손익(기타포괄손익) = 처분일 공정가치 − 평가직전 장부금액
- FVOCI 선택금융자산처분손익(기타포괄손익[22]) = 현금수취액 − 처분시점의 공정가치

표 12-15 | 기타포괄손익-공정가치측정 선택금융자산의 처분

구분		FVOCI 선택금융자산
처분(제거)	처분	FVOCI 금융자산을 처분하면 장부에서 제거함
	처분손익(제거손익)	FVOCI 선택 금융자산은 처분시 처분시점의 공정가치로 평가한 후 제거함. • FVOCI 선택 금융자산평가손익(기타포괄손익)=처분일 공정가치−평가직전 장부금액 FVPL 금융자산을 처분하면 처분에 따른 처분손익은 나타나지 않고, 거래비용만큼 FVPL 금융자산처분손실(기타포괄손익)을 인식함.
	회계처리	• 평가(처분 시점의 공정가치로 평가) − 평가이익이 발생한 경우: 장부금액<공정가치 (차) FVOCI 선택금융자산 ××× (대) FVOCI 선택금융자산평가이익 ××× − 평가손실이 발생한 경우: 장부금액>공정가치 (차) FVOCI 선택금융자산평가손실 ××× (대) FVOCI 선택금융자산 ××× • 처분 (차) 현금 ××× (대) FVOCI 선택금융자산 ××× FVOCI 선택금융자산처분손실 ×××

(2) 재분류조정: 선택사항

지분상품으로 분류된 FVOCI 금융자산평가손익은 기타포괄손익으로 인식한다.

FVOCI 금융자산으로 분류한 주식의 경우, 재무상태표에 기타포괄손익누계액으로 누적되어 있는 FVOCI 선택금융자산평가손익 누계액은 해당 금융자산 처분 시점에 당기손익으로 재분류하지 않는다. 따라서 이미 처분된 주식의 미실현평가손익누계액은 자본항목 중 기타포괄손익누계액으로 남게 된다. 다만, 자본 내에서 이전은 가능하므로 이익잉여금(미처분이익잉여금)으로 대체할 수 있다.[23] 이 경우 아래와 같이 회계처리한다.

- 평가이익 잔액이 있는 경우

(차) FVOCI 선택금융자산평가이익(재분류조정) ××× (대) 이익잉여금 ×××

[22] 채무상품(사채)의 경우 **FVOCI 금융자산처분손익**은 **당기손익으로 인식**한다.

[23] **FVOCI 선택금융자산평가손익 누계액**은 그대로 기타포괄손익누계액에 남겨두거나 이익잉여금으로 대체할 수 있다.

- 평가손실 잔액이 있는 경우

(차) 이익잉여금 ××× (대) FVOCI 선택금융자산평가손실(재분류조정) ×××

표 12-16 | 기타포괄손익-공정가치측정 선택금융자산평가손익 누적액의 자본 내 이전

구분		FVOCI 선택금융자산
처분(제거)	처분	FVOCI 선택 금융자산의 처분에 대한 회계처리를 할 때, ① 남아 있는 FVOCI 선택 금융자산평가손실 누적액은 그대로 기타포괄손익누계액에 남겨두거나 ② 이익잉여금으로 대체함
	FVOCI 선택금융자산평가손익을 제거하는 경우[선택사항][*1]	처분된 금융자산에 해당하는 FVOCI 선택금융자산평가손익 (기타포괄손익)은 당기손익으로 재분류됨

*1. FVOCI 선택금융자산평가손익 누계액을 제거하는 경우: 재무상태표에 기타포괄손익누계액으로 누적되어 있는 FVOCI 선택금융자산평가손익(누계액)은 해당 금융자산 처분시 당기손익으로 재분류(전환)하지 않음. 다만, 자본 내에서 이전은 가능하므로 당기손익을 거치지 않고 이익잉여금(미처분이익잉여금)으로 대체할 수 있음. 이 경우 아래와 같이 회계처리함.
- 평가이익 잔액이 있는 경우: (차) FVOCI 선택금융자산평가이익 ××× (대) 이익잉여금 ×××
- 평가손실 잔액이 있는 경우: (차) 이익잉여금 ××× (대) FVOIC 선택금융자산평가손실 ×××

예제 12-2 기타포괄손익-공정가치측정 선택금융자산의 취득, 기말평가와 처분

다음은 (주)미천이 FVOCI 선택금융자산으로 분류한 지분상품(주식)에 대한 자료이다.

구분	구입가격	공정가치	공정가치	처분가격
일자	20×0년 3월 1일	20×0년 12월 31일	20×1년 12월 31일	20×2년 6월 1일
C주식	₩400,000	₩450,000	₩420,000	₩440,000

| 요구사항 |

1. 위의 자료를 이용하여 취득일(20×0년 3월 1일), 평가일(20×0년 12월 31일, 20×1년 12월 31일), 처분일(20×2년 6월 1일)의 회계처리를 하시오.
2. 처분일에 FVOCI 선택금융자산평가손익 누계액을 이익잉여금으로 대체하는 회계처리를 하시오.

| 풀이 |

1. 취득일, 평가일, 처분일의 회계처리

월일	회계처리
20×0년 3월 1일	(차) FVOCI 선택금융자산 400,000 (대) 현금 400,000
20×0년 12월 31일	(차) FVOCI 선택금융자산 50,000 (대) FVOCI 선택금융자산평가이익 50,000
20×1년 12월 31일	(차) FVOCI 선택금융자산평가손실 30,000 (대) FVOCI 선택금융자산 30,000

20×2년 6월 1일	• 평가(처분시점의 평가손익 반영) (차) FVOCI 선택금융자산 20,000 (대) FVOCI 선택금융자산평가이익 20,000 • 처분 (차) 현금 440,000[*2] (대) FVOCI 선택금융자산 440,000

*2. FVOCI 선택금융자산은 금융자산처분손익을 계산할 때 전기 이전 재무상태표에 계상되어 있는 FVOCI 선택금융자산평가손익(기타포괄손익누계액)을 고려하지 않음.

2. FVOCI 선택금융자산평가손익 누계액을 이익잉여금으로 대체하는 회계처리

20×2년 6월 1일[*3]	(차) FVOCI 선택금융자산평가이익(재분류조정) 40,000 (대) 이익잉여금 40,000

*3. FVOCI 선택금융자산의 처분에 따라 재무상태표에 표시된 FVOCI 선택금융자산평가손익누계액 ₩40,000을 함께 제거하려 할 경우 다음과 같은 회계처리가 이루어질 수 있음.

[참고] FVOCI 선택금융자산으로 분류된 지분상품의 연도별 부분재무제표는 다음과 같다.

포괄손익계산서[부분]		20×0년	20×1년	20×2년
당기손익	처분이익(손실)			₩0
기타포괄손익	평가이익(손실)	₩50,000	(₩30,000)	₩20,000
총포괄이익		₩50,000	(₩30,000)	₩20,000

재무상태표[부분]		20×0년 말	20×1년 말	20×2년 말
자산	현금			₩440,000
	FVOCI 선택금융자산	₩450,000	₩420,000	₩0(처분)
자본	기타포괄손익누계액	₩50,000	₩20,000	₩0(대체)
	이익잉여금			₩40,000

제3절 화폐의 시간가치

1. 화폐의 시간가치

1.1 화폐의 시간가치와 이자

화폐는 동일한 금액이라 하더라도 시점에 따라 그 가치가 다르다. 오늘의 ₩1이 내일의 ₩1보다 더 가치가 있다. 예를 들어, 지금 ₩10,000을 받는 것이 1년 후에 ₩10,000을 받는 것보다 더 낫다. 지금 ₩10,000을 받아 은행에 연 10%의 이자를 주는 정기예금에 맡긴다면 1년 후 원금과 이자의 합계인 원리금 ₩11,000을 받게 된다.

이와 같이 두 시점 간의 시간이 지남에 따라 가치에 차이가 발생하는 화폐의 속성을 화

폐의 시간가치(time value of money)라 한다. 이러한 화폐가 갖는 시간가치를 이자(interest)라 하며, 이자는 화폐를 사용하는 대가이다.[24)]

1.2 이자의 계산방법

이자를 계산하는 방법에는 단리법과 복리법이 있다. 단리(simple interest)는 원금에 대해서만 이자가 발생하는 형태이며, 복리(compound interest)는 발생한 이자를 원금에 가산한 원리금에 다시 이자가 발생(즉, 원금은 물론 이자에 대해서도 이자가 발생)하는 형태이다. 이자의 계산기간이 두 기간 이상일 때 복리법에 따른 이자가 단리법에 따른 이자보다 크다.

예를 들어, 현금 ₩10,000을 연 10%의 이자율로 3년간 정기예금하는 경우를 가정하자. 단리법에 따르면 1년 말에 ₩1,000의 이자가 발생하므로 원리금 합계는 ₩11,000이 되고, 2년 말에 원금에만 ₩1,000의 이자가 발생하므로 원리금 합계는 ₩12,000이 되며, 3년 말에 원금에만 ₩1,000의 이자가 발생하므로 원리금 합계는 ₩13,000이 된다.

복리법에 따르면 1년 말에 ₩1,000의 이자가 발생하므로 원리금 합계는 ₩11,000이 된다. 2년 말에는 1년 말의 원금과 이자의 합계인 원리금 합계 ₩11,000에 대해 ₩1,100의 이자가 발생하므로, 2년 말의 원리금합계는 ₩12,100(=₩11,000+₩1,100)이 된다. 3년 말에는 2년 말의 원리금합계 ₩12,100에 ₩1,210의 이자가 발생하므로 3년 말의 원리금 합계는 ₩13,310(₩12,100+1,210)이 된다.

표 12-17 | ₩10,000을 연 10% 이자율로 3년간 정기예금한 경우 단리와 복리의 계산

단리			복리		
원금		₩10,000	원금		₩10,000
이자	20×1: ₩10,000×10%=	₩1,000	이자	20×1: ₩10,000×10%=	₩1,000
	20×2: ₩10,000×10%=	1,000		20×2: ₩11,000×10%=	1,100
	20×3: ₩10,000×10%=	1,000		20×3: ₩12,100×10%=	1,210
합계		₩13,000	합계		₩13,310

24) **화폐의 시간가치**를 보상해주는 것이 이자이다. **이자**는 금전 사용의 대가로 지급하는 것으로 미래의 불확실성을 보상하는 대가이다.

2. 현재가치

2.1 현재가치의 의의와 미래가치와의 관계

현재가치(present value, PV 또는 현가)는 미래가치[25]의 반대개념으로, 미래의 일정금액을 현재 시점의 가치로 환산한 것을 말한다. 회계에서는 재무상태표일의 현재가치로 환산하여 사용하는 것이 일반적이다

회계에서 미래에 현금을 수령할 권리나 현금을 지급할 의무는 자산과 부채에 해당한다. 현금을 수령하거나 지급할 기간이 장기일 경우에는 현금흐름의 명목금액과 현재가치의 차이가 중요할 수 있다. 이 경우에는 현금흐름의 명목금액으로 자산이나 부채를 인식하는 것이 아니라, 현금흐름의 명목금액에 포함되어 있는 이자요소를 차감한 후의 순액(즉, 현재가치)으로 자산과 부채를 인식하고, 명목금액과 현재가치의 차이는 현금의 회수기간 또는 지급기간에 걸쳐 이자수익 또는 이자비용으로 인식하여야 한다. 물론 명목금액과 현재가치의 차이가 중요하지 않다면 현재가치 대신 명목금액으로 자산과 부채를 인식할 수 있다.

특정 현금유입액(cash inflow)에 대한 현재가치는 다음의 세 가지 요소에 따라 결정된다.

1. 미래에 받게 될 현금유입액
2. 현금이 유입되는 기간
3. 투자자가 요구하는 수익률(이자율), 즉 할인율

예를 들어, 1년 후에 ₩10,000의 현금유입과 연간 10%의 수익이 기대되는 투자를 고려하고 있다고 가정하면, 현재 ₩9,090(=₩10,000÷1.10)을 투자할 용의가 있을 것이다. 이러한 계산은 다음과 같이 확인할 수 있다.

투자액(현재가치)		₩9,090
기대수익	₩9,090×10%	910
1년 후 현금유입액(미래가치)		₩10,000

여기서, 1년 후 ₩10,000의 현재가치는 ₩9,090이라 할 수 있고, 현재 ₩9,090의 1년 후 미래가치는 ₩10,000이 된다. 이러한 관계를 그림으로 표시하면 다음과 같다.

25) **미래가치**(future value, FV)는 현재의 일정금액을 **미래의 특정 시점의 가치로 환산**한 것을 말한다. 앞에서 예를 든 복리법을 적용한 정기예금의 만기에 받을 원리금 합계가 미래가치이다.

▌그림 12-3 ▌1년 동안 10%의 수익률로 투자할 경우 현재가치와 미래가치 간의 관계

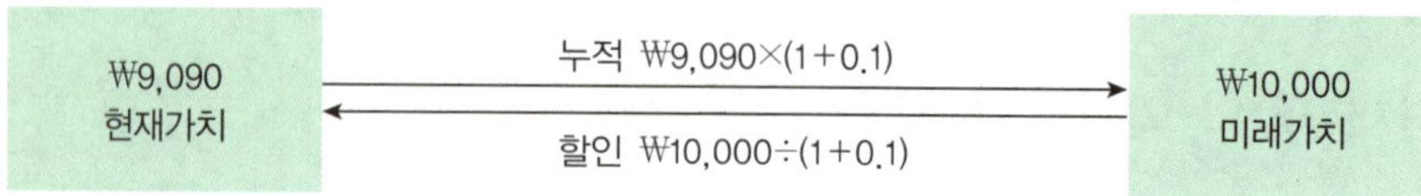

현재가치를 구하려면 미래의 모든 현금흐름을 일정한 이자율을 적용하여 현재시점으로 할인(discount)한 후 이를 더하여야 하고,[26] 미래가치를 구하려면 특정 시점의 현금흐름을 일정한 이자율을 적용하여 미래의 특정 시점으로 누적(accumulate)하여야 한다.

2.2 현재가치의 계산

(1) 일시금의 현재가치

일시금(lump-sum money 또는 목돈, 일시불, 단일금액)은 한꺼번에 지급되거나 수령하는 금액을 말한다. 앞에서 예를 든 복리법을 적용한 정기예금이 일시금이다.

일시금의 현재가치는 미래의 일정금액을 현재 시점의 가치로 환산한 것을 말한다. 즉 미래의 일시금 FV_n의 현재가치인 현재의 일시금 P는 다음과 같이 계산된다.

$$P = FV_n \times \frac{1}{(1+i)^n}$$

여기서, n은 기간수를, i는 이자율을 의미한다.

현재가치를 계산하는 과정을 할인계산(discounting, 또는 할인)이라 하고, 이때 사용하는 이자율을 할인율(discount rate)이라 한다. 여기서, $\frac{1}{(1+i)^n}$을 현재가치요소(present value factor, 현가요소)라 한다. 따라서 현재가치는 다음과 같이 계산된다.[27]

$$P = FV_n \times 현재가치요소(n, i)$$

---

26) 미래금액의 현재가치를 계산하는 것을 **미래현금흐름의 할인**이라고 하고, 현재가치 계산에 적용되는 이자율을 **할인율**이라고 하며, 계산된 현재가치를 현금흐름의 **할인액**이라고 한다.

27) 사채이자를 **1년 동안에 두 번 이상 지급할 경우**, 현재가치계산에 사용될 이자율과 기간은 적절하게 수정되어야 한다. 즉 **연이자율**은 **이자지급횟수로 나누어 사용**하고, **기간**은 **이자지급횟수를 곱하여 사용**하여야 한다. 1년 중 이자지급횟수를 m이라 하면 일시금의 현재가치는 다음과 같이 계산한다.

$$P = FV_n \times \frac{1}{\left(1+\frac{i}{m}\right)^{nm}}$$

현재가치요소를 표로 나타내면 [표 12-18]과 같다.[28]

표 12-18 | 일시금 ₩1의 현재가치: 현재가치요소

n \ i	1%	2%	3%	5%	7%	10%	12%	15%
1	0.9901	0.9804	0.9709	0.9524	0.9346	0.9091	0.8929	0.8696
2	0.9803	0.9612	0.9426	0.9070	0.8734	0.8264	0.7972	0.7561
3	0.9706	0.9423	0.9151	0.8638	0.8163	0.7513	0.7118	0.6575
4	0.9610	0.9238	0.8885	0.8227	0.7629	0.6830	0.6355	0.5718
5	0.9515	0.9057	0.8626	0.7835	0.7130	0.6209	0.5674	0.4972
6	0.9420	0.8880	0.8375	0.7462	0.6663	0.5645	0.5066	0.4323
7	0.9327	0.8706	0.8131	0.7107	0.6227	0.5132	0.4523	0.3759
8	0.9235	0.8535	0.7894	0.6768	0.5820	0.4665	0.4039	0.3269
9	0.9143	0.8368	0.7664	0.6446	0.5439	0.4241	0.3606	0.2843

예제 12-3 일시금의 현재가치

연이자율이 12%일 때 5년 후에 ₩1,000,000을 수령하기 위해 현재 얼마를 예금해야 하는가?

$$P=1{,}000{,}000\times\frac{1}{(1+0.12)^5}=1{,}000{,}000\times0.5674=₩567{,}400$$

0　　1　　2　　3　　4　　5년

₩1,000,000

₩567,400 ←

(2) 연금의 현재가치

연금(annuity)이란 일정기간 동안 정기적으로 일정금액을 수수(지급 또는 수령)하는 현금흐름을 말한다.[29]

연금의 현재가치는 매기말에 발생하는 일정한 현금흐름을 현재가치로 환산한 금액의 합계를 말한다. 즉, 연금의 현재가치는 각각의 일시금의 현재가치를 합한 수치이다. 매기말 수령액을 A, 기간당 이자율을 i라 할 때 n기간 동안의 연금의 현재가치 PV_A는 다음과 같다.

---

28) [표 12-18]은 **부록 1(화폐의 시간가치표) [부록표 A] 일시금 ₩1의 현재가치**와 동일하다.

29) 연금의 형태에는 ① 정기적금이나 임대료와 같이 **매 기간 초에 동일한 금액이 수수**되는 **이상연금** 또는 **선불연금**(annuity due)과 ② 할부금의 상환이나 채권의 이자지급과 같이 **매 기간 말에 동일한 금액이 수수**되는 **정상연금** 또는 **기밀연금**(ordinary annuity)이 있다. 일반적으로 연금은 정상연금을 의미한다.

$$PV_A = A\frac{1}{(1+i)^1} + A\frac{1}{(1+i)^2} + A\frac{1}{(1+i)^3} + \cdots + A\frac{1}{(1+i)^n} = A\left[\frac{1}{i} - \frac{1}{i(1+i)^n}\right]$$

여기서, $\left[\frac{1}{i} - \frac{1}{i(1+i)^n}\right]$을 연금의 현재가치요소(present value factor of ordinary annuity, 또는 연금의 현가요소)라 한다. 따라서 연금의 현재가치는 다음과 같이 계산된다.

$$PV_A = A \times \text{연금의 현재가치요소}(n, i)$$

연금의 현재가치요소를 표로 나타내면 [표 12-19]와 같다.[30]

표 12-19 | 연금 ₩1의 현재가치: 연금의 현재가치요소

n \ i	1%	2%	3%	5%	7%	10%	12%	15%
1	0.9901	0.9804	0.9709	0.9524	0.9346	0.9091	0.8929	0.8696
2	1.9704	1.9416	1.9135	1.8594	1.8080	1.7355	1.6901	1.6257
3	2.9410	2.8839	2.8286	2.7232	2.6243	2.4869	2.4018	2.2832
4	3.9020	3.8077	3.7171	3.5460	3.3872	3.1699	3.0373	2.8550
5	4.8534	4.7135	4.5797	4.3295	4.1002	3.7908	3.6048	3.3522
6	5.7955	5.6014	5.4172	5.0757	4.7665	4.3553	4.1114	3.7845
7	6.7282	6.4720	6.2303	5.7864	5.3893	4.8684	4.5638	4.1604
8	7.6517	7.3255	7.0197	6.4632	5.9713	5.3349	4.9676	4.4873
9	8.5660	8.1622	7.7861	7.1078	6.5152	5.7590	5.3282	4.7716

예제 12-4 연금의 현재가치

연이자율이 12%이고 매년 말 ₩30,000씩 4년 동안 수령하는 연금을 현재 일시금으로 받으면 얼마를 받을 수 있는가?

$$PV_A = ₩30,000 \times \left[\frac{1}{0.12} - \frac{1}{0.12(1+0.12)^4}\right]$$
$$= ₩30,000 \times 3.0373$$
$$= ₩91,119$$

30) [표 12-19]는 부록 1(화폐의 시간가치표) [부록표 B] 연금 ₩1의 현재가치와 동일하다.

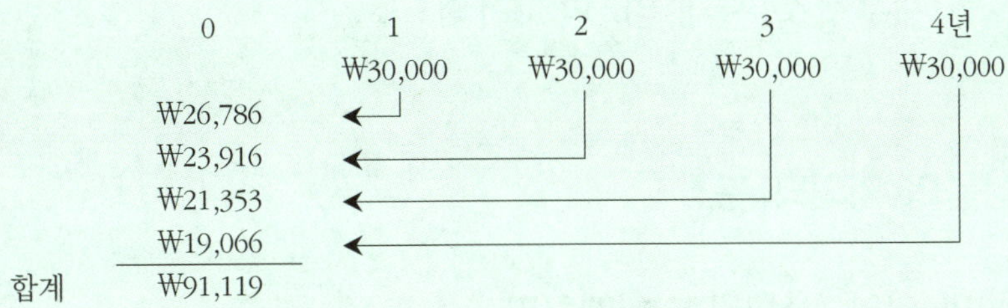

(3) 불규칙한 현금흐름의 현재가치

앞에서는 현금흐름이 매기 일정한 경우를 살펴보았다. 현금흐름이 일정하지 않고 불규칙할 경우의 현재가치를 계산할 때에는 매기의 현금흐름을 현재가치로 환산한 후 이를 합산하여 현재가치 총액을 계산하면 된다.

예제 12-5 불규칙한 현금흐름의 현재가치

연이자율이 10%이고 1년 후에 ₩1,000, 2년 후에 ₩2,000, 3년 후에 ₩3,000, 4년 후에 ₩4,000씩의 현금흐름이 있다면 이 현금흐름의 현재가치는 얼마인가?

$$PV=\frac{₩1,000}{(1+0.1)^1}+\frac{₩2,000}{(1+0.1)^2}+\frac{₩3,000}{(1+0.1)^3}+\frac{₩4,000}{(1+0.1)^4}$$

$$=₩1,000\times0.9091+₩2,000\times0.8264+₩3,000\times0.7513+₩4,000\times0.6830$$

$$=₩7,548$$

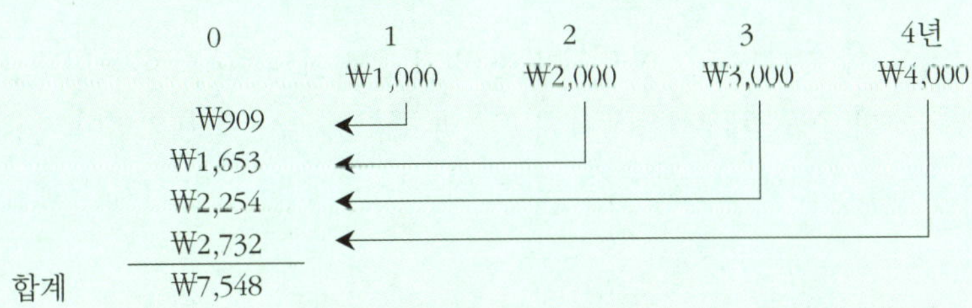

제4절 채무상품(사채)의 회계처리

1. 채무상품의 의의와 분류

1.1 사채[31)]의 의의, 사채권과 회계처리

기업은 다른 기업이 발행하는 사채(회사채), 국가가 발행하는 국채와 지방자치단체가 발행하는 공채 등을 장기투자목적으로 취득한다. 사채(bond)는 주식회사가 대규모의 장기자금을 조달하기 위해 발행하는 유가증권으로, 일정기간마다 이자를 지급하고 만기일에 원금을 상환하는 채무상품이다.

일반적으로 사채의 권면에는 사채의 발행회사가 만기일에 상환하기로 사채권면에 표시된 금액인 액면금액, 사채권면에 표시된 이자율인 액면이자율(표시이자율), 이자지급일과 지급방법, 만기일(상환일)과 상환방법이 기재되어 있다. 사채발행회사는 사채의 권면에 기재되어 있는 조건에 따라 이자를 지급하고 원금을 상환한다.[32)]

사채는 사채를 구입하는 투자회사 입장에서는 투자자산으로 처리하나, 사채의 발행회사 입장에서는 장기차입부채(비유동부채)이다.[33)]

1.2 채무상품의 의의, 분류와 회계처리

(1) 채무상품의 의의와 분류

회사는 투자수익(예: 시세차익, 이자수익)을 얻기 위하여 다른 회사가 발행한 사채에 여유자금을 투자하며, 이를 채무상품에 대한 투자라 한다. 채무상품은 기업이 자금을 조달하기 위해 금융부채(사채)를 발행한 경우 이를 취득한 구매회사의 입장에서 해당 상품을 말한다.

---

31) **지분상품(주식)**과 **채무상품(사채)**에 대한 자세한 설명은 **제12장 금융자산: 지분상품과 채무상품 제1절 금융상품**의 설명을 참조. 또한, **사채에 대한 자세한 설명은 제13장 부채 제3절 사채**에서 설명하였으므로 그 설명을 참조.

32) **사채권면의 표시내용**에 대한 자세한 설명은 **제13장 부채 제3절 사채**에서 설명하였으므로 그 설명을 참조.

33) **사채의 발행회사 입장에서 회계처리**는 **제13장 부채 제3절 사채**에서 설명한다. **이 절**의 설명은 **사채를 구입하는 투자회사의 회계처리**를 설명한다.

표 12-20 | 채무상품의 의의

구분	상각후원가측정 금융자산 (AC 금융자산)[*1]	당기손익-공정가치측정 금융자산(FVPL 금융자산)	기타포괄손익-공정가치측정 금융자산(FVOCI 금융자산)[*1]
의의와 분류	AC 금융자산은 현금흐름 조건과 사업모형을 모두 충족하는 금융자산을 말함	FVPL 금융자산은 AC 금융자산과 FVOCI 금융자산으로 분류되지 않은 금융자산을 말함	FVOCI 금융자산은 현금흐름조건은 충족하나 사업모형은 충족하지 못하는(예: 계약상 현금흐름의 수취와 금융자산의 매도 둘 다를 통해 목적을 이루는) 금융자산을 말함
평가	AC 금융자산은 보유기간 동안 기말마다 유효이자율법에 따른 상각후원가로 평가하며, 공정가치의 변동을 인식하지 않음	FVPL 금융자산은 공정가치로 평가하며 공정가치의 변동(공정가치와 장부금액의 차이)을 당기손익으로 인식함	FVOCI 금융자산은 공정가치로 평가하며 공정가치의 변동(공정가치와 장부금액의 차이)을 기타포괄손익으로 인식함

*1. FVPL 선택권: 분류기준에 따라 AC 금융자산이나 FVOCI 금융자산으로 분류하는 것이 타당한 채무상품의 경우에도 회계불일치(서로 다른 기준에 따라 자산이나 부채를 측정하거나 그에 따른 손익을 인식하는 경우에 발생하는 측정이나 인식의 불일치)를 제거하거나 이를 유의적으로 줄일 목적에서 최초인식 시점에 해당 금융자산을 FVPL 금융자산으로 지정할 수 있음. 다만 한 번 선택하면 이를 취소할 수 없음.

채무상품(사채)에 대한 투자는 현금흐름조건과 사업모형을 모두 충족할 경우 상각후원가측정 금융자산(AC 금융자산)으로, 현금흐름조건은 충족하나 사업모형을 충족하지 못할 경우에는 기타포괄손익-공정가치측정 금융자산(FVOCI 금융자산)으로, 그 외에는 당기손익-공정가치측정 금융자산(FVPL 금융자산)으로 분류한다. 다만 AC 금융자산이나 FVOCI 금융자산을 회계불일치를 제거하거나 유의적으로 줄이기 위한 목적에서 최초인식 시점에

표 12-21 | 채무상품의 분류

구분	현금흐름조건 금융자산의 계약조건에 따라 특정일에 원리금 지급만으로 구성되어 있는 현금흐름이 발생함	사업모형 계약상 현금흐름을 수취하기 위해 보유하는 것이 목적인 사업모형하에서 금융자산을 보유함	분류
채무상품	원리금 지급만으로 구성된 현금흐름	현금흐름 수취목적	상각후원가측정 금융자산[*1]
		현금흐름 수취와 금융자산의 매도목적	기타포괄손익-공정가치측정 금융자산[*1]
	원리금 지급만으로 구성되지 않은 현금흐름	매도목적	당기손익-공정가치측정 금융자산[*2]

*1. FVPL 선택권: 분류기준에 따라 AC 금융자산이나 FVOCI 금융자산으로 분류하는 것이 타당한 채무상품의 경우에도 회계불일치(서로 다른 기준에 따라 자산이나 부채를 측정하거나 그에 따른 손익을 인식하는 경우에 발생하는 측정이나 인식의 불일치)를 제거하거나 이를 유의적으로 줄일 목적에서 최초인식 시점에 해당 금융자산을 FVPL 금융자산으로 지정할 수 있음. 다만 한 번 선택하면 이를 취소할 수 없음.

*2. FVPL 금융자산: 금융자산을 상각후원가로 측정하거나 기타포괄손익-공정가치로 측정하는 경우가 아니라면 FVPL 금융자산으로 분류함.

FVPL 금융자산으로 지정(분류)할 수 있는데, 이를 FVPL 선택권이라 한다. 다만, 한 번 지정한 이후에는 이를 취소할 수 없다.

(2) 채무상품의 회계처리

채무상품의 취득 및 보유에 따른 회계처리는 지분상품과 달리 이자수익을 인식하여야 한다는 것을 제외하면 기본적으로 지분상품에 대한 투자의 회계처리와 동일하다. 채무상품에 투자한 회사가 이자를 수취하면 금융자산의 분류(FVPL 금융자산, FVOCI 금융자산과 AC 금융자산)와 관계없이 수취한 이자를 포괄손익계산서의 당기손익(기타수익)으로 인식한다.

주식의 경우 그 주식이 FVPL 금융자산이든 FVOCI 금융자산이든 모두 공정가치로 평가하나 그 분류가 다를 뿐이다. 그러나 사채의 경우 그 사채가 어느 자산으로 분류되느냐에 따라 평가방법이 다르며 회계처리방법도 다르다. 또한 주식에는 배당이 있으나 사채에는 이자가 있으며 이자의 회계처리방법이 복잡하여 주식의 회계처리보다 사채의 회계처리가 더 복잡하다.

채무상품이 어떠한 형태로 분류되느냐에 따라 후속측정의 회계처리가 다르므로 당기손익에 미치는 영향도 다르다.[34)]

표 12-22 | 채무상품의 평가, 평가손익의 반영방법과 관련 손익

분류[*1]	평가	평가손익의 반영	기타 관련 손익
AC 금융자산	상각후원가[*1]	인식하지 않음[*2]	• 이자수익 • 처분손익
FVOCI 금융자산	공정가치	평가손익을 기타포괄손익으로 보고함	• 이자수익 • 처분손익
FVPL 금융자산	공정가치	평가손익을 당기손익으로 보고함	• 이자수익 • 처분손익

*1. 상각후원가는 취득원가를 기초로 평가하나 해당 자산의 명목금액과 현재가치가 다를 경우 그 차이를 이자수익(부채의 경우 이자비용)에 가감하여 조정한 후의 원가를 말함.

*2. AC 금융자산은 취득 이후 해당 채무상품의 공정가치의 변동을 인식하지 않고 상각후원가로 인식함. 만약 채무상품을 사업목적에 따라 FVOCI 금융자산이나 FVPL 금융자산으로 분류하였다면 할증취득 또는 할인취득한 금액을 장부금액에서 조정한 후 공정가치 평가손익을 인식하여야 함.

34) 기업이 결산일에 지분상품과 채무상품의 분류를 변경할 수 있다면 당기손익을 조작할 여지가 있다. 따라서 지분상품과 채무상품을 취득할 때 결정했던 분류는 특별한 경우가 아니면 재분류할 수 없다. **금융자산의 재분류에 대한 회계처리**는 **중급회계**에서 설명한다.

2. 상각후원가측정 금융자산으로 분류한 사채의 회계처리

아래에서는 상각후원가측정 금융자산(AC 금융자산)으로 분류한 사채의 회계처리를 살펴본다.

채무상품(사채)은 현금흐름조건과 사업모형을 모두 충족한 경우 AC 금융자산으로 분류한다. AC 금융자산은 특정일에 원금과 이자를 수취하기 위한 목적으로 보유하는 금융자산으로, 만기보유목적으로 매입한 사채를 예로 들 수 있다.[35] AC 금융자산은 해당 금융상품의 만기가 1년 이내이면 유동자산으로 분류하고, 1년 이상이면 비유동자산으로 분류한다.

2.1 취득

(1) 최초인식과 측정(취득)

1) 취득원가와 거래비용

AC 금융자산은 취득(최초인식) 시점에 공정가치로 측정한다. 특정 시점의 AC 금융자산의 공정가치는 특정 시점 이후에 발생하는 미래현금흐름(원금과 이자)을 해당 시점의 시장이자율로 할인한 현재가치로 결정한다.[36]

AC 금융자산의 취득과 직접 관련된 거래비용(예: 중개수수료, 거래 관련 세금 등)은 공정가치에 가산(취득원가에 포함)한다. 즉, 취득 시점에 인식할 장부금액은 구입가격에 거래비용을 가산한 금액을 인식한다.

AC 금융자산의 취득원가 = 공정가치(구입가격) + 거래비용

AC 금융자산을 취득하는 회사는 취득원가인 현금지급액을 AC 금융자산의 취득원가로 회계처리한다.

(차) AC 금융자산	×××	(대) 현금	×××

2) 경과이자

채무상품(사채)은 일반적으로 거래일까지 발생한 액면이자 부분(경과이자, 직전 이자지

35) AC 금융자산의 예는 사채, 만기에 현금을 받을 목적으로 빌려준 대여금, 상품매출에서 발생한 매출채권과 미수금을 들 수 있다.

36) AC 금융자산의 공정가치(미래현금흐름의 현재가치)를 계산하는 방법은 제13장 부채 제3절 사채에서 설명하는 사채의 현재가치를 계산하는 방법과 동일하다.

급일부터 취득일까지 발생한 이자)이 포함되어 일괄 거래되므로, 취득원가에 경과이자가 포함된 경우에는 해당 경과이자를 미수이자라는 계정과목으로 분리하여 채무상품의 취득원가와 구분한다. 즉, AC 금융자산을 이자지급일 사이에 취득하는 경우 경과이자 관련 미수이자를 취득원가와 별도로 회계처리한다.[37]

AC 금융자산의 취득원가 = 공정가치(구입가격) + 거래비용 − 미수경과이자

(2) 사채의 발행금액

채무상품(사채)의 발행금액은 미래의 이자수령액과 원금상환액의 현금흐름을 유효이자율로 할인한 현재가치의 합계로 결정된다.[38]

대부분 사채는 액면금액으로 발행(액면발행)되며, 액면이자(현금이자)는 액면금액에 액면이자율을 곱하여 결정된다. 만일 사채의 액면이자율이 사채 이외의 다른 자산에 투자하여 얻을 수 있는 투자수익률보다 낮(높)다면 투자자는 액면금액으로 발행된 사채에 투자하지 않을 것(경쟁적으로 투자하려 할 것)이다. 따라서 사채발행회사는 사채를 액면금액보다 낮(높)은 금액으로 발행[할인발행, bonds issued at a discount(할증발행, bonds issued at a premium)]할 것이다.

이와 같이 사채의 발행금액은 사채의 액면이자율과 투자자가 시장에서 실제 얻을 수 있을 것으로 기대하는 시장이자율(market interest rate)을 비교하여 결정된다. 사채발행회사 입장에서는 두 가지 이자율의 차이만큼 투자자에게 보상해주기(보상받기) 위하여 할인발행(할증발행)하는 것이다. 사채를 발행할 때의 시장이자율은 사채발행회사가 실질적으로 부담하는 이자율이 되기 때문에 이를 유효이자율(effective interest rate)이라 한다.

액면이자율과 시장이자율의 관계에 따라 사채는 다음과 같이 발행된다.

표 12-23 | 액면이자율과 시장이자율의 관계에 따른 사채의 발행

발행방법	이자율 간의 관계	액면금액과 발행금액의 관계
액면발행	액면이자율 = 유효이자율	액면금액 = 발행금액
할인발행	액면이자율 < 유효이자율	액면금액 > 발행금액
할증발행	액면이자율 > 유효이자율	액면금액 < 발행금액

사채의 발행금액결정은 다음 예제에서 설명한다.

37) **경과이자에 대한 설명**은 **이 절 (3) 경과이자의 계산**에 대한 설명을 참조.

38) **채무상품(사채)의 발행금액**은 채무상품을 발행하는 시점의 **공정가치(특정 시점 이후에 발생하는 미래현금흐름을 해당 시점의 시장이자율로 할인한 현재가치)**이다. **사채의 발행금액결정**에 대한 자세한 설명은 **이 장 제3절 화폐의 시간가치의 설명과 제13장 부채 제3절 사채**의 설명을 참조.

예제 12-6 **AC 금융자산의 취득[39]: 할인발행**

(주)백운은 20×1년 1월 1일 (주)수도의 다음 사채를 취득하였다.

- 액면금액 ₩100,000, 액면이자율 연 8%, 만기 20×3년 12월 31일, 이자지급일 매년 12월 31일, 사채구입일의 유효이자율 10%

| 요구사항 |

위 사채를 AC 금융자산으로 분류한 경우 다음 물음에 답하시오.

1. 위 사채의 공정가치를 계산하시오.
2. 위 사채의 취득에 대한 회계처리를 하시오.

| 풀이 |

1. 사채의 공정가치 계산

위 사채에서 발생하는 현금흐름은 다음과 같이 3년 동안 매년 말에 ₩8,000씩 액면이자(현금이자)를 받고 3년 말에 액면금액 ₩100,000을 받는다.

	20×1년 초	20×1년 말	20×2년 말	20×3년 말
사채이자지급액		₩8,000	₩8,000	₩8,000
원금상환액				₩100,000

이자의 현재가치: ₩8,000×2.4868(3년, 10%, 연금현가계수) =₩19,894

원금의 현재가치: ₩100,000×0.7513(3년, 10%, 일시금현가계수) =₩75,130

사채의 발행금액: ₩95,024

2. 사채구입의 회계처리

(차) AC 금융자산 95,024 (대) 현금 95,024

(3) 경과이자의 계산

위에서 설명한 AC 금융자산의 회계처리 예는 그 금융자산을 이자지급일에 구입할 경우에 적용할 수 있는 회계처리이다.

사채의 경우 이자를 지급하는 이자지급일이 있으며, 두 이자지급일 사이에 사채를 구입하는 것이 일반적이다. 이 경우 위와 같은 회계처리에 경과이자에 대한 회계처리를 추가로 하여야 한다. 경과이자는 직전 이자지급일부터 구입일까지 발생한 이자를 말한다. 경과이자는 사채를 판매한 회사의 몫이고 구입일 이후 다음 이자지급일까지의 이자만이 사채를 구입한 회사의 몫이다.

39) [예제 12-6]은 제13장 부채 제3절 사채의 [예제 13-2: 사채의 할인발행]과 동일하다. [예제 12-6]은 사채의 투자회사 입장에서 회계처리한 것이고, [예제 13-2]는 사채의 발행회사 입장에서 회계처리한 것이다.

경과이자 = 액면금액 × 이자율 × 보유기간

예를 들어, 사채의 액면금액이 ₩10,000, 액면이자율이 12%, 이자지급일이 12월 31일이고, 구입일이 6월 30일이라고 가정하자. 이 경우 액면이자(현금이자)는 ₩1,200(= ₩10,000 × 12%)이며, 이 중 직전 이자지급일부터 구입일까지 6개월의 경과이자 ₩600은 사채를 판매한 회사의 몫이고, 구입일부터 다음 이자지급일까지 6개월의 이자 ₩600은 사채를 구입한 회사의 몫이다.

▌그림 12-4 ▌경과이자의 구분

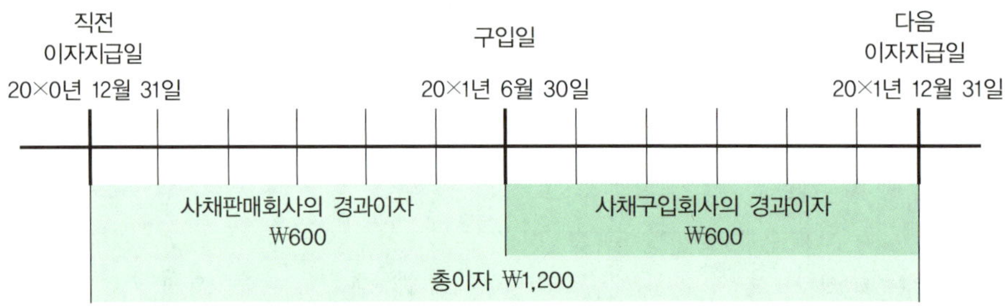

경과이자 중 사채를 판매한 회사의 몫인 ₩600은 사채발행회사가 매매일에 사채판매회사에 지급하지 않는다. 사채발행회사는 이자지급일에만 이자를 지급하며, 직전 이자지급일부터 다음 이자지급일까지 전체 이자지급기간에 대한 이자 ₩1,200을 다음 이자지급일의 사채보유회사(사채구입회사)에게 지급한다. 따라서 사채판매회사의 몫인 경과이자는 매매시점에 사채구입회사가 경과이자 ₩600을 사채판매회사에 지급한다.

요약하면, 사채구입회사는 사채의 구입일에 사채의 구입가격에 경과이자를 가산한 금액을 사채판매회사에 지급한다. 따라서 사채구입회사는 사채구입가격의 합계액을 사채가격과 경과이자로 나누어 회계처리하여야 한다.

예를 들어, 위의 사채를 ₩10,000에 구입했다고 하면 구입일인 20×1년 6월 30일에는 다음과 같이 회계처리한다.

(차)	AC 금융자산	9,400	(대) 현금	10,000
	미수이자	600[*1]		

*1. ₩10,000 × 12% × 6/12 = ₩600

이자지급일인 20×1년 12월 31일에는 다음과 같이 총이자수취액에서 미수이자를 제외한 부분을 이자수익으로 인식하여야 한다.

(차) 현금	1,200	(대) 미수이자	600
		이자수익	600

2.2 기말평가

(1) 기말평가(후속측정)

AC 금융자산을 보유한 투자회사는 해당 금융상품을 만기까지 장기간 보유할 예정이므로 보유기간 동안 공정가치(시가)가 변동하더라도 해당 금융상품(사채)의 발행회사가 파산하지 않는다면 만기에 액면금액을 상환받을 수 있으므로 공정가치의 변동에 대해 평가손익을 인식하지 않는다. 즉, AC 금융자산은 기말평가시 공정가치로 평가하지 않으므로 공정가치의 변동은 반영하지 않는다는 데 유의하여야 한다.

(2) 상각후원가법: 유효이자율법

AC 금융자산은 취득 후 보유하고 있는 동안 매 보고기간 말에 유효이자율법을 이용하여 상각후원가로 평가한다(즉, 공정가치로 평가하지 않는다). 상각후원가(amortized cost)는 금융자산의 취득(최초인식) 시점의 공정가치를 최초장부금액으로 인식한 후, 최초장부금액과 만기금액의 차액에 유효이자율법을 적용하여 계산된 상각누계액을 최초인식금액에 가감한 금액을 말한다. 채무상품(사채)을 할인취득(할인발행)하거나 할증취득(할증발행)하는 경우, 사채의 취득금액과 만기금액이 일치하지 않으므로 취득금액과 만기금액의 차이를 조정하기 위해 보유기간(발행기간) 동안 유효이자율법[40]을 적용하여 이자수익에 가산(차감)하여 AC 금융자산의 장부금액이 만기금액이 될 때까지 매년 조정해주어야 한다.

앞의 [예제 12-6(할인발행)]에서 ₩95,024에 취득한 사채의 경우, (주)백운은 3년 동안 매년 말 ₩8,000의 이자를 수령하며, 3년 후 만기일에 액면금액 ₩100,000을 수령한다. (주)백운은 사채구입시에 ₩95,024을 지급하였으나 만기에 ₩100,000을 수령하기 때문에 ₩4,976을 더 수령하는 셈이 되며, 이 금액도 사채발행기간 동안 인식하여야 할 이자수익에 포함하여야 한다. 따라서 사채의 투자회사가 사채의 보유기간 동안 인식할 이자수익의 총

40) **유효이자율법**(effective interest method)은 사채의 할인발행과 할증발행이 유효이자율과 액면이자율의 차이로 발생하므로, 두 이자의 차이만큼 할인액과 할증액을 배분하여 각 회계기간에 배분된 이자가 유효이자와 같도록 하는 방법을 말한다.

액은 다음과 같다.[41]

AC 금융자산의 기말잔액=AC 금융자산의 기초장부금액+할인액의 상각액

사채의 투자회사가 사채의 보유기간 동안 매년도에 인식할 이자수익은 다음과 같이 유효이자율법을 적용하여 인식하고, 유효이자와 액면이자의 차이(할인액의 상각액)만큼 사채의 장부금액을 조정(증가)한다.

유효이자=기초의 사채장부금액×유효이자율
액면이자(현금이자)=액면금액×액면이자율
할인액의 상각액=유효이자−액면이자

[예제 12-6]을 예로 들어, 매 회계기간 말에 유효이자율법을 적용한 이자수익을 인식하여 장부금액을 조정하는 상각후원가법의 적용에 대해 설명한다.[42]

1차연도 말(20×1년 말)의 이자수익의 인식에 대해 설명하면, 20×1년 말에 인식해야 할 연간 이자수익은 ₩9,502이다. 이에 비해 실제로 받는 현금이자는 ₩8,000이다. 따라서 이자수익과 현금수취액의 차이인 ₩1,502는 AC 금융자산의 장부금액에 가산하여야 한다.[43]

(차) 현금	8,000	(대) 이자수익	9,652
AC 금융자산	1,502		

위 회계처리를 반영하면 재무상태표의 AC 금융자산은 취득원가보다 ₩1,502만큼 증가한 ₩96,526(=₩95,024+₩1,502)이 되고, 포괄손익계산서에는 이자수익 ₩9,652가 표시된다.

2차연도 말(20×2년 말)과 3차연도 말(20×2년 말) 유효이자율법을 적용한 연간 이자수익은 각각 ₩9,653과 ₩9821이 되고 20×2년 말과 20×2년 말 AC 금융자산의 장부금액

---

41) **할증액을 환입하는 경우**는 다음과 같다.
AC 금융자산의 기말잔액=AC 금융자산 기초장부금액−할증액의 환입액
유효이자=기초의 사채장부금액×유효이자율
액면이자(현금이자)=액면금액×액면이자율
할증액의 환입액=액면이자−유효이자

42) **제13장 부채 제3절 사채**에서 **사채발행과 이자비용의 인식방법**에 대해 설명하였는데, **이 장**에서는 **사채를 투자목적으로 취득**하였으므로 **이자수익을 인식**하여야 하며, 사채발행과는 반대로 회계처리하면 된다.

43) 이것은 **제13장 부채 제3절 사채**에서 **사채할인발행 회계처리**를 설명할 때 **사채할인발행차금을 상각하여 사채의 장부금액에 가산**하는 것과 동일한 논리이다.

은 각각 ₩98,179(=₩96,526+₩1,653), ₩100,000(=₩98,179+₩1,821)이 된다. 이와 같이 유효이자율법에 의한 이자수익을 만기까지 계속 적용하면 3년이 지난 만기일에 AC 금융자산의 장부금액은 ₩100,000이 된다.

만기일에 사채의 발행회사로부터 액면금액 ₩100,000을 현금으로 지급받으면 아래와 같이 회계처리한다.

(차) 현금	100,000	(대) AC 금융자산	100,000

예제 12-7 유효이자율법에 따른 할인액의 상각

위의 [예제 12-6]의 자료에 유효이자율법을 적용하여 다음 물음에 답하시오.

| 요구사항 |

1. AC 금융자산의 기말장부금액, 할인액의 상각과 유효이자를 구하는 표를 만드시오.
2. 매년도 말의 회계처리를 하시오.

| 풀이 |

1. 유효이자율법에 따른 할인액의 상각표

일자	(1) 유효이자[*1]	(2) 액면이자[*2]	(3) 할인액 상각액[*3]	(4) 할인액 미상각액[*4]	(5) 장부금액[*5]
20×1년 초				₩4,976	₩95,024
20×1년 말	₩9,502	₩8,000	₩1,502	3,474	96,526
20×2년 말	9,653	8,000	1,653	1,821	98,179
20×3년 말	9,821[*6]	8,000	1,821	0	100,000
계	₩28,976	₩24,000	₩4,976		

*1. (1) 유효이자=기초의 사채장부금액×유효이자율
*2. (2) 액면이자(현금이자)=액면금액×액면이자율
*3. (3) 할인액 상각액=(1) 유효이자−(2) 액면이자
*4. (4) 할인액 미상각액=기초할인액 미상각액−(3) 당기할인액 상각액
*5. (5) 장부금액=기초장부금액+당기할인액 상각액
*6. 단수차이를 조정함.

44) **채무상품에 대한 이자수익을 인식하기 위한 회계처리**는 다음과 같이 요약할 수 있다.

구분	회계처리			
액면구입의 경우	(차) 현금	×××	(대) 이자수익	×××
할인구입의 경우	(차) 현금 AC 금융자산	××× ×××	(대) 이자수익	×××
할증구입의 경우	(차) 현금	×××	(대) 이자수익 AC 금융자산	××× ×××

2. 회계처리[44)]

구분	회계처리			
20×1년 말	(차) 현금 AC 금융자산	8,000 1,502	(대) 이자수익	9,652
20×2년 말	(차) 현금 AC 금융자산	8,000 1,653	(대) 이자수익	9,653
20×3년 말	(차) 현금 AC 금융자산	8,000 1,821	(대) 이자수익	9,821
	(차) 현금	100,000	(대) AC 금융자산	100,000[*1]

*1. 사채액면금액의 상환에 대한 분개임.

2.3 처분[45)]

채무상품(사채)을 처분(제거)하는 경우는 만기까지 사채를 보유하여 발행회사로부터 상환받는 경우(만기처분)와 사채의 만기가 되기 전에 처분(만기전 처분)하는 경우로 구분할 수 있다.

(1) 만기처분

사채의 만기가 되면 사채의 투자회사는 발행회사로부터 액면금액을 지급받으므로 처분손익이 발생하지 않는다. 투자회사는 사채의 보유기간 동안 유효이자율법을 사용하여 사채의 장부금액을 조정하기 때문에 만기일에는 AC 금융자산의 장부금액이 액면금액과 일치한다.

만기일에 사채의 액면금액을 상환받으면 다음과 같이 회계처리한다.

(차) 현 금	×××	(대) AC 금융자산	×××

(2) 만기전 처분

AC 금융자산을 만기 전에 처분하는 경우 AC 금융자산의 처분금액과 장부금액 간에 차이가 발생할 수 있으며, 이를 AC 금융자산처분손익(당기손익)으로 인식한다. AC 금융자산을 만기 전에 처분하는 경우 처분시점까지의 이자수익(직전의 이자지급일부터 처분일까지 발생한 경과이자)의 인식과 유효이자율법을 적용하여 할인(할증)액의 상각(환입)액을

45) 채무상품(사채)을 처분(제거)하는 경우는 만기까지 사채를 보유하여 발행회사로부터 상환받는 경우(**만기매각**)와 사채의 만기가 되기 전에 처분(**만기전 매각**)하는 경우로 구분할 수 있다. 이 절에서는 만기상환에 대해서만 살펴보고, **만기전 매각**에 대해서는 **중급회계**에서 설명한다.

반영하여 제거손익을 계산하여야 한다.

AC 금융자산의 만기전 처분에 대한 회계는 다음과 같은 절차를 거쳐야 한다.

첫째, 유효이자율법을 적용하여 AC 금융자산의 상각후원가를 계산한다. 이때 계산되는 상각후원가는 AC 금융자산의 기초장부금액을 유효이자율법을 사용하여 조정한 조정장부금액이다.

표 12-24 | FVOCI 금융자산의 조정장부금액

구분	FVOCI 금융자산의 조정장부금액	할인액의 상각액 또는 할증액의 환입액[*1]
할인발행	조정장부금액=FVOCI 금융자산의 기초장부금액+할인액 상각액	할인액 상각액=유효이자−액면이자
할증발행	조정장부금액=FVOCI 금융자산의 기초장부금액−할증액 환입액	할증액 환입액=액면이자−유효이자

*1. 할인액의 상각액(또는 할증액의 환입액)은 FVOCI 금융자산의 취득금액에 유효이자율법을 사용하여 계산한 직전 이자지급일부터 처분일까지의 발생이자(유효이자)와 액면이자(현금이자)의 차이를 말함.

AC 금융자산의 조정장부금액=AC 금융자산의 기초장부금액+할인액상각액[46)]

둘째, AC 금융자산의 처분금액에서 조정장부금액을 차감한 차액을 AC 금융자산처분손익(당기손익)으로 인식한다. 이때 처분금액은 처분대가에서 수수료 등 거래비용를 차감한 금액이다(순처분금액=처분가격−거래비용).

예제 12-8 상각후원가측정 금융자산의 처분

위의 [예제 12-7]의 사채를 (주)백운이 20×3년 6월 30일에 경과이자를 포함하여 ₩104,000에 처분하였다.

| 요구사항 |

1. 경과이자를 계산하시오.
2. 처분에 대한 회계처리를 하시오.

| 풀이 |

1. 경과이자의 계산과 할인액의 상각

(차) 미수이자	4,000[*1]	(대) 이자수익	4,911
AC 금융자산	911[*2]		

46) 할인(할증)액의 상각(환입)액은 다음과 같이 계산한다.
할인액 상각액=유효이자−액면이자
할증액 환입액=액면이자−유효이자
할증발행의 경우 다음과 같이 계산함.
AC 금융자산의 조정장부금액=AC 금융자산의 기초장부금액−할증액 환입액

*1. 20×3년 1월 1일부터 6월 30일까지의 경과이자(경과액면이자): ₩100,000×0.08×1/2=₩4,000
*2. 20×3년 1월 1일부터 6월 3일까지 할인액의 상각액: [예제 12-8]의 상각표의 20×3년 상각액 ₩1,821×1/2=₩911

2. 처분

(차) 현금	104,000	(대) AC 금융자산	99,090*1
		미수이자	4,000
		AC 금융자산처분이익	910*2

*1. 사채의 조정장부금액=[예제 12-7]의 상각표의 20×2년 말(20×3년 초) 장부가액 ₩98,179+위 1의 할인액의 상각액 ₩911
=₩99,090
*2. AC 금융자산처분이익=처분금액 ₩104,000−경과액면이자 ₩4,000−조정장부금액 ₩99,090
=₩910

3. 당기손익-공정가치측정 금융자산으로 분류한 사채의 회계처리

아래에서는 FVPL 금융자산으로 분류한 채무상품(사채)의 회계처리[47]를 살펴본다. FVPL 금융자산은 AC 금융자산이나 FVOCI 금융자산으로 분류하지 않은 금융자산을 말한다. 즉, FVPL 금융자산은 단기간 내에 매도하여 시세차익을 얻을 목적으로 사채를 취득하는 경우가 대표적인 예이므로 유동자산으로 분류한다.[48]

3.1 취득

(1) 취득원가와 거래비용

FVPL 금융자산은 취득(최초인식) 시점에 공정가치(거래가격)로 측정한다. FVPL 금융자산의 취득과 직접 관련된 거래비용(transaction costs, 거래원가)인 중개수수료, 거래 관련 세금 등은 구입원가로 보지 않으므로 장부금액에 포함시키지 않고 당기비용으로 인식한다.[49]

예를 들어, FVPL 금융자산으로 분류한 사채를 ₩10,000에 구입하고 수수료 ₩1,000을

47) FVPL 금융자산으로 분류한 사채의 회계처리는 이자의 회계처리를 제외하고는 제12장 금융자산: 지분상품과 채무상품 제2절 지분상품(주식)의 회계처리에서 설명한 FVPL 금융자산으로 분류한 주식의 회계처리와 동일하다. 따라서 제12장 금융자산: 지분상품과 채무상품 제2절 지분상품(주식)의 회계처리의 FVPL 금융자산의 회계처리를 이해하였다면 이자의 회계처리만 이해하면 된다.

48) 채권은 단기간에 가격변동이 발생하는 경우가 많지 않기 때문에 단기보유목적으로 채권을 보유하는 경우는 드물다. 따라서 FVPL 금융자산은 대부분 주식이다.

49) 채무상품도 지분상품과 마찬가지로 취득 시점에 공정가치로 측정하며, 채무상품의 취득과 직접 관련된 거래비용은 FVPL 금융자산의 경우 당기비용으로 인식하고, FVOCI 금융자산과 AC 금융자산의 경우 해당 채무상품의 취득금액에 가산한다.

지급하였다면 다음과 같이 회계처리한다.

(차)	FVPL 금융자산[*1]	10,000	(대) 현금	11,000
	수수료비용[*2]	1,000		

*1. 당기손익-공정가치측정 금융자산은 FVPL 금융자산으로 줄여서 표기하기로 함.
*2. 수수료비용은 당기비용임.

(2) 경과이자

FVPL 금융자산을 경과이자(직전 이자지급일부터 구입일까지 발생한 이자)를 포함하여 취득한 경우, 미수이자계정을 사용하여 경과이자 부분을 취득원가와 별도로 회계처리한다.

예를 들어, 위의 사채를 ₩10,000에 취득하였으며, 취득 당시에 미수이자 ₩600이 포함되어 있다고 하면 취득일에 다음과 같이 회계처리한다.

(차)	AC 금융자산	9,400	(대) 현금	11,000
	미수이자	600		
	수수료비용	1,000		

이후 이자지급일에 현금이자 ₩1,200원 받았다면 다음과 같이 총이자수취액에서 미수이자를 제외한 부분을 이자수익으로 인식하는 회계처리를 하여야 한다.

(차)	현금	1,200	(대) 미수이자	600
			이자수익	600

3.2 기말평가

FVPL 금융자산은 취득 후 보유하는 동안 이자수익과 기말평가에 대해 회계처리한다.

(1) 이자수익

FVPL 금융자산은 취득 후 보유하는 동안 일정기간마다(정기적으로) 이자수익(사채이자)을 얻게 되며, 이를 이자수익으로 인식하여야 한다. FVPL 금융자산은 기말에 직전 이자지급일부터 기말까지의 액면이자(=액면금액×액면이자율)를 받으면 이자수익으로 인식한다.

표 12-25 | 당기손익-공정가치측정 금융자산의 이자익

구분	FVPL 금융자산
기말이 이자지급일일 경우	(차) 현금 ××× (대) 이자수익 ×××
기말이 이자지급일이 아닐 경우	(차) 미수이자 ××× (대) 이자수익 ×××

(2) 기말평가(후속측정)

FVPL 금융자산은 취득 후 매 보고기간(회계기간) 말에 공정가치(시장가격)로 평가하고, 공정가치의 변동으로 인한 평가손익은 당기손익으로 인식한다.[50]

FVPL 금융자산은 회계기말 공정가치 평가액(기말시가)과 평가직전 장부금액을 비교하여 평가이익(손실)을 계상하고, 재무상태표의 금융자산의 장부금액을 기말 공정가치 평가액으로 증가(감소)시킨다. 이때 FVPL 금융자산의 평가손익은 당기손익(FVPL 금융자산평가손익)으로 처리한다.

표 12-26 | 당기손익-공정가치측정 금융자산의 기말평가

<table>
<tr><th colspan="2">구분</th><th>FVPL 금융자산</th></tr>
<tr><td rowspan="4">기말평가
(후속평가)</td><td>평가</td><td>FVPL 금융자산은 취득 후 매 보고기간 말에 공정가치로 측정함</td></tr>
<tr><td rowspan="2">공정가치의 변동
(평가손익)</td><td>공정가치의 변동은 다음과 같이 계산하며, 양(음)의 값을 평가이익(손실)이라 함
공정가치의 변동(평가손익) = 기말 공정가치 - 평가직전 장부금액</td></tr>
<tr><td>공정가치의 변동(평가손익)만큼 장부금액을 증감시키고, 평가손익을 당기손익(FVPL 금융자산평가손익)으로 인식함</td></tr>
<tr><td>회계처리</td><td>• 평가이익이 발생한 경우: 장부금액 < 공정가치
(차) FVPL 금융자산 ×××
(대) FVPL 금융자산평가이익 ×××
• 평가손실이 발생한 경우: 장부금액 > 공정가치
(차) FVPL 금융자산평가손실 ×××
(대) FVPL 금융자산 ×××</td></tr>
</table>

3.3 처분

(1) 경과이자

채무상품은 이자가 정기적으로 발생하므로 처분(제거)할 때에도 사채처분의 회계처리와 함께 직전 이자지급일부터 매각일까지의 경과이자를 이자수익으로 인식하는 다음과 같은 회

50) 공정가치에 대한 설명은 제12장 금융자산: 지분상품과 채무상품 제2절 지분상품(주식)의 회계처리, FVPL 금융자산의 기말평가의 공정가치에 대한 설명을 참조

계처리를 하여야 한다.

(차) 현금 ××× (대) 이자수익 ×××

즉, 이자지급일 사이에 채무증권의 처분거래가 발생하면 처분시점까지 경과이자(이자수익)를 인식한 후에 직전 이자지급일의 장부금액에 처분일까지의 이자수익을 합한 금액과 처분금액과의 차액을 처분손익으로 인식하여야 한다.

(2) 처분[51]

FVPL 금융자산을 처분(제거)하는 경우 먼저 처분 시점에 FVPL 금융자산을 공정가치로 평가하고 평가손익을 당기손익으로 인식한다. 그리고 공정가치로 측정된 장부금액을 제거하면서 처분으로 수취한 대가(현금)를 인식한다. FVPL 금융자산을 처분하면 처분에 따른 처분손익은 나타나지 않고,[52] 거래비용만큼 FVPL 금융자산처분손실(당기비용)을 인식한다.

표 12-27 | 당기손익-공정가치측정 금융자산의 처분

구분		FVPL 금융자산
제거 (처분)	제거	FVPL 금융자산을 처분하면 장부에서 제거함
	제거손익 (처분손익)	FVPL 금융자산은 처분시 처분시점의 공정가치로 평가한 후 제거함 • FVPL 금융자산 평가손익(당기손익)=처분일 공정가치−평가직전 장부금액 FVPL 금융자산을 처분하면 처분에 따른 처분손익은 나타나지 않고, 거래비용만큼 FVPL 금융자산처분손실(당기비용)을 인식함.
	회계처리	• 평가(처분일의 공정가치로 평가) 평가이익이 발생한 경우: 장부금액<공정가치 (차) FVPL 금융자산 ××× (대) FVPL 금융자산평가이익 ××× 평가손실이 발생한 경우: 장부금액>공정가치 (차) FVPL 금융자산평가손실 ××× (대) FVPL 금융자산 ××× • 처분 (차) 현금 ××× (대) FVPL 금융자산 ×××

51) 채무상품의 처분에 대한 회계처리는 지분상품의 처분에 대한 회계처리와 동일하다. 자세한 내용은 이 장 제2절 지분상품(주식)의 회계처리의 설명을 참조

52) FVPL 금융자산은 공정가치 변동에 따른 평가손익을 당기손익으로 인식하기 때문에 처분 시점에 공정가치로 평가하고 처분 회계처리를 하는 경우와 처분 시점에 공정가치로 평가하지 않고 처분 회계처리(처분손익에 반영)를 하는 경우에 당기손익에 미치는 효과는 동일하다.

예제 12-9 당기손익 - 공정가치측정 금융자산의 취득, 기말평가와 처분

다음은 (주)미천이 FVPL 금융자산으로 분류한 채무상품(사채)에 대한 자료이다.

구분	구입가격	공정가치	처분가격
일자	20×0년 6월 30일	20×0년 12월 31일	20×1년 3월 31일
A사채	₩400,000	₩300,000	₩300,000
B사채	500,000	550,000	500,000
계	₩900,000	₩850,000	₩800,000

두 사채의 이자지급일은 각각 12월 31일이고, 액면이자율은 각각 10%이며, 액면금액은 모두 ₩500,000이다.

| 요구사항 |

1. 위의 자료를 이용하여 취득일(20×0년 6월 30일), 평가일(20×0년 12월 31일), 매각일(20×1년 3월 31일)의 회계처리를 하시오.
2. 위의 '요구사항 1'과 동일한 조건이고, 거래수수료 ₩30,000을 별도로 지급했다고 가정할 경우 20×1년 3월 31일의 회계처리를 하시오.

| 풀이 |

1.

월일	회계처리
20×0년 6월 30일	(차) FVPL 금융자산 900,000 (대) 현금 950,000 미수이자 50,000*1
20×0년 12월 31일	(차) 현금 100,000*2 (대) 미수이자 50,000*3 이자수익 50,000
	(차) FVPL 금융자산평가손실 50,000 (대) FVPL 금융자산 50,000
20×1년 3월 31일[53]	(차) 현금 25,000 (대) 이자수익 25,000*4
	• 평가(처분일의 공정가치로 평가) (차) FVPL 금융자산평가손실 50,000 (대) FVPL 금융자산 50,000
	• 처분 (차) 현금 800,000 (대) FVPL 금융자산 800,000

*1. 20×0년 1월 1일부터 6월 30일까지 발생한 경과이자의 계산
A사채: ₩500,000×10%×6/12=₩25,000
B사채: ₩500,000×10%×6/12=₩25,000
₩50,000

*2. 이자수익의 인식
A사채: ₩500,000×10%= ₩50,000
B사채: ₩500,000×10%= ₩50,000
₩100,000

*3. 구입시 분개한 미수이자를 인식함.

*4. 20×1년 1월 1일부터 3월 31일까지 발생한 경과이자의 계산
A사채: ₩500,000×10%×3/12= ₩12,500

B사채: ₩500,000×10%×3/12=₩12,500
₩25,000

2. 거래수수료 ₩30,000을 지급한 경우 20×1년 3월 31일의 회계처리

20×1년 3월 31일	(차) 현금 25,000 (대) 이자수익 25,000[*4]
	• 평가(처분일의 공정가치로 평가) (차) FVPL 금융자산평가손실 50,000 (대) FVPL 금융자산 50,000
	• 처분 (차) 현금 770,000 FVPL 금융자산평가손실 30,000 (대) FVPL 금융자산 800,000

또는

20×1년 3월 31일	• 평가(처분일의 공정가치로 평가) (차) FVPL 금융자산평가손실 50,000 (대) FVPL 금융자산 50,000
	• 처분 (차) 현금 795,000 FVPL 금융자산평가손실 30,000 (대) FVPL 금융자산 800,000 이자수익 25,000[*4]

4. 기타포괄손익－공정가치측정 금융자산으로 분류한 사채의 회계처리

아래에서는 FVOCI 금융자산으로 분류한 채무상품(사채)의 회계처리를 살펴본다. FVOCI 금융자산으로 분류한 채무상품의 회계처리는 지분상품보다 다소 복잡하다. 채무상품은 이자를 지급받기 때문에 이자수익의 인식(AC 금융자산과 동일한 유효이자율법을 적용함)을 먼저 처리한 후 추가적으로 공정가치 평가를 적용해야 하기 때문이다.

채무상품은 보유기간 동안 계약상 정해진 원금과 이자를 수취하려는 목적(현금흐름 수취목적)과 특정시점에 금융자산을 매도하려는 목적(매도목적), 둘 모두를 위해 보유하는 경우에 FVOCI 금융자산으로 분류한다. FVOCI 금융자산은 기업이 채권를 취득하여 보유하는 동안 이자를 수취하다가 채권가격이 상승하여 만기 이전에 채권을 매각하여 투자이

53) FVPL 금융자산은 처분일에 재측정하지 않고 처분하는 회계처리를 하는 경우 다음과 같이 회계처리한다.

20×1년 3월 31일	(차) 현금 825,000[*5] FVPL 금융자산처분손실 50,000[*6] (대) FVPL 금융자산 850,000 이자수익 25,000[*7]

익을 얻을 목적으로 보유하는 금융자산을 예로 들 수 있으며, 비유동자산으로 분류한다.

4.1 취득

(1) 취득원가와 거래비용

FVOCI 금융자산은 취득(최초인식) 시점에 공정가치(거래가격)로 인식한다. FVOCI 금융자산의 취득과 직접 관련된 거래비용(예: 중개수수료, 거래 관련 세금 등)은 취득시 공정가치에 가산(취득원가에 포함)한다. 즉, 취득 시점에 인식할 장부금액은 구입가격에 거래비용을 가산한 금액을 인식한다.

예제 12-10 FVOCI 금융자산의 취득

(주)백운은 20×1년 1월 1일에 (주)수도의 다음 사채를 구입하였다.

- 액면금액 ₩100,000, 액면이자율 연 8%, 만기 20×3년 12월 31일, 이자지급일 매년 12월 31일, 사채구입일의 유효이자율은 10%

| 요구사항 |

(주)백운은 위 사채를 수수료를 포함하여 ₩95,024에 구입한 후 FVOCI 금융자산으로 분류하였다. 위 사채의 구입에 대한 회계처리를 하시오.

| 풀이 |

(차) FVOCI 금융자산[*1]	95,024	(대) 현금	95,024

*1. 기타포괄손익-공정가치측정 금융자산은 FVOCI 금융자산으로 줄여서 표기하기로 함.

(2) 경과이자

FVOCI 금융자산을 이자지급일 사이에 구입하는 경우 경과이자(직전 이자지급일부터 구입일까지 발생한 이자)를 미수이자계정을 사용하여 취득원가와 별도로 회계처리한다.[54] FVOCI 금융자산으로 분류한 채무상품에 대한 이자수익은 (AC 금융자산과 동일하게) 유효이자율법을 적용하여 이자수익(당기손익)으로 회계처리한다.

54) 경과이자에 대한 설명은 제4절 채무상품(사채)의 회계처리 2. 상각후원가측정 금융자산으로 분류한 사채의 회계처리의 경과이자의 계산에 대한 설명을 참조. 경과이자와 관련된 자세한 회계처리는 중급회계에서 설명한다.

4.2 기말평가

FVOCI 금융자산은 취득 후 매 보고기간 말에 공정가치로 평가하고, 공정가치의 변동으로 인한 평가손익은 기타포괄손익으로 인식한다.[55] 기말평가시 먼저 이자수익을 인식(AC 금융자산과 동일한 유효이자율법을 적용함)한 후 후속측정일의 상각후원가와 공정가치의 차액을 평가손익으로 인식하여야 한다는데 유의하여야 한다.

공정가치의 변동은 다음 절차를 거쳐 반영한다.

첫째, AC 금융자산과 유사하게 매 회계연도 말에 유효이자율법을 적용하여 FVOCI 금융자산의 상각후원가를 계산한다. 이때 계산되는 상각후원가는 FVOCI 금융자산의 취득금액을 유효이자율법을 사용하여 할인액(할증액)을 상각(환입)하여 조정한 장부금액(조정장부금액)이다.

둘째, 매 회계연도 말에 조정장부금액과 공정가치(시장가격)를 비교하여 두 금액이 차이가 나면 FVOCI 금융자산의 장부금액을 공정가치로 조정하고 그 차이를 FVOCI 금융자산평가손익(기타포괄손익)으로 인식한다.

예제 12-11 유효이자율법에 따른 할인액의 상각

| 요구사항 |

위의 [예제 12-10]의 사채의 공정가치가 20×1년 12월 31일에 ₩97,000으로 변동한 경우 평가결과에 대해 회계처리하시오.

| 풀이 |

1. 할인액 상각액을 반영한 조정장부금액의 계산

[예제 12-8]에서 FVOCI 금융자산은 ₩4,976(=₩100,000−₩95,024)만큼 할인되어 구입되었다.[56] 따라서 이 할인액을 유효이자율법을 사용하여 20×1년에 해당하는 금액만큼 상각하여야 한다. 그 결과가 다음의 할인액 상각표에 제시되어 있다.

일자	(1) 유효이자[*1]	(2) 액면이자[*2]	(3) 할인액 상각액[*3]	(4) 할인액 미상각액[*4]	(5) 장부금액[*5]
20×1년 초				₩4,976	₩95,024
20×1년 말	₩9,502	₩8,000	₩1,502	3,474	96,526
20×2년 말	9,653	8,000	1,653	1,821	98,179
20×3년 말	9,821[*6]	8,000	1,821	0	100,000
계	₩28,976	₩24,000	₩4,976		

55) FVOCI 금융자산으로 분류한 채무상품(사채)의 공정가치 변동으로 인한 평가손익은 기타포괄손익으로 인식하고, FVOCI 금융자산평가손익 기말잔액은 재무상태표의 기타포괄손익누계액에 누적액으로 표시된다.

*1. (1) 유효이자=기초의 사채장부금액×유효이자율
*2. (2) 액면이자(현금이자)=액면금액×액면이자율
*3. (3) 할인액 상각액=(1) 유효이자-(2) 액면이자
*4. (4) 할인액 미상각액=기초할인액 미상각액-(3) 당기할인액 상각액
*5. (5) 장부금액=기초장부금액+당기할인액 상각액
*6. 단수차이를 조정함.

위 상각표의 두 번째 줄을 보면 유효이자가 ₩9,502이고 액면이자가 ₩8,000이므로, 그 차이인 ₩1,502이 할인액 상각액이다. 따라서 다음과 같이 회계처리한다.

구분	회계처리
20×1년 말	(차) 현금 8,000 (대) 이자수익 9,502 FVOCI 금융자산 1,502

이 회계처리의 결과 위의 상각표와 같이 20×1년 말의 FVOCI 금융자산의 장부금액은 ₩96,526(=₩95,024+₩1,502)으로 조정되었다.

2. FVOCI 금융자산평가손익의 기록

위에서 할인액의 상각으로 조정된 장부금액은 ₩96,526이다. 그러나 20×1년 12월 31일의 공정가치가 ₩97,000이다. 따라서 FVOCI 금융자산의 장부금액을 공정가치로 조정하여야 한다. 공정가치가 장부금액보다 ₩474만큼 크므로 그만큼 FVOCI 금융자산평가이익이 발생한다. 따라서 다음과 같이 회계처리한다.

구분	회계처리
20×1년 12월 31일	(차) FVOCI 금융자산 474 (대) FVOCI 금융자산평가이익 474

FVOCI 금융자산평가이익은 포괄손익계산서에 기타포괄이익으로 보고한다.

4.3 처분

(1) 처분

FVOCI 금융자산을 처분하는 경우 먼저 처분 시점에 금융자산을 공정가치로 재측정하여 평가손익(기타포괄손익)으로 인식한다. 다음으로 FVOCI 금융자산의 조정장부금액을 제거하면서 수취한 현금을 기록한다.

FVOCI 금융자산의 처분에 대한 회계처리는 다음과 같은 절차를 거쳐야 한다.

첫째, AC 금융자산과 유사하게 유효이자율법을 적용하여 FVOCI 금융자산의 상각후원가를 계산한다. 이때 계산되는 상각후원가는 FVOCI 금융자산의 기초장부금액을 유효이

56) [예제 12-11]에서 사용된 (주)백운의 **할인발행**에 대한 자세한 설명은 **[예제 12-6] AC 금융자산의 취득: 할인발행**에 대한 설명을 참조.

자율법을 사용하여 조정한 조정장부금액이다.

표 12-28 | FVOCI 금융자산의 조정장부금액

구분	FVOCI 금융자산의 조정장부금액	할인액의 상각액 또는 할증액의 환입액[*1]
할인발행	조정장부금액=FVOCI 금융자산의 기초장부금액+할인액 상각액	할인액 상각액=유효이자－액면이자
할증발행	조정장부금액=FVOCI 금융자산의 기초장부금액－할증액 환입액	할증액 환입액=액면이자－유효이자

*1. 할인액의 상각액(또는 할증액의 환입액)은 FVOCI 금융자산의 취득금액에 유효이자율법을 사용하여 계산한 직전 이자지급일부터 처분일까지의 발생이자(유효이자)와 액면이자(현금이자)의 차이를 말함.

조정장부금액이 계산되면 조정장부금액과 공정가치(시장가격)를 비교하여 두 금액이 차이가 나면 FVOCI 금융자산의 장부금액을 공정가치로 조정하고 그 차이를 FVOCI 금융자산평가손익(기타포괄손익)으로 인식한다. 그 결과 FVOCI 금융자산의 장부금액과 공정가치가 일치한다.

- FVOCI 금융자산평가손익(기타포괄손익)=처분일 공정가치－조정장부금액
- 평가이익이 발생한 경우: 장부금액<공정가치
  (차) FVOCI 금융자산 ××× (대) FVOCI 금융자산평가이익 ×××
- 평가손실이 발생한 경우: 장부금액>공정가치
  (차) FVOCI 금융자산평가손실 ××× (대) FVOCI 금융자산 ×××

둘째, 공정가치로 측정된 FVOCI 금융자산의 장부금액을 제거하면서 수취한 현금을 기록한다. 일반적으로 거래가 공정가치로 이루어지므로 공정가치로 평가된 장부금액과 수취한 현금이 동일하여 처분시점에 FVOCI 금융자산처분손익은 발생하지 않는다. 만약 거래비용 등이 발생하여 공정가치로 평가된 장부금액과 수취한 현금 간에 차이가 발생한다면 그 차이금액을 FVOCI 금융자산처분손익(당기손익[57])으로 인식한다.

셋째, FVOCI 금융자산 처분손익을 인식할 때 재무상태표의 기타포괄손익누계액으로 계상되어 있는 FVOCI 금융자산평가손익도 함께 제거하여야 한다. 단, 지분상품의 경우와 달리 FVOCI 금융자산으로 분류된 채무상품의 경우에는 재무상태표에 해당 채무상품과 관련하여 기록되어 있는 누적된 기타포괄손익누계액을 처분 시점에 당기손익으로 재분류조정하여 처분손익에 가감한다.

57) 지분상품(주식)의 경우 **FVOCI 금융자산처분손익**은 **기타포괄손익으로 인식**한다.

(2) 재분류조정

채무상품으로 분류된 FVOCI 금융자산평가손익은 기타포괄손익으로 인식한다.

K-IFRS는 FVOCI 금융자산으로 분류한 채권의 처분 시점까지 재무상태표에 누적된 FVOCI 금융자산평가손익 누적액(기타포괄손익누계액)을 자본에서 당기손익으로 재분류한다고 규정하고 있으며, 이를 재분류조정(reclassification adjustment) 또는 재순환(recycling)이라 한다. 이것은 FVOCI 금융자산으로 분류한 채권의 취득 시점부터 발생한 공정가치의 변동금액(미실현손익)이 처분시점에 실현되었다고 보고 이를 당기손익으로 보고하는 것이다.[58]

채무증권의 처분시 ① 장부금액의 측정과 ② 처분거래의 기록에 대한 회계처리에 추가하여, 재분류조정을 위해 다음과 같이 평가손익누계액을 처분손익으로 대체하는 회계처리를 하여야 한다.

• 기타포괄손익누계액이 양수(+)인 경우:

(차) FVOCI 금융자산평가이익[*1] ××× (대) FVOCI 금융자산처분이익 ×××

*1. FVOCI 금융자산평가이익은 FVOCI 금융자산평가이익(재분류조정), FVOCI 금융자산평가이익(당기손익) 등의 계정과목을 사용하기도 함.

• 기타포괄손익누계액이 음수(−)인 경우:

(차) FVOCI 금융자산처분손실 ××× (대) FVOCI 금융자산평가손실[*2] ×××

*2. FVOCI 금융자산평가손실은 FVOCI 금융자산평가손실(재분류조정), FVOCI 금융자산평가손실(당기손익) 등의 계정과목을 사용하기도 함.

이러한 회계처리를 통해 기타포괄손익누계액에 있던 평가손익 누적액이 제거되어 그 금액만큼 손익계산서로 재분류되는 결과가 된다. 따라서 보유기간 중 당기손익에 반영되지 않았던 기타포괄손익누계액상 평가손익 누적액이 처분 시점에 일시에 당기손익에 반영된다.

K-IFRS는 기타포괄손익의 재분류조정과 관련된 내용을 포괄손익계산서나 주석에 표시하도록 하고 있다.

58) **FVOCI 금융자산이 주식인 경우** 처분할 때 이러한 재분류조정이 허용되지 않는다. 자세한 내용은 **이 장 제2절 지분상품(주식)의 회계처리 3. 기타포괄손익-공정가치측정 선택금융자산으로 분류한 주식의 회계처리**에 대한 설명을 참조.

예제 12-12 기타포괄손익-공정가치측정 금융자산의 처분

위의 [예제 12-11]의 사채를 (주)백운이 20×2년 6월 30일에 경과이자를 포함하여 ₩99,000에 처분하였다.

| 요구사항 |

1. 경과이자를 계산하시오.
2. 처분에 대한 회계처리를 하시오.

| 풀이 |

1. 경과이자의 계산과 할인액의 상각

[예제 12-11]의 상각표에 있는 유효이자와 현금이자(액면이자)를 20×2년 1월 1일부터 6월 30일까지 6개월분을 배분하면 다음과 같다.

20×2년 1월 1일부터 6월 30일까지의 유효이자: ₩9,653×1/2=₩4,826
20×2년 1월 1일부터 6월 30일까지의 액면이자: ₩100,000×0.08×1/2=₩4,000
유효이자에서 액면이자를 차감한 할인액의 상각은 ₩826(₩4,826−₩4,000)이다.

따라서 다음과 같이 회계처리한다.

(차) 미수이자	4,000	(대) 이자수익	4,826
FVOCI 금융자산	826		

이 회계처리의 결과 FVOCI 금융자산의 조정장부금액은 다음과 같이 계산된다.

₩97,352=위 [예제 12-11]의 전기말(20×1년 12월 31일) 장부금액 ₩96,526+₩826

2. 처분

위의 [예제 12-11]의 FVOCI 금융자산평가이익이 ₩474 있다.
FVOCI 금융자산의 처분과 관련하여 ₩1,878의 FVOCI 금융자산처분손실이 발생한다.
FVOCI 금융자산처분손실=1,878
=처분금액 ₩99,000−조정장부금액 ₩97,352 + FVOCI 금융자산평가이익 ₩474−경과액면이자 ₩4,000

따라서 다음과 같이 회계처리한다.[59]

(차) 현금	99,000	(대) FVOCI 금융자산	97,352
FVOCI 금융자산평가이익	474	미수이자	4,000
FVOCI 금융자산처분손실	1,878		

59) 이러한 회계처리는 다음과 같은 두 가지 회계처리의 결합 형태로도 이해할 수 있다.

처분

(차) 현금	99,000	(대) FVOCI 금융자산	97,352
FVOCI 금융자산처분손실	2,352	미수이자	4,000

재분류조정

(차) FVOCI 금융자산평가이익	474	(대) FVOCI 금융자산처분이익	474

제5절 관계기업투자주식과 지분법[60]

1. 관계기업투자주식의 의의

기업이 다른 회사의 지분상품(주식)을 취득하는 목적은 크게 두 가지로 나눌 수 있다.

먼저, 기업이 여유자금을 단기 또는 장기로 투자하여 수익을 얻으려는 목적으로 다른 회사의 주식을 취득하는 경우로 그 주식의 보유목적에 따라 당기손익-공정가치측정 금융자산(FVPL 금융자산) 또는 기타포괄손익-공정가치측정 선택금융자산(FVOCI 선택금융자산)으로 회계처리한다.

다음으로 기업이 다른 기업의 경영권에 유의적인 영향력(significant influence, 중대한 영향력)을 행사하려는 목적으로 주식을 취득하는 경우로 관계기업투자주식(investment in associates)이라 하고 지분법으로 회계처리한다.

관계기업은 투자기업이 유의적인 영향력을 보유하는 기업(피투자기업)을 말한다.

유의적인 영향력은 투자기업이 피투자기업의 재무정책과 영업정책에 관한 의사결정에 참여할 수 있는 능력을 말하며, 기업이 직접 또는 간접(예: 종속회사를 통하여)으로 피투자기업에 대한 의결권(의결권 있는 주식)의 20% 이상을 소유하고 있다면 유의적인 영향력을 보유하는 것으로 본다.[61]

더욱이 투자기업이 피투자기업의 경영권을 지배·통제하기 위하여 피투자기업의 의결권 있는 주식의 과반수를 보유하거나 실질적인 지배력을 갖는 경우도 있다. 이 경우 투자기업을 지배회사(parent company)라 하고 피투자기업을 종속회사(subsidiary company)라 한다. 지배종속관계에 있는 기업은 연결재무제표(consolidated financial statements)를 작성하여야 하는데, 연결재무제표는 지배종속관계에 있는 여러 기업을 하나의 경제실체로 보고 작성하는 재무제표이다.[62]

---

60) **관계기업투자주식과 지분법에 대한 회계처리**는 **고급회계**에서 설명한다.

61) **20% 미만의 지분을 소유하여도 유의적인 영향력을 보유하는 경우**: 기업이 다음 중 하나 이상에 해당하는 경우 일반적으로 유의적인 영향력을 보유한다는 것이 입증된다.
1. 피투자자의 이사회나 이에 준하는 의사결정기구에 참여
2. 배당이나 다른 분배에 관한 의사결정에 참여하는 것을 포함하여 정책결정과정에 참여
3. 기업과 피투자자 사이의 중요한 거래
4. 경영진의 상호 교류
5. 필수적 기술정보의 제공

62) **연결재무제표**는 **고급회계**에서 설명한다.

표 12-29 | 지분율에 따른 회계처리

지분율	0%~20% 미만	20% 이상~50% 미만	50% 이상
평가방법	• 시가법	• 지분법적용	• 지분법적용 • 연결재무제표 작성
회계처리	• 당기손익-공정가치측정 금융자산 • 기타포괄손익-공정가치측정 선택금융자산[*1]	• 관계기업투자주식	• 종속기업투자주식

*1. 지분상품(주식) 중 단기매매목적이 아닌 경우 예외적으로 최초인식 시 기타포괄손익-공정가치측정 금융자산으로 분류할 수 있음.

2. 관계기업투자주식의 회계처리

2.1 지분법 회계처리

지분법(equity method)은 관계기업투자주식을 최초에 원가로 인식하고, 취득시점 이후 발생한 피투자회사의 순자산(자본) 변동액 중 투자회사의 몫을 해당 관계기업투자주식에 가감하여 보고하는 회계처리방법이다. 투자회사의 당기순손익에는 피투자회사의 당기순손익 중 투자회사의 몫에 해당하는 금액을 포함한다.

2.2 지분법에 따른 관계기업투자주식의 회계처리

지분법에 따른 관계기업투자주식의 회계처리는 다음과 같다.

(1) 관계기업투자주식의 취득

관계기업투자주식은 최초에 원가로 인식한다. 관계기업투자주식의 취득원가는 매입금액에 부대비용을 합한 금액으로 한다.

(2) 지분법손익의 인식과 배당금의 수익의 인식

1) 지분법손익의 인식

관계기업투자주식은 최초취득 이후 지분법으로 회계처리한다. 피투자기업이 당기순이익(당기순손실)을 보고하면 투자기업의 순자산이 지분율에 해당하는 금액만큼 증가(감소)하므로 피투자기업의 순이익(순손실) 중 투자기업의 지분율만큼 관계기업투자이익(관계기업투자손실)을 계상하고 관계기업투자주식의 장부금액을 증가(감소)시킨다. 관계기업투자이익(관계기업투자손실)은 당기이익(손실)에 반영한다.

2) 배당금의 수익의 인식

투자회사가 피투자기업에게서 배당금을 받으면 수령한 배당금만큼 관계기업투자주식의 장부금액을 감소시킨다. 피투자회사가 배당금을 지급하면 그 금액만큼 피투자회사의 순자산금액이 감소하기 때문에 투자회사는 관계기업투자주식의 가치감소를 기록한다.

표 12-30 | 관계기업투자주식의 회계처리

<table>
<tr><th colspan="2">구분</th><th>내용</th><th>회계처리</th></tr>
<tr><td colspan="2">관계기업투자주식의 취득</td><td>구입금액에 부대비용을 가산하여 취득원가로 측정함</td><td>(차) 관계기업투자주식[*1] ×××
(대) 현금 ×××</td></tr>
<tr><td rowspan="2">기말 평가</td><td>피투자기업이 순이익을 보고하는 경우</td><td>관계기업투자이익을 계상하고 관계기업투자주식의 장부금액을 증가시킴</td><td>(차) 관계기업투자주식 ×××
(대) 관계기업투자이익 ×××</td></tr>
<tr><td>피투자기업이 순손실을 보고하는 경우</td><td>관계기업투자손실을 계상하고 관계기업투자주식의 장부금액을 감소시킴</td><td>(차) 관계기업투자손실 ×××
(대) 관계기업투자주식 ×××</td></tr>
<tr><td colspan="2">배당금수익[*2]</td><td>받은 배당금만큼 관계기업 투자주식의 장부금액을 감소시킴</td><td>(차) 현금 ×××
(대) 관계기업투자주식 ×××</td></tr>
<tr><td colspan="2">관계기업투자주식의 처분[*3]</td><td>처분금액에서 처분 직전 장부금액을 차감한 금액을 관계기업투자주식처분손익으로 처리함</td><td>(차) 현금 ×××
(대) 관계기업투자주식 ×××
관계기업투자주식처분이익 ×××</td></tr>
</table>

*1. 관계기업투자주식계정은 관계기업투자계정을 사용할 수 있음.
*2. 관계기업투자주식이 아니라 당기손익-공정가치측정 금융자산이나 기타포괄손익-공정가치측정선택 금융자산인 경우 배당금수익은 다음과 같이 회계처리함.
(차) 현금 ××× (대) 배당금수익 ×××
*3. 관계기업투자주식을 처분할 때 처분손실이 발생할 경우 다음과 같이 회계처리함.
(차) 현금 ××× (대) 관계기업투자주식 ×××
관계기업투자주식처분손실 ×××

(3) 관계기업투자주식의 처분

관계기업투자주식을 처분하면 처분시점의 장부금액과 처분금액과의 차이를 관계기업투자주식처분손익으로 인식한다. 관계기업투자주식의 일부를 처분하여 피투자기업에 대한 유의한 영향력을 상실하게 되면 지분법의 적용을 중단하고 그 주식을 당기손익-공정가치측정 금융자산이나 기타포괄손익-공정가치측정 금융자산으로 재분류한다.

예제 12-13 지분법 회계처리

20×1년 초에 (주)무릉이 주당 ₩2,800으로 (주)내린천의 발행주식의 25%인 보통주식 500주를 취득하였다. 20×1년 말에 (주)내린천은 ₩800,000의 당기순이익을 보고하였다. 20×2년 초에 (주)내린천은 보통주식에 대하여 주당 ₩15의 현금배당을 실시하였다.
20×2년 말에 (주)내린천은 ₩1,000,000의 당기순이익을 보고하였다.

| 요구사항 |
(주)무릉이 (주)내린천의 투자주식에 대하여 지분법을 적용할 경우 회계처리를 하시오.

| 풀이 |

구분		회계처리			
20×1년	주식취득	(차) 관계기업투자주식	1,400,000*1	(대) 현금	1,400,000
	순이익 보고	(차) 관계기업투자주식	200,000*2	(대) 관계기업투자이익	200,000
	배당금의 수령	(차) 현금	7,500*3	(대) 관계기업투자주식	7,500*3
20×2년	순이익 보고	(차) 관계기업투자주식	250,000*4	(대) 관계기업투자이익	250,000

*1. ₩2,800×500주=₩1,400,000
*2. ₩800,000×25%=₩200,000
*3. ₩15×500주=₩7,500
*4. ₩1,000,000×25%=₩250,000

제6절 기타 투자자산

1. 투자부동산

1.1 투자부동산의 의의

투자부동산(investment property)은 임대수익이나 시세차익 또는 두 가지 모두를 얻기 위하여 보유하고 있는 부동산(토지, 건물 등)을 말한다. 부동산은 보유 또는 사용목적에 따라 분류가 달라진다. 재화의 생산이나 용역의 제공 또는 관리목적에 사용하기 위하여 보유하고 있는 부동산은 유형자산으로 분류하고, 정상적인 영업과정에서 판매하기 위하여 보유하고 있는 부동산은 재고자산으로 분류한다.

1.2 투자부동산의 인식

(1) 투자부동산의 취득

투자부동산은 최초인식 시점에 원가로 측정한다. 거래원가는 최초측정에 포함된다. 그러나 일상적으로 발생하는 유지원가는 발생기간의 비용으로 처리한다.

(2) 투자부동산의 평가: 원가모형과 공정가치모형 중 선택

최초인식 이후에는 투자부동산에 대하여 공정가치모형(fair value model)과 원가모형(cost model) 중 하나를 선택하여 적용한다.

표 12-31 | 투자부동산의 회계정책[63]

구분	회계처리	손상차손
원가모형	감가상각 후 장부금액(원가)으로 평가함	손상차손을 인식함
공정가치모형	감가상각하지 않고 공정가치로 평가함 (평가손익은 당기손익으로 인식)	손상차손을 인식하지 않음

1) 원가모형

투자부동산에 대하여 원가모형을 선택한 경우 투자부동산의 취득, 보유, 감가상각과 처분에 대한 회계처리는 원가모형을 적용하는 유형자산의 회계처리와 동일하다. 따라서 투자부동산의 공정가치변동은 인식하지 않으며, 투자부동산이 건물과 같이 감가상각대상자산인 경우 감가상각을 하여야 한다.

2) 재평가모형

투자부동산에 대하여 공정가치모형을 선택한 경우 최초인식 후 모든 투자부동산[64]을 공정가치로 측정한다. 공정가치모형을 적용하는 경우, 매 보고기간 말에 투자부동산의 공정가치 변동으로 발생하는 손익(투자부동산평가손익)은 발생한 기간의 당기손익으로 처리

63) 유형자산에 대해 **재평가모형을 적용**할 때 **감가상각을 하는 자산**은 **감가상각 후 공정가치로 평가**한다. 또한 재평가모형을 적용하는 유형자산도 **손상된 경우**에는 **손상차손을 인식**한다.

구분	유형자산의 회계정책	
	회계처리	손상차손
원가모형	감가상각 후 장부금액(원가)으로 평가함	손상차손을 인식함
재평가모형	감가상각 후 공정가치로 평가함	

64) 유형자산의 재평가모형에서는 토지만 재평가모형을 적용하고 건물은 원가모형을 적용할 수 있다. 그러나 투자부동산의 경우 재평가모형을 선택하면 투자부동산으로 보유하는 모든 토지와 건물에 대해 공정가치모형을 적용하여야 한다.

한다.[65]

공정가치모형을 적용하는 투자부동산에 대해서는 감가상각을 하지 않는다.[66]

표 12-32 | 투자부동산 평가차액의 회계처리

구분	회계처리	비고
공정가치 > 장부금액	(차) 투자부동산 ××× (대) 투자부동산평가이익 ×××	투자부동산평가이익은 포괄손익계산서의 당기이익에 보고하여 당기순이익을 증가시킴
공정가치 < 장부금액	(차) 투자부동산평가손실 ××× (대) 투자부동산 ×××	투자부동산평가손실은 포괄손익계산서의 당기비용에 보고하여 당기순이익을 감소시킴

예제 12-14 투자부동산의 공정가치모형[67]

(주)갑을은 20×1년 초에 10,000㎡의 토지를 ₩100,000에 취득하였다. 토지의 20×1년 말과 20×2년 말 현재 공정가치는 각각 ₩120,000과 ₩114,000이다.

| 요구사항 |

(주)갑을이 취득한 토지를 임대목적으로 사용할 경우 공정가치모형을 적용하여 20×1년과 20×2년의 회계처리를 하시오.

| 풀이 |

구분	회계처리			
20×1. 1. 1	(차) 투자부동산	100,000	(대) 현금	100,000
20×1. 12. 31	(차) 투자부동산	20,000	(대) 투자부동산평가이익	20,000*1
20×2. 12. 31	(차) 투자부동산평가손실	6,000	(대) 토지	6,000*2

*1. ₩120,000－100,000＝₩20,000, 투자부동산평가이익은 당기손익으로 분류함.
*2. ₩114,000－120,000＝(－)₩6,000, 투자부동산평가손실은 당기손익으로 분류함.

---

65) 이것은 재평가모형을 적용하는 유형자산의 재평가와 다른 점이다. **유형자산**은 공정가치의 변동으로 **유형자산평가손익**이 발생하면 **기타포괄손익**으로 인식한다.

구분	투자부동산의 공정가치모형	유형자산의 재평가모형
공정가치의 변동	평가손익을 당기손익으로 인식함	재평가잉여금은 기타포괄손익으로 인식하고, 재평가손실은 당기손익으로 인식함

66)

구분	투자부동산의 공정가치모형	유형자산의 재평가모형
감가상각	감가상각하지 않음	재평가한 장부금액에 기초하여 감가상각함

공정가치모형을 적용하는 투자부동산에 대해 감가상각을 하지 않는 이유: 감가상각비를 인식한다 하더라도 보고기간 말에 그만큼 투자부동산평가이익(손실)을 더(덜) 인식할 것이므로 당기손익에 미치는 영향에 차이가 없기 때문에 감가상각을 하지 않는다.

67) **유형자산의 재평가모형과 투자부동산의 공정가치모형의 비교:** 위 예제를 **유형자산의 재평가모형으로 풀이**하면 다음과 같다.

2. 보증금

보증금은 전세권, 전신전화가입권, 임차보증금, 영업보증금(거래보증금, 입찰보증금 등)을 말한다.

표 12-33 | 보증금

구분	내용
전세권	타인의 부동산을 사용할 수 있는 권리
전신전화가입권	특정 전신 또는 전화를 소유할 수 있는 권리
임차보증금	타인의 재산을 임차한 권리를 위해 지급한 보증금
영업보증금	영업을 목적으로 제공한 거래보증금이나 입찰보증금 등

요구사항: (주)갑을이 취득한 토지를 공장건물을 짓기 위한 용도로 사용할 경우 재평가모형을 적용하여 20×1년과 20×2년의 회계처리를 제시하시오.

풀이:

구분	회계처리
20×1. 1. 1	(차) 토지 100,000 (대) 현금 100,000
20×1. 12. 31	(차) 토지 20,000 (대) 재평가잉여금 20,000*1
20×2. 12. 31	(차) 재평가잉여금 6,000 (대) 토지 6,000*2

*1. ₩120,000－100,000＝₩20,000, 재평가잉여금은 기기타포괄손익으로 분류함.

*2. ₩114,000－120,000＝(－)₩6,000, 토지의 공정가치 하락시 전년도에 인식한 재평가잉여금을 우선 감소시킴. 만약 토지의 공정가치 하락이 ₩20,000을 초과하면 초과액을 당기손익(재평가손실)으로 인식함.

신문에서 배우는 회계 · 세상

당신의 재테크 상식, 다 틀렸다

상식 1. 주식은 장기투자해야 돈 번다
틀렸다. 상장기업 10개 중 4개는 5년 장기투자에도 마이너스 수익률

상식 2. 채권은 장기 보유한다
틀렸다. 금리 급락 때마다 매물 쏟아지는 단타형 투자 급증

상식 3. 물가채, 물가 계속 오를 때만 투자매력 있다
틀렸다. 소비자물가상승률 두 달째 1%대로 떨어지는데 투자 몰려

상식 4. 회사채금리는 기준금리보다 높다
틀렸다. 롯데쇼핑 발행금리(2.98%)가 기준금리(3%)보다 낮아

상식 5. 저금리 계속되면 주식 등 위험자산에 돈 넣어라
틀렸다. 저금리 추세에도 증시엔 돈 안 들어와

"당신은 투자원칙을 잘 지키고 계십니까? 만약 그렇다면 수익률은 별로 안 좋겠군요."

어쩌면 조만간 재테크 전문가가 투자자들에게 이런 말을 하게 될지도 모른다. 세계 경기침체가 장기간 이어지면서 "투자의 ABC만 지키면 돈을 지킬 수 있다"던 믿음이 송두리째 흔들리고 있다. 돈의 흐름도 과거 상식과 달라졌다. 저금리시대엔 주식 등 위험자산에 몰리는 게 '정상'이다. 그런데 현실은 다르다. 은행 정기예금 금리보다도 낮은 채권에만 주로 돈이 몰린다. 그뿐이랴. 물가가 계속 떨어지는데도 물가연동국채(물가채)에 돈이 몰려든다. 11일 국내에서 처음 나온 만기 30년짜리 국고채 금리는 20년물보다 더 낮게 발행됐다. 과거 재테크 잣대로는 이해할 수 없는 일이 생긴 셈이다.

재테크 상식 붕괴의 시대다. 불황의 그림자가 워낙 짙은 탓이다. 너나없이 안전자산을 쫓고, 기대치를 낮추다 보니 질세싱품만 반짝 뜬다. 장기투자에 대한 믿음도 흔들린다. 상식 중의 상식으로 통하던 주식 장기투자를 자신 있게 말하는 전문가들이 줄었다. "우량주를 사서 묻어두면 시간이 돈을 벌게 해준다"는 말이 무색할 정도로 수익률이 저조하기 때문이다. 펀드평가사 제로인에 따르면 국내 주식형 펀드의 5년 평균 수익률은 7.65%다. 같은 기간 코스피지수 상승률(2.37%)에 비해선 괜찮은 편이다. 하지만 '수익은 낮아도 안전하다'는 이유로 투자하는 채권형 펀드의 5년 수익률(31.33%)에 비하면 크게 낮다.

주식 개별 종목 투자도 비슷하다. 삼성증권이 2005년부터 2010년까지 5년 동안 거래소에 상장된 616개 종목을 분석한 결과 5년간 이들 종목을 장기 보유했다면 열 종목 중 네 종목(237종목)은 마이너스 수익률을 기록한 것으로 나타났다. 같은 기간 코스피지수 상승률(48.69%)보다 덜 오른 종목도 384개로 전체의 62.3%였다. 김성봉 삼성증권 팀장은 "연평균 40건 정도 상장 폐지회사가 나올 정도로 주식투자는 위험이 늘 존재한다"며 "주가의 상승·하락은 계속 반복되지만 시장을 이끄는 주도주는 매번 뚜렷하게 바뀌는 만큼 이 흐름에 걸맞게 종목을 재조정하지 않으면 좋은 성과를 내기 어렵다"고 말했다.

요즘엔 심지어 채권투자도 단기화하는 추세다. 채권 전문가들은 "만기 때까지 보유하려는 투자자들이 갈수록 줄고 있다"며 "특히 수퍼리치들은 채권값이 오르면 프리미엄을 받고 팔아 돈을 벌겠다는 계산으로 투자하는 경우가 많다"고 말했다. '채권펀드=장기투자'가 정석으로 통했던 채권형 펀드 투자도 사정은 비슷하다. 수익이 나면 곧바로 차익을 실현하는 단기 투자형으로 바뀌고 있다. 한 외국계 운용사 관계자는 "채권형 펀드가 주식형보다 훨씬 높은 수익을 올리면서 빚어지는 현상"이라고 말했다.

채권 단타 매매는 한국은행의 금리 인하와 맞물려 가속도가 붙기도 했다. 지난 7월 12일 한국은행 금융통화위원회가 13개월 만에 기준금리를 0.25%포인트 내리자 채권값이 올랐고, 그 즉시 채권형 펀드 환매가 몰린 것이다. 당시 국고채 3년물 수익률은 전날보다 0.22%포인트 떨어진 2.97%로 급락했다. 그러자 2거래일 뒤인 7월 16일 국내 채권형 펀드에선 964억원이 빠져나갔다. 금융투자협회 관계자는 "경기 불확실성이 커지자 투자자들이 중·장기 투자상품인 채권형 펀드까지 단기 차익실현에 나선 결과"라고 분석했다.

세금에 민감해진 것도 두드러진 특징이다. 어차피 어떤 상품에 투자하든 수익을 기대하기 어렵다면 '절세가 우선'이란 투자자가 늘고 있다는 얘기다. 대표적인 게 물가채다. 물가채는 최근 수퍼리치 사이에 국고채 30년물만큼 인기를 모으고 있다. 지난달 물가채 입찰에는 개인투자자 배정 물량 800억원이 마감 3일 전에 매진됐다. 우리투자증권 관계자는 "지난해 판 물가채가 1,087억원어치였는데, 올 들어 8월까지만 벌써 2,700억원어치를 팔았다"고 말했다.

물가채는 물가가 계속 오른다고 전망할 때 적합한 투자다. 물가 상승분만큼 투자금도 늘어나는 구조라 더 높은 수익을 거둘 수 있기 때문이다. 그러나 최근 소비자물가는 하락세다. 지난달엔 전년 대비 1.2%까지 떨어졌다. 물가채는 만기일 물가가 발행일보다 낮으면 원칙적으로 원금 손실이 발생(2010년 이후 발행물은 원금 보장)할 수 있다. 상식적으로 요즘 상황에선 돈이 몰릴 이유가 없다. 그런데도 투자가 몰리는 이유는 세금 때문이다. 물가채는 물가 상승에 따른 투자금 증가에 대해 비과세 혜택을 준다.

물가 떨어지는데

단위: %, 전년동월비 소비자물가상승률

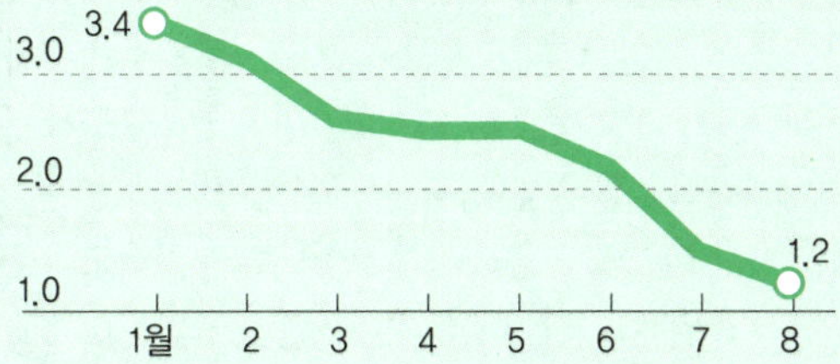

물가채는 인기

단위: 원, 우리투자증권 판매액

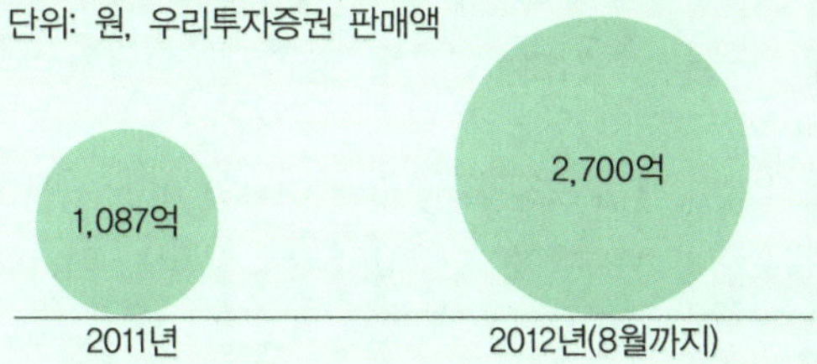

자료: 한국은행 · 우리투자증권

저금리 추세에도 증시는 돈 '썰물'

단위: 원, 월말 기준

자료: 금융투자협회(7월 기준)

주식 개별종목 투자도 비슷하다. 삼성증권이 2005년부터 2010년까지 5년 동안 거래소에 상장된 616개 종목을 분석한 결과 5년간 이들 종목을 장기 보유했다면 열 종목 중 네 종목(237종목)은 마이너스 수익률을 기록한 것으로 나타났다. 같은 기간 코스피지수상승률(48.69%)보다 덜 오른 종목도 384개로 전체의 62.3%였다. 김성봉 삼성증권 팀장은 "연평균 40건 정도 상장폐지회사가 나올 정도로 주식투자는 위험이 늘 존재한다"며 "주가의 상승·하락은 계속 반복되지만 시장을 이끄는 주도주는 매번 뚜렷하게 바뀌는 만큼 이 흐름에 걸맞게 종목을 재조정하지 않으면 좋은 성과를 내기 어렵다"고 말했다.

요즘엔 심지어 채권투자도 단기화하는 추세다. 채권 전문가들은 "만기 때까지 보유하려는 투자자들이 갈수록 줄고 있다"며 "특히 수퍼리치들은 채권값이 오르면 프리미엄을 받고 팔아 돈을 벌겠다는 계산으로 투자하는 경우가 많다"고 말했다. '채권펀드=장기투자'가 정석으로 통했던 채권형 펀드 투자도 사정은 비슷하다. 수익이 나면 곧바로 차익을 실현하는 단기 투자형으로 바뀌고 있다. 한 외국계 운용사 관계자는 "채권형 펀드가 주식형보다 훨씬 높은 수익을 올리면서 빚어지는 현상"이라고 말했다.

채권 단타 매매는 한국은행의 금리 인하와 맞물려 가속도가 붙기도 했다. 지난 7월 12일 한국은행 금융통화위원회가 13개월 만에 기준금리를 0.25%포인트 내리자 채권값이 올랐고, 그 즉시 채권형 펀드 환매가 몰린 것이다. 당시 국고채 3년물 수익률은 전날보다 0.22%포인트 떨어진 2.97%로 급락했다. 그러자 2거래일 뒤인 7월 16일 국내 채권형 펀드에선 964억원이 빠져나갔다. 금융투자협회 관계자는 "경기 불확실성이 커지자 투자자들이 중·장기 투자상품인 채권형 펀드까지 단기 차익실현에 나선 결과"라고 분석했다.

세금에 민감해진 것도 두드러진 특징이다. 어차피 어떤 상품에 투자하든 수익을 기대하기 어렵다면 '절세가 우선'이란 투자자가 늘고 있다는 얘기다. 대표적인 게 물가채다. 물가채는 최근 수퍼리치 사이에 국고채 30년물만큼 인기를 모으고 있다. 지난달 물가채 입찰에는 개인투자자 배정 물량 800억원이 마감 3일 전에 매진됐다. 우리투자증권 관계자는 "지난해 판 물가채가 1,087억원어치였는데, 올 들어 8월까지만 벌써 2,700억원어치를 팔았다"고 말했다.

물가채는 물가가 계속 오른다고 전망할 때 적합한 투자다. 물가 상승분만큼 투자금도 늘어나는 구조라 더 높은 수익을 거둘 수 있기 때문이다. 그러나 최근 소비자물가는 하락세다. 지난달엔 전년 대비 1.2%까지 떨어졌다. 물가채는 만기일 물가가 발행일보다 낮으면 원칙적으로 원금 손실이 발생(2010년 이후 발행물은 원금 보장)할 수 있다. 상식적으로 요즘 상황에선 돈이 몰릴 이유가 없다. 그런데도 투자가 몰리는 이유는 세금 때문이다. 물가채는 물가 상승에 따른 투자금 증가에 대해 비과세 혜택을 준다.

채권 투자가 인기를 끌면서 회사채 시장도 변화가 일고 있다. 지난달 롯데쇼핑은 기준금리보다도 낮은 연 2.98%에 회사채 발행에 성공했다. 투자금이 몰리면서 채권값이 크게 뛰는 바람에 회사 입장에선 낮은 금리로 자금을 조달할 수 있었던 셈이다. 14일 2,000억원어치의 회사채를 발행할 예정인 삼성 SDI 회사채 금리도 2.96~3.06% 수준으로 결정될 전망이다. 워낙 돈이 몰리다 보니 애초 계획보다 발행액을 늘리는 곳도 있다. LG전자는 당초 2,000억원을 발행하려 했지만 기관투자가의 청약이 늘자 3,000억원으로 늘렸다. 한 채권 펀드매니저는 "시중금리보다 두둑하게 얹어줘야 간신히 소화되던 회사채 시장은 옛말"이라며 "우량회사 채권이란 말만 나오면 금리 불문하고 투자금이 몰릴 정도"라고 말했다.

http://article.joins.com/news/article/article.asp?total_id=9301809

논술문제

1 금융상품의 의의와 분류에 대해 설명하시오.

2 지분상품의 회계처리에 대해 설명하시오.

3 현재가치의 계산에 대해 설명하시오.

4 채무상품의 회계처리에 대해 설명하시오.

5 주식과 사채의 회계처리를 비교하여 설명하시오.

6 관계기업투자주식과 지분법회계처리에 대해 설명하시오.

7 투자부동산의 회계처리에 대해 설명하시오.

객관식문제

▪ 기본문제

1 다음의 보기 중 금융상품으로만 묶인 것은? (관세직 9급 2013 수정)

ㄱ. 선급비용	ㄴ. 투자사채
ㄷ. 매출채권	ㄹ. 대여금
ㅁ. 이연법인세자산	

① ㄱ, ㄴ, ㄷ ② ㄱ, ㄹ, ㅁ ③ ㄴ, ㄷ, ㄹ ④ ㄷ, ㄹ, ㅁ

| 풀이 |

금융상품은 계약에 기초하여야 하고 그 결과 금융자산이나 금융부채 또는 지분상품(자본)을 인식하게 되어야 함. 선급비용은 현금 등을 수취할 계약상의 권리가 아니므로 금융자산이 아니고 따라서 금융상품이 아님. 이연법인세자산은 계약에 기초한 것이 아니므로 금융상품이 아님.

| 정답 | ③

2 다음은 (주)한국이 보유하고 있는 금융자산에 관한 자료이다. 20×1년 말 금융자산평가손익이 포괄손익에 미치는 영향은? 단, 모든 보유금융자산은 유의적인 영향력을 행사할 수 없다. (관세직 9급 2013 수정)

구분	20×0. 5, 1 취득원가	20×0. 12. 31 공정가치	20×1. 12. 31 공정가치
당기손익-공정가치측정 금융자산	₩1,200,000	₩1,100,000	₩1,400,000
기타포괄손익-공정가치측정 금융자산	₩1,000,000	₩1,500,000	₩1,700,000

① ₩200,000 ② ₩300,000
③ ₩500,000 ④ ₩900,000

| 풀이 |

공정가치로 측정하는 모든 금융자산의 평가손익은 공정가치의 변동분만큼 총포괄손익에 영향을 미치게 됨.

① 당기손익-공정가치측정 금융자산평가손익(당기손익): ₩300,000(이익)
② 기타포괄손익-공정가치측정 금융자산평가손익(기타포괄손익): ₩200,000(이익)

참고로, 20×1년 12월 31일 금융자산의 평가와 관련된 회계처리를 예시하면 다음과 같음.

① 당기손익-공정가치측정 금융자산

(차) 금융자산	300,000	(대) 금융자산평가이익 (당기이익)	300,000

② 기타포괄손익-공정가치측정 금융자산

(차) 금융자산	200,000	(대) 금융자산평가이익 (기타포괄이익)	200,000

| 정답 | ③

3 (주)한국은 20×3년 10월 초에 주식 10주를 주당 ₩2,000에 취득하고 수수료로 ₩1,000의 현금을 지급하였다. 20×3년 12월 31일 주식의 공정가치는 주당 ₩2,200이었다. 20×4년 1월 2일에 (주)한국은 동 주식을 주당 ₩2,150에 모두 처분하였다. (주)한국은 취득한 주식을 기타포괄손익-공정가치측정 금융자산으로 분류선택하였다. 다음 중 옳지 않은 것은? 단, 법인세는 무시한다. (국가직 9급 2015 수정)

① 당기손익-공정가치측정 금융자산으로 분류하는 경우에 주식처분손익은 달라진다.
② 당기손익-공정가치측정 금융자산으로 분류하여도 20×4년도 당기순이익에 미치는 영향은 동일하다.
③ 당기손익-공정가치측정 금융자산으로 분류하면 20×3년도의 당기순이익은 동 주식 취득으로 인해 ₩1,000 증가한다.
④ 20×4년 1월 2일 주식처분시에 금융자산처분손실은 ₩500이다.

| 풀이 |

당기손익-공정가치측정 금융자산으로 분류하여도 주식처분손익은 동일함. 기타포괄손익-공정가치측정 선택 금융자산의 경우, 기타포괄손익-공정가치측정 금융자산과 달리 처분시점에 누적된 기타포괄손익을 당기손익으로 재분류할 수 없음.

참고로, 기타포괄손익-공정가치측정 선택금융자산으로 분류한 경우 각 일자별 회계처리를 예시하면 다음과 같음.

20×3. 10:	(차) 금융자산	21,000	(대) 현금	21,000
20×3. 12:	(차) 금융자산	1,000	(대) 금융자산평가이익 (당기이익)	1,000
20×4. 1:	(차) 현금 금융자산처분손실 (당기손실)	21,500 500	금융자산	22,000

| 정답 | ①

■ 심화문제

1 (주)세무는 (주)한국이 발행한 다음의 사채를 20×6년 10월 1일에 취득하고 AC 금융자산으로 분류하였다.

액면금액	₩1,000,000	발행일	20×6년 7월 1일
표시이자율	연 8%	만기일	20×9년 6월 30일
발행일 유효이자율	연 10%	이자지급일	매년 6월 30일

사채의 취득금액에는 경과이자가 포함되어 있으며, 사채 취득시점의 유효이자율은 연 8%이다. 동 거래와 관련하여 (주)세무가 20×6년에 인식할 이자수익 금액과 20×6년 말 인식할 금융자산 장부금액의 합계액은? 단, 이자는 월할계산한다. (CTA 2016 수정)

기간	단일금액 ₩1의 현재가치		정상연금 ₩1의 현재가치	
	8%	10%	8%	10%
1	0.9259	0.9091	0.9259	0.9091
2	0.8573	0.8264	1.7833	1.7355
3	0.7938	0.7513	2.5771	2.4869

① ₩981,521 ② ₩977,765 ③ ₩990,765
④ ₩1,020,000 ⑤ ₩1,023,756

| 풀이 |

① 20×6년 7월 1일 현재가치(8%)
₩1,000,000×0.7938+80,000×2.5771=₩1,000,000

② 20×6년 12월 31일 상각후원가
₩1,000,000+80,000×6/12−80,000×6/12=₩1,000,000

③ 20×6년 말 이자수익
₩80,000×3/12=₩20,000

④ 20×6년 말 상각후원가와 이자수익의 합계금액
₩1,000,000+20,000=₩1,020,000

⑤ 일자별 회계처리

〈20×6. 10. 1〉

(차) AC 금융자산	1,000,000	(대) 현금	1,020,000
미수이자	20,000		

〈20×6. 12. 31〉

(차) 미수이자	20,000	(대) 이자수익	20,000

| 정답 | ④

2 **(주)대한에서 20x1년 1월 1일에 3년 후 만기가 도래하는 사채(액면가액 ₩1,000,000, 액면이자율 10%, 유효이자율 12%, 이자는 매년 말 후급)를 ₩951,980에 취득하였다. 이 사채의 공정가치는 20×1년 말 ₩970,000, 20×2년 말 ₩980,000이며, 20×3년 1월 1일에 이 사채를 ₩982,000에 처분하였다. 이 사채에 대한 회계처리로서 적절하지 않은 것은? 단, 아래에 제시된 모든 수치는 소수점 첫째 자리에서 반올림한 수치임.**
(CTA 2003 수정)

① 이 사채가 FVPL 금융자산으로 분류되었다면 20×1년의 이자수익은 ₩100,000 계상되었을 것이다.
② 이 사채가 AC 금융자산으로 분류되었다면 20×1년의 이자수익은 ₩114,238 계상되었을 것이다.
③ 이 사채가 FVPL 금융자산으로 분류되었다면 취득원가는 ₩951,980으로 계상되었을 것이다.
④ 이 사채가 FVOCI 금융자산으로 분류되었다면 20×3년의 FVOCI 금융자산 처분관련 손실은 ₩2,000 계상되었을 것이다.
⑤ 이 사채가 AC 금융자산으로 분류되었다면 20×3년의 AC 금융자산처분손실이 ₩164 계상되었을 것이다.

| 풀이 |

일자	유효이자(12%)	표시이자(10%)	상각액	장부금액
20×1. 1. 1				₩951,980
20×1. 12. 31	₩114,238	₩100,000	₩14,238	966,209
20×2. 12. 31	115,946	100,000	15,946	982,164

－이하 생략－

〈FVOCI 금융자산으로 분류시 처분손익〉

(차) FVOCI 금융자산	2,000	(대) 금융자산평가손실	2,000
(차) 현금	982,000	(대) FVOCI 금융자산	982,000
(차) 금융자산처분손실	164	(대) 금융자산평가손실	164*

* ₩982,164－980,000＝₩2,164, ₩2,164－2,000＝₩164

〈AC 금융자산으로 분류시 처분손익〉

(차) 현금	982,000	(대) AC 금융자산	982,164
금융자산처분손실	164		

| 정답 | ④

3 **(주)세무는 20×1년 1월 1일에 (주)한국이 발행한 채권을 ₩927,910에 취득하였다. 동 채권의 액면금액은 ₩1,000,000, 표시이자율은 연 10%(매년 말 지급)이며, 취득 당시 유효이자율은 연 12%이었다. 20×1년 말 동 채권의 이자수취 후 공정가치는 ₩990,000이며, (주)세무는 20×2년 3월 31일에 발생이자를 포함하여 ₩1,020,000에 동 채권을 처분하였다. (주)세무의 동 채권과 관련된 회계처리에 관한 설명으로 옳지 않은 것은? 단, 채권 취득과 직접 관련된 거래원가는 없다.** (CTA 2016 수정)

① FVPL 금융자산으로 분류한 경우나 FVOCI 금융자산으로 분류한 경우 20×1년 말 재무상태표상에 표시되는 금융자산은 ₩990,000으로 동일하다.
② FVPL 금융자산으로 분류한 경우 20×1년 당기순이익은 ₩162,090 증가한다.
③ FVPL 금융자산으로 분류한 경우나 FVOCI 금융자산으로 분류한 경우 20×1년 총포괄손익금액에 미치는 영향은 동일하다.
④ FVPL 금융자산으로 분류한 경우 20×2년 당기순이익은 ₩30,000 증가한다.
⑤ FVOCI 금융자산으로 분류한 경우 20×2년 당기순이익은 ₩75,741 증가한다.

| 풀이 |

1. FVPL 금융자산으로 분류한 경우

〈20×1. 1. 1〉

(차) FVPL 금융자산	927,910	(대) 현금	927,910

〈20×1. 12. 31〉

(차) 현금	100,000	(대) 이자수익	100,000
(차) FVPL 금융자산	62,090	(대) 평가이익(당기손익)	62,090

* ₩990,000－927,910＝₩62,090

〈20×2. 3. 31〉

(차) 미수이자	25,000	(대) 이자수익	25,000

* ₩1,000,000×10%×3/12＝₩25,000

(차) 현금	1,020,000	(대) 이자수익	25,000
		FVPL 금융자산	990,000
		금융자산처분이익	5,000

2. FVOCI 금융자산으로 분류한 경우

〈20×1. 1. 1〉

(차) FVOCI 금융자산	927,910	(대) 현금	927,910

〈20×1. 12. 31〉

(차) 현금	100,000	(대) 이자수익	111,349
FVOCI 금융자산	11,349		
(차) FVOCI 금융자산	50,741	(대) 평가이익(기타포괄손익)	50,741

* ₩990,000－939,259＝₩50,741

〈20×2. 3. 31〉

(차) 미수이자	25,000	(대) 이자수익	28,178
FVOCI 금융자산	3,178		

* ₩939,259×12%×3/12=₩28,178

(차) FVOCI 금융자산	1,822	(대) 평가이익(기타포괄손익)	1,822
(차) 현금	1,020,000	(대) 미수이자	25,000
		FVOCI 금융자산	995,000
(차) 평가이익(기타포괄손익)	52,563	(대) 금융자산처분이익	52,563

| 정답 | ⑤

4 **(주)갑은 20×1년 7월 1일 주식 A 10주를 수수료 ₩100을 포함한 ₩1,100에 취득하여 FVPL 금융자산으로 분류하였다. 또한 (주)갑은 20×1년 10월 1일에 주식 B 10주를 수수료 ₩200을 포함한 ₩2,200에 취득하여 FVOCI 선택 금융자산으로 분류하였다. 각 주식의 1주당 공정가치는 다음과 같다.**

	20×1년 말	20×2년 말	20×3년 말
주식 A	₩120	–	–
주식 B	230	₩200	₩250

(주)갑은 20×2년 2월 5일 A주식을 주당 ₩130에 전부 처분하였으며, 20×4년 1월 5일에 B주식을 주당 ₩240에 전부 처분하였다. A주식과 관련하여 인식할 20×1년도의 당기손익 및 20×2년 2월 5일의 처분관련이익과, B주식과 관련하여 인식할 20×1년도의 기타포괄손익 및 20×4년 1월 5일의 처분관련손실은 얼마인가? 단, 손상차손은 없다. (CTA 2012 수정)

| 풀이 |

1. A주식 관련 일자별 회계처리

〈20×1. 7. 1〉

(차) FVPL 금융자산	1,000	(대) 현금	1,100
수수료비용	100		

〈20×1. 12. 31〉

(차) FVPL 금융자산	200	(대) 평가이익(당기손익)	200

* ₩120×10주−1,000=₩200

〈20×2. 2. 5〉

(차) 현금	1,300	(대) FVPL 금융자산	1,200
		금융자산처분이익	100

① A주식 관련 20×1년 당기손익: ₩200(평가이익)−100(수수료비용)=₩100

② 20×2년 2월 5일 처분이익: ₩100

2. B주식 관련 일자별 회계처리

〈20×1. 10. 1〉

(차) FVOCI 선택금융자산	2,200	(대) 현금	2,200

〈20×1. 12. 31〉

(차) FVOCI 선택금융자산	100	(대) 평가이익(기타포괄이익)	100

* ₩230×10주−2,200=₩100

〈20×4. 1. 5〉

(차) 평가이익(기타포괄이익)	100	(대) FVOCI 선택금융자산	100
(차) 현금	2,400	(대) FVOCI 선택금융자산	2,400

① B주식 관련 20×1년 기타포괄손익: ₩100(FVOCI 금융자산평가이익)

② 20×4년 1월 5일 처분손익: ₩0

| 정답 | ②

5 **(주)민진은 20×1년 7월 1일 (주)필승이 발행한 액면금액이 ₩1,000,000이고, 표시이자율이 연 8%(매년 6월 30일에 지급)인 사채를 ₩940,000에 취득하였다. 그러나 활성시장의 공시가격에 의해 입증된 동 채권 취득일의 공정가치는 ₩950,000이다. 20×1년 7월 1일의 유효이자율은 연 10%이다. 20×1년 12월 31일 동 채권의 공정가치는 ₩930,000(기간 경과이자 불포함)이며, (주)민진은 20×2년 4월 1일에 ₩980,000(기간 경과이자 포함)을 받고 동 채권을 모두 처분하였다. (주)민진이 동 채권을 FVOCI 금융자산으로 분류한 경우, 해당 채권과 관련하여 (주)민진의 20×2년도 포괄손익계산서상 당기순이익과 기타포괄이익에 미치는 영향은 각각 얼마인가? 단, 법인세효과는 고려하지 않는다.** (CTA 2013 수정)

	당기순이익	기타포괄이익
①	₩41,250 감소	영향 없음
②	17,500 감소	₩27,500 증가
③	17,500 감소	17,000 증가
④	7,000 감소	17,000 증가
⑤	7,000 감소	영향 없음

| 풀이 |

1. 일자별 회계처리

〈20×1. 7. 1〉

(차) FVOCI 금융자산	950,000	(대) 현금	940,000
		수익	10,000

〈20×1. 12. 31〉

(차) 미수이자	40,000	(대) 이자수익	47,500
FVOCI 금융자산	7,500		

* ₩930,000×10%×6/12=₩47,500(유효이자)

(차) 평가손실(기타포괄손익)	27,500	(대) FVOCI 금융자산	27,500

* ₩930,000−957,500=₩(27,500)

〈20×2. 4. 1〉

(차) 미수이자	20,000	(대) 이자수익	23,750
FVOCI 금융자산	3,750		

* ₩950,000×10%×3/12=₩23,750(유효이자)

(차) 평가손실(기타포괄손익)	13,750	(대) FVOCI 금융자산	13,750

* (₩980,000−60,000)−(930,000+3,750)=₩(13,750)

(차) 현금	980,000	(대) 미수이자	60,000
		FVOCI 금융자산	920,000
(차) 금융자산처분손실	41,250	(대) 평가손실(기타포괄손익)	41,250

2. 20×2년 당기순이익과 기타포괄이익에 미치는 영향

① 당기순이익

₩23,750(이자수익)−41,250(처분손실)=₩(17,500) 감소

② 기타포괄이익

₩41,250−13,750=₩27,500 기타포괄이익은 증가(당기변동분)

| 정답 | ②

6 **대한은 20×1년 1월 1일에 (주)민국의 발행주식 총수의 40%에 해당하는 100주를 충 ₩5,000에 취득하여, 유의적인 영향력을 행사하게 되어 지분법을 적용하기로 하였다. 취득일 현재 (주)민국의 장부상 순자산가액은 ₩10,000이었고, (주)민국의 장부상 순자산가액과 공정가치가 일치하지 않는 이유는 재고자산과 건물의 공정가치가 장부금액보다 각각 ₩2,000과 ₩400이 많았기 때문이다. 그런데 재고자산은 모두 20×1년 중에 외부에 판매되었으며, 20×1년 1월 1일 기준 건물의 잔존내용연수는 4년이고 잔존가치는 ₩0이며, 정액법으로 상각한다. (주)민국은 20×1년도 당기순이익 ₩30,000과 기타포괄이익 ₩10,000을 보고하였으며, 주식 50주(주당 액면 ₩50)를 교부하는 주식배당과 ₩5,000의 현금배당을 결의하고 즉시 지급하였다. (주)대한이 20×1년도 재무제표에 보고해야 할 관계기업투자주식과 지분법손익은?**

① 관계기업투자주식 ₩17,160 지분법이익 ₩11,160
② 관계기업투자주식 ₩17,160 지분법이익 ₩15,160
③ 관계기업투자주식 ₩18,160 지분법이익 ₩11,160
④ 관계기업투자주식 ₩18,160 지분법이익 ₩15,160

⑤ 관계기업투자주식 ₩20.160 지분법이익 ₩15,160

| 풀이 |

1. 지분법은 관계기업의 순자산이 변동하는 경우에만 적용하므로 주식배당은 고려하지 않음.
2. 지분법이익
   ① 주식취득일의 차이: 5,000−10,000×40%=₩1,000
   ② 주식취득일의 차이의 안분과 상각

구분	과소평가액	40%		20×1년
재고자산	₩2,000	₩800		₩800
건물	400	160	160÷4=	40
영업권		40		−
		₩1,000		₩840

   ③ 지분법이익: 30,000×40%−840=₩11,160
3. 관계기업투자주식의 장부금액

취득금액		₩ 5,000
취득일 이후 증가한 순자산 지분액	(30,000+10,000−5,000)×40%=	14,000
상각누계액		(840)
		₩18,160

4. 회계처리
   ① 20×1년 1월 1일

(차) 관계기업투자주식	5,000	(대) 현금	5,000

   ② 20×1년 12월 31일

(차) 관계기업투자주식	15,160	(대) 지분법이익	11,160
		관계기업기타포괄이익	4,000[*1]
(차) 현금	2,000[*2]	(대) 관계기업투자주식	2,000

*1. 10,000×40%=₩4,000
*2. 5,000×40%=₩2,000

| 정답 | ③

7 **(주)국세는 20×2년 1월 1일 임대수익을 얻을 목적으로 건물 A를 ₩150,000,000에 취득하였다. 건물 A의 내용연수는 10년이고, 잔존가치는 없는 것으로 추정하였다. 20×2년 12월 31일 건물 A의 공정가치는 ₩140,000,000이다. (주)국세가 건물 A에 대해 공정가치모형을 적용하는 경우 20×2년도에 평가손익으로 인식할 금액은 얼마인가? 단, (주)국세는 통상적으로 건물을 정액법으로 감가상각한다.** (CTA 2012)

① ₩0
② ₩5,000,000 평가이익
③ ₩5,000,000 평가손실
④ ₩10,000,000 평가이익
⑤ ₩10,000,000 평가손실

| 풀이 |

1. 공정가치모형을 적용하는 투자부동산은 감가상각하지 않음.
2. 투자부동산평가손익

공정가치	₩140,000,000
장부금액	(150,000,000)
투자부동산평가이익(손실)	₩(10,000,000)

3. 회계처리

① 20×1년 1월 1일

(차) 투자부동산	150,000,000	(대) 현금	150,000,000

② 20×1년 12월 31일

(차) 투자부동산평가손실	10,000,000	(대) 투자부동산	10,000,000*

*140,000,000 − 150,000,000 = (−)10,000,000

| 정답 | ⑤

사례문제

1 지분상품의 취득, 평가와 처분

(주)한라는 기말인 20×6년 12월 31일 현재 FVPL 금융자산을 다음과 같이 보유하고 있다.

FVPL 금융자산(주식)	취득일	취득원가	수량	기말공정가치
(주)백두	20×6. 2. 1	₩15,000,000	2,500	₩17,500,000
(주)소백	20×6. 4. 1	21,000,000	3,000	22,500,000
(주)치악	20×6. 6. 10	17,000,000	2,000	20,000,000
(주)태백	20×6. 12. 15	20,000,000	2,000	24,000,000

1. 각 주식의 취득에 대한 회계처리를 하시오.
2. 20×6년 12월 31일 보유주식과 관련한 회계를 처리하시오.
3. 보유주식으로 인해 2016년 당기순손익이 받는 영향을 설명하시오.
4. 20×7년 4월 5일에 (주)소백의 주식 1,700주를 주당 ₩8,000에 처분하는 경우 회계처리를 하시오.
5. 20×7년 5월 30일에 (주)치악의 주식 1,500주를 주당 ₩7,500에 처분하는 경우 회계처리를 하시오.

| 풀이 |

1.

일자	회계처리			
20×6. 2. 1	(차) FVPL 금융자산	15,000,000	(대) 현금	15,000,000
20×6. 4. 1	(차) FVPL 금융자산	21,000,000	(대) 현금	21,000,000
20×6. 6. 10	(차) FVPL 금융자산	17,000,000	(대) 현금	17,000,000
20×6. 12. 15	(차) FVPL 금융자산	20,000,000	(대) 현금	20,000,000

2. 4개 주식 포트폴리오의 취득원가: ₩73,000,000
기말공정가치: ₩84,000,000

일자	회계처리	
20×6. 12. 31	(차) FVPL 금융자산 11,000,000	(대) FVPL 금융자산평가이익 11,000,000

(주)백두	FVPL 금융자산평가이익	2,500,000
(주)소백	FVPL 금융자산평가이익	1,500,000
(주)치악	FVPL 금융자산평가이익	3,000.000
(주)태백	FVPL 금융자산평가이익	4,000,000

3. 미실현 손익이긴 하지만 가까운 장래에 실현될 가능성이 높기 때문에, 결산일 현재의 시장가격과 장부상 취득원가와의 차이만큼 손익계산서상 영업외수익(또는 영업외비용)으로 처리하여 당기손익으로 인식한다.

4.

일자	회계처리			
2017. 4. 5	(차) 현금	13,600,000	(대) FVPL 금융자산	12,750,000
			FVPL 금융자산 처분이익	850,000

5.

일자	회계처리			
2017. 5. 30	(차) 현금	11,250,000	(대) FVPL 금융자산	15,000,000
	FVPL 금융자산 처분손실	3,750,000		

2 지분상품의 취득, 평가와 처분

다음은 (주)대전의 지분상품과 관련된 거래내용이다. 거래내용에 대해 회계처리하시오.

1. 20×1년 6월 1일 (주)서울의 주식 100주를 단기매매차익을 목적으로 주당 ₩10,000(액면가 ₩5,000)에 구입하고 대금은 수수료 ₩50,000과 함께 수표를 발행하여 지급하였다.
2. 20×1년 10월 1일 상기 주식 중 50주를 주당 ₩20,000에 처분하고 수수료 ₩50,000을 차감한 잔액은 현금으로 받았다.
3. 20×1년 12월 31일 결산일 현재 보유주식 50주의 시가는 주당 ₩15,000이다.
4. 20×2년 3월 10일 주식 50주를 주당 ₩21,000에 처분하고 처분수수료 ₩50,000을 차감한 잔액은 현금으로 받았다.

| 풀이 |

일자	회계처리			
20×1. 6. 1[*1]	(차) FVPL 금융자산	1,000,000	(대) 당좌예금	1,050,000
	수수료비용	50,000		
20×1. 10. 1	(차) 현금	950,000[*2]	(대) FVPL 금융자산	500,000
			금융자산처분이익	450,000
20×1. 12. 31	(차) FVPL 금융자산	250,000[*3]	(대) 금융자산평가이익	250,000
20×2. 3. 10[*4]	(차)현금	1,000,000	(대) FVPL 금융자산	750,000
			금융자산처분이익	250,000

*1. 당기손익-공정가치측정 금융자산 관련 취득부대비용은 당기비용으로 처리함.

*2. ₩20,000×50주－₩50,000＝₩950,000

*3. 주식의 취득시 원가는 주당 ₩10,000이었으나 결산일 현재의 시가가 주당 ₩15,000으로 상승하였으므로 당기손익-공정가치측정 금융자산평가이익이 발생하였음.
당기손익-공정가치측정 금융자산평가이익
＝(₩15,000－₩10,000)×50주＝₩250,000

*4. 당기손익-공정가치측정 금융자산의 전기이전 인식한 평가손익은 이미 해당 연도에 손익으로 처리하였기 때문에 처분할 때 별도의 회계처리가 필요 없음.

3 지분상품의 회계처리

다음은 (주)갑을이 보유하는 지분증권과 관련된 거래내역이다.

① 회사는 단기매매 목적으로 20×2년 3월 18일 다음과 같은 지분상품을 취득하였다.

종류	수량	주당 액면금액	주당 취득원가
(주)A주식	10	₩10,000	₩25,000
(주)B주식	15	20,000	30,000
(주)C주식	20	10,000	15,000

② 3월 31일 (주)A주식에 대한 배당금을 주당 ₩1,000씩 수령하였다.

③ 5월 7일 (주)A주식 5주를 주당 ₩22,500에, (주)B주식 10주를 주당 ₩25,000에 처분하였다.

④ 12월 31일(결산일) 현재 지분상품의 공정가치는 다음과 같다.

종류	주당 공정가치
(주)A주식	₩20,000
(주)B주식	17,500
(주)C주식	16,000

| 요구사항 |

일자별로 (주)갑을이 해야 할 분개를 하시오.

| 풀이 |

〈20×2. 3. 18〉

(차)	FVPL 금융자산	1,000,000[*1]	(대)	현금	1,000,000

*1. (주)A주식 10×25,000 = ₩250,000
(주)B주식 15×30,000 = 450,000
(주)C주식 20×15,000 = 300,000
합계 ₩1,000,000

〈20×2. 3. 31〉

(차)	현금	10,000	(대)	배당금수익	10,000

〈20×2. 5. 7〉

(차)	현금	362,500	(대)	FVPL 금융자산	425,000
	금융자산처분손실	62,500			

〈20×2. 12. 31〉

(차)	금융자산평가손실(당기손익)	67,500[*2]	(대)	FVPL 금융자산	67,500

*2

구분	수량	취득원가	공정가치	평가이익(손실)
(주)A주식	5	₩25,000	₩20,000	₩(25,000)
(주)B주식	5	30,000	17,500	(62,500)
(주)C주식	20	15,000	16,000	20,000
계				(₩67,500)

4 FVOCI 금융자산(사채)

(주)명동은 2×16년 11월 1일에 공정가치가 ₩200,000인 투자채권을 매수하고 FVOCI 금융자산으로 분류하였다. 이 투자채권은 만기가 10년이고, 이자지급일은 매년 12월 31일, 액면이자율은 6%이며 유효이자율도 6%이다. 2×16년 말에 이 투자채권의 신용등급은 AA이고, (주)명동은 2개월 이자 ₩2,000을 지급받았다.

| 요구사항 |

1. 투자채권을 취득한 시점에서 필요한 회계처리를 하시오.
2. 2×16년 말에 시장이자율의 변동에 따라 투자채권의 공정가치가 ₩190,000으로 하락하였다. (주)명동은 최초인식 후에 투자채권의 신용위험이 유의적으로 증가하지 않았다고 판단하고 12개월 기대신용손실을 측정한 결과 ₩6,000으로 측정되었다. 이 투자채권의 기말평가에 대하여 (주)명동이 행하여야 할 분개를 하라.
3. 2×17년 초에 (주)명동이 투자채권을 공정가치인 ₩190,000에 매도하고 그 대금을 받았다. 이 매각처분에 관한 회계처리를 하시오.

| 풀이 |

1.	(차)	FVOCI 투자채권	200,000	(대)	현금	200,000
2.	(차)	금융자산손상차손	6,000	(대)	FVOCI 투자채권	10,000
		투자채권평가손실 (기타포괄손익)	4,000			

공정가치의 총변동은 ₩10,000(=200,000−190,000)이며, 여기에는 기대신용손실로 인한 공정가치 하락과 그 밖의 공정가치 변동이 포함되어 있으므로 그 밖의 공정가치 변동은 공정가치의 총변동 ₩10,000에서 기대신용손실 ₩6,000을 차감하여 계산하고 이 평가손실 ₩4,000은 포괄손익계산서에서 기타포괄손익으로 표시함.

3.	(차)	현금	190,000	(대)	FVOCI 투자채권	190,000
		투자자산처분손실	4,000		투자채권평가손익누계액	4,000

FVOCI 투자채권을 처분함에 따라 전년 말에 기타포괄손익누계액(투자채권평가손익누계액)에 누적시킨 평가손실 ₩4,000이 실현되었음. 이 평가손실을 당기손익으로 재분류하기 위해 투자채권평가손익누계액 ₩4,000을 투자자산처분손실로 재분류함.

5 채무상품의 할인구입과 할증구입

(주)한강은 20×1년 1월 1일에 액면이자율 10%이고 액면금액이 ₩100,000인 채무상품을 구입하였다, 동 채무상품의 만기일은 20×3년 12월 31일이고 구입일의 시장이자율은 12%이었다. 동 채무상품의 이자수령조건은 매년 말 후급이다. 동 채무상품과 관련하여 아래 요구사항에 답하시오. 단, (주)한강은 채무상품을 AC 금융자산으로 분류한다.

| 요구사항 |

1. 다음 물음에 답하시오.
   ① 20×1년 1월 1일 채무상품의 구입금액을 구하고 필요한 분개를 하시오.
   ② 20×1년 1월 1일자로 채무상품이자수익 인식에 필요한 유효이자율표를 작성하시오.
   ③ 20×1년 12월 31일, 20×2년 12월 31일, 20×3년 12월 31일에 필요한 분개를 각각 제시하시오.
2. 액면이자율이 12%이고 시장이자율이 10%인 경우 다음 물음에 답하시오.
   ① 20×1년 1월 1일 채무상품의 구입금액을 구하고 필요한 분개를 하시오.
   ② 20×1년 1월 1일자로 채무상품이자수익 인식에 필요한 조정표를 작성하시오.
   ③ 20×1년 12월 31일, 20×2년 12월 31일, 20×3년 12월 31일에 필요한 분개를 각각 제시하시오.

| 풀이 |

1. 할인구입의 경우

① • 20×1년 1월 1일 채무상품의 구입금액

이자의 현재가치	$=₩10,000^{*}/(1+0.12)+₩10,000/(1+0.12)^2 + ₩10,000/(1+0.12)^3$	=₩24,018
액면금액의 현재가치	$=₩100,000/(1+0.12)^3$	=71,178
구입금액	=	₩95,196

* 액면금액 ₩100,000×액면이자율 10%=₩10,000

• 20×1년 1월 1일 채무상품 구입시의 분개

(차)	AC 금융자산	95,196	(대)	현금	95,196

② 유효이자율표

연도	기초장부금액	유효이자[*1]	액면이자[*2] (현금지급액)	상각액	채무상품 조정액	기말장부금액
구입시	–	–	–	–	₩4,804	₩95,196
20×1년	₩95,196	₩11,424	₩10,000	1,424	3,380	96,620
20×2년	96,620	11,594	10,000	1,594	1,786	98,214
20×3년	98,214	11,786	10,000	1,786	0	100,000
계		₩34,804	₩30,000	₩4,804		

*1. 유효이자=기초장부금액×유효이자율(12%)
*2. 액면이자=액면금액 ₩100,000×액면이자율(10%)=₩10,000

③ 각 연도 말 분개

• 20×1년 12월 31일 이자수익 인식

(차)	현금	10,000	(대)	이자수익	11,424
	AC 금융자산	1,424			

• 20×2년 12월 31일 이자수익 인식

(차)	현금	10,000	(대)	이자수익	11,594
	AC 금융자산	1,594			

• 20×3년 12월 31일 이자수익 인식 및 상환

(차)	현금	10,000	(대)	이자수익	11,786
	AC 금융자산	1,786			
(차)	현금	10,000	(대)	AC 금융자산	100,000

2. 할증구입의 경우

① • 20×1년 1월 1일 채무상품의 구입금액

이자의 현재가치 $= ₩12,000^{*}/(1+0.1)+₩12,000/(1+0.1)^2 + ₩12,000/(1+0.1)^3$ = ₩29,842

액면금액의 현재가치 $= ₩100,000/(1+0.1)^3$ = 75,131

구입금액 = ₩104,973

* 액면금액 ₩100,000×액면이자율 12%=₩12,000

• 20×1년 1월 1일 채무상품 구입시의 분개

(차)	AC 금융자산	104,973	(대)	현금	104,943

② 채무상품 조정표

연도	기초장부금액	유효이자[*1]	액면이자[*2] (현금지급액)	상각액	채무상품 조정액	기말장부금액
구입시	–	–	–	–	₩4,973	₩104,973
20×1년	₩104,973	₩10,497	₩12,000	₩1,503	3,470	103,470
20×2년	103,470	10,347	12,000	1,653	1,817	101,470
20×3년	101,817	10,183[*3]	12,000	1,817	0	100,000
계		₩31,027	₩36,000	₩4,973		

*1. 유효이자=기초장부금액×유효이자율(10%)
*2. 액면이자=액면금액 ₩100,000×액면이자율(12%)=₩12,000
*3. 단수조정

③ 각 연도말 분개

• 20×1년 12월 31일 이자수익 인식

(차)	현금	12,000	(대)	이자수익	10,497
			(대)	AC 금융자산	1,503

• 20×2년 12월 31일 이자수익 인식

(차)	현금	12,000	(대)	이자수익	10,347
				AC 금융자산	1,653

• 20×3년 12월 31일 이자수익 인식

(차)	현금	12,000	(대)	이자수익	10,183
				AC 금융자산	1,817
(차)	현금	100,000	(대)	AC 금융자산	100,000

6 투자자산

다음은 (주)칠곡이 보유하고 있는 유가증권에 관한 거래내역이다. 다음에 제시한 각각의 경우에 해당하는 분개를 하시오(각 문제의 상황은 서로 독립적이라고 가정함)

20×5년 3월 5일 (주)덕유가 발행한 보통주 10주를 주당 현금 ₩500에 취득하다.
20×5년 12월 31일 (주)덕유 주식의 기말공정가치는 ₩450이고, 당기순이익 ₩100,000을 보고하다.
20×6년 4월 5일 (주)덕유는 총 ₩40,000의 현금배당을 주주들에게 지급하다.
20×6년 12년 31일 (주)덕유 주식의 기말공정가치는 ₩600이고, 당기순손실 ₩20,000을 보고하다.
20×7년 2월 3일 (주)칠곡은 (주)덕유 주식을 주당 ₩650에 처분하다.

| 요구사항 |

1. (주)칠곡이 단기매매를 목적으로 시장성 있는 (주)덕유의 보통주 10주(전체 의결권주식의 10%)를 취득했을 경우
2. (주)칠곡이 장기투자수익을 목적으로 시장성 있는 (주)덕유의 보통주 10주(전체 의결권주식의 10%)를 취득하고, 이때 동 주식의 후속적인 공정가치 변동을 기타포괄손익으로 표시하도록 선택한 경우
3. (주)칠곡이 (주)덕유가 발행한 전체 의결권주식의 30%에 해당하는 보통주 10주를 취득했을 경우

| 풀이 |

1. FVPL 금융자산

일자	회계처리			
20×5. 3. 5	(차) FVPL 금융자산	5,000	(대) 현금	5,000
20×5. 12. 31	(차) FVPL 금융자산평가손실	500	(대) FVPL 금융자산	500
20×6. 4. 5	(차) 현금	4,000	(대) 배당금수익	4,000
20×6. 12. 31	(차) FVPL 금융자산	1,500	(대) FVPL 금융자산평가이익	1,500
20×7. 2. 3	(차) 현금	6,500	(대) FVPL 금융자산	6,000
			FVPL 금융자산처분이익	500

2. FVOCI 금융자산

일자	회계처리			
20×5. 3. 5	(차) FVOCI 금융자산	5,000	(대) 현금	5,000
20×5. 12. 31	(차) FVOCI 금융자산평가손실	500	(대) FVOCI 금융자산	500
20×6. 4. 5	(차) 현금	4,000	(대) 배당금수익	4,000
20×6. 12. 31	(차) FVOCI 금융자산	1,500	(대) FVOCI 금융자산평가손실 (대) FVOCI 금융자산평가이익	500 1,000
20×7. 2. 3	(차) 현금 FVOCI 금융자산평가이익	6,500 1,000	(대) FVOCI 금융자산 FVOCI 금융자산	6,000 1,500

3. 관계기업투자

일자	회계처리			
20×5. 3. 5	(차) 관계기업투자	5,000	(대) 현금	5,000
20×5. 12. 31	(차) 관계기업투자	30,000	(대) 지분법이익	30,000
20×6. 4. 5	(차) 현금	12,000	(대) 관계기업투자	12,000
20×6. 12. 31	(차) 지분법손실	6,000	(대) 관계기업투자	6,000
20×7. 2. 3	(차) 현금 관계기업투자처분손실	6,500 10,500	(대) 관계기업투자	17,000

7 관계기업투자

(주)경주는 20×6년 초에 (주)울산의 보통주 25%를 30억원에 매수하고 수표를 발행하여 매수대금을 지급하였다. 다음은 주식 취득 이후의 관련 자료이다.

① (주)울산의 20×6년 당기순손실은 20억원이다.

② 20×7년 초에 (주)울산의 주주총회에서는 현금배당을 하지 않기로 결의하였다.

③ 20×7년 초에 (주)경주는 보유한 (주)울산 주식의 3/5을 매각하고 12억원의 현금을 받았다.

| 요구사항 |

1. 주식 취득시점에서 (주)경주의 회계처리를 하시오.
2. (주)울산의 20×6년 당기순손실 보고에 관한 (주)경주의 회계처리를 하시오.
3. (주)울산의 위 당기순손실 보고 직후에 (주)경주의 관계기업투자주식은 얼마로 변화하는가?
4. (주)울산의 주주총회 결의에 대해 (주)경주의 회계처리를 하시오.
5. 20×7년 초에 (주)울산 주식의 매각처분에 관한 회계처리를 하시오.

| 풀이 |

1. 주식 취득의 분개

(차)	관계기업투자주식	30억	(대)	당좌예금	30억

2. 지분법손실의 분개

(차)	지분법손실	5억[*1]	(대)	관계기업투자주식	5억

*1. (주)울산의 당기순손실 20억원×25%(지분율)=5억원

3. 30억원－5억원=25억원
4. 회계처리 없음
5.

(차)	현금	12억	(대)	관계기업투자주식	15억
	투자자산처분손실	3억[*2]			

*2. 처분대가=12억원
처분한 주식의 장부가액=처분 당시 장부가액 합계 25억원×(3/5)=15억원
처분손실=12억원－15억원=－3억원

8 투자부동산의 회계처리

(주)동국(보고기간 말 12월 31일)은 20×1년 1월 1일에 회사에 인접한 토지를 ₩300,000에 취득하였다. 토지의 20×1년 12월 31일과 20×2년 12월 31일 현재 공정가치는 각각 ₩320,000과 ₩290,000이다.

| 요구사항 |

1. (주)동국이 20×1년 1월 1일에 취득한 토지는 시세차익을 얻기 위해서 취득한 것이며, 공정가치모형을 적용한다. 20×1년부터 20×2년 말까지 (주)동국이 해야 할 회계처리를 하라.
2. (주)동국이 20×1년 1월 1일에 취득한 토지는 공장신축을 위한 부지로 사용하기 위해서 취득한 것이며, 재평가모형을 매년 적용한다고 가정하자. 20×1년부터 20×2년 말까지 (주)동국이 해야 할 회계처리를 하시오.

| 풀이 |

1. 〈20×1. 1. 1〉

(차)	투자부동산－토지	300,000	(대)	현금	300,000

〈20×1. 12. 31〉

(차)	투자부동산－토지	20,000	(대)	투자부동산평가이익	20,000

〈20×2. 12. 31〉

(차)	투자부동산평가손실	30,000	(대)	투자부동산－토지	30,000

2. 〈20×1. 1. 1〉

(차)	토지	300,000	(대)	현금	300,000

〈20×1. 12. 31〉

(차)	토지	20,000	(대)	재평가잉여금	20,000

〈20×2. 12. 31〉

(차)	재평가잉여금	20,000	(대)	토지	30,000
	재평가손실[*1]	10,000			

*1. 재평가손실은 당기손익으로 분류함.

9 투자부동산의 원가모형과 공정가치모형의 비교

(주)동국은 임대목적으로 사용하기 위해서 20×1년 1월 1일에 건물을 취득하여 투자부동산으로 분류하였다. 건물의 취득원가는 ₩100,000이며 내용연수는 20년, 잔존가치는 없다고 추정하였다. (주)동국은 유형자산으로 분류한 건물을 정액법으로 상각한다.

| 요구사항 |

1. (주)동국이 투자부동산 건물에 대해서 원가모형을 적용하였을 경우 20×1년과 20×2년의 회계처리를 제시하시오.
2. (주)동국이 투자부동산 건물에 대해서 공정가치모형을 적용하였을 경우 20×1년과 20×2년의 회계처리를 제시하시오. 단, 건물의 20×1년 말과 20×2년 말의 공정가치는 각각 ₩102,000과 ₩93,000이다.

| 풀이 |

1. 〈20×1. 1. 1〉

(차)	투자부동산	100,000	(대)	현금	100,000

〈20×1. 12. 31〉

(차)	감가상각비	5,000[*1]	(대)	감가상각누계액	5,000

*1. ₩100,000÷20년=₩5,000

〈20×2. 12. 31〉

(차)	감가상각비	5,000	(대)	감가상각누계액	5,000

2. 〈20×1. 1. 1〉

(차)	투자부동산	100,000	(대)	현금	100,000

〈20×1. 12. 31〉

(차)	투자부동산	2,000	(대)	투자부동산평가이익	2,000[*1]

*1 ₩102,000−100,000=₩2,000
투자부동산평가손익은 당기손익으로 분류함.

〈20×2. 12. 31〉

(차)	투자부동산평가손실	9,000[*1]	(대)	투자부동산	9,000

*1. ₩93,000−102,000=₩9,000
투자부동산에 대해서 공정가치모형을 적용할 경우 감가상각비를 인식하지 않음.

10 당기손익-공정가치측정 금융자산(주식)

(주)경남은행은 20×1년 12월 20일에 (주)파라다이스의 주식을 현금으로 취득하고, 매입부대비용 ₩50,000을 현금으로 지급하였다. (주)경남은행은 이 주식을 당기손익-공정가치측정 금융자산(FVPL 금융자산)으로 분류하였다. (주)경남은행은 20×2년 2월 20일에 이 주식을 처분하였다.

구분	취득원가 (20×1년 12월 20일)	공정가치 (20×1년 12월 31일)	처분가격 (20×2년 2월 20일)
(주)파라다이스 주식	₩5,000,000	₩5,600,000	₩5,500,000

| 요구사항 |

1. 위의 각 거래에 대해 (주)경남은행이 해야 할 회계처리를 하시오.
2. 20×1년 12월 31일 부분재무상태표와 부분포괄손익계산서를 작성하시오.

| 풀이 |

1. 회계처리

일자	회계처리	
20×1년 12월 20일 (취득일)	(차) FVPL 금융자산 5,000,000 수수료비용 50,000	(대) 현금 5,050,000
20×1년 12월 31일 (평가일과 결산일)	(차) FVPL 금융자산 600,000	(대) FVPL 금융자산평가이익 600,000[*1]
20×2년 2월 20일 (처분일)	(차) 현금 500,000 FVPL 금융자산처분손실 100,000[*2]	(대) FVPL 금융자산 5,600,000

*1. FVPL 금융자산평가이익은 당기손익이며, 다음과 같이 계산함.
FVPL 금융자산평가이익 = 공정가치 - 취득원가 = ₩5,600,000 - ₩5,000,000 = ₩600,000
*2. FVPL 금융자산처분손익 = 처분금액 - 장부금액 = ₩5,500,000 - ₩5,600,000 = -₩100,000

2. 부분재무상태표와 부분포괄손익계산서

재무상태표

(주)경남은행 20×1년 12월 31일 현재

FVPL 금융자산	5,600,000	

포괄손익계산서

(주)경남은행 20×1년 1월 1일부터 20×1년 12월 31일까지

	FVPL 금융자산평가이익	600,000

11 기타포괄손익-공정가치측정 금융자산(사채)

(주)견우에 다음과 같은 거래가 발생하였다.

1. 20×1년 1월 1일: (주)견우는 다음과 같은 액면 ₩200,000의 사채를 ₩230,774에 구입하여 기타포괄손익-공정가치측정 금융자산(FVOCI 금융자산)으로 분류하였다. 사채와 관련된 사항은 다음과 같다.
   - 사채의 액면금액 ₩200,000
   - 사채의 발행일 20×1년 1월 1일
   - 사채의 만기일 20×6년 12월 31일
   - 사채의 표시이자율 연 8%
   - 사채의 이자지급일 매년 6월 30일과 12월 31일(연 2회 지급)
   - 20×1년 1월 1일 시장이자율 연 5%
2. 20×1년 6월 30일: 사채에 대한 표시이자 ₩8,000을 수령하였다.
3. 20×1년 12월 31일: 사채에 대한 표시이자 ₩8,000을 수령하였다. 결산일 현재 이

사채의 공정가액은 ₩280,000이다.

4. 20×2년 6월 30일: 사채에 대한 표시이자 ₩8,000을 수령하였다.
5. 20×2년 7월 1일: 사채를 ₩260,000에 처분하였다.

| 요구사항 |

1. 사채의 기말장부금액, 할증액의 상각과 유효이자를 계산하는 표를 만드시오.
2. 위의 각 거래에 대해 (주)견우가 해야 할 회계처리를 하시오.
3. 20×1년 12월 31일 부분재무상태표를 작성하시오.

| 풀이 |

1. 유효이자율법에 따른 할증액의 상각표

일자	유효이자 (2.5%)	액면이자 (4%)	할증액 상각액	할증액 미상각액	장부금액
20×1. 1. 1				₩30,774	₩230,774
20×1. 6. 30	₩5,769	₩8,000	₩2,231	28,543	₩228,543
20×1. 12. 31	5,714	8,000	2,286	26,257	226,257
20×2. 6. 30	5,656	8,000	2,344	23,913	223,913
계	₩17,139	₩24,000	₩6,861		

* 이자지급일이 6개월마다 도래하므로 유효이자의 계산도 6개월 단위로 하여야 함.

2. 회계처리

일자	회계처리	
20×1. 1. 1 (취득일)	(차) FVOCI 금융자산 230,774	(대) 현금 230,774
20×1. 6. 30 (이자수취일)	(차) 현금 8,000	(대) 이자수익 5,769 FVOCI 금융자산 2,231
20×1. 12. 31 (이자수취일과 결산일)	(차) 현금 8,000 (차) FVOCI 금융자산 53,743	(대) 이자수익 5,714 FVOCI 금융자산 2,286 (대) FVOCI 금융자산평가이익 53,743[*1]
20×2. 6. 30 (이자수취일)	(차) 현금 8,000	(대) 이자수익 5,656 FVOCI 금융자산 2,344
20×2. 7. 1 (처분일)	(차) 현금 260,000 FVOCI 금융자산평가이익 53,743	(대) FVOCI 금융자산 277,656[*2] FVOCI 금융자산처분이익 36,087

*1. FVOCI 금융자산평가이익은 기타포괄손익누계액이며, ₩280,000－₩226,257=₩53,743으로 계산됨.
*2. 처분전 장부금액=₩280,000－₩2,344=₩277,656

3. 부분재무상태표

재무상태표

(주)견우 20×1년 12월 31일 현재

비유동자산		기타포괄손익누계액	
FVOCI 금융자산	280,000	FVOCI 금융자산평가이익	53,743

12 상각후원가측정 금융자산(사채)

(주)민국은 20×1년 1월 1일 (주)대한이 발행한 액면금액 ₩1,000,000, 표시이자율 10%(매년말 지급), 유효이자율 12%, 만기 3년의 사채를 ₩951,963에 현금 취득한 후 상각후원가측정 금융자산(AC 금융자산)으로 분류하였다.

| 요구사항 |

1. 사채의 기말장부금액, 상각후원가측정 금융자산 상각액과 유효이자를 계산하는 표를 만드시오.
2. 위의 각 거래에 대해 (주)민국이 해야 할 회계처리를 하시오.

| 풀이 |

1. 유효이자율법에 따른 AC 금융자산의 상각표

일자	유효이자 (12%)	액면이자 (10%)	할인액 상각액	할인액 미상각액	장부금액
20×1. 1. 1				₩48,037	₩951,963
20×1. 12. 31	₩114,235	₩100,000	₩14,235	33,082	₩966,198
20×2. 12. 31	115,943	100,000	15,943	17,859	982,141
20×3. 12. 31	117,856	100,000	17,859	0	1,000,000[*1]
합계	₩348,037	₩300,000	₩48,037		

*1. 단수차이를 조정하여 최종장부금액을 액면금액과 동일하게 조정함.

2. 회계처리

일자	회계처리			
20×1. 1. 1 (취득일)	(차) AC 금융자산	951,963	(대) 현금	951,963
20×1. 12. 31 (이자수취일)	(차) 현금 AC 금융자산	100,000 14,235	(대) 이자수익	114,235
20×2. 12. 31 (이자수취일)	(차) 현금 AC 금융자산	100,000 15,943	(대) 이자수익	115,943
20×3. 12. 31. (이자수취일과 만기일)	(차) 현금 AC 금융자산 (차) 현금	100,000 17,859 1,000,000	(대) 이자수익 (대) AC 금융자산	117,859 1,000,000

CHAPTER 13

부채

- 제1절 부채의 의의와 분류
- 제2절 유동부채, 비유동부채와 금융부채
- 제3절 사채
- 제4절 충당부채와 우발부채
- 제5절 기타 비유동부채
- 보론 13-1 사채발행 관련 회계처리
- 보론 13-2 퇴직급여부채

재무상태표

자산	부채		
유동자산	유동부채	매입채무, 단기차입금, 미지급금, 미지급비용, 선수금, 선수수익,[1] 예수금, 미지급법인세, 유동성장기부채 등	
	비유동부채	사채(사채발행차금), 충당부채, 장기차입금, 장기매입채무, 장기미지급금 등	
비유동자산 투자자산 유형자산 무형자산 기타비유동자산	**부채총계**		
	자본		
	자본금		
	자본잉여금		
	기타포괄손익누계액		
	이익잉여금		
	자본총계		
자산총계	**부채 및 자본총계**		

1) **매입채무, 단기차입금, 미지급금, 미지급비용, 선수금, 선수수익 등의 유동부채**에 대해서는 **제9장 금융자산: 수취채권과 지급채무**의 **매출채권, 단기대여금, 미수금, 미수수익, 선급금, 선급비용 등**에서 수취채권과 지급채무를 설명할 때 비교하여 설명하였으므로 그 설명을 참고

제1절 부채의 의의와 분류

1. 부채의 의의와 특징

부채(liability)는 과거 사건의 결과로 기업이 경제적 자원을 이전해야 하는 현재의무(present obligation)이다.[2]

이러한 부채의 정의에 포함된 특징을 살펴보면 다음과 같다.

첫째, 부채의 본질적인 특징은 기업이 현재의무를 가지고 있다는 것이다. 기업이 현재의무를 이행하기 위해서는 미래 경제적 효익을 갖는 자원을 희생하게 된다. 따라서 부채를 미래 경제적 효익의 희생(probable future sacrifices of economic benefits)이라고 정의하기도 한다.

둘째, 자산과 마찬가지로 부채도 과거의 거래나 그 밖의 사건에서 발생한다.

셋째, 부채를 인식하기 위해서 지급시기, 지급대상과 지급금액이 반드시 확정될 필요가 없다. 현재의무를 수반하며 부채의 정의를 충족한다면 금액을 추정하더라도 부채를 인식해야 한다. 이러한 부채를 충당부채라 하며, 판매된 제품의 품질보증에 따른 제품보증충당부채와 진행 중인 소송사건에 대한 손해배상손실충당부채를 예로 들 수 있다.

2. 부채의 분류

부채는 상환시기, 성격, 지급금액과 지급시기의 불확실성 정도에 따라 다음과 같이 분류할 수 있다.

2.1 유동부채와 비유동부채

부채는 원칙적으로 지급시기(또는 상환시기)에 따라 유동부채와 비유동부채로 구분한다. 부채는 기업의 정상영업주기 또는 보고기간(재무상태표일) 후 1년 내에 결제(또는 상

---

2) **경제적 자원을 이전해야 하는 의무**는 다음의 **예**를 포함한다.
① 현금을 지급할 의무
② 재화를 인도하거나 용역을 제공할 의무
③ 불리한 조건으로 다른 당사자와 경제적 자원을 교환할 의무. 예를 들어, 이러한 의무는 현재 불리한 조건으로 경제적 자원을 판매하는 선도계약 또는 다른 당사자가 해당 기업으로부터 경제적 자원을 구입할 수 있는 옵션을 포함한다.
④ 불확실한 특정 미래 사건이 발생할 경우 경제적 자원을 이전할 의무
⑤ 기업에게 경제적 자원을 이전하도록 요구하는 금융상품을 발행할 의무

환)될 것으로 예상되는 경우에는 유동부채(current liability)로 분류하고, 정상영업주기 또는 보고기간 후 1년 이후에 상환될 것으로 예상되는 경우에는 비유동부채(non-current liability)로 분류한다.

비유동부채는 상환기일이 재무상태표일부터 1년 이내에 도래하면 유동부채로 재분류한다. 이를 유동성장기부채(current portion of long-term debt)라 한다.

표 13-1 | 유동부채와 비유동부채의 분류

구분	내용
유동부채	매입채무(외상매입금, 지급어음), 단기차입금, 미지급금, 미지급비용 등
	제품보증충당부채, 손해배상손실충당부채 등
	예수금, 미지급법인세, 선수금, 선수수익
비유동부채	사채, 장기차입금, 장기매입채무, 장기미지급금
	퇴직급여부채
	임대보증금, 장기선수금, 장기선수수익 등

2.2 금융부채와 비금융부채

부채는 그 성격에 따라 금융부채와 비금융부채로 구분할 수 있다. 금융부채(financial liability)는 거래상대방에게 현금 등의 금융자산으로 결제하기로 한 계약상 의무를 말한다. 따라서 계약상의 의무가 아닌 법률상 의무, 재화 또는 용역으로 상환되는 부채, 지급시기 또는 금액이 불확실한 부채는 비금융부채로 분류한다.[3]

표 13-2 | 금융부채와 비금융부채의 분류

구분		내용
유동부채	금융부채(지급채무)	매입채무(외상매입금, 지급어음) 단기차입금, 미지급금, 미지급비용 등
	기타유동부채	미지급법인세, 선수금, 선수수익, 예수금 등
비유동부채	금융부채	사채, 장기차입금, 장기매입채무, 장기미지급금 등
	충당부채	제품보증충당부채, 손해배상충당부채, 복구충당부채, 퇴직급여부채 등
	기타비유동부채	장기선수금, 장기선수수익, 임대보증금 등

3) **선수금, 선수수익** 등은 현금 등 금융자산을 인도하는 것이 아니라 재화나 용역을 인도하여야 할 의무이므로 금융부채에 해당하지 아니하며, **미지급법인세**는 현금을 인도해야 하나 계약에 따른 의무가 아니라 법에 따른 의무이므로 금융부채에 해당하지 아니한다.

2.3 확정부채, 충당부채와 우발부채

부채는 지급금액과 지급시기의 확실성에 따라 확정부채와 추정부채로 구분한다. 확정부채(determinable liability)는 재무상태표일 현재 부채의 존재와 금액이 확정되어 있는 부채를 말한다.

추정부채는 지출의 시기와 금액이 불확실한 부채로 충당부채와 우발부채로 구분된다. 충당부채(provisions for charges)는 지급금액과 지급시기가 불확실하나 그 존재는 확정되어 있는 부채를 말하며, 제품보증충당부채, 소송관련 손해배상충당부채 등이 있다. 우발부채(contingent liability)는 부채의 존재, 지급금액과 지급시기가 미래 일정한 사건의 발생에 따라 확정되는 부채를 말한다.

3. 부채의 인식과 평가

부채는 현재의무의 이행에 따라 경제적 자원의 이전가능성이 높고, 금액을 신뢰성 있게 측정할 수 있을 때 재무상태표에 인식한다.[4)]

부채의 평가에 있어, 유동부채는 상환기간이 단기간이므로 미래에 상환할 금액을 그대로 표시한다. 이에 비하여 비유동부채는 상환기간이 장기간이므로 미래에 상환할 금액을 적절한 할인율로 할인하여 재무제표일의 현재가치로 측정・표시하여야 한다.

제2절 유동부채, 비유동부채와 금융부채

위에서 살펴본 부채의 분류 기준에 따라 부채는 유동부채와 비유동부채로 분류하며, 각각 금융부채와 비금융부채로 분류할 수 있다.

유동부채는 다음과 같이 분류한다.[5)]

---

4) **부채를 인식하기 위한 요건**은 다음과 같다.
① 부채의 정의를 충족할 것
② 부채의 인식에 따른 결과로 재무제표 이용자들에게 유용한 정보를 제공할 것

5) **매입채무, 단기차입금, 미지급금, 미지급비용, 선수금, 선수수익, 예수금 등의 유동부채**에 대해서는 **제9장 금융자산: 수취채권과 지급채무**의 **매출채권, 단기대여금, 미수금, 미수수익, 선급금, 선급비용 등**에서 수취채권과 지급채무를 설명할 때 비교하여 설명하였으므로 그 설명은 참조

표 13-3 | 유동부채의 분류

구분		내용
금융부채	매입채무	재고자산에 대한 외상매입채무로 재무상태표일부터 12개월 이내에 지급하는 것 매입채무 = 외상매입금 + 지급어음
	단기차입금	현금차입채무로 재무상태표일부터 12개월 이내에 지급하는 것
	미지급금	재고자산 이외의 자산에 대한 외상매입채무로 재무상태표일부터 12개월 이내에 지급하는 것
	미지급비용	당기에 발생한 비용으로 재무상태표일부터 12개월 이내에 지급되는 것(예: 미지급이자, 미지급임차료 등)
충당부채	제품보증충당부채, 손해배상손실충당부채 등	제품보증의무이행, 손해배상청구소송 등에 예상되는 금액을 추정하여 계상한 것
기타부채	예수금	제3자에게 지급할 금액을 임시로 보관하고 있는 것
	미지급법인세	당기 발생한 법인세로 납부하지 아니한 것
	선수금	판매대금을 일부 또는 전부 받은 것으로 재무상태표일부터 12개월 이내에 제품이 인도·지급되는 것
	선수수익	당기에 현금으로 받은 수익 중 다음 회계기간에 속하는 것(예: 선수이자, 선수임대료 등)

비유동부채는 다음과 같이 분류한다.

표 13-4 | 비유동부채의 분류

구분		내용
금융부채	장기매입채무	재고자산에 대한 외상매입채무로 재무상태표일부터 12개월 후에 지급하는 것 장기매입채무 = 장기외상매입금 + 장기지급어음
	장기차입금	현금차입채무로 재무상태표일부터 12개월 후에 지급하는 것
	장기미지급금	재고자산 이외의 자산에 대한 외상매입채무로 재무상태표일부터 12개월 후에 지급하는 것
	사채	주식회사가 장기자금을 조달하기 위해 채무증권을 발행하고 차입한 채무
충당부채	퇴직급여부채	종업원이 퇴직할 때 지급할 퇴직금이나 퇴직연금의 현재가치
기타부채	임대보증금	타인에게 부동산 등을 빌려주고 담보로 임차인에게서 받은 금액
	장기선수금	판매대금을 일부 또는 전부 받은 것으로 재무상태표일부터 12개월 이내에 제품이 인도·지급되는 것
	장기선수수익 등	위에 속하지 않은 비유동부채

금융부채는 금융자산에 대응되는 부채로, 거래상대방에게 현금 등의 금융자산으로 결제하기로 한 계약상 의무를 말한다.

표 13-5 | 금융부채의 분류

금융부채의 분류		내용
지급채무	매입채무	외상매입금, 지급어음
	비매입채무	차입금, 미지급금, 미지급비용 등
기타 금융상품	유가증권	사채(회사채 발행)*1

*1. 보통주 발행은 지분상품(자본)으로 분류함.

제3절 사채[6]

1. 사채의 의의와 종류

1.1 사채의 의의

사채(bond)는 주식회사가 대규모의 장기자금을 조달하기 위해 발행하는 유가증권으로, 일정기간마다 이자를 지급하고 만기일에 원금을 상환할 것을 약속한 채무증권이다.

사채는 발행회사 입장에서는 장기차입부채(비유동부채)이나, 사채를 매입하는 투자회사 입장에서는 투자자산이다. 투자회사 입장에서는 만기일까지 보유하면서 계약조건에 따른 원금과 이자를 수취할 목적인 경우에는 상각후원가측정 금융자산(AC 금융자산)으로, 그렇지 않은 경우에는 공정가치측정 금융자산으로 분류한다.[7]

6) K-IFRS는 금융부채 중 몇 가지를 제외하고 모두 **상각후원가**(armortized cost)**로 측정하는 금융부채**로 분류하도록 규정하고 있다. **상각후원가로 측정하지 않는 금융부채**는 당기손익-공정가치측정 금융부채 등 별도의 후속 측정 기준을 규정하고 있다. 이에 대한 자세한 내용은 **중급회계**나 **고급회계**에서 설명한다.
이 절에서는 **상각후원가로 측정하는 금융부채**로 **사채의 회계처리**를 설명한다.
이 절의 설명은 **제12장 금융자산: 지분상품과 채무상품**에서 설명한 **제4절 채무상품(사채)의 회계처리와 비교하여 학습**하여야 한다. **제12장**은 **채무상품에 대한 투자자의 회계처리**이고 **이 절**은 **채무상품에 대한 발행회사의 회계처리**이며, 양자의 회계처리 논리는 동일하다. 또한, **투자회사**는 **금융자산과 이자수익을 인식**하고 **발행회사**는 **금융부채와 이자비용을 인식**하며, 양자의 인식금액도 동일하다.

7) **사채의 매입회사**는 **현금흐름의 수취**(사채발행계약에서 정하는 이자와 원금의 수취)**목적으로 만기까지 보유**할 적극적인 의도와 능력을 가지고 **사채를 취득한 경우 취득원가(발행금액)를 상각후원가측정 금융자산(AC 금융자산) 계정으로 회계처리**한다. **사채 매입회사가 매도목적**(단기매매목적)**으로 사채를 취득한 경우 당기손익-공정가치측정 금융자산(FVPL 금융자산)으로 분류**하며, **현금흐름수취와 매도목적으로 사채를 취득한 경우 기타포괄손익-공정가치측정 금융자산(FVOCI 금융자산)으로 분류**한다. 이에 대한 회계처리는 **제12장 금융자산: 지분상품과 채무상품**

▌그림 13-1▐ 사채의 구조

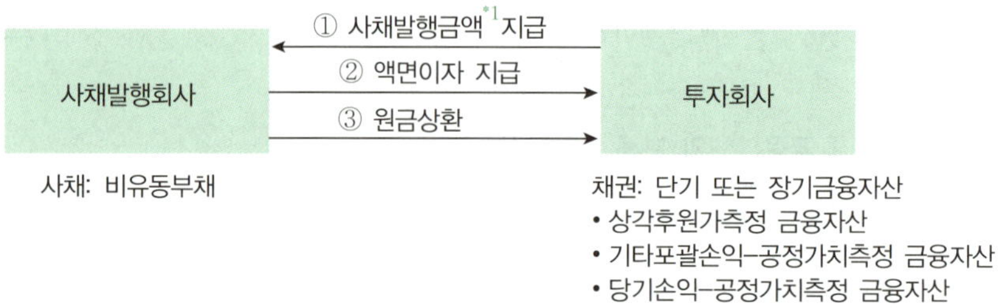

*1. 발행금액은 액면이자와 원금의 현재가치임.

일반적으로 사채의 권면에는 액면금액(face value), 액면이자율(coupon interest rate, 또는 표시이자율, stated interest rate), 이자지급일과 지급방법, 만기일(상환일)과 상환방법이 기재되어 있다. 사채발행회사는 사채의 권면에 기재되어 있는 조건에 따라 이자를 지급하고 원금을 상환한다.

표 13-6 | 사채권면의 표시내용

구분	내용	비고
액면금액	발행회사가 만기일에 사채권자(채권보유자)에게 지급하여야 할 사채의 원금으로 사채권에 표시되어 있는 금액	발행금액과 동일한 금액이 아님
액면이자율*1 (표시이자율)	액면금액(원금)에 대한 액면이자금액(표시이자금액)의 비율	발행회사가 사채권자에게 지급하여야 할 이자금액을 결정하는 데 사용됨
이자지급일	연 1회, 연 2회 또는 연 4회	
만기일(상환일)	사채의 액면금액(원금) 지급일	
상환방법	만기상환(일시상환), 분할상환(연속상환), 수의상환(조기상환)	

*1. 액면이자(표시이자, 약정이자): 발행회사가 사채권자에게 일정한 이자지급일에 현금으로 지급하기로 한 이자금액으로, 액면금액에 액면이자율을 곱하여 계산한다.
액면이자 = 액면금액 × 액면이자율

제4절 채무상품(사채)의 회계처리에 대한 설명을 참조.

1.2 사채와 주식의 비교

사채와 주식은 주식회사가 대규모의 장기자금을 조달하는 수단으로 발행한다는 점에서 유사하나, 다음과 같은 점에서 차이가 있다.

표 13-7 | 사채와 주식의 비교

구분	사채	주식
분류	부채	자본
경영참가 여부	사채권자는 경영에 참가할 수 없음	주주는 주주총회에서 의결권을 행사하여 경영에 참가할 수 있음
이자와 배당의 지급 여부	이익의 발생과 관계없이 이자를 지급함	이익이 발생하여야만 배당금을 지급할 수 있음[*1]
이자와 배당의 비용공제 여부	사채이자는 비용으로 공제할 수 있어 자본비용을 낮출 수 있음	배당은 비용으로 공제할 수 없음
원금의 상환 여부	사채의 원금은 만기일에 상환하여야 함	주식의 원금은 상환할 의무가 없음
잔여재산 분배 여부	청산시 사채권자는 주주에 우선하여 변제받을 수 있음	청산시 주주는 부채를 변제하고 남은 재산을 분배받을 수 있음

*1. 배당금 지급은 회사의 재량이므로 이익이 발생했다 하더라도 지급하지 않을 수 있음.

1.3 사채의 종류

기업의 환경이 복잡해지고 투자자의 선호가 다양화됨에 따라 다양한 종류의 사채가 발행되고 있다. 사채는 발행할 때 사채권(권면)에 표시되는 계약조건에 따라 다음과 같이 분류할 수 있다.

표 13-8 | 사채의 종류

구분	사채	내용
담보 여부	담보부사채 (담보사채)	발행회사가 원금지급에 대비하여 구체적인 자산을 담보물로 제공하고 발행하는 사채[*1]
	무담보사채	발행회사의 신용만으로 발행하는 사채
만기와 상환조건	만기상환사채 (일시상환사채)	만기일에 일시불로 상환하는 사채
	연속상환사채 (분할상환사채)	자금부담을 줄이기 위하여 정해진 여러 만기일마다 액면금액을 분할하여 상환하는 사채
	수의상환사채 (조기상환가능사채)	만기일 이전에 약정된 조건으로 발행회사가 자유롭게 상환할 수 있는 사채

이자지급방법	기명사채	발행기업이 이름과 주소 등이 기록된 사채권자에게 이자를 지급하는 사채
	무기명사채	사채권에 이자의 지급일과 금액 등이 표시된 쿠폰(이표)이 이자지급횟수만큼 첨부되어 있어 이자지급일에 쿠폰을 제시하고 이자를 지급받는 사채
주식으로의 전환가능성	전환사채*2	사채권자의 청구에 따라 일정한 조건으로 사채발행회사의 보통주로 전환할 수 있는 권리(전환권)가 부여된 사채
신주인수권의 여부	신주인수권부사채*2	일정한 기간에 정해진 가격으로 사채발행회사의 보통주를 매입할 수 있는 권리가 부여된 사채

*1. 부동산 담보가 제공된 사채를 모기지채권(mortgage bond)이라 하고, 사채를 상환하기 위해 별도자산을 적립한 사채를 감채기금채권(sinking fund bond)이라 함.
*2. 전환사채와 신주인수권부사채의 회계처리는 중급회계에서 설명함.

2. 사채 발행금액의 결정

2.1 사채의 발행금액

대부분의 사채는 액면금액으로 발행(액면발행)되며, 이자비용은 액면금액에 액면이자율을 곱하여 결정된다. 만일 사채의 액면이자율이 사채 이외의 다른 자산에 투자하여 얻을 수 있는 투자수익률보다 낮다면 투자자는 액면금액으로 발행된 사채에 투자하지 않을 것이다. 따라서 사채발행회사는 사채를 액면금액보다 낮은 금액으로 발행(할인발행, bonds issued at a discount)할 것이다.

이와 반대로, 만일 사채의 액면이자율이 다른 자산의 투자수익률보다 높다면 투자자는 액면금액으로 발행된 사채에 경쟁적으로 투자하려 할 것이다. 따라서 사채발행회사는 사채를 액면금액보다 높은 금액으로 발행(할증발행, bonds issued at a premium)하려 할 것이다.

이와 같이 사채의 발행금액은 사채의 액면이자율과 투자자가 시장에서 실제 얻을 수 있을 것으로 기대하는 시장이자율(market interest rate)을 비교하여 결정된다. 사채발행회사 입장에서는 두 가지 이자율의 차이만큼 투자자에게 보상해주기 위하여 할인발행하거나 투자자에게 보상받기 위하여 할증발행하는 것이다. 사채를 발행할 때의 시장이자율은 사채발행회사가 실질적으로 부담하는 이자율이 되기 때문에 이를 유효이자율(effective interest rate) 또는 실질이자율이라 한다.[8]

8) **유효이자율**은 사채를 발행할 당시의 **시장이자율**(자본시장의 수요와 공급에 따라 결정된 이자율)로, 사채의 발행금액과 미래현금흐름의 현재가치를 일치시켜 주는 이자율이다. 유효이자율은 투자회사의 입장에서는 **기대수익률**이며 발행회사의 입장에서는 **실질이자율**이다.

액면이자율과 시장이자율의 관계에 따라 사채는 다음과 같이 발행된다.

표 13-9 | 액면이자율과 시장이자율의 관계에 따른 사채의 발행

발행방법	이자율 간의 관계	액면금액과 발행금액의 관계
액면발행	액면이자율 = 유효이자율	액면금액 = 발행금액
할인발행	액면이자율 < 유효이자율	액면금액 > 발행금액
할증발행	액면이자율 > 유효이자율	액면금액 < 발행금액

2.2 사채발행금액의 계산

사채는 최초인식할 때 공정가치로 인식한다. 사채의 경우 최초인식시 공정가치는 미래 현금흐름의 현재가치(사채의 발행금액)이다. 사채의 발행금액은 사채에서 발생하는 미래현금흐름인, 이자지급과 원금상환을 사채발행일 현재 유효이자율로 할인한 현재가치이다.[9]

사채의 발행금액 = 사채이자지급액의 현재가치 + 원금상환액의 현재가치

현재가치요소(현가계수)가 주어져 있다면 사채발행금액은 다음과 같이 계산한다

사채의 발행금액 = 사채이자지급액 × 연금의 현재가치요소(n, i)[10]
+ 원금상환액 × 일시금의 현재가치요소(n, i)[11]

3. 사채발행의 회계처리

3.1 사채발행 회계처리의 요약

사채는 액면이자율과 시장이자율의 관계에 따라 액면금액으로 발행할 수 있으며, 액면금액보다 낮게 할인하거나 액면금액보다 높게 할증하여 발행할 수 있다. 이 경우 각각의 회계처리는 다음과 같이 요약할 수 있다.

9) 현재가치의 계산에 대해서는 제12장 금융자산: 지분상품과 채무상품 제3절 화폐의 시간가치에 대한 설명을 참조.
10) 연금의 현재가치요소(n, i)는 부록 1(화폐의 시간가치표)의 [부록표 B] 연금 ₩1의 현재가치에 제시되어 있다.
11) 일시금의 현재가치요소(n, i)는 부록 1(화폐의 시간가치표)의 [부록표 A] 일시금 ₩1의 현재가치에 제시되어 있다.

표 13-10 | 사채발행 회계처리의 요약

구분	액면발행	할인발행	할증발행
발행할 때	(차) 현금 ××× (대) 사채 ×××	(차) 현금 ××× 사채할인발행차금 ××× (대) 사채 ×××	(차) 현금 ××× (대) 사채 ××× 사채할증발행차금 ×××
이자를 지급할 때	(차) 이자비용 ××× (대) 현금 ×××	(차) 이자비용 ××× (대) 현금 ××× 사채할인발행차금 ×××	(차) 이자비용 ××× 사채할증발행차금 ××× (대) 현금 ×××

사채를 발행하면 사채계정은 만기에 상환하여야 할 액면금액으로 기록한다. 할인(할증)발행한 경우 액면금액과 발행금액의 차액을 사채할인발행차금계정(사채할증발행차금계정)에 기록한다.[12] 사채의 액면금액에 사채할인발행차금계정(사채할증발행차금계정)을 가산(차감)한 금액을 사채의 장부금액(carrying amount)이라 한다.

사채의 장부금액 = 사채 액면금액 + 사채할인발행차금 − 사채할증발행차금

회사는 사채발행기간 동안 사채의 이자를 지급하기 위한 회계처리를 한다. 할인발행(할증발행)한 경우 할인액(할증액)인 사채할인발행차금(사채할증발행차금)을 상각(환입)해야 한다. 사채할인발행차금(사채할증발행차금)계정은 사채에 차감(가산)하는 평가계정으로 재무상태표에는 사채에서 차감(가산)하는 형식으로 표시한다.

3.2 사채의 액면발행

사채를 액면금액으로 발행할 때 사채발행에 대한 회계처리는 다음과 같다. 사채를 발행하면 사채계정은 만기에 상환해야 할 액면금액으로 기록한다. 회사는 사채발행기간 동안 사채의 이자를 지급하기 위한 회계처리를 한다.

12) **사채할인발행차금**은 자산이 아니라 **사채에서 차감하는 평가계정**이며, **사채할증발행차금**은 부채가 아니라 **사채에 가산하는 평가계정**이다

표 13-11 | 액면발행의 회계처리[13)]

구분	액면발행
발행할 때	(차) 현금 ××× (대) 사채 ×××
이자를 지급할 때	(차) 이자비용 ×××[*1] (대) 현금 ×××

*1. 약정이자=액면금액×액면이자율

예제 13-1 사채의 액면발행

(주)수도는 20×1년 1월 1일에 액면금액 ₩100,000, 액면이자율 연 10%, 만기 20×3년 12월 31일인 사채를 발행하였다. 이자는 매년 12월 31일에 지급하며, 사채발행시의 유효이자율은 10%이다.

| 요구사항 |

1. 사채의 발행금액을 계산하시오.
2. 사채발행에 따른 회계처리를 하시오.

| 풀이 |

1. 사채발행금액의 계산

이 사채에 투자할 경우 기대되는 현금유입금액은 3년간 매년 말 현금이자 ₩10,000과 3년 말의 액면금액 ₩100,000이며, 이를 발행시의 유효이자율로 할인한다.]

13) **사채의 매입회사는 현금흐름의 수취**(사채발행계약에서 정하는 이자와 원금의 수취)**목적으로 만기까지 보유**할 적극적인 의도와 능력을 가지고 **사채를 취득한 경우 취득원가(발행금액)를 상각후원가측정 금융자산(AC 금융자산) 계정으로 회계처리**한다.
본문에서 설명한 **부채로서의 사채에 대한 액면발행**의 설명과 대비되는 **투자자산(AC 금융자산)으로서의 사채**에 대한 회계처리를 비교하여 설명하면 다음과 같다.

구분	액면발행
발행할 때	(차) AC 금융자산[*1] ××× (대) 현금 ×××
이자를 수취할 때	(차) 현금 ××× (대) 이자수익[*2] ×××
상환할 때	(차) 현금 ××× (대) AC 금융자산[*1] ×××

*1. AC 금융자산은 상각후원가측정 금융자산을 사용할 수 있음.
*2. 이자수익은 사채이자수익을 사용할 수 있음.

사채 매입회사가 **매도목적**(단기매매목적)**으로 사채를 취득한 경우 당기손익-공정가치측정 금융자산(FVPL 금융자산)으로 분류**하며, **현금흐름수취와 매도목적으로 사채를 취득한 경우 기타포괄손익-공정가치측정 금융자산(FVOCI 금융자산)으로 분류**한다. 이에 대한 회계처리는 **제12장(금융자산: 지분상품과 채무상품) 제4절 채무증권(사채)의 회계처리**에 대한 설명을 참조

14) **연금의 현재가치요소(n, i)**는 **부록 1(화폐의 시간가치표)**의 **[부록표 B] 연금 ₩1의 현재가치**에 제시되어 있다.

15) **일시금의 현재가치요소(n, i)**는 **부록 1(화폐의 시간가치표)**의 **[부록표 A] 일시금 ₩1의 현재가치**에 제시되어 있다.

16) 사채의 발행가액은 현가계수의 **단수차이**로 인해 정확하게 ₩100,000은 아니다.

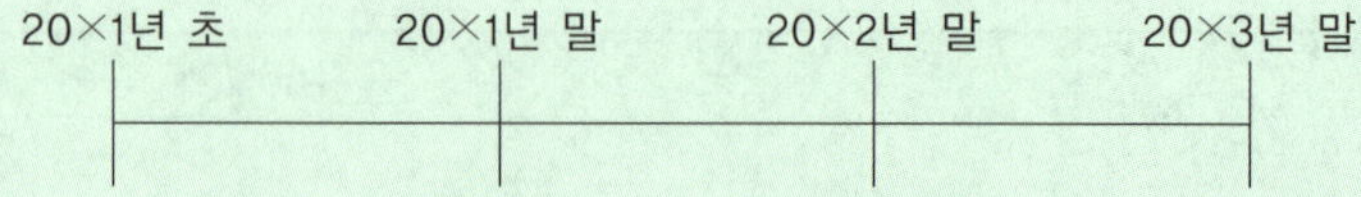

		20×1년 말	20×2년 말	20×3년 말
사채이자지급액		₩10,000	₩10,000	₩10,000
원금상환액				₩100,000
이자의 현재가치:	₩10,000×2.4868(3년, 10%, 연금현가계수[14])			=₩24,868
원금의 현재가치:	₩100,000×0.7513(3년, 10%, 일시금현가계수[15])			=₩75,130
사채의 발행금액:				₩100,000[16]

2. 회계처리

월일	회계처리			
20×1년 초	(차) 현금	100,000	(대) 사채	100,000
20×1년 말	(차) 이자비용	10,000	(대) 현금	10,000
20×2년 말	(차) 이자비용	10,000	(대) 현금	10,000
20×3년 말	(차) 이자비용	10,000	(대) 현금	10,000
	(차) 사채	100,000	(대) 현금	100,000

3.3 사채의 할인발행

사채는 액면이자율보다 시장이자율이 더 높은 경우에 액면금액보다 발행금액을 낮게 할인발행한다. 사채를 할인발행할 때 사채발행에 대한 회계처리는 다음과 같다.

표 13-12 | 할인발행의 회계처리[17]

구분	할인발행			
발행할 때	(차) 현금 사채할인발행차금	××× ×××	(대) 사채	×××

17) 본문에서 설명한 **부채로서의 사채에 대한 할인발행의 설명**과 대비되는 **투자자산(AC 금융자산)으로서의 사채**에 대한 회계처리를 비교하여 설명하면 다음과 같다.

구분	할인발행			
발행할 때	(차) AC 금융자산*1	×××*2	(대) 현금	×××
이자를 수취할 때	(차) 현금 AC 금융자산	××× ×××	(대) 이자수익*3	×××
상환할 때	(차) 현금 AC 금융자산	××× ×××	(대) 이자수익*3	×××
	(차) 현금	×××	(대) AC 금융자산*1	×××

*1. AC 금융자산은 상각후원가측정 금융자산을 사용할 수 있음.
*2. 할인발행된 금액으로 기록함.
*3. 이자수익은 사채이자수익을 사용할 수 있음.

이자를 지급할 때	(차) 이자비용 ××× [*1]	(대) 현금 ××× 사채할인발행차금 ×××

*1. 약정이자 = 액면금액 × 액면이자율

사채를 발행하면 사채계정은 만기에 상환해야 할 액면금액으로 기록한다. 할인발행한 경우 사채할인발행차금계정을 추가로 사용하며, 이 계정은 재무상태표에 사채계정에서 차감한 후의 장부금액으로 기록한다.

(1) 사채할인발행차금

사채를 할인발행할 때 사채의 발행금액과 액면금액의 차액을 사채할인발행차금(discount on bonds payable)이라 하며, 이는 시장이자율에 미치지 못하는 이자 차이에 대한 추가보상(선급분)에 해당한다. 사채할인발행차금은 사채에서 차감하는 부채의 평가계정으로 재무상태표에는 사채에서 차감하는 형식으로 표시한다.

재무상태표(부분)

(주)수도 20×1년 1월 1일 현재 (단위: 원)

자산	부채		
	비유동부채		
	사채	×××	
	사채할인발행차금	(×××)	×××

(2) 사채할인발행차금의 상각과 사채이자비용

사채의 발행회사는 사채발행기간 동안 회계기간마다 사채의 이자비용을 인식하여야 하며, 이자지급일에 사채할인발행차금을 상각해야 한다. 사채를 할인발행한 경우 사채할인발행차금은 사채의 상환기간 동안 결산기마다 일정한 방법으로 상각하여, 만기일에는 사채할인발행차금계정의 잔액이 ₩0이 되어 사채의 액면금액과 발행금액이 일치하도록 회계처리하여야 한다. 이것은 발행회사가 만기일에 지급하는 상환금액은 발행금액이 아니라 액면금액이기 때문이다.

[예제 13-2: 사채의 할인발행]에서 ₩95,024에 할인발행한 사채의 경우, (주)수도는 3년 동안 매년말 ₩8,000의 이자를 지급하며, 3년 후 만기일에 액면금액 ₩100,000을 상환한다. (주)수도는 사채발행시에 ₩95,024을 수령하였으나 만기에 ₩100,000을 지급하여야 하기 때문에 ₩4,976을 더 지급하는 셈이 되며, 이 금액도 사채발행기간 동안 인식하여야 할 이자비용에 포함하여야 한다.

사채의 발행회사가 사채의 발행기간 동안 인식할 이자비용의 총액은 다음과 같다.

사채이자비용 총액＝액면금액×액면이자율＋사채할인발행차금

한편, 사채의 발행회사가 사채의 발행기간 동안 매년도에 인식할 이자비용은 다음과 같이 유효이자율법(effective interest method)[18]을 적용하여 인식하고, 유효이자와 액면이자의 차이(사채할인발행차금 상각액)만큼 사채의 장부금액을 조정(증가)한다.

이자비용(유효이자)＝기초의 사채장부금액×유효이자율
현금이자(액면이자)＝액면금액×액면이자율
사채할인발행차금 상각액＝이자비용－현금이자

예제 13-2 사채의 할인발행[19]

(주)수도는 20×1년 1월 1일에 액면금액 ₩100,000, 액면이자율 연 8%, 만기 20×3년 12월 31일인 사채를 발행하였다. 이자는 매년 12월 31일에 지급하며, 사채발행시의 유효이자율은 10%이다.

| 요구사항 |

1. 사채의 발행금액을 계산하시오.
2. 사채발행에 따른 회계처리를 하시오.

| 풀이 |

1. 사채의 발행금액

	20×1년 초	20×1년 말	20×2년 말	20×3년 말
사채이자지급액		₩8,000	₩8,000	₩8,000
원금상환액				₩100,000

이자의 현재가치: ₩8,000×2.4868(3년, 10%, 연금현가계수) ＝₩19,894
원금의 현재가치: ₩100,000×0.7513(3년, 10%, 일시금현가계수) ＝₩75,130
사채의 발행금액: ₩95,024

18) **유효이자율법**에 의하면 매년도에 인식할 이자비용은 기초의 사채장부금액(＝사채의 액면금액±사채발행차금)에 유효이자율(실질이자율)을 곱하여 계산하고, 사채발행차금의 상각액은 이자비용과 현금으로 지급되는 현금이자(액면이자, 표시이자)금액과의 차액으로 계산된다.
이에 비하여 **정액법**은 매년도에 인식되는 사채발행차금의 상각금액이 일정하도록 사채발행차금을 상각하는 방법이다.
매년도의 사채발행차금상각액＝사채발행차금 ÷ 사채의 발행기간

2. 회계처리

(1) 유효이자율법에 따른 사채할인발행차금 상각표

일자	(1) 이자비용*1 (유효이자)	(2) 현금이자*2 (액면이자)	(3) 할인차금 상각액*3	(4) 할인차금 미상각액*4	(5) 장부금액*5
20×1년 초				₩4,976	₩95,024
20×1년 말	₩9,502	₩8,000	₩1,502	3,474	96,526
20×2년 말	9,653	8,000	1,653	1,821	98,179
20×3년 말	9,821*6	8,000	1,821	0	100,000
계	₩28,976	₩24,000	₩4,976		

*1. (1) 이자비용(유효이자)=(5) 기초의 사채장부금액×유효이자율
*2. (2) 현금이자(액면이자)=액면금액×액면이자율
*3. (3) 할인차금 상각액=(1) 이자비용−(2) 현금이자
*4. (4) 할인차금 미상각액=기초사채할인발행차금 미상각액−(3) 당기사채할인발행차금 상각액
*5. (5) 장부금액=기초장부금액+당기사채할인발행차금 상각액
*6. 단수차이를 조정함.

(2) 회계처리

일자	회계처리	
20×1년 초	(차) 현금 95,024 사채할인발행차금 4,976	(대) 사채 100,000
20×1년 말	(차) 이자비용 9,502	(대) 현금 8,000 사채할인발행차금 1,502
20×2년 말	(차) 이자비용 9,653	(대) 현금 8,000 사채할인발행차금 1,653
20×3년 말	(차) 이자비용 9,821	(대) 현금 8,000 사채할인발행차금 1,821
	(차) 사채 100,000	(대) 현금 100,000

3.4 사채의 할증발행

사채는 액면이자율보다 시장이자율이 더 낮은 경우에 액면금액보다 발행금액을 높게 할증발행한다. 사채를 할증발행할 때 사채발행에 대한 회계처리는 다음과 같다.

사채를 발행하면 사채계정은 만기에 상환해야 할 액면금액으로 기록한다. 할증발행한 경우 사채할증발행차금계정을 추가로 사용하며, 이 계정은 재무상태표에 사채계정에 가산한 후의 장부금액으로 기록한다.

19) [예제 13-2]는 제12장 금융자산: 지분상품과 채무상품 제4절 채무상품(사채)의 회계처리의 [예제 12-6: 상각후원가측정 금융자산의 취득: 할인발행]과 동일하다. [예제 12-6]은 사채의 투자회사 입장에서 회계처리한 것이고, [예제 13-2]는 사채의 발행회사 입장에서 회계처리한 것이다.

표 13-13 | 할증발행의 회계처리[20]

구분	할증발행
발행할 때	(차) 현금 ××× (대) 사채 ××× 사채할증발행차금 ×××
이자를 지급할 때	(차) 이자비용 ×××[*1] (대) 현금 ××× 사채할증발행차금 ×××

*1. 약정이자=액면금액×액면이자율

(1) 사채할증발행차금

사채를 할증발행할 때 사채의 발행금액과 액면금액과의 차액을 사채할증발행차금(premium on bonds payable)이라 하며, 이는 시장이자율을 초과하여 지급하게 될 이자 차이에 대한 공제(선회수분)에 해당한다. 사채할증발행차금은 사채에 가산하는 부채의 평가계정으로 재무상태표에는 사채에 가산하는 형식으로 표시한다.

사채의 액면금액에 사채할증발행차금을 차감한 금액을 사채의 장부금액이라 한다.

재무상태표(부분)

(주)수도 20×1년 1월 1일 현재 (단위: 원)

자산	부채		
	비유동부채		
	사채	×××	
	사채할증발행차금	×××	×××

20) 본문에서 설명한 **부채로서의 사채에 대한 할증발행의 설명**과 대비되는 **투자자산(AC 금융자산)으로서의 사채**에 대한 회계처리를 비교하여 설명하면 다음과 같다.

구분	할증발행
발행할 때	(차) AC 금융자산[*1] ×××[*2] (대) 현금 ×××
이자를 수취할 때	(차) 현금 ××× (대) 이자수익[*3] ××× AC 금융자산 ×××
상환할 때	(차) 현금 ××× (대) 이자수익[*3] ××× AC 금융자산 ×××
	(차) 현금 ××× (대) AC 금융자산[*1] ×××

*1. AC 금융자산은 상각후원가측정 금융자산을 사용할 수 있음.
*2. 할증발행된 금액으로 기록함.
*3. 이자수익은 사채이자수익을 사용할 수 있음.

(2) 사채할증발행차금의 상각(환입)과 사채이자비용

사채의 발행회사는 사채발행기간 동안 회계기간마다 사채의 이자비용을 인식하여야 하며, 이자지급일에 사채할증발행차금을 상각(환입)해야 한다. 사채를 할증발행한 경우 사채할증발행차금은 사채의 상환기간 동안 결산기마다 일정한 방법으로 상각하여, 만기일에는 사채할증발행차금계정의 잔액이 ₩0이 되어 사채의 액면금액과 발행금액이 일치하도록 회계처리하여야 한다. 이것은 발행회사가 만기일에 지급하는 상환액은 발행금액이 아니라 액면금액이기 때문이다.

[예제 13-3: 사채의 할증발행]에서 ₩104,972에 할증발행한 사채의 경우, (주)수도는 3년 동안 매년말 ₩12,000의 이자를 지급하며, 3년 후 만기일에 액면금액 ₩100,000을 상환한다. (주)수도는 사채발행시에 ₩104,972을 수령하였으나 만기에 ₩100,000을 지급하여야 하기 때문에 ₩4,972을 덜 지급하는 셈이 되며, 이 금액은 사채발행기간 동안 인식하여야 할 이자비용에서 차감하여야 한다.

사채의 발행회사가 사채의 발행기간 동안 인식할 이자비용의 총액은 다음과 같다.

사채이자비용 총액 = 액면금액 × 액면이자율 − 사채할증발행차금

한편, 사채의 발행회사가 사채의 발행기간 동안 매년도에 인식할 이자비용은 다음과 같이 유효이자율법을 적용하여 인식하고, 유효이자와 액면이자의 차이(사채할증발행차금 상각액)만큼 사채의 장부금액을 조정(감소)한다.

이자비용(유효이자) = 기초의 사채장부금액 × 유효이자율
현금이자(액면이자) = 액면금액 × 액면이자율
사채할증발행차금 상각(환입)액 = 현금이자 − 이자비용

예제 13-3 사채의 할증발행

(주)수도는 20×1년 1월 1일에 액면금액 ₩100,000, 액면이자율 연 12%, 만기 20×3년 12월 31일인 사채를 발행하였다. 이자는 매년 12월 31일에 지급하며, 사채발행시의 유효이자율은 10%이다.

| 요구사항 |

1. 사채의 발행금액을 계산하시오.
2. 사채발행에 따른 회계처리를 하시오.

| 풀이 |

1. 사채의 발행금액

	20×1년 초	20×1년 말	20×2년 말	20×3년 말
사채이자지급액		₩12,000	₩12,000	₩12,000
원금상환액				₩100,000

이자의 현재가치: ₩12,000×2.4868(3년, 10%, 연금현가계수) = ₩29,842
원금의 현재가치: ₩100,000×0.7513(3년, 10%, 일시금현가계수) = ₩75,130
사채의 발행금액: ₩104,972

2. 회계처리

(1) 유효이자율법에 따른 사채할증발행차금 상각표

일자	(1) 이자비용[*1] (유효이자)	(2) 현금이자[*2] (액면이자)	(3) 할증차금 상각액[*3]	(4) 할증차금 미상각액[*4]	(5) 장부금액[*5]
20×1년 초				₩4,972	₩104,972
20×1년 말	₩10,497	₩12,000	₩1,503	3,469	103,469
20×2년 말	10,347	12,000	1,653	1,816	101,653
20×3년 말	10,184[*6]	12,000	1,816	0	100,000
계	₩31,026	₩36,000	₩4,972		

*1. (1) 이자비용(유효이자)=(5) 기초의 사채장부금액×유효이자율
*2. (2) 현금이자(액면이자)=액면금액×액면이자율
*3. (3) 할증차금 상각액=(2) 현금이자 -(1) 이자비용
*4. (4) 할증차금 미상각액=기초사채할증발행차금 미상각액-(3) 당기사채할증발행차금 상각액
*5. (5) 장부금액=기초장부금액-당기사채할증발행차금 상각액
*6. 단수차이를 조정함.

(2) 회계처리

일자	회계처리			
20×1년 초	(차) 현금	104,972	(대) 사채	100,000
			사채할증발행차금	4,972
20×1년 말	(차) 이자비용	10,497	(대) 현금	12,000
	사채할증발행차금	1,503		
20×2년 말	(차) 이자비용	10,347	(대) 현금	12,000
	사채할증발행차금	1,653		
20×3년 말	(차) 이자비용	10,184	(대) 현금	12,000
	사채할증발행차금	1,816		
	(차) 사채	100,000	(대) 현금	100,000

4. 사채상환

사채의 상환은 사채를 만기에 상환하는 만기상환과 만기 이전에 상환하는 조기상환(만기전상환)으로 구분한다. 사채를 상환할 때 장부금액과 상환금액이 차이날 때 사채상환손익(사채제거손익)이 발생한다.

4.1 만기상환

만기상환은 만기일에 장부금액과 일치하는 액면금액으로 상환하며, 사채상환에 따른 손익이 발생하지 않는다. 만기가 되면 사채할인차금발행이나 사채할증발행차금은 사채기간 동안 상각되어 잔액이 ₩0이 되고, 사채계정은 액면금액이 남아있을 것이므로, 액면금액(원금)에 해당하는 현금을 지급하고 액면금액으로 표시되어 있는 사채를 감소시키는 회계처리를 한다.[21]

(차) 사채 ×××　　(대) 현금 ×××

4.2 조기상환(만기전상환)

사채의 발행회사는 자금사정이 나아지고 사채의 시장가격이 하락하면[22] 증권(사채)시장에서 만기일 이전에 매입하여 사채를 상환할 수 있다. 사채를 만기일 이전에 조기상환(만기전상환)하는 경우에는 상환시 사채의 장부금액과 상환금액이 일치하지 않을 수 있으며, 그 차이를 사채상환에 따른 당기손익(사채상환손익, gains or losses from early redemption of bonds)으로 인식한다.

사채의 장부금액은 이자지급일에 사채를 상환한다면 사채의 액면금액에 사채할증(할인)발행차금을 가감한 금액이 되며, 이자지급일 사이에 사채를 상환한다면 직전 이자지급일의 장부금액에 상환일까지의 발생이자(유효이자)가 가산된 금액이 된다.

---

21) 본문에서 설명한 **부채로서의 사채에 대한 상환의 설명**과 대비되는 **투자자산(AC 금융자산)으로서의 사채**에 대한 회계처리를 비교하여 설명하면, **사채를 만기상환하는 경우** 다음과 같이 회계처리한다.
(차) 현금 ×××　　(대) AC 금융자산 ×××

22) **사채가격과 이자율 간의 관계:** 일반적으로 사채의 가격과 이자율은 **반비례**한다. 즉, 시장이자율이 상승하면 사채가격은 하락하고, 시장이자율이 하락하면 사채가격은 상승한다. 따라서 이자율이 상승할 때 사채를 **조기상환**하면 장부금액보다 낮은 금액으로 상환할 수 있으므로 사채상환이익이 발생한다.

표 13-14 | 사채상환의 회계처리[23)]

구분	사채상환의 회계처리	
장부금액 < 상환금액	(차) 사채 ××× 사채할증발행차금[*1] ××× 사채상환손실 ×××	(대) 현금 ××× 사채할인발행차금[*1] ×××
장부금액 > 상환금액	(차) 사채 ××× 사채할증발행차금[*1] ×××	(대) 현금 ××× 사채할인발행차금[*1] ××× 사채상환이익 ×××

*1. 사채할인발행의 경우 사채할인발행차금을 제거하고, 사채할증발행의 경우 사채할증발행차금을 제거함.

사채를 조기상환할 경우 다음과 같은 회계처리를 한다.

첫째, 상환일 현재 사채발행차금계정의 잔액을 갱신하는 회계처리를 한다. 직전 이자지급일부터 상환일까지의 유효이자와 액면이자를 계산하여 상환시점의 사채할인발행차금의 미상각(사채할증발행차금의 미환입) 잔액을 구한다.

둘째, 상환되는 사채계정과 사채발행차금계정을 제거하고 경과이자를 반영하는 회계처리를 한다.

셋째, 사채의 장부금액과 상환금액의 차이를 사채상환손익으로 인식한다.

표 13-15 | 사채상환손익의 계산: 사채의 장부가액과 상환금액의 차이

구분	사채상환손익의 계산
장부금액	사채의 액면금액 −사채할인발행차금 잔액(또는 +사채할증발행차금 잔액)[*1] =사채의 장부금액
	+발생이자[*2]
상환금액	−사채의 상환금액
사채상환손익	=사채상환손익[*3]

23) **사채를 조기상환할 때 사채상환손실이 발생하는 경우의 회계처리를 요약**하면 다음과 같다.

구분	사채상환의 회계처리	
액면발행된 사채의 조기상환	(차) 사채 ××× 사채상환손실 ×××	(대) 현금 ×××
할인발행된 사채의 조기상환	(차) 사채 ××× 사채상환손실 ×××	(대) 현금 ××× 사채할인발행차금 ×××
할증발행된 사채의 조기상환	(차) 사채 ××× 사채할증발행차금 ××× 사채상환손실 ×××	(대) 현금 ×××

*1. 직전 이자지급일부터 상환일까지의 사채할인발행차금 상각액(또는 사채할증발행차금 환입액)을 조정한 후의 금액을 말함.
*2. 발생이자는 경과이자라고도 하며, 직전 이자지급일부터 상환일까지 발생한 이자를 말함.
*3. 사채상환손익은 사채제거손익이라고도 함.

예제 13-4 사채의 조기상환

[예제 13-2] 사채의 할인발행에서와 같이, (주)수도는 20×1년 1월 1일에 액면금액 ₩100,000의 사채(만기 20×3년 12월 31일, 액면이자율 연 8%, 이자는 매년 12월 31일 지급)를 ₩95,024에 발행하였다. 사채발행시의 유효이자율은 10%이다.

| 요구사항 |

(주)수도가 위의 사채를 20×2년 7월 1일에 ₩95,000에 매입상환한 경우 회계처리를 하시오.

| 풀이 |

1. 사채상환손익의 계산

(1) 직전 이자지급일부터 상환일까지의 사채할인발행차금 상각

(차) 이자비용	4,827	(대) 미지급이자	4,000[*1]
		사채할인발행차금	827[*2]

*1. 직전 이자지급일부터 상환일까지의 경과이자=₩100,000×8%×6/12=₩4,000
*2. 직전 이자지급일부터 상환일까지의 사채할인발행차금 상각=₩1,653×6/12≒₩827
[예제 13-2]의 20×2년의 할인차금상각의 6/12임.

(2) 사채상환손익의 계산

(차) 사채	100,000	(대) 현금	95,000
미지급이자	4,000[*2]	사채할인발행차금	2,647[*1]
		사채상환이익	6,353[*3]

구분	사채상환손익의 계산	계산식
장부금액	사채의 액면금액 −사채할인발행차금 잔액[*1] =사채의 장부금액	₩100,000 −2,647 =97,353
	+발생이자[*2]	+4,000 =101,353
상환금액	−사채의 상환금액	−95,000
사채상환손익	=사채상환손익	=₩6,353

*1. 직전 이자지급일부터 상환일까지(20×2. 1. 1~6. 30)의 사채할인발행차금 상각액을 조정한 후의 잔액을 말함.
=₩4,976(사채할인발행차금)−1,502(20×1년 상각액)−827(20×1. 1. 1~6. 30 상각액)=₩2,647
*2. 직전 이자지급일부터 상환일까지(20×2. 1. 1~6. 30) 발생한 경과이자=₩100,000×8%×6/12=₩4,000

제4절 충당부채와 우발부채

1. 충당부채의 의의와 인식조건

1.1 충당부채의 의의

충당부채(provisions for charges)는 당기의 수익에 대응하는 비용으로서 장래에 지출될 것이 확실하나 그 지출금액이나 지출시기가 확정되어 있지 않은 부채를 말한다. 충당부채는 그 지출금액이나 지출시기가 확정되지 않았기 때문에 추정을 해야 한다는 점에서 확정부채와 차이가 있다.

충당부채의 예에는 제품보증충당부채, 공사보증충당부채, 소송관련 손해배상충당부채 등이 있다. 충당부채는 수익과 비용의 적정한 기간대응을 위하여 아직 지출이 이루어지지 않았으나, 수익이 발생한 연도에 비용을 인식하면서 비용의 상대 계정과목으로 계상되는 부채이다.

충당부채 중 그 전부 또는 일부의 사용시기를 합리적으로 예측할 수 없는 경우에는 비유동부채로 분류할 수 있으며, 1년 이내에 사용되는 경우에 한하여 유동부채로 분류한다.

1.2 충당부채의 인식조건

K-IFRS는 다음의 3가지 조건을 충족하는 경우 충당부채를 재무상태표에 부채로 인식하도록 규정하고 있다.

1. 과거사건이나 거래의 결과로 현재의무가 존재한다.
2. 해당 의무를 이행하기 위하여 경제적 효익이 내재된 자원이 유출될 가능성이 높다. 유출가능성이 높다는 의미는 일반적으로 발생가능성이 50%를 초과하는 경우를 의미한다.
3. 해당 의무의 이행에 소요되는 금액을 신뢰성 있게 추정할 수 있다. 이러한 추정치는 과거의 경험, 전문가의 의견 등을 참고한 최선의 추정치(best estimate)로 측정한다.

표 13-16 | 충당부채와 우발채무의 비교

자원의 유출가능성 \ 금액의 추정가능성	신뢰성 있게 추정할 수 있는 경우	신뢰성 있게 추정할 수 없는 경우
가능성이 높은 경우(probable)	충당부채로 인식함	우발부채로 주석으로 공시함
가능성이 높지 않은 경우(possible)	우발부채로 주석으로 공시함	
가능성이 거의 없는 경우(remote)	공시하지 않음	

2. 우발부채

2.1 우발부채의 의의와 인식요건

우발부채(contingent liability)는 부채의 존재, 금액과 지급시기가 미래 일정한 사건의 발생에 따라 확정되는 부채를 말한다. 우발부채의 예로는 소송 관련 손해배상손실, 채무보증손실, 납기지연배상손실 등이 있다.

우발부채는 충당부채와 성격이 유사하나 충당부채의 인식조건을 충족하지 못하여(자원의 유출가능성이 높지 않거나 금액을 신뢰성 있게 추정할 수 없는 경우) 재무상태표에 부채로 인식할 수 없는 부채이다. 따라서 우발부채는 주석으로 공시한다. 그리고 자원의 유출가능성이 거의 없는 경우에는 주석으로도 공시할 필요가 없다.

2.2 소송 관련 손실의 회계처리

예를 들어 기업이 손해배상소송에 피소되어 재무상태표일 현재 소송에 계류 중일 경우 패소할 가능성이 크다면(자원의 유출가능성이 높고 금액을 신뢰성 있게 추정할 수 있는 경우) 충당부채로 인식하여 다음과 같이 회계처리한다.

(차) 손해배상손실 ××× (대) 손해배상충당부채 ×××

그러나 패소할 가능성이 높지 않거나 패소가능성이 높더라도 배상금액을 신뢰성 있게 추정할 수 없는 경우에는 우발채무로 관련 소송의 내용만 주석으로 공시한다.

3. 제품보증충당부채

충당부채는 본질적인 성격이 동일하기 때문에 제품보증충당부채의 회계처리를 예로 들어 설명한다.

회사가 제품을 판매할 때 일정기간 내에 결함 등이 발견되는 경우 이를 교환 또는 수리해주기로 제품보증(product warranty)을 한 경우 언제, 누구에게, 얼마나 보증서비스를 제공할지 정확하게 알 수 없다. 그러나 수익·비용의 대응원칙에 따라 미래에 특정되지 않은 소비자에게 보증서비스를 제공할 가능성이 높고 금액을 신뢰성 있게 추정할 수 있다면 제품의 판매시점에서 미래에 발생할 것으로 예상되는 보증서비스비용을 추정하여 차변에 제품보증비라는 비용을 계상하고 대변에 제품보증충당부채라는 충당부채로 인식하여야 한다.[24] 이후 실제 보증서비스를 제공할 때 제품보증충당부채를 감소시키면서 현금이나 재고자산의 감소(제품을 교환해주거나 수리에 부품을 사용하는 경우)로 회계처리한다.

표 13-17 | 제품보증충당부채의 회계처리

구분	회계처리
결산시 제품보증비를 추정할 때	(차) 제품보증비*1 ××× (대) 제품보증충당부채 ×××
실제 제품보증비를 지출(제품보증서비스를 제공)할 때*2	(차) 제품보증충당부채 ××× (대) 현금(또는 소모품) ×××

*1. 제품보증비＝매출액×보증기간 동안 예상되는 총보증비용의 비율

*2. 발생한 보증수리비용이 제품보증충당부채를 초과하면 그 초과액을 수리시점의 당기비용으로 기록함.

(차) 제품보증충당부채 ××× (대) 현금 ×××
제품보증비 ×××

3. 회계기간 말에 보증기간이 만료된 제품보증충당부채의 잔액이 있는 경우 환입시켜 수익으로 보고하며, 다음과 같이 회계처리함.

(차) 제품보증충당부채 ××× (대) 제품보증충당부채환입 ×××

예제 13-5 제품보증충당부채

가전제품을 판매하는 (주)칠선은 제품판매 후 1년간 무상으로 수리해 주고 있다. 과거의 경험에 따라 매출액 중 5%의 서비스비용이 발생하는 것으로 추정하였다. (주)칠선의 20×1년의 매출액은 ₩30,000,000이고, 전액 현금판매하였다. 20×2년에 실제로 ₩800,000의 제품보증비를 지출하였다.

| 요구사항 |

1. (주)칠선이 20×1년에 제품보증충당부채를 설정하는 회계처리를 하시오.
2. (주)칠선이 20×2년에 보증서비스비용을 지출할 때의 회계처리를 하시오.

24) **제품보증서비스를 실제로 제공할 때** 비용을 인식하는 것이 아니라, **발생기준에 따라 의무를 부담하는 시점**에 **충당부채를 인식하면서 비용을 함께 인식**한다.

| 풀이 |

1. 제품보증충당부채의 설정

(차) 제품보증비 1,500,000* (대) 제품보증충당부채 1,500,000

*₩1,500,000 = ₩30,000,000 × 0.05

2. 제품보증비의 지출

(차) 제품보증충당부채 800,000 (대) 현금 800,000

제5절 기타 비유동부채

비유동부채는 사채, 충당부채, 퇴직급여채무, 장기차입금, 장기매입채무, 장기미지급금 등이 있다. 다음에서는 장기차입금, 장기매입채무와 장기미지급금에 대해 설명한다.

1. 장기차입금

장기차입금(long-term borrowings)은 금융회사나 다른 기업 등으로부터 자금을 차입하고, 재무상태표일부터 1년 이후의 일정시점에 상환하기로 한 채무를 말하며, 비유동부채로 분류한다. 장기차입금 중 결산일 현재 상환기일이 1년 이내에 도래한 경우 유동성장기부채(current maturities of long-term debt)로 재분류하여 유동부채에 포함시켜 보고한다.

표 13-18 | 장기차입금 관련 회계처리

구분	회계처리			
차입할 때	(차) 현금	×××	(대) 장기차입금	×××
이자를 지급할 때	(차) 이자비용	×××	(대) 현금 (또는 미지급이자비용)	×××
장기차입금을 재분류할 때	(차) 장기차입금	×××	(대) 유동성장기부채	×××
유동성장기차입금을 상환할 때	(차) 유동성장기부채	×××	(대) 현금	×××

2. 장기매입채무와 장기미지급금

장기매입채무(long-term trade payables, 또는 장기성매입채무)는 일반적 상거래에서 발생한 미지급채무로, 재무상태표일부터 1년 이후에 지급일이 도래하는 채무를 말한다. 장기매입채무는 장기외상매입금(장기성외상매입금)과 장기지급어음(장기성지급어음)으로 구분할 수 있다.

장기미지급금은 비품, 토지, 건물 등의 외상매입과 같이 일반적 상거래 이외의 거래에서 발생한 미지급채무로, 재무상태표일부터 1년 이후에 지급일이 도래하는 채무를 말한다.

장기매입채무와 장기미지급금은 미래에 지급할 액면금액과 시장이자율로 할인한 현재가치의 차이가 크면 현재가치로 평가하여야 한다. 액면금액과 장부금액 간의 차이는 차감계정(평가계정)인 현재가치할인차금(present value discount)으로 기록한 후 상환기간 동안 유효이자율법으로 상각하여 비용화한다. 장기매입채무와 장기미지급금에 대한 회계처리는 사채의 할인발행에 대한 회계와 기본적으로 동일하다.

재무상태표(부분)

(주)수도 20×1년 1월 1일 현재 (단위: 원)

자산	부채		
	비유동부채		
	장기매입채무	×××	
	현재가치할인차금	(×××)	×××

보론 13-1 사채발행 관련 회계처리

1. 사채발행비[25]

사채를 발행할 때 사채의 발행과 관련하여 사채권 인쇄비, 사채모집 광고비, 금융회사에 대한 수수료 등이 발생하는데, 이들 비용을 사채발행비(debenture issuance cost, 또는 사채발행원가)라 한다. 사채발행비는 사채를 발행하기 위해 지급한 것이기 때문에 비용으로 처리하지 않고 사채의 발행금액에서 차감(사채할인발행차금을 증가시키거나 사채할증발행차금을 감소)한다.

사채의 발행금액 = 사채발행으로 받은 현금금액-사채발행비

표 13-19 | 사채의 발행과 사채발행비의 회계처리 요약

구분	액면발행	할인발행	할증발행
발행할 때	(차) 현금 ××× (대) 사채 ×××	(차) 현금 ××× 사채할인발행차금 ××× (대) 사채 ×××	(차) 현금 ××× (대) 사채 ××× 사채할증발행차금 ×××
사채발행비를 지급할 때	(차) 사채할인발행차금 ××× (대) 현금 ×××	(차) 사채할인발행차금 ××× (대) 현금 ×××	(차) 사채할증발행차금 ××× (대) 현금 ×××

예제 13-6 사채의 발행비용

(주)수도는 20×1년 1월 1일에 액면금액 ₩100,000, 액면이자율 연 10%, 만기 20×3년 12월 31일인 사채를 다음 금액으로 발행하였다.[26]

1. 발행금액이 ₩100,000인 경우
2. 발행금액이 ₩95,024인 경우
3. 발행금액이 ₩104,972인 경우

㈜수도는 발행한 사채에 발행비 ₩5,000을 현금으로 지급하였다.

---

25) 사채할인발행차금 또는 사채할증발행차금의 상각에서 사채발행비가 있으면 계산이 복잡해지므로 사채발행비를 유효이자율계산에 포함시키는 문제는 **중급회계**에서 설명한다.

26) **액면발행, 할인발행과 할증발행의 경우 발행금액**에 대해서는 각각 **[예제 13-1: 사채의 액면발행]**, **[예제 13-2: 사채의 할인발행]**과 **[예제 13-3: 사채의 할증발행]**에서의 풀이를 참조.

| 요구사항 |

20×1년 1월 1일(발행일)의 회계처리를 하시오.

| 풀이 |

구분	액면발행			
액면발행	(차) 현금 사채할인발행차금	95,000 5,000*1	(대) 사채	100,000
할인발행	(차) 현금 사채할인발행차금	90,024 9,976*2	(대) 사채	100,000
할증발행	(차) 현금 사채할인발행차금	99,972 28*3	(대) 사채	100,000

*1. 액면발행이므로 원래 사채할인발행차금이 없으나 사채발행비가 사채할인발행차금을 발생시킴.
*2. ₩9,976 = 원래의 사채할인발행차금 ₩4,976 + 사채발행비 ₩5,000
*3. ₩28 = 원래의 사채할증발행차금 ₩4,972-사채발행비 ₩5,000. 사채할증발행차금 ₩4,972를 전부 제거하고도 ₩28이 남아 이 금액을 사채할인발행차금으로 보고함.

2. 사채이자

2.1 1년에 두 번 이상 이자를 지급하는 경우

사채이자를 1년 동안에 두 번 이상 지급할 경우 현재가치의 계산에 사용될 이자율과 기간은 적절하게 수정되어야 한다. 즉 연이자율은 이자지급횟수로 나누어 사용하고 기간은 이자지급횟수를 곱하여 사용하여야 한다.27)

예제 13-7 이자지급이 1년에 2회 이상인 경우

(주)어라연은 20×1년 1월 1일에 액면금액 ₩100,000(만기 20×2년 12월 31일, 액면이자율 연 8%, 이자지급은 6월 30일과 12월 31일 연 2회)의 사채를 발행하였다. 사채발행시의 유효이자율이 10%이다.

| 요구사항 |

1. 사채의 발행금액을 계산하시오.
2. 위 사채발행에 따른 회계처리를 하시오.

27) **일시금의 현재가치 계산**을 **예**로 들어 설명하면, 1년 중 **이자지급횟수**를 m이라 하면 현재가치는 다음과 같이 계산한다.

$$P = FV_n \times \frac{1}{\left(1+\frac{i}{m}\right)^{nm}}$$

| 풀이 |

1. 사채의 발행금액

	20×1년 초	6.30	20×1년 말	6.30	20×2년 말
사채이자의 지급액		₩4,000	₩4,000	₩4,000	₩4,000
원금상환액					₩100,000

이자의 현재가치: ₩4,000×3.5460(4년, 5%, 연금현가계수) =₩14,184
원금의 현재가치: ₩100,000×0.8227(4년, 5%, 일시금현가계수) =₩82,270
사채의 발행금액: ₩96,454

2. 회계처리

(1) 유효이자율법에 따른 사채할인발행차금 상각표

일자	유효이자 (장부금액× 시장이자율)	액면이자 (액면가액× 액면이자율)	할인차금 상각액 (유효이자 −액면이자)	할인차금 미상각액	장부금액 (액면가액 −할인차금)
20×1년 1월 1일				₩3,546	₩96,454
20×1년 6월 30일	₩4,823	₩4,000	₩823	2,723	97,277
20×1년 12월 31일	4,864	4,000	864	1,859	98,141
20×2년 6월 30일	4,907	4,000	907	952	99,048
20×2년 12월 31일	4,952	4,000	952	0	100,000
계	₩19,546	₩16,000	₩3,546		

(2) 회계처리

일자	회계처리	
20×1년 1월 1일	(차) 현금 96,454 사채할인발행차금 3,546	(대) 사채 100,000
20×1년 6월 30일	(차) 이자비용 4,823	(대) 현금 4,000 사채할인발행차금 823
20×1년 12월 31일	(차) 이자비용 4,864	(대) 현금 4,000 사채할인발행차금 864
20×2년 6월 30일	(차) 이자비용 4,907	(대) 현금 4,000 사채할인발행차금 907
20×2년 12월 31일	(차) 이자비용 4,952	(대) 현금 4,000 사채할인발행차금 952
	(차) 사채 100,000	(대) 현금 100,000

2.2 이자지급기간과 회계기간이 다른 경우

지금까지는 사채발행회사의 회계연도 말이 이자지급일과 일치한다고 가정하였다. 그러나 이자지급기간과 회계기간이 다른 경우 당기(이자지급일부터 결산일까지)에 발생한 발생이자(경과이자)를 회계연도 말(대차대조표일)에 인식하여야 하며, 현금으로 지급되어야 하는 당기분 액면이자 중에서 미지급된 금액은 미지급(사채)이자로 계상하여야 한다. 또한 사채할인(할증)발행차금의 상각(환입)액도 당기분만 계산하여 인식하여야 한다.

표 13-20 | 이자지급기간과 회계연도가 불일치하는 경우의 회계처리: 할인발행

구분	사채발행자의 회계처리			
기중발행시	(차) 현금 사채할인발행차금	××× ×××	(대) 사채	×××
기말시	(차) 이자비용	×××	(대) 미지급이자 사채할인발행차금	××× ×××
이자지급시	(차) 이자비용 미지급이자	××× ×××	(대) 현금 사채할인발행차금	××× ×××
만기시	(차) 이자비용 미지급이자	××× ×××	(대) 이자비용 사채할인발행차금	××× ×××
	(차) 사채	×××	(대) 현금	×××

예제 13-8 이자지급기간과 회계연도가 불일치하는 경우

(주)왕피천은 20×1년 4월 1일에 액면금액 ₩100,000(이자율 연 8%, 만기 20×3년 3월 31일, 이자는 20×2년 3월 31일과 20×3년 3월 31일에 지급)의 사채를 발행하였다. 사채발행시의 유효이자율이 10%이다.

| 요구사항 |

1. 사채의 발행금액을 계산하시오.
2. 위 사채발행에 따른 회계처리를 하시오.

| 풀이 |

1. 사채의 발행금액

	20×1년 4월 1일	20×2년 3월 31일	20×3년 3월 31일
사채이자의 지급액		₩8,000	₩8,000
원금상환액			₩100,000

이자의 현재가치: ₩8,000×1.7355(2년, 10%, 연금현가계수) = ₩13,884
원금의 현재가치: ₩100,000×0.8264(2년, 10%, 일시금현가계수) = ₩82,640
사채의 발행금액: ₩96,524

2. 회계처리

(1) 유효이자율법에 따른 사채할인발행차금 상각표

일자	유효이자 (장부가액× 시장이자율)	액면이자 (액면가액× 액면이자율)	상각액 (유효이자 −액면이자)	할증차금 미상각액	장부가액 (액면가액 −할인차금)
20×1년 4월 1일				₩3,476	₩96,524
20×2년 3월 31일	₩9,652	₩8,000	₩1,652	1,824	98,176
20×3년 3월 31일	9,824	8,000	1,824	0	100,000
계	₩19,476	₩16,000	₩3,476		

(2) 회계처리

일자	회계처리	
20×1년 4월 1일	(차) 현금 96,524 사채할인발행차금 3,476	(대) 사채 100,000
20×1년 12월 31일	(차) 이자비용 7,240[*1]	(대) 미지급이자 6,000 사채할인발행차금 1,240[*2]
20×2년 3월 31일	(차) 이자비용 2,413[*3] 미지급이자 6,000	(대) 현금 8,000 사채할인발행차금 413
20×2년 12월 31일	(차) 이자비용 7,366[*4]	(대) 미지급이자 6,000 사채할인발행차금 1,366
20×2년 3월 31일	(차) 이자비용 2,454[*5] 미지급이자 6,000	(대) 이자비용 8,000 사채할인발행차금 454
	(차) 사채 100,000	(대) 현금 100,000

*1. ₩9,652×9/12=₩7,240
*2. ₩7,240−6,000=₩1,240
*3. ₩9,652×3/12=₩2,413
*4. ₩9,824×9/12=₩7,366
*5. ₩9,824×3/12=₩2,454

보론 13-2 퇴직급여부채[28)]

1. 퇴직급여와 퇴직급여부채

퇴직급여(post-employment benefit)는 종업원이 퇴직할 때(퇴직일시금을 지급) 또는 퇴직한 후에(퇴직연금을 지급) 기업이 종업원의 과거 근무용역에 대한 대가로 지급하는 종업원급여이다. 일반적으로 기업이 종업원의 퇴직급여를 기업의 내부 또는 외부의 기금에 적립하여 운용하고, 종업원이 퇴직한 후에 일시금이나 연금의 형태로 지급한다. 퇴직급여에는 퇴직일시금, 퇴직연금과 퇴직후 의료급여 등이 포함된다.

퇴직급여부채는 기업이 종업원의 미래 퇴직급여와 관련하여 인식하는 충당부채이다. 퇴직급여부채는 근무용역을 제공한 기간의 비용으로 인식하고 장래 퇴직시점에 지급할 의무를 현재가치로 평가하여 확정급여채무로 계상한다.

2. 퇴직급여제도: 확정기여제도와 확정급여제도

퇴직급여제도(post-employment benefit plans)는 확정기여제도(확정기여형 퇴직연금, defined contribution plans, DC)와 확정급여제도(확정급여형 퇴직연금, defined benefit plans, DB)가 있다.

표 13-21 | 확정기여제도와 확정급여제도

구분	확정기여제도	확정급여제도
의의	회사가 부담할 기여금을 사전에 확정한 후 종업원이 자기 책임으로 적립금을 운용하여 그 운용결과에 따라 일정 연령에 도달하면 연금이 지급됨	종업원이 연금으로 받을 금액을 노사가 사전에 확정한 후 근로자가 일정 연령에 도달하면 확정된 연금을 지급함
운영방법 및 책임	종업원이 적립금의 운용방법을 결정하고 책임을 짐	회사가 적립금의 운용방법을 결정하고 책임을 짐
퇴직급여	운영실적에 따라 퇴직급여가 변동함	확정함
기업부담	기업부담금은 근로자 임금의 일정 비율로 확정됨	적립금의 운용결과에 따라 기업부담이 변동함

28) **퇴직급여부채**에 대한 자세한 회계처리는 **중급회계**에서 설명한다. K-IFRS에서는 보험수리적 기법(actuarial valuation method)을 적용(미래의 임금상승률 등을 고려)하여 퇴직급여부채를 측정하도록 규정하고 있다.

2.1 확정기여제도의 퇴직급여부채 회계처리

확정기여제도는 기업의 부담금이 사전에 확정되고, 종업원이 받을 퇴직급여는 기업의 부담금으로 조성된 기금(fund)의 운용실적에 따라 달라진다. 따라서 회사는 정해진 부담금을 종업원이 정하는 펀드와 금융기관에 입금하는 것으로 퇴직급여에 대한 의무가 끝난다.

확정기여제도를 채택하고 있는 회사는 부담금(기여금)을 당기비용으로 인식하는 다음과 같은 회계처리를 한다. 이미 납부한 기여금이 납부하여야 할 기여금에 미달하는 경우에는 미지급퇴직급여계정으로 부채로 인식하며, 이미 납부한 기여금이 납부하여야 할 기여금을 초과하는 경우에는 선급퇴직급여계정으로 자산으로 인식한다.

표 13-22 | 확정기여제도의 퇴직급여부채 회계처리

구분	회계처리	
퇴직급여의 인식(기여)	(차) 퇴직급여 ×××	(대) 현금[*1] ×××
납부한 부담금이 출연해야 할 부담금에 미달하는 경우	(차) 퇴직급여 ×××	(대) 현금 ××× 미지급퇴직급여[*2] ×××
납부한 부담금이 출연해야 할 부담금을 초과하는 경우	(차) 퇴직급여 ××× 선급퇴직급여[*3] ×××	(대) 현금 ×××
퇴직급여의 지급	회계처리 없음	

*1 확정급여채무를 인식하지 않음.
*2 미지급퇴직급여계정은 이미 납부한 부담금이 납부하여야 할 부담금에 미달하는 경우에 부채로 인식함.
*3 선급퇴직급여계정은 이미 납부한 부담금이 납부하여야 할 부담금을 초과하는 경우에 자산으로 인식함.

일반적으로 기업이 종업원의 퇴직급여를 기업의 내부 또는 외부의 기금에 적립하여 운용하고, 종업원이 퇴직한 후에 일시금이나 연금의 형태로 지급한다.

2.2 확정급여제도의 퇴직급여부채 회계처리

확정급여제도는 노사 간 협약에 따라 기업이 종업원에게 퇴직 이후에 사전에 약정된 대로 퇴직급여를 지급할 수 있도록 퇴직급여의 규모와 내용을 먼저 확정하고, 이렇게 확정된 퇴직급여를 회사가 모두 부담할 책임을 진다.

확정기여제도를 채택하고 있는 회사는 매 회계연도마다 퇴직률, 미래임금상승률, 할인율 등을 추정하여 장래 퇴직시점에 지급할 의무를 현재가치로 평가한 후 퇴직급여(당기비용)와 퇴직급여채무를 부채로 계상하기 위하여 다음과 같은 회계처리를 한다.

표 13-23 | 확정급여제도의 퇴직급여부채 회계처리

구분	회계처리			
퇴직급여의 인식	(차) 퇴직급여	×××	(대) 퇴직급여채무[*1]	×××
기여금의 출연	(차) 사외적립자산	×××	(대) 현금	×××
퇴직급여의 지급	(대) 퇴직급여채무	×××	(대) 사외적립자산[*2]	×××

*1. 퇴직급여채무(defined benefit obligation)는 확정급여제도에서 종업원이 당기와 그 이전기간의 근무대가로서 퇴직 이후 받기로 약정되어 있는 미래지급의무액을 말하며, 근로자에 대한 퇴직 후 지급예상총액을 추정하여 이를 현재가치로 계산하여 보고함.

*2. 사외적립자산(plan assets)은 퇴직급여채무의 지급에 대비하여 기업 외부에 적립한 자산(또는 같은 효력이 있는 보험계약)을 말함. 사외적립자산은 공정가치로 측정함.

3. 퇴직급여부채(또는 퇴직급여자산): 기업은 재무상태표에 매 회계기간 말 퇴직급여채무에서 사외적립자산을 차감하는 방법으로 퇴직급여순부채(또는 퇴직급여순자산)의 금액을 표시함. 만일 퇴직급여채무가 사외적립자산보다 큰(작은) 경우에는 순부채(순자산)가 계상되는데 이를 퇴직급여부채(퇴직급여자산)라 함.

보고기간 말 재무상태에는 퇴직급여부채를 퇴직급여채무(현재가치)에서 사외적립자산(공정차치)을 차감한 후의 순액(순퇴직급여부채 또는 순퇴직급여자산)으로 표시한다. 만약 사외적립자산이 퇴직급여채무보다 크다면 초과액이 퇴직급여자산으로 표시된다.

재무상태표(부분)

(주)수도 | 20×1년 12월 31일 현재 | (단위: 원)

자산	부채		
	퇴직급여부채		
	퇴직급여채무	×××	
	사외적립자산	(×××)	×××

신문에서 배우는 회계 · 세상

✣ 부실 CP 쇼크, 엉터리 · 뒷북 신용평가社들 동양시멘트 우량등급 주다 법정관리 신청 직전 5단계 내려

일반 투자자들 분통 – 완전 자본잠식 상태인 레저 · 인터내셔널에 B등급, 그러는 사이 CP 4,500억 발행

'뒷북' 한두 번이 아니다 – LIG건설 법정관리 신청 前까지

신평사들이 'A3–' 등급 부여 … 작년엔 웅진홀딩스 'A2–' 평가

1999년 대우그룹의 회사채 파동 이후 최대 규모인 4만여 명의 기업어음(CP) 피해자를 쏟아낸 '동양 부실 CP 쇼크'의 배후엔 부실한 신용평가기능이 한몫을 하고 있다. 신용평가만 제대로 했더라도 부실 CP 발행이 불가능했고, 그랬다면 피해자도 그만큼 줄었을 것이란 얘기다.

이번 '동양그룹 사태'에서 신용평가사들은 자본잠식 상태인 동양계열사에도 채무 상환 능력이 인정되는 B등급을 주고 있었는가 하면, 줄곧 우량등급을 주다가 법정관리 한 달 전부터 무려 5단계를 초스피드로 떨어뜨렸다. 투자자들 입장에서는 '뒷북도 이런 뒷북이 있나' 하는 탄식을 할 수밖에 없는 상황이다.

일반 투자자들이 기업들의 내부 사정을 들여다보기 쉽지 않다. 그래서 가장 의존하는 것이 기업에 대한 신평사들의 신용평가등급이다. A는 투자적격, B등급은 다소 위험하지만 그래도 투자는 가능한 수준으로 본다. C등급 이하가 나오면 사실상 개인들조차도 거의 투자하지 않는다. 그런데 이번에 무더기 법정관리신청을 해버린 동양그룹 계열사 중 8월 말 이전에 C등급을 받은 곳은 단 한 곳도 없다.

2년간 우량등급 주다 법정관리신청 직전 5개 등급 내려

신용평가사들이 뒷북을 치는 건 이번이 처음이 아니다. LIG건설은 지난 2011년 3월 법정관리를 신청하기 직전까지 6개월간 투자 적격인 'A3–' 신용등급으로 개인 투자자들에게 2,000억원 이상의 CP를 발행했다가 막판에 법정관리를 신청했다. 작년 9월에는 웅진홀딩스가 'A2–'등급으로 1,000억원대의 CP를 발행한 상태에서 법정관리를 신청하는 일이 벌어졌다.

A3(상환능력 양호등급 · 2012년 1월) → A3–(2013년 1~8월) → B+(상환능력 인정등급 · 2013년 8월 29일) → B–(2013년 9월 27일) → D(채무불이행등급 · 2013년 10월 1일)

우량등급(A3-)이다가 법정관리 한 달 남기고 5등급 폭락

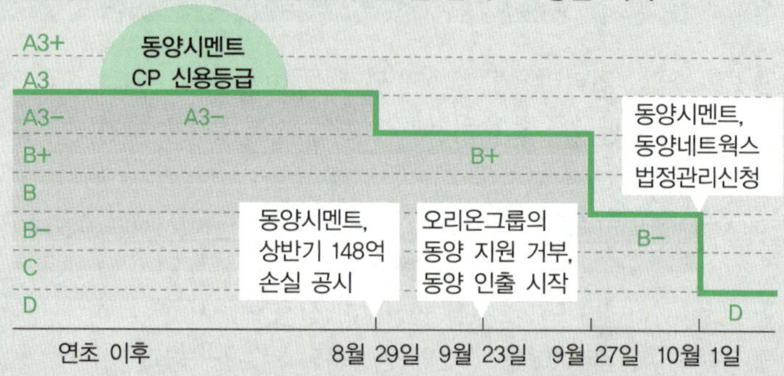

자본잠식인데도 법정관리신청 한 달 전까지 B등급

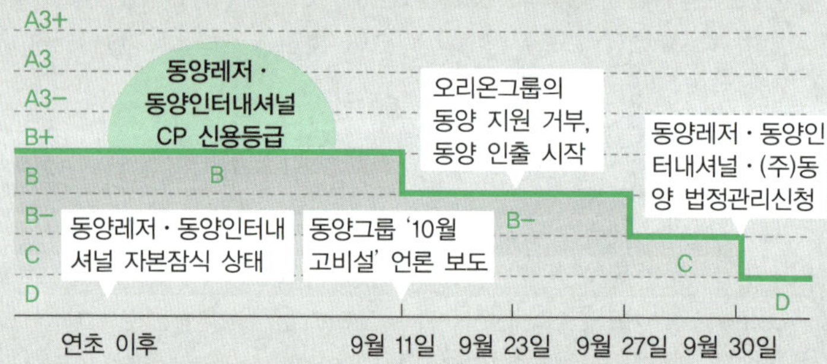

자료: 한국기업평가 · 나이스신용평가

신용평가사의 CP 평가등급

총 12단계

A1 상환능력 최고 수준　A2+/A2/A2- 상환능력 우수
A3+/A3/A3- 상환능력 양호　B+/B/B- 상환능력 인정, 투기적 요소
C 상환능력 매우 가변적, 투기적 요소 강함
D 채무불이행 상태

한국기업평가와 나이스신용평가 등 국내 2개 신용평가기관이 지난 1일 법정관리신청을 한 동양시멘트에 대해 최근 2년간 내려온 신용등급의 변화 추이다.

'믿고 투자해도 좋다'는 등급(A)이 법정관리신청 불과 한 달 전인 8월 29일부터 무려 5등급이나 초스피드로 급락해 D(채무불이행)등급으로 떨어졌다. 투자자들 입장에선 망연자실할 수밖에 없다. 또 다른 신평사인 한국신용평가는 동양계열사에 대해 평가를 중단했거나 하지 않아 왔다.

현재 만기가 돌아오지 않은 동양시멘트 CP 발행금액만도 358억원. 대부분 '휴지 조각'이 될 위험에 노출돼 있다. 특히 법정관리 돌입 석 달여 전부터 (주)동양이 집중적으로 1,500억원대 이상 발행한 CP(자산담보부 기업어음 · ABCP)는 동양시멘트의 '건전성'을 담보로 발행된 것이다. 에프엔 자산평가의 최원석 대표는 "'엉터리 뒷북 신용평가'만 없었더라도 동양 계열사들이 부실 CP를 마음대로 발행하지 못했을 것"이라고 말했다.

자본잠식 상태인데도 B(상환능력 인정)등급

동양그룹 사태에서 뒷북 평가의 대상은 동양시멘트뿐만 아니다. 동양그룹계열사 중 가장 먼저 법정관리신청(9월 30일)을 한 동양레저와 동양인터내셔널의 신용등급 추락도 마찬가지다. 두 회사는 작년 연말부터 완전 자본잠식 상태였다. 자본잠식이란 회사가 자본금을 다 써버려 빚만 남아 있는 상황이란 뜻이다. 그런데도 이들 기업에 대해 한기평과 나이스는 9월까지 B등급을 줬다. 그러다가 언론에서 '동양그룹 10월 고비설'을 제기한 직후인 9월 11일에 가서야 B-로 한 등급 낮췄다. 하지만 여전히 B등급이라, CP 발행과 유통이 가능한 등급이었다. 두 회사가 발행해 아직 만기가 돌아오지 않은 CP규모는 4,500억여원이다.

이후 오리온그룹의 동양 지원 거부(9월 23일)로 시중에서 동양증권에 대한 '인출 사태'가 시작된 상황에서도 신평사들은 '신용등급 조정'을 하지 않았고, 9월 27일에 가서야 C등급(상환능력 매우 가변적)으로 내렸다. 동양레저 등 2개 회사는 사흘 후 법정관리를 신청했다.

대기업에서 자유롭지 못한 구조

왜 부실 신용평가가 반복되는 것일까. 일부 신평사 관계자들은 "과거의 실적을 검증하는 것이 아니라 미래의 가능성을 예측하는 것이다 보니 한계가 있다"고 해명하지만, 이번 사태의 과정과 그 파장을 보면 설득력이 떨어진다.

전문가들은 대기업들로부터 수수료를 받아 운영되는 우리 신평사들의 구조적 문제점을 지적한다. 우리나라 신용평가시장은 실제 신용평가의 수요자인 투자자보다는 신평사에 수수료를 지급하는 주체인 대기업이 주도하는 시장이다.

외국의 신평사들도 기업으로부터 평가수수료를 받기는 하지만 시장의 압력을 의식해 투자자 관점에서 객관적이고 엄격한 잣대를 적용하기 때문에 기업에 휘둘리지는 않는다.

기업어음(CP) 신용등급

국제신용평가사 무디스가 대주주인 한국신용평가, 피치가 대주주인 한국기업평가, 토종사인 NICE신용평가 등 3개 기업 신용평가사가 CP에 매기는 신용등급으로 A1(상환능력 최고)부터 D(채무불이행)까지 총 12단계로 구분된다. 신평사가 기업으로부터 수수료를 받고 등급을 매기며, 기업 입장에서 신평사 3곳 중 2곳으로부터 평가등급을 받으면 CP를 발행할 수 있다.

http://biz.chosun.com/site/data/html_dir/2013/10/06/2013100602095.html

논술문제

1 부채의 의의, 특징과 분류에 대해 설명하시오.

2 유동부채와 비유동부채에 대해 설명하시오.

3 금융부채와 비금융부채에 대해 설명하시오.

4 확정부채, 충당부채와 우발부채에 대해 설명하시오.

5 부채의 인식과 평가에 대해 설명하시오.

6 사채의 의의와 종류에 대해 설명하시오.

7 사채와 주식을 비교하여 설명하시오.

8 사채의 발행금액의 결정에 대해 설명하시오.

9 사채발행금액의 계산에 대해 설명하시오.

10 사채발행의 회계처리에 대해 설명하시오.

11 사채상환의 회계처리에 대해 설명하시오.

12 충당부채의 의의와 인식조건 및 우발부채에 대해 설명하시오.

객관식문제

■ 기본문제

1 사채할인발행차금은 시장이자율이 액면이자율보다 (가) 경우 발생하고, 액면이자율과 시장이자율을 동일하게 발행하는 것을 (나) 발행이라 한다. (가)와 (나)에 들어갈 말로 알맞은 것은? (기업회계 3급 44회)

① (가) 높을 (나) 할증　　② (가) 높을 (나) 액면
③ (가) 낮을 (나) 액면　　④ (가) 낮을 (나) 할인

| 풀이 |
시장이자율이 액면이자율보다 높을 때 발행하면 할인발행이라 함. 할인발행시 회계처리는 다음과 같음.

(차) 현 금	×××	(대) 사 채	×××
사채할인발행차금	×××		

| 정답 | ②

2 한국채택국제회계기준상의 사채에 관한 설명으로 틀린 것은? (기업회계 2급 43회)

① 사채의 상환기간 동안 사채의 발행금액보다 더 지급하는 금액은 모두 이자에 해당한다.
② 사채할증발행의 경우에는 실질이자가 감소함에도 불구하고 표시이자가 더 큰 금액이므로 사채할증발행차금 상각액은 시간의 경과에 따라 감소한다.
③ 사채할증발행차금은 사채의 부가계정으로 사채에 가산하는 형식으로 기재한다.
④ 사채의 발행으로 인한 부대비용은 사채의 발행금액에서 차감한다.

| 풀이 |
사채할증발행의 경우에는 실질이자가 감소함에도 불구하고 표시이자가 더 큰 금액이므로, 사채할증발행차금 상각액도 시간의 경과에 따라 증가함.

| 정답 | ②

3 (주)한국은 20×1년 1월 1일에 아래와 같이 사채를 발행하였다. 동 사채를 20×1년 12월 31일 ₩980,000에 조기 상환하였다. 사채 거래와 관련하여 2016년 인식할 사채상환손실은 얼마인가? 단, 소수점 이하는 절사한다. (기업회계 2급 42회)

- 액면가: ₩1,000,000
- 액면이자율: 8%
- 이자는 매년말 후급
- 만기: 3년
- 사채발행시 시장이자율: 10%
- 사채발행가액: ₩950,263

① ₩14,711　　② ₩15,026　　③ ₩95,026　　④ ₩109,737

| 풀이 |

2016. 12. 31 사채 장부가액: ₩950,263+(₩950,263×0.1−₩80,000)=₩965,289

2016. 12. 31:	(차) 이자비용	95,026	(대)	현금	80,000
				사채할인발행차금	15,026
	(차) 사채	1,000,000	(대)	사채할인발행차금	34,711
	사채상환손실	14,711		현금	980,000

| 정답 | ①

4 **부채성충당부채를 계상하는 이유는 다음 중 어느 개념과 가장 부합되는가?** (기업회계 1급 41회)

① 보수주의 ② 우발상황 ③ 실현주의 ④ 수익·비용 대응

| 풀이 |

부채성충당부채는 당기 수익에 대응하는 비용으로 장래의 지출될 것이 확실하고, 당기의 수익에서 차감하는 것이 합리적인 것에 대하여 그 금액을 추산하여 계상하는 것임.

| 정답 | ④

■ 심화문제

1 **(주)갑을은 20×1년 1월 1일 액면금액 ₩50,000(만기 3년, 표시이자율 연10%, 매년 말 이자지급)인 사채를 발행하였다. 20×1년 1월 1일의 시장이자율은 연 8%이다. (주)갑을이 20×3년 4월 1일에 동 사채의 50%(발생한 액면이자 포함)를 ₩25,000에 조기상환할 경우, 조기상환이익은 얼마인가? 단, 사채발행과 관련된 거래비용은 없다. 계산결과 단수차이로 인해 답안과 오차가 있는 경우 근사치를 선택한다.** (CTA 2012)

할인율 / 기간	기간 말 단일금액 ₩1의 현재가치		정상연금 ₩1의 현재가치	
	8%	10%	8%	10%
1	0.9259	0.9091	0.9259	0.9091
2	0.8573	0.8264	1.7833	1.7355
3	0.7938	0.7513	2.5771	2.4868

① ₩159 ② ₩346 ③ ₩784
④ ₩791 ⑤ ₩1,596

| 풀이 |[29]

1. 20×1년 1월 1일 사채발행가액
   ₩50,000×0.7938+5,000×2.5771=₩52,576

29) 다음과 같이 풀이할 수도 있음.
1. 발행금액: ₩5,000×2.5771+×50,000×0.7938=₩52,576
2. 유효이자율법에 의한 상각표

2. 20×2년 12월 31일 사채장부금액
   ₩52,576+4,206−5,000+4,143−5,000=₩50,925
3. 20×3년 4월 1일 사채 조기상환 회계처리

(차) 이자비용	509	(대) 미지급이자	625
사채할증발행차금	116		

*₩50,925×8%×3/12×50%=₩509

(차) 사채	25,000	(대) 현금	25,000
사채할증발행차금	346	사채상환이익	971
미지급이자	625		

*₩925×50%−116=₩346

| 정답 | ④

2 **(주)한국은 20×1년 1월 1일 액면금액 ₩1,000,000, 액면이자율 연 8%(매년 말 이자지급), 만기 3년인 회사채를 ₩950,244에 발행하였다. 발행 당시 유효이자율은 연 10%이었으며, 사채할인발행차금에 대하여 유효이자율법으로 상각하고 있다. 한편, (주)한국은 자산매각을 통해 발생한 자금으로 20×1년 7월 1일에 동 사채 액면금액의 50%를 ₩500,000(경과이자 포함)에 조기상환하였다. 동 사채와 관련하여 20×1년도에 발생한 거래가 (주)한국의 20×1년도 포괄손익계산서상 당기순이익에 미치는 영향은 얼마인가? 단, 법인세효과는 고려하지 않으며, 이자는 월할계산한다. 또한 계산금액은 소수점 첫째 자리에서 반올림하며, 단수차이로 인해 약간의 오차가 있으면 가장 근사치를 선택한다.** (CPA 2011)

① ₩47,512 감소 ② ₩48,634 감소 ③ ₩58,638 감소
④ ₩71,268 감소 ⑤ ₩72,390 감소

| 풀이 |

1. 사채상환손실

상환금액	₩500,000
사채관련장부금액: (₩950,244+₩950,244×10%×6/12)×50%=	498,878
사채상환손실	₩(1,122)

일자	장부금액	유효이자(8%)	액면이자(10%)	상각액
20×1년 초	₩52,576			
20×1년 말	51,782	₩4,206	₩5,000	₩794
20×2년 말	50,925	4,143	5,000	857
20×3년 말	50,000	4,075	5,000	925

3. 20×3년 4월 1일 사채금액(액면이자 포함): (₩50,925+₩4,075×3/12)×50%=₩25,971
4. 사채상환이익: ₩25,971−₩25,000=₩971

2. 이자비용 :₩950,244 × 10% × 6/12 + ₩950,244 × 10% × 6/12 × 50% = ₩(71,268)
20 × 1년 당기순이익에 미치는 영향: ₩(1,122) + ₩(71,268) = ₩(72,390) 감소

| 정답 | ⑤

3 **(주)대한은 20×1년 초 액면금액 ₩1,000,000의 사채(만기 3년, 액면이자율 10%, 이자는 매년 말 지급)를 12%의 유효이자율로 발행하였다. (주)대한은 액면금액 중 ₩500,000을 20×3년 6월 30일에 경과이자를 포함하여 ₩525,000에 조기상환하였다. 사채의 조기상환손익은? 단, 현가계수는 아래 표를 이용한다. 계산금액은 소수점 첫째 자리에서 반올림하며, 단수차이가 있으면 가장 근사치를 선택한다.** (CTA 2013)

현가계수표

기간	기간 말 단일금액 ₩1의 현재가치		정상연금 ₩1의 현재가치	
	10%	12%	10%	12%
1	0.9091	0.8929	0.9091	0.8929
2	0.8264	0.7972	1.7355	1.6901
3	0.7513	0.7118	2.4868	2.4018

① ₩8,918 손실 ② ₩4,459 손실 ③ ₩0
④ ₩4,459 손실 ⑤ ₩8,918 이익

| 풀이 |

1. 20 × 3년 6월 30일 사채 상각후원가
   ① 20 × 1년 초 사채발행금액
   ₩1,000,000 × 0.7118 + 100,000 × 2.4018 = ₩951,980
   ② 20 × 3년 6월 30일 상각후원가
   (₩951,980 + 14,238 + 15,946 + 17,836 × 6/12) = ₩991,082
2. 경과이자를 제외한 조기상환금액
   ₩525,000 − 100,000 × 50% × 6/12 = ₩500,000
3. 20 × 3년 6월 30일 사채 조기상환손실
   ₩500,000 − 991,082 × 50% = ₩4,459 손실

| 정답 | ②

4 (주)세무는 20×3년부터 판매한 제품의 결함에 대해 1년간 무상보증을 해주고 있으며, 판매한 제품 중 5%의 보증요청이 있을 것으로 예상한다. (주)세무는 제품보증활동에 관한 수익을 별도로 인식하지 않고 제품보증비용을 인식한다. 개당 보증비용은 20×3년 말과 20×4년 말에 각각 ₩1,200과 ₩1,500으로 추정되었다. 판매량과 보증비용 지출액에 관한 자료가 다음과 같을 때, 20×4년 말 재무상태표에 표시할 제품보증충당부채는? 단, 모든 보증활동은 현금지출로 이루어진다. (CTA 2016)

연도	판매량	보증비용 지출액
20×3년	600개	₩15,000
20×4년	800개	₩17,000(전기 판매분) ₩30,000(당기 판매분)

① ₩26,000 ② ₩30,000 ③ ₩34,000
④ ₩37,500 ⑤ ₩40,500

| 풀이 |

1. 20×3년 말 제품보증충당부채 잔액
   600개×5%×₩1,200−15,000=₩21,000
2. 20×4년 말 제품보증충당부채 잔액
   800개×5%×₩1,500−30,000=₩30,000
3. 일사별 외계치리

〈20×3. 보증비 지출시〉

(차) 제품보증비	15,000	(대) 현금	15,000

〈20×3. 12. 31〉

(차) 제품보증비	21,000	(대) 제품보증충당부채	21,000

*600개×5%×₩1,200−15,000=₩21,000

〈20×4. 보증비 지출시〉

(치) 제품보증충당부채	17,000	(대) 현금	47,000
(차) 제품보증비	30,000		

〈20×4. 12. 31〉

(차) 제품보증충당부채	4,000	(대) 충당부채환입	4,000
제품보증비	30,000	(대) 제품보증풍당부채	30,000

*800개×5%×₩1,500−30,000=₩30,000

| 정답 | ②

5 (주)국세는 20×2년 7월 1일에 토지(장부금액 ₩60,000)를 매각하면서 20×3년 6월 30일부터 20×5년 6월 30일까지 매년 6월 30일에 ₩40,000씩 수령하기로 하였다. 20×2년 7월 1일 유효이자율이 연 10%일 때 동 토지매각과 관련하여 (주)국세가 20×3년도를 포괄손익계산서에 인식해야 할 이자수익은 얼마인가? 단, 현가계수는 아래의 표를 이용하며, 이자는 월할계산한다. 계산금액은 소수점 첫째자리에서 반올림하며, 단수차이로 인한 오차가 있으면 가장 근사치를 선택한다. (CTA 2012)

현가계수표

할인율 / 기간	기간 말 단일금액 ₩1의 현재가치	정상연금 ₩1의 현재가치
	10%	10%
1년	0.90909	0.90909
2년	0.82645	1.73554
3년	0.75131	2.48685

① ₩6,000 ② ₩6,942 ③ ₩8,445
④ ₩9,947 ⑤ ₩12,000

| 풀이 |

1. 일자별 회계정리

〈20×2. 7. 1〉

(차) 장기미수금	120,000	(대)	토지	60,000
			현재가치할인차금	20,526*
			유형자산처분이익	39,474

*₩40,000×2.48685=₩99,474
₩120,000−99,474=₩20,526

〈20×2. 12. 31〉

(차) 현재가치할인차금	4,974*	(대) 이자수익	4,974

*₩99,474×10%×6/12=₩4,974

〈20×3. 6. 30〉

(차) 현재가치할인차금	4,974	(대) 이자수익	4,974
현금	40,000	장기미수금	40,000

〈20×3. 12. 31〉

(차) 현재가치할인차금	3,471*	(대) 이자수익	3,471

*(₩99,474+9,948−40,000)×10×6/12=₩3,471

2. 20×3년 포괄손익계산서상 이자수익
₩4,974+3,471=₩8,445

| 정답 | ③

사례문제

1 사채의 발행: 할인발행과 할증발행

다음은 (주)수도의 사채 관련 거래내용이다.

1. (주)수도는 20×3년 1월 1일 만기 3년, 액면금액 ₩1,000,000의 사채를 발행하였다. 사채의 표시이자율은 6%이고, 이자는 매년 12월 31일에 지급한다.
2. (주)수도는 사채의 발행으로 인한 사채할인발행차금을 유효이자율법으로 상각한다.
3. 현재가치계수는 다음과 같다.

기간	5%		8%	
	현가계수	연금현가계수	현가계수	연금현가계수
1	0.9523	0.9523	0.9259	0.9259
2	0.9070	1.8593	0.8573	1.7832
3	0.8638	2.7231	0.7938	2.5770

| 요구사항 |

1. 사채발행일의 시장이자율이 5%일 경우 ① 사채의 발행금액을 계산하고, ② 사채발행일 현재의 부분재무상태표를 작성하며, ③ 사채빌행차금상각표를 작성하고, ④ 각 일자에 해야 할 회계처리를 하시오.
2. 사채발행일의 시장이자율이 8%일 경우 ① 사채의 발행금액을 계산하고, ② 사채발행일 현재의 부분재무상태표를 작성하며, ③ 사채발행차금상각표를 작성하고, ④ 각 일자에 해야 할 회계처리를 하시오.

| 풀이 |

1. 시장이자율이 5%인 경우(할증발행)

① 사채의 발행금액 계산

	20×3년 1월 1일	20×3년 12월 31일	20×4년 12월 31일	20×5년 12월 31일
사채이자지급액		₩60,000	₩60,000	₩60,000
원금상환액				₩1,000,000

이자의 현재가치:	₩60,000×2.7231(3년, 5%, 연금현가계수)	=₩163,386
원금의 현재가치:	₩1,000,000×0.8638(3년, 5%, 일시금현가계수)	=₩863,800
사채의 발행금액:		₩1,027,186

② 사채발행일 현재의 부분재무상태표 작성

재무상태표

(주)수도 　　　　　20×3년 12월 31일 현재

자산	부채		
	비유동부채		
	사채	₩1,000,000	
	사채할증발행차금	27,186	₩1,027,186

③ 사채할증발행차금상각표 작성

일자	유효이자 (5%)	표시이자 (6%)	할증차금 상각액	할증차금 미상각액	장부금액
20×3년 1월 1일				₩27,186	₩1,027,186
20×3년 12월 31일	₩51,359[*1]	₩60,000	₩8,641[*2]	18,545	₩1,018,545[*3]
20×4년 12월 31일	50,927	60,000	9,073	9,742	1,009,472
20×5년 12월 31일	50,528[*4]	60,000	9,472	0	1,000,000[*4]
합계	₩152,814	₩180,000	₩27,186		

*1. ₩1,027,186×0.05=₩51,359
*2. ₩60,000－₩51,539=₩8,641
*3. ₩1,027,186－₩8,641=₩1,018,545
*4. 단수조정

④ 각 일자에 해야 할 회계처리

일자	회계처리	
20×3년 1월 1일 (발행일)	(차) 현금 1,027,186	(대) 사채 1,000,000 사채할증발행차금 27,186
20×3년 12월 31일 (이자지급일)	(차) 이자비용 51,359 사채할증발행차금 8,641	(대) 현금 60,000
20×4년 12월 31일 (이자지급일)	(차) 이자비용 50,927 사채할증발행차금 9,073	(대) 현금 60,000
20×5년 12월 31일 (이자지급일과 상환일)	(차) 이자비용 50,528 사채할증발행차금 9,472	(대) 현금 60,000
	(차) 사채 1,000,000	(대) 현금 1,000,000

2. 시장이자율이 8%인 경우(할인발행)

① 사채의 발행금액 계산

	20×3년 1월 1일	20×3년 12월 31	20×4년 12월 31	20×5년 12월 31일
사채이자지급액		₩60,000	₩60,000	₩60,000
원금상환액				₩1,000,000

이자의 현재가치: ₩60,000×2.5770(3년, 8%, 연금현가계수) =₩154,620
원금의 현재가치: ₩1,000,000×0.7938(3년, 8%, 일시금현가계수) =₩793,800
사채의 발행금액: ₩948,420

② 사채발행일 현재의 부분재무상태표 작성

재무상태표

(주)수도 20×3년 12월 31일 현재

자산	부채		
	비유동부채		
	사채	₩1,000,000	
	사채할인발행차금	(51,580)	₩948,420

③ 사채할인발행차금상각표 작성

일자	유효이자 (8%)	표시이자 (6%)	할인차금 상각액	할증차감 미상각액	장부금액
20×3년 1월 1일				₩51,580	₩948,420
20×3년 12월 31일	₩75,874*1	₩60,000	₩15,874*2	35,706	₩964,294*3
20×4년 12월 31일	77,144	60,000	17,144	15,862	981,438
20×5년 12월 31일	78,562*4	60,000	18,562	0	1,000,000*4
합계	₩231,580	₩180,000	₩51,580		

*1. ₩948,420×8%=₩75,874
*2. ₩75,874−₩60,000=₩15,874
*3. ₩948,420+₩15,874=₩964,294
*4. 단수조정

④ 각 일자에 해야 할 회계처리

일자	회계처리			
20×3년 1월 1일 (발행일)	(차) 현금 사채할인발행차금	948,420 51,580	(대) 사채	1,000,000
20×3년 12월 31일 (이자지급일)	(차) 이자비용	75,874	(대) 현금 사채할인발행차금	60,000 15,874
20×4년 12월 31일 (이자지급일)	(차) 이자비용	77,144	(대) 현금 사채할인발행차금	60,000 17,144
20×5년 12월 31일 (이자지급일과 상환일)	(차) 이자비용	78,562	(대) 현금 사채할인발행차금	60,000 18,562
	(차) 사채	1,000,000	(대) 현금	1,000,000

2 사채발행차금의 상각: 액면발행, 할인발행 및 할증발행

20×1년 1월 1일 B기업이 액면가액 ₩1,000,000, 만기 3년, 이자지급일 매년 12월 31일, 표시이자율 10%의 사채를 다음과 같이 발행한 경우 유효이자율법에 의한 상각표를 작성하고 20×1년 12월 31일에 발행자의 필요한 분개를 하시오.

| 요구사항 |

1. 발행가액＝₩1,051,540(시장이자율＝8%)인 경우
2. 발행가액＝₩1,000,000(시장이자율＝10%)인 경우
3. 발행가액＝₩951,960(시장이자율＝12%)인 경우

| 풀이 |

1. 할증발행의 경우 (발행가액＝₩1,051,540)

일자	기초 장부가액 ⓐ	이자비용 (유효이자액) ⓑ=ⓐ× 유효이자율 8%	표시이자액 ⓒ=액면가× 표시이자율 10%	할증발행차금 상각 ⓓ=ⓒ−ⓑ	기말 장부가액 ⓔ=ⓐ−ⓓ
20×1년 12월 31일	₩1,051,540	₩84,123	₩100,000	₩15,877	₩1,035,663
20×2년 12월 31일	1,035,663	82,853	100,000	17,147	1,018,516
20×3년 12월 31일	1,018,516	81,484	100,000	18,516	1,000,000
합계		₩248,460	₩300,000	₩51,540	

20×1년 12월 31일의 분개

(차)	이자비용	84,123	(대)	현금	100,000
	사채할증발행차금	15,877			

2. 액면발행의 경우(발행가액＝₩1,000,000)

20×1년 12월 31일의 분개

(차)	이자비용	100,000	(대)	현금	100,000

3. 할인발행의 경우(발행가액＝₩951,960)

일자	기초 장부가액 ⓐ	이자비용 (유효이자액) ⓑ=ⓐ× 유효이자율 12%	표시이자액 ⓒ=액면가× 표시이자율 10%	할증발행차금 상각 ⓓ=ⓑ−ⓒ	기말 장부가액 ⓔ=ⓐ+ⓓ
20×1년 12월 31일	₩951,960	₩114,235	₩100,000	₩14,235	₩966,195
20×2년 12월 31일	966,195	115,943	100,000	15,943	982,138
20×3년 12월 31일	982,138	117,862	100,000	17,862	1,000,000
합계		₩348,040	₩300,000	₩48,040	

(차)	이자비용	114,235	(대)	현금	100,000
				사채할인발행차금	14,235

3 사채의 발행과 상환

20×1년 3월 1일 (주)신수는 다음과 같은 조건으로 사채를 ₩4,800,000에 발행하였다. 액면총액 ₩5,000,000, 액면이자율 9%, 이자지급일 2월 말, 상환일은 발행일부터 5년 후이다. 사채발행가에는 10%의 유효이자율이 적용된다.

| 요구사항 |

1. 사채발행시의 회계처리를 하시오.
2. 20×1년 12월 말 결산시의 회계처리를 하시오.
3. 20×2년 2월 말에 발행 사채 중 5분의 1을 ₩980,000에 현금으로 매입상환하였다. 사채상환에 대한 회계처리를 하시오.

| 풀이 |

요구사항	일자	회계처리	
1	20×1년 3월 1일 (발행일)	(차) 현금 4,800,000 사채할인발행차금 200,000	(대) 사채 5,000,000
2	20×1년 12월 31일 (결산일)	(차) 이자비용 400,000[*1]	(대) 미지급이자 375,000[*2] 사채할인발행차금 25,000
3	20×2년 2월 28일 (일부상환일)	(차) 이자비용 80,000[*3] 미지급이자 375,000	(대) 현금 450,000[*4] 사채할인발행차금 5,000
		(차) 사채 1,000,000 사채상환손실 14,000	(대) 현금 980,000 사채할인발행차금 34,000[*5]

*1. ₩4,800,000×0.1×10/12=₩400,000
*2. ₩5,000,000×0.09×10/12=₩375,000
*3. ₩4,800,000×0.1×2/12=₩80,000
*4. ₩5,000,000×0.09=₩450,000
*5. 상환되는 사채에 대한 미상각 사채할인발행차금=(₩200,000−₩25,000−₩5,000)×1/5=₩34,000

일자	유효이자	액면이자	할인차금 상각액	할인차금 미상각액	장부금액
20×1년 3월 1일				₩200,000	₩4,800,000
20×1년 12월 31일	₩400,000	₩375,000	₩25,000	175,000	₩4,825,000
20×2년 2월 28일	80,000	75,000	5,000	170,000	₩4,830,000

4 제품보증충당부채

다음은 (주)불영의 제품보증충당부채 관련 거래내용이다.

1. (주)불영은 전자제품을 제조판매하는 회사로 20×3년 최초로 화상통화기능이 있는 휴대폰을 출시하였다.
2. (주)불영은 판매한 제품에 대해 판매일부터 2년간 발생한 하자에 대해 무상으로 수리해준다. (주)불영은 휴대폰의 무상수리비용을 매출액의 3%로 예상하였다.
3. 20×3년과 20×4년의 매출액으로 인식한 금액과 제품보증비용으로 지출한 금액은 다음과 같다.

구분		20×3년	20×4년
매출액		₩500,000	₩900,000
제품보증비 발생액	20×3년도분	6,000	7,000
	20×4년도분	–	11,000

| 요구사항 |

(주)불영의 모든 매출이 현금으로 이루어진다고 할 경우 (주)불영이 20×3년과 20×4년의 각 시점에서 해야 할 회계처리를 하시오.

| 풀이 |

구분		회계처리			
20×3년	판매시	(차) 현금	500,000	(대) 매출	500,000
	보증시	(차) 제품보증비	6,000	(대) 현금	6,000
	결산시	(차) 제품보증비	9,000	(대) 제품보증충당부채	9,000[*1]
20×4년	판매시	(차) 현금	900,000	(대) 매출	900,000
	보증시	(차) 제품보증충당부채 제품보증비	9,000 9,000	(대) 현금	18,000[*2]
	결산시	(차) 제품보증비	18,000	(대) 제품보증충당부채	18,000[*3]

*1. ₩500,000×3%−₩6,000=₩9,000
*2. ₩7,000+₩11,000=₩18,000
*3. (₩500,000+₩900,000)×3%−(₩6,000+₩7,000+₩11,000)=₩18,000

CHAPTER 14

자본

재무상태표

자산	부채	
유동자산	유동부채	
	비유동부채	
	부채총계	
	자본	
비유동자산	자본금	보통주자본금, 우선주자본금
투자자산		
유형자산	자본잉여금	주식발행초과금, 기타자본잉여금
무형자산	자본조정	자기주식, 주식할인발행차금 등
기타비유동자산	기타포괄손익누계액	재평가잉여금, 기타포괄손익-공정가치측정 금융자산평가손익 등
	이익잉여금	법정적립금, 임의적립금, 미처분이익잉여금
	자본총계	
자산총계	부채 및 자본총계	

제1절 자본의 의의와 분류

1. 자본의 의의[1]

기업은 경영활동을 하기 위해서 경제적 자원이 필요하며, 이러한 경제적 자원을 보유하기 위한 자금조달의 원천은 자본과 부채로 구분한다.

부채(liability, 또는 타인자본)는 채권자들이 제공하는 자금으로 채권자지분이라고도 한다. 자본(equity, 또는 자기자본)은 소유주들이 제공하는 자금으로 소유주지분(owners' equity)이라고도 하며, 오늘날 대표적인 기업형태인 주식회사의 소유주인 주주에게 귀속된 자본이므로 주주지분(stockholders' equity)이라고 한다.

표 14-1 | 자본과 부채의 비교

구분			내용	예
자금조달의 원천	자본	자기자본, 소유주지분, 주주지분, 순자산, 잔여지분	기업의 경제적 자원 중 소유주가 청구권을 행사할 수 있는 부분	사채발행, 은행차입
	부채	타인자본, 채권자지분	기업의 경제적 자원 중 채권자가 청구권을 행사할 수 있는 부분	주식발행

자본은 기업의 자산에서 부채를 차감한 잔여지분을 말한다. 자본은 기업의 자산에 대한 우선청구권을 가진 부채를 차감한 후에 남는 금액이므로 잔여지분(residual interest)이라고도 하며 순자산(net assets)이라고도 한다.

자본은 회계등식 또는 재무상태표등식에서 도출한 다음 등식으로 나타내는데, 이를 자본등식(capital equation)이라 한다.

재무상태표등식: 자산 = 부채 + 자본

자본등식: 자본 = 자산 − 부채

1) K-IFRS는 **자본**이라는 용어 대신 **지분상품**이라는 용어를 사용한다. **지분상품**(equity instrument)은 기업의 자산에서 모든 부채를 차감한 후의 **잔여지분을 나타내는 모든 계약**으로 정의하며, 지분상품을 **재무상태표**의 **자본**에 표시되는 것으로 설명하고 있다. **이 책**에서는 지분상품이라는 용어를 사용하지 않고 **자본이라는 용어를 사용**한다.

2. 자본의 분류

법률적 관점에서 자본은 기업이 채권자를 보호하기 위해 최소한으로 보유하고 있어야 할 법정자본(legal capital)인 「상법」의 자본금과 자본금을 초과하여 보유하고 있는 순자산 가액인 잉여금으로 구분한다.

경제적 관점에서 자본은 주주가 출자를 통해 기업에 납입한 금액인 불입자본(paid-in capital)과 기업이 영업활동을 수행하는 과정에서 창출한 이익 중 기업 외부로 유출(사외유출)하지 않고 기업 내부에 자산형태로 유보(사내유보)한 유보이익(retained earnings)으로 구분한다.

회계적 관점에서는 자본을 발생원천뿐만 아니라 법률적 관점을 반영하여 자본금, 자본잉여금, 자본조정, 기타포괄손익누계액과 이익잉여금으로 구분한다.2)

표 14-2 | 자본의 분류

<table>
<tr><th>구분</th><th>내용</th><th colspan="2">자본의 분류</th></tr>
<tr><td>자본금</td><td>주주가 납입한 자본으로 법률이 정한 납입자본금(법정자본금)</td><td colspan="2">보통주자본금
우선주자본금</td></tr>
<tr><td rowspan="2">자본
잉여금</td><td rowspan="2">증자, 감자나 그 밖의 자본거래에서 발생하는 자본금의 초과액</td><td>주식발행
초과금</td><td>보통주주식발행초과금
우선주주식발행초과금</td></tr>
<tr><td>기타
자본잉여금</td><td>감자차익, 자기주식처분이익,
자산수증이익 등</td></tr>
</table>

2) K-IFRS는 자본을 크게 **납입자본, 이익잉여금과 기타자본구성요소**로 분류하고 있으나, 그 분류에 어떤 항목이 포함되는지 규정하고 있지 않다.
K-IFRS를 적용하지 않는 기업은 「**일반기업회계기준**」을 적용해야 하며, 「일반기업회계기준」은 자본을 **자본금, 자본잉여금, 자본조정, 기타포괄손익누계액과 이익잉여금**(또는 **결손금**)**으로 구분**한다.

<table>
<tr><th>발생원천</th><th>경제적 관점</th><th>상법, 일반기업회계기준</th><th>K-IFRS</th></tr>
<tr><td rowspan="3">자본거래</td><td rowspan="3">불입자본</td><td>자본금</td><td rowspan="2">납입자본</td></tr>
<tr><td>자본잉여금*1</td></tr>
<tr><td>자본조정</td><td rowspan="2">기타자본구성요소</td></tr>
<tr><td rowspan="2">손익거래
(자본거래 이외의 거래)</td><td rowspan="2">유보이익</td><td>기타포괄손익누계액</td></tr>
<tr><td>이익잉여금</td><td>이익잉여금</td></tr>
</table>

*1. 「상법」은 자본잉여금을 자본준비금이라 하며, 자본준비금은 결손보전과 자본전입목적으로만 사용할 수 있음.

<table>
<tr><td rowspan="2">자본조정</td><td rowspan="3">자본에 가산 또는 차감하여야 할 임시적 성격의 항목</td><td>자기주식</td><td></td></tr>
<tr><td>기타 자본조정</td><td>주식할인발행차금, 감자차손, 자기주식처분손실, 미교부주식배당금, 신주청약증거금, 배당건설이자 등</td></tr>
<tr><td>기타 포괄손익 누계액[*1]</td><td colspan="2">재평가잉여금, 기타포괄손익-공정가치측정 금융자산평가손익(FVOCI 금융자산평가손익) 등</td></tr>
<tr><td rowspan="3">이익 잉여금 (또는 결손금)</td><td rowspan="3">영업활동에 따른 손익거래에서 발생한 순이익 중에서 배당으로 지급되지 않고 회사 내부에 유보된 이익</td><td>법정적립금</td><td>이익준비금 등</td></tr>
<tr><td>임의적립금</td><td>감채적립금, 사업확장적립금, 신축적립금, 배당평균적립금, 결손보전적립금, 별도적립금 등</td></tr>
<tr><td colspan="2">미처분이익잉여금[*2](또는 미처리결손금)</td></tr>
</table>

*1. 기타포괄손익누계액은 각각 해당 항목에 대한 기타포괄손익의 누계액임.

*2. 미처분이익잉여금은 배당금이나 다른 이익잉여금으로 처분되지 않은 이익잉여금, 즉 차기이월이익잉여금을 말함.

3. 주식회사의 특징과 회계처리

3.1 주식회사의 특징

주식회사(corporation)는 자본주의 경제에서 가장 대표적인 기업형태이며, 전체 기업 중 자산규모, 재화와 서비스의 생산액에서 절대적인 비중을 차지하고 있다. 이것은 주식회사가 다른 형태의 기업보다 경영에 필요한 거액의 자금을 조달하는 데 유리하고, 환경변화에 대응하여 효율적으로 경영할 수 있기 때문이다.

주식회사는 다음과 같은 특징을 갖는다.

표 14-3 | 주식회사의 특징

구분	내용	비고
독립된 법인격을 갖는다	주식회사는 그 자체의 명의와 계산으로 계약을 체결하고 계약상 권리와 의무를 이행할 수 있음	회사의 모든 권리와 의무는 회사에 속하며 주주에게 귀속되지 않음
계속기업으로 영구적 존속이 가능하다	소유주의 변동이 계속기업의 존속에 영향을 미치지 않음	개인기업과 조합기업의 경우 소유와 경영이 완전히 분리되지 않아 소유주의 변동이 기업의 조직과 경영에 영향을 미침

주주는 유한책임을 진다	주주의 책임은 출자한 자본금에 대해서만 한정됨	유한책임으로 인해 납입자본과 기타 소유주지분에 대한 분배와 관련된 제한을 부여함
거액의 자금을 쉽게 조달할 수 있다	기업은 개별투자자로부터 투자받아 거액의 자금을 조달할 수 있음	투자자는 자본이 소규모 금액인 주식으로 분할되어 있어 소액의 자금으로 주식을 취득할 수 있어 투자하기 쉬움
소유와 경영이 분리되어 있다	소유와 경영이 분리되어 있어 전문경영인이 책임경영할 수 있음	

위와 같은 특징으로 인하여 현대의 많은 기업이 주식회사 형태[3]로 운영되며, 회계처리기준도 기본적으로 주식회사를 전제로 제정된다.[4]

3.2 주식회사의 회계처리

주식회사는 채권자와 일반투자자(소액주주)를 보호하기 위하여 회사설립, 출자방법과 배당 등에 대하여 「상법」과 그 밖의 관련 법규에 따라 제한을 받는 경우가 많다. 특히 납입자본, 잉여금의 처분이나 배당과 관련하여 여러 가지 제한을 두고 있으므로 자본에 관한 회계처리가 상대적으로 복잡하다.

주식회사의 회계처리는 자본금, 자본잉여금과 이익잉여금을 엄격하게 구분하여 처리하며 이익잉여금 내에서도 배당의 제한 여부와 이익잉여금 처분의 우선순위를 알 수 있도록 별도의 계정을 설정하여 회계처리한다.

3) 오늘날 대표적인 기업형태가 주식회사이므로 **이 책**에서는 **주식회사회계**를 다룬다.

4) 회계가 대상으로 하고 있는 기업은 **법인격**(법적 지위)에 따라 ① 「상법」의 기업(주식회사, 합명회사, 합자회사, 유한회사, 유한책임회사), ② 개인기업과 ③ 「민법」의 기업(조합, partnership)으로 구분할 수 있다[기업 종류별 법적 지위 등에 대해서는 **상법(기업법)**을 참조].

기업의 형태	특징
주식회사[*1]	자본의 증권화제도, 유한책임제도, 소유와 경영의 분리
합명회사	2인 이상의 무한책임사원으로 구성
합자회사	유한책임사원과 무한책임사원으로 구성
유한회사	주식회사와 마찬가지로 유한책임사원으로 구성
유한책임회사	내부적으로 합명회사 성격, 외부적으로 유한책임

*1. 주식회사의 기관
① 주주총회: 주식회사의 최고의결기구
② 이사회: 회사의 업무집행에 관한 의사결정을 함.
③ 대표이사: 대내적으로 업무를 집행하고 대외적으로 회사를 대표함.
④ 감사(또는 감사위원회): 업무감사와 회계감사를 함.

제2절 주식의 발행

1. 주식의 종류와 수권자본제도

1.1 주식과 사채의 비교

주식(stock)과 사채(bond)는 기업이 대규모 장기자금을 조달하기 위해 발행하는 유가증권이라는 유사점이 있으나, 다음과 같은 차이점이 있다.

표 14-4 | 주식과 사채의 비교

구분	주식	사채
만기 여부	• 만기가 없음 • 청산하거나 감자결의를 하지 않는 한 주주에게 납입자본을 상환할 의무가 없음	• 만기가 있음 • 만기일에 채권자에게 원금을 상환하여야 할 의무가 있음
분류	자본으로 분류함	부채로 분류함
자금의 사용대가	• 배당을 지급함 • 이익수준과 기업상황을 고려하여 배당을 지급할 수 있으나 그 금액과 시기가 확정되어 있지 않음	• 이자를 지급함 • 이익수준에 관계없이 일정시기에 일정액의 확정이자를 지급함
당기순손실이 발생할 경우	배당을 지급하지 않음	이자를 지급함
경영참가 여부	주주는 주주총회의 결의 등을 통해 경영에 직·간접적으로 참여할 수 있음	사채권자는 경영에 참여할 수 없음
청산할 경우 분배금 지급	주주는 사채권자와 비교하여 채무변제의 우선순위가 낮으나 잔여재산에 대한 분배청구권이 인정됨	주주에 우선하여 사채권자의 채무를 변제하여야 함

1.2 주식의 종류

주식의 종류는 기본이 되는 보통주와 보통주에 우선하는 추가적인 권리가 부여된 우선주로 구분한다.

보통주(common stock)는 이익배당이나 잔여재산의 분배에 있어 기준(표준)이 되는 주식이다. 주식회사가 한 종류의 주식만 발행할 경우 그 주식은 모두 보통주가 된다.

표 14-5 | 보통주 주주의 권리와 의무

구분		내용
보통주 주주의 권리	의결권	주주는 주주총회에서 임원선임과 정관에서 정하는 그 밖의 사항에 대해 주식의 소유비율(지분비율)만큼 의결권을 행사할 수 있음
	이익배당권(배당청구권)	주주는 배당을 통해 이익잉여금을 분배받을 권리가 있음
	신주인수권	주주는 회사가 신주를 발행할 경우 우선적으로 신주를 매입할 수 있는 권리(신주인수권, subscription right)가 있음
	잔여재산분배 청구권	채권자에 대한 부채(이자 포함)와 우선주 주주의 투자액과 배당을 지급한 후의 모든 잔여재산은 보통주 주주에 귀속함
보통주 주주의 의무	유한책임	주주는 회사의 손실에 대한 위험을 부담해야 하므로 배당이나 잔여재산분배에 확정적인 지위를 갖지 못함[*1]

*1. 보통주 주주는 기업이 파산할 경우 자산분배에 대하여 채권자와 우선주 주주보다 후순위의 청구권을 가지며, 이익의 분배에 있어서도 부채에 대한 이자가 먼저 지급되고 우선주에 대한 배당이 지급된 후에 보통주가 배당을 받을 수 있음.

우선주(preferred stock)는 이익배당이나 청산에 따른 잔여재산의 분배에 있어 보통주보다 우선하는 권리[우선(청구)권]가 부여된 주식을 말한다.

이익배당 우선주는 보통주 주주가 이익배당을 받기 전에 일정률의 배당을 우선적으로 받을 수 있는 권리가 부여된 주식을 말한다. 우선주는 배당우선권에 따라 누적적 우선주(cumulative preferred stock)와 비누적적 우선주(non-cumulative preferred stock), 참가적 우선주(participating preferred stock)와 비참가적 우선주(non-participating preferred stock)로 구분된다.

표 14-6 | 우선주의 분류

구분	내용
누적적 우선주 비누적적 우선주	특정 회계기간에 결손 등의 사유로 배당의 전부 또는 일부를 지급받지 못한 연체배당금(dividend in arrear)이 있는 경우 차후 기간에 이를 소급하여 우선적으로 지급받을 수 있는 권리가 있는지 여부
참가적 우선주 비참가적 우선주	우선주가 약정된 배당을 우선 지급받고 보통주에 대한 배당이 지급된 후에도 여분의 배당이 지급되면 보통주와 함께 추가적으로 그 배당에 참가할 수 있는 권리가 있는지 여부

1. 일반적으로 우선주라고 하면 누적적·참가적 우선주를 말함.

우선주는 우선주 주주가 보통주로 전환을 청구할 수 있는 권리가 부여된 전환우선주(convertible preferred stock)와 발행기업이 우선주를 상환할 수 있는 권리가 부여된 상환우선주(redeemable preferred stock)도 있다.[5]

1.3 수권자본제도

「상법」에 따르면 주식회사는 정관[6]에 ① 수권주식수(발행할 주식의 총수), ② 1주당 액면금액, ③ 회사의 설립시에 발행하는 주식의 총수를 기재하도록 하고 있고, 회사의 설립시에 발행하는 주식의 총수는 회사가 발행할 주식 총수의 1/4 이상이어야 한다고 규정하고 있다. 그리고 액면주식의 경우 1주당 액면금액은 ₩100 이상으로 균일해야 한다고 규정하고 있다.[7]

주식회사는 정관에 회사가 발행할 수 있는 주식의 한도(수권자본)를 정하여 두고 자금의 수요에 따라 이사회의 결의를 통하여 수시로 주식을 발행하여 자금을 조달하는데, 이 제도를 수권자본제도(authorized capital stock)라 한다.

수권자본 중에서 발행된 주식을 발행주식(issued stock)이라 한다.[8] 발행주식 중 일부를 회사가 취득하여 자기주식으로 보유하거나 소각할 수 있으며, 이를 제외한 나머지 주식이 주식시장에서 유통되는 유통주식(outstanding stock)이다.

2. 주식회사의 설립과 주식발행

2.1 발기설립과 모집설립

「상법」에 따르면 주식회사는 1인 이상의 발기인이 정관을 작성한 후 법원에 설립등기를 마치면 설립된다. 발기인은 발기설립과 모집설립 중 설립방법을 선택하여야 한다.

5) **상환우선주**와 **전환우선주**에 대한 **회계처리**는 **중급회계**에서 설명한다.

구분		회계처리			
상환우선주에 대한 회계처리	발행할 때	(차) 현금	×××	(대) 우선주자본금	×××
	상환할 때	(차) 우선주자본금	×××	(대) 현금	×××
전환우선주에 대한 회계처리	발행할 때	(차) 현금	×××	(대) 우선주자본금	×××
	전환할 때	(차) 우선주자본금	×××	(대) 보통주자본금	×××

상환우선주는 그 경제적 실질이 부채와 동일하기 때문에 K-IFRS에서는 자본이 아닌 **부채항목으로 보고**하도록 규정하고 있다.

6) **정관**(定款)은 주식회사의 조직과 업무에 대한 기본규칙 또는 그것을 적은 문서를 말한다.

7) **무액면주식**에 대해서는 **제2절 주식의 발행 2. 주식회사의 설립과 주식발행**의 **(2) 액면주식과 무액면주식**에 대한 설명을 참조

8) 회사가 발행할 주식 총수(최대주식수)를 **수권주식수**라 하고, 실제 회사가 발행한 주식수를 **발행주식수**라 한다. 따라서 회사의 설립시의 발행주식수는 수권주식수의 1/4 이상이어야 한다.

수권주식수	발행주식수	(사외)유통주식수	회사 외부에서 유통 중
		자기주식수	회사 내부에 보관 중
	미발행주식수		아직 발행하지 않음

표 14-7 | 발기설립과 모집설립

구분	내용	설립할 때 회계처리
발기설립	회사를 설립할 때 발기인들이 발행할 주식을 전부 인수하고 전액을 납부하여 회사를 설립하는 방법	발행한 주식의 총발행금액을 자본금계정에 기록함
모집설립	회사를 설립할 때 발기인들이 발행할 주식을 일부 인수하고 나머지는 공모를 통하여 일반 투자자에게 발행하여 회사를 설립하는 방법	청약자에게서 받은 청약증거금을 신주청약증거금(부채)으로 계상한 후 주식을 배정받은 청약자가 주식을 인수하면 자본금으로 대체함

2.2 청약에 의한 주식발행(모집설립)

청약(subscription)은 주식을 구입할 의사가 있는 투자자가 일정액의 계약금(증거금)을 선납하고 주식대금의 잔액은 주식의 배정이 이루어진 미래의 일정시점에 납입할 것을 약속하는 것을 말한다. 청약은 회사를 설립할 때, 회사를 주식시장에 상장할 때 등에 실시한다.

청약자에게서 받은 청약증거금을 신주청약증거금(부채)으로 계상한 후 주식을 배정받은 청약자가 주식을 인수하면 자본금으로 대체한다. 모집설립의 경우 청약자가 청약한 주식수가 발행할 주식수를 초과할 수 있으며, 이 경우 주식을 배정받지 못한 신주청약증거금은 반환하여야 한다.

예제 14-1 발기설립과 모집설립(청약에 의한 주식발행)

(주)서울은 수권주식 5,000주 중 2,000주(액면금액 ₩5,000)를 회사설립시에 발행하였다.

1. 발행주식 중 1,000주는 발기인이 액면금액에 인수하고 전액을 현금으로 납입하다.
2. 공모주식 1,000주에 대해 1,500주의 주식청약이 있었으며, 청약증거금을 액면금액으로 받아 당좌예입하다.
3. 위 '2'의 주식청약주 중에서 1,000주를 배정하여 발행하고, 미배정주 500주에 대한 청약증거금은 현금으로 반환하다.

| 요구사항 |

이 거래를 분개하시오.

| 풀이 |

	차변	금액	대변	금액
1.	(차) 현금	5,000,000	(대) 자본금	5,000,000
2.	(차) 당좌예금	7,500,000	(대) 신주청약증거금	7,500,000
3.	(차) 신주청약증거금	7,500,000	(대) 자본금	5,000,000
			현금	2,500,000

2.3 자본금과 주식발행초과금

(1) 자본금, 주식발행초과금과 납입자본

기업은 회사를 설립할 때 주식을 발행하며, 설립 후 필요에 따라 추가로 주식을 발행한다. 주식을 발행할 때 기록되는 자본금계정은 액면금액으로 기록한다. 즉, 주식의 발행금액 중에서 주권에 표시된 액면금액(par value)을 자본금이라 하고 주식발행금액(신주발행수수료 등 주식발행비용을 차감한 후의 금액)이 액면금액을 초과한 금액을 주식발행초과금(paid-in capital in excess of par value)이라 한다. 자본금과 주식발행초과금을 합하여 납입자본(paid-in capital, contributed capital)이라 한다.

자본금은 보통주자본금과 우선주자본금으로 구분한다. 보통주의 발행금액이 액면금액을 초과하는 경우 그 초과액[(주당 발행금액－주당 액면금액)×발행주식]이 보통주주식발행초과금이고, 우선주의 발행금액이 액면금액을 초과하는 경우 그 초과액이 우선주주식발행초과금이다.

표 14-8 | 자본금과 자본잉여금

구분	내용	자본의 분류	
자본금[*1]	주주가 납입한 자본으로 「상법」이 정한 납입자본금(법정자본금)[*2]	보통주자본금 우선주자본금	
자본잉여금	증자, 감자나 그 밖의 자본거래에서 발생하는 자본금의 초과액	주식발행초과금	보통주주식발행초과금 우선주주식발행초과금
		기타자본잉여금	

*1. 「상법」에 따르면 자본금은 발행주식의 액면총액을 말하며, 다음의 금액으로 측정함.
자본금＝주당액면금액×발행주식수
*2. 법정자본금(legal capital)은 주주총회의 결의에 따른 법정감자절차를 거치지 않고 감소할 수 없음.

회사는 발행할 주식의 총수, 주당금액, 발행한 주식의 종류와 수를 주석으로 공시하여야 한다.

예제 14-2 주식의 액면발행

(주)부산은 액면금액 ₩5,000인 보통주 100주를 액면발행하고, 액면금액 ₩5,000의 우선주 40주를 액면발행하여 현금을 납입받아 회사를 설립하다.

| 요구사항 |
위 거래를 분개하고 부분재무상태표를 작성하시오.

| 풀이 |

1. 분개

(차) 현금	700,000	(대) 보통주자본금	500,000
		우선주자본금	200,000

2. 부분재무상태표

부분재무상태표

자산		자본	
유동자산		자본금	
현금 및 현금성자산	₩700,000	보통주자본금	₩500,000
		우선주자본금	₩200,000

(2) 액면주식과 무액면주식

회사가 발행하는 주식 중에서 주식의 권면에 주금액(1주의 금액)이 기록되어 있는지 여부에 따라 주금액이 기록되어 있는 액면주식(par value stock)과 주금액이 기록되어 있지 않은 무액면주식(no-par value stock)으로 구분한다.

자본금은 발행주식이 액면주식인지 아니면 무액면주식인지에 따라 다르게 결정된다. 액면주식의 자본금은 총액면금액(발행주식 권면액의 총액)이며 주당 액면금액에 발행주식 수를 곱하여 결정한다.

무액면주식의 경우 액면금액이 없으므로 발행시점의 시장가치로 발행하고 자본금은 그 발행가액으로 결정된다.[9] 회사가 무액면주식을 발행할 경우 자본금은 주식발행가액 중 1/2 이상의 금액으로 이사회(또는 주주총회)에서 결정하여야 하며, 나머지 금액은 주식발행초과금으로 처리한다.

기업이 주식 1,000주를 주당 ₩1,000씩 총 ₩1,000,000에 발행한 경우를 예로 들면, 이 경우 자본금으로 계상할 금액은 ₩500,000 이상의 금액으로 이사회가 정한 금액이 된다. 만약 이사회에서 자본금을 ₩700,000으로 결정하였다면 주식발행초과금 ₩300,000이 계상되며 다음과 같이 회계처리한다.

(차) 현금	1,000,000	(대) 자본금	700,000
		주식발행초과금	300,000

9) 「**상법**」에서는 회사의 정관에 규정이 있는 경우 **무액면주식**을 발행할 수 있도록 허용하고 있다. 무액면주식을 발행하는 경우에는 법정자본금은 주식발행가액의 1/2 이상의 금액으로서 이사회에서 정한 금액으로 계상한다. **무액면주식을 발행하는 경우에는 액면주식을 발행할 수 없다.**

제3절 자본금의 증가와 감소: 증자와 감자

1. 증자

1.1 증자의 의의와 분류

증자는 자본금이 증가하는 것을 말한다. 증자는 회사설립 후에 새로운 사업의 진출, 기존사업의 확장 또는 부채의 상환에 필요한 자금을 조달하기 위하여 수권자본 중 미발행주식의 범위 내에서 이사회의 결의에 따라 신주를 발행하여 자본금을 증가시키는 것을 말한다.

증자는 실질적 증자와 형식적 증자로 구분한다.

실질적 증자(유상증자)는 신주를 발행하여 주주로부터 현금이나 현물을 출자[10]받아 실질적으로 기업의 자본금이 증가하는 것을 말하며, 형식적 증자(무상증자)는 신주발행을 통한 자본구성의 변화나 부채의 감소를 통하여 자산은 증가하지 않고 자본금이 증가하는 것을 말한다.

표 14-9 | 실질적 증자와 형식적 증자

구분			내용
증자	실질적 증자		주식의 현금발행, 현물출자 등
	형식적 증자	자본구성의 변화에 따른 형식적 증자	자본잉여금의 자본전입, 주식배당, 전환우선주의 전환
		부채의 감소에 따른 형식적 증자	전환사채의 전환

1.2 실질적 증자(유상증자)

(1) 주식의 현금발행: 액면발행, 할증발행과 할인발행

주식의 액면금액은 법정자본금을 의미할 뿐 주주가 실제 불입하는 금액이나 그 주식의 시장가격을 의미하지 않는다. 액면주식[11]이라고 하여 액면금액으로만 발행(액면발행,

10) **현물출자**는 신주발행의 대가로 현금이 납입되는 것이 아니라 유형자산 등이 납입되는 것을 말한다. 현물출자의 경우 납입된 자산의 공정가치를 발행금액으로 결정하며(**납입된 자산의 공정가치**에 해당하는 금액을 발행금액으로 결정하는 방법), 납입된 자산의 공정가치를 신뢰성 있게 측정할 수 없는 경우에는 발행된 주식의 공정가치를 참고하여 발행금액을 결정할 수 있다(**발행된 주식의 공정가치**에 해당하는 금액을 발행금액으로 결정하는 방법).

11) **무액면주식의 경우 할증발행**할 때 자본금으로 정한 부분을 제외한 부분이 **주식발행초과금**이 된다. 무액면주식을 발행할 경우에는 **주식할인발행차금**이 인식될 수 없다.

issuance at par)하는 것이 아니며, 액면금액보다 높은 금액으로 할증발행(issuance at premium)할 수도 있고 액면금액보다 낮은 금액으로 할인발행(issuance at discount)할 수도 있다.[12)]

표 14-10 | 액면발행, 할증발행과 할인발행

구분	내용	회계처리
할증발행	발행금액[*1] > 액면금액	(차) 현금 ××× (대) 자본금 ×××[*2] 주식발행초과금 ×××
액면발행	발행금액 = 액면금액	(차) 현금 ××× (대) 자본금 ×××
할인발행[*3]	발행금액 < 액면금액	(차) 현금 ××× (대) 자본금 ××× 주식할인발행차금 ×××

*1. 발행금액은 신주발행수수료 등 주식발행비를 차감한 후의 금액을 말함.
*2. 발행하는 주식의 종류에 따라 보통주자본금 또는 우선주자본금계정을 사용함.
*3. 할인발행은 자본충실의 원칙(자본유지원칙)에 위배되므로 「상법」에서는 특별한 경우가 아니라면 할인발행을 허용하지 않고 있어, 실무에서 할인발행의 사례는 거의 없음. 「상법」에서는 회사가 설립된 후 2년이 지나고 주주총회의 특별결의를 거쳐 법원의 인가를 얻은 경우에 한하여 할인발행할 수 있도록 규정하고 있음.

예제 14-3 주식의 발행 – 액면발행, 할증발행과 할인발행

(주)대구는 액면가액 ₩5,000인 보통주 100주를 발행하여 전액을 납입받아 당좌예입하다.

| 요구사항 |

각 상황별로 (주)대구의 분개를 하고 부분 재무상태표를 작성하시오.

1. 주주들이 주당 ₩5,000을 납입한 경우
2. 주주들이 주당 ₩8,000을 납입한 경우
3. 주주들이 주당 ₩4,000을 납입한 경우

| 풀이 |

1. 주주들이 주당 ₩5,000을 납입한 경우: 액면발행

(차) 당좌예금 500,000 (대) 보통주자본금 500,000

부분재무상태표

자산		자본	
유동자산		자본금	
현금 및 현금성자산	₩500,000	보통주자본금	₩500,000

12) 액면주식을 발행할 때 액면금액과 발행금액(신주발행수수료 등 주식발행비용을 차감한 후의 금액)의 관계에 따라 액면발행, 할증발행과 할인발행으로 구분한다.

2. 주주들이 주당 ₩8,000을 납입한 경우: 할증발행

(차) 당좌예금	800,000	(대) 보통주자본금	500,000
		주식발행초과금	300,000

부분재무상태표

자산		자본	
유동자산		자본금	
현금 및 현금성자산	₩800,000	보통주자본금	₩500,000
		자본잉여금	
		주식발행초과금	₩300,000

3. 주주들이 주당 ₩4,000을 납입한 경우: 할인발행

(차) 당좌예금	400,000	(대) 보통주자본금	500,000
주식할인발행차금	100,000		

부분재무상태표

자산		자본	
유동자산		자본금	
현금 및 현금성자산	₩400,000	보통주자본금	₩500,000
		자본조정	
		주식할인발행차금	(₩100,000)

(2) 발행금액과 주식발행비

발행금액은 주식에 대한 대가로 현금발행의 경우 주주가 납입하는 현금을 말한다. 발행금액은 주식발행비(stock issuance costs, 주식발행원가)를 차감한 후의 금액을 말한다. 주식발행비는 회사가 설립된 후에 주식을 발행할 때 직접 발생한 원가인 각종 수수료, 증권인쇄비, 광고비 등을 말한다.

발행금액=주주의 납입금액−주식발행비

따라서 주식발행비만큼 주식발행초과금이 감소하거나 주식할인발행차금이 증가한다.

표 14-11 | 주식발행비의 회계처리

구분	신주발행비의 회계처리
할증발행	(차) 주식발행초과금 ×××　(대) 현금 ×××
액면발행	(차) 주식할인발행차금 ×××　(대) 현금 ×××
할인발행	

예제 14-4 주식의 발행 – 할증발행과 주식발행비

(주)대전은 액면가액 ₩5,000인 보통주 100주를 ₩8,000에 발행하여 전액을 납입받아 당좌예입하고, 주식발행비 ₩100,000을 현금으로 지급하다.

| 요구사항 |

위 거래를 분개하시오.

| 풀이 |

(차) 당좌예금	800,000	(대)	보통주자본금	500,000
			주식발행초과금	200,000[*1]
			현금	100,000

*1. (₩8,000－₩5,000)×100주－₩100,000＝₩200,000. 주식발행비만큼 주식발행초과금이 감소함.

(3) 주식발행초과금과 주식할인발행차금

주식발행초과금과 주식할인발행차금의 회계처리는 ① 그 발생순서에 관계없이 서로 상계처리하며, ② 상계 후의 주식할인발행차금(paid-in capital in short of par value)은 주식발행연도 또는 증자연도부터 3년 이내의 기간에 매기 균등액을 상각하며, 상각액보다 이익잉여금이 부족하거나 결손금이 있으면 차기 이후로 이월하여 상각할 수 있다. 상각액은 포괄손익계산서의 당기비용으로 계상하지 않고 이익여금의 처분항목으로 회계처리한다.

(차) 미처분이익잉여금 ××× (대) 주식할인발행차금 ×××

표 14-12 | 주식발행초과금과 주식할인발행차금

구분	내용	비고
주식발행초과금	할증발행한 경우 발행금액[*1]이 액면금액을 초과한 금액	자본잉여금의 일부로 표시함
주식할인발행차금[*2]	할인발행한 경우 발행금액[*1]이 액면금액에 미달한 금액	자본의 차감(자본조정)항목으로 표시함[*3]

*1. 발행금액은 신주발행수수료 등 주식발행비를 차감한 후의 금액을 말함.
*2. 주식할인발행차금은 주식발행연도 또는 증자연도부터 3년 이내의 기간에 매기 균등액을 상각하며, 상각액보다 이익잉여금이 부족하거나 결손금이 있으면 차기 이후로 이월하여 상각할 수 있음. 상각액은 이익잉여금의 처분항목으로 회계처리함.
(차) 미처분이익잉여금 ××× (대) 주식할인발행차금 ×××
*3. 장부에 주식발행초과금이 있는 경우 주식발행초과금을 먼저 상계(차기)한 후 주식할인발행차금을 계상함.
(차) 주식발행초과금 ××× (대) 주식할인발행차금 ×××

예제 14-5 **주식의 발행 – 할인발행과 주식할인발행차금의 상각**

1. (주)광주는 액면가액 ₩5,000인 보통주 100주를 ₩3,800에 발행하여 전액을 납입받아 당좌예입하다.
2. 결산일에 위의 주식할인발행차금 중 ₩40,000을 상각하다.

| 요구사항 |

위 거래를 분개하시오.

| 풀이 |

1. (차)	당좌예금	380,000	(대) 보통주자본금	500,000
	주식할인발행차금	120,000		
2. (차)	미처분이익잉여금	40,000	(대) 주식할인발행차금	40,000

1.3 형식적 증자(무상증자)

「상법」에 따르면 이사회의 결의(정관에서 주주총회의 결정사항으로 명시한 경우에는 주주총회의 결의)에 의해 주식발행초과금 등의 자본잉여금과 이익잉여금 중 이익준비금의 전부 또는 일부를 자본금으로 전입할 수 있다. 이와 같은 무상증자의 경우 자본잉여금이나 이익잉여금을 자본금에 전입하고 기존주주들에게 현금 등의 납입 없이 소유주식의 수에 비례하여 무상으로 신주를 발행한다.

표 14-13 | 무상증자의 회계처리

구분	무상증자의 회계처리
무상증자	(차) 자본잉여금*1 ××× (대) 자본금 ×××

*1. 자본잉여금 대신에 주식발행초과금, 이익준비금 등의 계정을 사용함.
2. 무상수 발행회사 주주(투자자)의 회계처리: 주주의 입장에서는 보유주식의 수는 증가하나 투자지분률에 변동이 없고 피투자회사의 순자산도 변동되지 않으며 1주당 가치만 감소할 뿐임. 따라서 주주는 무상증자로 주식을 받더라도 아무런 회계처리를 하지 않음(이는 주식배당의 경우에도 동일함).[13]

무상증자를 하면 주식이 발행되고 자본금은 증가하나 자본이 증가하지 않기 때문에 자본총계에는 변동이 없다. 왜냐하면 무상증자는 주주의 현금납입 없는 자본항목 간의 대체에 불과하기 때문이다.[14] 무상증자를 하는 이유는 주로 상장기업이 무상증자를 통해 유통주식의 수를 증가시켜 적은 수의 주식매매로 주가가 크게 변동하는 것을 방지하려는 것

13) **무상증자**는 **주식발행초과금**이나 **이익준비금**을 자본금으로 전입하는 것이지만, **주식배당**은 **미처분이익잉여금**을 자본금으로 전입하는 것이다. 주식배당에 대한 설명은 **제14장 자본 제7절 이익잉여금 4. 배당**의 설명을 참조

14) 이것은 **주식배당의 경우에도 동일**하다.

이다.

예제 14-6 무상증자

다음은 (주)창원의 자본구조이다.

보통주자본금(1,000주, ₩5,000)	₩5,000,000
주식발행초과금	3,000,000
이익잉여금	2,000,000
계	₩10,000,000

| 요구사항 |

(주)창원은 주식발행초과금 ₩2,000,000을 자본에 전입하고 주주에게 보통주 400주(액면금액 ₩5,000)를 무상으로 발행하다.

1. 위 거래를 회계처리를 하시오.[15)]
2. 자본관련 부분재무상태표를 작성하시오.

| 풀이 |

1. (차) 주식발행초과금 2,000,000 (대) 보통주자본금 2,000,000
2. 부분재무상태표

보통주자본금(1,400주, ₩5,000)	₩7,000,000
주식발행초과금	1,000,000
이익잉여금	2,000,000
계	₩10,000,000

2. 감자

2.1 실질적 감자와 형식적 감자

감자(capital reduction)는 자본금이 감소하는 것을 말한다. 감자는 회사가 사업규모를 줄이거나 결손을 보전(제거)하기 위하여 주주총회에서 정관변경의 특별결의를 거쳐 자본금을 감소시키는 것을 말한다.

감자는 실질적 감자와 형식적 감자로 구분한다.

실질적 감자(유상감자)는 회사가 주주에게 현금을 지급하고 주식을 사들여 소각함으로써 기업의 자본(자본금)이 실질적으로 감소하는 감자를 말하며, 형식적 감자(무상감자)는

15) 이 **예제**의 경우 무상증자 전·후의 **1주당 주식가치**를 비교하면 다음과 같다.
무상증자 전: ₩10,000,000÷1,000주=₩10,000
무상증자 후: ₩10,000,000÷1,400주=₩7,143

회사가 주주에게 주식소각의 대가를 지급하지 아니하여 기업의 자본은 변동하지 않고 명목상으로만 자본금이 감소하는 감자를 말한다.

표 14-14 | 실질적 감자와 형식적 감자

<table>
<tr><th colspan="3">구분</th><th>내용</th><th>비고</th></tr>
<tr><td rowspan="4">감자</td><td colspan="2" rowspan="2">실질적 감자</td><td>증권시장에서 주식을 매입하여 소각하는 감자</td><td rowspan="2">환급금액이 액면금액보다 적으면 감자차익이 발생하고, 반대의 경우 감자차손이 발생함</td></tr>
<tr><td>주주로부터 주식을 회수하여 소각하는 감자</td></tr>
<tr><td rowspan="2">형식적 감자</td><td>액면금액 감소 (주금절삭)</td><td>발행주식수는 그대로 두고 주당 액면금액을 감소시키는 감자</td><td rowspan="2">결손금이 감자액보다 적으면 감자차익이 발생함</td></tr>
<tr><td>주식병합</td><td>액면금액은 변경하지 않고 발행주식수를 일정비율로 감소시키는 감자</td></tr>
</table>

2.2 실질적 감자(유상감자)

실질적 감자(유상감자)는 이미 발행한 주식을 증권시장에서 매입하여 소각하는 감자와 주주로부터 주식을 회수하여 소각하는 감자가 있다. 실질적 감자를 하면 소각된 주식의 액면금액만큼 자본금이 줄어든다.

표 14-15 | 실질적 감자의 회계처리

<table>
<tr><th colspan="2">구분</th><th>실질적 감자의 회계처리</th></tr>
<tr><td rowspan="2">실질적 감자</td><td>환급금액 < 액면금액[*1]</td><td>(차) 자본금 ××× (대) 현금 ×××
감자차익[*2] ×××</td></tr>
<tr><td>환급금액 > 액면금액</td><td>(차) 자본금 ××× (대) 현금 ×××
감자차익[*3] ×××
감자차손[*3] ×××</td></tr>
</table>

*1. 발행금액이 아닌 액면금액임.
*2. 감자차익은 자본잉여금항목임.
*3. 감자차손은 자본조정항목임. 감자차손은 감자차익의 잔액이 있는 경우에는 감자차익과 우선 상계하고, 잔액은 자본조정으로 분류함. 감자차손은 주주총회의 결의에 따라 이익잉여금(결손금)의 처분(처리)순서에 따라 처리하여야 함.[16]

16) **감자차손**은 **이익잉여금**의 **처분**으로 상각하며, **결손이 있는 경우** 차기 이후 연도에 **이월**하여 **상각**한다.

예제 14-7 실질적 감자

(주)수원의 자본구조는 다음과 같다.

보통주자본금(1,000주, @₩5,000)	₩5,000,000
감자차익	200,000
이익잉여금	1,000,000
계	₩6,200,000

(주)수원은 사업규모를 축소하기 위하여 보통주 100주(액면가액 ₩5,000)를 매입하여 소각하다.

| 요구사항 |

1. 주당 매입가격이 ₩4,000인 경우 소각에 대한 회계처리를 하고 자본관련 부분 재무상태표를 작성하시오.
2. 주당 매입가격이 ₩8,000인 경우 소각에 대한 회계처리를 하고 자본관련 부분 재무상태표를 작성하시오.

| 풀이 |

1. (1) 회계처리

(차) 자본금	500,000	(대) 현금	400,000
		감자차익	100,000

(2) 부분 재무상태표

보통주자본금(900주, @₩5,000)	₩4,500,000
감자차익	300,000
이익잉여금	1,000,000
계	₩5,800,000*

*실질적 감자로 자본총계가 감소함.

2. (1) 회계처리

(차) 자 본 금	500,000	(대) 현금	800,000
감자차익	200,000*		
감자차손	100,000*		

*감자차익을 상계한 잔액을 감차차손으로 계상함.

(2) 부분재무상태표

보통주자본금(900주, @₩5,000)	₩4,500,000
감자차손	(100,000)
이익잉여금	1,000,000
계	₩5,400,000*

*실질적 감자로 자본총계가 감소함.

2.3 형식적 감자(무상감자)

형식적 감자(무상감자)는 거액의 결손금이 누적되어 장기간 이익배당을 할 수 없는 경우 결손금을 보전(제거)하기 위해 이루어진다. 형식적 감자는 자본금과 (미처리)결손금을 상계한다. 형식적 감자의 경우 형식적 증자와 마찬가지로, 자본총계에는 변동이 없다.[17]

표 14-16 | 형식적 감자의 회계처리

구분		형식적 감자의 회계처리
형식적 감자	감소되는 자본금 > 상계하는 미처리결손금	(차) 자본금 ××× (대) 이월결손금[*1] ××× 감자차익[*2] ×××

*1. 이월결손금 또는 미처리결손금을 사용할 수 있음.
*2. 감자차익은 자본잉여금항목임. 무상감자는 결손보전을 위한 감자이므로 감자차손이 발생하지 않음.[18]

예제 14-8 형식적 감자 – 액면금액의 감소와 주식병합

(주)나주의 부분 재무상태표는 다음과 같다.

보통주자본금(1,000주, @₩5,000)	₩5,000,000
이월결손금	(2,500,000)
계	₩2,500,000

| 요구사항 |

1. (주)나주는 이월결손금 ₩2,500,000을 보전하기 위하여 보통주 1주당 액면금액을 ₩2,500으로 감소시키기로 한 경우의 회계처리를 하시오.
2. (주)나주는 결손금을 보전하기 위하여 1,000주를 500주로 병합하기로 한 경우의 회계처리를 하시오.
3. (주)나주는 결손금을 보전하기 위하여 주식수를 800주로 감소시키고 주당 액면금액을 ₩3,000으로 감소시키기로 한 경우의 회계처리를 하시오.

| 풀이 |

1. (1) 분개

(차) 자본금 2,500,000 (대) 이월결손금 2,500,000*

*1,000주×(₩5,000−₩2,500)=₩2,500,000

17) **주주**의 입장에서도 보유주식수는 감소하나 전체 보유주식의 가치는 변동하지 않는다.
18) 감소되는 자본금보다 상계하는 미처리결손금이 더 클 수는 없다. 이 경우에는 **감자차손**이 발생하는데, 감자차손은 결산시 미처분이익잉여금과 상계하여야 하나 무상감자를 하는 기업은 미처분이익잉여금이 없을 것이다. 따라서 **무상감자**의 경우에는 감자차손이 발생하지 않도록 회계처리하여야 한다.

(2) 부분재무상태표

보통주자본금(1,000주, @₩2,500)	₩2,500,000
계	₩2,500,000

2. (1) 분개

(차) 자본금	2,500,000	(대) 이월결손금	2,500,000*

* (1,000주−500주)×₩5,000＝₩2,500,000

(2) 부분재무상태표

보통주자본금(500주, @₩5,000)	₩2,500,000
계	₩2,500,000

3. (1) 분개

(차) 자본금	2,600,000	(대) 이월결손금	2,500,000*
		감자차익	100,000

* ₩5,000,000−(₩3,000×₩800)＝₩2,600,000

(2) 부분재무상태표

보통주자본금(800주, @₩3,000)	₩2,400,000
감자차익	100,000
계	₩2,500,000

제4절 자본잉여금

1. 자본잉여금의 의의와 분류

자본잉여금은 증자와 감자 또는 그 밖의 자본거래에서 발생하는 잉여금(자본금의 초과액)으로, 손익거래에서 발생하는 이익잉여금과 구별하여야 한다.

자본잉여금에는 다음과 같은 항목이 있다.

표 14-17 | 자본잉여금의 분류

구분	자본잉여금의 분류		비고
자본잉여금	주식발행초과금		액면주식을 유상증자할 때 액면금액을 초과하여 주식을 발행한 경우 주식발행금액(신주발행수수료 등 주식발행비용을 차감한 후의 금액)이 액면금액을 초과한 금액을 말함[*1]
	기타자본잉여금	감자차익	유상감자의 경우 주주에게 지급되는 환급금액이 그 주식의 액면금액보다 적을 경우에 발생하는 차액을 말하며, 무상감자의 경우 상계하는 미처리결손금이 그 주식의 액면금액보다 적을 경우에 발생하는 차액을 말함
		자기주식처분이익[*2]	자기주식을 취득한 후 취득원가보다 더 높은 금액으로 처분(재매각)하였을 때 발생하는 차액을 말함

*1. 무액면주식을 유상증자하는 경우 주식발행금액(신주발행수수료 등 주식발행비용을 차감한 후의 금액)에서 이사회가 자본금으로 결정한 금액을 차감한 금액을 주식발행초과금으로 회계처리함.
*2. 자기주식처분손실은 자기주식을 매각할 때 처분금액이 취득금액보다 낮을 때 발생하며, 자본조정항목임.

2. 자본잉여금의 감소(처분)

자본잉여금은 「상법」과 그 밖의 법규에 따라 그 사용과 처분에 엄격한 제한을 받고 있다. 자본잉여금은 원칙적으로 주식발행을 통한 자본전입(즉, 무상증자)과 결손보전(즉, 미처리결손금과 상계)에만 사용할 수 있다.

표 14-18 | 자본잉여금의 감소

구분		회계처리			
자본잉여금의 감소	자본전입[*1]	(차) 주식발행초과금 감자차익	××× ×××	(대) 자본금결손금	×××
	결손보전	(차) 임의적립금 법정적립금	××× ×××	(대) 미처리결손금	×××

*1. 주식발행을 통한 자본전입은 무상증자라고 함.

결손금이 있는 기업이 이를 제거할 수 있는 방법은 ① 무상감자(자본금과 미처리결손금의 상계)와 ② 결손보전(미처리결손금의 이익잉여금 또는 자본잉여금과 상계)[19]이 있다.

19) **결손보전**을 **결손금의 처리**라고도 하는데 **이익잉여금의 처분**과 **반대의 개념**이다. **이 장 제7절 이익잉여금**에 대한 설명을 참조.
이익잉여금은 법정적립금, 임의적립금, 미처분이익잉여금(또는 미처리결손금) 등으로 세분된다. **미처리결손금이 있는 기업이 결손을 보전할 경우** 이익잉여금 중 임의적립금과 우선 상계하며, 상계 후 미처리결손금이 남는 경우 다른 이익잉여금 및 자본잉여금과 상계할 수 있다.

제5절 자본조정

1. 자본조정의 의의와 표시

자본조정(capital adjustment)은 자본금이나 자본잉여금에 속하지 않는 주주와의 자본거래에서 발생하는 임시적인 자본항목을 말한다. 즉 자본조정은 그 항목의 성격으로 보아 자본거래에 해당하나 최종적으로 납입된 자본으로 볼 수 없거나 자본의 가감(가산 또는 차감) 성격으로 자본금이나 자본잉여금으로 분류할 수 없는 항목이다.

자본조정항목 중 발생하였을 때 차변으로 계상하는 과목(아래 그림의 차감항목)은 자본조정에서 차감하는 형식으로 표시한다.

그림 14-1 | 자본조정의 재무상태표 표시

재무상태표(부분)

(주)강릉 20×1년 12월 31일 현재 (단위: 천원)

차변	대변	
자산	부채	
	자본	
	자본조정	
	자기주식*	(×××)
	기타 자본조정*	
	주식할인발행차금	(×××)
	미교부주식배당금	×××

* 이들 항목은 발생할 때 차변에 기록되는 계정이므로 재무상태표에 표시할 때는 (−) 표시를 함.

2. 자본조정의 회계처리

자본조정은 다음의 항목을 예로 들 수 있다.[20]

[20] 이 절에서 다루지 않는 자본조정항목에 대해서는 중급회계에서 설명한다.

표 14-19 | 자본조정의 분류

구분			내용	비고
자본조정	차감계정	자기주식	회사가 이미 발행한 주식을 소각 또는 재발행 목적으로 재취득한 주식을 말함	자기주식의 설명을 참조
		자기주식처분손실	자기주식을 매각할 때 처분금액이 취득금액보다 적은 경우(자기주식처분이익과 상계하고 부족한 경우) 그 차액을 말함	
		감자차손	유상감자나 자기주식을 소각할 때 최초발행금액이 취득금액보다 적은 경우(감자차익과 상계하고 부족한 경우) 그 차액을 말함	제3절 자본금의 증가와 감소: 증자와 감자와 자기주식의 설명을 참조
		주식할인발행차금	주식을 할인발행한 경우 발행금액이 액면금액에 미달한 금액을 말함	제3절 자본금의 증가와 감소: 증자와 감자의 설명을 참조
	가산계정	미교부주식배당금	이익잉여금처분과정에서 주식배당을 결의한 경우 미처분이익잉여금이 감소하고 미교부주식배당금을 인식함. 미교부주식배당금은 이후 배당으로 주식을 교부할 때 자본금으로 대체하는 회계처리를 함	제7절 이익잉여금의 배당에 대한 설명을 참조

3. 자기주식

자기주식(treasury stock)은 회사가 이미 발행하여 사외에서 유통되고 있는 자기회사(자사)의 주식을 매입소각 또는 재발행목적으로 재취득하여 소각하지 않고 보유하고 있는 주식을 말한다.[21] 자기주식은 의결권이 없고 배당이 지급되지 않는 등 주주로서의 기본적인 권리가 제한된다.[22]

자기주식을 취득할 때에는 취득원가로 기록한다.[23]

기업은 자기주식을 보유하다가 이를 소각할 수도 있고 매각할 수도 있다. 자기주식을 매각할 경우에는 실질적 감자(유상감자)의 회계처리와 비슷하며, 취득원가와 처분금액의 차이를 자기주식처분이익(자본잉여금) 또는 자기주식처분손실(자본조정)로 기록한다. 자기주식을 소각할 경우 취득원가와 액면금액의 차이를 감자차익(자본잉여금) 또는 감자차손(자

21) 회사가 자기주식을 자유롭게 취득할 수 있다면 주가를 조작할 수 있고 자본충실의 원칙을 저해할 수 있기 때문에 「상법」 등에서는 **원칙적으로 자기주식의 취득을 금지**하고 있다. 그러나 주식을 소각하려 할 때, 합병 또는 다른 회사의 영업 전부를 양수하려 할 때, 종업원에게 보상형태로 자사주를 분배하려 할 때와 회사의 권리를 실행함에 있어 그 목적을 달성하기 위하여 꼭 필요한 때 등에 한하여 **예외**적으로 자기주식의 취득을 허용하고 있다.

22) 따라서 기업의 **총배당액**은 자기주식지분을 제외하고 계산한다.

23) **자기주식의 회계처리방법은 원가법**(cost method)과 **액면금액법**(par value method)이 있으나, K-IFRS는 원가법만을 허용한다.

본조정)으로 기록한다.

표 14-20 | 자기주식 관련 회계처리

구분		회계처리	자본 항목간 분류
자기주식 취득 후	매각할 경우	자기주식처분이익	자본잉여금
		자기주식처분손실[*1]	자본조정
	소각할 경우	감자차익	자본잉여금
		감자차손[*2]	자본조정

*1. 자기주식처분손실은 기존의 자기주식처분이익과 우선 상계하고 나머지는 자기주식처분손실로 계상함.
*2. 감자차손은 기존의 감자차익과 우선 상계하고 나머지는 감자차손으로 계상함.

표 14-21 | 자기주식의 회계처리

구분	자기주식의 회계처리	비고
취득할 때	(차) 자기주식 ××× (대) 현금 ×××	취득원가로 기록함
처분할 때	(차) 현금 ××× (대) 자기주식 ××× 자기주식처분이익[*1] ××× 자기주식처분손실[*2] ×××	처분금액이 취득금액보다 적은 경우 그 차액을 자기주식처분손실(자본조정)로 처리함
소각할 때	(차) 자본금 ××× (대) 자기주식 ××× 주식발행초과금 ××× 감자차익[*3] ××× 감자차손[*4] ×××	액면금액이 취득금액보다 적은 경우 그 차액을 감자차손(자본조정)으로 처리함(감자의 회계처리와 동일함)

*1. 자기주식처분이익은 자기주식을 매각할 때 처분금액이 취득원가보다 크면 그 차액을 말하며, 자본잉여금으로 처리함.

(차) 현금	×××	(대) 자기주식	×××
		자기주식처분이익	×××

*2. 자기주식처분손실은 자기주식을 매각할 때 처분금액이 취득금액보다 적은 경우 발생하며, 기존의 자기주식처분이익과 우선 상계하고 나머지는 자기주식처분손실로 계상함. 자기주식처분손실은 이익잉여금의 처분으로 상각하며 결손이 발생한 경우에는 차기 이후로 이월하여 상각함.

*3. 감자차익은 자기주식을 소각할 때 최초발행금액이 취득원가보다 클 경우 그 차액을 말하며 자본잉여금으로 처리함.

(차) 자본금	×××	(대) 자기주식	×××
		감자차익	×××

*4. 감자차손은 자기주식을 소각할 때 최초발행금액이 취득금액보다 적은 경우 발생하며, 기존의 감자차익과 우선 상계하고 나머지는 감자차손으로 계상함. 감자차손은 이익잉여금의 처분으로 상각하며 결손이 발생한 경우에는 차기 이후로 이월하여 상각함.

예제 14-9 자기주식

다음을 연속된 거래로 보고 분개하시오.

1. (주)충주는 보통주 1,000주(액면금액 ₩5,000)를 ₩6,000에 발행하다.
2. 위의 보통주식 50주를 주당 ₩5,500에 재취득하다.
3. 자기주식 10주를 소각하다.
4. 자기주식 10주를 ₩6,000에 처분하다.
5. 자기주식 10주를 ₩5,200에 처분하다.
6. 자기주식 10주를 ₩5,100에 처분하다.

| 풀이 |

	차변	금액	대변	금액
1.	(차) 현금	6,000,000	(대) 자본금	5,000,000
			주식발행초과금	1,000,000
2.	(차) 자기주식	275,000	(대) 현금	275,000
3.	(차) 자본금	50,000	(대) 자기주식	55,000
	감자차손	5,000		
4.	(차) 현금	60,000	(대) 자기주식	55,000
			자기주식처분이익	5,000
5.	(차) 현금	52,000	(대) 자기주식	55,000
	자기주식처분이익	3,000		
6.	(차) 현금	51,000	(대) 자기주식	55,000
	자기주식처분이익	2,000		
	자기주식처분손실	2,000		

제6절 기타포괄손익누계액

1. 포괄손익과 기타포괄손익 및 기타포괄손익누계액

(총)포괄손익(comprehensive income)은 일정기간 동안 주주와의 자본거래를 제외한 거래에서 발생한 자본의 변동을 말한다. (총)포괄손익은 당기순손익과 기타포괄손익으로 구분한다.

(총)포괄손익 = 당기순손익 ± 기타포괄손익

기타포괄손익(other comprehensive income)은 손익거래를 통해 자본의 변동을 가져오지만 손익계산서의 당기순이익을 계산할 때는 포함되지 않는 항목을 말한다. 기타포괄손익의 당기 발생액은 포괄손익계산서에 표시하고, 재무상태표에는 이 발생액을 과거로부터 모두 누계시킨 기타포괄손익누계액을 표시한다.

기타포괄손익누계액 항목의 예에는 기타포괄손익-공정가치측정 금융자산평가손익(FVOCI 금융자산평가손익), 재평가잉여금 등이 있다.[24]

표 14-22 | 기타포괄손익의 재무제표 표시

구분		내용
포괄손익 계산서[25]	손익계산서	당기순손익 = 수익 − 비용
	포괄손익계산서	당기총포괄손익 = 당기순손익 ± 기타포괄손익
재무상태표		기타포괄손익누계액 = 당기 말까지 누적된 기타포괄손익

1. 당기에 발생한 당기순손익과 당기 중에 발생(변동)된 기타포괄손익은 포괄손익계산서에 보고됨. 당기순손익의 누적액(잔액)은 재무상태표의 이익잉여금으로 보고되며, 기타포괄손익의 누적액(잔액)은 기타포괄손익누계액으로 보고함.

총포괄손익의 계산에 포함되는 당기의 기타포괄손익항목은 다시 재무상태표의 자본항목에 대체되어 기타포괄손익누계액에 가산된다.

24) **기타포괄손익** 항목은 단기간 내에 미래현금흐름에 영향을 미치지 않을 것이기 때문에 이를 당기순손익에 포함시키면 미래현금의 예측을 오도할 수 있다.

25) K-IFRS에서는 재무제표의 명칭은 「주식회사 등의 외부감사에 관한 법률」에 따르며, **손익과 기타포괄손익계산서**라는 명칭은 사용하지 않고 **포괄손익계산서라는 명칭만을 사용**한다고 규정하고 있다.

| 그림 14-2 | 기타포괄손익누계액의 재무상태표 표시 예시

재무상태표(부분)

(주)원주	20×1년 12월 31일 현재 (단위: 천원)
자산	부채 … 자본 자본금 자본잉여금 기타포괄손익누계액 이익잉여금

[그림 14-2]에서 자본항목들은 다시 기본재무제표의 하나인 자본변동표에 그 증감액이 공시된다.

2. 기타포괄손익의 회계처리

기타포괄손익의 회계처리를 요약하면 다음과 같다.[26]

표 14-23 | 기타포괄손익의 회계처리

구분		회계처리	비고
기타 포괄손익 누계액*1	기타포괄손익-공정가치측정 금융자산평가손익	기타포괄손익-공정가치측정 금융자산(FVOCI 금융자산)으로 분류한 주식을 공정가치로 평가할 때 발생하는 평가손익을 말함	
	재평가잉여금 (재평가이익)	유형자산이나 무형자산을 공정가치로 평가할 때 보고기간 말의 공정가치가 이전의 장부금액보다 증가하면 그 차액을 재평가이익(revaluation increase)이라는 기타포괄손익으로 포괄손익계산서에 인식하고, 재무상태표에 기타포괄손익누계액항목인 재평가잉여금(revaluation surplus)으로 계상함	재평가잉여금은 그 자산의 재평가손실 상계금액으로 사용되거나 관련 자산이 제거될 때 이익잉여금으로 대체할 수 있음
	그 밖의 기타포괄손익누계액	–	중급회계 또는 고급회계에서 설명함

*1. 기타포괄손익누계액은 각각 해당 항목에 대한 기타포괄손익의 누계액임.
2. 자산의 보고기간 말의 공정가치가 이전의 장부금액보다 감소하면 그 차액을 재평가손실(revaluation increase)로 계상하고 손익계산서의 당기손실에 반영함.[27]

26) **기타포괄손익의 회계처리**는 **중급회계**에서 설명한다.
27) 재평가이익과 재평가손실을 다르게 인식하는 것은 당기손이익을 가능한 낮은 금액으로 보고하려는 **보수주의 회계처리 관점**에 따른 것이다.

제7절 이익잉여금

1. 이익잉여금의 의의와 배당

1.1 이익잉여금의 의의

이익잉여금(retained earnings)은 기업의 정상적인 영업활동인 손익거래에서 발생한 이익 중에서 배당 등으로 기업 밖으로 유출(사외유출)되거나 자본금 또는 자본잉여금계정으로 대체되지 않고 기업 내부에 유보(사내유보)된 이익을 말한다. 이익잉여금을 유보이익이라고도 하는데 이것은 이익의 발생분 중 배당금을 차감한 후 기업 내부에 유보시키고 있는 금액이라는 의미이다. 이익을 유보하는 이유는 사업확장이나 채무변제에 사용할 자금을 마련하려는 것이다.

1.2 이익잉여금과 배당

기업이 획득한 이익을 모두 주주에게 배당할 수 있는 것은 아니다. 이익을 모두 배당하면 기업이 미래사업에 투자할 자금이 부족하게 되며 채권자를 보호할 수 없을 것이다. 기업이 획득한 이익 중 일부를 법정적립금이나 임의적립금으로 유보한 후 남는 금액을 주주에게 배당하며, 배당 후에도 남는 금액이 있으면 이를 (차기이월)미처분이익잉여금이라 한다.

법정적립금은 관련 법률에 따라 배당이 금지되고 결손전보와 자본전입의 목적으로만 사용할 수 있다. 법정적립금 이외의 이익잉여금은 기업의 결정에 따라 배당으로 사용할 수 있으나, 일반적으로 임의적립금은 그 설정된 목적을 달성하기 전에는 배당으로 사용하지 않는다. 미처분이익잉여금은 기업이 자유롭게 배당으로 사용할 수 있으나 이것도 부채계약에 배당제한조항이 있으면 제한을 받는다.

2. 이익잉여금의 분류

2.1. 이익잉여금의 분류

이익잉여금은 크게 법정적립금, 임의적립금과 미처분이익잉여금으로 구분할 수 있다.

표 14-24 | 이익잉여금의 분류

<table>
<tr><th>구분</th><th colspan="3">이익잉여금의 분류</th><th>비고</th></tr>
<tr><td rowspan="4">이익
잉여금
(또는
결손금)</td><td>법정
적립금</td><td>이익준비금</td><td></td><td rowspan="3">기처분
이익
잉여금</td></tr>
<tr><td rowspan="2">임의
적립금</td><td>적극적 적립금</td><td>감채적립금, 사업확장적립금, 신축적립금 등</td></tr>
<tr><td>소극적 적립금</td><td>배당평균적립금, 결손보전적립금, 별도적립금 등</td></tr>
<tr><td colspan="3">미처분이익잉여금(또는 미처리결손금)</td><td></td></tr>
</table>

2.2 법정적립금

(1) 법정적립금

법정적립금(regal reserves)은 「상법」과 그 밖의 법률에 따라 강제적으로 적립한 이익잉여금으로, 이익준비금이 있다. 법정적립금은 결손전보와 자본전입에만 사용할 수 있다.

(2) 이익준비금

「상법」에 따르면, 주식회사는 자본금의 1/2이 될 때까지 매 결산기 금전에 의한 이익배당(주식배당은 제외)액의 1/10 이상을 이익준비금으로 적립하여야 한다. 이익준비금은 미래에 발생할 수 있는 결손에 대비하고 고율의 배당에 따른 자금유출을 방지하여 자본구조를 충실화하려는 목적에서 적립한다.

이익준비금의 적립에 대한 회계처리는 다음과 같다.

(차) 미처분이익잉여금 ××× (대) 이익준비금 ×××

2.3 임의적립금

(1) 임의적립금의 의의

임의적립금(voluntary reserves)은 기업이 일정한 목적을 위하여 정관이나 주주총회의 결의에 따라 자발적(임의적)으로 적립한 금액을 말한다. 임의적립금은 그 적립목적이나 금액 등을 기업이 재량적으로 결정할 수 있다.

임의적립금의 적립에 대한 회계처리는 다음과 같다.

(차) 미처분이익잉여금 ××× (대) 임의적립금 ×××

(2) 적극적 적립금과 소극적 적립금

적극적 적립금은 기업의 자산을 증가시키거나 부채를 감소시킬 목적으로 적립하는 적립금을 말한다. 적극적 적립금에는 경영확장을 위한 사업확장적립금, 건물신축을 위한 신축적립금, 사채와 기타 부채를 상환하기 위한 감채기금적립금 등이 있다. 적극적 적립금은 그 설정 목적이 달성된 후에도 소멸되지 않으며, 목적이 달성되면 특별한 목적을 갖지 않는 별도적립금이나 그 밖의 임의적립금으로 대체하는 것이 일반적이다.

소극적 적립금은 장래의 배당지출이나 결손에 대비하여 배당을 제한하기 위한 목적으로 적립하는 적립금을 말한다. 소극적 적립금에는 결손금을 전보하여 재무구조를 건실하게 하기 위한 결손보전적립금, 이익이 적게 발생하는 회계기간에도 일정수준의 배당금을 지급하기 위한 배당평균적립금 등이 있다. 소극적 적립금은 그 설정된 목적이 달성되면 소멸하며 미처분이익잉여금으로 전환하는데, 이를 임의적립금의 이입이라 한다.

2.4 미처분이익잉여금(또는 미처리결손금)

미처분이익잉여금(unappropriated retained earnings)은 유보이익 중 그 사용목적이 정하여져 있지 않은 이익잉여금을 말한다. 미처분이익잉여금은 전기이월미처분이익잉여금에 당기순이익(또는 당기순손실) 등을 가감한 금액이다. 또한 차기이월미처분이익잉여금은 미처분이익잉여금을 여러 가지 형태로 처분한 후의 잔액을 말한다. 미처리결손금은 손실이 누적되어 자본의 감소항목으로 기록된 금액을 말한다.[28]

3. 이익잉여금의 처분

3.1 이익잉여금 처분의 의의

이익잉여금의 처분은 이익잉여금의 사용처를 결정하는 것을 말한다. 이익잉여금의 처분은 이익잉여금 중 일부는 법정적립금 등으로 (사내)유보하거나 배당을 통해 사외유출할 금액을 결정하고 차기로 이월할 이익잉여금을 산출하는 과정은 말한다. 이익잉여금을 치

20) **미처리결손금**은 **중급회계**에서 설명한다.

분할 때 이익잉여금처분계산서가 작성된다.[29]

이익잉여금에 대한 처분은 「상법」에 따라 주주총회의 승인을 받아야 한다. 따라서 다음 연도에 열리는 주주총회 결의일에 이익잉여금의 처분에 대한 회계처리가 이루어진다.[30] 따라서 당기 말 재무상태표에는 잉여금을 처분하기 전의 금액으로 표시된다.

이익잉여금의 처분형태는 다음과 같다.

표 14-25 | 이익잉여금의 처분형태

이익잉여금의 처분형태	내용
사내유보(적립)[31]	법정적립금, 임의적립금 등으로 적립함
사외유출	배당(현금배당, 현물배당, 주식배당) 등으로 처분하여 사외유출함
자본조정과의 상계	주식할인 발행차금, 자기주식처분손실, 감자차손 등과 상계함

29) K-IFRS는 **이익잉여금처분계산서**를 기본재무제표에 포함시키지 않고 있으며, 상법 등 관련 법규에서 이익잉여금처분계산서의 작성을 요구하는 경우 이를 작성하여 **이익잉여금의 처분내용을 주석사항으로 공시**하도록 하고 있다.
이익잉여금처분계산서(statement of appropriation of retained earnings)는 **이익잉여금의 처분사항**을 보고하는 재무보고서를 말한다. 이익잉여금처분계산서는 전기에서 이월된 이익잉여금과 당기에 발생한 이익의 처분사항과 차기로 이월된 이익잉여금의 현황을 확인하기 위하여 작성한다. 이익잉여금처분계산서의 **양식**은 다음과 같다.

이익잉여금처분계산서

20×1년 1월 1일부터 20×1년 12월 31일까지
처분예정일 20×2년 ×월 ×일

(주)부여 (단위: 원)

과목	금액	
미처분이익잉여금		
전기이월미처분이익잉여금(또는 전기이월미처리결손금)	×××	
회계정책변경누적효과	×××	
전기오류수정손익	×××	
중간배당액	×××	
당기순이익(또는 당기순손실)	×××[*1]	×××[*2]
임의적립금 등의 이입액		
사업확장적립금	×××	
배당평균적립금	×××	×××
합계		×××
이익잉여금처분액		
이익준비금	×××	
배당금	×××	
임의적립금	×××	(×××)
차기이월미처분이익잉여금		×××

*1. 당기순이익은 포괄손익계산서에 표시되어 있는 당기순이익과 일치되어야 함.
*2. 20×1년 말 재무상태표에 미처분이익잉여금으로 표시됨.

이익잉여금처분계산서의 항목은 다음과 같이 **구분**하여 **표시**한다.

3.2 이익잉여금처분의 회계처리

회계순환과정의 마감단계에서 당기순이익이 발생하면 이를 재무상태표의 자본(이익잉여금)에 가산하고, 당기순손실이 발생하면 자본(이익잉여금)에서 차감한다.

표 14-26 | 이익잉여금 처분의 회계처리

구분		이익잉여금처분의 회계처리	비고
결산일 회계 처리	전기이월 이익잉여금의 대체	(차) 전기이월이익잉여금[*1] ××× (대) 미처분이익잉여금 ×××	
	당기순이익의 대체	(차) 집합손익 ××× (대) 미처분이익잉여금 ×××	당기순이익이 발생하였을 경우의 회계처리임[*2]

구분		내용
처분가능 이익 잉여금	미처분이익잉여금[*1]	전기이월미처분이익잉여금(또는 전기이월미처리결손금)에 회계정책변경누적효과,[*2] 전기오류수정손익,[*2] 중간배당액,[*2] 당기순이익(또는 당기순손실) 등을 차감하거나 가산한 금액으로 함
	임의적립금 등의 이입액[*3]	사업확장적립금, 배당평균적립금 등의 임의적립금 등을 이입하여 당기의 이익잉여금처분에 충당하는 경우에는 그 금액을 미처분이익잉여금에 가산하는 형식으로 표시함
이익 잉여금의 처분	이익잉여금처분액[*4]	이익잉여금의 처분은 다음의 항목으로 구분하여 표시함 1. 이익준비금 2. 기타법정적립금 3. 이익잉여금처분에 의한 상각 등: 주식할인발행차금상각, 자기주식처분손실잔액 등으로 구분함 4. 배당금: 당기에 처분할 배당액을 현금배당과 주식배당으로 구분하여 표시함 5. 임의적립금
	차기이월미처분 이익잉여금	미처분이익잉여금과 임의적립금이입액의 합계에서 이익잉여금처분액을 차감한 금액으로 함

*1. 미처분이익잉여금의 금액이 음(-)인 경우에는 미처리결손금이라 하고 결손금처리계산서를 작성함.
*2. 회계정책변경누적효과, 전기오류수정손익, 중간배당액은 당기의 포괄손익계산서와 무관하게 직접적으로 이익잉여금을 조정하는 항목으로 이들 항목이 있는 경우에 전기이월미처분이익잉여금에 가감하여 미처분이익잉여금을 계산함.
*3. 임의적립금의 이입액은 임의적립금의 설정목적을 달성하였거나 임의적립금에 대한 정책이 변경되는 경우 이전에 유보한 임의적립금을 해제하여 미처분이익잉여금으로 환원시킨 금액을 말함.
*4. 이익잉여금의 처분액은 처분예정일의 이익잉여금의 처분예정액(이익잉여금처분 후의 잔액이 아님)을 표시하고 있음. 이익잉여금의 처분순서는 이익준비금, 기타법정적립금 등의 순서로 주주총회의 결의에 따라 처분함.

30) K-IFRS에서는 **이익잉여금의 처분**을 **주주총회 결의일이 속하는 연도의 장부에 반영**하도록 규정하고 있다.
31) **적립**은 이익잉여금의 처분을 제한할 목적으로 이익잉여금 내에서 항목 간의 분류를 변경시키는 것을 말하며, 이익잉여금 총액을 변동시키지는 않는다. 적립은 이익잉여금의 일부를 특정한 목적을 위해 적립(**용도지정**)함으로써 **배당가능 미처분이익잉여금을 줄인다.**
32) **잉여금의 전입**: 잉여금의 전입은 미처분이익잉여금을 납입자본으로 분류변경하는 것을 말한다. 잉여금의 전입에 따라 전입된 잉여금은 납입자본이므로 배당의 대상이 아니다.
(차) 미처분이익잉여금 ××× (대) 자본금 ×××

<table>
<tr><td rowspan="2">주주
총회일
회계
처리</td><td>임의적립금
등의 이입[*3]</td><td>(차) 임의적립금 ×××
(대) 미처분이익잉여금 ×××</td><td>임의적립금의 사용잔액이 있거나 적립할 필요가 없는 경우 이익잉여금으로 대체함</td></tr>
<tr><td>이익잉여금의
처분(또는
적립)[*4][32]</td><td>(차) 미처분이익잉여금 ×××
(대) 법정적립금 ×××
임의적립금 ×××
미지급배당금 ×××
미교부주식배당금 ×××
주식할인발행차금 ×××
차기이월이익잉여금금 ×××</td><td></td></tr>
</table>

*1. 재무상태표상 계정과목은 차기이월이익잉여금이나 이해를 돕기 위하여 전기이월이익잉여금으로 표시하였음.
*2. 당기순손실이 발생하였을 경우 다음과 같이 회계처리함.
(차) 미처분이익잉여금 ××× (대) 집합손익 ×××
이월결손금* ×××
*3. 이입은 법정적립금, 임의적립금 등을 미처분이익잉여금으로 다시 분류변경하는 것을 말함. 즉, 이입은 법정적립금 등을 배당가능액으로 재분류하는 것임.
*4. 처분(또는 적립)은 미처분이익잉여금을 배당하지 않을 목적으로 분류변경하는 것을 말함.

예제 14-10 당기순이익의 이익잉여금으로의 대체

1. (주)나주는 20×0년 12월 31일 결산 결과 ₩150,000의 당기순이익이 발생하다.
2. (주)나주는 20×0년 12월 31일 설정목적이 달성된 공장신축적립금 ₩400,000을 미처분이익잉여금으로 이입하기로 하다.
3. (주)나주는 20×1년 3월 25일 주주총회에서 다음과 같이 미처분이익잉여금을 처분(적립)하기로 결의하다.

이익준비금	₩100,000	배당금	₩20,000
감채적립금	20,000		

| 요구사항 |

위 거래의 회계처리를 하시오.

| 풀이 |

1. (차) 집합손익	150,000	(대) 미처분이익잉여금	150,000
2. (차) 공장신축적립금	400,000	(대) 미처분이익잉여금	400,000
3. (차) 미처분이익잉여금	140,000	(대) 이익준비금	100,000
		감채적립금	20,000
		미지급배당금	20,000

4. 배당

4.1 배당의 의의와 종류

기업은 주주총회의 결의에 따라 주주에게 배당을 지급한다. 배당(dividends)은 기업이 영업활동을 통해 얻은 이익의 일부를 투자의 대가로 주주에게 분배하는 것을 말한다. 배당을 어느 정도 지급할 것인지는 배당가능이익과 현금지급능력을 고려하여 결정하여야 한다.

배당의 종류는 현금배당과 주식배당으로 구분할 수 있다.[33] 기업은 일반적으로 현금으로 배당을 지급한다. 현금배당(cash dividends)은 기말배당(연차배당)과 회계기간 중에 배당금을 지급하는 중간배당으로 구분할 수 있다.

주식배당(stock dividends)은 주주의 지분비율에 비례하여 신주를 발행하여 배당을 지급하는 것을 말한다.[34] 주식배당을 하는 회사는 자금을 지출하지 않고 주주의 배당압력을 줄일 수 있으며, 기업의 자본에는 변동 없이(즉, 이익잉여금은 감소하나 자본금이 증가하여 자본총액은 변동 없음) 시장에 유통되는 주식수가 증가하여 주식의 유통을 원활하게 하는 장점이 있다.

4.2 배당의 회계처리: 배당기준일, 배당선언일, 배당지급일

배당에 대한 회계처리와 관련하여 배당기준일, 배당선언일, 배당지급일에 대해 알아야 한다.

---

33) 현금 이외의 재고자산이나 유형자산 등으로 배당을 지급할 수도 있는데, 이를 **현물배당(자산배당)**이라 하며, **중급회계**에서 설명한다.

(차) 이익잉여금 ××× (대) 미지급현물배당 ×××

34) 「**상법**」에 따르면 **주식배당**은 배당가능이익이 있고, 주주총회의 결의를 거쳐야 하며, 발행가액은 주식의 액면금액으로 하고, 이익배당 총액의 1/2은 초과하지 않아야 한다. 「자본시장과 금융투자업에 관한 법률」은 상장회사에 한하여 주식배당을 제한 없이 허용하고 있다.

표 14-27 | 배당의 회계처리

구분	내용	비고
배당기준일 (결산일)	배당을 받을 권리가 결정되는 날로, 기말배당에서는 보통 회계연도 말일임	배당을 받을 권리를 갖는 주주를 확정하기 위하여 주주명부를 폐쇄하는 날로, 이날(기준일)에 주주명부에 등록되어 있는 주주가 배당받을 권리를 가짐
배당선언일 (주주총회 결의일)	주주총회에서 배당의 의사를 공식적으로 밝히는 날로, 기말배당에서는 다음 회계기간 초의 주주총회일임	배당이 선언되는 날에 회사는 배당을 지급할 의무가 발생하고 주주는 배당을 수령할 권리가 발생함
배당지급일	배당기준일 현재 주주명부에 등록된 주주에게 실제로 배당금을 지급하는 날	주식배당을 하는 회사는 배당선언일 이후 일정기간이 지난 후 배당금이 지급됨

현금배당과 주식배당[35)]은 배당기준일, 배당선언일과 배당지급일에 다음과 같이 회계처리하여야 한다.

표 14-28 | 현금배당과 주식배당의 회계처리

구분	현금배당	주식배당
배당기준일	회계처리 없음	회계처리 없음
배당선언일	(차) 미처분이익잉여금 ××× (대) 미지급배당금[*1] ×××	(차) 미처분이익잉여금 ××× (대) 미교부주식배당금[*2] ×××
배당지급일[*3]	(차) 미지급배당금 ××× (대) 현금 ×××	(차) 미교부주식배당금 ××× (대) 자본금[*4] ×××

*1. 미지급배당금(dividends payable)은 유동부채임.
*2. 미교부주식배당금(unissued stock dividends)은 자본조정항목임.
*3. 현금배당에서는 현금배당금지급일이고, 주식배당에서는 주식교부일임.
*4. 주식배당에서는 주식을 액면금액으로 발행함.
5. 배당을 받는 기업의 회계처리: 현금배당을 받는 기업은 배당금수익으로 기록하고, 주식배당을 받는 기업은 자산의 유입이 없으므로 아무런 기록을 하지 않음.

35) **주식배당의 효과**와 **주식배당을 받은 회사에 투자한 주주의 회계처리** 등은 **형식적 증자(무상증자)**의 경우와 **동일**하다. 그러나 **주식배당**은 **미처분이익잉여금**을 자본금으로 전입하는 것이지만, **형식적 증자**는 **주식발행초과금**이나 **이익준비금**을 자본금으로 전입하는 것이다. **형식적 증자**에 대한 설명은 **제3절 자본금의 증가와 감소: 증자와 감자**에 대한 설명을 참조

예제 14-11 **현금배당**

(주)동해는 20×1년의 결산 결과 당기 말 배당가능이익이 ₩3,000,000이고 20×1년 말 보통주 발행주식수는 4,000주이다. 20×2년 2월 20일 주주총회에서 20×1년 12월 31일 현재 주주명부에 등록된 주주에게 보통주 1주당 ₩600의 현금배당을 지급하기로 결의하였다. 배당금지급일은 20×2년 3월 31일이다.

| 요구사항 |

(주)동해의 배당기준일, 배당선언일과 배당지급일의 회계처리를 하시오.

| 풀이 |

1. 배당기준일(20×1년 12월 31일)

회계처리 없음

2. 배당결의일(20×2년 2월 20일)

(차) 미처분이익잉여금	2,400,000	(대) 미지급배당금	2,400,000*

* 미지급배당금 = ₩6,000 × 4,000주 = ₩2,400,000

3. 배당지급일(20×2년 3월 31일)

(차) 미지급배당금	2,400,000	(대) 현금	2,400,000

5. 결손금의 처리(전보)

당기순손실이 발생하면 이익잉여금이 감소되며, 당기순손실이 거액일 경우 이익잉여금이 음(−)의 금액, 즉 결손금이 발생하기도 한다. 당기순이익의 누적액이 이익이 아니라 손실이 되는 경우를 결손이라 한다. 결손금의 처리는 결손금(전기이월결손금 포함)의 전부 또는 일부를 이익잉여금 및 자본잉여금과 상계하여 장부에서 제거하는 것을 말한다. 기업은 결손금의 처리내역을 결손금처리계산서를 작성하여 표시하여야 한다.[36]

미처리결손금이 발생하는 경우 다음의 순서에 따라 이익잉여금과 자본잉여금을 이입하여 미처리결손금을 상계하거나 차기로 이월할 수 있다.

36) **결손금처리계산서**는 **결손금의 처리사항**을 보고하는 재무보고서를 말하며, 결손금처리계산서의 **양식**은 다음과 같다.

표 14-29 | 결손금처리에 대한 회계처리

구분	결손금 처리의 회계처리			
결산시 당기순손실 대체*1	(차) 미처분이익잉여금	×××	(대) 집합손익	×××
이월결손금의 보전*2	(차) 임의적립금	×××	(대) 이월결손금	×××

*1. 당기순손실금액이 미처분이익잉여금 잔액을 초과하였을 경우 다음과 같이 회계처리함.
(차) 미처분이익잉여금 ××× (대) 집합손익 ×××
이월결손금 ×××

*2. 결손금의 보전(결손금의 제거) 순서: 결손금을 보전할 때에는 먼저 이익잉여금에서 전보하고, 모자라는 경우에는 자본잉여금에서 전보함. 따라서 결손을 보전할 때 잉여금은 ① 임의적립금, ② 기타법정적립금, ③ 법정적립금(이익준비금), ④ 자본잉여금 순으로 사용함.

결손금처리계산서

20×1년 1월 1일부터 20×1년 12월 31일까지

(주)공주 처리예정일 20×2년 ×월 ×일 (단위: 원)

과목	금액	
미처리결손금		
전기이월미처리결손금(또는 전기이월미처분이익잉여금)	×××	
회계정책변경 누적효과	×××	
전기오류수정손익	×××	
중간배당액	×××	
당기순이익(또는 당기순손실)	×××	×××
결손금처리액		
임의적립금이입액	×××	
법정적립금이입액	×××	
자본잉여금이입액	×××	×××
차기이월미처리결손금		×××

결손금처리계산서의 항목은 다음과 같이 **구분**하여 **표시**한다.

구분	내용
미처리결손금	전기이월미처리결손금(또는 전기이월미처분이익잉여금)에 중간배당액, 당기순이익(또는 당기순손실) 등을 차감하거나 가산한 금액으로 함
결손금처리액	결손금의 처리를 다음의 항목으로 구분하여 표시함 1. 임의적립금이입액 2. 기타법정적립금이입액 3. 이익준비금이입액 4. 자본잉여금이입액
차기이월미처리결손금	미처리결손금에서 결손금처리액을 차감한 금액으로 함

제8절 자본변동표

1. 자본변동표의 의의

자본변동표(statement of changes in equity)는 일정기간 동안 발생한 자본(소유주지분)의 크기와 변동을 표시한 재무제표로, 자본의 변동을 주주의 입장에서 포괄적으로 표시한다. 자본변동표는 자본을 구성하고 있는 자본금, 자본잉여금, 자본조정, 기타포괄손익누계액과 이익잉여금의 크기와 변동에 관한 포괄적인 정보를 제공한다.

자본변동표는 재무제표 간의 연계성을 제고시키며 재무제표 간의 이해가능성을 높여준다. 재무상태표에 표시되어 있는 자본의 기초잔액과 기말잔액을 제시하여 재무상태표와 연결할 수 있고, 자본의 변동내용은 포괄손익계산서와 현금흐름표에 표시된 정보와 연결할 수 있어 정보이용자들이 재무제표 간의 관계를 더 명확하게 파악할 수 있도록 해준다.

2. 자본변동표의 양식

자본변동표의 양식은 다음과 같다.[37)]

표 14-30 | 자본변동표의 양식

자본변동표

(주)경주 제×기 20×1년 1월 1일부터 20×1년 12월 31일까지 (단위: 원)

항목	자본금	자본잉여금	자본조정	기타포괄손익누계액[*1]	이익잉여금	총계
20×1. 1. 1(보고금액)	×××	×××	×××	×××	×××[*2]	×××
회계정책변경누적효과					×××	×××
전기오류수정					×××	×××
수정후이익잉여금					×××[*3]	×××
연차배당					(×××)	(×××)
처분후이익잉여금					×××	×××
중간배당					(×××)	(×××)
유상증자	×××	×××				×××
당기순이익					×××	×××
자기주식 취득			(×××)			(×××)
기타포괄손익-공정가치측정 금융자산평가이익				×××		×××

37) 자본변동표의 구체적인 작성방법에 대해서는 중급회계에서 설명한다.

20×1. 12. 31	×××	×××	×××		×××[*4]	×××

*1. 기타포괄손익누계액은 재평가잉여금, 기타포괄손익-공정가치측정 금융자산평가손익 등으로 분류하여 표시할 수 있음.
*2. 수정전 전기 말 재무상태표에 보고된 기말잔액임.
*3. 수정후 전기 말 재무상태표의 이익잉여금임.
*4. 당기 말 재무상태표에 보고된 기말잔액임.

3. 자본변동표의 내용과 구성

자본변동표는 자본의 각 항목별로 구분하여 기초잔액, 기중변동액과 기말잔액을 표시한다. 자본변동표 양식의 20×1. 1. 1(보고금액)은 전기 말 재무상태표에 보고된 자본의 기말잔액이다. 수정후이익잉여금은 전기 말 재무상태표에 보고된 이익잉여금의 기말잔액에서 당기의 회계정책변경누적효과와 전기오류수정이익(손실)을 가감한 잔액이 표시된다.

자본변동표에 표시되는 자본의 변동내용은 다음과 같다.

표 14-31 | 자본의 변동내용

구분	내용
자본금의 변동	유상증자(감자), 무상증자(감자)와 주식배당 등에 의하여 발생함
자본잉여금의 변동	유상증자(감자), 무상증자(감자), 결손금처리 등에 의하여 발생하며, 주식발행초과금, 감자차익, 자기주식처분이익, 기타자본잉여금을 예로 들 수 있음
자본조정의 변동	자기주식, 주식할인발행차금을 예로 들 수 있음
기타포괄손익누계액의 변동	기타포괄손익-공정가치측정 금융자산평가손익(FVOCI 금융자산평가손익), 재평가잉여금을 예로 들 수 있음
이익잉여금의 변동	연차배당(현금배당과 주식배당으로 구분), 중간배당, 회계정책변경 누적효과, 전기오류수정손익, 이익잉여금의 처분 및 당기순이익(또는 당기순손실)으로 구분하여 표시함

20×1. 12. 31은 당기 말 재무상태표에 보고되는 기말잔액이 표시된다.

예제 14-12 자본변동표

(주)창원은 20×2년 1월 1일 자본금 ₩50,000,000(보통주 10,000주, 주당 액면금액 ₩5,000)으로 설립된 회사이며, 당일 주식발행초과금은 ₩1,000,000이었다. 20×2년도 당기순익은 ₩9,000,000이며, 20×2년 중 발생한 자본거래는 다음과 같다.
1. 5월 1일 주당 ₩4,000으로 2,500주를 유상증자하였다.

2. 8월 1일 자기주식 200주를 주당 ₩6,000에 취득하였다.
3. 10월 1일 자기주식 100주를 주당 ₩6,500에 처분하였다.
4. 11월 1일 자기주식 60주를 소각하였다.
5. 12월 31일 보유 중인 토지의 장부가액을 재평가를 통해 ₩200,000 증가시켰다.

| 요구사항 |

1. 위의 거래를 일자별로 회계처리하시오.
2. 20×2년도 자본변동표를 작성하시오. 단, 자본은 납입자본, 이익잉여금 및 기타자본구성요소로 분류하는 것으로 가정한다.

| 풀이 |

1. 회계처리

일자	회계처리			
20×2년 5월 1일	(차) 현금 주식발행초과금 주식할인발행차금	10,000,000 1,000,000 1,500,000	(대) 자본금	12,500,000
20×2년 8월 1일	(차) 자기주식	1,200,000	(대) 현금	1,200,000
20×2년 10월 1일	(차) 현금	650,000	(대) 자기주식 자기주식처분이익	600,000 50,000
20×2년 11월 1일	(차) 자본금 감자차손	300,000[*1] 60,000	(대) 자기주식	360,000
20×2년 12월 31일	(차) 집합손익 (차) 토지	9,000,000 200,000	(대) 미처분이익잉여금 (대) 재평가잉여금	9,000,000 200,000

*1. ₩5,000×60주=₩300,000

2. 자본변동표

자본변동표

(주)창원 20×2년 1월 1일부터 20×1년 12월 31일까지 (단위: 천원)

항목	납입자본	이익잉여금	기타자본구성요소	총계
20×1. 1. 1(보고금액)	51,000	0	0	51,000
유상증자	11,500	–	(1,500)	10,000
자기주식	–	–	(1,200)	(1,200)
자기주식처분	50	–	600	650
자기주식소각	(300)	–	300	–
당기순이익	–	9,000	–	9,000
토지재평가이익	–	–	200	200
20×1. 12. 31	62,250	9,000	(1,600)	69,650

1. 주식발행초과금의 감소는 납입자본을 감소시키고, 주식할인발행차금은 자본조정항목이므로 기타자본구성요소를 감소시킴.
2. 자기주식은 음(–)의 자본조정항목이며, 자기주식의 처분은 음의 자본조정항목의 감소이므로 (+)로 처리됨. 자본조정항목이 동시에 발생하면 상계하여 순액만 표시함.
3. 자기주식처분이익은 자본잉여금에 해당하므로 납입자본의 증가이고, 감자차손은 음(–)의 자본조정항목임.

제9절 주당순이익

당기순이익은 기업의 투자금액의 크기를 고려하지 않은 수치이므로 당기순이익으로 기업 간의 경영성과를 비교할 수 없다.[38] 따라서 기업의 투자수준을 반영한 성과측정치로 주당순이익이 사용되고 있다. 주당순이익은 기업의 성과지표이며 주주나 잠재적 투자자들이 관심을 갖는 중요한 투자지표의 한 가지로 인식되고 있다. 재무분석가나 증권회사는 기업의 주당순이익에 대한 예측정보와 실적정보를 자주 공시한다.

주당순이익(earning per share, EPS, 주당이익)은 보통주 1주당 순이익을 나타내며, 보통주당기순이익을 가중평균유통보통주식수로 나눈 것을 말한다.[39]

$$(기본)주당순이익 = \frac{보통주당기순이익}{가중평균유통보통주식수} = \frac{당기순이익 - 우선주배당금}{가중평균유통보통주식수}$$

보통주당기순이익은 보통주에 귀속되는 당기순이익으로 우선주 주주에게 지급할 배당금을 차감하여 계산한다. 포괄손익계산서의 당기순이익은 보통주와 우선주에 귀속되므로 보통주에 귀속되는 당기순이익은 포괄손익계산서의 당기순이익에서 우선주에 지급할 배당금을 차감하여 계산한다.

가중평균유통보통주식수는 주당순이익을 계산하는 기간 동안의 유통보통주식수를 가중평균하여 계산한다. 가중평균유통주식수를 사용하는 이유는 신주발행, 자기주식의 취득과 처분 등으로 기업의 유통보통주식수가 시점마다 변동할 수 있기 때문에 일정시점이 아닌 일정기간 동안의 평균유통주식수를 계산하기 위해서이다. 가중평균유통보통주식수를 계산하는 방법은 유통보통수식수의 유통기간을 회계기간으로 나눈 값에 해당 기간 동안의 유통보통주식수를 곱하여 이를 모두 합산한다.

K-IFRS에서는 포괄손익계산서의 제일 하단에 주당순이익을 공시하도록 하고 있다.

---

38) 예를 들어 기업규모가 큰 기업의 당기순이익이 작은 기업보다 높다. 따라서 이를 고려하여 주당순이익은 기업규모와 발행주식수를 통제한 후 **기업 간 수익성**을 비교할 수 있는 지표로 사용되고 있다. 주당순이익은 동일한 기업의 **기간 간 수익성**을 비교할 목적으로도 사용된다.

39) IFRS에서는 주당순이익을 **기본주당순이익**(basic EPS)과 **희석주당순이익**(diluted EPS)으로 구분한다. **본문에서 설명한 주당순이익 계산식이 기본주당순이익**이다. 희석주당순이익은 자기주식의 보유, 전환증권(보통주로 전환될 가능성이 있는 전환우선주, 전환사채, 신주인수권, 주식매입선택권 등)의 보유, 무상증자, 주식배당, 주식분할, 주식병합이 있는 경우 등 복잡한 자본구조에서 계산한다.
유통보통주식의 가중평균방법과 희석주당순이익의 계산은 **중급회계**에서 설명한다.

예제 14-13 주당순이익

(주)상주의 다음 자료를 사용하여 주당순이익을 계산하시오. (주)상주의 회계기간은 1월 1일부터 12월 31일까지이다.

1. 당기순이익은 ₩10,000,000이다.
2. 자본금의 내역
   ① 보통주자본금(액면 ₩5,000) 10,000주
   ② 우선주자본금(액면 ₩5,000, 우선배당률 연 10%) 1,000주
3. 11월 1일에 보통주 자기주식 3,000주를 취득하다.[40]
4. 그 밖의 자본금 변동은 없다.

| 풀이 |

보통주당기순이익: ₩10,000,000−(₩5,000×1,000×10%)=₩9,500,000
가중평균유통보통주식수: (10,000주×10월/12월)+(7,000×2월/12월)=9,500
주당순이익 계산: ₩9,500,000÷9,500=₩1,000

40) 기업이 **자기주식을** 가지고 있으면 자기주식은 유통보통주식수에 포함되지 않으므로 발행주식수에서 자기주식수를 차감하여 유통보통주식수를 계산한다.

신문에서 배우는 회계 · 세상

✣ 배당금 사상 최대 … 외국인 9兆 받아갔다

상반기 외국인 배당, 전체의 41% … 송금액 커 경상수지 발목 잡기도
정부, 배당 장려책 폐지 계획 … 앞으로도 증가할지는 미지수

지난 4월 한국경제의 월(月) 성적표 격인 경상(經常)수지가 전달 대비 32% 감소했다. 경상수지는 상품 수출입, 임금·이자·배당, 여행·서비스 등을 모두 합친 수치다. 수출호조로 흑자는 유지했지만 외국인 배당금이 발목을 잡았다. 매년 4월은 12월 결산법인의 배당금이 지급되는데, 외국인들이 본국으로 송금한 주식배당금 규모가 역대 최대치(53억달러)로 늘어나면서 흑자폭이 축소됐다. 외국인들이 타가는 배당금 규모가 우리나라 경상수지 결과까지 좌지우지할 정도로 커진 것이다.

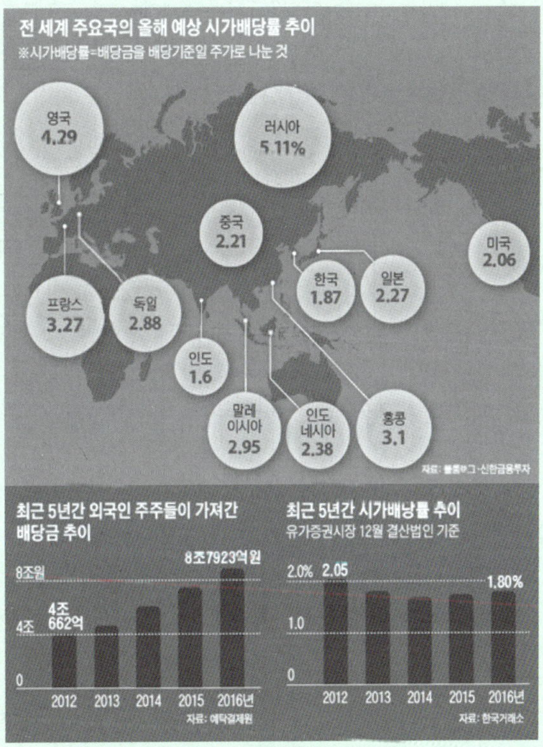

국내 주식시장에 투자한 외국인 주주(株主)들이 2017년 상반기에 배당금으로만 9조원 가까이 번 것으로 조사됐다. 8월 21일 한국예탁결제원에 따르면, 올해 유가증권·코스닥시장에서 12월 결산법인 1,032곳이 외국인에게 지급한 배당금은 사상 최대치인 8조 7,923억원에 달했다. 2012년(4조 662억원)과 비교하면 두 배 수준으로 늘었다. 외국인 주주들의 몫은 전체 배당금의 41%로, 작년 말 기준 외국인의 국내 주식 보유비중(31.2%)보다도 컸다. 외국인 주주들이 배당 인심이 후한 주식을 선호한다는 사실을 엿볼 수 있다. 대표적 고배당주로 꼽히는 통신 3사 주식들은 모두 외국인 지분이 40% 이상으로, 투자한도(49%)에 가깝게 지분을 늘린 상태다.

외국인, 배당만으로 이미 본전 뽑아

2017년 외국인 주주들의 배당 잔치는 외국인들이 보유주식을 늘리기도 했지만, 주요 기업들의 실적이 개선되면서 배당금을 크게 높인 영향도 컸다. 에프앤가이드에 따르면, 코스피 상장사들의 지난해 영업이익(연결기준)은 약 150조원으로, 전년 대비 18% 증가했다. 실적개선에 따라 배당금 규모도 계속 늘어, 지난해 사상 처음으로는 배당금 총액이 20조원을 돌파했다. 삼성전자가 외국인에게 가장 많은 배당금(2조 3,906억원)을 지급했고, S-Oil, 신한금융지주, 현대차, 한국전력, KB금융 등이 뒤를 이었다. 김한진 KTB투자증권 연구원은 "글로벌 경기 회복세로 우리나라 상장사들의 영업이익이 커지는 데다 외국인들의 주주 환원 요구도 증가하고 있어 외국인들이 가져가는 배당금 규모는 더 커질 가능성이 높다"고 말했다. 한국에 투자한 외국인들이 배당만 갖고서도 투자원금을 회수했다는 분석도 나온다. 김학균 미래에셋대우 투자전략부장은 "지난 1992년 한국이 주식시장을 개방한 이후 지난 7월 초까지 외국인 투자자들의 한국 주식 순매수 규모는 77조원에 달한다"면서 "하지만 같은 기간 외국인은 배당으로만 76조원 넘게 받아가 본전은 찾았다고 볼 수 있다"고 말했다.

세제 개편으로 배당 확대 유인 약해져

2017년 외국인 주주들이 받아간 배당금 규모가 사상 최대치로 늘긴 했지만, 향후 배당금 증가 속도엔 제동이 걸릴 것이란 전망도 나온다. 정부가 각종 배당 장려책을 폐지할 계획이기 때문이다. 정부는 지난 2일 2014년 말에 3년 시한으로 도입한 배당소득 증대 세제(고배당하면 배당소득세율 인하)는 폐지하고, 기업소득 환류 세제(기업이 현금 쌓아두면 추가 세금 부과)는 '투자・상생협력촉진 세제'로 바꾸면서 배당을 법인세 공제 대상에서 빼기로 했다. 두 가지 세제 혜택은 지난 3년간 코스피 상장 기업의 현금배당 규모를 11조원대에서 20조원대까지 끌어올린 원동력이었다. 하지만 이렇게 기업들에 세제 혜택을 주어 배당을 촉진하면 가계소득도 증가할 것이란 기대가 있었지만 그런 효과는 나타나지 않았고, 정부는 결국 폐지 쪽으로 가닥을 잡았다. 정재현 한화투자증권 연구원은 "정부가 과세 정상화를 목적으로 이전 정부의 배당 장려책을 없앨 계획인데, 이렇게 되면 상장사는 배당을 확대하거나 배당수익률을 관리할 동기가 약해질 수밖에 없다"면서 "투자자 입장에서도 세금 혜택이 사라져 고배당주 투자 매력도가 낮아질 수 있다"고 예상했다.

http://biz.chosun.com/site/data/html_dir/2017/08/22/2017082200029.html

논술문제

1 자본의 의의와 분류에 대해 설명하시오.

2 자본과 부채의 차이에 대해 설명하시오.

3 회계적 관점의 자본분류에 대해 설명하시오.

4 주식과 사채의 비교에 대해 설명하시오.

5 주식의 종류에 대해 설명하시오.

6 주주의 권리에 대해 설명하시오.

7 청약에 의한 주식의 발행에 대해 설명하시오.

8 주식의 액면발행, 할증발행과 할인발행에 대해 설명하시오.

9 증자와 감자에 대해 설명하시오.

10 자본잉여금의 의의와 종류에 대해 설명하시오.

11 자본조정과 기타포괄손익누계액에 대해 설명하시오.

12 자기수식에 대해 설명하시오.

13 이익잉여금의 의의와 종류에 대해 설명하시오.

14 이익잉여금의 처분에 대해 설명하시오.

15 배당금의 의의와 종류에 대해 설명하시오.

16 자본변동표에 대해 설명하시오.

객관식문제

■ 기본문제

1 다음은 한국채택국제회계기준에서 제시하는 '자본'에 대한 설명이다. 다음 중 틀린 것은? (기업회계 1급 45회)

① 주식발행시 자본금은 액면가액×발행주식수로 계산된다.
② 법정적립금으로 이익준비금은 현금배당액의 10분의 1 이상을 자본금의 2분의 1에 달할 때까지 적립해야 한다.
③ 유상감자시 감자차손익은 주식의 발행금액과 취득금액의 차액으로 계산한다.
④ 임의적립금은 이사회결의로 미처분이익잉여금으로 대체가 가능하다.

| 풀이 |
감자차손익은 취득금액과 액면금액의 차액으로 계산함.

| 정답 | ③

2 (주)한국의 20×1년 말 자본의 세부구성항목이 다음과 같을 때 20×1년 말 재무상태표에 다음 항목별로 표시될 금액은 얼마인가? (기업회계 2급 40회)

- 감자차익: ₩90,000
- 주식발행초과금: ₩200,000
- 기타포괄손익-공정가치측정 금융자산평가이익: ₩400,000
- 주식선택권: ₩120,000
- 자기주식: ₩100,000
- 자기주식처분이익: ₩80,000
- 이익준비금: ₩300,000
- 이익잉여금: ₩115,000

	자본잉여금	기타포괄손익누계액	자본조정
①	₩290,000	₩200,000	₩20,000
②	₩370,000	₩200,000	₩40,000
③	₩370,000	₩400,000	(₩100,000)
④	₩370,000	₩400,000	₩20,000

| 풀이 |
- 자본잉여금＝감자차익 ₩90,000＋주식발행초과금 ₩200,000＋자기주식처분이익 ₩80,000 ＝₩370,000
- 기타포괄손익누계액＝기타포괄손익-공정가치측정 금융자산평가이익 ₩400,000
- 자본조정＝－100,000(자기주식)＋120,000(주식선택권)＝₩20,000

| 정답 | ④

3 (주)한국은 증자하기로 결정하고 신주 100주(액면 @₩5,000)를 1주당 ₩7,000에 발행하고 납입금은 전액 현금으로 받고 주식발행비 ₩30,000을 현금으로 지급한 경우 발행 당시 주식발행초과금계정에 기입되는 금액은 얼마인가? (기업회계 3급 45회)

① ₩30,000 ② ₩170,000 ③ ₩200,000 ④ ₩700,000

| 풀이 |
100주×(₩7,000－₩5,000)＝₩200,000, 주식할증발행시 주식발행비는 주식발행초과금에서 차감함. ₩200,000－₩30,000＝₩170,000
| 정답 | ②

4 (주)한국의 다음 거래를 회계처리한 후 자본과 자본금의 변화로 올바른 것은? (기업회계 3급 41회)

이익준비금 중 ₩2,000,000을 자본에 전입하기로 하고, 신주 400주(1주당 액면금액 ₩5,000)를 발행하여 주주에게 무상으로 교부하다.

	자본	자본금		자본	자본금
①	불변	불변	②	증가	불변
③	불변	증가	④	증가	증가

| 풀이 |
이익준비금을 자본에 전입하는 무상증자는 신주 발행한 금액만큼 자본금은 증가하지만 자본 총액에는 변화가 없음.
| 정답 | ③

5 (주)한국의 재무제표상 과목들이다. 당기손익에 영향을 주지 않는 항목은 몇 개인가? (기업회계 2급 41회 수정)

- 자기주식처분이익: ₩3,000,000 • 감자차익: ₩2,000,000
- 기타포괄손익－공정가치측정 증권평가이익: ₩1,000,000
- 유형자산처분손실: ₩4,000,000 • 자기주식: ₩1,000,000
- 당기손익－공정가치측정 증권평가이익: ₩5,000,000

① 2개 ② 3개 ③ 4개 ④ 5개

| 풀이 |
당기손익에 영향을 주는 항목은 당기손익－공정가치측정 증권평가이익, 유형자산처분손실이며 이 외에는 당기손익에 영향을 주지 않음.
| 정답 | ③

6 다음 중 현금배당, 주식배당, 무상증자가 각각 자본총액에 미치는 영향으로 옳은 것은? (기업회계 1급 42회)

	현금배당	주식배당	무상증자
①	영향 없음	영향 없음	증가
②	영향 없음	감소	감소
③	감소	감소	영향 없음
④	감소	영향 없음	영향 없음

| 풀이 |

- 현금배당은 이익잉여금을 처분하여 현금으로 지급하는 것이므로 회사의 자산유출이 수반되어 자본이 감소함.
- 주식배당, 무상증자는 현금의 유출입이 수반되지 않는 자본항목 간의 변경이므로 자본총액에는 변화가 없음.

| 정답 | ④

7 다음 중 주식배당에 대한 설명으로 틀린 것은? (기업회계 2급 42회)

① 배당선언일에는 (차) 미처분이익잉여금 ××× (대) 미교부주식배당금 ××× 으로 회계처리한다.

② 배당지급일(=주식교부일)에는 (차) 미교부주식배당금 ××× (대) 자본금 ××× 으로 회계처리한다.

③ 개업 전 일정한 기간 내에 이익잉여금 없이 주주에게 배당한 금액은 배당건설이자의 과목으로 한다.

④ 주식배당이란 미발행주식을 주주에게 유상으로 분배하는 형태의 배당이다.

| 풀이 |

주식배당이란 무상으로 분배하는 형태의 배당임.

| 정답 | ④

8 **(주)한국의 20×1년 중에 발생한 자본거래 내역이다. 아래 거래로 인한 보고기간 종료일의 자본총액 증가에 미치는 영향은 얼마인가?** (기업회계 1급 43회)

- 1월 15일: 자기주식 500주(주당 액면가액 ₩1,000)를 주당 ₩2,000에 취득
- 3월 20일: 위의 주식 100주를 소각
- 8월 31일: 위의 주식 200주를 주당 ₩2,500에 매각
- 9월 1일: 위의 주식 150주를 주당 ₩500에 매각
- 12월 31일: 당기순이익을 ₩500,000으로 보고

① ₩0　② ₩75,000　③ ₩500,000　④ ₩575,000

| 풀이 |

일 자	자본총액에 미치는 영향
1월 15일	₩1,000,000 감소
3월 20일	–
8월 31일	₩500,000 증가
9월 1일	₩75,000 증가
12월 31일	₩500,000 증가
합 계	₩75,000 증가

| 정답 | ②

■ 심화문제

1 **(주)대한은 주당 액면금액 ₩5,000인 보통주 500주를 주당 ₩15,000에 발행하였다. 발행대금은 전액 당좌예금에 입금되었으며, 주식인쇄비 등 주식발행과 직접 관련된 비용 ₩500,000이 지급되었다. 유상증자 직전에 주식할인발행차금 미상각잔액 ₩800,000이 존재할 때, (주)대한의 유상증자로 인한 자본의 증가액은 얼마인가?** (CTA 2014)

① ₩2,500,000　② ₩4,500,000　③ ₩6,200,000
④ ₩7,000,000　⑤ ₩7,500,000

| 풀이 |

1. 유상증자로 인한 자본증가액
   현금유입액＝500주×₩15,000－500,000(신주발행비)＝₩7,000,000
2. 유상증자시 회계처리

(차) 현금	7,500,000	(대)	자본금	2,500,000
			주식할인발행차금	800,000
			주식발행초과금	4,200,000
(차) 주식발행초과금	500,000	(대)	현금	500,000

| 정답 | ④

2 **다음은 20×3년 중에 발생한 서울회사의 자본과 관련된 거래내역이다. 이 거래로 인해 결산일의 자본총액에 미치는 영향으로 적절한 것은?** (CTA 2003 수정)

1월 10일: 주당 액면가액 ₩100의 자기주식 200주를 주당 ₩200에 취득
2월 15일: 위 주식 중 50주를 주당 ₩300에 매각
7월 10일: 위 주식 중 나머지를 모두 소각(상법상 자본금 감소 규정에 따름)
8월 20일: 주당 액면가액 ₩100의 보통주 100주를 주당 ₩150에 발행
12월 31일: 당기순이익 ₩10,000 보고

① ₩10,000 증가 ② ₩15,000 증가 ③ ₩10,000 감소
④ ₩15,000 감소 ⑤ 영향 없음

| 풀이 |

〈1월 10일〉

(차)	자기주식	40,000	(대) 현금	40,000

〈2월 15일〉

(차)	현금	15,000	(대) 자기주식	10,000
			자기주식처분이익	5,000

〈7월 10일〉

(차)	자본금	15,000	(대) 자기주식	30,000
	감자차손	15,000		

〈8월 20일〉

(차)	현금	15,000	(대) 자본금	10,000
			주식발행초과금	5,000

〈12월 31일〉

(차)	집합손익	10,000	(대) 미처분이익잉여금	10,000

자본총액에 미치는 영향
=₩(40,000)(1.10)+15,000(2.15)+15,000(8.20)+10,000(12.31)
=₩0

| 정답 | ⑤

3 (주)대한은 20×4년 초에 설립되었으며 설립 이후 자본금의 변동 및 배당금 지급은 없었다. (주)대한의 보통주자본금과 우선주자본금의 내역은 다음과 같다.

보통주(주당 액면금액 ₩5,000)	₩10,000,000
누적적 비참가적 우선주(배당률 3%, 주당 액면금액 ₩5,000)	5,000,000

(주)대한이 20×6년 3월 2일 주주총회에서 ₩1,000,000의 현금배당을 최초로 결의하였다면, 보통주 주주에게 지급할 배당금은 얼마인가? (CTA 2014)

① ₩300,000 ② ₩450,000 ③ ₩550,000
④ ₩700,000 ⑤ ₩850,000

| 풀이 |

1. 20×5년 우선주배당금(20×6년 3월 2일 주주총회 결의)
   ① 누적적 배당금: ₩5,000,000×3%×2년=₩300,000
   ② 우선주배당금: ₩300,000(비참가적이므로 잔여배당에 대한 배분 없음)
2. 20×5년 보통주배당금
   ① 20×5년 3% 배당: ₩10,000,000×3%=₩300,000
   ② 잔여배당 배분: ₩1,000,000−300,000−300,000=₩400,000
   ③ 보통주배당금: ₩300,000+400,000=₩700,000

| 정답 | ④

4 20×2년 2월 개최된 주주총회 결의일 직후 작성된 (주)대경의 20×1년 말 재무상태표상 자본은 다음과 같다.

보통주 자본금	₩30,000,000
이익준비금	1,000,000
사업확장적립금	500,000
감채기금적립금	600,000
미처분이익잉여금	800,000

(주)대경의 20×2년도 당기순이익은 ₩1,200,000이고, 당기 이익잉여금 처분 예정은 다음과 같다.

감채기금적립금 이입	₩300,000
현금배당	400,000
주식배당	100,000
사업확장적립금 적립	250,000
이익준비금 적립	법정최소금액 적립

위 사항들이 20×3년 2월 개최된 주주총회에서 원안대로 승인되었다. 한국채택국제회계기준에 따라 20×2년도 이익잉여금처분계산서를 작성할 때 차기이월미처분이익잉여금은 얼마인가? (CPA 2014)

① ₩1,510,000　② ₩1,550,000　③ ₩1,610,000
④ ₩1,650,000　⑤ ₩1,800,000

| 풀이 |

미처분이익잉여금	₩800,000
당기순이익	1,200,000
감채기금적립금 이입	300,000
현금배당	(400,000)
주식배당	(100,000)
사업확장적립금으로 적립	(250,000)
이익준비금 적립	(40,000)*
차기이월미처분이익잉여금	₩1,510,000

* 금전에 의한 배당만 이익준비금을 적립하므로 주식배당은 제외함.
₩400,000 × 10% = ₩40,000

| 정답 | ①

5 **다음은 (주)민국의 20×1년 12월 31일 현재 재무상태표의 자본내역과 이와 관련된 추가 정보이다. 20×2년도 자본변동표상에 나타날 20×2년 12월 31일 현재의 이익잉여금, 자본총계, 그리고 20×2년도 포괄손익계산서상의 총포괄이익은 각각 얼마인가? 단, 법인세효과는 고려하지 않는다.** (CPA 2010)

〈20×1년 말 자본내역〉

자본금	₩2,000,000
FVOCI 금융자산평가이익	30,000
해외사업장외화환산이익	50,000
이익잉여금	500,000
자본총계	₩2,580,000

〈추가정보〉

① 20×2년 중 주당액면금액 ₩500의 주식 1,000주를 주당 ₩800에 발행하였다.
② 20×2년 중 자기주식 50주를 주당 ₩900에 취득하였다.
③ FVOCI 금융자산평가이익과 해외사업장외화환산이익은 각각 자산의 공정가치 및 환율의 변동에 기인한 것이다. 20×2년 12월 31일 현재 재무상태표상 잔액은 각각 ₩40,000과 ₩10,000이다.
④ 20×1년에 비용화해야 할 지출을 자산으로 회계처리한 중요한 오류를 20×2년도 장부를 마감한 후 재무제표 발행승인일 전에 발견하였다. 이 오류로 인하여 20×1년의 비용이 ₩400,000 과소계상되었고, 20×2년의 비용은 ₩100,000 과대계상되었다. 이 오류가 반영되기 전 20×2년도 당기순이익은 ₩400,000이다.
⑤ 20×1년에 취득하여 사용해 오던 기계장치의 감가상각방법을 20×2년 중에 변경하였다. 이 회계변경의 20×2년도에 대한 효과는 재무제표에 이미 반영되었다. 그러나 이 회계변경을 소급적용하면 20×1년도의 비용은 ₩40,000 감소한다.

	이익잉여금	자본총계	총포괄이익
①	₩600,000	₩2,580,000	₩400,000
②	600,000	3,405,000	470,000
③	640,000	3,405,000	470,000
④	640,000	3,445,000	400,000
⑤	700,000	3,965,000	370,000

| 풀이 |

		이익잉여금	자본총계	총포괄이익
	20×1. 12. 31	₩500,000	₩2,580,000	₩0
①	유상증자	–	800,000	–
②	자기주식 취득	–	(45,000)	–
③	FVOCI 금융자산평가이익	–	10,000	10,000
	해외사업장외화환산이익	–	(40,000)	(40,000)
④	전기오류수정	(400,000)	(400,000)	
	당기순이익	500,000	500,000	500,000
⑤	회계추정변경(전진법)	–	–	–
	20×2. 12. 31	₩600,000	₩3,405,000	₩470,000

| 정답 | ②

사례문제

1 자본거래, 자본변동표와 재무상태표의 작성

다음은 (주)설악의 20×5년 말 재무상태표의 자본의 구성내역과 20×6년 동안의 자본거래내역이다. 각각의 요구사항에 답하시오.

재무상태표

(주)설악	20×5년 12월 31일	(단위: 원)
자본		
자본금		20,000
보통주자본금	15,000	
우선주자본금	5,000	
자본잉여금		1,200
주식발행초과금	800	
자기주식처분이익	400	
자본조정		(1,500)
자기주식	(1,500)	
기타포괄손익누액		300
FVOCI 금융자산평가이익	300	
이익잉여금		9,000
이익준비금	4,000	
사업확장적립금	3,000	
미처분이익잉여금	2,000	
자본총계		29,000

① 3월 5일: (주)설악은 주주총회에서 ₩150을 이익준비금, ₩50을 사업확장적립금으로 적립하기로 결의하였으며, ₩200의 현금배당과 ₩100의 주식배당을 결의하였다.

② 4월 3일: (주)설악은 주주총회에서 결의한 배당금을 지급하고 배당주식을 교부하였다.

③ 5월 20일: (주)설악은 감자를 위하여 자기주식 50주를 주당 ₩70에 취득하였다.

④ 6월 18일: (주)설악은 주주로부터 공정가치가 ₩3,000인 특허권을 출자받았다. (주)설악은 특허권을 출자한 주주에게 보통주 20주(액면금액 ₩50)를 발행하여 교부하였다.

⑤ 7월 26일: (주)설악은 자기주식 30주를 주당 ₩80에 매각하였다.

⑥ 9월 16일: (주)설악은 주식발행초과금을 원천으로 보통주 40주를 발행하여 무상증자를 실시하였다.

⑦ 12월 31일: (주)설악이 보유 중인 FVOCI 금융자산의 공정가치 상승으로 ₩100의 FVOCI 금융자산평가이익을 인식하였다.

⑧ 12월 31일: (주)설악의 당기순이익은 ₩4,000이다.

| 요구사항 |

1. 20×6년도 (주)설악의 거래에 대해 필요한 회계처리를 하시오.
2. 20×6년도의 자본변동표를 작성하시오.
3. 20×6년 12월 31일 재무상태표상의 자본부분을 작성하시오.

| 풀이 |

1. 회계처리

① 3.5	(차)	미처분이익잉여금	500	(대)	이익준비금	150
					사업확장적립금	50
					미지급배당금	200
					미교부주식배당금	100
② 4.3	(차)	미지급배당금	200	(대)	현금	200
		미교부주식배당금	100		보통주자본금	100
③ 5.20	(차)	자기주식	3,500	(대)	현금	3,500
④ 6.18	(차)	특허권	3,000	(대)	보통주자본금	1,000
					주식발행초과금	2,000
⑤ 7.26	(차)	현금	2,400	(대)	자기주식	2,100
					자기주식처분이익	300
⑥ 9.16	(차)	주식발행초과금	2,000	(대)	보통주자본금	2,000
⑦ 12.31	(차)	FVOCI 금융자산	100	(대)	FVOCI 금융자산평가이익	100
⑧ 12.31	(차)	집합손익	4,000	(대)	(미처분)이익잉여금	4,000

2. 자본변동표

자본변동표

(주)설악 20×6년 1월 1일부터 20×6년 12월 31일까지 (단위: 원)

구분	자본금	자본잉여금	자본조정	기타포괄손익누계액	이익잉여금	합계
20×6. 1. 1(보고금액)	20,000	1,200	(1,500)	300	9,000	29,000
현금배당					(200)	(200)
주식배당	100				(100)	0
자기주식취득			(3,500)			(3,500)
유상증자(현물)	1,000	2,000				3,000
자기주식매도		300	2,100			2,400
무상증자	2,000	(2,000)				0
FVOCI 금융자산평가이익				100		100
당기순이익					4,000	4,000
20×6. 12. 31	23,100	1,500	(2,900)	400	12,700	34,800

3. 부분재무상태표

재무상태표

(주)설악	20×6년 12월 31일	(단위: 원)
자본		
자본금		23,100
보통주자본금	18,100	
우선주자본금	5,000	
자본잉여금		1,500
주식발행초과금	800	
자기주식처분이익	700	
자본조정		(2,900)
자기주식	(2,900)	
기타포괄손익누액		400
FVOCL 금융자산평가이익	400	
이익잉여금		12,700
이익준비금	4,150	
사업확장적립금	3,050	
미처분이익잉여금	5,500	
자본총계		34,800

2 주식할인발행차금

(주)인제의 20×0년 12월 31일 부분재무상태표는 다음과 같다.

보통주자본금(1,000주, @₩5,000)	₩5,000,000
감자차익	2,000,000
이익잉여금	3,000,000
계	₩10,000,000

(주)인제는 20×1년 중 보통주 500주(액면금액 ₩5,000)를 법원의 인가를 얻어 ₩3,500에 발행하다. 20×1년 당기순이익은 ₩500,000이다.

| 요구사항 |

1. 주식발행시 회계처리를 하시오.
2. 주식발행 직후의 부분재무상태표를 작성하시오.
3. 20×1년 12월 31일 (주)인제의 회계처리를 하시오. 주식할인발행차금은 3년 동안 매년 1/3씩 상각한다고 가정한다.
4. 20×1년 12월 31일 현재 (주)인제의 부분재무상태표를 작성하시오.

| 풀이 |

1. 회계처리

(차) 현금	1,750,000*1	(대) 보통주자본금	2,500,000*2
주식할인발행차금	750,000		

*1. 500주×₩3,500＝₩1,750,000

*2. 500주×₩5,000＝₩2,500,000

2. 부분재무상태표

보통주자본금(1,500주, @₩5,000)	₩7,500,000
감자차익	2,000,000
이익잉여금	3,000,000
주식할인발행차금	(750,000)
계	₩11,750,000

3. 회계처리

당기순이익의 대체:	(차) 집합손익	500,000	(대) 미처분이익잉여금	500,000
주식할인발행차금상각:	(차) 미처분이익잉여금	250,000	(대) 주식할인발행차금	250,000*1

*1. ₩750,000÷3=₩250,000

4. 부분재무상태표41)

재무상태표

(주)인제	20×1년 12월 31일 현재	(단위: 원)
자본		
Ⅰ. 보통주자본금		₩7,500,000
Ⅱ. 자본잉여금		
1. 감자차익		2,000,000
Ⅲ. 이익잉여금		
1. 차기이월이익잉여금		3,250,000
Ⅳ. 자본조정		
1. 주식할인발행차금		(500,000)
		₩12,250,000

41) 이 문제의 **차기이월이익잉여금의 계산과정**을 이익잉여금계산서를 작성하여 제시하면 다음과 같다.

이익잉여금처분계산서

20×1년 1월 1일부터 20××년 12월 31일까지

(주)인제	처분확정일 20×1년 ×월 ×일	(단위: 원)
Ⅰ. 처분전이익잉여금		₩3,500,000
1. 전기이월이익잉여금	₩3,000,000	
2. 당기순이익	500,000	
Ⅱ. 이익잉여금처분액		(₩250,000)
1. 주식할인발행차금 상각	₩250,000	
Ⅲ. 차기이월이익잉여금		₩3,250,000

3 자기주식

1. 다음 거래를 회계처리하시오.
   ① 20×2년 1월 15일 (주)보현은 자기회사 발행주식 100주(액면금액 ₩5,000)를 주당 ₩9,000에 취득하다.
   ② 20×2년 2월 6일 자기주식을 40주를 주당 ₩10,000에 매각하다.
   ③ 20×2년 3월 9일 자기주식을 60주를 주당 ₩7,000에 매각하다.

2. 월별 자본에 대한 부분재무상태표를 작성하시오.
   20×2년 초의 자본금, 주식발행초과금, 이익잉여금은 각각 ₩2,000,000, ₩500,000, ₩200,000이다.

| 풀이 |

1. 회계처리

①	(차)	자기주식	900,000	(대)	현금	900,000
②	(차)	현금	400,000	(대)	자기주식	360,000
					자기주식처분이익	40,000
③	(차)	현금	420,000	(대)	자기주식	540,000
		자기주식처분이익	40,000			
		자기주식처분손실	80,000			

2. 부분 재무상태표

	1월	2월	3월
자본			
1. 자본금	₩2,000,000	₩2,000,000	₩2,000,000
2. 자본잉여금			
주식발행초과금	500,000	500,000	500,000
기타자본잉여금			
자기주식처분이익	–	40,000	–
3. 자본조정			–
자기주식	(900,000)	(540,000)	
자기주식처분손실			(80,000)
4. 이익잉여금	200,000	200,000	200,000
자본총계	₩1,800,000	₩2,200,000	₩2,620,000

4 잉여금의 처분

(주)소금강의 20×1년도 주주총회 직후 작성한 20×1년도 재무상태표상 자본은 다음과 같다.

보통주자본금	₩10,000,000
주식발행초과금	5,000,000
이익준비금	4,000,000
임의적립금	3,000,000
차기이월이익잉여금	1,000,000

(주)소금강의 20×2년도 당기순이익은 ₩2,500,000이며, 20×2년도 주주총회일에 다음과 같이 이익잉여금 처분을 결의하였다.

현금배당	₩5,500,000
이익준비금적립	550,000
임의적립금이입	3,000,000

| 요구사항 |

20×2년도 결산일 및 주주총회일에 (주)소금강이 해야 할 회계처리를 하시오.

| 풀이 |

1. 결산일 회계처리

① 전기이월이익잉여금의 미처분이익잉여금 대체

(차)	전기이월이익잉여금	100,000	(대)	미처분이익잉여금	100,000

② 당기순이익의 처분전이익잉여금 대체

(차)	집합손익(당기순이익)	2,500,000	(대)	미처분이익잉여금	2,500,000

2. 주주총회일 회계처리

① 임의적립금의 이입

(차)	임의적립금	3,000,000	(대)	미처분이익잉여금	3,000,000

② 처분전이익잉여금의 처분

(차)	미처분이익잉여금	6,500,000	(대)	미지급배당금	5,500,000
				이익준비금	550,000
				차기이월이익잉여금	450,000

5 이익잉여금의 변동과 처분

(주)군산은 2×16년도 이익처분을 위한 주주총회를 2×17년 3월 5일에 개최하였다. 주주총회 결의 후에 이익잉여금 구성은 다음과 같았다.

이익잉여금:	이익준비금	₩1,200,000
	배당평균적립금	200,000
	미처분이익잉여금	100,000
	합계	₩1,500,000

〈추가자료〉

① 2×17년도 당기순이익은 ₩500,000이다.

② 2×17년도 이익처분을 위한 주주총회가 2×18년 3월 10일에 개최되었으며, 다음을 결의하였다.

- 배당평균적립금 ₩200,000을 미처분이익잉여금으로 이입
- 이익준비금으로 ₩100,000 적립
- 사업확장적립금으로 ₩400,000 적립
- 현금배당 ₩250,000을 지급하기로 결의(실제 지급일은 3월 20일)

③ 2×18년 3월 20일에 배당금 ₩250,000을 주주들에게 지급하였다.

| 요구사항 |

1. 2×18년 3월 10일의 주주총회에서 처분대상이 된 이익잉여금은 얼마인가?
2. 위의 ①~③의 모든 사항을 회계처리하시오.
3. 2×18년 3월 10일의 주주총회 결의 후에 이익잉여금 구성은 어떻게 변화하는가? 아래의 빈칸에 적절한 항목과 금액을 기입하시오.

이익잉여금:	이익준비금	(　　)
	(　　)적립금	(　　)
	미처분이익잉여금	(　　)
	합계	(　　)

| 풀이 |

1. 처분대상 이익잉여금 = 전기이월 미처분이익잉여금 + 당기순이익 + 배당평균적립금 이입액
   = 100,000 + 500,000 + 200,000 = ₩800,000
2. 각 사항에 대한 회계처리는 다음과 같다.

   ① 당기순이익 발생

(차)	집합손익	500,000	(대)	미처분이익잉여금	500,000

   ②

   • 배당평균적립금 이입

(차)	배당평균적립금	200,000	(대)	미처분이익잉여금	200,000

• 이익준비금 적립

(차)	미처분이익잉여금	100,000	(대)	이익준비금	100,000

• 사업확장적립금 적립

(차)	미처분이익잉여금	400,000	(대)	사업확장적립금	400,000

• 현금배당 결의

(차)	미처분이익잉여금	250,000	(대)	미지급배당금	250,000

③ 배당금의 실제 지급

(차)	미지급배당금	250,000	(대)	현금	250,000

3.

이익잉여금:	이익준비금	₩1,300,000[*1]
	사업확장적립금	400,000[*2]
	미처분이익잉여금	50,000[*3]
	합계	₩1,750,000

*1 이익준비금=1,200,000+②의 100,000=₩1,300,000
*2 사업확장적립금=②의 ₩400,000
*3 미처분이익잉여금=₩100,000(전기이월 미처분이익잉여금)
+①의 500,000(당기순이익)
+②의 200,000(배당평균적립금 이입)
−②의 100,000(이익준비금 적립)
−②의 400,000(사업확장적립금 적립)
−②의 250,000(현금배당 결의)
=₩50,000

6 배당의 회계처리

(주)소금강은 20×1년 12월 31일을 기준일로 하여 보통주 1주당 ₩200의 현금배당과 보통주 20주당 1주의 주식배당을 내부적으로 결정하였다. 관련자료는 다음과 같다.

20×1년 당기순이익	₩10,000,000
20×1년 12월 31일 현재 보통주식수	1,000주(수납 액면가액 ₩5,000)

그러나 20×2년 2월 28일 주주총회에서 현금배당액이 주당 ₩100으로 확정되었고, 20×2년 4월 1일 현금배당과 주식배당을 실시하였다.

| 요구사항 |

(주)소금강의 입장에서 배당과 관련된 거래를 회계처리하시오.

| 풀이 |

• 20×1년 12일 31일(배당기준일): 회계처리 없음
• 20×2년 2월 28일(배당결의일: 주주총회일):

(차)	미처분이익잉여금	350,000	(대)	미지급배당금	100,000[*1]
				미교부주식배당금	250,000[*2]

*1 현금배당: ₩100×1,000주=₩100,000
*2 주식배당: 1,000주/20주×₩5,000=₩250,000

• 20×2년 4월 1일(배당지급일)

(차)	미지급배당금	100,000	(대)	현금	100,000
	미교부주식배당금	250,000		보통주자본금	250,000

7 자본

다음은 (주)한강의 20×1년 1월 1일의 재무상태표에 표시된 자본항목이다.

Ⅰ. 자본금		₩70,000,000
1. 보통주자본금(주당 액면가액 ₩5,000, 10,000주)	₩50,000,000	
2. 우선주자본금(4% 누적적, 6%까지 부분참가적, 주당 액면가액 ₩5,000, 4,000주)	20,000,000	
Ⅱ. 자본잉여금		13,500,000
1. 주식발행초과금	10,000,000	
2. 기타자본잉여금		
감자차익	1,000,000	
자기주식처분이익	2,500,000	
Ⅲ. 자본조정		(5,000,000)
1. 자기주식	(5,000,000)	
Ⅳ. 기타포괄손익누계액		(500,000)
1. 매도가능금융자산평가손실	(500,000)	
Ⅴ. 이익잉여금		25,000,000
1. 법정적립금		
이익준비금	5,000,000	
2. 임의적립금		
사업확정적립금	3,000,000	
배당평균적립금	2,000,000	
3. 미처분이익잉여금	15,000,000	
자본총계		₩103,000,000

20×1년과 20×2년에 발생한 (주)한강의 자본 관련 거래내용은 다음과 같다.

① 20×1년 3월 1일 1,000주의 주식(액면가액 ₩5,000)을 주당 ₩5,500에 발행하였다.

② 20×1년 5월 1일 자기주식 2,000주를 주당 ₩7,000의 가격으로 증권시장에서 매입하였다.

③ 20×1년 8월 10일 기초에 보유하고 있던 자기주식을 주당 ₩3,500에 재발행하였다.

④ 20×1년 9월 15일 주식발행초과금 ₩2,500,000과 이익준비금 ₩1,000,000을 재원으로 700주의 무상증자를 실시하였다.

⑤ 20×1년 10월 20일 5월 1일에 취득한 자기주식 1,000주를 소각하였다.

⑥ 20×1년도 당기순이익 ₩5,000,000이 발생하였다.

⑦ 20×2년 2월 20일 주주총회에서 다음과 같이 이익잉여금처분을 결의하였다.

- 현금배당 ₩4,500,000
- 주식배당(1,000주) 5,000,000
- 이익준비금 450,000
- 사업확장적립금이입 2,000,000
- 배당평균적립금적립 1,500,000

단, 위 현금배당의 지급일은 3월 15일이었다.

| 요구사항 |

1. 위의 거래를 회계처리하시오.
2. 20×2년 2월 20일 보통주와 우선주에 귀속되는 배당금을 계산하시오. 단, 우선주의 경우 20×0년도에 배당을 지급하지 못하였다.
3. 20×2년 2월 20일 주주총회의 결의사항을 회계처리하시오.

| 풀이 |

1. 회계처리

일자	회계처리			
20×1년 3월 1일	(차) 현금	5,500,000[*1]	(대) 자본금 주식발행초과금	5,000,000 500,000
20×1년 5월 1일	(차) 자기주식	14,000,000[*2]	(대) 현금	14,000,000
20×1년 8월 10일	(차) 현금 자기주식처분이익	3,500,000[*3] 1,500,000	(대) 자기주식	5,000,000
20×1년 9월 15일	(차) 주식발행초과금 이익준비금	2,500,000 1,000,000	(대) 자본금	3,500,0000
20×1년 10월 20일	(차) 자본금 감자차익 감자차손	5,000,000 1,000,000 1,000,000	(대) 자기주식	7,000,0000
20×1년 12월 31일	(차) 집합손익	5,000,000	(대) 미처분이익잉여금	5,000,0000

*1. ₩5,500×1,000주=₩5,500,000
*2. ₩7,000×2,000주=₩14,000,000
*3. ₩3,500×1,000주=₩3,500,000

2. 보통주와 우선주에게 귀속되는 배당금의 계신

구분	1차 배분	2차 배분	계
우선주 (4% 누직직, 6%까지 부분참가적)	₩20,000,000×4%×2년 =₩1,600,000	₩20,000,000×(6%−4%) =₩400,000	₩2,000,000
보통주	₩50,000,000×4% =₩2,000,000	₩900,000[*1]−₩400,000 =₩500,000	₩2,500,000
계	₩3,600,000	₩900,000	₩4,500,000

*1. ₩4,500,000−(1차 배분 ₩3,600,000)=₩900,000

3. 20×2년 2월 20일 주주총회의 결의사항

일자	회계처리	
20×2년 2월 20일 (배당결의일)	(차) 사업확장적립금 2,000,000 미처분이익잉여금 9,450,000	(대) 미지급배당금 4,500,000 자본금 5,000,000 이익준비금 450,000 배당평균적립금 1,500,000
20×2년 3월 15일 (배당지급일)	(차) 미지급배당금 4,500,000	(대) 현금 4,500,000

부록

혼자서도 잘하는 회계원리
Accounting Principles

쉬어가는 페이지

집안이 나쁘다고 탓하지 말라.
나는 아홉 살 때 아버지를 여의고 마을에서 쫓겨났다.

가난하다고 절망말라.
나는 들쥐를 잡아먹으며 연명했고,
목숨을 건 전쟁이 내 직업이었고, 내 일이었다.

작은 나라에서 태어났다고 말하지 말라.
그림자 말고는 친구도 없고 병사로만 10만.
백성은 어린애 노인까지 합쳐 2백만도 되지 않았다.
배운 게 없다고 힘이 없다고 탓하지 말라.
나는 내 이름도 쓸 줄 몰랐으나 남의 말에 귀 기울이면서 현명해지는 방법을 배웠다.

너무 막막하다고, 그래서 포기하겠다고 말하지 말라. 나는 목에 칼을 쓰고도 탈출했고, 뺨에 화살을 맞고 죽었다 살아나기도 했다.

적은 밖에 있는 것이 아니라 내 안에 있다.
나는 내게 거추장스러운 것은 깡그리 쓸어버렸다.

나를 극복하는 순간 나는 징기즈칸이 되었다.

부 록 01

화폐의 시간가치표

부록표 A　일시금 ₩1의 현재가치

부록표 B　연금 ₩1의 현재가치

쉬어가는 페이지

✣ 복리의 힘

별것 아닌 것처럼 보이지만 매일 0.1%씩 향상시킬 경우
첫 한 주 동안 자기 자신의 성과를 0.5% 향상시킬 수 있다.
매주 0.5%가 4주 동안 축적되면 2%가 향상되고
이는 1년 만에 26%가 향상됨을 뜻한다.
그리고 매년 26%씩 10년 동안 계속한다면 처음 시작에 비해서
무려 1,000%(복리로 정확히 계산하면 1,008%가 된다)라는 엄청난 성과를 창출할 수 있다.

브라이언 트레이시

✣ 가능한 한 큰 꿈을 꾸세요

자신의 계획을 가능한 한 환상적으로 세우세요.
앞으로 25년 후면 그것이 평범하게 보일 것이기 때문입니다.
자신이 계획을 애초에 계획했던 것보다 10배는 크게 만드십시오.
앞으로 25년 후면 그것을 왜 50배 크게 하지 않았을까 하고 의아해할 것입니다.

핸리 카티스

✣ 워렌 버핏의 투자론

전 11살 때 주식을 시작했습니다.
돈을 모으는 것은 눈덩이를 아래로 굴리는 것과 비슷한 면이 있습니다.
눈을 굴릴 때는 높은 언덕 위에서 하는 것이 중요합니다.
전 56년짜리 언덕에서 굴렸습니다.
(예를 들어, 1965년에 18달러짜리 주식이 39년 후 2004년에 90,000달러가 됨)

[부록표 A] 일시금 ₩1의 현재가치: 현재가치요소 $\frac{1}{(1+i)^n}$

i=이자율, n=기간수

기간수 (n)	1%	2%	3%	4%	5%	6%	7%	8%	9%	10%
1	.9901	.9804	.9709	.9615	.9524	.9434	.9346	.9259	.9174	.9091
2	.9803	.9612	.9426	.9246	.9070	.8900	.8734	.8573	.8417	.8264
3	.9706	.9423	.9151	.8890	.8638	.8396	.8163	.7938	.7722	.7513
4	.9610	.9238	.8885	.8548	.8227	.7921	.7629	.7350	.7084	.6830
5	.9515	.9057	.8626	.8219	.7835	.7473	.7130	.6806	.6499	.6209
6	.9420	.8880	.8375	.7903	.7462	.7050	.6663	.6302	.5963	.5645
7	.9327	.8706	.8131	.7599	.7107	.6651	.6227	.5835	.5470	.5132
8	.9235	.8535	.7894	.7307	.6768	.6274	.5820	.5403	.5019	.4665
9	.9143	.8368	.7664	.7026	.6446	.5919	.5439	.5002	.4604	.4241
10	.9053	.8203	.7441	.6756	.6139	.5584	.5083	.4632	.4224	.3855
11	.8963	.8043	.7224	.6496	.5847	.5268	.4751	.4289	.3875	.3505
12	.8874	.7885	.7014	.6246	.5568	.4970	.4440	.3971	.3555	.3186
13	.8787	.7730	.6810	.6006	.5303	.4688	.4150	.3677	.3262	.2897
14	.8700	.7579	.6611	.5775	.5051	.4423	.3878	.3405	.2992	.2633
15	.8613	.7430	.6419	.5553	.4810	.4173	.3624	.3152	.2745	.2394
16	.8528	.7284	.6232	.5339	.4581	.3936	.3387	.2919	.2519	.2176
17	.8444	.7142	.6052	.5134	.4363	.3714	.3166	.2703	.2311	.1978
18	.8360	.7002	.5874	.4936	.4155	.3503	.2959	.2502	.2120	.1799
19	.8277	.6864	.5703	.4746	.3957	.3305	.2765	.2317	.1945	.1635
20	.8195	.6730	.5537	.4564	.3769	.3118	.2584	.2145	.1784	.1486
21	.8114	.6598	.5375	.4388	.3589	.2942	.2415	.1987	.1637	.1351
22	.8034	.6468	.5219	.4220	.3418	.2775	.2257	.1839	.1502	.1228
23	.7954	.6324	.5067	.4057	.3256	.2618	.2109	.1703	.1378	.1117
24	.7876	.6217	.4919	.3901	.3101	.2470	.1971	.1577	.1264	.1015
25	.7798	.6095	.4776	.3751	.2953	.2330	.1842	.1460	.1160	.0923
26	.7720	.5976	.4637	.3604	.2812	.2198	.1722	.1352	.1064	.0839
27	.7644	.5859	.4502	.3468	.2678	.2074	.1609	.1252	.0976	.0763
28	.7568	.5744	.4371	.3335	.2551	.1956	.1504	.1159	.0895	.0693
29	.7493	.5631	.4243	.3207	.2429	.1846	.1406	.1073	.0822	.0630
30	.7419	.5521	.4120	.3083	.2314	.1741	.1314	.0994	.0754	.0573
35	.7059	.5000	.3554	.2534	.1813	.1301	.0937	.0676	.0490	.0356
40	.6717	.4529	.3066	.2083	.1420	.0972	.0668	.0460	.0318	.0221
45	.6391	.4102	.2644	.1712	.1113	.0727	.0476	.0313	.0207	.0137
50	.6080	.3715	.2281	.1407	.0872	.0543	.0339	.0213	.0134	.0085
60	.5504	.3048	.1697	.0951	.0535	.0303	.0173	.0099	.0057	.0033

기간수 (n)	11%	12%	13%	14%	15%	16%	17%	18%	19%	20%
1	.9009	.8929	.8850	.8772	.8696	.8621	.8547	.8475	.8403	.8333
2	.8116	.7972	.7831	.7695	.7561	.7432	.7305	.7182	.7062	.6944
3	.7312	.7118	.6931	.6750	.6575	.6407	.6244	.6086	.5934	.5787
4	.6587	.6355	.6133	.5921	.5718	.5523	.5337	.5158	.4987	.4323
5	.5935	.5674	.5428	.5194	.4972	.4761	.4561	.4371	.4190	.4019
6	.5346	.5066	.4803	.4556	.4323	.4104	.3898	.3704	.3521	.3349
7	.4817	.4523	.4251	.3996	.3759	.3538	.3332	.3139	.2959	.2791
8	.4339	.4039	.3762	.3506	.3269	.3050	.2848	.2660	.2487	.2326
9	.3909	.3606	.3329	.3075	.2843	.2630	.2434	.2255	.2090	.1938
10	.3522	.3220	.2946	.2697	.2472	.2267	.2080	.1911	.1756	.1615
11	.3173	.2875	.2607	.2366	.2149	.1954	.1773	.1619	.1476	.1346
12	.2858	.2567	.2307	.2076	.1869	.1685	.1520	.1372	.1240	.1122
13	.2575	.2292	.2042	.1821	.1625	.1452	.1299	.1163	.1042	.0935
14	.2320	.2046	.1807	.1597	.1413	.1252	.1110	.0985	.0876	.0779
15	.2090	.1827	.1599	.1401	.1229	.1079	.0949	.0835	.0736	.0649
16	.1883	.1631	.1415	.1229	.1069	.0930	.0811	.0708	.0618	.0541
17	.1696	.1456	.1252	.1073	.0929	.0802	.0693	.0600	.0520	.0451
18	.1523	.1300	.1103	.0946	.0803	.0691	.0592	.0508	.0437	.0376
19	.1377	.1161	.0981	.0829	.0703	.0596	.0506	.0431	.0367	.0313
20	.1240	.1037	.0863	.0723	.0611	.0514	.0433	.0365	.0303	.0261
21	.1117	.0926	.0768	.0633	.0633	.0443	.0370	.0309	.0259	.0217
22	.1007	.0326	.0680	.0560	.0560	.0382	.0316	.0262	.0218	.0181
23	.0907	.0738	.0601	.0491	.0491	.0329	.0270	.0222	.0183	.0151
24	.0817	.0659	.0532	.0431	.0431	.0284	.0231	.0188	.0154	.0126
25	.0736	.0588	.0471	.0378	.0378	.0245	.0197	.0160	.0129	.0105
26	.0663	.0525	.0417	.0331	.0264	.0211	.0169	.0135	.0109	.0087
27	.0597	.0469	.0369	.0291	.0230	.0182	.0144	.0115	.0091	.0073
28	.0538	.0419	.0325	.0255	.0200	.0157	.0123	.0097	.0077	.0061
29	.0485	.0374	.0289	.0224	.0174	.0135	.0105	.0082	.0064	.0051
30	.0437	.0334	.0256	.0196	.0151	.0116	.0090	.0070	.0054	.0042
35	.0259	.0189	.0139	.0102	.0075	.0055	.0041	.0030	.0023	.0017
40	.0154	.0187	.0075	.0053	.0037	.0026	.0019	.0013	.0010	.0007
45	.0091	.0061	.0041	.0027	.0019	.0013	.0009	.0006	.0004	.0003
50	.0054	.0035	.0022	.0014	.0009	.0006	.0004	.0003	.0002	.0001
60	.0019	.0011	.0007	.0004	.0002	.0001	.00008	.00005	.00003	.00002

[부록표 B] 연금 ₩1의 현재가치: 연금의 현재가치요소 $\frac{1-(1+i)^{-n}}{i}$

i=이자율, n=기간수

기간수 (n)	1%	2%	3%	4%	5%	6%	7%	8%	9%	10%
1	0.9901	0.9804	0.9616	.09615	0.9524	0.9434	0.9346	0.9259	0.9174	0.9091
2	1.9704	1.9416	1.9165	1.8861	1.8594	1.8334	1.8080	1.7833	1.7591	1.7355
3	2.9410	2.8839	2.8286	2.7751	2.7232	2.6730	2.6243	2.5771	2.5313	2.4868
4	3.9020	3.8077	3.7171	3.6299	3.5460	3.4651	3.3872	3.3121	3.2397	3.1699
5	4.8534	4.7135	4.5797	4.4518	4.3295	4.2124	4.1002	3.9927	3.8897	3.7908
6	5.7955	5.6014	5.4172	5.2421	5.0757	4.9173	4.7665	4.6229	4.4859	4.3553
7	6.7282	6.4720	6.2303	6.0021	5.7864	5.5824	5.3893	5.2064	5.0330	4.8684
8	7.6517	7.3255	7.0197	6.7327	6.4632	6.2098	5.9713	5.7466	5.5348	5.3349
9	8.5660	8.1622	7.7861	7.4353	7.1078	6.8017	6.5152	6.2469	5.9952	5.7590
10	9.4713	8.9826	8.5302	8.1109	7.7217	7.3601	7.0236	6.7101	6.4177	6.1446
11	10.368	9.7868	9.2526	8.7605	8.3064	7.8869	7.4987	7.1390	6.8052	6.4951
12	11.255	10.575	9.9540	9.3851	8.8633	8.3838	7.9427	7.5361	7.1607	6.8137
13	12.134	11.348	10.635	9.9856	9.3936	8.8527	8.3577	7.9038	7.4869	7.1034
14	13.004	12.106	11.296	10.563	9.8986	9.2950	8.7455	8.2442	7.7862	7.3667
15	13.865	12.849	11.938	11.118	10.380	9.7122	9.1079	8.5595	8.0607	7.6061
16	14.718	13.578	12.561	11.652	10.838	10.106	9.4466	8.8514	8.3136	7.8237
17	15.562	14.292	13.166	21.166	11.274	10.477	9.7632	9.1216	8.5436	8.0216
18	16.398	14.992	13.756	12.659	11.690	10.828	10.059	9.3719	8.7556	8.2014
19	17.226	15.679	14.324	13.134	12.085	11.158	10.336	9.6036	8.9501	8.3649
20	18.046	16.351	14.877	13.590	12.462	11.470	10.594	9.8181	9.1285	8.5136
21	18.857	17.011	15.415	14.029	12.821	11.764	10.835	10.017	9.2922	8.6487
22	19.660	17.658	15.937	14.451	13.613	12.042	11.061	10.201	9.4424	8.7715
23	20.456	18.292	16.444	14.857	13.489	12.303	11.272	10.371	9.5802	8.8832
24	21.243	18.914	16.935	15.247	13.799	12.550	11.469	10.529	9.7066	8.9847
25	22.023	19.524	17.413	15.622	14.094	12.783	11.654	10.675	9.8266	9.0770
26	22.795	20.121	17.877	15.983	14.375	13.003	11.826	10.810	9.9290	9.1609
27	23.560	20.707	18.327	16.330	14.643	13.210	11.987	10.935	10.027	9.2372
28	24.316	21.281	18.764	16.663	14.898	13.406	12.137	11.051	10.116	9.3066
29	25.066	21.844	19.188	16.984	15.141	13.591	12.278	11.158	10.198	9.3696
30	25.808	22.397	19.600	17.292	15.373	13.765	12.409	11.258	10.274	9.4269
35	29.409	24.999	21.487	18.665	16.374	14.498	12.948	11.655	10.567	9.6442
40	32.835	27.356	23.115	19.793	17.159	15.046	13.332	11.925	10.757	9.7791
45	36.095	29.490	24.519	20.720	17.774	15.456	13.605	12.108	10.881	9.8628
50	39.196	31.424	25.730	21.482	18.256	15.762	13.801	12.233	10.962	9.9148
60	44.955	34.761	27.676	22.623	18.929	16.161	14.039	12.376	11.048	9.9671

기간수 (n)	11%	12%	13%	14%	15%	16%	17%	18%	19%	20%
1	0.9009	0.8929	0.8850	0.8722	0.8696	0.8621	0.8547	0.8475	0.8403	0.8333
2	1.7125	1.6901	1.6681	1.6467	1.6257	1.6052	1.5852	1.5656	1.5465	1.5278
3	2.4437	2.4018	2.3612	2.3216	2.2832	2.2459	2.2096	2.1743	2.1399	2.1065
4	3.1024	3.0373	2.9745	2.9137	2.8550	2.7982	2.7432	2.6901	2.6386	2.5887
5	3.6959	3.6048	3.5172	3.4331	3.3522	3.2743	3.1993	3.1272	3.0576	2.9906
6	4.2305	4.1114	3.9975	3.8887	3.7845	3.6847	3.5892	3.4976	3.4098	3.3255
7	4.7122	4.5638	4.4226	4.2883	4.1604	4.0386	3.9224	3.8115	3.7057	3.6046
8	5.1461	4.9676	4.7988	4.6389	4.4873	4.3436	4.2072	4.0776	3.9544	3.8372
9	5.5370	5.3282	5.1317	4.9464	4.7716	4.6065	4.4506	4.3030	4.1633	4.0310
10	5.8892	5.6502.	5.4262	5.2161	5.0188	4.8332	4.6586	4.4941	4.3389	4.1925
11	6.2065	5.9377	5.6869	5.4527	5.2337	5.0286	4.8364	4.6560	4.4865	4.3271
12	6.4924	6.1944	5.9176	5.6603	5.4206	5.1971	4.9884	4.7932	4.6105	4.4392
13	6.7499	6.4235	6.1218	5.8424	5.5831	5.3423	5.1183	4.9095	4.7147	4.5327
14	6.9819	6.6282	6.3025	6.0021	5.7245	5.4675	5.2293	5.0081	4.8023	4.6106
15	7.1909	6.8109	6.4624	6.1422	5.8474	5.5755	5.3242	5.0916	4.8759	4.6755
16	7.3792	6.9740	6.6039	6.2651	5.9542	5.6685	5.4053	5.1624	4.9377	4.7296
17	7.5488	7.1196	6.7291	6.3729	6.0472	5.7487	5.4746	5.2223	4.9897	4.7746
18	7.7016	7.2497	6.8399	6.4674	6.1280	5.8718	5.5339	5.2732	5.0333	4.8122
19	7.8393	7.3658	6.9380	6.5504	6.1982	5.8775	5.5845	5.3162	5.0700	4.8435
20	7.9633	7.4694	7.0248	6.6231	6.2593	5.9288	5.6278	5.3527	5.1009	4.8696
21	8.0751	7.5620	7.1015	6.6870	6.3125	5.9731	5.6648	5.3837	5.1263	4.8913
22	8.1757	7.6446	7.1695	6.7429	6.3587	6.0113	5.6964	5.4099	5.1486	4.9094
23	8.2664	7.7184	7.2297	6.7921	6.3988	6.0442	5.7234	5.4321	5.1668	4.9245
24	8.3481	7.7843	7.2829	6.8351	6.4338	0.0726	6.7465	5.4509	5.1822	4.9371
25	8.4217	7.8431	7.3300	6.8729	6.4641	6.0971	5.7662	5.4669	5.1951	4.9476
26	8.4881	7.8957	7.3717	6.9061	6.4906	6.1182	5.7831	5.4804	5.2060	4.9563
27	8.5478	7.9426	7.4086	6.9352	6.5135	6.1364	5.7975	5.4919	5.2151	4.9636
28	8.6016	7.9844	7.4412	6.9607	6.5335	6.1520	5.8099	5.5016	5.2223	4.9697
29	8.6501	8.0218	7.4701	6.9830	6.5509	6.1656	5.8204	5.5093	5.2292	4.9747
30	8.6938	8.0522	7.4957	7.0027	6.5660	6.1772	5.8294	5.5168	5.2347	4.9789
35	8.8552	8.1755	7.5856	7.0700	6.6166	6.2153	5.8582	5.5386	5.2512	4.9915
40	8.9511	8.2433	7.6344	7.1050	6.6418	6.2335	5.8713	5.5482	5.2582	4.9966
45	9.0079	8.2825	7.6609	7.1232	6.6543	6.2421	5.8773	5.5523	5.2611	4.9986
50	9.0417	8.3045	7.6572	7.1327	6.6605	6.2463	5.8801	5.5541	5.2623	4.9995
60	9.0736	8.3240	7.6873	7.1401	6.6651	6.2491	5.8819	5.5553	5.2630	4.9999

부록 02

재무제표 양식[1]

1. 연결재무상태표
2. 연결포괄손익계산서: 단일표시 및 기능별 분류
3. 연결자본변동표

1) **부록 2 재무제표 양식**은 **기업회계기준서 제1001호**(재무제표 표시)의 **실무적용지침**에 제시되어 있는 재무제표의 예시를 제시하고 있다. 기업회계기준서 제1001호는 재무제표의 구성요소와 재무상태표, 포괄손익계산서 및 자본변동표의 공시에 관한 최소한의 요구사항을 정하고 있다. 또한 관련 재무제표의 본문이나 주석에 표시할 수 있는 추가 항목을 규정한다.

쉬어가는 페이지

✣ 2할 9푼 타자와 3할 타자의 차이

2할 9푼을 치는 타자와 3할 타자의 차이는 단순하다.
2할 9푼 타자는 4타수 2안타에 만족하지만
3할 타자는 여기에 만족하지 않고
4타수 3안타 또는 4타수 4안타를 치기 위해
타석에 들어선다.

장훈, 일본 프로야구 사상 최초 3,000안타 주인공 장훈 선수
(2할 9푼과 3할 타자의 차이는 100번에 한 번 더 안타를 치느냐의 차이지만,
그들이 받는 대우는 엄청난 차이가 남)

1군 선수와 2군 선수의 차이는 패했을 때 나타난다.
2군 선수들은 패하고서도 웃으면서 운동장을 나서는 반면,
1군 선수들은 얼굴이 심각하게 굳어 있다.
성적이 안 좋을 때 자신에게 불같이 화를 낼 줄 아는 사람이 진정한 프로다.

하일성, 야구 해설위원

1. 연결재무상태표

XYZ그룹 – 20×7년 12월 31일 현재의 연결재무상태표

(단위: 천원)

	20×7년 12월 31일	20×6년 12월 31일
자산		
비유동자산		
유형자산	350,700	360,020
영업권	80,800	91,200
기타무형자산	227,470	227,470
관계기업투자	100,150	110,770
매도가능금융자산	142,500	156,000
	901,620	945,460
유동자산		
재고자산	135,230	132,500
매출채권	91,600	110,800
기타유동자산	25,650	12,540
현금및현금성자산	312,400	322,900
	564,880	578,740
자산총계	1,466,500	1,524,200
자본 및 부채		
지배기업의 소유주에게 귀속되는 자본		
납입자본	650,000	600,000
이익잉여금	243,500	161,700
기타자본구성요소	10,200	21,200
	903,700	782,900
비지배지분	70,050	48,600
자본총계	973,750	831,500
비유동부채		
장기차입금	120,000	160,000
이연법인세	28,800	26,040
장기충당부채	28,850	52,240
비유동부채합계	177,650	238,280
유동부채		
매입채무와 기타미지급금	115,100	187,620
단기차입금	150,000	200,000
유동성장기차입금	10,000	20,000
당기법인세부채	35,000	42,000
단기충당부채	5,000	4,800
유동부채합계	315,100	454,420
부채총계	492,750	692,700
자본 및 부채총계	1,466,500	1,524,200

2. 연결포괄손익계산서: 단일표시 및 기능별 분류

XYZ그룹 – 20×7년 12월 31일로 종료하는 회계연도의 연결포괄손익계산서

(당기손익과 기타포괄손익을 단일의 보고서에 표시하고 손익 내 비용을 기능별로 분류하는 예시)

(단위: 천원)

	20×7년	20×6년
수익	390,000	355,000
매출원가	(245,000)	(230,000)
매출총이익	145,000	125,000
기타수익	20,667	11,300
물류원가	(9,000)	(8,700)
관리비	(20,000)	(21,000)
기타비용	(2,100)	(1,200)
금융원가	(8,000)	(7,500)
관계기업의 이익에 대한 지분[(1)]	35,100	30,100
법인세비용차감전순이익	161,667	128,000
법인세비용	(40,417)	(32,000)
계속영업이익	121,250	96,000
중단영업손실	–	(30,500)
당기순이익	121,250	65,500
기타포괄손익:		
당기손익으로 재분류되지 않는 항목		
자산재평가차익	933	3,367
확정급여제도의 재측정요소	(667)	1,333
관계기업의 자산재평가차익(차손)에 대한 지분[(3)]	400	(700)
당기손익으로 재분류되지 않는 항목과 관련된 법인세[(4)]	(166)	(1,000)
	500	3,000
후속적으로 당기손익으로 재분류될 수 있는 항목		
해외사업장 환산외환차이[(2)]	5,334	10,667
매도가능금융자산[(2)]	(24,000)	26,667
현금흐름위험회피[(2)]	(667)	(4,000)
당기손익으로 재분류될 수 있는 항목과 관련된 법인세[(4)]	4,833	(8,334)
	(14,500)	25,000
법인세비용차감후기타포괄손익	(14,000)	28,000
총포괄이익	107,250	93,500

당기순이익의 귀속:		
지배기업의 소유주	97,000	52,400
비지배지분	24,250	13,100
	121,250	65,500
총포괄손익의 귀속:		
지배기업의 소유주	85,800	74,800
비지배지분	21,450	18,700
	107,250	93,500
주당이익 (단위: 원):		
기본 및 희석	0.46	0.30

대체적인 방법으로, 기타포괄손익의 항목은 포괄손익계산서에 세후금액으로 표시될 수 있다.

법인세비용차감후 기타포괄손익:	20×7년	20×6년
당기손익으로 재분류되지 않는 항목:		
자산재평가차익	600	2,700
확정급여제도의 재측정요소	(500)	1,000
관계기업의 자산재평가차익(차손)에 대한 지분	400	(700)
	500	3,000
후속적으로 당기손익으로 재분류될 수 있는 항목:		
해외사업장환산외환차이	4,000	8,000
매도가능금융자산	(18,000)	20,000
현금흐름위험회피	(500)	(3,000)
	(14,500)	25,000
법인세비용차감후기타포괄손익(4)	(14,000)	28,000

(1) 관계기업의 소유주에게 귀속되는 관계기업 이익에 대한 지분을 의미한다(즉, 관계기업에 대한 세후의 비지배지분이다).
(2) 당기의 차손익과 재분류조정에 대한 공시를 주석에 표시하는 누적표시를 예시한다. 대체적인 방법으로 총계표시가 사용될 수 있다.
(3) 관계기업의 소유주에게 귀속되는 관계기업의 자산재평가차익(차손)에 대한 지분을 의미한다(즉, 관계기업에 대한 세후의 비지배지분이다).
(4) 기타포괄손익의 각 항목과 관련된 법인세는 주석에 공시한다.

3. 연결자본변동표

XYZ그룹 - 20×7년 12월 31로 종료하는 회계연도의 연결자본변동표

(단위: 천원)

	납입자본	이익잉여금	해외사업장환산	매도가능금융자산	현금흐름위험회피	재평가잉여금	총계	비지배지분	총자본
20×6년 1월 1일 현재 잔액	600,000	118,100	(4,000)	1,600	2,000	–	717,700	29,800	747,500
회계정책의 변경	–	400	–	–	–	–	400	100	500
재작성된 금액	600,000	118,500	(4,000)	1,600	2,000	–	718,100	29,900	748,000
20×6년 자본의 변동									
배당	–	(10,000)	–	–	–	–	(10,000)	–	(10,000)
총포괄손익*1	–	53,200	6,400	16,000	(2,400)	1,600	74,800	18,700	93,500
20×6년 12월 31일 현재 잔액	600,000	161,700	2,400	17,600	(400)	1,600	782,900	48,600	831,500
20×7년 자본의 변동									
유상증자	50,000	–	–	–	–	–	50,000	–	50,000
배당	–	(15,000)	–	–	–	–	(15,000)	–	(15,000)
총포괄손익*2	–	96,600	3,200	(14,400)	(400)	800	85,800	21,450	107,250
이익잉여금으로 대체	–	200	–	–	–	(200)	–	–	–
20×7년 12월 31일 현재 잔액	650,000	243,500	5,600	3,200	(800)	2,200	903,700	70,050	973,750

*1. 20×6년의 이익잉여금 ₩53,200은 지배기업의 소유주에게 귀속되는 ₩52,400과 확정급여제도의 재측정요소 ₩800(₩1,333에서 법인세비용 ₩333과 비지배지분 ₩200을 차감)의 합계이다.
해외사업장환산, 매도가능금융자산, 현금흐름위험회피에 포함된 금액은 법인세비용과 비지배지분을 차감한 각 구성요소의 기타포괄손익을 표시한다. 예를 들어, 20×6년 매도가능금융자산과 관련된 기타포괄손익 ₩16,000은 ₩26,667에서 법인세비용 ₩6,667과 비지배지분 ₩4,000을 차감한 금액이다.
재평가잉여금 ₩1,600은 관계기업의 기타포괄손익에 대한 지분(₩700)과 자산재평가차익 ₩2,300(₩3,367에서 법인세비용 ₩667과 비지배지분 ₩400을 차감)의 합계이다. 관계기업의 기타포괄손익은 자산재평가차손익에만 관련이 있다.

*2. 20×7년의 이익잉여금 ₩96,600은 지배기업의 소유주에게 귀속되는 당기순이익 ₩97,000과 확정급여제도의 재측정요소 ₩400(₩667에서 법인세비용 ₩167과 비지배지분 ₩100을 차감)의 합계이다.
해외사업장환산, 매도가능금융자산 및 현금흐름위험회피에 포함된 금액은 법인세비용과 비지배지분을 차감한 각 구성요소의 기타포괄손익을 표시한다. 예를 들어, 20×7년 해외사업장환산과 관련된 기타포괄손익 ₩3,200은 ₩5,334에서 법인세비용 ₩1,334과 비지배지분 ₩800을 차감한 금액이다.
재평가잉여금 ₩800은 관계기업의 기타포괄손익에 대한 지분 ₩400과 자산재평가차익 ₩400(₩933에서 법인세비용 ₩333과 비지배지분 ₩200을 차감)의 합계이다. 관계기업의 기타포괄손익은 자산재평가차손익에만 관련이 있다.

찾아보기

ㄴ

ㄷ

ㅅ

ㅈ

ㅊ

ㅋ

ㅌ

ㅍ

| 저자약력 |

노현섭
울산대학교 경영대학 회계학과 교수, 경영학박사

〈주요 저서 및 논문〉
재무회계 강의, 회계원리 강의, 도서출판 청람, 2020.
법인세법원리, 소득세법원리, 핵심 부가가치세법, 핵심 세법총론, 피앤씨미디어, 2018.
내국기업과 다국적기업의 유효세율, 회계정보연구, 2019.
1990년 이후 유효세율의 변화추세, 회계정보연구, 2018.

지상현
부산대학교 경영대학 경영학과 교수, 경영학박사

〈주요 논문〉
The Effects of Managerial Attributes on Cost Stickiness: An Empirical Analysis of Korean Exporters and Implications for Start-ups, Journal of Korea Trade, 2021.
The effects of widening daily stock price limits on the relevance between audit quality and stock return, Journal of Asian Finance, Economics and Business, 2020.
Detection of Earnings Management as a Measure of Income Smoothing on Fluctuations in Exchange Rates: Managerial Implications for Korean Exporters, Journal of Korea Trade, 2019.
A Study on Earnings Management in Companies Achieving Sustainability: Accruals-based and Real Earnings Management, Journal of Distribution Science, 2019.

김진섭
부산대학교 경영대학 경영학과 교수, 경영학박사

〈주요 저서〉
법인세무회계, 도서출판 성화, 2003.
현대재무회계, 도서출판 협신사, 2002.
중급회계 1, 2, 도서출판 협신사, 2001.
소득세제법, 도서출판 성화, 2000.

혼자서도 잘하는 회계원리

2022년 8월 30일 1판 1쇄 발행
2025년 2월 25일 1판 2쇄 발행

저　자 | 노현섭 · 지상현 · 김진섭
발행인 | 이수영
발행처 | 도서출판 청람
서울시 마포구 독막로 288(대흥동, 세양상가 109호)
전　화 | 02)3272-2601~2
팩　스 | 02)3272-2603
홈페이지 | www.crbooks.co.kr
이메일 | crbooks@daum.net
등　록 | 2000.8.26 제6-0509호

ISBN 978-89-5972-892-3 93320　　[정가 35,000원]